Elsner

Texte und Methoden 2

Lehr- und Arbeitsbuch Oberstufe

Herausgegeben von
Hermann Stadler

Erarbeitet von
Ingrid Haaser, Klaus Junk,
Jakob Karg, Karl Pörnbacher,
Paul Riegel, Gerhard Schwengler,
Hermann Stadler

Epochen der deutschen Literatur vom Mittelalter bis zur Gegenwart

Cornelsen

Herausgeber: Hermann Stadler

Autoren/Bearbeiter:
Ingrid Haaser (Kap. VIII–X)
Jakob Karg (Kap. XVI–XVII)
Karl Pörnbacher (Kap. I–VII, XI–XV, XVIII)
Paul Riegel (Kap. XIX–XX)
Hermann Stadler (Kap. XVII)

Redaktion: Matthias Grupp
Herstellung: Friderun Thiel, München
Umschlaggestaltung: Matthias Mantey

1. Auflage Druck 4 3 2 1 Jahr 98 97 96 95

Alle Drucke dieser Auflage können
im Unterricht nebeneinander verwendet werden.

Druck: Cornelsen Druck, Berlin

ISBN 3-464-63079-X

Bestellnummer 630790

gedruckt auf säurefreiem Papier, umweltschonend
hergestellt aus chlorfrei gebleichten Faserstoffen

Inhalt

Vorwort

Die beiden Bänden von *Texte und Methoden* umfassen den gesamten Stoff des Deutschunterrichts der gymnasialen Oberstufe in Ergänzung der Ganzschriftenlektüre.

Texte und Methoden ist als „Lehr-, Lern- und Arbeitsbuch“ konzipiert. Bei der Konzeption wurde bedacht, daß die unterschiedlichen Stoffgebiete nicht auf eine stets gleiche Weise vermittelt werden können (und sollen). Während der Unterricht in den Schreibformen, z. B. die Darstellung zweckdienlicher Verfahren, schrittweises Vorgehen und die Bereitstellung von eindeutigen Begriffen erfordert, muß der Zugang zur Literatur und ihren Epochen (die ja Verständnishilfen und nicht Eigenzweck sein sollen) spontaner, freier erfolgen können.

Band 1 enthält die Kapitel

A. Reflexion über Sprache
B. Arbeitstechniken
C. Argumentieren
D. Schriftliches Arbeiten mit Beispielen zur Abiturvorbereitung
E. Massenmedien
F. Literarisches Leben
G. Rezeption des klassischen Dramas

Band 2 enthält die Epochen der deutschen Literatur vom Mittelalter bis zur Gegenwart. Die Gliederung der Kapitel unterscheidet sich aus den genannten Gründen von denen des ersten Bandes:

- „Grundzüge einer Epoche“ stehen als geschlossenes Informatorium an erster Stelle. Sie vermitteln das notwendige **Hintergrundwissen** für das Erfassen der Texte als epochentypische Erscheinungen.
- Die den Grundzügen **thematisch** zugeordnete **Textauswahl** soll Kennzeichen der Epoche veranschaulichen und die individuelle Eigenart wichtiger Vertreter sichtbar machen. Die Texte wollen aber vor allem in ihrer künstlerischen Gestaltung als literarische Werke erfaßt werden. Um die Textaufnahme und -wirkung nicht von vornherein einseitig zu lenken, wurde daher auf Verbindungstexte und Aufgabenstellungen innerhalb des Textblocks verzichtet. Damit bleibt dem Benutzer überlassen, wie und mit welcher Absicht er sich den Texten nähern will: nach Beschäftigung mit der einführenden Information (oder einem Ausschnitt davon), mit Hilfe der anschließenden Fragen oder völlig unabhängig von allem Begleitmaterial.
- Am Ende eines jeden Kapitels stehen **Aufgaben**. Sie eignen sich als Hilfe für die Erschließung der Texte, zur Verständniskontrolle in bezug auf die einleitend gegebenen Informationen oder als Hinweis auf den Zusammenhang einer bestimmten Textthematik mit ähnlichen Themen bzw. Motiven im Buch.

Der Eigenarbeit der Schülerinnen dient das **„Kleine Lexikon wichtiger Begriffe“** im Anhang.

Überschriften, die nicht von den jeweiligen Verfassern stammen, sind durch * gekennzeichnet. Die Daten am Schluß der Texte bezeichnen deren Veröffentlichung [v] oder Entstehung [e].

Epochen der Literaturgeschichte – Probleme der Periodisierung

Literaturgeschichten benötigen eine Gliederung. Wie in der Geschichtsschreibung benutzt man dafür eine nach Jahren chronologisch aufteilende Darstellung **(Annalen)** oder ein Vorgehen, das mehrere Jahrzehnte unter einem Begriff zusammenfaßt. Dies ist die häufigste Form, die Periodisierung. Sie kann als Ordnungssystem nach mehr von außerhalb der Literatur stammenden Merkmalen (Regierungszeiten, politische Ereignisse u.a.) gekennzeichnet oder von dem Versuch geleitet sein, das Gemeinsame einer Gruppe von Autoren (Auffassung von Dichtung, Stiltendenzen, Wertvorstellungen usw.) unter einen Begriff zu bringen.

1. Zwei unterschiedliche Versuche

Die folgenden Übersichten wurden den Inhaltsverzeichnissen von zwei weit verbreiteten Literaturgeschichten entnommen.

Daten	Bezeichnung	Daten (erschlossen)	Bezeichnung
750–1350	alt- und mittelhochdeutsche Literatur (11–31)	2.H. 8.Jh. – ~ 15. Jh.	Mittelalterliche Literatur (1–50)
1350–1600	frühneuhochdeutsche Literatur (32–46)	2.H. 15.Jh. – Ende 16. Jh.	Humanismus und Reformation (51–84)
1600–1720	Barock (47–63)	17. Jh.	Literatur des Barock (85–120)
1720–1785	Aufklärung (64–89)	18. Jh.	Aufklärung (121–153)
1767–1785	Sturm und Drang (90–106) Die Klassiker (107–125)	(vor) 1789–1830	Kunstepoche (154–207)
1794–1811	Zwischen Klassik und Romantik (126–134)		
1798–1835	Romantik (135–153)		
1810–1850	Biedermeier		
1835–1848	Junges Deutschland und Vormärz (154–175)	nach 1815 ~ –1848	Vormärz (208–258)
1840–1897	Realismus (176–201)	1848 ~ –1890	Realismus und Gründerzeit (259–303)
1880–1900	Naturalismus (202–214)		
		1890–1920	Im Zeichen des Imperialismus (304–343)
1883–1923	Impressionismus und Symbolismus (215–228)		
1910–1925	Expressionismus (229–244)		
1919–1945	Von der Weimarer Republik bis zum Ende des Dritten Reiches (245–268)	1920–1945	Literatur in der Weimarer Republik (344–384) Literatur im Dritten Reich (385–399) Die deutsche Literatur des Exils (400–426)
1945–1963	Nach dem Zweiten Weltkrieg (269–301)	ab 1945	Deutsche Literatur nach 1945 (427–457)
1963–1975	Zwischen Utopie und Wirklichkeit (302–341)		Die Literatur der DDR (458–525) Die Literatur der Bundesrepublik (526–605) Zwischenbilanz 1992: Einheit und Vielfalt der deutschen Literatur (606–612)

(aus: Kurt Rothmann, Kleine Geschichte der deutschen Literatur. Stuttgart: Philipp Reclam jun. 111990)

(nach: Wolfgang Beutin u.a., Deutsche Literaturgeschichte. Von den Anfängen bis zur Gegenwart. Stuttgart: Metzler 41992)

① Welche Unterschiede lassen sich in der *Datierung* feststellen?
② Wie unterscheidet sich die *Benennung*? Abstrahieren Sie die Unterschiede.
③ Welche Unterschiede tauchen hinsichtlich der *Gewichtung* auf?
④ Wie beurteilen Sie die Benennung des letzten Eintrags in der rechten Spalte?

2. Probleme der Periodisierung am Beispiel der Aufklärung

Welche Probleme sich dabei ergeben, zeigt am Beispiel der Aufklärung folgender Text des Literaturwissenschaftlers Gerhard Kaiser. Über die Fragwürdigkeit von Epochenbegriffen im 18. Jahrhundert handeln der dann folgende Text und die Grafik.

GERHARD KAISER
Einheit der Epoche?

Die Gliederung der Literaturgeschichte in Epochen ist problematisch. Wie alle geschichtlichen Verläufe besitzt auch die Literaturgeschichte keine scharfen Einschnitte; Übergänge vollziehen sich fließend, ja, die Geschichte ist zumeist eine Gleichzeitigkeit des Ungleichzeitigen. Lessings *Nathan der Weise,* eine Summe der Aufklärung, ist etwa acht Jahre jünger als die Urfassung des *Götz von Berlichingen,* des wichtigsten Dramas des Sturm und Drang. Klopstock und Wieland sind Zeitgenossen nicht nur der Klassik Goethes und Schillers, sondern auch der Romantik Tiecks, Novalis' und der Brüder Schlegel, die weithin gleichzeitig mit der Klassik verläuft. Novalis ist zwei Jahre vor Klopstock, 31 Jahre vor Goethe gestorben. Schlüsselgestalten der Literaturgeschichte wie Jean Paul, Hölderlin, Kleist lassen sich keiner der großen literarischen Strömungen zurechnen. Schließlich sind die Künste untereinander ungleichzeitig, und ihr Verhältnis zur allgemeinen Geschichte ist das einer komplizierten Eigenständigkeit und doch Verflechtung. Das Barock in der Musik und der bildenden Kunst reicht bis zur Höhe der literarischen und philosophischen Aufklärung. Die Französische Revolution hat in der deutschen Literatur tiefe Spuren hinterlassen; trotzdem ist sie in ihr nicht derartig epochebildend wie in der allgemeinen Geschichte. Goethes Klassik beginnt früher, die Romantik später. Es gibt, zu Recht, literaturgeschichtliche Sammelbegriffe, die in den anderen Künsten, aber auch in der allgemeinen Geschichte kein Anwendungsfeld und keine Entsprechung haben: so etwa der Begriff des Sturm und Drang, der Tendenzen einer Literaturrevolution im politisch nicht revolutionären Deutschland bezeichnet. [...]
Die folgende Darstellung geht von einer relativen Einheit der Epoche Aufklärung aus. Sie hält es nicht für einen Mangel, daß die Bezeichnung dieser Epoche nicht spezifisch für die Literatur im engeren Sinne ist und ihr nicht entstammt. Die Aufklärungsliteratur ist, trotz des Ranges, den sie erreichen kann, auch in ihrem Selbstverständnis zunächst dienend: eben ein Mittel zum Zweck der Aufklärung. Die Darstellung beginnt bei Gottsched, weil mit ihm die Vermittlung der Leibniz-Wolffschen Philosophie in die Literatur zum Programm wird. [...] Vom Ausgangspunkt her ist versucht, in der Epochendarstellung sowohl die Folge der Erscheinungen wie deren Nebeneinander und Miteinander festzuhalten. Die Folge liegt darin, daß der Sturm und Drang die Aufklärung, die Klassik den Sturm und Drang, die Romantik die Klassik voraussetzt. Das Neben- und Miteinander ist kompliziert: Die Aufklärung kann man als epochale Grundschicht bezeichnen, die sich tief in die Romantik hineinzieht und in Ausläufern noch den Vormärz erreicht, aber seit dem Sturm und Drang im Bild der Literatur nicht mehr dominiert. Die Empfindsamkeit ist eine lang anhaltende geistesgeschichtliche Strömung

auf dem Boden der Aufklärung, aber nicht eine so spezifisch literarische Richtung wie [...] der Sturm und Drang. [...] Die Sturm-und-Drang-Autoren wollen zwar eine Lebensveränderung, aber zunächst einmal ist ihnen Dichtung in einem bisher ungeahnten Maße Medium der Selbstverwirklichung und Ausdrucksphänomen. Sie neigen dazu, das Leben als Literatur und die Literatur als Leben zu nehmen. Es ist deshalb kein Zufall, daß [der] Sturm und Drang [seinen] Namen von [einer] literarischen Erscheinung [...] herleite[t]: [...] von einem Drama Klingers.

[...] Die Klassik ist die Spitze einer Pyramide. Sie wird in der Hauptsache von Goethe und Schiller getragen, einem Autor also, der aus dem Sturm und Drang hervorgegangen ist, und einem anderen, der zwischen Sturm-und-Drang-Positionen und Aufklärungs-Positionen gespannt ist, noch dazu im Rückbezug zum Barock. Herder und jüngere Autoren wie Wilhelm von Humboldt ordnen sich dieser Zweierkonstellation in prekärer Weise zu, aber erst die Romantik geht wieder mit einem Generationenwechsel einher, von den Einzelgängern Jean Paul, Hölderlin und Kleist einmal abgesehen.

[...] Im übrigen ist diese Sehweise der nicht allzufern, die wir bei einem Hauptbeteiligten finden: Bei der Rückkehr aus Italien 1788 war Goethe von Heinses *Ardinghello* und Schillers *Räubern* äußerst angewidert, weil sie ihn an längst überwundene eigene Tendenzen erinnerten; er fand sich „zwischen Ardinghello und Franz Moor eingeklemmt". Erst 1794 beginnt Goethes und Schillers gemeinsame Klassik; sie dauerte nur elf Jahre.

(aus: Gerhard Kaiser, Aufklärung, Empfindsamkeit, Sturm und Drang. München: Francke UTB ^{3}1979)

HORST DIETER SCHLOSSER

Literarische Epochen im 18. Jahrhundert

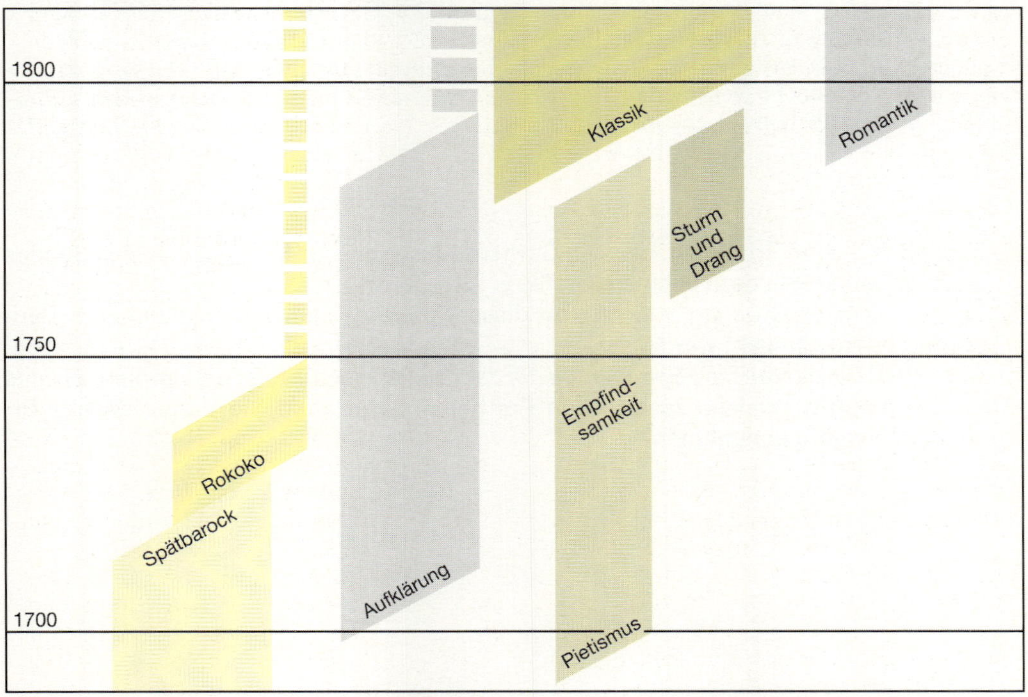

(aus: dtv-Atlas zur deutschen Literatur. © München: Deutscher Taschenbuch Verlag 1983, S. 132)

Der Epochenbegriff wird im 18. Jh. eigentlich fragwürdig, da **sehr verschiedenart. Kunstrichtungen oft gleichzeitig nebeneinander** wirken und bedeutende Dichter nacheinander an mehreren Richtungen teilhaben. Das Barock bestimmt noch einen Teil der ersten Jahrhunderthälfte und wirkt noch im Rokoko nach, als bereits Aufklärung und Pietismus, dieser als Vorläufer der Empfindsamkeit, dt. Autoren prägen. Lessing kann ebenso als Vollender wie auch als Überwinder der Aufklärung und ungewollter Wegbereiter des „Sturm und Drang" gelten; dieser empfängt indes noch wichtigere Anregungen aus der „empfindsamen" Dichtung. Auch Klassik und Romantik bedingen und durchdringen sich ebenso gegenseitig, wie schon Pietismus und Aufklärung in einem sich gegenseitig ergänzenden (komplementären) Verhältnis zueinander gesehen werden müssen.

Die Vielfalt signalisiert die **Loslösung der Dichtung aus tradierten weltanschaulichen Programmen.** Diese schon mit der Reformation einsetzende **Säkularisation** erhält einen mächtigen Schub durch die Philosophie der **Aufklärung,** die ihren anfängl. Optimismus [...] über Religionskritik einerseits und dogmenfeindliche Verinnerlichung des Religiösen im **Pietismus** andererseits bis zum „Nihilismus" eines Jean Paul am Ende des Jhs. selbst auflösen wird. An die Stelle der entmachteten Theologie und Metaphysik wird die **Ästhetik** treten mit ihrer Forderung nach **„Autonomie der Kunst"** und ihrer **Suche nach neuer Sinndeutung im Subjekt,** die im „Sturm und Drang" zum Postulat führt, der Künstler sei ein „Originalgenie". Die geistige Emanzipation geht Hand in Hand mit der sozialen **Emanzipation des Bürgertums,** das vor seiner Zulassung zu polit. Macht zunehmend literar. Betätigung als Ausweis seines wachsenden Selbstbewußtseins sucht. Nicht zufällig löst sich in dieser Zeit auch die **hebräische Sprache in Deutschland** von ihrer dogmat. Fixierung auf religiöse Inhalte, während bis dahin weltl. Themen von jüd. Autoren nur in Jiddisch behandelt werden durften [...].

Daß sich Wesentliches auch weit abseits von kollektiven Richtungen ereignen kann, beweist das Werk des Schweizer Wollwebers Ulrich Bräker (1735–98), der als Autodidakt außer eigenen Zugängen zu Shakespeare auch eine überaus realist. Autobiographie erarbeitete, die nach ihrem Erscheinen 1789 auch kritischste Leser, u.a. Nicolai in Berlin, faszinierte.

(aus: Horst Dieter Schlosser, dtv-Atlas zur deutschen Literatur. München [4]1990, S. 133)

① Benennen Sie die Probleme, die sich Gerhard Kaiser bei der Einteilung seines Bandes stellten. Deuten Sie dazu auch die Grafik.

② Suchen Sie nach Gründen, warum trotz dieser Probleme Epocheneinteilungen (= Periodisierungen) versucht werden.

③ Auch der Text *Literarische Epochen im 18. Jahrhundert* beschreibt die Problematik des Epochenbegriffs. Welche zusätzlichen Erscheinungen finden Sie darin? Welche Erklärungen werden angeboten?

3. Synopse wichtiger Epochen, Verfasser und Werke der deutschen Literatur von um 800–1990

I. Von den Anfängen bis zur Stauferzeit (um 800–um 1150)

Nichtchristliche Dichtung:
„Hildebrandslied" (8. Jh.)
„Merseburger Zaubersprüche" (8. Jh.)
Christliche Dichtung in deutscher Sprache:
„Wessobrunner Hymnus" (vor 814)
„Heliand" (um 830)
Otfried v. Weißenburg: „Evangelienharmonie" (um 870)
Christliche Dichtung in lateinischer Sprache:
Hrotsvitha v. Gandersheim: Lesedramen (10. Jh.)

II. Literatur der Ritterzeit (um 1150–um 1250)

Epik:
Heldenepos:
„Nibelungenlied" (um 1200)
Höfisches Epos:
Hartmann v. Aue: „Erec" (1170–85), „Der arme Heinrich" (um 1195)
Wolfram v. Eschenbach: „Parzival" (1200–1210)
Gottfried v. Straßburg: „Tristan" (um 1200)

Lyrik:
Minnelyrik:
Kürenberger (1150–70)
Walther v. d. Vogelweide (1170–1230)
Neidhart [v. Reuental] (nach 1210)
Vagantenlyrik:
„Carmina Burana" (12./13. Jh.)
Spruchdichtung:
Walther v. d. Vogelweide: Kaisersprüche (1212)

III. Literatur des frühen Bürgertums; Humanismus/Renaissance (um 1250–um 1600)

Epik:
Versnovelle:
Wernher der Gartenaere: „Meier Helmbrecht" (1260–80)
[Novelle:
Boccaccio: „Decamerone" (1353)]
[Versepos:
Dante Alighieri: „La divina Comedia" (1313–18)]
Streitgespräch:
Johannes v. Tepl: „Der Ackermann aus Böhmen" (um 1400)
Streitschriften:
Martin Luther: „Von der Freiheit eines Christenmenschen" (1521)
Thomas Murner: „Von dem großen lutherischen Narren" (1522)
Volksbuch:
Faust (1587)
Schildbürger (1598)

Lyrik:
Lehrdichtung:
Sebastian Brant: „Das Narrenschiff" (1494)
Meistersang:
Hans Sachs (1494–1576)
Spruchgedicht:
Hans Sachs: „Die Wittenbergische Nachtigall" (1523)
Volkslied:
Ambraser Liederbuch (1582)

Dramatik:
Mysterienspiele:
Osterspiel von Muri (um 1250)
Fastnachtsspiele:
Hans Sachs: „Der fahrende Schüler im Paradeis" (1550)
[Tragödie:
Christopher Marlowe: „Dr. Faustus" (1595)
William Shakespeare: „Romeo and Juliet" (1595), „Hamlet" (1600)]
[Komödie:
William Shakespeare: „The merchant of Venice" (1597)]

IV. Literatur des Barock/Französische Klassik (um 1600–1720)

Poetik:
Martin Opitz: „Buch von der Deutschen Poeterey" (1624)

Epik:
Roman:
[Miguel de Cervantes Saavedra: „Don Quijote" (1605–15)]
Hans Jakob Christoffel v. Grimmelshausen: „Simplicissimus" (1668)

Lyrik:
Andreas Gryphius: „Sonn- und Feiertagssonette" (1639)
Paul Fleming: „Teutsche Poemata" (1642)
Paul Gerhardt: „Geistliche Andachten" (1666–67)

Dramatik:
Tragödie:
[Pierre Corneille: „Le Cid" (1637)]
Andreas Gryphius: „Catharina von Georgien" (1657)
[Jean Baptiste Racine: „Bérénice" (1670)]
Komödie:
Andreas Gryphius: „Peter Squentz" (1658)
[Molière: „Le malade imaginaire" (1673)]

V. Literatur der Aufklärung, der Empfindsamkeit und des Sturm und Drang (1720–1785)

Poetik:
Johann Christoph Gottsched: „Versuch einer Critischen Dichtkunst vor die Deutschen" (1730)
Gotthold Ephraim Lessing: „Briefe, die neueste Literatur betreffend" (1759–65), „Hamburgische Dramaturgie" (1767–69)
Jakob Michael Reinhold Lenz: „Anmerkungen übers Theater" (1774)

Epik:
Roman:
[Daniel Defoe: „Robinson Crusoe" (1719)]
[Jonathan Swift: „Gulliver's Travels" (1726)]
Christoph Martin Wieland: „Geschichte des Agathon" (1766–67)
Johann Wolfgang v. Goethe: „Die Leiden des jungen Werthers" (1774)
Versepos:
Friedrich Gottlieb Klopstock: „Der Messias" (1748–1773)
Kurzformen:
Christian Fürchtegott Gellert: „Fabeln und Erzählungen" (1746–48)
Gotthold Ephraim Lessing: „Fabeln" (1759)

Lyrik:
Barthold Hinrich Brockes: „Irdisches Vergnügen in Gott" (1721–48)
Johann Wolfgang v. Goethe: „Neue Lieder" (1770)
Friedrich Gottlieb Klopstock: „Oden und Elegien" (1771)
Johann Gottfried Herder: „Volkslieder" (1778–79)
Gottfried August Bürger: „Gedichte" (1778)
Christian Friedrich Daniel Schubart: „Sämtliche Gedichte" (1785–86)

Dramatik:
Bürgerliches Trauerspiel:
Gotthold Ephraim Lessing: „Miß Sara Sampson" (1755), „Emilia Galotti" (1772)
Friedrich Schiller: „Kabale und Liebe" (1784)
Komödie:
Gotthold Ephraim Lessing: „Minna von Barnhelm" (1767)
Jakob Michael Reinhold Lenz: „Der Hofmeister" (1774), „Die Soldaten" (1776)
Schauspiel:
Johann Wolfgang v. Goethe: „Götz von Berlichingen" (1774)
Friedrich Maximilian Klinger: „Sturm und Drang" (1776)
Friedrich Schiller: „Die Räuber" (1781)
Dramatisches Gedicht:
Gotthold Ephraim Lessing: „Nathan der Weise" (1779)
Friedrich Schiller: „Don Carlos" (1787)

VI. Literatur der Weimarer Klassik und der Romantik (1785–1830)

Poetik:
Friedrich Schiller: „Die Schaubühne als moralische Anstalt betrachtet" (1784), „Über Anmut und Würde" (1793), „Über naive und sentimentalische Dichtung" (1795–96)
Johann Gottfried Herder: Briefe zur Beförderung der Humanität" (1793–97)
August Wilhelm Schlegel/Friedrich Schlegel (Hg.): „Athenäum" (1798–1800)

Epik:
Johann Wolfgang v. Goethe: „Wilhelm Meisters Lehr- und Wanderjahre" (1795 f. und 1821), „Wahlverwandtschaften" (1809)
Jean Paul: „Siebenkäs" (1796–97)
Wilhelm Heinrich Wackenroder/Ludwig Tieck: „Herzensergießungen eines kunstliebenden Klosterbruders" (1796–97)
Novalis: „Heinrich von Ofterdingen" (1802)
E.T.A. Hoffmann: „Die Elixiere des Teufels" (1815–16)
Joseph v. Eichendorff: „Aus dem Leben eines Taugenichts" (1826)

Lyrik:
Friedrich Hölderlin: „Hymnen und Elegien" (1793)
Johann Wolfgang v. Goethe: „Römische Elegien" (1795), „Sonette" (1815)
Novalis: „Hymnen an die Nacht" (1800)
Achim v. Arnim/Clemens Brentano: „Des Knaben Wunderhorn" (1806–08)
Joseph v. Eichendorff: „Gedichte" (1837)

Dramatik:
Johann Wolfgang v. Goethe: „Iphigenie auf Tauris" (1787), „Torquato Tasso" (1790), „Faust" (Fragment: 1790, Erster Teil: 1808, Zweiter Teil: 1832)
Friedrich Schiller: „Wallenstein" (1798–99), „Maria Stuart" (1800), „Die Jungfrau von Orleans" (1801), „Wilhelm Tell" (1804)
Heinrich v. Kleist: „Penthesilea" (1808), „Der Prinz von Homburg" (1809–11)

VII. Literatur des Realismus (1830–1890)

Poetik:
Ludwig Börne: „Briefe aus Paris" (1832–34)
Georg Büchner: „Hessischer Landbote" (1834)
Heinrich Heine: „Die romantische Schule" (1835)

Epik:
Adalbert Stifter: „Bunte Steine" (1853)
Eduard Mörike: „Mozart auf der Reise nach Prag" (1835)
Gottfried Keller: „Der grüne Heinrich" (1854–55), „Die Leute von Seldwyla" (1856–74)
Theodor Storm: „Der Schimmelreiter" (1888)
Theodor Fontane: „Effi Briest" (1895), „Der Stechlin" (1897)

Lyrik:
Heinrich Heine: „Buch der Lieder" (1827), „Neue Gedichte" (1844)
Eduard Mörike: „Gedichte" (1838)
Annette v. Droste-Hülshoff: „Gedichte" (1844)
Theodor Storm: „Gedichte" (1844)
Conrad Ferdinand Meyer: „Gedichte" (1882)

Dramatik:
Georg Büchner: „Dantons Tod" (1835), „Woyzeck" (1836)
Friedrich Hebbel: „Maria Magdalena" (1844)
Franz Grillparzer: „Ein Bruderzwist in Habsburg" (1872)

VIII. Literatur des Naturalismus (1880–1900)

Poetik:
Arno Holz: „Die Kunst. Ihr Wesen und Ihre Gesetze" (1891)

Epik:
Gerhart Hauptmann: „Bahnwärter Thiel" (1888)
Arno Holz/Johannes Schlaf: „Papa Hamlet" (1889)

Lyrik:
Arno Holz: „Phantasus" (1898)

Dramatik:
Gerhart Hauptman: „Vor Sonnenaufgang" (1889), „Die Weber" (1892), „Rose Bernd" (1903)
Arno Holz/Johannes Schlaf: „Familie Selicke" (1890)

IX. Literatur der Jahrhundertwende (1890–1910)

Poetik:
Hugo von Hofmannsthal: „Ein Brief" (1902)

Epik:
Arthur Schnitzler: „Leutnant Gustl" (1901)
Thomas Mann: „Buddenbrooks" (1901), „Tonio Kröger" (1903), „Der Tod in Venedig" (1912)
Hermann Hesse: „Peter Camenzind" (1904)
Rainer Maria Rilke: „Die Aufzeichnungen der Malte Laurids Brigge" (1910)
[Marcel Proust: „Auf der Suche nach der verlorenen Zeit" (1913-27)]

Lyrik:
Ricarda Huch: „Gedichte" (1891)
Stefan George: „Blätter für die Kunst" (ab 1892)
Rainer Maria Rilke: „Das Buch der Bilder" (1902), „Das Stundenbuch" (1905), „Neue Gedichte" (1907/08)
Hugo von Hofmannsthal: „Ausgewählte Gedichte" (1903)
Christian Morgenstern: „Galgenlieder" (1905)

Dramatik:
Frank Wedekind: „Frühlingserwachen" (1891)
Hugo von Hofmannsthal: „Der Tor und der Tod" (1893), „Jedermann" (1911), „Der Schwierige" (1921)
Arthur Schnitzler: „Liebelei" (1895), „Reigen" (1900)

X. Literatur des Expressionismus (1910–1925)

Epik:
Alfred Döblin: „Die Ermordung einer Butterblume" (1913)
Franz Kafka: „Das Urteil" (1913), „Die Verwandlung" (1915), „Der Prozeß" (1925)

Lyrik:
Georg Heym: „Der ewige Tag" (1912)
Gottfried Benn: „Morgue" (1912)
Franz Werfel: „Wir sind" (1913)
Georg Trakl: „Gedichte" (1913)
Alfred Lichtenstein: „Die Dämmerung" (1913)
Ernst Stadler: „Der Aufbruch" (1914)
August Stramm: „Du" (1915)
Else Lasker-Schüler: „Gesammelte Gedichte" (1917)
„Menschheitsdämmerung" (Anthologie, 1919)

Dramatik:
Carl Sternheim: „Bürger Schippel" (1913)
Georg Kaiser: „Die Bürger von Calais" (1914), „Von morgens bis mitternachts" (1916)
Karl Kraus: „Die letzten Tage der Menschheit" (1918/19)
Ernst Toller: „Hinkemann" (1923)

XI. Literatur der Weimarer Republik (1919–1933)

Epik:
Heinrich Mann: „Der Untertan" (1918)
[James Joyce: „Ulysses" (1922)]
Thomas Mann: „Der Zauberberg" (1924)
Hermann Hesse: „Siddharta" (1922), „Der Steppenwolf" (1927), „Narziß und Goldmund" (1930)
Alfred Döblin: „Berlin Alexanderplatz" (1929)
Erich Maria Remarque: „Im Westen nichts Neues" (1929)
Robert Musil: „Der Mann ohne Eigenschaften" (1930)
Hans Fallada: „Kleiner Mann – was nun?" (1932)
Joseph Roth: „Radetzky-Marsch" (1932)

Lyrik:
Rainer Maria Rilke: „Duineser Elegien" (1923), „Sonette an Orpheus" (1923)
Bertolt Brecht: „Die Hauspostille" (1927)
Erich Kästner: „Lärm im Spiegel" (1928)

Dramatik:
Bertolt Brecht: „Mann ist Mann“ (1926), „Dreigroschenoper (1928)
Carl Zuckmayer: „Der Hauptmann von Köpenick“ (1931)
Ödön von Horváth: „Italienische Nacht“, „Geschichten aus dem Wienerwald“ (1931), „Glaube, Liebe, Hoffnung“ (1932)

XII. Literatur zwischen 1933 und 1945

Epik:
Ernst Jünger: „Auf den Marmorklippen“ (1939)
Anna Seghers: „Das siebte Kreuz“ (1942), „Transit“ (1944)
Stefan Zweig: „Schachnovelle“ (1943)

Lyrik:
Ricarda Huch: „Herbstfeuer“ (1944)
Werner Bergengruen: „Dies irae“ (1944)

Dramatik:
Bertolt Brecht: „Furcht und Elend des Dritten Reiches“ (1938), „Mutter Courage und ihre Kinder“ (1941), „Leben des Galilei“ (1943), „Der gute Mensch von Sezuan“ (1943)

XIII. Literatur der Nachkriegszeit und Gegenwart (1945–1990)

Epik:
Elisabeth Langgässer: „Das unauslöschliche Siegel“ (1946)
Thomas Mann: „Doktor Faustus“ (1947), „Bekenntnisse des Hochstaplers Felix Krull“ (1954)
[Ernest Hemingway: „Der alte Mann und das Meer“ (1952)]
Wolfgang Koeppen: „Das Treibhaus“ (1953)
Heinrich Böll: „Und sagte kein einziges Wort“ (1953), „Ansichten eines Clowns“ (1963), „Die verlorene Ehre der Katarina Blum“ (1974)
Max Frisch: „Stiller“ (1954), „Homo faber“ (1957), „Mein Name sei Gantenbein“ (1964)
Arno Schmidt: „Das steinerne Herz“ (1956), „Zettels Traum“ (1970)
Alfred Andersch: „Sansibar“ (1957)
Günter Grass: „Die Blechtrommel“ (1959), „Die Rättin“ (1986)
Uwe Johnson: „Mutmaßungen über Jakob“ (1959), „Jahrestage“ (1970)
Christa Wolf: „Nachdenken über Christa T.“ (1968), „Kassandra“ (1983)
Thomas Bernhard: „Das Kalkwerk“ (1970), „Auslöschung“ (1986)
Ulrich Plenzdorf: „Die neuen Leiden des jungen W.“ (1972)
Peter Handke: „Wunschloses Unglück“ (1972)
Reiner Kunze: „Die wunderbaren Jahre“ (1976)
Martin Walser: „Ein fliehendes Pferd“ (1978)
Botho Strauß: „Paare Passanten“ (1981)
Volker Braun: „Hinze-Kunze-Roman“ (1985)
Elfriede Jelinek: „Lust“ (1989)

Lyrik:
Nelly Sachs: „In den Wohnungen des Todes“ (1946)
Marie Luise Kaschnitz: „Gedichte“ (1947)
Günter Eich: „Abgelegene Gehöfte“ (1948)
Gottfried Benn: „Statische Gedichte“ (1948)
Paul Celan: „Mohn und Gedächtnis“ (1952), „Sprachgitter“ (1959), „Die Niemandsrose“ (1963)
Ingeborg Bachmann: „Die gestundete Zeit“ (1953), „Anrufung des großen Bären“ (1956)
Eugen Gomringer: „konstellationen“ (1953)
Hans Magnus Enzensberger: „verteidigung der wölfe“ (1957)
Erich Fried: „Warngedichte“ (1964)
Ernst Jandl: „Laut und Luise“ (1966)
Günter Kunert: „Warnung vor Spiegeln“ (1970)
Rolf Dieter Brinkmann: „Westwärts 1&2“ (1975)
Sarah Kirsch: „Rückenwind“ (1977)
Ulla Hahn: „Spielende“ (1983)

Dramatik:
Wolfgang Borchert: „Draußen vor der Tür“ (1947)
Carl Zuckmayer: „Des Teufels General“ (1947)
Bertolt Brecht: „Der kaukasische Kreidekreis“ (1948)
[Samuel Beckett: „Warten auf Godot“ (1949), „Endspiel“ (1956)]
Günter Eich: „Träume“ (1951)
Friedrich Dürrenmatt: „Der Besuch der alten Dame“ (1956), „Die Physiker“ (1962)
Max Frisch: „Biedermann und die Brandstifter“ (1958), „Andorra“ (1961)
Heiner Müller: „ Die Umsiedlerin“ (1961)
Rolf Hochhuth: „Der Stellvertreter“ (1963), „Juristen“ (1980)
Heinar Kipphardt: „In der Sache J. Robert Oppenheimer“ (1964)
Peter Weiss: „Die Ermittlung“ (1965)
Peter Handke: „Publikumsbeschimpfung“ (1966)
Franz Xaver Kroetz: „Heimarbeit“ (1971), „Bauernsterben“ (1986)
Thomas Bernhard: „Heldenplatz“ (1988)

I. Die althochdeutsche Zeit (um 800–um 1150)

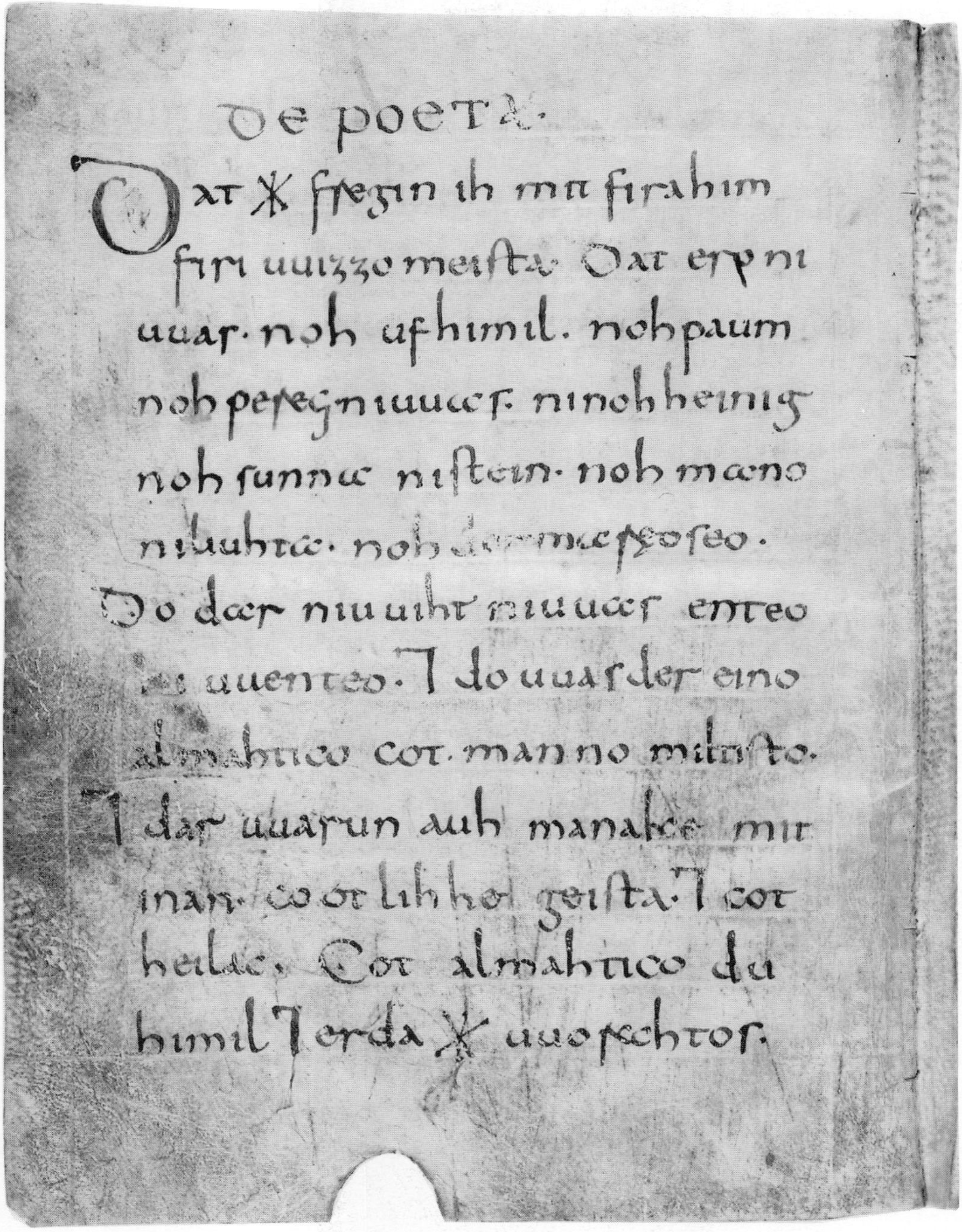
De poeta.
Dat ✱ fregin ih mit firahim
firi uuizzo meista. Dat ero ni
uuas. noh ufhimil. noh paum
noh pereg ni uuas. ni noh heinig
noh sunna ni stein. noh mano
ni liuhta. noh der mareo seo.
Do dar niuuiht ni uuas enteo
ni uuenteo. 7 do uuas der eino
almahtico cot. manno miltisto.
7 dar uuarun auh manake mit
inan. cootlihhe geista. 7 cot
heilac. Cot almahtico du
himil 7 erda ✱ uuorahtos.

Wessobrunner Hymnus (Faksimile), um 800

1. Grundzüge der Epoche

Die germanische Dichtung wurde vor allem mündlich weitergegeben. Dies ist auch der Grund, weshalb verhältnismäßig wenige Beispiele erhalten geblieben sind. Das einzige germanische **Heldenlied** ist das *Hildebrandslied*. Mönche aus dem Regensburger Kloster St. Emmeram brachten den Text in das Tochterkloster nach Fulda; dort trug man es um 820 auf die zwei leeren Seiten einer Handschrift ein. Das unvollständig überlieferte Lied erzählt von Hildebrand, der als Gefolgsmann Dietrichs von Bern die Heimat verlassen mußte. Als er nach dreißig Jahren mit Hilfe des Hunnenkönigs Etzel zurückkommen konnte, begegnete er einem jungen Krieger, in dem er seinen Sohn Hadubrand erkannte. Bei dem nachfolgenden Kampf wurde der Sohn getötet.
Gefolgschaftstreue gegenüber dem Herrn und die Treue des Herrn gegenüber seinem Gefolgsmann entsprechen den obersten Rechtsgrundsätzen der Germanen. Hildebrands Handeln folgt nicht irgendwelchen Gefühlen, sondern der objektiven Rechtslage. Der germanische Held muß sich mit dem Schicksal auseinandersetzen, in das er eingebunden ist. Erst das **Christentum** ersetzt die Funktion des Schicksals durch das Anerkennen einer persönlichen Schuld. Im Hildebrandslied sind Gefolgschaftstreue und die Bewahrung der persönlichen Ehre wichtiger als persönliche Gefühle für den Sohn.
Der Stoff des Hildebrandslieds war auch später von Interesse, doch wurde sowohl in der *Thidrekssaga* des 13. Jahrhunderts als auch in der „Volksballade“ des späteren, gutbürgerlichen Mittelalters (s. S. 45) die tragische Wendung aufgegeben.
Im Text wird der **Stabreimvers** verwendet: jeweils gleiche Konsonanten (sowie alle Vokale) der betonten Wörter „staben“ miteinander, d. h., sie werden durch den gleichen Anfangslaut als Reim empfunden. Der Stabreimvers besteht aus zwei Kurzzeilen (An- und Abvers), die zu einer Langzeile verbunden sind. Im 9./10. Jahrhundert wird der Stabreim vom Endreim verdrängt, bleibt in der Sprache aber in zahlreichen Wendungen erhalten; z. B. *H*aus und *H*of, *W*ind und *W*etter, *K*ind und *K*egel.
In Stabreimversen ist auch der *Wessobrunner Hymnus* verfaßt, der um 800 vielleicht im Staffelseekloster unter der Überschrift „De poeta“ (von einem Dichter) in eine Sammelhandschrift eingetragen wurde. Diese kam nach den Ungarnkriegen (955) in das Benediktinerkloster Wessobrunn. Der Hymnus ist das älteste Beispiel einer christlichen Dichtung in Stabreimen. Er erzählt vom Schöpfergott im Gefolge seiner Heerscharen und der Erschaffung der Welt aus dem Nichts. Die Germanen hingegen glaubten an die Ewigkeit der Welt und an die begrenzte Existenz der Götter. Der Text ist ebenso wie das nachfolgende Gebet aus der christlichen Mission erwachsen, die den ewigen Schöpfergott in den Mittelpunkt stellte.
Im *Lorscher Bienensegen*, entstanden im 10. Jahrhundert, wird deutlich, wie die Missionare versuchen, eine heidnisch-magische Beschwörungsformel in das christliche Gebetsleben einzuordnen und zugleich heidnisch-religiöse Vorstellungen auf das Christentum zu übertragen.

2. Texte

Das Hildebrandslied

Ik gihorta đat seggen,
đat sih urhettun ænon muotin:
Hiltibra*nt* enti Hađubrant untar herium tuem.
sunufatarungo iro saro rihtun,
garatun sê iro guđhamun, gurtun sih iro suert ana,
helidos, ubar *h*ringa, do sie to dero hiltiu ritun. [...] [Anfang 9. Jh.]

Übersetzung:
Ich hörte das sagen,
daß sich herausforderten zum Zweikampf
Hildebrand und Hadubrand zwischen zwei Heeren.
Vater und Sohn brachten ihre Rüstung in Ordnung
bereiteten ihre Brünnen[1], gürteten sich das Schwert,
die Helden, über das Kettenhemd, als sie zu diesem Kampf ritten.
Hildebrand, der Sohn Heribrands, sprach zuerst, denn er war der Ältere,
der Erfahrenere (im Leben), er begann zu fragen
mit wenig Worten, wer sein Vater gewesen sei
von den Männern des Volkes .....
.... „oder aus welchem Geschlecht du bist.
Wenn du mir einen (aus deinem Geschlecht) sagst, weiß ich die anderen,
du junger Mann im Königreich: bekannt ist mir das ganze Volk."
Hadubrand sprach, der Sohn Hildebrands:
„Das sagten mir unsere Leute,
alte und verständige, die früher gelebt haben,
daß mein Vater Hildebrand geheißen habe, ich heiße Hadubrand.
Einst (vor langer Zeit) ritt er nach Osten, floh er vor dem Haß Odoakers
weg von hier zusammen mit Dietrich und vielen seiner Degen.
Er ließ im Land zurück elendiglich sitzen
die junge Frau im Haus, das unmündige Kind
ohne Besitz, (und) ritt von hier nach Osten.
Später (nach seinem Tod) sollte Dietrich entbehren
meinen Vater: denn Dietrich war (dort) ein Mann ohne Freunde und Verwandte.
Er (Hildebrand) war Odoaker gegenüber unmäßig feindlich,
dieser treueste Kämpe im Gefolge Dietrichs.
Immer stand er an der Spitze des Heeres: der Kampf war ihm immer das Liebste:
er war bekannt (allen) den kühnen Männern.
Ich glaube nicht, daß er noch lebt."
„Ich rufe den allmächtigen Gott zum Zeugen an (sagte Hildebrand), vom Himmel oben,
daß du nie, gar nie, wie in dieser Sache mit einem so nahe verwandten Mann
eine Verhandlung geführt hast ..."
Da zog er vom Arm gedrehte Reifen
aus Kaisermünzen verfertigt, wie sie ihm der König gegeben hatte,

[1] Nackenschutz der Rüstung

der Herr der Hunnen: „Dies gebe ich dir als Huldbezeigung."
Hadubrand sprach, der Sohn Hildebrands:
„Mit dem Speer soll ein Mann Geschenke annehmen,
Spitze gegen Spitze ......
Du bist, alter Hunne, überaus schlau,
lockst mich mit deinen Worten, willst mich aber dann mit deinem Speer (nieder-)werfen.
Du bist (wohl) auf diese Weise alt geworden, weil du immer betrogen hast.
Das sagten mir Seefahrer,
die nach Westen über das Mittelmeer gefahren sind, daß ihn der Kampf dahingerafft hat:
tot ist Hildebrand, der Sohn Heribrands."
Hildebrand sprach, der Sohn Heribrands:
„An deiner Rüstung sehe ich wohl,
daß du zuhause einen guten Herrn hast,
daß du in diesem Reich noch nicht zum Vertriebenen geworden bist. –
O weh, waltender Gott, sprach Hildebrand, das unheilvolle Schicksal (nimmt seinen Lauf) geschieht.
Sechzig Winter und Sommer (= dreißig Jahre) zog ich umher außerhalb des eigenen Landes,
immer zählte man mich zur Schar der Schützen:
und wie man mir vor keiner Stadt den Tod zugefügt hat,
so wird mich jetzt mein eigenes, liebes Kind mit dem Schwert erschlagen,
mit seinem Schwert niederstrecken, oder ich werde an ihm zum Mörder.
Doch du kannst dir jetzt leicht, wenn deine Tapferkeit ausreicht,
bei einem so alten Mann die Rüstung gewinnen,
die Beute nehmen, wenn du darauf irgendein Recht (das Recht des Siegers) hast."
„Der sei der Feigste (sprach Hildebrand), (von uns) Ostleuten,
der dir nun den Kampf verweigert, nach dem es dich so gelüstet,
den gemeinsamen Kampf: versuche es wer da kann,
wer von uns beiden heute seine Rüstung freigeben muß,
wer über beide Brünnen Gewalt haben wird."
Da schossen sie alsbald die eschenen Lanzen aufeinander,
in scharfem Kampf: daß sie in den Schilden stehen blieben.
Da ritten sie aufeinander, daß die Buntschilde kloben,
hieben furchtbar die weißen Schilde,
bis ihnen das Lindenholz (der Schilde) immer kleiner wurde,
zerkämpft mit den Waffen ....

Wessobrunner Hymnus und Gebet

Dat gafregin ih mit firahim   firiuuizzo meista,
dat ero niuuas   noh ufhimil,
noh paum ...   noh pereg niuuas,
ni [stern] nohheinig   noh sunna ni scein,
noh mano ni liuhta   noh der mareo seo.
Do dar niuuiht niuuas   enteo ni uuenteo,
enti do uuas der eino   almahtico cot,
manno milisto,   enti dar uuarun auh manake mit inan
cootlihhe geista.   enti cot heilac ...

Cot almahtico, du himil enti erda gauuorahtos enti du mannun so manac coot forgapi, forgip mir in dino ganada rehta galaupa enti cotan uuilleon, uuistom enti spahida enti craft, tiuflun za uuidarstantanne enti arc za piuuisanne enti dinan uuilleon za gauurchanne. [um 800]

Übersetzung:

Das erfuhr ich bei den Menschen als das erstaunlichste Wissen:
daß die Erde nicht war, noch das Firmament,
weder Baum und noch Berg,
kein Stern und auch die Sonne nicht schien,
der Mond noch nicht leuchtete und auch das herrliche Meer nicht war.
Als da nichts existierte an Enden und Wenden,
da war der eine allmächtige Gott,
das freigebigste aller Wesen, und bei ihm waren viele
herrliche Geister. Und der heilige Gott ...

Gott, allmächtiger, der Du Himmel und Erde erschaffen und den Menschen so viel Gutes gegeben hast, gewähre mir in Deiner Güte rechten Glauben und guten Willen, Weisheit und Klugheit und Kraft, dem Teufel zu widerstehen und das Böse zu meiden und Deinen Willen zu wirken.

Lorscher Bienensegen

Kirst, imbi ist hucze!   nu fluic du, vihu minaz hera
fridu frono in godes munt   heim zi comonne gisunt.
sizi, sizi, bina: inbot dir sancta Maria.
hurolob ni habe du: zi holze ni fluc du,
noh du mir nindrinnes,   noh du mir nintuuinnest.
sizi vilo stillo,   uuirki godes uuillon. [10. Jh.]

Übersetzung:

Christ! Das Bienenvolk ist weg (ausgeschwärmt)! Nun fliegt, meine Tiere, hierher,
daß ihr im Frieden des Herrn unter Gottes Schutz gesund zurückkommt.
[Beschwörungsformel:]
Sitze, sitze, Biene: das gebietet dir die Sancta Maria.
Du sollst keine Erlaubnis haben, du darfst nicht in den Wald fliegen
[weil da der Bienenschwarm nicht mehr zu finden ist].
Du sollst mir weder entfliehen, noch mir entweichen.
Sitze ganz still, erfülle Gottes Willen.

Aufgaben zu den Texten auf den Seiten 19–21

Das Hildebrandslied (S. 19f.)

① Stellen Sie wichtige Ereignisse im Leben Theoderichs des Großen mit Hilfe des Geschichtsbuches zusammen.
② Skizzieren Sie den Handlungsablauf des Hildebrandsliedes.
③ Worin sehen Sie germanische Handlungselemente?
④ Notieren Sie einige gängige Stabreimwendungen.

Wessobrunner Hymnus (S. 20f.)

① Vergleichen Sie den Schöpfungsbericht im Alten Testament und im Wessobrunner Hymnus.
② Welche germanischen Elemente werden im Schöpfungshymnus deutlich?

Lorscher Bienensegen (S. 21)

① Klären Sie die Begriffe „Zauber", „Segen", „Gebet".
② Worin unterscheiden sich Gebet und Beschwörung?

II. Die mittelhochdeutsche Zeit (um 1150–um 1250)

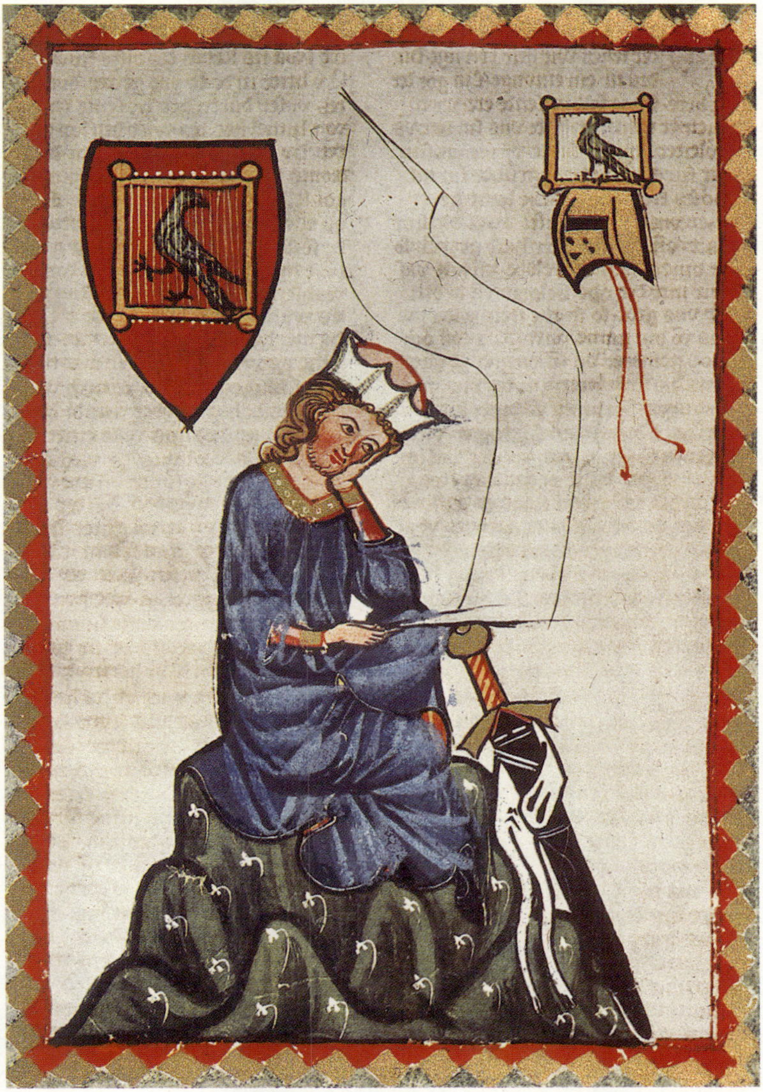

Walther von der Vogelweide, aus: Codex Manesse, Heidelberg, um 1310–40

1. Grundzüge der Epoche

Mit der Literatur der mittelhochdeutschen Zeit verbindet sich die Vorstellung vom **Minnesang** und vom **höfischen Epos**.
Im **Minnesang**, einer Dichtung, die in der Provence entstand, wirbt der dienende Ritter um die verheiratete, für ihn also nicht mehr erreichbare Frau seines Lehensherrn. Daraus entwickelte sich eine kunstvoll variierbare Form von Rollenspielen über Liebesbeziehungen innerhalb einer vorgegebenen Konstellation. Die Verehrung der Frau ist also ästhetisches Spiel, zugleich Ritterpflicht, die **êre** und Ansehen verschafft, keinesfalls jedoch die Hingabe der Dame, die dann ja nicht mehr die Tugend besäße, um deretwillen sie gerühmt wird.

Als künstlerischer Ausdruck eines Ideals steht der Minnesang ebenso wie die Artusepik in Spannung zur gelebten Wirklichkeit der feudalen Gesellschaft. Während die Artusepik gleichsam ein Gegengewicht zu der unter Adligen üblichen Waffengewalt (etwa den gewalttätigen Landnahmen) aufbaut, entwirft der Minnesang ein Gegenbild zu der Rücksichtslosigkeit und Gewaltanwendung in den zwischenmenschlichen Beziehungen, vor allem im Verhalten der Männer gegenüber Frauen. Gerade Adlige hatten wenig Schwierigkeiten, ihre sexuellen Begierden auszuleben, weil sich Frauen niederen Standes aufgrund sozialer Abhängigkeiten entsprechenden Forderungen nur schwer entziehen konnten. Dagegen setzt der Minnesang an die Stelle sexueller Hemmungslosigkeit die Kontrolle der Affekte und die Sublimierung der Erotik.

(aus: Peter Nusser, Deutsche Literatur im Mittelalter. Stuttgart: Kröner 1992, S. 243)

Gebrauch und Verständnis der Minnelyrik beschränkte sich auf eine verhältnismäßig kleine Gesellschaftsschicht. Sie ist jedoch weit umfangreicher überliefert als die **volkstümliche Liebeslyrik**, wie sie sich zum Beispiel in einer *Tegernseer Briefsammlung* aus der 2. Hälfte des 12. Jahrhunderts erhalten hat. Im Kloster Benediktbeuren wurde ein Codex mit Vagantenliedern aus dem 11. und 12. Jahrhundert, d.h. mit Liebes- und Trinkliedern aus dem Umfeld der fahrenden Schüler (Studenten) aufbewahrt; nach dem Kloster erhielt er die Bezeichnung *Carmina Burana*. Diese Handschrift mag ebenso einen Eindruck von mittelhochdeutscher Liebeslyrik vermitteln wie die Proben eines lateinischen Trinklieds, das dem ARCHIPOETA zugeschrieben wird, der vermutlich in der 2. Hälfte des 12. Jahrhunderts in der Umgebung von Friedrich Barbarossa und dessen Kanzler Reinald von Dassel, Erzbischof von Köln, gelebt hat.
Mit dem KÜRENBERGER (Mitte des 12. Jahrhunderts), einem Ritter aus der Gegend westlich von Linz, beginnt um 1150 die **höfische Lyrik**. Berühmt wurden die zwei Strophen einer liebenden Frau (im gleichen Versmaß wie später die Nibelungenstrophen), die um ihren Geliebten trauert und Gott um das Zusammenfinden aller wahrhaft Liebenden bittet. – DIETMAR VON EIST (2. Hälfte des 12. Jahrhunderts), der vielleicht in Niederbayern beheimatet war, schrieb das erste **Tagelied**, ein Gespräch zwischen Frau und Mann nach einer (heimlichen) Liebesnacht, in dem erstmals anklingt, daß es Liebe ohne Leid nicht geben kann. Auch von HEINRICH VON MORUNGEN (gest. 1222), einem Ministerialen aus Thüringen, gibt es ein Tagelied, das mit der Abschiedsklage am Morgen einsetzt und genaue psychologische Beobachtungen, dazu kühne, unerwartete Bilder und Vergleiche enthält.
Mit WALTHER VON DER VOGELWEIDE (ca. 1170–1230) erreicht der Minnesang seinen Höhepunkt. Walthers Heimat ist nicht bekannt (über zwei Dutzend Orte streiten sich darum), doch stammt er wohl aus Österreich und erhielt gegen Ende seines Lebens in der Nähe von Würzburg ein kaiserliches Lehen („Ich hân mîn lêhen, al die werlt, ich hân mîn lêhen/ nû enfürhte ich niht den hornunc an die zêhen,/ und wil alle bœse herren dester minre flêhen. – Ich hab mein Lehen, in

alle Welt ruf ich's hinein: ich hab mein Lehen! Nun fürchte ich nicht mehr den Februarfrost an den Füßen und werde künftig die geizigen Herren nicht mehr anflehen", schrieb er damals begeistert.)

Bei Walther steht nicht mehr die Dame des Hofes im Mittelpunkt, sondern die Frau überhaupt, das **wîp** anstelle der adeligen **frouwe**. Wichtig ist nicht der gesellschaftliche Rang, sondern das Wesen einer Frau, ihre innere Schönheit, ihre Beständigkeit und Treue. Anstelle des bloß höfischen Spiels tritt aufrichtige Liebe. In dem Mädchenlied *Under der linden* spricht das einfache Mädchen davon, daß sie vom Geliebten wie eine vornehme Dame (frouwe) geachtet und behandelt wird.

Walther war in Deutschland der erste Autor, der seinen Lebensunterhalt als Publizist verdiente, Gesellschaftskritik übte und die aktuelle **politische Lyrik** zu hohem Rang erhob. In einem seiner bekanntesten **Sprüche** zeichnet er sich in der Haltung des Nachdenkenden, wie sie durch die Miniatur der Heidelberger Manessehandschrift (S. 23) berühmt geworden ist. Er umreißt die Möglichkeiten der irdischen Existenz. Der Mensch soll Besitz, Ehre und die Gnade Gottes erwerben, doch das ist ihm nur dann möglich, wenn Friede und Recht wiederhergestellt worden sind.

NEIDHART [VON REUENTAL] (um 1180–gegen 1240), der vielleicht aus dem bayerisch-österreichischen Grenzland bei Reichenhall stammt, hat den höfischen Minnesang durch volkstümliche und satirische Motive erweitert.

Zu den meistgelesenen und meistverbreiteten Werken des Mittelalters gehört das *Nibelungenlied*. Wahrscheinlich hat der unbekannte Verfasser das Epos um 1200 am Passauer Bischofshof Wolfgers von Erla aufgezeichnet, wobei er alte Sagenelemente verschiedener Art zum **höfischen Versepos** zusammenfügte. Die Hauptpersonen bemühen sich, germanische Denk- und Verhaltensweisen zu überwinden und zu ritterlichen Lebensformen, zu Zucht und Maß zu finden. Gegenüber der märchenhaften, glanzvoll-optimistischen Scheinwelt der Artusromane, die in einem geographisch nicht fixierbaren Niemandsland spielen, entsteht im Nibelungenlied trotz der höfischen Einkleidung ein erschütterndes Bild menschlichen Lebens mit Höhepunkten und Abgründen.

Die Thematik der Artusromane bestimmt die großen Epen HARTMANNS VON AUE (um 1165–um 1215), der Ministeriale (Angehöriger des Dienstadels) eines alemannischen Geschlechts war. Er zeichnet das Bild eines Ritters, der das rechte Verhältnis, das richtige Maß zwischen Ritter- und Kriegsdienst und der Minne zu finden hat. Hartmann verweist wiederholt auf seine Bildung, auf die Fähigkeit zu lesen und zu schreiben und auf seine Kenntnis der klassischen und der zeitgenössischen Literatur.

WOLFRAM VON ESCHENBACH (um 1170–um 1220), ein bayerischer Ministeriale, ist wohl der bedeutendste hochmittelalterliche Epiker. Vermutlich entstand zwischen 1200–1210 sein großer Bildungsroman *Parzival*, die Geschichte eines Ritters, der durch zahlreiche Begegnungen und Abenteuer sowie die drei wichtigen Lehren – von der Mutter, vom Ritter Gurnemanz und vom Einsiedler Trevrizent – zum Idealbild des Gralskönigs reift. GOTTFRIED VON STRASSBURG (2. Hälfte des 12. Jahrhunderts–Anfang des 13. Jahrhunderts), der dritte große mittelhochdeutsche Epiker, ist wohl ein gebildeter, nichtadeliger Stadtbürger, vielleicht aus Straßburg. Zwischen 1205 und 1215 schrieb er anonym das unvollendet gebliebene Epos *Tristan und Isolde*.

Um 1270 entstand in der Gegend von Burghausen am Inn der *Meier Helmbrecht* des WERNHER DER GARTENAERE. Hier sind zum erstenmal Bauern Gegenstand einer mittelalterlichen Erzählung. Der junge Bauer Helmbrecht will gegen den Willen des Vaters vom Bauernstand in den Ritterstand aufsteigen und verstößt dadurch gegen die soziale Ordnung und das 4. Gebot. Er gerät in die Gesellschaft von Raubrittern, von deren Leben er seinen Eltern berichtet, und kommt schließlich in ihr um.

2. Texte

a) Die Lyrik

Aus der Tegernseer Briefsammlung

Du bist mîn, ih bin dîn:
des solt dû gewis sîn.
dû bist beslozzen in mînem herzen:
verlorn ist daz slüzzelîn:
dû muost immer drinne sîn. [12. Jh.]

Carmina Burana

Chume, chume geselle min,
ih enbite harte[1] din
ih enbite harte din
Chum, chum geselle min.

Suozer roser varwer munt
chum vnd mache mich gesunt
chum vnd mache mich gesunt
suozer roservarwer munt.

Taugen[2] minne div ist guot
si chan geben hohen muot[3];
der sol man sih ulizen[4];
swer mit triwen der nit phliget,
deme sol man daz verwizen[5]. [12. Jh.]

[1] warte sehr [2] heimliche [3] hohe Gesinnung [4] befleißigen [5] bestrafen

ARCHIPOETA
Trinklied*

Meum est propositum in taberna mori,
ut sint vina proxima morientis ori;
tunc cantabunt letius angelorum chori:
„Sit Deus propitius huic potatori."

[...]

Loca vitant publica quidam poetarum
et secretas eligunt sedes latebrarum,
student, instant, vigilant nec laborant parum,
et vix tandem reddere possunt opus clarum.

[...]

Unicuique proprium dat Natura donum:
ego versus faciens bibo vinum bonum,
et quod habent purius dolia cauponum;
vinum tale generat copiam sermonum.

[2. Hälfte 12. Jh.]

Mein Begehr und Willen ist, in der Schenke sterben,
wo mir Wein die Lippen netzt, eh sie sich entfärben;
aller Engel froher Chor wird dann für mich flehen:
„Lasse diesen Zecher, Herr, in dein Reich eingehen!"

Manche der Poeten fliehn jedes offne Treiben,
suchen stille Winkel auf, um allein zu bleiben,
und mit brünstigem Bemühn wachen sie und beten,
doch ihr Werk ist wahrlich nicht wert, davon zu reden.

Jeglichem hat die Natur zugeteilt das Seine:
wenn ich Verse schreiben soll, brauch ich gute Weine,
aber aus des Wirtes Faß von der besten Sorte;
nur ein solcher Wein verhilft mir zum rechten Worte.

DER VON KÜRENBERG

Das Falkenlied*

,Ich zôch mir einen valken   mêre danne ein jâr.
dô ich in gezamete   als ich in wolte hân
und ich im sîn gevidere   mit golde wol bewant,
er huop sich ûf vil hôhe   und floug in anderiu lant.

Sît sach ich den valken   schône fliegen:
er fuorte an sînem fuoze   sîdîne riemen,
und was im sîn gevidere   alrôt guldîn.
got sende si zesamene   die gerne geliep wellen sîn!‘   [Mitte 12. Jh.]

Übersetzung:
Ich zog mir länger als ein Jahr einen Falken.
Als ich ihn so gezähmt hatte, wie ich ihn haben wollte,
Und ich ihm sein Gefieder [Gewand] mit Gold schön geschmückt hatte,
Da hob er sich hoch hinauf und flog in ein fremdes Land.

Später sah ich den Falken schön fliegen.
Er trug an seinem Fuß Seidenbänder
Und sein Gefieder glänzte ganz rotgolden.
Gott sende die zusammen, die sich mögen.

HEINRICH VON MORUNGEN

Owê*

Owê, / sol aber mir iemer mê
geliuhten dur die naht
noch wîzer danne ein snê
ir lîp vil wol geslaht?
der trouc diu ougen mîn:
ich wânde, ez solde sîn
des liehten mânen schîn.
dô taget ez.

,Owê, / sol aber er immer mê
den morgen hie betagen?
als uns diu naht engê,
daz wir niht durfen klagen:
„owê, nu ist ez tac“,
als er mit klage pflac
do’r jungest bî mir lac.
dô taget ez.‘

O weh, / soll mir denn nimmermehr
erstrahlen durch die Nacht,
noch weißer als der Schnee,
ihr schöngestalter Leib?
Der trog die Augen mein:
ich wähnt, es sollte sein
des hellen Mondes Schein.
Da kam der Tag.

,O weh, / soll ihm denn nimmermehr
der Morgen hier aufgehn?
So uns die Nacht vergeht,
daß keines klagen muß:
„o weh, nun ist es Tag“,
wie er so klagend tat,
als jüngst er bei mir lag.
Da kam der Tag.‘

Owê, / si kuste âne zal
in deme slâfe mich.
dô vielen hin ze tal
ir trêne nidersich.
iedoch getrôste ich sî,
daz si ir weinen lî
und mich al ummevî.
dô taget ez.

O weh, / sie küßt ohn Unterlaß
in meinem Schlummer mich,
da strömten ihr dahin
die Tränen niederwärts.
Doch tröstet ich sie da,
daß sie ihr Weinen ließ
und mich aufs neu umfing.
Da kam der Tag.

‚Owê, / daz er sô dicke sich
bî mir ersehen hât!
als er endahte mich,
sô wolte er sunder wât
mich armen schouwen blôz.
ez was ein wunder grôz
daz in des nie verdrôz.
dô taget ez.‘ [um 1200]

‚O weh, / daß er sein Aug so oft
an mir geweidet hat!
Als er die Deck mir nahm,
da wollt er hüllenlos
mich Arme schauen bloß.
Es war gar wunderbar,
daß er's nie müde ward.
Da kam der Tag.‘

WALTHER VON DER VOGELWEIDE

Ich saz ûf eime steine*

Ich saz ûf eime steine,
und dahte bein mit beine:
dar ûf satzt ich den ellenbogen:
ich hete in mîne hant gesmogen
daz kinne und ein mîn wange.
dô dâhte ich mir vil ange,
wie man zer welte solte leben:
deheinen rât kond ich gegeben,
wie man driu dinc erwurbe,
der keines niht verdurbe.
diu zwei sint êre und varnde guot,
daz dicke ein ander schaden tuot:
daz dritte ist gotes hulde,
der zweier übergulde.
die wolte ich gerne in einen schrîn.
jâ leider desn mac niht gesîn,
daz guot und weltlich êre
und gotes hulde mêre
zesamene in ein herze komen.
stîg unde wege sint in benomen:
untriuwe ist in der sâze,
gewalt vert ûf der strâze:
fride unde reht sint sêre wunt.
diu driu enhabent geleites niht,
diu zwei enwerden ê gesunt. [um 1200]

Ich saß auf einem Stein,
und schlug ein Bein über das andere.
Darauf stützte ich den Ellenbogen.
Ich hatte in meine Hand geschmiegt
das Kinn und meine eine Wange.
So erwog ich in aller Eindringlichkeit,
wie man auf dieser Welt zu leben habe.
Keinen Rat wußte ich zu geben
wie man drei Dinge erwerben könne,
ohne daß eines von ihnen verlorenginge.
Zwei von ihnen sind Ehre und Besitz,
die einander oft Abbruch tun;
das dritte ist die Gnade Gottes,
weit höher geltend als die beiden andern.
Die wünschte ich in ein Gefäß zu tun.
Aber zu unserm Leid kann das nicht sein,
daß Besitz und Ehre in der Welt
und dazu Gottes Gnade
zusammen in ein Herz kommen.
Weg und Steg ist ihnen verbaut,
Verrat lauert im Hinterhalt,
Gewalttat zieht auf der Straße,
Friede und Recht sind todwund:
bevor diese beiden nicht gesunden,
haben die Drei keine Sicherheit.

WALTHER VON DER VOGELWEIDE

Under der linden*

‚Under der linden
an der heide,
dâ unser zweier bette was,
Dâ mugt ir vinden
schône beide
gebrochen bluomen unde gras.
Vor dem walde in einem tal,
tandaradei,
schône sanc diu nahtegal.

Ich kam gegangen
zuo der ouwe:
dô was mîn friedel komen ê.
Dâ wart ich enpfangen,
hêre frouwe,
daz ich bin sælic iemer mê.
Kuste er mich? wol tûsentstunt:
tandaradei,
seht wie rôt mir ist der munt.

Dô het er gemachet
alsô rîche
von bluomen eine bettestat.
Des wirt noch gelachet
inneclîche,
kumt iemen an daz selbe pfat.
Bî den rôsen er wol mac,
tandaradei,
merken wâ mirz houbet lac.

Daz er bî mir læge,
wessez iemen
(nu enwelle got!), sô schamt ich mich.
Wes er mit mir pflæge,
niemer niemen
bevinde daz wan er und ich –
Und ein kleinez vogellîn,
tandaradei,
daz mac wol getriuwe sîn.‘ [um 1200]

„Unter der Linde
auf der Heide,
wo unser beider Lager war,
da kann man sehn
liebevoll gebrochen
Blumen und Gras.
Vor dem Wald in einem Tal
tandaradei
sang schön die Nachtigall.

Ich kam gegangen
zu der Wiese,
da war mein Liebster schon vor mir gekommen.
Da wurde ich empfangen
– Heilige Jungfrau! –
daß es mich immer glücklich machen wird.
Ob er mich küßte? Wohl tausendmal,
tandaradei,
seht wie rot mein Mund ist.

Da hatte er bereitet
in aller Pracht
von Blumen ein Lager.
Daran wird sich freuen
von Herzen,
wer daran vorübergeht.
An den Rosen kann er noch
– tandaradei –
sehen wo mein Kopf lag.

Daß er bei mir lag,
wüßte es jemand
(da sei Gott vor!), so schämte ich mich.
Was er tat mit mir,
niemals soll jemand
das erfahren als er und als ich –
und die liebe Nachtigall,
tandaradei;
die wird gewiß verschwiegen sein.“

WALTHER VON DER VOGELWEIDE

Saget mir ieman*

Saget mir ieman, waz ist minne?
weiz ich des ein teil, sô wist ichs gerne mê.
Der sich baz denn ich versinne,
der berihte mich durch waz si tuot sô wê.
Minne ist minne, tuot si wol.
tuot si wê, so enheizet si niht rehte minne.
sus enweiz ich wie si danne heizen sol.

Obe ich rehte râten künne
waz diu minne sî, sô sprechet denne „jâ“!
Minne ist zweier herzen wünne:
teilent sie gelîche, sost diu minne dâ.
Sol abe ungeteilet sîn,
sô enkans ein herze alleine niht enthalten.
owê woldest dû mir helfen, frouwe mîn!

Frouwe, ich trage ein teil ze swære.
wellest dû mir helfen, sô hilf an der zît.
Sî abe ich dir gar unmære,
daz sprich endelîche: sô lâz ich den strît,
Unde wirde ein ledic man.
dû solt aber einez rehte wizzen, frouwe:
daz dich lützel ieman baz geloben kan.

Kan mîn frouwe süeze siuren?
wænet si daz ich ir liep gebe umbe leit?
Sol ich si dar umbe tiuren
daz siz wider kêre an mîne unwerdekeit?
Sô kund ich unrehte spehen!
wê waz sprich ich ôrenlôser ougen âne?
den diu minne blendet, wie mac der gesehen?

[um 1200]

Kann mir jemand sagen, was *Minne* ist?
Weiß ich davon auch schon einiges, so wüßt ich doch
gern noch mehr von ihr.
Wer mehr davon versteht als ich,
der belehre mich, weshalb sie so weh tut.
Denn *Minne* ist doch *Minne* sofern sie wohltut!
Tut sie weh, heißt sie nicht rechtens *Minne*.
Und ich weiß nicht, wie man sie dann zu bezeichnen hat.

Falls ich richtig zu raten vermag
was *Minne* ist, so ruft alle: „Ja“!
Minne ist das Glück *zweier* Herzen:
tragen sie zu gleichen Teilen, dann ist *Minne* da.
Wird aber nicht geteilt,
dann vermag ein Herz allein nicht sie aufzunehmen.
Ach wolltest du mir helfen, meine Herrin!

Herrin, ich trage zu schwer.
Willst du mir helfen, dann hilf so lang es Zeit ist.
Bin hingegen ich dir durchaus gleichgültig,
so sag es klar und deutlich: dann geb ich den Kampf auf
und werde wieder mein freier Herr.
Über eines freilich mußt du dir dann im Klaren sein, Herrin:
daß dich wohl kaum jemand schöner zu rühmen versteht.

Vermag denn meine Herrin das Süße
in Bitternis zu verwandeln?
Meint sie, ich vermöchte Freude zu geben gegen Leid?
Soll ich sie erheben,
nur damit ich ihr dadurch als umso niedriger erscheine?
Dann müßte ich blind vernarrt sein!
Aber ach, was sage ich da, ich ohne Ohren und Augen?
Doch wen Minne blendet, wie soll der sehen können?

CLARA HÄTZERLIN[1]

Aus dem Liederbuch

Hab ich lieb, so hab ich not,
Meid ich lieb, so bin ich tot!
Nun ee ich lieb durch laid wolt lân,
Ee will ich lieb in leiden hân!

[2. Hälfte 15. Jh.]

[1] lebte von um 1430 bis nach 1476 in Augsburg, Abschreiberin von Beruf

NEIDHART [VON REUENTAL]
Fröut iuch*

„Fröut iuch, junge und alte!
der meie mit gewalte
den winder hât verdrungen,
die bluomen sint entsprungen.
wie schôn diu nahtegal
ûf dem rîse
ir süeze wîse
singet, wünneclîchen schal!

Walt nu schône loubet.
mîn muoter niht geloubet,
der joch mit einem seile“,
sô sprach ein maget geile,
„mir bunde einen fuoz,
mit den kinden
zuo der linden
ûf den anger ich doch muoz.“

Daz gehôrte ir muoter:
„jâ swinge ich dir daz fuoter
mit stecken umbe den rugge,
vil kleine grasemugge.
wâ wilt dû hüpfen hin
ab dem neste?
sitze und beste
mir den ermel wider în!“

„Muoter, mit dem stecken
sol man die runzen recken
den alten als ein sumber.
noch hiuwer sît ir tumber,
dan ir von sprunge vart.
ir sît tôt
vil kleiner nôt,
ist iu der ermel abe gezart.“

Ûf spranc sî vil snelle.
„der tievel ûz dir belle!
ich wil mich din verzîhen;
dû wilt vil übel gedîhen.“
„muoter, ich lebe iedoch,
swie iu troume;
bî dem soume
durch den ermel gât daz loch.“

[Anfang 13. Jh.]

„Freut euch, alt und jung.
Der Mai mit Macht
hat den Winter vertrieben,
die Blumen sind aufgegangen.
Wie schön die Nachtigall
im Gezweig
ihre süße Weise singt,
herrlichen Gesang.

Der Wald belaubt sich schön.
Meine Mutter glaubt es nicht:
wenn einer mit einem Seil“,
sprach ein munteres Mädchen,
„mir einen Fuß anbände,
mit den jungen Leuten
zu der Linde
auf die Wiese müßt ich doch!“

Das hörte ihre Mutter:
„Ja, ich streu dir das Futter
mit Stecken auf den Rücken,
Du kleine Grasmücke.
Wo willst du hinhüpfen
aus dem Nest?
Setz dich und schnüre
mir den Ärmel wieder an.“

„Mutter, mit dem Stecken
soll man die Runzeln strecken
den Alten wie einer Trommel.
Dies Jahr seid ihr noch dümmer,
als ihr von Anfang seid.
Ihr seid betroffen
von geringer Not,
wenn euch der Ärmel abgerissen ist.“

Auf sprang sie ganz schnell.
„Der Teufel soll aus dir bellen!
Ich will nichts mehr von dir wissen.
Du bist sehr übel gediehen.“
„Mutter, ich bin bei Verstand,
was ihr auch träumt.
Beim Saume
durch den Ärmel geht das Loch.“

(Übersetzung: Max Wehrli)

Aufgaben zu dem Bild auf der Seite 23

WALTHER VON DER VOGELWEIDE Miniatur aus der Manessischen Liederhandschrift

① Welche Verse des Spruches *Ich saz ûf eime steine* (S. 28) übernimmt der Illustrator?
② Wodurch wird die Situation des Nachdenkens verdeutlicht?
③ Welche Attribute zeigen den Stand des Ritters und Walthers Rolle als Autor?

Aufgaben zu den Texten auf den Seiten 26–31

Carmina Burana (S. 26)

① Welchen Personen sind die beiden Strophen zuzuweisen?
② Charakterisieren Sie die Vertonung durch Carl Orff (1936).

DER VON KÜRENBERG Das Falkenlied (S. 27)

① Wer spricht das Gedicht?
② Wer ist mit dem Falken gemeint?
③ Vergleichen Sie das Gedicht mit den Strophen 13–15 des Nibelungenlieds (S. 33f.). Welche Unterschiede und Gemeinsamkeiten lassen sich feststellen?

HEINRICH VON MORUNGEN Owê (S. 27f.)

① Beschreiben Sie den Aufbau der Strophen und die Struktur des Textes.
② Welcher Gattung des Minnesangs läßt sich das Gedicht zuordnen? Begründen Sie Ihre Ansicht. (Ziehen Sie die Einleitung, S. 24, heran.)
③ Zu welchen Personen gehören die einzelnen Strophen?
④ Wodurch läßt sich begründen, daß es sich hier um eine „wânwîse", d. h. um eine Phantasievorstellung, handelt?

WALTHER VON DER VOGELWEIDE Ich saz ûf eime steine (S. 28)

① Vergleichen Sie die Beschreibung des grübelnden, weisen Dichters zu Beginn des Spruches mit der Miniatur Walthers (S. 23).
② Welche Forderungen für die Ordnung der Welt werden hier aufgestellt?
③ Skizzieren Sie mit Hilfe des Geschichtsbuches die politischen Umstände, aus denen der Spruch erwachsen ist.

WALTHER VON DER VOGELWEIDE Under der linden (S. 29)

① Wen läßt der Autor hier erzählen?
② Beschreiben und analysieren Sie die Struktur des Gedichts.
③ Wie läßt sich erklären, daß dieses Lied zu den populärsten Walthers gehört?

WALTHER VON DER VOGELWEIDE Saget mir ieman (S. 30)

① Beschreiben Sie die Struktur des Gedichts.
② Wie definiert Walther die Minne? Vergleichen Sie dazu die Lehren des Gurnemanz in Wolframs Parzival (S. 36ff.).
③ Vergleichen Sie die Auffassung von Minne im höfischen Minnesang mit F. Grillparzers Gedicht *Der Halbmond* (S. 250).

NEIDHART [VON REUENTAL] Fröut iuch (S. 31)

① Skizzieren Sie die Struktur des Textes.
② Welche Stilmittel verwendet Neidhart?
③ Vergleichen Sie das Gedicht mit Texten des höfischen Minnesangs.

b) Das Epos

Das Nibelungenlied

1. Âventiure

1 Uns ist in alten mæren wunders vil geseit
von helden lobebæren, von grôzer arebeit,
von freuden, hôchgezîten, von weinen und von klagen,
von küener recken strîten muget ír nu wunder hœren sagen.

2 Ez wuohs in Búrgónden ein vil édel magedin,
daz in allen landen niht schœners mohte sîn,
Kríemhílt geheizen: si wart ein schœne wîp.
dar umbe muosen degene vil verlíesén den lîp.

3 Der minneclîchen meide triuten wol gezam.
ir muoten küene recken, niemen was ir gram.
âne mâzen schœne sô was ir edel lîp:
der júncfróuwen tugende zierten ándériu wîp.

4 Ir pflâgen drî künege edel unde rích:
Gunther unde Gêrnôt, die recken lobelîch,
und Gîselher der junge, ein ûz erwelter degen.
diu frouwe was ir swester. die fürsten hetens in ir pflegen.

5 Die herren wâren milte, von arte hôch erborn,
mit kraft unmâzen küene, die recken ûz erkorn.
dá zen Búrgónden sô was ir lant genant.
si frumten starkiu wunder sît in Étzélen lant.

[…]

13 In disen hôhen êren tróumte Kríemhíldè,
wie si züge einen valken, stárc schœ́ne und wíldè,
den ir zwênẹ arn erkrummen. daz si daz muoste sehen!
ir enkúndẹ in dirre werlde leider nímmér geschehen.

14 Den troum si dô sagete ir muoter Úotèn.
sine kúndes niht bescheiden baz der gúotèn:
„den valken den du ziuhest, daz ist ein edel man.
in enwelle got behüeten, du muost in schiere verlóren hân.“

15 „Waz sagst ir mir von manne,   vil liebiu muoter mîn?
âne recken mínne   sô wil ich immer sîn.
sus schœne wil ich belîben   unz an mînen tôt.
daz ich von mannes minne   sol gewinnen nimmer nôt.“

16 „Nu versprích ez niht ze sêre“,   sprach aber ir muoter dô.
„soltu ímmer herzenlîche   zer werlde werden vrô,
daz geschíht von mannes minne.   du wirst ein schœne wîp,
ob dir noch got gefüeget   eins rehte guoten ritters lîp.“   [um 1200]

Übersetzung:

1 In alten Geschichten wird uns vieles Wunderbare berichtet: von ruhmreichen Helden, von hartem Streit, von glücklichen Tagen und Festen, von Schmerz und Klage, vom Kampf tapferer Recken: Davon könnt auch Ihr jetzt Wunderbares berichten hören.

2 Im Land der Burgunden wuchs ein edles Mädchen heran, das war so schön, daß in keinem Land der Welt ein schöneres hätte sein können. Ihr Name war Kriemhild. Später wurde sie eine schöne Frau. Um ihretwillen mußten viele Helden ihr Leben verlieren.

3 Das liebliche Mädchen verdiente es, geliebt zu werden. Tapfere Recken bemühten sich um ihre Gunst: niemand konnte ihr feindlich gesinnt sein; denn die Edle war unbeschreiblich schön. Die Gaben, die ihr Natur und Stand verliehen hatten, wären auch für andere Frauen eine Zierde gewesen.

4 Für sie sorgten drei edle, mächtige Könige, die beiden ruhmreichen Recken Gunther und Gernot und der junge Giselher, ein hervorragender Held. Das Mädchen war ihre Schwester, und die Fürsten hatten sie in ihrer Obhut.

5 Die Herren, die auserlesenen Recken, waren freigebig, von hoher Abstammung, sehr kraftvoll und tapfer. Ihr Land hieß Burgund. Im Lande Etzels vollbrachten sie später wunderbare Taten.

13 In solch einer herrlichen Umgebung wuchs Kriemhild auf. Eines Nachts träumte ihr, sie zöge einen starken, prächtigen und wilden Falken auf, den ihr zwei Adler zerfleischten. Daß sie das mitansehen mußte! Niemals hätte ihr auf dieser Welt etwas Schmerzlicheres geschehen können.

14 Den Traum erzählte sie ihrer Mutter Ute. Die hätte ihrer lieben Tochter den Traum nicht besser auslegen können: „Der Falke, den Du aufziehst, das ist ein edler Mann. Wenn Gott ihn nicht in seinen Schutz nimmt, dann mußt Du ihn bald wieder verlieren.“

15 „Was erzählt Ihr mir von einem Mann, liebe Mutter? Ich will für immer auf die Liebe eines Recken verzichten! So schön und unberührt will ich bis an mein Lebensende bleiben, damit ich niemals durch die Liebe zu einem Mann Leid erfahre.“

16 „Nun widersprich doch nicht so heftig!“ sagte wiederum ihre Mutter. „Wenn Du jemals in dieser Welt tiefes Glück erlangen willst, dann durch die Liebe eines Mannes. Wenn Dir Gott einen wirklich trefflichen Ritter zum Manne gibt, dann wirst Du eine schöne Frau.“

HARTMANN VON AUE
Der arme Heinrich

Ein ritter sô gelêret was
daz er an[1] den buochen las
swaz er dar an geschriben vant.
der was Hartman genant,
dienstman was er ze Ouwe[2].
er nam im mange schouwe[3]
an mislîchen[4] buochen:
dar an begunde er suochen
ob er iht des funde[5]
dâ mite er swære[6] stunde
möhte senfter machen
und von sô gewanten sachen[7]
daz gotes êren töhte[8]
und dâ mite er sich möhte
gelieben den liuten[9].
nu beginnet er iu diuten[10]
ein rede[11] die er geschriben vant.
dar umbe hât er sich genant,
daz er sîner arbeit
die er dar an hât geleit[12]
iht âne lôn belîbe[13],
und swer nâch sînem lîbe[14]
sî hœre sagen oder lese,
daz er im bittende wese
der sêle heiles hin ze gote[15].
man seit, er sî sîn selbes bote
unde erlœse sich dâ mite,
swer über des andern schulde bite[16].
[...] [um 1200]

HARTMANN VON AUE
Iwein

Ein riter, der gelêret[17] was
unde ez an den buochen las,
swenne[18] er sîne stunde
niht baz bewenden kunde[19],
daz er ouch tihtennes pflac
(daz man gerne hœren mac,
dâ kêrt er sînen vlîz an:
er was genant Hartman
und was ein Ouwære),
der tihte ditz mære.
[...] [um 1200]

[1] in [2] er stand im Dienstverhältnis zu den Herren von Aue [3] er tat manchen Blick, sah sich vielfach um [4] verschieden [5] fände [6] lästig, unangenehm, langweilig [7] von solcher Beschaffenheit, Art [8] angemessen oder förderlich wäre [9] sich einem lieb und angenehm machen [10] deuten [11] Erzählung, Geschichte [12] Mühe darauf verwenden [13] nicht ohne Lohn bleibe [14] Leben [15] daß er sich für ihn wegen seines Seelenheils bei Gott verwende [16] in seinem eigenen Interesse handle, für sich Fürbitte einlege

[17] des Lesens (und Schreibens) kundig [18] wenn irgend einmal, so oft als [19] seine Zeit anwenden, verwenden

Wolfram von Eschenbach
Parzival

1. Die Lehren der Mutter*

[…] diu künegîn was alsô bedâht,	Die Königin, sie dachte nach
si bat belîben in die naht:	und bat ihn, diese Nacht zu bleiben.
‚du ensolt niht hinnen kêren,	„Brich nicht auf, bevor ich dir
ich wil dich liste lêren.	guten Rat gegeben habe.
an ungebanten strâzen	Wenn du nicht auf Straßen reitest,
soltû tunkel vürte lâzen:	sollst du dunkle Furten meiden;
die sîhte unde lûter sîn,	sind sie aber seicht und klar,
dâ soltû al balde rîten în.	so reite ohne Zögern durch.
dû solt dich site nieten,	Und nimm die gute Sitte an,
der werlde grüezen bieten.	entbiete aller Welt den Gruß.
ob dich ein grâ wîse man	Wenn dich ein grauer, weiser Mann
zuht wil lêren als er wol kan,	belehren will – das kann er gut –
dem soltû gerne volgen	gehorche ihm aus freien Stücken
und wis im niht erbolgen.	und begehre nur nicht auf.
sun, lâ dir bevolhen sîn,	Mein Sohn, ich geb dir noch den Rat:
swâ dû guotes wîbes vingerlîn	kannst du bei einer lieben Frau
müges erwerben und ir gruoz,	die Neigung und den Ring gewinnen,
daz nim: ez tuot dir kumbers buoz.	tu's! Es macht dir Schweres leicht.
dû solt zir kusse gâhen	Fackel nicht und küsse sie,
und ir lîp vaste umbevâhen:	nimm sie fest in deine Arme –
daz gît gelücke und hôhen muot,	wenn sie keusch, gesittet ist,
ob si kiusche ist unde guot. […]	bringt das Glück und Hochgefühl!

2. Die Lehren des Gurnemanz*

[…] Dô man den tisch hin dane genam,	Die Tafel wurde aufgehoben –
dar nâch wart wilder muot vil zam.	Wildwuchs wurde nun gestutzt!
der wirt sprach zem gaste sîn	Der Burgherr sagte seinem Gast:
„ir redet als ein kindelîn.	„Ihr redet wie ein kleines Kind.
wan geswîgt ir iuwer muoter gar	Wann schweigt Ihr endlich von der Mutter
und nemet anderr mære war?	und geht auf andre Themen ein?
habet iuch an mînen rât:	Haltet Euch an meine Lehre,
der scheidet iuch von missetât.	denn so macht Ihr keine Fehler.
sus hebe ich an: lât's iuch gezemen.	Ich fange an, erlaubt es mir:
ir sult niemer iuch verschemen.	verliert nur nie den Sinn für Scham.
verschamter lîp, waz touc der mêr?	Wer sich nicht schämt, was taugt der noch?
der wonet in der mûze rêr,	Das ist wie Mauser, Federfall:
dâ im werdekeit entrîset	Wert und Würde sinken nieder,
unde in gein der helle wîset.	zeigen ihm den Weg zur Hölle.
ir tragt geschickedę unde schîn,	Mit Eurem Aussehn, Eurer Schönheit
ir muget wol volkes hêrre sîn.	könntet Ihr ein Herrscher werden.

ist hôch und hœht sich iuwer art,
lât iweren willen des bewart,
iuch sol erbarmen nôtec her:
gein des kumber sit ze wer
mit milte und mit güete:
vlîzet iuch diemüete.
der kumberhafte werde man
wol mit schame ringen kan
(deist éin unsüeze arbeit):
dem sult ir helfe sîn bereit.
swenne ir dem tuot kumbers buoz,
sô nâhet iu der gotes gruoz.
im ist noch wirs dan den die gênt
nâch prôte aldâ diu venster stênt.
ir sult bescheidenlîche
sin arme unde rîche.
wan swâ der hêrre gar vertuot,
daz ist niht hêrrenlîcher muot:
sament ér ab schaz ze sêre,
daz sint och unêre.
gebt rehter mâze ir orden.
ich pin wol innen worden
daz ir râtes dürftic sît:
nu lât der unfuoge ir strît.
ir ẹnsult niht vil gevrâgen:
ouch ẹnsol iuch niht betrâgen
bedâhter gegenrede, diu gê
rehte als enes vrâgen stê,
der iuch wil mit worten spehen.
ir kunnet hœren unde sehen,
entseben unde dræhen:
daz solt' iuch witzen næhen.
lât derbärme bî der vrävele sîn.
sus tuot mir râtes volge schîn.
an swem ir strîtes sicherheit
bezalt, er'n habe iu sölhiu leit
getân, diu herze kumber wesen,
die nemet, und lâzet in genesen.
ir müezet dicke wâpen tragen:
so'z von iu kome, daz ir getwagen
undr ougen und an handen sît,
des ist nâch îsers râme zît.
sô wert ir minneclîch gevar:
des nement wîbes ougen war.
sît manlîch unde wol gemuot:
daz ist ze werdem prîse guot.
und lât iu liep sîn diu wîp:
daz tiwert junges mannes lîp.

Seid Ihr edel, strebt nach oben,
so bleibt Euch in dem Punkte treu:
helft den Vielen in der Not,
kämpft gegen ihre Armut an
mit Güte, Generosität,
gebt niemals Eure Demut auf.
Gerät ein edler Mann in Not,
so hat er mit der Scham zu kämpfen
(und das ist ein bittrer Kampf!) –
seid bereit, auch ihm zu helfen.
Er ist noch übler dran als jene,
die vor Fenstern Brot erbetteln.
Rettet Ihr ihn aus der Not,
kommt Gottes Gnade auf Euch zu.
Doch ob Ihr arm seid oder reich –
zeigt stets das rechte Augenmaß.
Ein Herr, der den Besitz verschleudert,
benimmt sich gar nicht wie ein Herr;
doch wenn er dauernd Schätze häuft,
so ist dies auch nicht ehrenvoll.
Haltet immer Maß und Ziel.
Ich habe Anlaß, festzustellen,
daß Ihr Unterweisung braucht.
Seid nicht mehr so ungehobelt!
Ihr sollt nicht viele Fragen stellen!
Gewöhnt Euch an zu überlegen,
was Ihr zur Antwort geben wollt;
sie geh auf dessen Frage ein,
der etwas von Euch hören will.
Ihr könnt doch hören, sehen,
schmecken, riechen – all dies bringe
Euch so langsam zu Verstand!
Verbindet mit dem Mut das Mitleid –
so befolgt Ihr meine Lehre.
Wenn einer sich Euch unterwirft,
per Ehrenwort, so nehmt es an
und laßt ihn leben – falls er Euch
nichts antat, was das Herz zerbricht.
Ihr werdet oft die Rüstung tragen;
sobald die von Euch abgelegt ist,
wascht Euch Hände und Gesicht –
sobald sich Rost zeigt, wird es Zeit!
Ihr wirkt dann wieder angenehm –
und das bemerken Frauen gleich!
Seid mutig und seid hochgestimmt,
das fördert Euren schönen Ruhm.
Und haltet stets die Frauen hoch –
so steigt ein junger Mann im Rang.

gewenket niemer tag an in
deist rehte manlîcher sin.
welt ir in gerne liegen,
ir muget ir vil betriegen:
gein werder minne valscher list
hât gein prîse kurze vrist.
dâ wirt der slîchære klage
daz dürre holz ime hage:
daz pristet unde krachet:
der wáhtære erwachet.
ungeverte und hâmît,
dar gedîhet manec strît:
diz mezzet gein der minne.
diu wérdé hât sinne,
gein valsche listeclîche kunst:
swenn' ir bejaget ir úngúnst,
sô müezet ir g'unêret sîn
und immer dulten schamenden pîn.
dise lêre sult ir nâhe tragen:
ich wil iu mêr von wîbes orden sagen.
man und wîp diu sint al ein;
als diu sunn' diu hiute schein,
und ouch der name der heizet tac.
der ęnwederz sich gescheiden mac:
sie blüent ûz éime kerne gar.
des nemet künsteclîche war."
der gast dem wirt durch râten neic.
sîner muoter er gesweic,
mit rede, und in dem herzen niht;
als noch getriuwem man geschiht.
Der wirt sprach sîn êre.
„noch sult ir lernen mêre
kunst an rîterlîchen siten.
[...] [Anfang 13. Jh.]

Bleibt hier fest, an jedem Tag –
hier zeigt sich männliche Gesinnung.
Wenn Ihr sie belügen wollt,
da könnt Ihr viele leicht betrügen!
Doch Betrug ist nicht von Dauer –
anders als der Ruhm, die Liebe.
Der Mann der Seitensprünge klagt
das dürre Holz im Walde an,
weil es zerbricht und dabei knackt –
und schon wacht der Wächter auf!
Im Versteck und im Verhau
gerät man häufig aneinander.
Doch vergleicht dies mit der Liebe:
ist sie echt, so hat sie Mittel
gegen Finten des Betrugs.
Ist Euch die Liebe nicht mehr hold,
verliert Ihr unvermeidlich Ehre,
leidet in der Schande Not.
Nehmt Euch diesen Rat zu Herzen.
Ich sag noch etwas zu den Frauen.
Mann und Frau sind völlig eins –
wie die Sonne, die heut schien
und das, was man als ‚Tag' bezeichnet.
Hier läßt sich keins vom andren trennen:
aus einem Kerne blühn sie auf!
Merkt Euch das, denkt drüber nach."
Der Gast verneigte sich, zum Dank.
Und er schwieg von seiner Mutter –
mit dem Mund, doch nicht im Herzen.
Noch heute so, bei wahrer Bindung ...
Der Burgherr sagte, was ihn ehrte:
„Ihr müßt noch vieles, vieles lernen
an Waffenhandwerk, Ritterwesen.

(Übersetzung: Dieter Kühn)

[...] Wie steht's um Eure Wunde? Laßt mich sehen ... wir üben doch besser erst morgen.

Nein, sagte Parzivâl. – Heute. Ich bin okeeh.

Was ist das für ein Bauernwort? schimpfte Herr Gurnemanz ergriffen. – Ihr seid nicht mehr im Stall, merkt Euch das! Wollt Ihr hören, was ein Ritter ist? Un-verschämt soll er sein, aber nicht wie der Rotzlöffel vom Dorfe! Das heißt, voller Scham, doch ohne Scheu! Mausern sollt Ihr Euch endlich, aber nicht mausig machen! Heraus aus Eurem Kinderflaum und die Flügel gereckt! Aber nur, wo Platz dafür ist. Nicht überall ist Platz, mein Lieber.

Über die Armen, zum Beispiel, breitet man den Fittich der Milde! Da ist kein Platz für Hochmut, da tut es der hôhe Mut! Aber der muß es dann auch tun! Am meisten bei den verschämten Armen. Und unsere liebe Ritterheit ist voll von Rittern, die nichts zu beißen haben, nichts zu brechen, kaum noch eine arme Lanze. Da steckt Euch Euren Hochmut an den Hut und macht Euch klein wie sie oder noch kleiner. Seid Euch zu gut, einen Mann Eures Standes zu beschämen, auch wenn

Illustration einer Parzival-Handschrift um 1250

er unfrei ist. Dann müßt Ihr frei sein für zwei, und edel für zwanzig. Das heißt, daß er Euren Edelmut gar nicht bemerken darf! Niemals soll sich ein Ritter schämen müssen, versteht Ihr mich? Denn Scham ist die Hölle für einen Mann von Ehre, es gibt keine schwärzere. Wer Ehre hat, hat Scham, und wer diese kennt, tut sie keinem andern an. Das meine ich mit „un-verschämt", Parzivâl! oder wie Ihr heißt –

Aus dem rechten Verkehr mit der Scham, Parzivâl, folgt alles andere, was zur Ritterschaft gehört. Auch das Mitleid, auch das Erbarmen. Das muß sein. Doch zeigen darf sich's nicht. Auch die Huld gegen Frauen und Pfaffen. Wendet Eure ganze Kraft daran, den Bedürftigen zu zeigen, daß sie's nicht sind. Hebt sie auf, aber ohne Aufhebens. Wer milde sein will, gibt nicht an damit, er ist's. Punktum. Und wenn man ihn fragt, weiß er selbst nichts mehr davon.

Angeben ist eine Schande, und betteln ist auch eine. Warum? das will ich Euch gut sagen. Jeder, der Euch bitten muß, ruft Eure Schande ins Land und tut sie Gott kund. Denn Ihr hättet nicht fehlen dürfen, als noch keine Not war zu bitten. Ihr hättet die Not müssen kommen sehen. Laßt Euch niemals bitten, Roter Ritter! Seid den Bedürftigen eine Hilfe, indem Ihr nicht fehlt. Seid da. Fragt nicht, und laßt Euch nicht lange fragen. Sondern habt Augen und Ohren offen. Das reicht. Ihr braucht der Welt nichts zu schenken, aber seid ihr ein Geschenk. Dann hat sie auf Euch gewartet, sonst nicht. Nur das will Ritterschaft heißen. […] (Adolf Muschg, Der Rote Ritter, v 1993)

3. Die Lehren des Trevrizent*

du muost zen pfaffen haben muot.
swaz din ouge ûf erden siht,
daz glîchet sich dem priester niht.
sîn munt die marter sprichet,
diu unser flust zebrichet:
ouch grîfet sîn gewîhtiu hant
an daz hœhéste pfant
daz ie für schult gesetzet wart:
swelch priester sich hât sô bewart
daz er dem kiusche kan gegeben,
wie möht' der heileclîcher leben?"
diz was ir zweier scheidens tac.
Trevrizent sich des bewac,
er sprach „gip mir dîn' sünde her:
vor gote ich bin dîn wandels wer.
und leiste als ich dir hân gesagt:
belip des willen unverzagt."
von ein ander schieden sie:
ob ir welt, sô prüevet wie.

[Anfang 13. Jh.]

Sei den Priestern stets gewogen.
Was immer du auf Erden siehst,
reicht an den Priester nicht heran.
Er predigt über die Passion:
sie zerstört unsre Verdammnis.
Und: mit der geweihten Hand
berührt er das höchste Unterpfand,
das jemals von der Schuld befreite.
Ein Priester, der ein Leben führt,
das die Reinheit übermittelt,
der ist so heilig wie sonst keiner."
Dies war der Abschiedstag, für beide.
Trevrizent entschloß sich, sagte:
„Gib mir deine Sünden her;
ich bürg vor Gott für deine Buße.
Befolge, was ich dir gesagt,
halte fest an dem Entschluß."
Sie trennten sich. Wenn ihr es wollt,
so denkt euch aus, wie das geschah.

(Übersetzung: Dieter Kühn)

WERNHER DER GARTENÆRE

Meier Helmbrecht

Die Ritter früherer Zeit*

[...] si wâren hovelîch und gemeit
und kunden niht mit schalcheit,
als nû bî disen zîten kan
manic wîp und manic man.
die ritter hêten einen site,
dâ liebten si sich den vrouwen mite:
einez ist buhurdieren genant
(daz tete mir ein hoveman bekant,
dô ich in vrâgte der maere,
wie ez genennet waere).
si vuoren, sam si wolden toben
(dar umbe hôrte ich si loben),
ein schar hin, diu ander her;
ez vuor dieser unde der,
als er einen wolde stôzen.
under mînen genôzen
ist ez selten geschehen,
daz ich ze hove hân gesehen.
als si danne daz getâten,
einen tanz si danne trâten,
mit hôhvertigem gesange;
daz kurzte die wîle lange.
vil schiere kom ein spilman.
mit sîner gîgen huop er an.
dô stuonden ûf die vrouwen –
die möht man gerne schouwen.
die ritter gegen in giengen.
bî handen si si viengen.
dâ was wunne überkraft
von vrouwen und von ritterschaft
in süezer ougenweide.
juncherren unde meide,
si tanzten vroelîche,
arme unde rîche. [...]

[um 1270]

Die neuen Sitten*

[...] wer liegen kan, der ist gemeit.
triegen – daz ist hövescheit.
er ist gevüege, wer den man
mit guoter rede versnîden kan.
wer schiltet schalclîche,
der ist nû tugentrîche.
der alten leben, gloubet mir,
die dâ lebent alsam ir,
die sint nû in dem banne
und sint wîbe und manne
ze genôze als maere
als ein hâhaere.
âht unde ban daz ist ein spot."
der alte sprach: „daz erbarme got
und sî im immer gekleit,
daz diu unreht sint sô breit."
„die alten turnei sint verslagen
und sint die niuwen für getragen.
wîlen hôrt man kroyieren sô:
‚helt ritter, weset vrô!'
nû kroyieret man durch den tac:
‚jage rinder, jage, jac,
sticha stich, slahe slach!
stümbel den, der ê gesach,
slach mir abe dem den vuoz,
tuo mir disem der hende buoz.
dû solt mir disen hâhen
und einen rîchen vâhen –
der gît uns wol hundert phunt.'"
[...] [um 1270]

Übersetzung: Die Ritter früherer Zeit*

Sie waren höfisch, frohgemut, und verstanden sich nicht auf das bösartige Wesen, wie es heute bei vielen Frauen und Männern anzutreffen ist. Die Ritter hatten Gewohnheiten, mit denen sie sich bei den Damen ins rechte Licht setzten: eine davon nannte man das „Buhurdieren" (so erklärte es mir ein Mitglied des Hofes, als ich ihn um Auskunft nach dem Namen fragte). Sie ritten los wie wahnsinnig (ich hörte, wie man ihnen dafür Beifall spendete), zwei Scharen gegeneinander; jeder ritt, als ob er einen anderen [vom Pferd] stoßen wollte. Unter Leuten meines Standes geschieht nie so etwas, wie ich es am Hof gesehen habe. Nachdem sie damit fertig waren, machten sie einen Tanz unter frohem Gesang; das vertrieb ihnen die Zeit. Sofort kam auch ein Spielmann. Der begann auf seiner Geige [zu spielen]. Da erhoben sich die Damen – man würde sie auch heute noch gerne sehen! Die Ritter gingen ihnen entgegen. Sie faßten sie bei den Händen. Freude im Übermaß herrschte, Damen und Ritter boten einen erfreulichen Anblick. Junge Adlige und Mädchen tanzten fröhlich, ob arm oder reich.

Übersetzung: Die neuen Sitten*

Wer lügen kann, ist ‚tüchtig'. Betrügen – das ist höfisches Wesen. ‚Geschickt' ist, wer die Leute mit wohlgesetzten Reden hereinlegt. Wer schimpft wie ein Knecht, der gilt jetzt als ‚gesittet'. Glaubt mir: das Verhalten der Vorfahren, die so lebten wie ihr, ist heute geächtet; Frauen und Männern gilt ihre Gesellschaft soviel wie die eines Henkers. Acht und Bann sind [nur noch ein Gegenstand des] Spottes." Der Alte sagte: „Gott erbarme sich darüber, und es sei ihm ewig geklagt, daß das Unrecht sich so breitgemacht hat." „Die Turniere alter Art sind verachtet – man hat neue eingeführt. Früher hörte man den Schlachtruf so: ‚Held, Ritter, seid frohen Mutes!' Heute braucht man den ganzen Tag den ‚Schlachtruf': ‚Jage, Rinder, jage, jag! Stich, töte! Stich dem die Augen aus, der früher sehen konnte, schlag dem für mich den Fuß ab, dem die Hände. Häng diesen auf und fang [statt dessen] einen Reichen – der zahlt uns sicher hundert Pfund [Lösegeld].'"

Aufgabe zu dem Bild auf der Seite 39

Illustration zum *Parzival*

① Stellen Sie fest, wodurch das gesellschaftliche Leben, Burg, Landschaft und ritterlicher Kampf gekennzeichnet werden. Welche Besonderheiten fallen Ihnen dabei auf?

Aufgaben zu den Texten auf den Seiten 33–41

Das Nibelungenlied (S. 33 f.)

① Informieren Sie sich in einem Literaturlexikon über den Inhalt des Epos.
② Vergleichen Sie den Realitätsbezug im Nibelungenlied und im Parzival (S. 36 ff.).
③ Untersuchen Sie Gemeinsamkeiten und Unterschiede zwischen dem Falkenlied (S. 27) und den Strophen 13–15.
④ Vergleichen Sie den Strophenbau des Nibelungenlieds mit der „Kürnberger wîse" des Falkenlieds.

HARTMANN VON AUE Der arme Heinrich und Iwein (S. 35)

① Fertigen Sie mit Hilfe der Anmerkungen eine Übersetzung ins Neuhochdeutsche.
② Welche Angaben zu seiner Person hält Hartmann für wichtig?
③ Welche Begründungen nennt Hartmann für sein Dichten? Wie würden seine Argumente heute beurteilt werden?

WOLFRAM VON ESCHENBACH Parzival (S. 36 ff.)

① Informieren Sie sich in einem Literaturlexikon über den Inhalt des Epos.
② Formulieren Sie die Lehren der Mutter mit eigenen Worten.
③ Gliedern Sie die Ratschläge des Gurnemanz, und zeigen Sie an ihnen die Idealvorstellungen vom Ritter.
④ Charakterisieren Sie Lehren und Aussagen des Trevrizent.
⑤ Zeigen Sie, wie die drei Lehren verschiedenen Bewußtseinsstufen im Leben Parzivals angemessen sind.
⑥ Vergleichen Sie die Übersetzung von Dieter Kühn mit dem Romanauszug von Adolf Muschg. Charakterisieren Sie die Sprache Muschgs an einigen auffallenden Beispielen.

WERNHER DER GARTENAERE Meier Helmbrecht (S. 40 f.)

① Informieren Sie sich in einem Literaturlexikon über den Inhalt des Versromans.
② Auf welche Weise charakterisiert der Autor das „früher" und das „heute"? Vergleichen Sie dazu die Lehren des Gurnemanz im Parzival (S. 36 ff.).
③ Inwiefern läßt sich an dem abgedruckten Beispiel zeigen, daß es dem Autor vor allem auf gesellschaftskritische Aussagen ankommt?

III. Die frühneuhochdeutsche Zeit (um 1250–um 1600)

Albrecht Dürer, Selbstbildnis mit Eryngium, 1493

1. Grundzüge der Epoche

Der Verfall der höfisch-ritterlichen Kultur klingt bereits im *Meier Helmbrecht* von Wernher der Gartenaere (S. 40f.) an. Im 14. Jahrhundert werden zunehmend Städte zum Mittelpunkt des kulturellen Lebens. Neue Inhalte und neue literarische Formen drücken die Anliegen der Zeit und das Selbstbewußtsein der **Bürger** aus.
Johannes von Tepl (um 1350–um 1414), Stadtschreiber und Notar in Saaz, ab 1411 Protonotar der Neustadt in Prag, verlor am 1. August 1400 seine Frau im Kindbett. Nun zieht er den Tod in einer leidenschaftlichen Anklage zur Rechenschaft. Dieser rechtfertigt sich mit dem Hinweis auf die menschliche Hinfälligkeit. Schließlich gibt Gott beiden recht: dem Kläger spricht er den Erhalt der Ehre zu, dem Tod den Sieg. In dem Text begegnen sich die **mittelalterliche** und die **neuzeitliche Weltanschauung:** für den Tod ist das Leben ganz auf das Jenseits ausgerichtet. Der Ackermann hingegen fordert das Recht auf Freude und Glück im irdischen Leben. Auch die sprachliche Form macht neues Denken sichtbar: Der Autor verwendet nicht überkommene, gebundene Verse oder Strophen, sondern schreibt in anschaulicher Prosa.

Lucas Cranach d. Ä., „Martin Luther" (1532)

Eine lebendige, kraftvolle und bildhafte Ausdrucksweise war das Anliegen Martin Luthers (1483–1546) bei seiner Bibelübersetzung. Wörter, wie das Lexikon sie vorschlug, genügten ihm nicht; vielmehr wollte er dem Volk „auff das Maul sehen". Um die richtigen Ausdrücke für Opferhandlungen zu finden, soll er zum Beispiel bei einem Metzger zugeschaut haben. Mit dieser Übersetzung (1522 erschien das Neue Testament, 1534 die gesamte Bibel) trug er wesentlich zur Schaffung einer **einheitlichen deutschen Schriftsprache** bei. Diese wurde dank der Möglichkeit einer weiten Verbreitung durch den Buchdruck mit beweglichen Metalllettern (um 1440 von Johann Gutenberg in Mainz erfunden) noch gefördert. – Luther schrieb neben zahlreichen theologischen Schriften auch rund 40 Kirchenlieder (*Ein feste burg*, *Vom himel hoch*) und wurde zum Schöpfer des protestantischen Kirchenlieds.

Bereits im 14. Jahrhundert schlossen sich Bürger zu Singschulen zusammen. Wer in einer solchen gelernt hatte, durfte sich Meister nennen. Wohl der berühmteste **Meistersinger** war Hans Sachs (1494–1576) in Nürnberg. Von ihm sind über 4000 Meisterlieder (vielfach dreistrophige Texte mit einfachen, oft holprigen Versen, den sogenannten Knittelversen) erhalten, dazu über 200 Tragödien, Komödien, Fastnachtsspiele und Schwänke (z. B. *Das schlauraffenlant, das Narrenschneiden, Der Schwanger Pauer, Der farend Schüler im Paradeiß, Das Kelberbrüten, S. Peter mit der Geiß*), außerdem eine große Zahl didaktischer und erzählender Sprüche.
In dem hier abgedruckten Meisterlied legte Sachs die 9. Geschichte des 5. Tages aus dem *Decamerone* (1348–52) des Giovanni Boccaccio (1313–1375) zugrunde. (Vgl. Heyses Novellentheorie, S. 268.)

2. Texte

Das „jüngere Hildebrandslied“

[...]
„Mein harnisch und mein grüner schilt,
die teten mich oft ernern,
ich trawe Christ vom himel wol,
ich wöll mich dein erwern.“
sie ließen von den worten
und zuckten scharpfe schwert,
was die zwen helden begerten,
des wurden sie gewert.

Ich waiß nicht, wie der junge
dem alten gab ain schlag,
daß sich der alte Hiltebrant
von herzen ser erschrack;
er sprang sich hinderrucke
wol siben klafter weit:
„nun sag an, du vil junger!
den straich lert dich ain weib.“
[...]
Er erwischt in bei der mitte,
da er am schwechsten was,
er schwang in hinderrucke
wol in das grüne gras:
„nun sag mir, du vil junger!
dein beichtvater wil ich wesen:
bist du ain junger Wölfing,
vor mir magst du genesen.

„Du sagst mir vil von wolfen,
die laufen in dem holz;
ich bin ain edler degen
auß Kriechenlanden stolz,
mein mutter haist fraw Ute,
ain gewaltige herzogin,
so ist Hiltebrant der alte
der liebste vater mein.“

„Haist dein mutter fraw Ute,
ain gewaltige herzogin,
so bin ich Hiltebrant der alte,
der liebste vater dein.“
er schloß im auf sein güldin helm
und kust in an sein munt:
„nun muß es gott gelobet sein!
wir sint noch baide gesunt.“

„Ach vater, liebster vater!
die wunden, die ich dir hab gschlagen,
die wolt ich dreimal lieber
in meinem haupte tragen.“
„nun schweig, du lieber sune!
der wunden wirt gut rat,
seit daß uns gott baide
zusammen gefüget hat.“ [14. Jh.]

JOHANNES VON TEPL
Der ackerman

DER ACKERMAN. Das III. capitel.

Ich bins genant ein ackerman, von vogelwat ist mein pflug, und wone in Behemer lande. Erhessig, widerwertig und widerstrebend sol ich euch immer wesen, wan ir habt mir den zwelften buchstaben,[1] meiner freuden hort, aus dem alphabet gar freissamlich entzücket. Ir habt meiner wünnen lichte sumerblumen mir aus meines herzen anger jemerlichen ausgereutet; ir habt mir meiner selden haft,[2] mein auserwelte turkeltauben arglistiglichen entfremdet; ir habt unwiderbringlichen raub an mir getan! Weget es selber, ob ich icht billich zürne, wüte und klage: von euch bin ich freudenreiches wesens beraubet, tegelicher guter lebetage enterbet und aller wünnebringender rente geeußert. Frut[3] und fro was ich vormals zu aller stund; kurz und lustsam was mir alle weile tag und nacht, in gleicher maße freudenreich, geudenreich sie beide; ein jegliches jar was mir ein genadenreiches jar. Nu wirt zu mir gesprochen: schab ab![4] Bei trübem getranke, auf dürrem aste, betrübet,

[1] M(argaretha) [2] Glückseligkeit [3] fröhlich [4] hau ab

sware und zeherend beleibe ich und heule one underlaß! Also treibet mich der wind, ich swimme dahin durch des wilden meres flut, die tunnen[5] haben überhand genomen, mein anker haftet ninder. Hierumb ich one ende schreien wil: Ir Tod, euch sei verfluchet!

DER TOD. Das IIII. capitel.

Wunder nimt uns solcher ungehorter anfechtung, die uns nimmer hat begegent. Bistu es ein ackerman, wonend in Behemer lande, so dünket uns, du tust uns heftiglichen unrecht; wan wir in langer zeit zu Beheim nicht endeliches[6] haben geschaffet, sunder nu neulich in einer festen hübschen stat, auf einem berge werlich gelegen, der haben vier buchstaben, der achzehende, der erste, der dritte und der drei und zwenzigste in dem alphabet, einen namen geflochten.[7] Da haben wir mit einer erberen seligen tochter[8] unser genade gewürke [...].

GOT. Das XXXIII. capitel.

Der lenze, der sumer, der herbest und der winter, die vier erquicker und handhaber des jares, die wurden zwifertig[9] mit großen kriegen. Ir jeder rümte sich, und wolte jeglicher in seiner würkung der beste sein. Der lenze sprach, er erquickte und machte güftig alle früchte; der sumer sprach, er machte reif und zeitig alle früchte; der herbest sprach, er brechte und zechte ein beide in stedel, in keller und in die heuser alle früchte; der winter sprach, er verzerte und vernutzte alle früchte und vertribe alle gifttragende würme. Sie rümten sich und kriegeten faste; sie hetten aber vergessen, das sie sich gewaltiger[10] herschaft rümten. Ebengleiche tut ir beide. Der klager klaget sein verlust, als ob sie sein erberecht were; er wenet nicht, das sie im von uns were verlihen. Der Tod rümet sich herschaft, die er doch allein von uns zu lehen hat empfangen. Der klaget, das nicht sein ist; diser rümet sich herschaft, die er nicht von im selber hat. Jedoch der krieg ist nicht gar one sache: ir habet beide wol gefochten. Den twinget leid zu klagen, disen die anfechtung des klagers, die warheit zu sagen. Darumb: klager, habe ere, Tod, habe sige, seit jeder mensche das leben dem Tode, den leib der erden, die sele uns pflichtig ist zu geben. [e 1401]

[5] Wellen [6] nichts Wesentliches [7] Sacz = Saaz [8] hier ist die Ehefrau des Ackermann gemeint [9] feindlich [10] verliehener

MARTIN LUTHER

Eyn Sendbrieff von Dolmetschen

[...] man mus nicht die buchstaben jnn der Lateinischen sprachen fragen wie man sol Deudsch reden, ... Sondern man mus die mutter jm Hause, die kinder auff der gassen, den gemeinen mann auf dem markt drumb fragen, vnd den selbigen auff das Maul sehen, wie sie reden, vnd darnach dolmetschen, so verstehen sie es denn, vnd mercken, das man Deudsch mit ihn redet.
Als wenn Christus spricht, Ex abundantia cordis os loquitur. Wenn ich den Eseln sol folgen, die werden mir die buchstaben furlegen, vnd also dolmetschen, Aus dem vberflus des hertzen redet der Mund. Sage mir, Ist das deudsch gered? Welcher Deudscher verstehet solchs? Was ist vberflus des hertzen fur ein ding? Das kan kein Deudscher sagen, Er wolt denn sagen, es sey das einer allzu ein gros hertz habe, oder zu viel hertzens habe, wiewol das auch noch nicht recht ist, Denn vberflus des hertzen ist kein deudsch, so wenig als das deudsch ist, vberflus des hauses, vberflus des kachelofens, vberflus der banck, Sondern also redet die mutter jm hause vnd der gemeine man, Wes das hertz vol ist, des gehet der mund vber, das heist gut deudsch gered, des ich mich gevlissen, vnd leider nicht allwege erreicht noch getroffen habe, Denn die Lateinischen buchstaben hindern aus der massen seer, gut deudsch zu reden. [...] [v 1530]

HANS SACHS
Der edelfalk

Im rosenton Hans Sachsen. 9. august 1543

In centonovella ich lase,
wie zu Florenz vor zeiten sase
ein jung edelman, weit erkant,
Fridrich Alberigo genant,
der in herzlicher liebe brennet
gen einem edlen weib, genennet
Giovanna, an gut ser reiche,
an eren stet und gar lobleiche.
der edelman stach und turnirt,
zu lieb der frauen lang hofirt;
sie aber veracht all sein liebe,
an irem herren[1] treulich bliebe.
Gar reichlich Friderich ausgab,
bis er verschwendet große hab;
entlich verpfent er all sein gute,
zug auf ein sitz und in armute,
nichts dan ein edlen falken het,
mit dem er teglich baißen[2] tet,
und nert sich aus eim kleinen garten,
des er auch tet mit arbeit warten.

Ir her der starb, und sich begabe:
der frauen sun, ein junger knabe,
wart schwerlich krank bis in den tot;
sprach: „muter, ich bit dich durch got,
hilf, das Friderichs falk mir werde,
so nimt ein ent all mein beschwerde."
Die muter tröst in, den zu bringen,
kam zu her Fridrich in den dingen,
der freuet sich irer zukunft,
entpfieng sie mit hoher vernunft.
zum frümal[3] tet sie sich selb laden.
fro war Friderich irer gnaden;
Het doch weder wildpret noch fisch,
darmit er speiset seinen tisch;
armut und unglück tet in walken.
er würgt sein edlen lieben falken,
briet den und in zu tische trug,
zerleget in höflich und klug;
in mit der edlen frauen aße,
die doch selbs nit west, was es wase.

Nach dem mal sprach die frau mit sitten:
„durch euer lieb wil ich euch bitten
um euren edlen falken gut,
nach dem mein sun sich senen tut
totkrank; wo ir im den tut geben,
errettet ir sein junges leben."
Her Fridrich war mit angst beseßen:
„den falken", sprach er „han wir geßen;
die allerliebst mein liebstes aß."
die frau sich des verwundert was.
er zeiget ir des falken gfider.
schieden sich beide traurig wider.
Nach drei tagen ir sune starb.
her Fridrich um die frauen warb;
sie erkennet sein lieb und treue,
het seiner armut kein abscheue,
weil er war tugenthaft und frum.
zu eim gemahel sie in num.
drum ist nit alle lieb verloren;
lieb hat oft lieb durch lieb geboren. [e 1543]

---

[1] Ehemann [2] beizen: mit abgerichteten Raubvögeln jagen [3] ausgiebiges zweites Frühstück

Aufgaben zu dem Bild auf der Seite 43

ALBRECHT DÜRER Selbstbildnis mit Eryngium

Das Gemälde, eines der frühesten Selbstbildnisse in der abendländischen Kunst, wurde von Dürer mit 1493 (die 4 wir als halbe 8 wiedergegeben) datiert und erhielt die Aufschrift: „My sach die gat/Als es oben schtat".

① Informieren Sie sich in einem Lexikon über Dürers Leben. In welcher beruflichen Situation malte er dieses Selbstporträt?
② Welche Eigenschaften würden Sie dem jungen Mann zusprechen?
③ Das Distelgewächs (Eryngium) wurde als Symbol für Treue, aber auch als Zeichen christlicher Demut angesehen. Welche Deutungsmöglichkeiten ergeben sich daraus?

Aufgaben zu den Texten auf den Seiten 45–47

Das „jüngere Hildebrandslied" (S. 45)

Ein Interpret sagt: „Wenn der Kampf [...] im jüngeren Hildebrandslied versöhnlich ausgeht, so ist dies die Umbildung einer anderen Zeit."

① Charakterisieren Sie den „anderen" zeitlichen, insbesondere gesellschaftlichen Hintergrund im Vergleich mit dem Hildebrandslied des 8. Jh.s (S. 19f.; vgl. die Kapiteleinleitung auf S. 18).
② Untersuchen Sie, welche Einflüsse einer „anderen Zeit" im Text erkennbar sind.

JOHANNES VON TEPL Der ackerman (S. 45f.)

① Fassen Sie die Vorwürfe des Ackermannes zusammen.
② Worin sehen Sie eine neue, dem Mittelalter entgegengesetzte Denkweise?
③ Welche Argumente führt Gott an?

MARTIN LUTHER Eyn Sendbrieff von Dolmetschen (S. 46)

① Welche Grundsätze stellt Luther für seine Übersetzung auf?
② Nennen Sie die wichtigsten Stilmittel.

HANS SACHS Der edelfalk (S. 47)

① Beschreiben Sie die äußere Form der Strophen unter Berücksichtigung der vorgegebenen Regel: auf zwei gleichgebaute „Stollen" folgt ein achtzeiliger „Abgesang".
② Untersuchen Sie die Verteilung der Erzählschritte auf die Strophen.
③ Vergleichen Sie die Darstellung bei H. Sachs mit der Erzählung Boccaccios.

IV. Barock (um 1600–1720)

Johann Michael Eder, Memento mori (Hinterglasbild)

1. Grundzüge der Epoche

Das Wort **Barock** läßt an prunkvolle Kirchen- und Klosterbauten denken, an großartige Schlösser oder an vielgestaltige Stuckornamente und farbenprächtige Fresken. In der Musikgeschichte stellt die Barockzeit einen Höhepunkt dar. Ebenso wichtig wie Architektur, Malerei und Musik ist aber auch die Literatur dieser Epoche. Sie umfaßt etwa den Zeitraum von 1600 bis 1720 und spiegelt das Denken dieser Zeit besonders deutlich.
Bezeichnend für die Menschen und ihre Einstellung ist zunächst die **Freude am Leben**, die sich im Alltagsleben, im Schmuck der Häuser und selbst einfacher Dorfkirchen ebenso ausdrückt wie in der Mode oder in aufwendigen, prunkvollen Festen. Die kurze Zeit des Lebens sollte möglichst intensiv genutzt werden. Dieser Wunsch äußerte sich im Grundsatz des **Carpe diem** (genieße, nutze den Tag; übernommen aus einer Ode des römischen Dichters Horaz, 65–8 v. Chr.). In Texten verschiedener Autoren wird er deutlich:

MARTIN OPITZ (1597–1639), Sohn eines Metzgers und Ratsherrn in Bunzlau (Schlesien), war ein bedeutender Lyriker, Übersetzer und Theoretiker (1624 schrieb er das *Buch von der Deutschen Poeterey*, in dem er für den deutschen Vers anstelle des Knittelverses mit unregelmäßiger Silbenzahl die Verwendung des Alexandriners und den regelmäßigen Wechsel zwischen betonten und unbetonten Silben forderte). Das hier abgedruckte Gedicht rühmte Herder als eines der „schönsten deutschen Lieder". – PAUL FLEMING (1609–1640), als Sohn eines Pfarrers in Hartenstein bei Zwickau (Erzgebirge) geboren, studierte Medizin, war ein ausgezeichneter Musiker und schrieb formvollendete Verse, in denen hinter der Eleganz der Form vielfach auch die persönliche Aussage deutlich wird. – In ähnlicher Weise sucht der Bauernsohn JOHANN MARTIN (1633–1702) aus Schniffis in Vorarlberg (als Kapuziner erhielt er den Ordensnamen Laurentius) den Leser auf vergnügliche Weise zu unterhalten und ihn zum Nachdenken zu bringen. – SIBYLLA SCHWARZ (1621–1638) verwendete souverän die lyrische Formsprache ihrer Zeit und war trotz ihrer Jugend berühmt als die „pommersche Sappho".

In krassem Gegensatz zur Freude am Lebensgenuß stand das Wissen um die **Vergänglichkeit**, das **Memento mori** (gedenke des Todes), das bei Opitz bereits als stilistischer und inhaltlicher Gegensatz angeklungen war. Die Jahre des Dreißigjährigen Krieges mit Mord, Brand, Hunger, Seuchen und Zerstörungen zeigten die Brüchigkeit des Lebens deutlich genug. Der Nürnberger Arzt JOHANN HELWIG (1609–1674) äußerte seine Gedanken an den Tod in der Form eines Figurengedichts, wobei sich der Inhalt auf die dargestellte Figur (hier die Sanduhr als Symbol für die Vergänglichkeit der Zeit) bezog. – ANDREAS GRYPHIUS (1616–1664), Jurist und Rechtsberater der Stände des Fürstentums Glogau, hat in seiner Lyrik (überwiegend Sonette) immer wieder auf die Vergänglichkeit alles Irdischen hingewiesen, auf die Unbeständigkeit des Glücks, die Schrecken des Krieges und die Verrohung der Menschen durch den Krieg. Neben den Gedichten schrieb er zahlreiche Tragödien und Komödien. – CHRISTIAN HOFMANN VON HOFMANNSWALDAU (1617–1679), Breslauer Ratsherr und Diplomat, veröffentlichte zahlreiche weltliche und geistliche Gedichte, geschliffen in Ausdruck und Form. Dabei ging es für ihn nicht um die jeweilige lyrische Stimmung oder die Darstellung eines Erlebnisses, sondern um Reflexion, um witzige Pointen und um das Wecken von Assoziationen. Die Aussage des hier abgedruckten Gedichts verändert sich und gewinnt je nach dem Bildungs- und Kenntnisstand des Lesers. – Johann Megerle, bekannt unter seinem Klosternamen ABRAHAM A SANCTA CLARA (1644–1709), seit 1672 Hof- und Stadtprediger in Wien, war berühmt wegen der Anschaulichkeit seiner Formulierungen, seines schier unerschöpflichen Reichtums an Metaphern und Vergleichen, der Freude am Spiel mit der Sprache und der Überzeugungskraft seiner Frömmigkeit. – HANS JAKOB CHRISTOFFEL VON GRIMMELSHAUSEN (um 1622–1676) nahm auf verschiedenen Seiten am Dreißigjährigen Krieg teil, wurde später Gastwirt und ab 1667 bischöflich-straßburgischer Schultheiß in Renchen/Baden. Der Roman *Simplicissimus Teutsch* (aus dessen Schlußteil der hier abgedruckte Hinweis auf die Unbeständigkeit der Welt stammt) und die Simplicianischen Schriften machen ihn zum bedeutendsten Erzähler des 17. Jahrhunderts.

Das *Carpe diem* und das *Memento mori,* die beiden gegensätzlichen und zugleich eng miteinander verknüpften Grundakkorde des barocken Lebens, finden ihre Synthese in einem überzeugten Glauben und im Bewußtsein, daß sich der Mensch auf Erden für das ewige Leben bewähren muß. Das menschliche Leben wird mit einem **Spiel auf der Bühne der Welt** verglichen. „Gott ist der oberst Comediant", schrieb JEREMIAS DREXEL (1581–1638), einer der meistgelesenen deutschen Autoren in der ersten Hälfte des 17. Jahrhunderts, er „spielet … oft mit den Seinigen Comoedien und Tragoedien, lustige und trawrige Spiel". Gott teilt dem einzelnen bei der Geburt eine Rolle zu, die er ihm nach Gutdünken durch den Tod wieder abnimmt. Zuschauer sind Engel, die Mitmenschen und die Teufel. Wichtig ist nicht, ob man den König oder den Bettler darstellt; es kommt nur auf die Qualität des Spiels an.

Andreas Gryphius (1616–1664)

Catharina Regina von Greiffenberg (1633–1694)

Andreas Gryphius drückt diese Vorstellung im Bild vom Schachspiel aus. – Auch der kaiserliche Rat und Diplomat DANIEL CZEPKO VON REIGERSFELD (1605–1660) vergleicht das Leben mit einem Schauspiel, und Paul Fleming fühlt sich im Augenblick des Todes in der Rolle des Schauspielers, der von der Bühne des irdischen Lebens abtritt. – CATHARINA REGINA VON GREIFFENBERG (1633–1694) sieht den Zweck ihres Dichtens im Verkünden des Lobes Gottes. Der Nürnberger Dichter SIGMUND VON BIRKEN (1626–1681), der ihre Gedichte herausgab, nannte sie ein „Wunder unserer Zeit“ und rühmte die „Geist- und Kunstfähigkeit des lieblöblichen Frauenzimmers“. – JAKOB BIDERMANN (1578–1639), Jesuitenpater und Professor für Philosophie und Theologie, war der bedeutendste deutsche Vertreter des barocken Jesuitendramas. 1602 schrieb er für seine Schüler in lateinischer Sprache die „sehr schöne Comedi“ *Cenodoxus*, die Geschichte eines Pariser Gelehrten, der wegen seiner intellektuellen Überheblichkeit, der Sünde Luzifers, verdammt wird. Seine Vorzüge zählen vor Gott nicht, weil sie nur dem eigenen Ruhm dienen sollen. Allegorische Figuren wie die Eigenliebe, die Heuchelei und das Gewissen machen die Seelenregungen des Cenodoxus sichtbar. Engel und Teufel, die Apostel und schließlich Christus als Richter treten auf. Nach heftigen Disputen zwischen dem Schutzengel und dem Teufel in drei Gerichtssitzungen fällt Christus das Verdammungsurteil. Der kurfürstliche Geheimschreiber JOACHIM MEICHEL (um 1590–1637) übersetzte das Drama, das mit riesigem Erfolg aufgeführt wurde, „lustig und annehmlich, daneben auch erschröcklich und dahero sonderlich zu diser Zeit gar nutzlich zu lesen“. Am Schicksal des Cenodoxus sollte deutlich werden, wie es dem Menschen ergeht, der sich in überheblicher Selbsttäuschung von Gott abwendet.

Bezeichnend für die Literatur des Barock ist der **sprachliche Reichtum**, der sich in einer Vielzahl von Formen und Stilmitteln (Gegensätzen, Bildern, Vergleichen, Aufzählungen, Reihungen, Steigerungen, Ausrufen, rhythmischen Varianten u. a.) äußert, um den Leser zu überzeugen. Die schier grenzenlose Fülle ist jedoch wohlgeordnet und gebändigt; mit Vorliebe wird **die strenge Form des Sonetts** verwendet. Jeremias Drexel verglich die inhaltliche und formale Vielfalt der Literatur mit einem Garten, der wohlüberlegt angepflanzt und sorgfältig gepflegt wird, in sich klar gegliedert ist, trotzdem jedoch den Eindruck der großartigen Fülle bietet.

2. Texte

a) Carpe diem – nütze und genieße die Zeit

MARTIN OPITZ
Ach Liebste, laß uns eilen

Ach Liebste, laß uns eilen,
Wir haben Zeit:[1]
Es schadet das Verweilen
Uns beiderseit.

Der edlen Schönheit Gaben
Fliehn Fuß für Fuß,
Daß alles, was wir haben,
Verschwinden muß.

Der Wangen Zier[2] verbleichet,
Das Haar wird greis[3],
Der Augen Feuer weichet,
Die Brunst[4] wird Eis.

Das Mündlein von Korallen
Wird ungestalt,
Die Händ als[5] Schnee verfallen
Und du wirst alt.

Drumb laß uns jetz genießen
Der Jugend Frucht,
Eh als wir folgen müssen
Der Jahre Flucht.

Wo[6] du dich selber liebest,
So liebe mich,
Gib mir, daß, wann du gibest,
Verlier auch ich.

[v 1624]

[1] geeigneter Zeitpunkt [2] Wangenröte [3] grau [4] Liebesfeuer [5] wie [6] falls

PAUL FLEMING
Wie er wolle geküsset sein

Nirgends hin als auf den Mund,
Da sinkts in des Herzen Grund.
Nicht zu frei, nicht zu gezwungen,
Nicht mit gar zu fauler Zungen.

Nicht zu wenig, nicht zu viel,
Beides wird sonst Kinderspiel.
Nicht zu laut und nicht zu leise,
Bei der Maß ist rechte Weise.

Nicht zu nahe, nicht zu weit;
Dies macht Kummer, jenes Leid,
Nicht zu trucken, nicht zu feuchte,
Wie Adonis[1] Venus reichte.

Nicht zu harte, nicht zu weich,
Bald zugleich, bald nicht zugleich.
Nicht zu langsam, nicht zu schnelle,
Nicht ohn Unterscheid der Stelle.

Halb gebissen, halb gehaucht,
Halb die Lippen eingetaucht.
Nicht ohn Unterscheid der Zeiten,
Mehr alleine, denn bei Leuten.

Küsse nun ein jedermann,
Wie er weiß, will, soll und kann!
Ich nur und die Liebste wissen,
Wie wir uns recht sollen küssen.

[v 1642]

[1] in der griechischen Sage jugendlicher Geliebter der Venus

Laurentius von Schnüffis

Glückselig wär ich ja*

Diese Vers hatte Mirant[1] zu End eines Brieffleins gesetzt und weil so viel Platz nicht ware, alle nacheinander zu setzen, als hat er den halben Teil neben dem ersten, doch zur Unterscheidung mit einem darzwischen gezogenen Strich geschrieben.[2]

Glückselig wär ich ja,
Wann ich dein eigen wär,
Ach, schönste Silvia!
Der ist glückselig sehr,
Den deine Gunst bestrahlt,
Der wird mit Gold bemalt:
Drum hast, O Schäferin,
Mein Herze, Lieb und Sinn.

Wurdest du hassen mich,
Vor Leid müßt sterben ich.
O schandlichs Krokodil!
Der dich nicht lieben will.
Der liegt in Finsternus,
Der an dir hat Verdruß:
Bei mir noch Platz, noch Statt,
Ein andre Hirtin hat.

[v 1682]

[1] Umstellung des Geburtsnamens Martin
[2] zweistrophig gelesen eine Liebeserklärung; als Langzeilenstrophe Ausdruck der Abneigung

Sibylla Schwarz

Ist Lieb ein Feur*

ISt Lieb ein Feur / und kan das Eisen schmiegen /
bin ich voll Feur / und voller Liebes Pein /
wohrvohn mag doch der Liebsten Hertze seyn?
wans eisern waͤr / so wuͤrd eß mir erliegen /
wans guͤlden waͤr / so wuͤrd ichs koͤnnen biegen
durch meine Gluht; solls aber fleischern seyn /
so schließ ich fort: Eß ist ein fleischern Stein:
doch kan mich nicht ein Stein / wie sie / betriegen.
Ists dan wie Frost / wie kalter Schnee und Eiß /
wie presst sie dann auß mir den Liebesschweiß?
Mich deucht: Ihr Herz ist wie die Loorberblaͤtter /
die nicht beruͤhrt ein starcker Donnerkeil /
sie / sie verlacht / Cupido / deine Pfeil;
und ist befreyt fuͤr deinem Donnerwetter.

[v 1650]

Aufgaben zu den Texten auf den Seiten 52–53

MARTIN OPITZ Ach Liebste, laß uns eilen (S. 52)

① Zeigen Sie die Struktur des Gedichts.
② Welche Begründungen findet Opitz für die Forderung nach dem Carpe diem?
③ Formulieren Sie den Inhalt der 6. Strophe mit eigenen Worten.
④ Vergleichen Sie die Argumentation von Opitz mit *Vergänglichkeit der Schönheit* (S. 56) von Hofmann von Hofmannswaldau.

PAUL FLEMING Wie er wolle geküsset sein (S. 52)

① Die Frage, wie man „wolle geküsset sein", wird in der Literatur oft gestellt. Woraus kann man erschließen, wie Fleming sein Gedicht verstanden wissen wollte?
② Worin besteht die Pointe der letzten Strophe?
③ Welche wichtigen Stilmittel verwendet Fleming?
④ Vergleichen Sie die 6. Strophe mit der Strophe 5 in H. Heines Gedicht *Sie saßen und tranken am Teetisch* (S. 233).

LAURENTIUS VON SCHNÜFFIS Glückselig wär ich ja* (S. 53)

① Inwiefern ließe sich der Text als Anti-Liebesgedicht bezeichnen?
② Welche Stilmittel sind für die Barockzeit charakteristisch?

SIBYLLA SCHWARZ Ist Lieb ein Feur* (S. 53)

① In welche Rolle schlüpft die Verfasserin hier?
② Untersuchen Sie Struktur und Stilmittel des Textes.

b) Memento mori – vom Bewußtsein der Vergänglichkeit

ANDREAS GRYPHIUS

Tränen des Vaterlandes, anno 1636

Wir sind doch nunmehr ganz, ja mehr denn ganz verheeret.
Der frechen Völker Schar, die rasende Posaun,
Das vom Blut fette Schwert, die donnernde Kartaun[1]
Hat allen Schweiß und Fleiß und Vorrat aufgezehret.

Die Türme stehn in Glut, die Kirch ist umgekehret,
Das Rathaus liegt im Graus[2], die Starken sind zerhaun,
Die Jungfern sind geschändt, und wo wir hin nur schaun,
Ist Feuer, Pest und Tod, der Herz und Geist durchfähret.

[1] Kanone; gebildet nach ital. Cortona = kurze Kanone [2] Steinschutt

Hier durch die Schanz und Stadt rinnt allzeit frisches Blut.
Dreimal sind schon sechs Jahr, als unser Ströme Flut
Von Leichen fast verstopft, sich langsam fortgedrungen.

Doch schweig ich noch von dem, was ärger als der Tod,
Was grimmer denn die Pest und Glut und Hungersnot:
Daß auch der Seelenschatz so vielen abgezwungen.

[v 1637]

JOHANN HELWIG

Eine Sanduhr

O Menschenkind beacht doch diese Warnung hier,
so dir bezeugt den Lauf deins Lebens für und für!
Bund * Unser Leben, schau, ringet stets im Kampf * Tod
bunt Wann es lang gewährt, ists ein bloßer Dampf. Glück
Geld Hoffen uns erhält. Harren uns ernährt; Not
schallt Kummer, Krankheit, Sorg verzehrt Tück
Welt Wie im Glas geschwind schnell
wallt: klarer Sand durchrinnt Fäll.
hellt so allhier vergehet wie
Freud nicht bestehet Wind
bellt um und um hie
Neid Unsers Lebens Ruhm sind
Blut Ach! der blasse Tod Pracht
Mut ist ein Bot Macht.
frisch wohl bezüglet Zeit
steht und gar schnell geflüglet alt
risch gibet uns gar schlechte Frist scheid
geht; uns zu fällen sich stets rüst. bald
hier Heut vor abends droht er mir leid
Hohn Morgen kommet er und klopft deine Tür. Freud;
Zwier Es hilft kein Gewalt, es hilft nicht d'Pracht Feind.
Lohn. * Schön, klug, reich und stark jener nur verlacht. * Freund.
Drum, Mensch, bedenk es wohl, bleib wachsam und gerüst:
Klug sein und nicht viel Jahr die Ehr des Alters ist.

[v 1650]

CHRISTIAN HOFMANN VON HOFMANNSWALDAU
Vergänglichkeit der Schönheit

Es wird der bleiche Tod mit seiner kalten Hand
Dir Lesbie[1] mit der Zeit um deine Brüste streichen,
Der liebliche Korall der Lippen wird verbleichen;
Der Schultern warmer Schnee wird werden kalter Sand.

Der Augen süßer Blitz, die Kräfte deiner Hand,
Für welchen solches fällt,[2] die werden zeitlich weichen.
Das Haar, das itzund kann des Goldes Glanz erreichen,
Tilgt endlich Tag und Jahr als ein gemeines Band.[3]

Der wohlgesetzte Fuß, die lieblichen Gebärden,
Die werden teils zu Staub, teils nichts und nichtig werden;
Dann opfert keiner mehr der Gottheit deiner Pracht.

Dies und noch mehr als dies muß endlich untergehen,
Dein Herze kann allein zu aller Zeit bestehen,
Dieweil es die Natur aus Diamant gemacht. [v 1679]

[1] Anspielung auf die schöne, aber launische und berüchtigte Lesbia, die der röm. Dichter Gaius Valerius Catullus (84–54 v. Chr.) in seinen Gedichten besingt [2] vor welchen derartiges besiegt niederfällt [3] allen gemeinsames Schicksal

ABRAHAM A SANCTA CLARA
Judas der Ertz-Schelm

[...] Sag mir / was kan doch ärmer / und elender seyn / als der Mensch / nachdem er im Paradeyß gefallen / claudus factus est.[1]

Der Mensch ist ein Schatten / der bald vergeht /
Ist ein Graß / das nicht lang steht.
Der Mensch ist ein Feim[2] / der bald abfliest /
Ein Blum / die bald abschiest.[3]
Der Mensch ist ein Rauch / der nicht lang wehrt /
Ein Feur / das sich selbst verzehrt.
Der Mensch ist ein Wasser / das bald abrint /
Ein Kertzen / die bald abbrint.
Der Mensch ist ein Glaß / das bald zerbricht /
Ein Traum / der zeiget nicht.
Der Mensch ist ein Wax / das bald erwaicht /
Ein Rosen / die bald erblaicht.
Der Mensch ist ein Fleisch / das bald stinckt /
Ein Schiffel / das bald versinckt.

Ein elender Kripel / ein müheseeliger Tropff / ein armer Dalcken[4] / ein wiester Limmel / ein stinckender Maulaff[5] / ein lausiger Mistfinck / ein krätziger Trampel / ein wurmstichiger Pfnauser[6] / ein wilder Pengel. Ein armseeliger Gesell ist der Mensch [...]. [v 1689]

[1] zum Krüppel gemacht wurde [2] Schaum [3] verdorrt [4] ungeschickte Person
[5] einer, der zu sehr auf die Reden anderer hört [6] dicker, unbeholfener Mensch

Ignaz Günther, Der Tod schneidet den Lebensfaden ab (Epitaph für Johann Nepomuk Joseph Freiherr von Zech in der Münchener Asamkirche), 1757/58

HANS JACOB CHRISTOFFEL VON GRIMMELSHAUSEN

Simplicissimus Teutsch

[...] Adjeu O Welt / O schnöde arge Welt / O stinckendes elendes Fleisch / dann von deinetwegen und umb daß man dir gefolget / gedienet und gehorsamet hat / so wird der gottloß unbußfertig zur ewigen Verdamnus verurtheilt / in welcher in Ewigkeit anders nichts zu gewarten / als an statt der verbrachten Freud / Leid ohne Trost / an statt deß zechens / Durst ohne Labung / an statt

deß fressens / Hunger ohne fülle / an statt der Herrligkeit und Prachts / Finsternuß ohne Liecht; an statt der Wollüste / Schmertzen ohne Linderung / an statt deß dominirens und triumphirens / heulen / weinen und weheklagen ohne auffhören / Hitz ohne Kühlung / Feuer ohne Leschung / Kält ohne Maaß / und Elend ohne End. [...]
Behüt dich Gott O Welt / dann obwol der Leib bey dir ein Zeitlang in der Erden ligen bleibt und verfaulet / so wird er doch am jüngsten Tag wider auffstehn / und nach dem letzten Urtheil mit der Seel ein ewiger Höllenbrand seyn müssen; Alsdenn wird die arme Seel sagen: Verflucht seystu Welt! weil ich durch dein Anstifften Gottes und meiner selbst vergessen / und dir in aller Uppigkeit / Boßheit / Sünd und Schand die Tag meines Lebens gefolgt hab; verflucht sey die Stund / in deren mich Gott erschuff! verflucht sey der Tag / darinn ich in dir O arge böse Welt geborn bin! O ihr Berg / Hügel und Felsen fallet auff mich / und verbergt mich vor dem grimmigen Zorn deß Lamms / vor dem Angesicht dessen / der auff dem Stul sitzet; Ach Wehe und aber Wehe in Ewigkeit! [...] [v 1669]

Aufgaben zu den Bildern auf den Seiten 49 und 57

JOHANN MICHAEL EDER Memento mori

① Welches Lebensgefühl wird durch das Bild ausgedrückt? Berücksichtigen Sie auch die Bildunterschrift.
② Welches wichtige Stilmittel dieser Epoche wird hier vor allem deutlich?

IGNAZ GÜNTHER Der Tod schneidet den Lebensfaden ab

① Bestimmen und erläutern Sie die Attribute des Todes.
② Welche Beigaben hat der Putto? Was sollen sie ausdrücken?
③ Welche Grundhaltung des Barock wird durch diese Darstellung verdeutlicht?

Aufgaben zu den Texten auf den Seiten 54–58

ANDREAS GRYPHIUS Tränen des Vaterlandes, anno 1636 (S. 54f.)

① Analysieren Sie Struktur, Form, Stilmittel und Sprache.
② Worin sehen Sie die Aussage des Autors?

JOHANN HELWIG Eine Sanduhr (S. 55)

① Welche Vorstellung soll das Bild der Sanduhr vermitteln?
② Zeigen Sie, wie die Struktur des Textes mit der Form der Sanduhr übereinstimmt.
③ Wie wird der Leitbegriff dieses Abschnittes in dem Gedicht dargestellt?
④ Suchen Sie Beispiele aus der Konkreten Poesie, die in ähnlicher Weise einen Gedanken ausdrücken (vergleichen Sie auch S. 324 und 430f.).

CHRISTIAN HOFMANN VON HOFMANNSWALDAU Vergänglichkeit der Schönheit (S. 56)

① Zeigen Sie die Struktur des Sonetts.
② Welche Stilmittel sind hier besonders wichtig?
③ Welche Deutungsmöglichkeiten lassen die Zeilen 13/14 zu?

ABRAHAM A SANCTA CLARA Judas der Ertz-Schelm (S. 56)

① Wie charakterisiert der Autor den Menschen? Vergleichen Sie dazu auch das Gedicht *Der Mensch* von Matthias Claudius (S. 99).
② Charakterisieren Sie die äußere Form.
③ Inwiefern läßt sich die Aussage dem Thema dieses Abschnitts zuordnen?

HANS JACOB CHRISTOFFEL VON GRIMMELSHAUSEN Simplicissimus Teutsch (S. 57f.)

① Wie charakterisiert der Autor die Welt? Welche Gründe sollen den Leser dazu bewegen, der Welt zu entsagen?
② Welche Stilmittel verwendet Grimmelshausen?

c) Bewährung des Menschen im Schauspiel des Lebens

ANDREAS GRYPHIUS

Ebenbild unseres Lebens
Auf das gewöhnliche Königs-Spiel[1]

Der Mensch, das Spiel der Zeit, spielt weil[2] er allhie lebt,
Im Schauplatz dieser Welt; er sitzt, und doch nicht feste.
Der steigt und jener fällt, der suchet die Paläste
Und der ein schlechtes Dach, der herrscht und jener webt.

Was gestern war ist hin, was itzt das Glück erhebt,
Wird morgen untergehn, die vorhin grünen Äste
Sind nunmehr dürr und tot, wir Armen sind nur Gäste,
Ob den ein scharfes Schwert[3] an zarter Seide schwebt.

Wir sind zwar gleich am Fleisch, doch nicht von gleichem Stande.
Der trägt ein Purpurkleid, und jener gräbt im Sande,
Bis nach entraubtem Schmuck der Tod uns gleiche macht.

Spielt denn dies ernste Spiel: weil es die Zeit noch leidet
Und lernt: daß wenn man vom Panket[4] des Lebens scheidet:
Kron, Weisheit, Stärk und gut bleibt ein geborgter Pracht.[5] [v 1637]

[1] Schachspiel [2] solange [3] Anspielung auf das Schwert des Damokles, eines Dieners des Dionysos von Syrakus; er beneidete den Tyrannen um sein Glück. Daraufhin durfte er sich an einen üppig gedeckten Tisch setzen, doch hing über ihm an einem Haar ein Schwert, und er wagte vor Furcht kaum zu essen. [4] Festmahl [5] bis ins 18. Jh. als Maskulinum gebraucht

PAUL FLEMING
Herrn Pauli Flemingi der Med. Doct.
Grabschrift,
so er ihm selbst gemacht in Hamburg,
den 28. Tag des Märzen 1640 auf seinem Todbette,
drei Tage vor seinem seligen Absterben.

Ich war an Kunst und Gut und Stande groß und reich,
Des Glückes lieber Sohn, von Eltern guter Ehren,
Frei, meine,[1] kunnte mich aus meinen Mitteln nähren,
Mein Schall floh überweit, kein Landsmann sang mir gleich,

Von Reisen hochgepreist, für keiner Mühe bleich,
Jung, wachsam, unbesorgt. Man wird mich nennen hören,
Bis daß die letzte Glut dies alles wird verstören.
Dies, deutsche Klarien,[2] dies Ganze dank ich euch.

Verzeiht mir, bin ichs wert, Gott, Vater, Liebste, Freunde.
Ich sag euch gute Nacht und trete willig ab.
Sonst alles ist getan bis an das schwarze Grab.

Was frei dem Tode steht, das tu er seinem Feinde.
Was bin ich viel besorgt, den Otem aufzugeben?
An mir ist minder nichts, das lebet, als mein Leben. [v 1641]

[1] selbständig [2] Musen; Klarios war der Beiname des Apoll, des griech. Gottes der Musen, so benannt nach der Stadt Klaros in Ionien, wo ein berühmter Apollotempel stand

DANIEL VON CZEPKO
Das Leben ein Schauspiel

Was ist dein Lebenslauf und Tun, o Mensch? Ein Spiel.
Den Inhalt sage mir? Kinds, Weibs und Tods Beschwerde.
Was ist es vor ein Platz, darauf wir spieln? Die Erde.
Wer schlägt und singt dazu? Die Wollust ohne Ziel.

Wer heißt auf das Gerüst[1] uns treten? Selbst die Zeit.
Wer zeigt die Schauer mir? Mensch, das sind bloß die Weisen.
Was ist vor Stellung hier? Stehn, schlafen, wachen, reisen.
Wer teilt Gesichter aus? Allein die Eitelkeit.

Wer macht den Schauplatz auf? Der wunderbare Gott.
Was vor ein Vorhang deckts? Das ewige Versehen.[2]
Wie wird es abgeteilt? Durch Leben, Sterben, Flehen.
Wer führt uns ab, wer zeucht uns Kleider aus? Der Tod.

[1] Bühne [2] Vorsehung

Wo wird der Schluß erwart't des Spieles? In der Gruft.
Wer spielt am besten mit? Der wohl sein Amt kann führen.
Ist das Spiel vor sich gut? Das Ende muß es zieren.
Wenn ist es aus? O Mensch, wenn dir dein Jesus ruft. [e Mitte 17. Jh.]

JAKOB BIDERMANN
CENODOXUS

DER FÜNFTE ACT. DIE V. SCENA

CHRISTUS samt den andern Richtern
SPIRITUS, des Doctors Seel
PANURGUS, der Teufel

CHRISTUS: Rueft wider her den Schalk[1] so znicht,[2]
Und stellet ihn dar, fürs Gericht,
Das Urtel streng zu hören an,
Daß ihm werd sein verdienter Lohn,
Die ewigwährend höllisch Pein,
Zu welcher er verdammt mueß sein.
OMNES: Es ist dem Böswicht nach seim Sinn
Lang gnueg ungstrafet gangen hin.
CHRISTUS: Komb her, du gottvergeßner Mann,
Empfang da dein verdienten Lohn.
SPIRITUS: O Richter höchster Mildigkeit,
Straf nit nach strenger Grechtigkeit.
CHRISTUS: Du Schalk, wo hast doch hingedacht,
Daß du mich also hast veracht?
Daß du so gar vermessenlich
Hast meinem Feind ergeben dich?
Was hab ich dir doch Böses ton?
Was hat dir mein Feind[3] Guets geton?
Nun, du Undankbarer, wolan,
Wir wöllen drüber Rechnung han;
Aus Staub, aus Aschen hab ie ich,
Ja gar aus nichts erschaffen dich,
Damit du also sollst gewohn,
Mein Willen und Befelch zu ton,
Dir aber doch gefiel vilmehr,
Zu folgen des Betriegers[3] Lehr,
Und tätest mein Gebett ausschließen,
Das dannoch mich nit tät verdrießen,
Hab noch bei solcher Gstalt und Maßen
Dir Guets zu tuen nit nachgelassen;
Wie mehrer du mich hast betrüebt,
Dest mehrer hab ich dich geliebt,
Hab gmeint, ich reichet[4] nit das Zihl,
Ich tät dann überflüssig vil. [...]
Du aber wurdest nun mehr wild,
Wie mehr ich gegen dir war mild
Wie mehr ich tate Gutes dir,
Dest mehr du tatest Bös darfür.
Der Übermuet und Hoffart dein
Wollt über meine Demuet sein.
Dein arger, gleißnerischer Schein
Weit übertraf die Einfalt mein.
Wie mehr ich dir hab Guets geton,
Dest mehrer gabst du bösen Lohn.
Die Hoffart groß der Engel mein,
Da sie noch höher wollten sein,
Die hab ich streng gestraft vor Zeiten,
Und meinst, man soll dein Hoffart leiden?
So geh nun hin zu deinen Gsöllen,
Von mir hinunter in die Höllen.
Hin in das ewig höllisch Feuer,
Hin in die Flammen ungeheuer.
Allda in ewiglicher Pein,
Wird Heulen und Zähnklappern sein.
Gehe hin, du bist in Ewigkeit
Verfluecht, verdammt, vermaledeit.
SPIRITUS: Ach weh, ach weh, ach ewigs Leid,
Ach Jammer, ach Not in Ewigkeit.
OMNES: Verfluecht, verdammt, vermaledeit,
Sei diser in all Ewigkeit.
PANURGUS: Jetzt bist mein Gfangner, jetzt bist mein,
Und wirst nit enden, mein zu sein.
SPIRITUS: Ach wehe, verfluecht sei Tag und Nacht,
Verfluecht sei, wer sie hat gemacht,
Verfluecht sei nochmal Stund und Tag,
Und wer den Tag ansehen mag.

[v 1635]

[1] Narr [2] schlecht [3] Teufel [4] erreichte

Catharina Regina von Greiffenberg
Christlicher Vorhabens-Zweck

ACh Allheit / der ich mich in allem hab ergeben /
mit allem was ich bin / beginne / denk und dicht!
zu deiner hohen Ehr mein Spiel und Ziel ich richt.
ach laß den Engel-Zweck[1] / dein Lob laß mich erstreben.
   laß nichts / als was dich liebt und lobet / an mir leben.
Ach gib mir Hitz' und Witz / zu richten meine Pflicht.
versag / den Geistes-Strom / die Flügelflamm / mir nicht.
ja mach den Muht zu Glut: dich brünstig zuerheben!
   Ich such kein eigne Ehr / verdiene sie auch nie.
Siht aber jemand was Geist-nutzliches allhie:
so bitt' ich ihn durch GOtt / er woll mir nicht zuschreiben
   das Gut' in meiner Schrifft, der Ewig' ists allein /
der mir das Gute flöst in Geist und Feder ein.
Nur sein soll alles Lob / von mir und allen / bleiben. [v 1662]

[1] Aufgabe der Engel

Aufgaben zu den Texten auf den Seiten 59–62

Andreas Gryphius Ebenbild unseres Lebens (S. 59)

① Analysieren Sie die Struktur des Gedichts, und nennen Sie die wichtigsten Stilmittel.
② Versuchen Sie die Übereinstimmung von Inhalt und Form darzustellen.

Paul Fleming Grabschrift (S. 60)

① Informieren Sie sich in einem Literaturlexikon über das Leben des Autors.
② Skizzieren Sie die Struktur der Grabschrift. Untersuchen Sie die Übereinstimmung von Inhalt und Form.
③ Arbeiten Sie die wichtigsten Stilmittel heraus.
④ Welche Funktion kommt dem Wechsel zum Präsens in Z. 8 zu?

Daniel von Czepko Das Leben ein Schauspiel (S. 60f.)

① Charakterisieren Sie die Form der Verse. Welche Absicht verbindet der Autor damit?
② Welche Vorstellung vom Leben wird hier deutlich? (Vgl. Kapiteleinleitung, S. 50f.).

Jakob Bidermann Cenodoxus (S. 61)

① Informieren Sie sich über den Inhalt des Stückes und seine Wirkungsgeschichte.
② Welche Argumente bringt Christus in seiner Anklage?

Catharina Regina von Greiffenberg Christlicher Vorhabens-Zweck (S. 62)

① Untersuchen Sie die Sprache dieses Sonetts.
② Welche Aufgabe sieht die Verfasserin für ihr Leben?

V. Aufklärung (1720–1785)

Stich nach einem Gemälde von Daniel Oppenheim (1856):
Johann Caspar Lavater (rechts), Gotthold Ephraim Lessing (Mitte), Moses Mendelssohn (links)

1. Grundzüge der Epoche

Der wirtschaftliche Aufstieg des Bürgertums seit dem Ende des 17. Jahrhunderts sowie die Erweiterung der wissenschaftlichen Erkenntnisse führten zu einer veränderten Vorstellung von der Rolle des Menschen in Staat und Gesellschaft und zu einem neuen Selbstbewußtsein. Der englische Philosoph JOHN LOCKE (1632–1704) verglich die Seele mit einem leeren Blatt, das durch die Erfahrung beschrieben wird. Aus ihr kann der Mensch erst lernen, wie sich seine Umwelt meistern und verbessern läßt.

Wichtigster Begriff ist die **Vernunft,** das heißt, die Fähigkeit des Menschen, etwas wahrzunehmen und einzusehen, klar zu denken, Entscheidungen aufgrund von Fakten und nicht nach vorgegebenen ideologischen Ansichten zu treffen. Als oberste Ziele gelten die Erkenntnis der Wahrheit, das Erfassen der Realität des Lebens sowie die Hinführung zur Einsicht, daß sich alles auf natürliche Weise erklären lasse. Wenn der Mensch zur vernünftigen Einsicht erzogen wird, dann muß er dementsprechend auch gut sein. IMMANUEL KANT (1724–1804) faßte diese Gedanken am End- und Höhepunkt der Aufklärung in seinem berühmten Aufsatz *Beantwortung der Frage: Was ist Aufklärung?* zusammen, der 1784 in der *Berlinischen Monatsschrift* erschien. Kants Aussage gipfelte in der Aufforderung, sich seines eigenen Verstandes zu bedienen und dadurch die geistige Unmündigkeit abzulegen. Dabei dachte er durchaus nicht nur an den Bereich der Philosophie, die durch die Lust am Denken stets geistiger Finsternis vorausleuchtet, sondern er meinte alle Bereiche des Lebens. Kant ruft dazu auf, sich aus der Vormundschaft der Herrschenden zu befreien, die ihren Untertanen das Denken zumindest abgenommen, wenn nicht gar verboten haben. Dank seines Verstandes aber vermag der Mensch seine geistige Freiheit zu gewinnen.

Mit solchen Überlegungen gehörte Kant zu einer Bewegung, die 1789 in Frankreich den Ausbruch der Revolution mit herbeiführte und in Deutschland zu Beginn des 19. Jahrhunderts das Mitspracherecht im Staat durch Verfassungen forderte. HEINRICH HEINE hat in seinem Buch *Zur Geschichte der Religion und Philosophie in Deutschland* Kant zu Recht als Eigenbrötler und Revolutionär gekennzeichnet: „Er lebte ein mechanisch geordnetes, fast abstraktes Hagestolzenleben, in einem stillen, abgelegenen Gäßchen zu Königsberg [...] Ich glaube nicht, daß die große Uhr der dortigen Kathedrale leidenschaftsloser und regelmäßiger ihr äußeres Tagewerk vollbrachte wie ihr Landsmann Immanuel Kant. Aufstehn, Kaffeetrinken, Schreiben, Kollegienlesen, Essen, Spazierengehn, alles hatte seine bestimmte Zeit, und die Nachbarn wußten ganz genau, daß die Glocke halb vier sei, wenn Immanuel Kant in seinem grauen Leibrock, das spanische Röhrchen in der Hand, aus seiner Haustüre trat und nach der kleinen Lindenallee wandelte, die man seinetwegen noch jetzt den Philosophengang nennt." – Nur ein einziges Mal, so erzählt Heine, habe der scheinbare Pedant den Spaziergang abgebrochen: nämlich als man ihm die Nachricht vom Fall der Bastille zurief. Da ließ er seinen Spaziergang sein und suchte möglichst rasch Zeitungen zu bekommen, um die Neuigkeiten lesen zu können. Diese Revolution in Frankreich hatte das verwirklicht, was er in seinem Aufsatz gefordert, ohne freilich das zu erreichen, was er erhofft hatte, nämlich die Verbesserung des Menschen.

Zu den Lieblingsideen der Aufklärung gehörte nämlich die Vorstellung, daß es eine angeborene **Humanität** gebe, die allen Menschen gemeinsam sei. Auch die christliche Religion ist nur eine Form des Gottesglaubens, so daß ihr andere Religionen, das Judentum und der Islam, ebenbürtig sind. Daraus ergibt sich folgerichtig der Gedanke der **Toleranz.**

Die Tatsache, daß dem Verstand solches Gewicht zugemessen wurde, spiegelt die klare, geradlinige Ausdrucksweise in den Schriften dieser Zeit. Was man dem Leser mitteilen will, mußte allgemeinverständlich sein, bildend und informierend, auch in der Absicht, den Käuferkreis möglichst weit zu ziehen. Subskription (als Vorausbestellung und -bezahlung) sollte zum Kauf der Schriften einladen und vor allem die wirtschaftliche Lage der Autoren sichern (s. auch S. 66f.).

Mit genauem Gespür für das Denken der Gebildeten und für die Zeitströmung hat EMANUEL SCHIKANEDER (1751–1812) den Toleranzgedanken aufgegriffen, wenn er 1791 in der *Zauberflöte* Sarastro, den Vertreter der Aufklärung (im Gegensatz zum beschränkt finsteren Denken der Königin der Nacht) sagen läßt, daß nur derjenige verdient, als Mensch bezeichnet zu werden, der seinen Mitmenschen liebt, keine Rache nimmt, sondern einem Schuldigen vergibt, und den, der gefehlt hat, durch Zuneigung zur Pflicht zurückführt:

Sarastro. In diesen heil'gen Hallen
Kennt man die Rache nicht,
Und ist ein Mensch gefallen,
Führt Liebe ihn zur Pflicht.
Dann wandelt er an Freundes Hand
Vergnügt und froh ins bessre Land.

In diesen heil'gen Mauern,
Wo Mensch den Menschen liebt,
Kann kein Verräter lauern,
Weil man dem Feind vergibt.
Wen solche Lehren nicht erfreun,
Verdienet nicht, ein Mensch zu sein. [v 1791]

Mozart hat dieser Arie durch die Art seiner Vertonung eine entscheidende Aussage gegeben: Der Handlungsablauf wird unterbrochen und die Aussage durch die Wiederholung der Strophe betont. – Daß sich eine solche Haltung in Wirklichkeit leider nicht ganz so unkompliziert verwirklichen läßt, hat Johann Nestroy später leicht parodistisch ausgedrückt, wenn er meinte: „Man glaubt gar nicht, wie lange es braucht, bis aus dem Menschen ein Mensch wird."

Dem Ziel der Aufklärung und Toleranz dienten auch die zahlreichen Zeitschriften und Zeitungen, die damals begründet wurden, die sogenannten „Intelligenzblätter". Intelligenz bedeutete soviel wie Einsicht in Familiennachrichten, Angebote und Nachfrage, amtliche Mitteilungen sowie allgemeinbildende Aufsätze von Professoren an Universitäten und Höheren Lehranstalten. In Leipzig gab Gottsched *Die vernünftigen Tadlerinnen* (1725–26) heraus, in Hamburg brachte es *Der Patriot* (1724–26) zeitweise auf eine Auflage von 6000 Exemplaren.
Das ehrgeizigste Unternehmen aber war wohl FRIEDRICH NICOLAIS (1733–1811) *Allgemeine Deutsche Bibliothek.* Sie wollte durch kritische Rezensionen vor allem das geistige Niveau der Literatur und der Leser verbessern. Über die Wirkung und die Lesefähigkeit des Publikums äußert sich heute die Forschung kritisch:

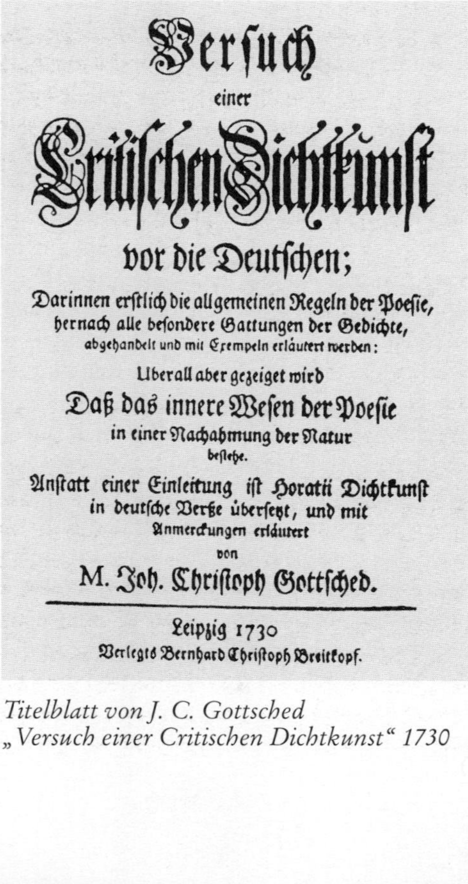
Versuch
einer
Critischen Dichtkunst
vor die Deutschen;
Darinnen erstlich die allgemeinen Regeln der Poesie,
hernach alle besondere Gattungen der Gedichte,
abgehandelt und mit Exempeln erläutert werden:
Uberall aber gezeiget wird
Daß das innere Wesen der Poesie
in einer Nachahmung der Natur
bestehe.
Anstatt einer Einleitung ist Horatii Dichtkunst
in deutsche Verße übersetzt, und mit
Anmerckungen erläutert
von
M. Joh. Christoph Gottsched.

Leipzig 1730
Verlegts Bernhard Christoph Breitkopf.

Titelblatt von J. C. Gottsched „Versuch einer Critischen Dichtkunst" 1730

KLAUS BERGHAHN

Das schwierige Geschäft der Aufklärung

[...] Wenn Wieland 1784 die recht optimistische Feststellung macht, daß „die Begierde nach Aufklärung und die Lust am Lesen [...] sich unvermerkt beynahe über alle Stände und Classen ausgebreitet“ habe, so übertreibt er im eigenen Interesse, denn die arbeitenden Klassen in Stadt und Land hatten zum Lesen weder die Muße noch das Geld, ja oft nicht einmal die Vorbildung. Doch weist seine Beobachtung hin auf die Erfolge der Volksaufklärung durch kirchliche und staatliche Institutionen. Das Postulat einer allgemeinen Schulpflicht gab es schon im 17.Jhd., durchgeführt wurde sie erst im 18.Jhd., so daß der größte Teil der Bevölkerung zumindest elementare Kenntnisse im Lesen hatte. [...] Dennoch sollte man, was die Lesefähigkeit der Bevölkerung und ihre Zeit zum Lesen betrifft, nicht zu hohe Erwartungen haben. Rudolf Schenda, einer der besten Kenner der Materie, schätzt, daß um 1770 optimal 15 Prozent der Bevölkerung als potentielle Leser gelten dürften, während es um 1800 rund 25 Prozent waren. Überhaupt fehlen uns genauere statistische Angaben, und die wenigen, die wir besitzen, sind vage und widersprüchlich. Zeitgenössische Schätzungen schwanken zwischen 20 000 für das „gelehrte Völkchen von Lehrern und Lernenden“ und 300 000, von denen Jean Paul spricht. Das dürften die Eckzahlen für die gebildete Schicht sein, die sich für die zeitgenössische Literatur interessierte und auch literarische Zeitschriften las. Der literarischen Bildung dienten nach der Jahrhundertmitte besonders die Lesegesellschaften, von denen zwischen 1760 und 1800 rund 430 nachgewiesen sind. Dort gehörten vor allem die recht teuren Zeitschriften zum Lektürenangebot, die das Publikum über die literarische Produktion unterrichteten und an die anspruchsvollere Literatur heranführten. Neben diesem kleinen Kreis der literarisch Gebildeten entstand im Laufe des 18.Jhds. ein zweiter Publikumskreis, der – je größer er wurde – von den Gebildeten nur noch polemisch zur Kenntnis genommen wurde. Diese „Ungelehrten“, wie Nicolai sie nennt, lasen Erbauungsliteratur, Ratgeber und Kalendergeschichten; später dann wurden sie die Konsumenten der Unterhaltungsliteratur, für die sich geschäftstüchtige Verleger mehr und mehr interessierten.

Das wachsende Lesebedürfnis wirkte sich auf den Buchmarkt aus, der nach dem Siebenjährigen Krieg besonders in Norddeutschland einen ungeheueren Aufschwung erlebte. Die Zahlen allein lassen das deutlich erkennen: Zwischen 1763 und 1805 steigerte sich die Buchproduktion gegenüber den Jahren 1721 bis 1763 um „mehr als das Zehnfache“. Ebenso bezeichnend dürfte die Verschiebung des Bücherangebots von der Theologie und Erbauungsliteratur zu den „Schönen Wissenschaften“ sein: 1740 betrug der Anteil der Belletristik nur 5,83%, 1770 schon 16,5%, und er steigerte sich bis 1800 auf 21,5%. Allein für den Zeitraum von 1780 bis 1782 werden 1582 Werke der „Schönen Wissenschaften und Künste“ angezeigt, die sich folgendermaßen verteilen: 648 Gedichtsammlungen, 352 Schauspiele, 266 Romane, 230 theoretische Schriften und 86 vermischte Schriften. Schließlich läßt sich auch noch an der anwachsenden Romanproduktion in der zweiten Jahrhunderthälfte ablesen, wogegen sich die Kritik an der „Lesesucht“ richtete: 1750 bis 1760 erschienen 73 Romane, bis 1770 189, bis 1780 413, bis 1790 907 und bis 1800 1623. [...]

Diese Kapitalisierung des Buchmarktes hat Kant rückblickend nüchtern kommentiert:

„*Die Buchmacherei* ist kein unbedeutender Erwerbszweig in einem der Kultur nach schon weit vorgeschrittenen gemeinen Wesen: wo die Leserei zum beinahe unentbehrlichen und allgemeinen Bedürfnis geworden ist. – Dieser Teil der *Industrie* in einem Lande aber gewinnt dadurch ungemein, wenn jene *fabrikenmäßig* betrieben wird; welches aber nicht anders, als durch einen den Geschmack des Publikums und die Geschicklichkeit jedes dabei anzustellenden Fabrikanten zu *beurteilen* und zu *bezahlen* vermögenden Verleger geschehen kann. – Dieser bedarf aber zur Belebung seiner Verlagshandlung eben nicht den inneren Gehalt und Wert der von ihm ver-

legten Ware in Betracht zu ziehen; wohl aber den Markt, *worauf,* und die Liebhaberei des Tages, *wozu* die allenfalls ephemerischen Produkte der Buchdruckerpresse in lebhaften Umlauf gebracht und, wenngleich nicht dauerhaften, doch geschwinden Abgang finden können."
Der janusköpfige Charakter des Buches als Geist und Ware, wie er sich nach 1764 herausbildete, wurde von Wieland noch 1777 durchaus positiv beurteilt. Es entsprach der aufklärerischen Intention, durch Bücher und Lektüre gegen Aberglauben, Ignoranz und Vorurteile anzukämpfen. Aber was die Aufklärer nicht voraussehen konnten, war die dynamische Entwicklung des Buchmarktes, die letztlich ihren Absichten zuwiderlief. Das Geschäft der Aufklärung wurde zu einem Geschäft mit der Aufklärung, das schließlich zu einem Schisma des Publikums führte. Die Aufklärer befanden sich in einer „Zauberlehrlingssituation" (Schenda), da sie die Geister, die sie riefen, nun nicht mehr beherrschten. „Sie mußten mit Schrecken mit ansehen, wie die Eigendynamik des Marktes sich einer idealistischen Steuerung entzog." Auf die entstehende Massenliteratur reagierten sie zunächst mit gesteigerten kritischen Anstrengungen in ihren Rezensionsorganen, später nur noch mit Polemik und Diskriminierung. [...]

(aus: Klaus Berghahn, Das schwierige Geschäft der Aufklärung.
In: Aufklärung, hg. von Hans-Friedrich Wessels. Frankfurt am Main: Athenäum 1984)

Die Aufklärung suchte alle Bereiche des Lebens zu erfassen, zumal die **Literatur.** Zu den bedeutendsten Theoretikern gehört Johann Christoph Gottsched (1700–66), der in der Literatur eine Möglichkeit sah, das gebildete Bürgertum aus seiner geistigen Rückständigkeit zu befreien und zu Höherem zu erziehen. Um dies zu erreichen, wollte er die Poesie der Vernunft unterordnen. Von Aristoteles übernahm er die Lehre von den drei Einheiten im Drama (Ort, Zeit, Handlung) und suchte dadurch die Bühne seiner Zeit zu reformieren. Entscheidend war für ihn das Prinzip der Wahrscheinlichkeit: Der Zuschauer sollte durch die Einheit von Ort und Zeit die Illusion haben, daß er unmittelbar am Bühnengeschehen teilnehme. Die Vernunft war ihm wichtiger als die Phantasie. Sein Ideal war ein von vielgestaltigen Auswüchsen gereinigtes Drama nach den strengen Regeln der französischen Klassik und ein Verbot für das Stegreifsprechen und des Hanswurst auf der Bühne. Was er mit erhobenem Zeigefinger und dem professoralen Anspruch der Fehlerlosigkeit vertrat, besaß durchaus eine gewisse Berechtigung. Erst durch seine Bestrebungen wurde die Grundlage für ein Drama geschaffen, wie es Lessing und die Weimarer Klassik dann verwirklichen konnten.
Gottscheds lehrhafte und streng moralische Art war bezeichnend für die Dichtung der Aufklärung. Der Hamburger Ratsherr Barthold Hinrich Brockes (1680–1747) und der etwas schwermütige Professor für Poesie und Moral, Christian Fürchtegott Gellert (1715–69), sind beispielhaft für eine Bewegung, die neben der Vernunft auch Frömmigkeit und religiöses Erleben für wichtig ansah. Sie stehen mit solchen Überlegungen bereits der Empfindsamkeit und dem Sturm und Drang nahe.

Zur Aufklärung gehören auch politische Ziele wie etwa die **Emanzipation des Bürgertums** vom untertänigen Gehorsam gegenüber dem Adel. So entschließt sich zum Beispiel Wolfgang Amadeus Mozart (1756–91) zum Entsetzen seines Vaters dazu, 1781 den Dienst des Fürstbischofs von Salzburg zu verlassen und als freier Musiker zu leben, allerdings nicht ohne den Versuch zu unternehmen, eine Anstellung bei dem aufgeklärten österreichischen Kaiser Joseph II. zu finden. Nach dem Vorbild von Daniel Defoes (1660–1731) Roman *Robinson Crusoe* (1719) entwickelte Johann Gottfried Schnabel (1692–1750) in dem Roman *Wunderliche Fata ... auf der Insel Felsenburg* (1731–43) eine Staatsutopie vom vollkommenen Gemeinwesen.

Gotthold Ephraim Lessing (1729–1781)

Christoph Martin Wieland (1733–1813)

In solchem Umfeld konnte das sogenannte **bürgerliche Drama** entstehen, in dem allgemein menschliche Themen und Verhaltensweisen die Handlung bestimmen und auch der Adel sich an die allgemeingültigen Normen zu halten hat.
Einer der ersten „freien" Schriftsteller in Deutschland ist GOTTHOLD EPHRAIM LESSING (1729–81). Mit ihm, WIELAND UND LICHTENBERG erreichte die deutsche Literatur des 18. Jahrhunderts einen Höhepunkt. Auch für sie ist der didaktische (lehrhafte) Charakter ihres Schreibens bezeichnend. Bei Lessing zeigt sich dies am deutlichsten in seinen **Fabeln,** die eine allgemeingültige Ansicht anschaulich darstellen wollen. Aber auch seine Dramen sind davon bestimmt.
Mit seinem Lustspiel *Minna von Barnhelm* (1767) gibt Lessing ein Beispiel dafür. Statt der bisher üblichen Typen stehen nun individuelle Charaktere auf der Bühne, die ihre Ansichten in einer Sprache von elegant federndem Witz und überzeugender Natürlichkeit ausdrücken.
In dem Drama *Nathan der Weise* (1799) wird deutlich, daß der Mensch mit Hilfe seiner Vernunft religiös-ideologische Scheuklappen zu überwinden vermag. Das Vorbild für die Gestalt des Nathan hat es tatsächlich gegeben: es war Lessings Freund, der große jüdische Philosoph, Gelehrte und Aufklärer MOSES MENDELSSOHN (1729–86). – Das Drama erzielte eine erstaunlich breite Wirkung, es blieb bis heute von bedrängender Aktualität und gibt Anlaß zur notwendigen Auseinandersetzung (vgl. Walter Jens, S. 86f.).
Lessing blieb unerreicht in der Klarheit seiner theoretischen Schriften, etwa wenn er sich im Brief an den Freund Friedrich Nicolai und im *Siebzehnten Literaturbrief* mit Gottscheds Regeln auseinandersetzte, um der gezielten Wirkung willen polemisch überspitzt, selbst wenn er wußte, daß Gottsched erhebliche Verdienste hatte. – Seit 1765 lebte er als freier Schriftsteller in Berlin, nicht zuletzt deshalb, weil weder er noch seine Freunde ein festbesoldetes Amt für ihn fin-

den konnten. Ende 1766 erhielt er das Angebot, als Berater das neugegründete *Deutsche Nationaltheater* in Hamburg zu betreuen. Ziel war, durch wohlüberlegte Auswahl der Stücke und der Schauspieler das künstlerische Niveau und das öffentliche Wohl zu fördern. Das Hamburger Theater wurde im April 1767 eröffnet. Bereits im November 1768 fand die letzte Vorstellung statt, doch waren immerhin die Bedeutung des guten Schauspielers und die Aufgabe der Bühne als *moralische Anstalt* deutlich geworden, wie Schiller später formulierte. Das Hamburger Unternehmen fand 1777 eine Fortführung in der *Nationalen Schaubühne,* die der Kurfürst Karl Theodor in Mannheim begründete.
Im Privatleben blieben ihm Erfolg und Glück verwehrt. „Ich war wohl klug, daß ich Dich fand", schrieb er 1770 an seine zukünftige Frau Eva König. Als er endlich eine feste Anstellung als Bibliothekar erhielt und am 8. Oktober 1776 heiraten konnte, gab es gerade ein gutes Jahr glücklichen Zusammenlebens: am 10. Januar 1778 starb seine Frau im Kindbett.
Seine Bedeutung ist bis heute unverändert. Anläßlich seines 200. Geburtstages schrieb Thomas Mann 1929:

THOMAS MANN
Zu Lessings Gedächtnis

Ein Rationalist und ein Aufklärer. Was hat er uns Heutigen zu bieten, zu sagen, denen der Weg zu den Müttern ein alltäglicher Spaziergang geworden? Uns, die wir der Vernunft nicht nur mißtrauen, sondern mit Vergnügen, mit äußerster Genugtuung mißtrauen, das Irrationale boshaft vergöttern, den Geist als Henker des Lebens verschreien, die Idee am Pranger verhöhnen und bei den Astartefesten[1] einer dynamistischen[2] Romantik unseres brüderlichen Einverständnisses recht wollüstig innewerden? Uns, die wir über Nacht das Bild der Revolution gestohlen, es in unser, ins reaktionäre Lager geschleppt haben und nun ‚konservative Revolution' damit anstellen: das Neueste, Feinste und Schlaueste, ein Spiel, von dem nur Vaterlandsverräter sich ausschließen, und bei dem das Rückständig-Abgestandenste auf einmal, zu unserem Stolz, im Lichte der Kühnheit und der Jugend erscheint?
Was er euch zu sagen hat? Nichts, fürchte ich – unbeschadet dessen, was er auch euch und gerade euch zu sagen hätte, wenn eure Ohren nicht zu ‚lang' wären für eine Sprache wie seine; wenn ihr über die nächste Welle der Zeit hinauszublicken vermöchtet, nicht nur von ihr euch tragen lassen wolltet und könntet, nicht nur von der Mode des Augenblicks in feigem Triumphe euch schützen und wärmen ließet, sondern ein wenig Unbehaustheit und Freiheit euch wahrtet ins Zukünftige hinaus: in eine Zukunft, deren Bürger er ist, und die ihn, den Freund der Menschheit, als zeitgemäßer grüßen wird denn irgendeinen der Tagesdenker, die eurer Böswilligkeit heute geistige Nahrung zutragen [...].

(aus: Thomas Mann, Schriften und Reden zur Literatur. Frankfurt am Main: S. Fischer 1960)

[1] Feste zu Ehren einer semitischen Fruchtbarkeitsgöttin
[2] Weltanschauung, welche die Wirklichkeit auf die Wirkung von Kräften zurückführt

Didaktische Absichten verfolgte auch CHRISTOPH MARTIN WIELAND (1733–1813), Erzieher des Erbprinzen in Weimar. Er war der Sohn eines Pastors, wuchs in der freien Reichsstadt Biberach auf, studierte Philosophie in Erfurt, dann Jura in Tübingen. Nach längerem Aufenthalt in der Schweiz wurde er 1760 Kanzleiverwalter in Biberach und übersetzte bis 1766 22 Dramen Shakespeares („Ich schaudere, wenn ich zurücksehe"). 1769 erhielt er eine Professur für Philosophie in Erfurt. Drei Jahre später berief ihn die Herzoginwitwe Anna Amalia, die 1758 als 19jährige die Regentschaft übernommen hatte, als Erzieher für ihren Sohn Karl August. Der Herzogin, aber auch dem Einfluß Wielands war es zu verdanken, daß aus dem Zwergstaat mit rund 90 000 Einwohnern (Weimar zählte 6000 Einwohner) ein geistiges Zentrum Deutschlands wurde, auf das sich noch 1919 die neugegründete „Weimarer Republik" berief.

Wielands Roman *Die Abderiten* erschien 1774. Die thrakische Schildbürgerstadt Abdera ist natürlich nichts anderes als eine engstirnige deutsche Kleinstadt in der 2. Hälfte des 18. Jahrhunderts. Die Menschen, schrieb Wieland, „sind allenthalben immer noch die nämlichen Narren, die sie vor 2000 Jahren zu Abdera waren". Den *Prozeß um des Esels Schatten* nannte Dürrenmatt eine „virtuose Parodie juristischen Scharfsinns".

Johann Christoph Lichtenberg (1742–99), von Beruf Naturwissenschaftler, gehörte zu den schärfsten Denkern der Aufklärung. Nicht zuletzt war er berühmt durch seine geschliffenen Aphorismen, die er unermüdlich präzisierte, bis sie zu funkelnden, sprühenden Geistesblitzen wurden. Der überschwenglichen Begeisterung des Sturm und Drang für Shakespeare stand er nüchtern gegenüber, ebenso allzu kühnen Neuerungen bei Erziehungsfragen, wie sein „Patenbrief" (*Brief an Georg Heinrich Hollenberg,* S. 92) dokumentiert.

2. Texte

a) Herrschaft der Vernunft

Immanuel Kant

Beantwortung der Frage: Was ist Aufklärung?

Aufklärung ist der Ausgang des Menschen aus seiner selbst verschuldeten Unmündigkeit. Unmündigkeit ist das Unvermögen, sich seines Verstandes ohne Leitung eines anderen zu bedienen. *Selbstverschuldet* ist diese Unmündigkeit, wenn die Ursache derselben nicht am Mangel des Verstandes, sondern der Entschließung und des Mutes liegt, sich seiner ohne Leitung eines andern zu bedienen. *Sapere aude!* Habe Mut, dich deines *eigenen* Verstandes zu bedienen! ist also der Wahlspruch der Aufklärung.

Faulheit und Feigheit sind die Ursachen, warum ein so großer Teil der Menschen, nachdem sie die Natur längst von fremder Leitung freigesprochen *(naturaliter majorennes),* dennoch gerne zeitlebens unmündig bleiben; und warum es anderen so leicht wird, sich zu deren Vormündern aufzuwerfen. Es ist so bequem, unmündig zu sein. Habe ich ein Buch, das für mich Verstand hat, einen Seelsorger, der für mich Gewissen hat, einen Arzt, der für mich die Diät beurteilt, usw., so brauche ich mich ja nicht selbst zu bemühen. Ich habe nicht nötig zu denken, wenn ich nur bezahlen kann; andere werden das verdrießliche Geschäft schon für mich übernehmen. Daß der bei weitem größte Teil der Menschen (darunter das ganze schöne Geschlecht) den Schritt zur Mündigkeit, außer dem daß er beschwerlich ist, auch für sehr gefährlich halte: dafür sorgen schon jene Vormünder, die die Oberaufsicht über sie gütigst auf sich genommen haben. Nachdem sie ihr Hausvieh zuerst dumm gemacht haben und sorgfältig verhüteten, daß diese ruhigen Geschöpfe ja keinen Schritt außer dem Gängelwagen, darin sie sie einsperreten, wagen durften; so zeigen sie ihnen nachher die Gefahr, die ihnen drohet, wenn sie es versuchen allein zu gehen. Nun ist diese Gefahr zwar eben so groß nicht, denn sie würden durch einigemal Fallen wohl endlich gehen lernen; allein ein Beispiel von der Art macht doch schüchtern und schreckt gemeiniglich von allen ferneren Versuchen ab.

Es ist also für jeden einzelnen Menschen schwer, sich aus der ihm beinahe zur Natur gewordenen Unmündigkeit herauszuarbeiten. Er hat sie sogar lieb gewonnen und ist vor der Hand wirklich unfähig, sich seines eigenen Verstandes zu bedienen, weil man ihn niemals den Versuch davon machen ließ. Satzungen und Formeln, diese mechanischen Werkzeuge eines vernünftigen Gebrauchs oder vielmehr Mißbrauchs seiner Naturgaben, sind die Fußschellen einer immerwährenden Unmündigkeit. Wer sie auch abwürfe, würde dennoch auch über den schmalesten Graben einen nur unsicheren Sprung tun, weil er zu dergleichen freier Bewegung nicht gewöhnt ist. Daher gibt es nur wenige, denen es gelungen ist, durch eigene Bearbeitung ihres Geistes sich aus der Unmündigkeit herauszuwickeln und dennoch einen sicheren Gang zu tun.
[...] [v 1784]

Johann Christoph Gottsched

Versuch einer Critischen Dichtkunst vor die Deutschen

Wie eine gute tragische Fabel gemacht werden müsse, ist schon im IVten Kapit. des I. T. einigermaßen gewiesen worden. Der Poet wählet sich einen moralischen Lehr-Satz, den er seinen Zuschauern auf eine sinnliche Art einprägen will. Dazu ersinnt er sich eine allgemeine Fabel, daraus die Wahrheit seines Satzes erhellet. Hiernächst sucht er in der Historie solche berühmte Leute, denen etwas Ähnliches begegnet ist: und von diesen entlehnet er die Namen vor die Personen seiner Fabel, um derselben also ein Ansehen zu geben. Er erdenket sodann alle Umstände dazu, um die Haupt-Fabel recht wahrscheinlich zu machen, und das werden die Zwischen-Fabeln oder Episodia genannt. Dieses teilt er denn in fünf Stücke ein, die ungefähr gleich groß sind, und ordnet sie so, daß natürlicherweise das Letztere aus dem Vorhergehenden fließet: Bekümmert sich aber weiter nicht, ob alles in der Historie so vorgegangen oder ob alle Neben-Personen wirklich so und nicht anders geheißen. Zum Exempel kann die oberwähnte Tragödie des Sophokles[1] dienen. Der Poet wollte zeigen, daß Gott auch die Laster, so unwissend begangen werden, nicht ungestraft lasse. Hierzu ersinnt er eine allgemeine Fabel. Es war einmal ein Prinz, wird es heißen, der sehr viel gute Eigenschaften an sich hatte, aber dabei verwegen, argwöhnisch und neugierig war. Dieser hatte einmal vor dem Antritte seiner Regierung auf freiem Felde einen Mord begangen; ohne zu wissen, daß er seinen eigenen Vater erschlagen. Durch seinen Verstand bringt er sich in einem fremden Lande in solches Ansehen, daß er zum Könige gemacht wird und die verwitwete Königin heiratet: ohne zu wissen, daß selbige seine eigene Mutter ist. Aber dieses alles geht ihm nicht vor genossen aus. Seine Laster kommen ans Licht, und es treffen ihn alle die Flüche, die er selbst auf den Mörder seines Vorfahren im Regiment[2] ausgestoßen hatte. Er wird des Reichs entsetzet und ins Elend getrieben, nachdem er sich selbst aus Verzweifelung der Augen beraubet hatte. Zu dieser allgemeinen Fabel nun findet Sophokles in den alten thebanischen Geschichten den Ödipus geschickt. Er ist ein solcher Prinz, als die Fabel erfordert. Er hat unwissend einen Vater-Mord und eine Blut-Schande begangen. Er ist dadurch auf eine Zeitlang glücklich geworden; allein, die Strafe bleibt nicht aus: sondern er muß endlich alle die Würkungen seiner unerhörten Laster empfinden.

Diese Fabel ist nun geschickt, Schrecken und Mitleiden zu erwecken und also die Gemüts-Bewegungen der Zuschauer auf eine der Tugend gemäße Weise zu erregen. Man sieht auch, daß der Chor in dieser Tragödie dadurch bewogen wird, recht erbauliche Betrachtungen über die Unbeständigkeit des Glückes der Großen dieser Welt und über die Schandbarkeit seiner Laster anzustellen; und zuletzt in dem Beschlusse die Thebaner so anzureden: „Ihr Einwohner von Theben, sehet hier den Ödipus, der durch seine Weisheit Rätsel erklären konnte und an Tapferkeit

---

[1] „Oidipus Tyrannos" des griech. Tragikers Sophokles (um 497–um 406 v. Chr.) [2] Regierung

alles übertraf, ja der seine Hoheit sonst keinem als seinem Verstande und Helden-Mute zu danken hatte: Seht, in was vor schreckliche Trübsalen er geraten ist; und wenn ihr dieses unselige Ende desselben erwäget, so lernt doch, niemanden vor glücklich halten, bis ihr ihn seine letzte Stunde glücklich habt erreichen gesehen."

Diese Fabel nun zu erdichten, sie recht wahrscheinlich einzurichten und wohl auszuführen, das ist das Allerschwerste in einer Tragödie. Es hat viele Poeten gegeben, die in allem andern Zubehör des Trauer-Spiels, in den Charaktern, in dem Ausdrucke, in den Affekten etc. glücklich gewesen: Aber in der Fabel ist es sehr wenigen gelungen. Das macht, daß dieselbe eine dreifache Einheit haben muß, wenn ich so reden darf: die Einheit der Handlung, der Zeit und des Ortes.

Die ganze Fabel hat nur eine Haupt-Absicht: nämlich einen moralischen Satz; also muß sie auch nur eine Haupt-Handlung haben, um derentwegen alles übrige vorgehet. Die Neben-Handlungen aber, die zur Ausführung der Haupt-Handlung gehören, können gar wohl andre moralische Wahrheiten in sich schließen: wie zum Exempel im „Ödipus" die Erfüllung der Orakel, darüber Iokasta vorher gespottet hatte, die Lehre gibt: daß die göttliche Allwissenheit nicht fehlen könne. Alle Stücke sind also tadelhaft und verwerflich, die aus zwoen Handlungen bestehen, davon keine die vornehmste ist. Ich habe dergleichen im Jahr 1717 am Reformations-Feste in einer Schul-Komödie vorstellen gesehen, wo der Inhalt der ‚Äneis' Virgilii[3] und die Reformation Lutheri zugleich vorgestellet wurde. In einer Szene war ein Trojaner, in der andern der Ablaß-Krämer Tetzel zu sehen. Bald handelte Äneas von der Stiftung des Römischen Reichs, bald kam Lutherus und reinigte die Kirche. Bald war Dido, bald die Babylonische Hure zu sehen usw. Und diese beide so verschiedene Handlungen hingen nicht anders zusammen als durch eine lustige Person, die zwischen solchen Szenen auftrat und z.E. den auf der See bestürmten Äneas mit dem in Gefahr schwebenden Kirchen-Schifflein verglich. Das ist nun ein sehr handgreiflicher Fehler, wo zwei so verschiedene Dinge zugleich gespielet werden. Allein die andern, so etwas unmerklicher sind, verdienen deswegen keine Entschuldigung.

Die Einheit der Zeit ist das andre, so in der Tragödie unentbehrlich ist. Die Fabel eines Helden-Gedichtes kann viel Monate dauren [...]: das macht, sie wird nur gelesen: Aber die Fabel eines Schau-Spieles, die mit lebendigen Personen in etlichen Stunden lebendig vorgestellet wird, kann nur einen Umlauf der Sonnen, wie Aristoteles[4] spricht, das ist einen Tag dauren. Denn was hat es vor eine Wahrscheinlichkeit, wenn man in dem ersten Auftritte den Helden in der Wiege, weiterhin als einen Knaben, hernach als einen Jüngling, Mann, Greis und zuletzt gar im Sarge vorstellen wollte. [...] Oder wie ist es wahrscheinlich, daß man es auf der Schau-Bühne etlichemal Abend werden sieht und doch selbst, ohne zu essen oder zu trinken oder zu schlafen, immer auf einer Stelle sitzen bleibt? Die besten Fabeln sind also diejenigen, die nicht mehr Zeit nötig gehabt, wirklich zu geschehen, als sie zur Vorstellung brauchen; das ist etwa drei oder vier Stunden: Und so sind die meisten griechischen Tragödien. Kommt es hoch, so bedörfen sie sechs, acht oder zum höchsten zehn Stunden zu ihrem ganzen Verlauf: Und höher muß es ein Poet nicht treiben, wenn er nicht wider die Wahrscheinlichkeit handeln will. Es müssen aber diese Stunden bei Tage und nicht bei Nacht sein, weil diese zum Schlafen bestimmet ist. Es wäre denn, daß die Handlung erst nach Mittage anfinge und sich bis in die späte Nacht verzöge; oder umgekehrt frühmorgends anginge und bis zu Mittage dauerte. [...]

Das ist nun eben die Kunst, die Fabel so ins kurze zu bringen, daß keine lange Zeit dazu gehöret. [...]

[3] „Aeneis", Nationalepos des röm. Dichters Maro Publius Vergilius (70–19 v. Chr.)

[4] (384–322 v. Chr.), griech. Philosoph, setzt sich in seiner Poetik mit Form und Wirkung von Dichtung auseinander; er geht dabei auf den Aufbau von Tragödien und die Aufführungspraxis ein.

Zum dritten gehört zur Tragödie die Einigkeit des Ortes. Die Zuschauer bleiben auf einer Stelle sitzen, folglich müssen auch die spielenden Personen alle auf einem Platze bleiben, den jene übersehen können, ohne ihren Ort zu ändern. So ist denn im „Ödipus" z.E. der Schau-Platz auf dem Vorhofe des Königlichen Thebanischen Schlosses, darin Ödipus wohnt. Alles, was in der ganzen Tragödie vorgeht, geschieht vor diesem Palaste: Nichts, was man wirklich sieht, trägt sich in den Zimmern zu, sondern draußen auf dem Schloß-Platze, vor den Augen alles Volks. [...] Es ist also in einer regelmäßigen Tragödie nicht erlaubt, den Schau-Platz zu ändern. Wo man ist, da muß man bleiben; und daher auch nicht in der ersten Handlung im Walde, in der andern in der Stadt, in der dritten im Kriege und in der vierten in einem Garten oder gar auf der See sein. Das sind lauter Fehler wider die Wahrscheinlichkeit: Eine Fabel aber, die nicht wahrscheinlich ist, taugt nichts: weil dieses ihre vornehmste Eigenschaft ist. [v 1730]

Aufgaben zu den Texten auf den Seiten 70–73

IMMANUEL KANT Beantwortung der Frage: Was ist Aufklärung? (S. 70f.)

① Was versteht Kant unter der „Unmündigkeit" des Menschen?
② Warum fällt es den Menschen nach Kants Überzeugung schwer, mündig zu werden?
③ An wen denkt Kant bei den „Vormündern", die das Denken der Menschen zu gängeln suchen?
④ Inwiefern enthält der Text mehr, als die Überschrift erwarten läßt?

JOHANN CHR. GOTTSCHED Versuch einer Critischen Dichtkunst vor die Deutschen (S. 71ff.)

① Was versteht Gottsched unter der „Fabel" des Dramas? Vergleichen Sie dazu den Fabelbegriff bei Lessing (S. 76f.) und grenzen Sie die beiden Bedeutungsmöglichkeiten voneinander ab.
② Fassen Sie die wesentlichen Aussagen zu den drei „Einheiten" kurz zusammen.
③ Ein häufig vorkommender Begriff ist „Wahrscheinlichkeit". Erklären Sie, welche Bedeutung er hier konkret hat.

b) Moral und Religion

Barthold Hinrich Brockes
Kirschblüte bei der Nacht

Ich sahe mit betrachtendem Gemüte
Jüngst einen Kirschbaum, welcher blühte,
In kühler Nacht beim Mondenschein;
Ich glaubt, es könne nichts von größrer Weiße sein.

Es schien, ob[1] wär ein Schnee gefallen.
Ein jeder, auch der kleinste Ast
Trug gleichsam eine rechte Last
Von zierlich-weißen runden Ballen.
Es ist kein Schwan so weiß, da nämlich jedes Blatt,
Indem daselbst des Mondes sanftes Licht
Selbst durch die zarten Blätter bricht,
Sogar den Schatten weiß und sonder Schwärze hat.
Unmöglich, dacht ich, kann auf Erden
Was Weißers angetroffen werden.

Indem ich nun bald hin, bald her
Im Schatten dieses Baumes gehe,
Sah ich von ungefähr
Durch alle Blumen in die Höhe
Und ward noch einen weißern Schein,
Der tausendmal so weiß, der tausendmal so klar,
Fast halb darob erstaunt, gewahr.
Der Blüte Schnee schien schwarz zu sein
Bei diesem weißen Glanz. Es fiel mir ins Gesicht
Von einem hellen Stern ein weißes Licht,
Das mir recht in die Seele strahlte.

Wie sehr ich mich am Irdischen ergetze,
Dacht ich, hat Er dennoch weit größre Schätze.
Die größte Schönheit dieser Erden
Kann mit der himmlischen doch nicht verglichen werden.

[v 1727]

[1] als

Christian Fürchtegott Gellert
Der Tanzbär

Ein Bär, der lange Zeit sein Brot ertanzen müssen,
Entrann und wählte sich den ersten Aufenthalt.
Die Bären grüßten ihn mit brüderlichen Küssen
Und brummten freudig durch den Wald,
Und wo ein Bär den andern sah,
So hieß es: „Petz ist wieder da!"
Der Bär erzählte drauf, was er in fremden Landen
Für Abenteuer ausgestanden,
Was er gesehn, gehört, getan.
Und fing, da er vom Tanzen red'te,
Als ging er noch an seiner Kette,
Auf polnisch schön zu tanzen an.
Die Brüder, die ihn tanzen sahn,
Bewunderten die Wendung seiner Glieder,
Und gleich versuchten es die Brüder;
Allein anstatt, wie er, zu gehn,
So konnten sie kaum aufrecht stehn,
Und mancher fiel die Länge lang darnieder.
Um desto mehr ließ sich der Tänzer sehn;
Doch seine Kunst verdroß den ganzen Haufen.
„Fort", schrien alle, „fort mit dir!
Du Narr willst klüger sein als wir?"
Man zwang den Petz, davonzulaufen.

Sei nicht geschickt, man wird dich wenig hassen,
Weil dir dann jeder ähnlich ist;
Doch je geschickter du vor vielen andern bist,
Je mehr nimm dich in acht, dich prahlend sehn zu lassen.
Wahr ist's, man wird auf kurze Zeit
Von deinen Künsten rühmlich sprechen;
Doch traue nicht, bald folgt der Neid
Und macht aus der Geschicklichkeit
Ein unvergebliches Verbrechen. [v 1746]

Aufgaben zu den Texten auf den Seiten 74–75

Barthold Hinrich Brockes Kirschblüte bei der Nacht (S. 74)

① Untersuchen Sie den Aufbau des Gedichts; charakterisieren Sie die einzelnen Abschnitte.
② Was bringt Brockes zu der Ansicht, daß ein göttliches Wesen existieren muß?
③ Inwiefern handelt es sich hier um eine sachliche Naturbeschreibung?
④ Zeigen Sie in einem Vergleich mit einem Sonett von Gryphius (S. 54f., 59) die unterschiedliche Einstellung zu Gott (bzw. zur Welt) zur Zeit des Barock und in der Epoche der Aufklärung.

Christian Fürchtegott Gellert Der Tanzbär (S. 75)

① Untersuchen Sie die Struktur des Textes.
② Welcher Gattung läßt sich das Gedicht zuordnen?

c) Der aufgeklärte Mensch

Wolfgang Amadeus Mozart

Brief an seinen Vater in Salzburg

Wien, den 20. Juni 1781

Mon très cher Père!

Ich habe den Pack richtig erhalten, und hoffe sie werden nun auch schon das Portrait und die Bänder haben. – Ich weis nicht warum sie nicht gleich in einem koffer oder eine küste alles zusamm gepackt haben; wenn man so nach und nach die sachen schickt, muß man für Jede kleinigkeit zahlen, wo es in allem zusamen nicht so viel ausmachen würde. – daß sie die Hofschranzen über die querre ansehen werden, will ich gerne glauben; doch was haben sie sich aus solchem Elenden Gesinde zu machen. wie feindlicher daß diese leute gegen sie sind, desto stolzer und verrächtlicher müssen sie sie ansehen;

wegen dem arco[1] darf ich nur meine vernunft und mein Herz zu rathe ziehen, und brauche also gar keine damme oder Personn vom stande dazu, um das zu thun was recht und billig ist, was nicht zu viel und zu wenig ist; – das Herz adelt den Menschen; und wenn ich schon kein graf bin, so habe ich vielleicht mehr Ehre im leib als mancher graf; und hausknecht oder graf, sobald er mich beschimpft, so ist er ein hundsfut. – ich werde ihm von anfang ganz vernünftig vorstellen, wie schlecht und übel er seine sache gemacht habe; – zum schlusse aber muß ich ihm doch schriftlich versichern daß er gewis von mir einen fuß im arsch, und noch ein paar ohrfeigen zu gewarten hat; – denn, wenn mich einer beleidigt, so muß ich mich rächen; und thue ich nicht mehr als er mir angethan, so ist es nur wiedervergeltung und keine strafe nicht; und noch dazu würde ich mich mit ihm in gleichheit stellen, und da bin ich wahrlich zu stolz dazu, als daß ich mich mit so einem dummen schöps vergleiche. [...]

[1] Karl Joseph Maria Felix Graf Arco (1743–1830) war Kämmerer des Salzburger Fürsterzbischofs

Gotthold Ephraim Lessing

Fabeln und Fabeltheorie

Der kriegerische Wolf

Mein Vater, glorreichen Andenkens, sagte ein junger Wolf zu einem Fuchse, das war ein rechter Held! Wie fürchterlich hat er sich nicht in der ganzen Gegend gemacht! Er hat über mehr als zweihundert Feinde, nach und nach, triumphiert, und ihre schwarze Seelen in das Reich des Verderbens gesandt. Was Wunder also, daß er endlich doch einem unterliegen mußte!

So würde sich ein Leichenredner ausdrücken, sagte der Fuchs; der trockene Geschichtschreiber aber würde hinzusetzen: die zweihundert Feinde, über die er, nach und nach, triumphieret, waren Schafe und Esel; und der eine Feind, dem er unterlag, war der erste Stier, den er sich anzufallen erkühnte.

Die Gans

Die Federn einer Gans beschämten den neugebornen Schnee. Stolz auf dieses blendende Geschenk der Natur, glaubte sie eher zu einem Schwane, als zu dem, was sie war, geboren zu sein. Sie sonderte sich von ihresgleichen ab, und schwamm einsam und majestätisch auf dem Teiche herum. Bald dehnte sie ihren Hals, dessen verräterischer Kürze sie mit aller Macht abhelfen wollte. Bald suchte sie ihm die prächtige Biegung zu geben, in welcher der Schwan das würdigste Ansehen eines Vogels des Apollo hat. Doch vergebens; er war zu steif, und mit aller ihrer Bemühung brachte sie es nicht weiter, als daß sie eine lächerliche Gans ward, ohne ein Schwan zu werden.

Die Eiche und das Schwein
Ein gefräßiges Schwein mästete sich, unter einer hohen Eiche, mit der herabgefallenen Frucht. Indem es die eine Eichel zerbiß, verschluckte es bereits eine andere mit dem Auge.
Undankbares Vieh! rief endlich der Eichbaum herab. Du nährest dich von meinen Früchten, ohne einen einzigen dankbaren Blick auf mich in die Höhe zu richten.
Das Schwein hielt einen Augenblick inne, und grunzte zur Antwort: Meine dankbaren Blicke sollten nicht außenbleiben, wenn ich nur wüßte, daß du deine Eicheln meinetwegen hättest fallen lassen.

Die Sperlinge
Eine alte Kirche, welche den Sperlingen unzählige Nester gab, ward ausgebessert. Als sie nun in ihrem neuen Glanze da stand, kamen die Sperlinge wieder, ihre alten Wohnungen zu suchen. Allein sie fanden sie alle vermauert. Zu was, schrieen sie, taugt denn nun das große Gebäude? Kommt, verlaßt den unbrauchbaren Steinhaufen!

Die Pfauen und die Krähe
Eine stolze Krähe schmückte sich mit den ausgefallenen Federn der farbigten Pfaue und mischte sich kühn, als sie genug geschmückt zu sein glaubte, unter diese glänzende Vögel der Juno. Sie ward erkannt; und schnell fielen die Pfaue mit scharfen Schnäbeln auf sie, ihr den betriegrischen Putz auszureißen.
Lasset nach! schrie sie endlich; ihr habt nun alle das Eurige wieder. Doch die Pfaue, welche einige von den eignen glänzenden Schwingfedern der Krähe bemerkt hatten, versetzten: Schweig, armselige Närrin; auch diese können nicht dein sein! – und hackten weiter.

Der Esel mit dem Löwen
Als der Esel mit dem Löwen des Aesopus[1], der ihn statt seines Jägerhorns brauchte, nach dem Walde ging, begegnete ihm ein andrer Esel von seiner Bekanntschaft, und rief ihm zu: Guten Tag, mein Bruder! – Unverschämter! war die Antwort. –
Und warum das? fuhr jener Esel fort. Bist du deswegen, weil du mit einem Löwen gehst, besser als ich? mehr als ein Esel?

---

[1] Äsop (griech.: Aisopos, 6. Jh. v. Chr.), berühmter Fabeldichter

Von dem Wesen der Fabel
[...] Und nunmehr glaube ich meine Meinung von dem Wesen der Fabel genugsam verbreitet zu haben. Ich fasse daher alles zusammen und sage: *Wenn wir einen allgemeinen moralischen Satz auf einen besonderen Fall zurückführen, diesem besondern Falle die Wirklichkeit erteilen, und eine Geschichte daraus dichten, in welcher man den allgemeinen Satz anschauend erkennt: so heißt diese Erdichtung eine Fabel.*
Das ist meine Erklärung, und ich hoffe, daß man sie, bei der Anwendung, eben so richtig als fruchtbar finden wird. [v 1759]

Gotthold Ephraim Lessing

Der siebzehnte Literaturbrief

»Niemand«, sagen die Verfasser der Bibliothek[1], »wird leugnen, daß die deutsche Schaubühne einen großen Teil ihrer ersten Verbesserung dem Herrn Professor Gottsched zu danken habe.« Ich bin dieser Niemand; ich leugne es geradezu. Es wäre zu wünschen, daß sich Herr Gottsched niemals mit dem Theater vermengt hätte. Seine vermeinten Verbesserungen betreffen entweder entbehrliche Kleinigkeiten oder sind wahre Verschlimmerungen.

Als die Neuberin[2] blühte und so mancher den Beruf fühlte, sich um sie und die Bühne verdient zu machen, sahe es freilich mit unserer dramatischen Poesie sehr elend aus. Man kannte keine Regeln; man bekümmerte sich um keine Muster. Unsre Staats- und Heldenaktionen waren voller Unsinn, Bombast, Schmutz und Pöbelwitz. Unsre Lustspiele bestanden in Verkleidungen und Zaubereien; und Prügel waren die witzigsten Einfälle derselben. Dieses Verderbnis einzusehen, brauchte man eben nicht der feinste und größte Geist zu sein. Auch war Herr Gottsched nicht der erste, der es einsahe; er war nur der erste, der sich Kräfte genug zutraute, ihm abzuhelfen. Und wie ging er damit zu Werke? Er verstand ein wenig Französisch und fing an zu übersetzen; er ermunterte alles, was reimen und Oui Monsieur verstehen konnte, gleichfalls zu übersetzen; er verfertigte, wie ein Schweizerischer Kunstrichter[3] sagt, mit Kleister und Schere seinen Cato; er ließ den Darius und die Austern, die Elise und den Bock im Prozesse, den Aurelius und den Witzling, die Banise und den Hypochondristen ohne Kleister und Schere machen; er legte seinen Fluch auf das Extemporieren[4]; er ließ den Harlekin feierlich vom Theater vertreiben, welches selbst die größte Harlekinade war, die jemals gespielt worden; kurz, er wollte nicht sowohl unser altes Theater verbessern, als der Schöpfer eines ganz neuen sein. Und was für eines neuen? Eines französierenden; ohne zu untersuchen, ob dieses französierende Theater der deutschen Denkungsart angemessen sei oder nicht.

Er hätte aus unsern alten dramatischen Stücken, welche er vertrieb, hinlänglich abmerken können, daß wir mehr in den Geschmack der Engländer als der Franzosen einschlagen; daß wir in unsern Trauerspielen mehr sehen und denken wollen, als uns das furchtsame französische Trauerspiel zu sehen und zu denken gibt; daß das Große, das Schreckliche, das Melancholische besser auf uns wirkt als das Artige, das Zärtliche, das Verliebte; daß uns die zu große Einfalt mehr ermüde als die zu große Verwickelung etc. Er hätte also auf dieser Spur bleiben sollen, und sie würde ihn geraden Weges auf das englische Theater geführet haben. [...]

Wenn man die Meisterstücke des Shakespeare, mit einigen bescheidenen Veränderungen, unsern Deutschen übersetzt hätte, ich weiß gewiß, es würde von bessern Folgen gewesen sein, als daß man sie mit dem Corneille und Racine so bekannt gemacht hat. Erstlich würde das Volk an jenem weit mehr Geschmack gefunden haben, als es an diesen nicht finden kann; und zweitens würde jener ganz andere Köpfe unter uns erweckt haben, als man von diesen zu rühmen weiß. Denn ein Genie kann nur von einem Genie entzündet werden; und am leichtesten von so einem, das alles bloß der Natur zu danken zu haben scheinet und durch die mühsamen Vollkommenheiten der Kunst nicht abschrecket. [...]

[v 1759]

[1] Nicolai und Mendelssohn (vgl. Kapiteleinleitung, S. 65)
[2] Friederike Caroline Neuberin (1697–1760), Prinzipalin einer Schauspielertruppe, die Gottsched für seine Reformpläne einsetzte
[3] Johann Jakob Bodmer (1698–1783), bedeutender Schweizer Kritiker
[4] aus dem Stegreif sprechen

Gotthold Ephraim Lessing
Brief an Friedrich Nicolai

[...] Ich danke Ihnen aufrichtig für den kurzen Auszug aus Ihrer Abhandlung *über das Trauerspiel.* Er ist mir auf mancherlei Weise sehr angenehm gewesen, und unter andern auch deswegen, weil er mir Gelegenheit gibt zu widersprechen. Überlegen Sie ja alles wohl, was ich darauf sagen werde; denn es könnte leicht sein, daß ich nicht alles wohl überlegt hätte – Ich will umwenden, um das freie Feld vor mir zu haben!

Vorläufiges Kompliment! Da die Absicht, warum ich gewisse Wahrheiten abhandele, die Art, wie ich sie abhandeln soll, bestimmen muß, und da jene es nicht allezeit erfordert, auf die allerersten Begriffe zurück zu gehen; so würde ich gar nichts wider Ihren Aufsatz zu erinnern haben, wenn ich Sie nicht für einen Kopf hielte, der mehr als eine Absicht dabei hätte verbinden können.

Es kann sein, daß wir dem Grundsatze: *Das Trauerspiel soll bessern,* manches elende aber gutgemeinte Stück schuldig sind; es kann sein, sage ich, denn diese Ihre Anmerkung klingt ein wenig zu sinnreich, als daß ich sie gleich für wahr halten sollte. Aber das erkenne ich für wahr, daß kein Grundsatz, wenn man sich ihn recht geläufig gemacht hat, bessere Trauerspiele kann hervorbringen helfen, als der: *Die Tragödie soll Leidenschaften erregen.* [...]

Das meiste wird darauf ankommen: was das Trauerspiel für Leidenschaften erregt. In seinen Personen kann es alle mögliche Leidenschaften wirken lassen, die sich zu der Würde des Stoffes schicken. Aber werden auch zugleich alle diese Leidenschaften in den Zuschauern rege? Wird er freudig? wird er verliebt? wird er zornig? wird er rachsüchtig? Ich frage nicht, ob ihn der Poet so weit bringt, daß er diese Leidenschaften in der spielenden Person billiget, sondern ob er ihn so weit bringt, daß er diese Leidenschaften selbst *fühlt,* und nicht bloß fühlt, ein anderer fühle sie?

Kurz, ich finde keine einzige Leidenschaft, die das Trauerspiel in dem Zuschauer rege macht, als das Mitleiden. Sie werden sagen: erweckt es nicht auch Schrecken? erweckt es nicht auch Bewunderung? Schrecken und Bewunderung sind keine Leidenschaften, nach meinem Verstande. [...]

Auf gleiche Weise verfahre ich mit der Komödie. Sie soll uns zur Fertigkeit verhelfen, alle Arten des Lächerlichen leicht wahrzunehmen. Wer diese Fertigkeit besitzt, wird in seinem Betragen alle Arten des Lächerlichen zu vermeiden suchen, und eben dadurch der wohlgezogenste und gesittetste Mensch werden. Und so ist auch die Nützlichkeit der Komödie gerettet.

Beider Nutzen, des Trauerspiels sowohl als des Lustspiels, ist von dem Vergnügen unzertrennlich; denn die ganze Hälfte des Mitleids und des Lachens ist Vergnügen, und es ist großer Vorteil für den dramatischen Dichter, daß er weder nützlich, noch angenehm, eines ohne das andere sein kann.

Ich bin jetzt von diesen meinen Grillen so eingenommen, daß ich, wenn ich eine dramatische Dichtkunst schreiben sollte, weitläufige Abhandlungen vom Mitleid und Lachen voranschicken würde. Ich würde beides sogar mit einander vergleichen, ich würde zeigen, daß das Weinen eben so aus einer Vermischung der Traurigkeit und Freude, als das Lachen aus einer Vermischung der Lust und Unlust entstehe: ich würde weisen, wie man das Lachen in Weinen verwandeln kann, wo man auf der einen Seite Lust zur Freude, und auf der andern Unlust zur Traurigkeit, in beständiger Vermischung anwachsen läßt; ich würde – Sie glauben nicht, was ich alles würde. [...]

[e Nov. 1756]

GOTTHOLD EPHRAIM LESSING
Minna von Barnhelm

ZWEITER AUFZUG, ERSTER AUFTRITT
Minna von Barnhelm. Franziska

(Die Szene ist in dem Zimmer des Fräuleins)

DAS FRÄULEIN (im Negligee, nach ihrer Uhr sehend). Franziska, wir sind auch sehr früh aufgestanden. Die Zeit wird uns lang werden.

FRANZISKA. Wer kann in den verzweifelten großen Städten schlafen? Die Karossen, die Nachtwächter, die Trommeln, die Katzen, die Korporals – das hört nicht auf zu rasseln, zu schreien, zu wirbeln, zu mauen, zu fluchen; gerade, als ob die Nacht zu nichts weniger wäre, als zur Ruhe. – Eine Tasse Tee, gnädiges Fräulein? –

DAS FRÄULEIN. Der Tee schmeckt mir nicht. –

FRANZISKA. Ich will von unserer Schokolate machen lassen.

DAS FRÄULEIN. Laß machen, für dich!

FRANZISKA. Für mich? Ich wollte eben so gern für mich allein plaudern, als für mich allein trinken. – Freilich wird uns die Zeit so lang werden. – Wir werden, vor langer Weile, uns putzen müssen, und das Kleid versuchen, in welchem wir den ersten Sturm geben wollen.

DAS FRÄULEIN. Was redest du von Stürmen, da ich bloß herkomme, die Haltung der Kapitulation zu fordern?

FRANZISKA. Und der Herr Offizier, den wir vertrieben, und dem wir das Kompliment darüber machen lassen; er muß auch nicht die feinste Lebensart haben; sonst hätte er wohl um die Ehre können bitten lassen, uns seine Aufwartung machen zu dürfen. –

DAS FRÄULEIN. Es sind nicht alle Offiziere Tellheims. Die Wahrheit zu sagen, ich ließ ihm das Kompliment auch bloß machen, um Gelegenheit zu haben, mich nach diesem bei ihm zu erkundigen. – Franziska, mein Herz sagt es mir, daß meine Reise glücklich sein wird, daß ich ihn finden werde. –

FRANZISKA. Das Herz, gnädiges Fräulein? Man traue doch ja seinem Herzen nicht zu viel. Das Herz redet uns gewaltig gern nach dem Maule. Wenn das Maul eben so geneigt wäre, nach dem Herzen zu reden, so wäre die Mode längst aufgekommen, die Mäuler unterm Schlosse zu tragen.

DAS FRÄULEIN. Ha! ha! mit deinen Mäulern unterm Schlosse! Die Mode wäre mir eben recht!

FRANZISKA. Lieber die schönsten Zähne nicht gezeigt, als alle Augenblicke das Herz darüber springen lassen!

DAS FRÄULEIN. Was? bist du so zurückhaltend? –

FRANZISKA. Nein, gnädiges Fräulein; sondern ich wollte es gern mehr sein. Man spricht selten von der Tugend, die man hat; aber desto öftrer von der, die uns fehlt.

DAS FRÄULEIN. Siehst du, Franziska? da hast du eine sehr gute Anmerkung gemacht. –

FRANZISKA. Gemacht? macht man das, was einem so einfällt? –

DAS FRÄULEIN. Und weißt du, warum ich eigentlich diese Anmerkung so gut finde? Sie hat viele Beziehung auf meinen Tellheim.

FRANZISKA. Was hätte bei Ihnen nicht auch Beziehung auf ihn?

DAS FRÄULEIN. Freund und Feind sagen, daß er der tapferste Mann von der Welt ist. Aber wer hat ihn von Tapferkeit jemals reden hören? Er hat das rechtschaffenste Herz, aber Rechtschaffenheit und Edelmut sind Worte, die er nie auf die Zunge bringt.

FRANZISKA. Von was für Tugenden spricht er denn?

DAS FRÄULEIN. Er spricht von keiner; denn ihm fehlt keine.

FRANZISKA. Das wollte ich nur hören.

DAS FRÄULEIN. Warte, Franziska; ich besinne mich. Er spricht sehr oft von Ökonomie. Im Vertrauen, Franziska; ich glaube, der Mann ist ein Verschwender.

FRANZISKA. Noch eins, gnädiges Fräulein. Ich habe ihn auch sehr oft der Treue und Beständigkeit gegen Sie erwähnen hören. Wie, wenn der Herr auch ein Flattergeist wäre?

DAS FRÄULEIN. Du Unglückliche! – Aber meinest du das im Ernste, Franziska?

FRANZISKA. Wie lange hat er Ihnen nun schon nicht geschrieben?

DAS FRÄULEIN. Ach! seit dem Frieden hat er mir nur ein einzigesmal geschrieben.

FRANZISKA. Auch ein Seufzer wider den Frieden! Wunderbar! der Friede sollte nur das Böse wieder gut machen, das der Krieg gestiftet, und er zerrüttet auch das Gute, was dieser sein Gegenpart etwa noch veranlasset hat. Der Friede sollte so eigensinnig nicht sein! – Und wie lange haben wir schon Friede? Die Zeit wird einem gewaltig lang, wenn es so wenig Neuigkeiten gibt. – Umsonst gehen die Posten wieder richtig; niemand schreibt; denn niemand hat was zu schreiben.

DAS FRÄULEIN. Es ist Friede, schrieb er mir, und ich nähere mich der Erfüllung meiner Wünsche. Aber, daß er mir dieses nur einmal, nur ein einzigesmal geschrieben –

FRANZISKA. Daß er uns zwingt, dieser Erfüllung der Wünsche selbst entgegen zu eilen: finden wir ihn nur; das soll er uns entgelten! – Wenn indes der Mann doch Wünsche erfüllt hätte, und wir erführen hier –

DAS FRÄULEIN *(ängstlich und hitzig)*. Daß er tot wäre?

FRANZISKA. Für Sie, gnädiges Fräulein; in den Armen einer andern. –

DAS FRÄULEIN. Du Quälgeist! Warte, Franziska, er soll dir es gedenken! – Doch schwatze nur; sonst schlafen wir wieder ein. – Sein Regiment ward nach dem Frieden zerrissen. Wer weiß, in welche Verwirrung von Rechnungen und Nachweisungen er dadurch geraten? Wer weiß, zu welchem andern Regimente, in welche entlegne Provinz, er versetzt worden? Wer weiß, welche Umstände – Es pocht jemand.

FRANZISKA. Herein! [v 1767]

GOTTHOLD EPHRAIM LESSING

Nathan der Weise

[Zur Situation: Der Sultan hat Nathan aufgefordert, ihm zu sagen und zu begründen, welcher Glaube ihm „am meisten einleuchtet".]

DRITTER AUFZUG, SECHSTER AUFTRITT
Nathan allein

NATHAN *allein* Hm! hm! – wunderlich! – Wie ist
Mir denn? – Was will der Sultan? was? – Ich bin
Auf Geld gefaßt; und er will – Wahrheit. Wahrheit!
Und will sie so, – so bar, so blank, – als ob
Die Wahrheit Münze wäre! – Ja, wenn noch
Uralte Münze, die gewogen ward! –
Das ginge noch! Allein so neue Münze,
Die nur der Stempel macht, die man aufs Brett
Nur zählen darf, das ist sie doch nun nicht!
Wie Geld in Sack, so striche man in Kopf

Auch Wahrheit ein? Wer ist denn hier der Jude?
Ich oder er? – Doch wie? Sollt' er auch wohl
Die Wahrheit nicht in Wahrheit fodern? – Zwar,
Zwar der Verdacht, daß er die Wahrheit nur
Als Falle brauche, wär' auch gar zu klein! –
Zu klein? – Was ist für einen Großen denn
Zu klein? – Gewiß, gewiß: er stürzte mit
Der Türe so ins Haus! Man pocht doch, hört
Doch erst, wenn man als Freund sich naht. – Ich muß
Behutsam gehn! – Und wie? wie das? – So ganz
Stockjude sein zu wollen, geht schon nicht. –
Und ganz und gar nicht Jude, geht noch minder.
Denn, wenn kein Jude, dürft er mich nur fragen,
Warum kein Muselmann? – Das wars! Das kann
Mich retten! – Nicht die Kinder bloß, speist man
Mit Märchen ab. – Er kömmt. Er komme nur!

DRITTER AUFZUG, SIEBENTER AUFTRITT
Saladin und Nathan

SALADIN. (So ist das Feld hier rein!) – Ich komm' dir doch
Nicht zu geschwind zurück? Du bist zu Rande
Mit deiner Überlegung. – Nun so rede!
Es hört uns keine Seele.
NATHAN. Möcht auch doch
Die ganze Welt uns hören.
SALADIN. So gewiß
Ist Nathan seiner Sache? Ha! das nenn'
Ich einen Weisen! Nie die Wahrheit zu
Verhehlen! für sie alles auf das Spiel
Zu setzen! Leib und Leben! Gut und Blut!
NATHAN. Ja! ja! wanns nötig ist und nutzt.
SALADIN. Von nun
An darf ich hoffen, einen meiner Titel,
Verbesserer der Welt und des Gesetzes,
Mit Recht zu führen.
NATHAN. Traun, ein schöner Titel!
Doch, Sultan, eh ich mich dir ganz vertraue,
Erlaubst du wohl, dir ein Geschichtchen zu
Erzählen?
SALADIN. Warum das nicht? Ich bin stets
Ein Freund gewesen von Geschichtchen, gut
Erzählt.
NATHAN. Ja, *gut* erzählen, das ist nun
Wohl eben meine Sache nicht.
SALADIN. Schon wieder
So stolz bescheiden? – Mach! erzähl', erzähle!
NATHAN. Vor grauen Jahren lebt' ein Mann in Osten,

Der einen Ring von unschätzbarem Wert'
Aus lieber Hand besaß. Der Stein war ein
Opal, der hundert schöne Farben spielte,
Und hatte die geheime Kraft, vor Gott
Und Menschen angenehm zu machen, wer
In dieser Zuversicht ihn trug. Was Wunder,
Daß ihn der Mann in Osten darum nie
Vom Finger ließ; und die Verfügung traf,
Auf ewig ihn bei seinem Hause zu
Erhalten? Nämlich so. Er ließ den Ring
Von seinen Söhnen dem geliebtesten;
Und setzte fest, daß dieser wiederum
Den Ring von seinen Söhnen dem vermache,
Der ihm der liebste sei; und stets der liebste,
Ohn' Ansehn der Geburt, in Kraft allein
Des Rings, das Haupt, der Fürst des Hauses werde. –
Versteh mich, Sultan.

SALADIN. Ich versteh dich. Weiter!

NATHAN. So kam nun dieser Ring, von Sohn zu Sohn,
Auf einen Vater endlich von drei Söhnen;
Die alle drei ihm gleich gehorsam waren,
Die alle drei er folglich gleich zu lieben
Sich nicht entbrechen konnte. Nur von Zeit
Zu Zeit schien ihm bald der, bald dieser, bald
Der dritte, – so wie jeder sich mit ihm
Allein befand, und sein ergießend Herz
Die andern zwei nicht teilten, – würdiger
Des Ringes; den er denn auch einem jeden
Die fromme Schwachheit hatte, zu versprechen.
Das ging nun so, so lang es ging. – Allein
Es kam zum Sterben, und der gute Vater
Kömmt in Verlegenheit. Es schmerzt ihn, zwei
Von seinen Söhnen, die sich auf sein Wort
Verlassen, so zu kränken. – Was zu tun? –
Er sendet in geheim zu einem Künstler,
Bei dem er, nach dem Muster seines Ringes,
Zwei andere bestellt, und weder Kosten
Noch Mühe sparen heißt, sie jenem gleich,
Vollkommen gleich zu machen. Das gelingt
Dem Künstler. Da er ihm die Ringe bringt,
Kann selbst der Vater seinen Musterring
Nicht unterscheiden. Froh und freudig ruft
Er seine Söhne, jeden ins besondre;
Gibt jedem ins besondre seinen Segen, –
Und seinen Ring, – und stirbt. – Du hörst doch, Sultan?

SALADIN *(der sich betroffen von ihm gewandt).*
Ich hör, ich höre! – Komm mit deinem Märchen
Nur bald zu Ende. – Wirds?

NATHAN. Ich bin zu Ende.
Denn was noch folgt, versteht sich ja von selbst. –
Kaum war der Vater tot, so kömmt ein jeder
Mit seinem Ring', und jeder will der Fürst
Des Hauses sein. Man untersucht, man zankt,
Man klagt. Umsonst; der rechte Ring war nicht
Erweislich; –
(Nach einer Pause, in welcher er des Sultans Antwort erwartet)
Fast so unerweislich, als
Uns itzt – der rechte Glaube.
SALADIN. Wie? das soll
Die Antwort sein auf meine Frage? ...
NATHAN. Soll
Mich bloß entschuldigen, wenn ich die Ringe,
Mir nicht getrau zu unterscheiden, die
Der Vater in der Absicht machen ließ,
Damit sie nicht zu unterscheiden wären.
SALADIN. Die Ringe! – Spiele nicht mit mir! – Ich dächte,
Daß die Religionen, die ich dir
Genannt, doch wohl zu unterscheiden wären.
Bis auf die Kleidung; bis auf Speis und Trank!
NATHAN. Und nur von Seiten ihrer Gründe nicht. –
Denn gründen alle sich nicht auf Geschichte?
Geschrieben oder überliefert! – Und
Geschichte muß doch wohl allein auf Treu
Und Glauben angenommen werden? – Nicht? –
Nun wessen Treu und Glauben zieht man denn
Am wenigsten in Zweifel? Doch der Seinen?
Doch deren Blut wir sind? doch deren, die
Von Kindheit an uns Proben ihrer Liebe
Gegeben? die uns nie getäuscht, als wo
Getäuscht zu werden uns heilsamer war? –
Wie kann ich meinen Vätern weniger,
Als du den deinen glauben? Oder umgekehrt. –
Kann ich von dir verlangen, daß du deine
Vorfahren Lügen strafst, um meinen nicht
Zu widersprechen? Oder umgekehrt.
Das nämliche gilt von den Christen. Nicht? –
SALADIN. (Bei dem Lebendigen! Der Mann hat Recht.
Ich muß verstummen.)
NATHAN. Laß auf unsre Ring'
Uns wieder kommen. Wie gesagt: die Söhne
Verklagten sich; und jeder schwur dem Richter,
Unmittelbar aus seines Vaters Hand
Den Ring zu haben. – Wie auch wahr! – Nachdem
Er von ihm lange das Versprechen schon
Gehabt, des Ringes Vorrecht einmal zu
Genießen. – Wie nicht minder wahr! – Der Vater,

Beteu'rte jeder, könne gegen ihn
Nicht falsch gewesen sein; und eh' er dieses
Von ihm, von einem solchen lieben Vater,
Argwohnen laß': eh' müß' er seine Brüder,
So gern er sonst von ihnen nur das Beste
Bereit zu glauben sei, des falschen Spiels
Bezeihen[1]; und er wolle die Verräter
Schon auszufinden wissen; sich schon rächen.
SALADIN. Und nun, der Richter? – Mich verlangt zu hören,
Was du den Richter sagen lässest. Sprich!
NATHAN. Der Richter sprach: wenn ihr mir nun den Vater
Nicht bald zur Stelle schafft, so weis' ich euch
Von meinem Stuhle. Denkt ihr, daß ich Rätsel
Zu lösen da bin? Oder harret ihr,
Bis daß der rechte Ring den Mund eröffne? –
Doch halt! Ich höre ja, der rechte Ring
Besitzt die Wunderkraft beliebt zu machen;
Vor Gott und Menschen angenehm. Das muß
Entscheiden! Denn die falschen Ringe werden
Doch das nicht können! – Nun; wen lieben zwei
Von euch am meisten? – Macht, sagt an! Ihr schweigt?
Die Ringe wirken nur zurück? und nicht
Nach außen? Jeder liebt sich selber nur
Am meisten? – O so seid ihr alle drei
Betrogene Betrieger! Eure Ringe
Sind alle drei nicht echt. Der echte Ring
Vermutlich ging verloren. Den Verlust
Zu bergen, zu ersetzen, ließ der Vater
Die drei für einen machen.
SALADIN. Herrlich! herrlich!
NATHAN. Und also; fuhr der Richter fort, wenn ihr
Nicht meinen Rat, statt meines Spruches, wollt:
Geht nur! – Mein Rat ist aber der: ihr nehmt
Die Sache völlig wie sie liegt. Hat von
Euch jeder seinen Ring von seinem Vater:
So glaube jeder sicher seinen Ring
Den echten. – Möglich; daß der Vater nun
Die Tyrannei des Einen Rings nicht länger
In seinem Hause dulden wollen! – Und gewiß;
Daß er euch alle drei geliebt, und gleich
Geliebt: indem er zwei nicht drücken mögen,
Um einen zu begünstigen. – Wohlan!
Es eifre jeder seiner unbestochnen
Von Vorurteilen freien Liebe nach!
Es strebe von euch jeder um die Wette,
Die Kraft des Steins in seinem Ring' an Tag

[1] bezichtigen

Zu legen! komme dieser Kraft mit Sanftmut,
Mit herzlicher Verträglichkeit, mit Wohltun,
Mit innigster Ergebenheit in Gott,
Zu Hülf'! Und wenn sich dann der Steine Kräfte
Bei euern Kindes-Kindeskindern äußern:
So lad' ich über tausend tausend Jahre,
Sie wiederum vor diesen Stuhl. Da wird
Ein weisrer Mann auf diesem Stuhle sitzen,
Als ich; und sprechen. Geht! – So sagte der
Bescheidne Richter.
SALADIN. Gott! Gott!
NATHAN. Saladin,
Wenn du dich fühlest, dieser weisere
Versprochne Mann zu sein: ...
SALADIN *(der auf ihn zustürzt, und seine Hand ergreift, die er bis zu Ende nicht wieder fahren läßt).*
Ich Staub? Ich Nichts?
O Gott!
NATHAN. Was ist dir, Sultan?
SALADIN. Nathan, lieber Nathan! –
Die tausend tausend Jahre deines Richters
Sind noch nicht um. – Sein Richterstuhl ist nicht
Der meine. – Geh! – Geh! – Aber sei mein Freund.

[v 1779]

WALTER JENS

Lessings „Nathan der Weise"

[...] In Wahrheit ist der Lessingsche Nathan keineswegs ein Schattenbild aus dem Lehrbuch der Philanthropie[1], keine erklügelte Märchenfigur und kein gesellschaftsferner homo humanus[2], sondern Jud aus Fleisch und Blut: ein Kaufmann (wie Mendelssohn), der Zinsen eintreibt und nüchterne Handlung höher als die hehre Schwärmerei einschätzt – nicht zu seinem Nachteil übrigens: Ganz so weit entfernt von Shylock[3] sind wir denn doch nicht bei diesem Reichen, dem seine Säckel schließlich nicht nur die Barmherzigkeit gefüllt haben dürfte, wohl aber jene *handfeste Rechtschaffenheit,* die er mit seinem alter ego[4] Moses Mendelssohn teilt – er, dessen sehr konkretes Judesein in keinem Augenblick vergessen wird: aus christlicher Sicht („der reiche Jude war mir nie der bessre Jude") so wenig wie aus der Perspektive des Muselmanen: „Er bleibt ein Jude, der so ganz und gar nur Jude scheinen will." [...]

Nathan der Weise: Das ist ein Mensch, der als die große erkennbare Ausnahme – reich, klug, demütig, witzig: eine Mischung aus Hofjude und Baruch Spinoza[5] – das Außenseiter-Dasein seines Volkes um so sichtbarer macht – das Elend einer Minorität, die stellvertretend für die Unterdrückung *aller* Minderheiten steht: „Ein Glück für uns (Juden)", so Moses Mendelssohn, „wenn man auf die Rechte der Menschheit nicht dringen kann, ohne zugleich die unsrigen zu reklamieren."

[1] Menschenliebe [2] die Menschenwürde achtender Mensch [3] Titelfigur in Shakespeares Komödie *Der Kaufmann von Venedig*
[4] lat.: das andere Ich; hier: Vorbild in der Wirklichkeit [5] Baruch Spinoza (1632–77), niederl. Philosoph u. Naturwissenschaftler

Hier Mendelssohn, mit der Identifikation von Emanzipation der Judenheit und Emanzipation der Vernunft, und dort Lessing mit seiner vom frühen Lustspiel ›Die Juden‹ bis zum ›Nathan‹ unablässig wiederholten These, daß es die am Beispiel der diskriminierten Israeliten widerlegten *Vorurteile* seien, die die Vernunft hinderten, in ihre angestammten Rechte zu treten: Kein Zweifel, da wurde vor zweihundert Jahren, in Berlin und Wolfenbüttel, ein deutsch-deutsches Gespräch – und nicht etwa ein deutsch-jüdisches! – eingeleitet, das, wäre es fortgesetzt worden, gewiß nie zu einer *Symbiose*[6], wohl aber – zumindest aber in der Literatur – zu einer *Partnerschaft* geführt hätte, wie sie im Dialog zwischen Mendelssohn und Lessing Wirklichkeit wurde, von einer Überzeugungskraft, die die Juden glauben ließ, das einmal Begonnene werde, wo es schon keine Fortsetzung fand, sich eines Tages doch wiederholen. [...]

Lessings Traum sah sich ins Gegenteil verkehrt: der Traum von einem Land Utopia, dessen Konturen er in seinem letzten Brief beschrieb – einem jener beiläufig gehaltenen Manifeste, wie er sie zu formulieren liebte und worin er Mendelssohn seinen jüdischen Hausfreund – Daveson hieß er –, dem die Zeitläufe übel mitgespielt hatten, herzlich anempfahl: „Er will von ihnen nichts, lieber Moses, als daß sie ihm den kürzesten und sichersten Weg nach dem europäischen Land vorschlagen, wo es weder Christen noch Juden gibt. Ich verliere ihn ungern, aber sobald er glücklich da angelangt ist, bin ich der erste, der ihm folgt.“ [...]

Den Namen eines Mannes [Lessing], dessen Lebenswerk, wie Auschwitz zeigt, von seiner Nation so wenig angenommen worden ist wie die Bitte der Judenheit, der Aufklärung in Deutschland eine Heimstatt zu geben.

(aus: Walter Jens, In Sachen Lessing. Vorträge und Essays. Stuttgart: Philipp Reclam jun. 1983)

---

[6] Zusammenschluß von Lebewesen verschiedener Art zu gegenseitigem Nutzen

Gotthold Ephraim Lessing

Briefe an Johann Joachim Eschenburg

Wolfenbüttel, den 31. Dez. 1777

Mein lieber Eschenburg,

Ich ergreife den Augenblick, da meine Frau ganz ohne Besonnenheit liegt, um Ihnen für Ihren gütigen Anteil zu danken. Meine Freude war nur kurz: Und ich verlor ihn so ungern, diesen Sohn! denn er hatte so viel Verstand! so viel Verstand! – Glauben Sie nicht, daß die wenigen Stunden meiner Vaterschaft mich schon zu einem Affen von Vater gemacht haben! Ich weiß, was ich sage. – War es nicht Verstand, daß man ihn mit eisern Zangen auf die Welt ziehen mußte? daß er so bald Unrat merkte? – War es nicht Verstand, daß er die erste Gelegenheit ergriff, sich wieder davon zu machen? – Freilich zerrt mir der kleine Ruschelkopf auch die Mutter mit fort! – Denn noch ist wenig Hoffnung, daß ich sie behalten werde. – Ich wollte es auch einmal so gut haben wie andere Menschen! Aber es ist mir schlecht bekommen. Lessing

Mein lieber Eschenburg,

ich habe nun wieder einige Hoffnung. Seit gestern versichert mich der Doktor, daß ich meine Frau dasmal wohl noch behalten werde. Wie ruhig ich dadurch geworden, mögen Sie auch daraus abnehmen, daß ich schon wieder an meine theologische Scharmützel zu denken anfange ...

Den 3. Jenner 1778, Lessing

Wolfenbüttel, den 10. Jenner 1778

Lieber Eschenburg,
Meine Frau ist tot; und diese Erfahrung habe ich nun auch gemacht. Ich freue mich, daß mir viel dergleichen Erfahrungen nicht mehr übrig sein können zu machen, und bin ganz leicht. – Auch tut es mir wohl, daß ich mich Ihres, und unsrer übrigen Freunde in Braunschweig, Beileids versichert halten darf.

Der Ihrige, Lessing

Wolfenbüttel, den 14. Jenner 1778

Mein lieber Eschenburg!
Gestern morgen ist mir der Rest von meiner Frau vollends aus dem Gesichte gekommen. – Wenn ich noch mit der einen Hälfte meiner übrigen Tage das Glück erkaufen könnte, die andre Hälfte in Gesellschaft dieser Frau zu verleben: wie gern wollte ich es tuen. Aber das geht nicht: und ich muß nur wieder anfangen, meinen Weg allein so fort zu duseln. [...]

CHRISTOPH MARTIN WIELAND

Der Prozeß um des Esels Schatten

[...]
Die Sache fing sich (wie alle großen Weltbegebenheiten) mit einer sehr geringfügigen Veranlassung an. Ein gewisser Zahnarzt namens Struthion, von Geburt und Voreltern aus Megara gebürtig, hatte sich schon seit vielen Jahren in Abdera häuslich niedergelassen; und weil er vielleicht im ganzen Lande der einzige von seiner Profession war, so erstreckte sich seine Kundschaft über einen ansehnlichen Teil des mittäglichen Thrazien. Seine gewöhnliche Weise, denselben in Kontribution zu setzen, war, daß er die Jahrmärkte aller kleinen Städte und Flecken auf mehr als dreißig Meilen in der Runde bereiste, wo er neben seinem Zahnpulver und seinen Zahntinkturen gelegentlich auch verschiedene Arkana[1] wider Milz und Mutterbeschwerungen, Engbrüstigkeit, böse Flüsse usw. mit ziemlichem Vorteil absetzte. Er hatte zu diesem Ende eine wohlbeleibte Eselin im Stalle, welche bei solchen Gelegenheiten zugleich mit seiner eignen kurz-dicken Person und mit einem großen Quersack voll Arzneien und Lebensmitteln beladen wurde.
Nun begab sichs einsmals, da er den Jahrmarkt zu Gerania besuchen sollte, daß seine Eselin abends zuvor ein Füllen geworfen hatte, folglich nicht imstande war, die Reise mitzumachen. Struthion mietete sich also einen andern Esel bis zu dem Orte, wo er sein erstes Nachtlager nehmen wollte, und der Eigentümer begleitete ihn zu Fuße, um das lastbare Tier zu besorgen und wieder nach Hause zu reiten. Der Weg ging über eine große Heide. Es war mitten im Sommer und die Hitze des Tages sehr groß. Der Zahnarzt, dem sie unerträglich zu werden anfing, sah sich lechzend nach einem schattigen Platz um, wo er einen Augenblick absteigen und etwas frische Luft schöpfen könnte. Aber da war weit und breit weder Baum noch Staude noch irgendein andrer schattengebender Gegenstand zu sehen. Endlich, als er seinem Leibe keinen Rat wußte, machte er halt, stieg ab und setzte sich in den Schatten des Esels.
»Nu, Herr, was macht Ihr da«, sagte der Eseltreiber, »was soll das?« »Ich setze mich ein wenig in den Schatten«, versetzte Struthion, »denn die Sonne prallt mir ganz unleidlich auf den Schädel.«
»Nä, mein guter Herr«, erwiderte der andre, »so haben wir nicht gehandelt! Ich vermietete Euch den Esel, aber des Schattens wurde mit keinem Worte dabei gedacht.«

[1] Geheimmittel

»Ihr spaßt, guter Freund«, sagte der Zahnarzt lachend; »der Schatten geht mit dem Esel, das versteht sich.«

»Ei, beim Jason![2] das versteht sich nicht«, rief der Eselmann ganz trotzig; »ein andres ist der Esel, ein andres ist des Esels Schatten. Ihr habt mir den Esel um so und so viel abgemietet. Hättet Ihr den Schatten auch dazu mieten wollen, so hättet Ihrs sagen müssen. Mit einem Wort, Herr, steht auf und setzt Eure Reise fort, oder bezahlt mir für des Esels Schatten, was billig ist!«

»Was?« schrie der Zahnarzt, »ich habe für den Esel bezahlt und soll jetzt auch noch für seinen Schatten bezahlen? Nennt mich selbst einen dreifachen Esel, wenn ich das tue! Der Esel ist einmal für diesen ganzen Tag mein, und ich will mich in seinen Schatten setzen, sooft mirs beliebt, und darin sitzen bleiben, solange mirs beliebt, darauf könnt Ihr Euch verlassen!«

»Ist das im Ernst Eure Meinung?« fragte der andre mit der ganzen Kaltblütigkeit eines abderitischen Eseltreibers.

»In ganzem Ernste«, versetzte Struthion.

»So komme der Herr nur gleich stehenden Fußes wieder zurück nach Abdera vor die Obrigkeit«, sagte jener, »da wollen wir sehen, wer von uns beiden recht behalten wird. So wahr Priapus[3] mir und meinem Esel gnädig sei, ich will sehen, wer mir den Schatten meines Esels wider meinen Willen abtrotzen soll!«

Der Zahnarzt hatte große Lust, den Eseltreiber durch die Stärke seines Arms zur Gebühr zu weisen. Schon ballte er seine Faust zusammen, schon hob sich sein kurzer Arm; aber als er seinen Mann genauer ins Auge faßte, fand er für besser, den erhobnen Arm allmählich wieder sinken zu lassen und es noch einmal mit gelindern Vorstellungen zu versuchen. Aber er verlor seinen Atem dabei. Der ungeschlachte Mensch bestand darauf, daß er für den Schatten seines Esels bezahlt sein wollte; und da Struthion ebenso hartnäckig dabei blieb, nicht bezahlen zu wollen, so war kein andrer Weg übrig, als nach Abdera zurückzukehren und die Sache bei dem Stadtrichter anhängig zu machen.

Der Stadtrichter Philippides, vor welchen alle Händel dieser Art in erster Instanz gebracht werden mußten, war ein Mann von vielen guten Eigenschaften; ein ehrbarer, nüchterner, seinem Amte fleißig vorstehender Mann, der jedermann mit großer Geduld anhörte, den Leuten freundlichen Bescheid gab und in allgemeinem Rufe stand, daß er unbestechlich sei. Überdies war er ein guter Musikus, sammelte Naturalien[4], hatte einige Schauspiele gemacht, die nach Gewohnheit der Stadt sehr wohl gefallen hatten, und war beinahe gewiß, beim ersten Erledigungsfalle Nomophylax[5] zu werden.

Bei allen diesen Verdiensten hatte der gute Philippides nur einen einzigen kleinen Fehler, und der war: daß, sooft zwei Parteien vor ihn kamen, ihm allemal derjenige recht zu haben schien, der zuletzt gesprochen hatte. Die Abderiten waren so dumm nicht, daß sie das nicht gemerkt hätten; aber sie glaubten, einem Manne, der so viele gute Eigenschaften besitze, könne man ja wohl einen einzigen Fehler zugute halten. »Ja«, sagten sie, »wenn Philippides diesen Fehler nicht hätte, er wäre der beste Stadtrichter, den Abdera jemals gesehn hat!«

Indessen hatte doch der Umstand, daß dem ehrlichen Manne immer beide Parteien recht zu haben schienen, natürlicherweise die gute Folge, daß ihm nichts angelegner war, als die Händel, die vor ihn gebracht wurden, in Güte auszumachen; und so würde die Blödigkeit[6] des guten Philippides ein wahrer Segen für Abdera gewesen sein, wenn die Wachsamkeit der Sykophanten[7], denen mit seiner Friedfertigkeit übel gedient war, nicht Mittel gefunden hätte, ihre Wirkung fast in allen Fällen zu vereiteln.

Der Zahnarzt Struthion und der Eseltreiber Anthrax kamen also wie brennend vor diesen wür-

[2] griech. Held der Argonautensage [3] Gott der Fruchtbarkeit und der Zeugungskraft [4] naturkundliche Gegenstände [5] Gesetzeshüter [6] Schwäche, Schüchternheit [7] Ankläger

digen Stadtrichter gelaufen und brachten beide zugleich mit großem Geschrei ihre Klage vor. Er hörte sie mit seiner gewöhnlichen Langmut an; und da sie endlich fertig oder des Schreiens müde waren, zuckte er die Achseln, und der Handel däuchte ihm einer der verworrensten von allen, die ihm jemals vorgekommen. »Wer von Euch beiden ist denn eigentlich der Kläger?« fragte er.
»Ich klage gegen den Eselmann«, antwortete Struthion, »daß er unsern Kontrakt gebrochen hat.«
»Und ich«, sagte dieser, »klage gegen den Zahnarzt, daß er sich unentgeltlich einer Sache angemaßt hat, die ich ihm nicht vermietet hatte.«
»Da haben wir zwei Kläger«, sagte der Stadtrichter, »und wo ist der Beklagte? Ein wunderlicher Handel! Erzählt mir die Sache noch einmal mit allen Umständen – aber einer nach dem andern – denn es ist unmöglich, klug daraus zu werden, wenn beide zugleich schreien.«
»Hochgeachteter Herr Stadtrichter«, sagte der Zahnarzt, »ich habe ihm den Gebrauch des Esels auf einen Tag abgemietet. Es ist wahr, des Esels Schatten wurde dabei nicht erwähnt. Aber wer hat auch jemals gehört, daß bei einer solchen Miete eine Klausel wegen des Schattens wäre eingeschaltet worden? Es ist ja, beim Herkules, nicht der erste Esel, der zu Abdera vermietet wird.«
»Da hat der Herr recht«, sagte der Richter.
»Der Esel und sein Schatten gehen mit einander«, fuhr Struthion fort, »und warum sollte der, der den Esel selbst gemietet hat, nicht auch den Nießbrauch seines Schattens haben?«
»Der Schatten ist ein Akzessorium[8], das ist klar«, versetzte der Stadtrichter.
»Gestrenger Herr«, schrie der Eseltreiber, »ich bin nur ein gemeiner[9] Mann und verstehe nichts von Euren Arien und Orien; aber das geben mir meine vier Sinne, daß ich nicht schuldig bin, meinen Esel umsonst in der Sonne stehen zu lassen, damit sich ein andrer in seinen Schatten setze. Ich habe dem Herrn den Esel vermietet, und er hat mir die Hälfte vorausbezahlt, das gestehe ich; aber ein andres ist der Esel, ein andres ist sein Schatten.«
»Auch wahr!« murmelte der Stadtrichter.
»Will er diesen haben, so mag er halb so viel dafür bezahlen als für den Esel selbst; denn ich verlange nichts, als was billig ist, und ich bitte, mir zu meinem Rechte zu verhelfen.«
»Das beste, was Ihr hierbei tun könnt«, sagte Philippides, »ist, Euch in Güte miteinander abzufinden. Ihr, ehrlicher Mann, laßt immerhin des Esels Schatten, weil es doch nur ein Schatten ist, mit in die Miete gehn; und Ihr, Herr Struthion, gebt ihm eine halbe Drachme dafür, so können beide Teile zufrieden sein.«
»Ich gebe nicht den vierten Teil von einem Blaffert[10]«, schrie der Zahnarzt, »ich verlange mein Recht!«
»Und ich«, schrie sein Gegenpart, »bestehe auf dem meinigen. Wenn der Esel mein ist, so ist der Schatten auch mein, und ich kann damit, als mit meinem Eigentum, schalten und walten; und weil der Mann da nichts von Recht und Billigkeit hören will, so verlange ich jetzt das Doppelte; und ich will doch sehen, ob noch Justiz in Abdera ist!«
Der Richter war in großer Verlegenheit. »Wo ist denn der Esel?« fragte er endlich, da ihm in der Angst nichts andres einfallen wollte, um etwas Zeit zu gewinnen.
»Er steht unten auf der Gasse vor der Türe, gestrenger Herr!«
»Führt ihn in den Hof herein!« sagte Philippides.
Der Eigentümer des Esels gehorchte mit Freuden; denn er hielt es für ein gutes Zeichen, daß der Richter die Hauptperson im Spiele sehen wollte. Der Esel wurde herbeigeführt. Schade, daß er seine Meinung nicht auch zu der Sache sagen konnte! Aber er stand ganz gelassen da, schaute mit gereckten Ohren erst den beiden Herren, dann seinem Meister ins Gesicht, verzog das Maul, ließ die Ohren wieder sinken und sagte kein Wort.

---

[8] Zubehör [9] einfacher, ungebildeter [10] kleine Schweizer Silbermünze

»Da seht nun selbst, gnädiger Herr Stadtrichter«, rief Anthrax, »ob der Schatten eines so schönen, stattlichen Esels nicht seine zwei Drachmen unter Brüdern wert ist, zumal an einem so heißen Tage wie der heutige!«
Der Stadtrichter versuchte die Güte noch einmal, und die Parteien fingen schon an, es allmählich näherzugeben, als unglücklicherweise Physignatus und Polyphonus, zwei von den namhaftesten Sykophanten in Abdera, dazukamen und, nachdem sie gehört, wovon die Rede war, der Sache auf einmal eine andre Wendung gaben.
»Herr Struthion hat das Recht völlig auf seiner Seite«, sagte Physignatus, der den Zahnarzt für einen wohlhabenden und dabei sehr hitzigen und eigensinnigen Mann kannte. Der andere Sykophant, wiewohl ein wenig verdrießlich, daß ihm sein Handwerksgenosse so eilfertig zuvorgekommen war, warf einen Seitenblick auf den Esel, der ihm ein hübsches, wohlgenährtes Tier zu sein schien, und erklärte sich sogleich mit dem größten Nachdruck für den Eseltreiber. Beide Parteien wollten nun kein Wort mehr vom Vergleichen hören, und der ehrliche Philippides sah sich genötigt, einen Rechtstag anzusetzen. Sie begaben sich hierauf, jeder mit seinem Sykophanten nach Hause; der Esel aber mit seinem Schatten als das Objekt des Rechtshandels wurde bis zu Austrag der Sache in den Marstall gemeiner Stadt Abdera abgeführt.

[v 1774/80]

GEORG CHRISTOPH LICHTENBERG
Aphorismen

Die Leute, die niemals Zeit haben, tun am wenigsten.

Ein Buch ist ein Spiegel, wenn ein Affe hineinguckt, so kann freilich kein Apostel heraussehen.

Wenn ein Buch und ein Kopf zusammenstoßen und es klingt hohl, ist das allemal im Buch?

Eine seltsamere Ware als Bücher gibt es wohl schwerlich in der Welt: von Leuten gedruckt, die sie nicht verstehen, von Leuten verkauft, die sie nicht verstehen, gebunden, rezensiert und gelesen von Leuten, die sie nicht verstehen, und nun gar geschrieben von Leuten, die sie nicht verstehen.

Es wäre der Mühe wert zu untersuchen, ob es nicht schädlich ist, zu sehr an der Kinderzucht zu polieren. Wir kennen den Menschen noch nicht genug, um dem Zufall, wenn ich so reden darf, diese Verrichtung ganz abzunehmen. Ich glaube, wenn unsern Pädagogen ihre Absicht gelingt, ich meine, wenn sie es dahin bringen können, daß sich die Kinder ganz unter ihrem Einfluß bilden, so werden wir keinen einzigen recht großen Mann mehr bekommen. Das Brauchbarste in unserm Leben hat uns gemeiniglich niemand gelehrt. Auf öffentlichen Schulen, wo viel Kinder nicht allein zusammen lernen, sondern auch Mutwillen treiben, werden freilich nicht so viel fromme Schlafmützen gezogen, mancher geht ganz verloren, den meisten sieht man aber ihre Überlegenheit an. Bewahre Gott, daß der Mensch, dessen Lehrmeisterin die ganze Natur ist, ein Wachsklumpen werden soll, worin ein Professor sein erhabnes Bildnis abdruckt.

[e ca. 1760–1799]

Georg Christoph Lichtenberg
Brief an Georg Heinrich Hollenberg

Liebster Freund,

Legen Sie mir ums Himmelswillen nicht zur Nachlässigkeit aus, daß ich Ihren mir so lieben Brief etwas spät beantworte, eigentlich hätte ich sagen sollen: erklären Sie, lieber, freundschaftlicher Mann, Ihrer Frau Liebsten, daß meine etwas verspätete Antwort nicht aus Nachlässigkeit fließe. Denn *Sie,* weiß ich, kennen mich und wissen, wie sehr mich alles interessiert, was Sie angeht und wie viel Vergnügen mir jeder Umstand macht, der mich in nähere Verbindung mit Ihnen und Ihrer Familie bringt. – Also es lebe der Dauphin, *Bernhard der erste,* und seine wackern Eltern, und tausendfacher Dank für die Ehre der Gevatterschaft. – Ich war würklich willens, dem Kleinen selbst zu schreiben, und ich bedachte erst sehr spät, daß er den Brief schwerlich würde lesen können: Er fing so an: Willkommen, lieber Kleiner, in diesem Jammertal! Es freut mich ungemein Dich hier zu sehen, allein nimm Dich in acht, Du kannst gar nicht glauben, was das für ein Nest ist, die Welt. Wenn Du glücklich sein willst, so halte Dich ums Himmelswillen mit Deinem Fuhrwerk auf der Chaussee, denn sonst riskierst Du, daß Dir die Pfaffen die Pferde ausspannen, und da sitzest Du dann, *oder kürzer:* tue in allen Stücken wie Dein braver Vater und in den allerwenigsten wie Dein braver Pate, so kann es Dir nicht fehlen. Übrigens weine mir nicht zu viel, zumal sei des Nachts ruhig und bedenke, daß Deine rechtschaffene Mutter auch schlafen will und daß sie am Tage wenn Du schläfst mehr zu tun hat, als auch zu schlafen. Fängst Du an zu laufen, so will ich Dir zwar erlauben zu fallen, denn ein rechtschaffener Junge fällt wenigstens des Tags dreimal. Stürze mir aber ja nicht auf den so genannten Hirnkasten, denn *den* hat Dir der liebe Gott gegeben um Compendia zu schreiben, und nicht auf die Nase, denn *die* dient Brillen darauf zu setzen. Sondern Du wirst bald finden, daß Dich die Natur in der Mitte des Leibes (NB nach hinten) mit 2 Polstern versehen hat, die man Hinterbacken nennt. Sieh, lieber Kleiner, diese beiden Dinger haben sonst keinen Nutzen in der Welt als folgenden, der sich füglich unter 4 Nummern bringen läßt 1) bei Erlernung der lateinischen Sprache und des Christentums, oder Ungezogenheiten, darauf anfangs mit der Hand gekloppt und bei reiferem Verstand mit Ruten gestrichen zu werden. 2) Darauf zu fallen. Wenn Du also merkst, daß der Fall auf den Kopf gehen würde, so gibst Du Dir einen Schwung und fällst auf die resp. Fallkissen. 3) Sich darauf nieder zu lassen oder wie man spricht sich zu setzen. Weil nämlich die Stühle der Patriarchen von Holz oder Stein waren, so mußte die Natur die Kissen am Leibe anbringen. Heutzutage, da, zumal die Vornehmern, diese natürlichen Polster öfters verspielen, so hat man die Hinterbacken auf den Stühlen selbst angebracht. 4) und das ist ein Hauptgebrauch. Wenn Dich ein schlechter Junge schimpft, der nicht einmal Herz hat Dir so lange Stich zu halten, bis Du ihm ein paar Ohrfeigen geben kannst, so machst Du Deinen Rock hinten auseinander und weist ihm Deine Polster. Diese Rache trägt, je nachdem der Feind gute Augen hat, weiter als eine gezogene Büchse oder eine Feldschlange und tötet niemanden, darf aber auch nie gebraucht werden als da, wo keine Hoffnung ist, einen Schurken mit dem Arm oder dem Degen zu erreichen. – Bei gelehrten Streitigkeiten gilt indessen diese Art von Gegenwehr nicht, die Gelehrten haben einen ganz eigenen Hintern, den man den *moralischen* zu nennen pflegt und der nicht in der Mitte des Systems liegt. Wie man sich den einander weiset, wirst Du auf Universitäten lernen, wo man reichlich Gelegenheit findet sich zu unterrichten; die Wissenschaft heißt die Polemik.

[…]

G. C. Lichtenberg
Göttingen, den 23ten September 1788

Aufgaben zu dem Bild auf der Seite 63

Stich nach einem Gemälde von DANIEL OPPENHEIM

① Beschreiben Sie die Einrichtungsgegenstände. Welche scheinen Ihnen für die Epoche wichtig zu sein?
② Charakterisieren Sie die drei Männer und ihre Haltung bei dem Gespräch.
③ Welche Rolle kommt auch zur Zeit der Aufklärung den Frauen zu?

Aufgaben zu den Texten auf den Seiten 76–92

WOLFGANG AMADEUS MOZART Brief an seinen Vater in Salzburg (S. 76)

① Was fällt Ihnen an Mozarts Schreib- und Ausdrucksweise auf?
Vergleichen Sie die Briefe Lessings (S. 79, 87f.), Lichtenbergs (S. 92) und Schillers (S. 135f., 140f.) im Hinblick auf Satzbau, logische Argumentation, Einhaltung der äußeren Briefform.
② Worauf kommt es Mozart bei der Beurteilung eines Menschen an?
Ziehen Sie zur Beantwortung die Kapiteleinleitung (S. 64f.) heran.

GOTTHOLD EPHRAIM LESSING Fabeln und Fabeltheorie (S. 76f.)

① Zeigen Sie jeweils den Einschnitt zwischen Erzählung und Lehre.
② Versuchen Sie, Lessings Definition der Fabel mit eigenen Worten wiederzugeben. Überlegen Sie auch, warum sich Lessing als Aufklärer über die Fabel Gedanken macht.
③ Erläutern Sie Lessings Definition, indem Sie die genannten Kennzeichen an Fabeln nachweisen.
④ Schreiben Sie den Inhalt einer Fabel Lessings nach mehrmaligem Lesen nieder, und vergleichen Sie dann Ihre Fassung mit der Lessings im Hinblick auf Wortwahl und Genauigkeit der Aussage.

GOTTHOLD EPHRAIM LESSING Der siebzehnte Literaturbrief (S. 78)

① Analysieren Sie die wichtigsten Stilmittel.
② Wo würden Sie Lessings Urteil über Gottscheds Reform zustimmen; wo ließe sich eine andere Meinung vertreten?

GOTTHOLD EPHRAIM LESSING Brief an Friedrich Nicolai (S. 79)

① Wie begründet Lessing seine Auseinandersetzung mit der Dramentheorie?
② Welche Kriterien nennt Lessing für Tragödie und Komödie?
③ Charakterisieren Sie Lessings Brief im Hinblick auf die Argumentationsweise und die Ausrichtung auf den Empfänger.
④ Untersuchen Sie Lessings Einleitung zu dem Brief und zum *Siebzehnten Literaturbrief,* und beurteilen Sie diese im Hinblick auf die Absicht, den Leser zur Beschäftigung mit seinen Ansichten zu bewegen.

GOTTHOLD EPHRAIM LESSING Minna von Barnhelm (S. 80f.)

① Informieren Sie sich in einem Literaturlexikon über den Inhalt des Stücks.
② Welche Absicht verfolgt Minna hier? Welche Mittel verwendet sie?
③ Charakterisieren Sie die Rolle Franziskas.

GOTTHOLD EPHRAIM LESSING Nathan der Weise (S. 81ff.)
WALTER JENS Lessings „Nathan der Weise" (S. 86f.)

① Informieren Sie sich in einem Literaturlexikon über den Inhalt des Stücks.
② Welchen Vers verwendet Lessing? Vergleichen Sie dagegen *Minna von Barnhelm;* wodurch läßt sich der Unterschied begründen?
③ Wie wertet Lessing die drei großen Religionen? Inwiefern entspricht er damit den Zielen der Aufklärung?
④ Untersuchen Sie Walter Jens' Urteil über Lessing, insbesondere in bezug auf Intention und Darstellungsmittel.

CHRISTOPH MARTIN WIELAND Der Prozeß um des Esels Schatten (S. 88ff.)

① Weshalb läßt Wieland seine Geschichte außerhalb Deutschlands spielen?
② Welche Mißstände will der Autor aufzeigen?
③ Wie werden die beiden Kontrahenten und der Richter charakterisiert?

GEORG CHRISTOPH LICHTENBERG Aphorismen (S. 91)

① Bestimmen Sie den Unterschied zwischen Aphorismus und Sprichwort.
② Umschreiben Sie den Inhalt eines Lichtenbergschen Aphorismus mit eigenen Worten.
③ Versuchen Sie, eine von Ihnen erkannte Gesetzmäßigkeit in die Form eines Aphorismus zu kleiden.

GEORG CHRISTOPH LICHTENBERG Brief an Georg Heinrich Hollenberg (S. 92)

① Vergleichen Sie den Brief mit Lichtenbergs Äußerung über die „Kinderzucht" in den Aphorismen.
② Was nennt Lichtenberg als Anlaß für seinen Brief? Wie führt er den Hauptteil ein?
③ Worin sehen Sie Lichtenbergs wesentliche Aussagen in diesem Brief?

VI. Empfindsamkeit (1740–1780)

Gründung des Göttinger Hainbundes 1772, Holzstich

1. Grundzüge der Epoche

Wenn er als Vater für seinen neugeborenen Sohn von Gott einen Wunsch frei hätte, dann, schrieb FRIEDRICH LEOPOLD GRAF ZU STOLBERG (1750–1819) 1777 in einem Aufsatz für die Zeitschrift *Deutsches Museum,* würde er für ihn die „göttliche Gabe" der **Fülle des Herzens** erbitten. *Herz* steht hier für Seele, Gemüt, Stimmung, Sensibilität. All dies läßt sich zusammenfassen in dem Begriff „Empfindsamkeit", der einer ganzen literarischen Richtung den Namen gegeben hat, einer Richtung freilich, die weiterführte, was bereits in der Zeit der Aufklärung begonnen hatte, die nicht Bestehendes abschaffen, sondern erweitern und ergänzen wollte.
Bezeichnenderweise war es auch Lessing, der diesen Begriff geprägt hatte. Als der Übersetzer JOHANN JOACHIM CHRISTOPH BODE (1730–93) 1768 für das englische Wort *sentimental* in LAURENCE STERNES (1713–68) Roman *A Sentimental Journey* ein ebenbürtiges deutsches Wort suchte, empfahl Lessing dafür **empfindsam,** und das hatte nichts zu tun mit *empfindlich,* sondern sollte eine neue, verfeinerte Art der Äußerung über Erfahrung und Erleben charakterisieren. Diese stellte bewußt das Gefühl in den Mittelpunkt, erlebte Überschwang der Freude ebenso wie die Tränen des Schmerzes, ohne Rücksicht auf steife Konventionen, wie sie durch die didaktisch-moralischen Grundsätze der Aufklärung vorgegeben waren. Begriffe wie Liebe, Kuß, Herz, Busen (als Sitz des Herzens), Tränen, Schmerz und Leid wurden zu neuen Schlüsselwörtern, die fast gleichzeitig auch die Vertreter des Sturm und Drang verwendeten.
Auf religiösem Gebiet zeigte sich das Bedürfnis, ohne Rücksicht auf die starren Vorschriften der Landeskirchen das innere Erleben und einen eigenen Zugang zu Gott und Bibelverständnis zu suchen. Wichtig war der Weg der Seele zu Gott. Im Mittelpunkt dieser Bewegung stand ein Freundeskreis von jungen Dichtern, meist Studenten, der sich in Göttingen bildete. Alle waren gerade rund zwanzig Jahre alt. JOHANN HEINRICH VOSS (1751–1826), ein Altphilologe und ab 1775 Redakteur des *Göttinger Musenalmanachs,* eines wichtigen Organs für die „moderne" Dichtung, war das erste (gewählte) Oberhaupt des *Göttinger Hainbundes.* Er hat den Gründungsabend, den 12. September 1772, beschrieben:

Der Abend war außerordentlich heiter und der Mond voll. Wir überließen uns ganz den Empfindungen der schönen Natur. Wir aßen in einer Bauernhütte eine Milch und begaben uns darauf ins freie Feld. Hier fanden wir einen kleinen Eichengrund, und zugleich fiel uns allen ein, den Bund der Freundschaft unter diesen heiligen Bäumen zu schwören. Wir umkränzten die Hüte mit Eichenlaub, legten sie unter den Baum, faßten uns alle bei den Händen, tanzten so um den eingeschlossenen Stamm herum, riefen den Mond und die Sterne zum Zeugen unseres Bundes an und versprachen uns eine ewige Freundschaft. Dann verbündeten wir uns, die größte Aufrichtigkeit in unseren Urteilen gegeneinander zu beobachten.

Literarisches Vorbild war FRIEDRICH GOTTLIEB KLOPSTOCK (1724–1803), dessen Hymnendichtung vor allem wegen der unmittelbaren Ergriffenheit und ihres persönlichen Bekenntnisses bewundert wurde. Bezeichnend für die Vertreter des Hainbundes waren Ausdruck des Gefühls, Vorliebe für das schlichte Volkslied, für einfache Strophenformen ebenso wie für die Ode, die mit ihrer freien Rhythmik vor Einförmigkeit bewahren sollte. Wichtige Themen wurden die offene, von Konventionen freie Auseinandersetzung mit privaten Erlebnissen und Gefühlen, Liebe und Freundschaft, Familie und Kindern, dazu die Beschäftigung mit öffentlichen Ereignissen und Einrichtungen bis hin zum Verhältnis zwischen Adel und Untertan, adeliger Willkür und Kabinettskriegen.
Die nahe Verbindung zur schon erwähnten englischen Bewegung der *sentimentality* wird unter anderem erkennbar an der Vorliebe für Motive wie *Friedhof, Begräbnis.* Besonders stark aber ist der Einfluß des **Pietismus,** einer religiösen Strömung des deutschen Protestantismus, die für

Matthias Claudius (1740–1815)

Friedrich G. Klopstock (1724–1803)

Gefühl und Phantasie im kirchlichen Leben eintrat, die persönliche Frömmigkeit und aktives Christentum betonte. Letzteres trifft sich auch mit dem praktischen Zug der Aufklärung, so daß es falsch wäre, in der Empfindsamkeit eine Gegenbewegung zur Aufklärung zu sehen. Die pietistische Kleinfamilie findet ihren Sinn in der Gefühlsgemeinschaft von Ehepartnern und Kindern, sie wird zum Hort der Entfaltung und Selbstverwirklichung des einzelnen, besonders des Heranwachsenden. An der Entwicklung des bürgerlichen Trauerspiels läßt sich die Bedeutung dieser Entwicklung ebenso erkennen wie an der Sprachtendenz, Wörter aus dem religiösen Bereich in anderen Zusammenhängen zu verwenden. Man braucht nur einmal auf die Verwendung des Wortes *heilig* in den Texten zu achten, das weitgehend des religiösen Sinnes entkleidet wird und im Zusammenhang mit allem gebraucht wird, was Ehrfurcht einflößt. Fast gleichzeitig entwickelte sich auch die Bewegung des **Sturm und Drang,** die in vielem gleiche oder ähnliche Kennzeichen aufweist.

Zu den wichtigsten Vertretern der **Empfindsamkeit** gehört MATTHIAS CLAUDIUS (1740–1815). Nach dem Studium der Theologie, der Rechts- und Staatswissenschaften wurde er Journalist und lebte seit 1777 als freier Schriftsteller in Wandsbek bei Hamburg. Dort gab er von 1770–75 den *Wandsbecker Boten* heraus. Seine Gedichte – einige wie das Abendlied *Der Mond ist aufgegangen* sind zu Volksliedern geworden – zählen zu den schönsten in deutscher Sprache. Claudius war jedoch nicht nur der liebenswürdige, von vielen verehrte Verfasser empfindsamer Dichtungen; er setzte sich auch kritisch mit Mißständen seiner Zeit auseinander.

GOTTFRIED AUGUST BÜRGER (1747–94) studierte Theologie, Jura und Philosophie. 1772 wurde er gräflicher Amtmann, und seine Erfahrungen mit der Willkür hoher Herren fanden ihren Niederschlag in Gedichten wie in dem hier abgedruckten Beispiel *Der Bauer. An seinen Durchlauchtigen Tyrannen* (S. 100) oder in der Ballade *Lenore.* Als unbesoldeter Professor für Philosophie, Deutsche Sprache und Literatur lebte er ab 1784 in Göttingen, wo er völlig verarmt starb.

LUDWIG CHRISTOPH HEINRICH HÖLTY (1748–76) studierte in Göttingen Theologie und Neuere Sprachen. Im Wissen um seine unheilbare Lungentuberkulose schrieb er schwermütige, zarte Lyrik. Hölty hat aber auch – wie seine bis heute populären Verse „Üb immer Treu und Redlichkeit" beweisen – eine deutlich lehrhafte Absicht. Wie bei allen Mitgliedern der Empfindsamkeit ist der aufklärerische Hintergrund seiner Geisteshaltung unverkennbar.

2. Texte

FRIEDRICH GOTTLIEB KLOPSTOCK
Das Rosenband

Im Frühlingsschatten fand ich sie;
Da band ich sie mit Rosenbändern:
Sie fühlt' es nicht, und schlummerte.

Ich sah sie an; mein Leben hing
Mit diesem Blick an ihrem Leben:
Ich fühlt' es wohl, und wußt' es nicht.

Doch lispelt' ich ihr sprachlos zu,
Und rauschte mit den Rosenbändern:
Da wachte sie vom Schlummer auf.

Sie sah mich an; ihr Leben hing
Mit diesem Blick an meinem Leben,
Und um uns ward's Elysium.[1]

[e 1753, v 1762]

[1] in der griech. Sage Aufenthaltsort der Seligen, Paradies

FRIEDRICH GOTTLIEB KLOPSTOCK
Dem Unendlichen

Wie erhebt sich das Herz, wenn es dich,
Unendlicher, denkt! wie sinkt es,
Wenns auf sich herunterschaut!
Elend schauts wehklagend dann, und Nacht und Tod!

Allein du rufst mich aus meiner Nacht, der im Elend, der im Tod hilft!
Dann denk ich es ganz, daß du ewig mich schufst,
Herrlicher! den kein Preis, unten am Grab', oben am Thron,
Herr, Herr, Gott! den dankend entflammt kein Jubel genug besingt.

Weht, Bäume des Lebens, ins Harfengetön!
Rausche mit ihnen ins Harfengetön, kristallner Strom![1]
Ihr lispelt, und rauscht, und, Harfen, ihr tönt
Nie es ganz! Gott ist es, den ihr preist!

Donnert, Welten, in feierlichem Gang, in der Posaunen Chor!
Du Orion, Waage[2], du auch!
Tönt all' ihr Sonnen auf der Straße voll Glanz,
In der Posaunen Chor!

Ihr Welten, donnert
Und du, der Posaunen Chor, hallest
Nie es ganz, Gott; nie es ganz, Gott,
Gott, Gott ist es, den ihr preist!

[e 1764, v 1770]

[1] vgl. Offenbarung 22,1 ff. [2] Sternbilder

MATTHIAS CLAUDIUS
Der Mensch

Empfangen und genähret
Vom Weibe wunderbar
Kömmt er und sieht und höret
Und nimmt des Trugs nicht wahr;
Gelüstet und begehret,
Und bringt sein Tränlein dar;
Verachtet und verehret,
Hat Freude und Gefahr;
Glaubt, zweifelt, wähnt und lehret,
Hält nichts und alles wahr;
Erbauet und zerstöret;
Und quält sich immerdar;
Schläft, wachet, wächst und zehret;
Trägt braun und graues Haar etc.
Und alles dieses währet,
Wenn's hoch kommt, achtzig Jahr.
Denn legt er sich zu seinen Vätern nieder,
Und er kömmt nimmer wieder.

[v 1770–75]

MATTHIAS CLAUDIUS
Schreiben eines parforcegejagten Hirschen an den Fürsten, der ihn parforcegejagt[1] hatte, d. d. jenseit des Flusses

Durchlauchtiger Fürst,
Gnädigster Fürst und Herr!
Ich habe heute die Gnade gehabt, von Ew. Hochfürstlichen Durchlaucht parforcegejagt zu werden; bitte aber untertänigst, daß Sie gnädigst geruhen, mich künftig damit zu verschonen. Ew. Hochfürstl. Durchl. sollten nur einmal parforcegejagt sein, so würden Sie meine Bitte nicht unbillig finden. Ich liege hier und mag meinen Kopf nicht aufheben, und das Blut läuft mir aus Maul und Nüstern. Wie können Ihr Durchlaucht es doch übers Herz bringen, ein armes unschuldiges Tier, das sich von Gras und Kräutern nährt, zu Tode zu jagen? Lassen Sie mich lieber totschießen, so bin ich kurz und gut davon. Noch einmal, es kann sein, daß Ew. Durchlaucht ein Vergnügen an dem Parforcejagen haben; wenn Sie aber wüßten, wie mir noch das Herz schlägt, Sie täten's gewiß nicht wieder, der ich die Ehre habe zu sein mit Gut und Blut bis in den Tod etc. etc.

[v 1770–75]

[1] bis zur völligen Erschöpfung gejagt

Gottfried August Bürger
Der Bauer
An seinen Durchlauchtigen Tyrannen

Wer bist du, Fürst, daß ohne Scheu
Zerrollen mich dein Wagenrad,
Zerschlagen darf dein Roß?

Wer bist du, Fürst, daß in mein Fleisch
Dein Freund, dein Jagdhund, ungebleut
Darf Klau und Rachen haun?

Wer bist du, daß durch Saat und Forst
Das Hurra deiner Jagd mich treibt,
Entatmet wie das Wild? –

Die Saat, so deine Jagd zertritt,
Was Roß und Hund und du verschlingst,
Das Brot, du Fürst, ist mein.

Du Fürst hast nicht bei Egg und Pflug,
Hast nicht den Erntetag durchschwitzt.
Mein, mein ist Fleiß und Brot! –

Ha! du wärst Obrigkeit von Gott?
Gott spendet Segen aus; du raubst!
Du nicht von Gott, Tyrann!

[v 1778]

Friedrich Leopold Graf zu Stolberg
Über die Fülle des Herzens*

Wenn ich ein Weib hätte, und nun, nach den bängsten Minuten meines Lebens, käme der erwünschte Augenblick, da die Geliebte, beinah ohnmächtig zurücksinkend, mit blassen Wangen, mit bebenden Lippen, mit Tränen in auf mich gerichteten Augen (nur Engel könnten unterscheiden, ob es noch wären Tränen der Leiden, oder schon Tränen der Wonne) mit diesen Tränen mir schweigend sagte: ich habe geboren dein Kind! ich ihr um den Hals fiele, dann sprachlos vor ihr stünde, und in dem Augenblick ein Wunsch für mein Kind und ach! für ihr Kind, so schnell in meiner Seele reifte wie keimte, o! was würd ich ihm wünschen, dem kleinen Liebling, den ich mit der Lebensgefahr meiner liebsten Hälfte erkauft hätte? Nicht Reichtum würd ich, nicht langes Leben ihm wünschen, auch nicht Wissenschaft; für solche Wünsche wäre mir der Augenblick zu teuer. Vater, würd ich denken, Vater, der dem Hirsche Schnelligkeit, Stärke dem Löwen und dem Adler Flügel gab, gib diesem Menschen, der schwach und doch dein Ebenbild ist, gib ihm die menschlichste aller Gaben, die *eine* göttliche Gabe, gib ihm Fülle des Herzens! [...]

[v 1778]

Ludwig Christoph Heinrich Hölty

Die Mainacht

Wann der silberne Mond durch die Gesträuche blinkt,
Und sein schlummerndes Licht über den Rasen streut,
Und die Nachtigall flötet,
Wandl' ich traurig von Busch zu Busch.

Selig preis' ich dich dann, flötende Nachtigall,
Weil dein Weibchen mit dir wohnet in *einem* Nest,
Ihrem singenden Gatten
Tausend trauliche Küsse gibt.

Überhüllet von Laub, girret ein Taubenpaar
Sein Entzücken mir vor; aber ich wende mich,
Suche dunklere Schatten,
Und die einsame Träne rinnt.

Wann, o lächelndes Bild, welches wie Morgenrot
Durch die Seele mir strahlt, find ich auf Erden dich?
Und die einsame Träne
Bebt mir heißer die Wang herab.

Aufgaben zu dem Bild auf der Seite 95

① Vergleichen Sie den Holzschnitt mit dem Text von Johann Heinrich Voss (S. 96). Wo entsprechen und wo unterscheiden sich die beiden Darstellungen?
② Wodurch werden in dem Bild Situation und Stimmung des 12. September 1772 wiedergegeben?

Aufgaben zu den Texten auf den Seiten 98–101

Friedrich Gottlieb Klopstock — Das Rosenband (S. 98)

① Untersuchen Sie die Verwendung der Personalpronomen; welche Funktion kommt ihnen hier zu?
② Untersuchen Sie die Parallelität der Strophen 2 und 4.
③ Wie drückt der Autor aus, was sich zwischen „ihr" und „ihm" ereignet?

FRIEDRICH GOTTLIEB KLOPSTOCK Dem Unendlichen (S. 98)

① Welche Strophenform verwendet Klopstock in den beiden Gedichten? Was könnte ihn dazu veranlaßt haben?
② Zeigen Sie, wie der Autor das Stilmittel des Gegensatzes nützt. Vergleichen Sie dagegen den Gebrauch der Antithese in einem Sonett von Gryphius (S. 54f., 59).
③ Analysieren Sie die Struktur des Gedichts. Welche Stilmittel verwendet der Autor in den Strophen 1–2 und 3–5?
④ Welche Motive der „Empfindsamkeit" finden sich im Text?

MATTHIAS CLAUDIUS Der Mensch (S. 99)

① Analysieren Sie das Reimschema.
② Welche Wortart bevorzugt Claudius hier? Wodurch läßt sich das begründen?

MATTHIAS CLAUDIUS Schreiben eines parforcegejagten Hirschen (S. 99)

① Welche Rolle übernimmt der Autor? Welche Absicht verfolgt er damit?
② Wann verwendet Claudius hier Superlative?
③ Um welche Textart handelt es sich? Wie beurteilen Sie in diesem Zusammenhang den Stil des Briefes?

GOTTFRIED AUGUST BÜRGER Der Bauer. An seinen Durchlauchtigen Tyrannen (S. 100)

① Beschreiben Sie Strophen und Verse.
② Beschreiben Sie die Struktur des Gedichts, und nennen Sie die wichtigsten rhetorischen Mittel sowie ihre Funktion. Achten Sie dabei auch auf die Überschrift.
③ Warum wirkt die letzte Strophe provozierend? Welche Staatsform wird hier in Frage gestellt?
④ Ließe sich das Gedicht auch der Epoche des Sturm und Drang zuordnen? (Benutzen Sie zur Beantwortung die Einleitung zu diesem Kapitel, S. 104ff.)

LUDWIG CHRISTOPH HEINRICH HÖLTY Die Mainacht (S. 101)

① Warum wählt der Verfasser die Mondnacht als Szenerie? In welcher späteren Epoche würde man wohl ähnlich verfahren?
② Welche Gründe nennt Hölty für die Traurigkeit?
③ Welche Begriffe sind für Verfasser und Epoche vor allem kennzeichnend?
④ Falls Sie im Musikunterricht die Vertonung des Gedichts durch Johannes Brahms kennengelernt haben: Trifft die Vertonung des Gedichts die Grundstimmung? Warum hat der Komponist wohl die 2. Strophe weggelassen?

VII. Sturm und Drang (1767–1785)

Victor Wilhelm Peter Heideloff, Schiller trägt im Bopserwald die „Räuber“ vor

1. Grundzüge der Epoche

Fast gleichzeitig mit der Bewegung der Empfindsamkeit entwickelte sich die sogenannte **Geniezeit,** die man zu Beginn des 19. Jahrhunderts nach Friedrich Maximilian Klingers (1752–1831) Drama *Sturm und Drang* (1776) die *Sturm-und-Drang*-Periode nannte. Wieder handelte es sich um einen Kreis von überwiegend jungen Männern, meist Studenten, die rund zwanzig Jahre alt waren und denen der etwa 25jährige Johann Gottfried Herder (1744–1803) schon als erfahrener Berater erschien, dessen Weitblick und Wissen sie bestaunten.

Zahlreiche Einflüsse bestimmten die Vorstellungen der Geniezeit: ANTHONY ASHLEY COOPER, Earl of Shaftesbury (1671–1713) entwickelte neben der Forderung, daß das Schöne auch das sittlich Gute sei und über die Ausbildung von Gefühl und Empfindung der Weg zur sittlich-moralischen Persönlichkeit erfolgen müsse, in seinem *Selbstgespräch* (1710) die Vorstellung vom wahren Dichter als dem eigentlichen *Schöpfer.* Als Anfang des 18. Jahrhunderts dann aus dem französischen *génie* der Begriff des Genies übernommen wurde, verstand man darunter das Schöpferische, Phantasie- und Gefühlvolle, nicht wie heute die einmalige Ausnahmeerscheinung menschlicher Begabung. Der schöpferische Halbgott Prometheus wurde Sinn- und Vorbild für die Selbstverherrlichung des unabhängigen, titanenhaften Menschen. Kant definierte 1790 in der *Kritik der Urteilskraft* folgendermaßen: „Genie ist die angeborene Gemütslage (ingenium), durch welche die Natur der Kunst die Regel gibt."

GEORG HAMANN (1730–88) bekämpfte in seinen *Sokratischen Denkwürdigkeiten* (1759) den allzu einseitigen Rationalismus der Frühaufklärung und stellte die historische Rolle von Phantasie und Gemüt dazu. Sein Denken wurzelte im **Pietismus.** Das Genie ist für ihn die höchste und bedeutungsvollste Offenbarung Gottes im Menschen. Als erster formuliert er eine gewandelte Einstellung zur Natur, der man mit *Sinnen und Leidenschaften* zu begegnen habe. Er verkündet auch „die Einheit des Menschen: Handeln, Erkennen und Glauben als Totalakte der Persönlichkeit" (G. Kaiser) – die Vorstellung von der Person als unwiederholbarer Individualität gehört zu diesem Denken. Er setzte sich für eine Dichtung ein, die sich vom rhetorischen Regelzwang befreien sollte. Durch seinen Landsmann und Schüler Johann Gottfried Herder beeinflußte er auch Goethe.

Der englische Dichter EDWARD YOUNG (1683–1765) verteidigte in dem berühmt gewordenen Essay *Conjectures on Original Composition* (1759) die genial-originale Dichtung gegenüber der Kunstgelehrsamkeit. Als Musterbeispiel für einen solchen Dichter galt WILLIAM SHAKESPEARE (1564–1616). In ihm bezeichneten die Vertreter des Sturm und Drang das größte dichterische Genie, an dem alles und jeder gemessen wurde. Man fand in ihm die Kultfigur, deren Naturgewalt alle einengenden Regeln sprengte.

Bestimmend war schließlich auch der französische Schriftsteller und Pädagoge JEAN-JACQUES ROUSSEAU (1712–78), dessen Schriften zur Staatstheorie (*Du contrat social,* 1762) und zum naturverbundenen Menschen (unter dem Schlagwort *Zurück zur Natur*) viel gelesen und befolgt wurden. Im pädagogischen Roman *Émile* (1762) vertrat er die Ansicht, daß der natürliche Mensch durch seinen Instinkt richtig geleitet wird, so daß das Kind keinem Zwang gehorchen, sondern seine geistigen und körperlichen Fähigkeiten frei entfalten soll.

Weiterhin gab es das Vorbild Klopstocks und in seiner Nachfolge die Vertreter der **Empfindsamkeit.** Daneben galt Lessing als Überwinder aller kleinlichen Regelgläubigkeit. Während Lessing sich aber über die Geniezeit eher zurückhaltend äußerte, waren Herder, Goethe und Lenz von ihm als Dichter und Theoretiker begeistert.

Aus diesen Wurzeln wuchs eine revolutionäre Jugendbewegung, die verhältnismäßig kurze Zeit nur Bestand hatte, knapp 25 Jahre, um dann in die Klassik zu münden. Ursprung war der Protest gegen die zu ausschließlich rationalistischen Tendenzen der **Aufklärung.** Natürlich wurden Vernunft und klares Denken nicht als unwichtig angesehen, aber man wollte gegen deren einseitige Vorherrschaft als notwendige Ergänzung gleichberechtigt Gefühl, Phantasie, Leidenschaft und Empfindsamkeit stellen. Der Begriff *Herz* entwickelte sich zum Gegenpol der „ratio", anstelle des scharfsinnigen *Witzes* sollte echtes Gefühl treten. Zugleich entstand ein neues Persönlichkeits- und Ichbewußtsein, das den Menschen als unverwechselbares Individuum sah und nicht nur als das Ergebnis einer genau geplanten, vereinheitlichenden Erziehung.

Die Geniezeit wollte also eine Ergänzung oder Weiterentwicklung der Aufklärung mit Vorstellungen, die auch noch heute einen jungen Menschen ansprechen: Aufgeschlossenheit für Liebe und Freundschaft, Betonung der Sexualität (wobei Moral als etwas Persönliches angesehen wurde, nicht als allgemeingültige Norm im Sinne von Kants *Kategorischem Imperativ*), Toleranz gegenüber Andersdenkenden, Verständnis für Kinder, in denen man nicht mehr unfertige Erwachsene sah, sondern eigenständige Personen. Wie später in der Romantik galten Kinder als noch unverfälschte, natürliche Menschen.

Gleichzeitig entstand ein neues Verständnis für die **Natur,** die nicht mehr im zurechtgestutzten, architektonisch ausgerichteten Ziergarten vergewaltigt werden durfte, sondern ihren Wert auch ohne menschliche Einwirkung und Gestaltung besaß. Es war vielmehr Aufgabe des Menschen, die richtige Einstellung und ein unmittelbares Empfinden für die Natur zu gewinnen.
Wenn der Mensch aus seiner *Natur* heraus frei leben sollte, seine Individualität betonen wollte, mußte er sich gegen jegliche Unterdrückung wehren. Die Geniezeit war daher durch einen auch politisch motivierten **Freiheitsbegriff** geprägt, ohne jedoch feste politische Ziele zu verfolgen. Man wünschte zunächst die Freiheit von der Herrschaft des abstrakten Verstandes, dann die Abschaffung jeder sozialen Unterdrückung; schließlich gab es die Forderung nach demokratischen Staatsformen, nach Mitspracherecht im Staat und nach Gewaltenteilung. Themen, die bevorzugt nichtadelige Stände betrafen, wurden aufgegriffen, etwa die Willkür des absolutistischen Herrschers, die ledige Mutter, die von der Männergesellschaft verfemt wird, die soziale Ungleichheit und die Ständeschranken.

Das veränderte Denken veränderte auch die **Sprache.** Nun standen Begriffe im Mittelpunkt, die das Gefühl kennzeichneten, wie Herz, Liebe, Freundschaft; Natur, Einsamkeit, Mond, Abend und Nacht. Auch der Mann darf sein Handeln vom Gefühl bestimmen lassen, seine Tränen fließen (großzügig) bei Glück und Leid. Der gewaltige Erfolg von Goethes *Werther*-Roman beruhte vor allem darauf, daß hier erstmalig genau die Gefühle dargestellt waren, die die junge Generation bewegten.
Die äußere Form von Prosa, Lyrik und Drama macht deutlich, daß Gedankengänge junger Menschen nicht immer logisch und in wohlgedrechselten Sätzen ablaufen, mit sorgfältig überlegten Reimen und Wendungen, sondern oft überstürzt, als Spiegel innerer Aufgewühltheit, die sich in halbfertigen Sätzen ebenso äußern können wie in Ausrufezeichen und Gedankenstrichen oder in reimlosen, unregelmäßig gebauten Strophen. Die gehäufte Verwendung von Verben dient vielfach dazu, einen Gedankengang lebendig darzustellen.

Inhalt, Sprache und Form weisen die Geniezeit als eine Bewegung von vorwiegend jungen Menschen aus. Neben dem jungen Goethe *(Götz von Berlichingen, Die Leiden des jungen Werthers)* sind Jakob Michael Reinhold Lenz und Friedrich Schiller besonders wichtige Vertreter dieser Periode.

Der Literaturwissenschaftler Gerhard Kaiser führt zu Lenz u.a. folgendes aus:

Jakob Michael Reinhold Lenz ist die menschlich unglücklichste Gestalt des Sturm und Drang, denn er hat sein Geniebekenntnis zur Freiheit des Ich zugleich lebenslänglich untergründig als schuldhaft empfunden. 1751 in Livland geboren, verließ er gegen den Willen des Vaters, eines unerbittlich strengen Pfarrers, die Heimat und das Theologiestudium in Königsberg und ging nach dem Westen, um sich der Literatur zu widmen. Als Straßburger Student trat er in den Bannkreis Goethes, und seine Dumpfheit und seelische Zerrissenheit ließen ihn Halt suchen in einer exaltierten Nachfolge, die er in der satirischen dramatischen Skizze *Pandaemonium Germanicum* (verfaßt 1775) selbst ins Bild gehoben hat. Lenz deutet sich hier als Weggenosse seines größeren

Jakob Michael Reinhold Lenz (1751–1792)

Johann Wolfgang von Goethe (1749–1832)

‚Bruders' Goethe und Herold des künftigen Zeitalters. Er hat die verlassene Friederike Brion umworben, Goethes Schwester Cornelia schwärmerisch verehrt und nach der Berufung Goethes in Weimar ein kurzes Gastspiel gegeben, das mit einem brüsken Verweis[1] vom Hofe endete. In dem Dramolett[2] *Tantalus* (entstanden 1776) sieht sich Tantalus-Lenz als Gespött des Olymps, in dem sich ihm die Partnerschaft der freien und schöpferischen Geister symbolisiert ... Immer zwingender wird das Bild des fernen Vaters, unter dessen Gewalt er sich als Abtrünniger, als verlorener Sohn erlebt. Nach Wahnsinnsanfällen, von denen ihn auch ein Aufenthalt bei dem berühmten Reformpfarrer Johann Friedrich Oberlin (1740–1826) in Waldersbach in den Vogesen 1778 nicht heilen konnte, mußte Lenz heimgeholt werden. Notdürftig hergestellt ging er nach Rußland. 1792 wurde er in einer Moskauer Straße tot aufgefunden. [...]

Seine größten Leistungen als Dramatiker gelingen Lenz, wo er die von ihm so tief erfahrene Bestimmtheit und Abhängigkeit des Menschen als Gebundenheit in gesellschaftlichen Verhältnissen der Zeit zu fassen vermag. Aus seinem eigenen Leiden kommt ihm ein bis dahin unerhörter Sinn für soziale Zwänge und Verwebungen zwischen Charakter und gesellschaftlicher Situation zu. *Der Hofmeister oder Vortheile der Privaterziehung* (1774) faßt das Aufklärungsthema der Emanzipation des Bürgertums an einer seiner empfindlichsten Stellen: Der junge bürgerliche Akademiker mußte in der Regel zwischen dem Abschluß seiner Studien und dem Antritt einer festen Berufsstellung, sei es als Pfarrer, Verwaltungsbeamter, Lehrer oder Professor, in der Funktion eines Hofmeisters, lies Privaterziehers, adelige Dienste suchen. Hier stand er als Halbdomestik in einer Abhängigkeit, die um so drückender empfunden wurde, je mehr er durch Bildung und Intelligenz seine Umgebung überragte und in seinem aufgeklärten Bewußtsein auf Gleichberechtigung drängte. [...]

(aus: Gerhard Kaiser, Aufklärung, Empfindsamkeit, Sturm und Drang. München: Francke UTB [3]1979)

[1] vermutlich wegen seines unbeherrschten Wesens und wegen einer Schmähschrift auf die Herzogin
[2] kurzes, dramenartiges Theaterstück

Friedrich Schiller (1759–1805)

Friedrich Schiller (1759–1805) wurde am 16. Januar 1773 wider seinen Willen in die „Militärische Pflanz-Schule" des Württembergischen Herzogs Karl Eugen (1728–93) aufgenommen. Sein Leben war von da an streng reglementiert; der Herzog übernahm die Vaterstelle. Urlaub gab es nur in dringenden Fällen. Die Schüler trugen Uniform und Perücke. Ab 1775 studierte Schiller Medizin. In den folgenden Jahren schrieb er sein erstes Drama, *Die Räuber,* die Geschichte eines jungen Menschen, der davon überzeugt ist, daß sich die Ungerechtigkeit in der Welt durch Gewalt beseitigen lasse, aber schließlich einsehen muß, daß er sich getäuscht hat.

Im Frühjahr 1781, Schiller war mittlerweile Regimentsmedikus mit einem Monatsgehalt von 18 Gulden, suchte er vergeblich einen Verleger für das fertige Drama. Schließlich lieh er sich 150 Gulden, bezahlte damit einen Privatdruck und schickte die ersten sieben Druckbogen an den Mannheimer Buchhändler Christian Friedrich Schwan zum Vertrieb. Dieser war begeistert und las dem Intendanten des Mannheimer Nationaltheaters, Baron Heribert von Dalberg, den ersten Akt vor.

An der Uraufführung am 13. Januar 1782 nahm Schiller ohne Erlaubnis seines Landesherrn teil. Dalberg ließ ihm eine Loge reservieren, damit ihn niemand erkennen konnte, und vergütete ihm 24 Gulden Reisekosten. Im *Wirtembergischen Repertorium der Litteratur* veröffentlichte Schiller dann eine kritische Selbstbesprechung seines Stückes.

Wegen des Satzes „Reis' du ins Graubündner Land, das ist das Athen der heutigen Gauner" in der 3. Szene des II. Akts der *Räuber* protestierte ein Westfale namens Wredow in den Hamburger *Adreß-Comptoir-Nachrichten* gegen diese „fürchterliche Brandmarkung" der Graubündner. Der Herzog hörte davon und erteilte Schiller Schreibverbot: „Ich sage, bei Strafe der Kassation[1] schreibt er keine Komödien mehr". Schiller bat „untertänigst und treugehorsamst in allerdevotester Submission ersterbend um die gnädigste Erlaubnis, ferner literarische Arbeiten bekanntmachen zu dörfen". Als ihm dies verweigert wurde, floh er am 22. September um 10 Uhr nachts zusammen mit seinem Freund Andreas Streicher nach Mannheim. Am 31. Oktober wurde er als Deserteur aus der Regimentsliste gestrichen.

Schiller lebte als Theaterdichter in Mannheim, doch kündigte Dalberg den Vertrag schon nach einem Jahr und riet zur Fortsetzung des Medizinstudiums. *Fiesco,* ein historisches Trauerspiel, dessen Held scheitert, weil er anstelle der Demokratie die Gewaltherrschaft anstrebt, blieb erfolglos (Januar 1784), während *Kabale und Liebe,* die Auseinandersetzung mit der korrupten Welt des absolutistischen Hofes, im April 1784 große Begeisterung weckte. Schiller arbeitete am *Don Carlos* und blieb auf Zuwendungen und Darlehen angewiesen. – Wohlhabende, literarisch interessierte Freunde luden ihn nach Dresden ein und ermöglichten ihm für ein Jahr ein Leben ohne finanzielle Bedrängnisse. Am 21. Juli 1787 reiste er nach Weimar. Literaturgeschichtlich gesehen beginnt damit die „klassische" Schaffensperiode Schillers.

[1] unehrenvolle Dienstentlassung

2. Texte

a) Das Genie – Vorbild Shakespeare

Johann Caspar Lavater
Physiognomische Fragmente

[…]
Was ist Genie? Wer's nicht ist, *kann* nicht; und wer's ist, *wird* nicht antworten. – Vielleicht kann's und darf's einigermaßen, wer dann und wann gleichsam in der Mitte schwebt, und dem's wenigstens bisweilen gegeben ist, in die Höhe über sich, und in die Tiefe unter sich – hinzublicken. Was ist *Genie?* was ist's nicht? Ist's bloß Gabe ausnehmender Deutlichkeit in seinen Vorstellungen und Begriffen? Ist's bloß anschauende Erkenntnis? Ist's bloß richtig sehen und urteilen? viel wirken? ordnen? geben? verbreiten? Ist's bloß – ungewöhnliche Leichtigkeit zu lernen? zu sehen? zu vergleichen? Ist's bloß *Talent?* –
Genie ist Genius.

Wer bemerkt, wahrnimmt, schaut, empfindet, denkt, spricht, handelt, bildet, dichtet, singt, schafft, vergleicht, sondert, vereinigt, folgert, ahndet, gibt, nimmt – als wenn's ihm ein *Genius,* ein *unsichtbares Wesen höherer Art* diktiert oder angegeben hätte, der *hat* Genie; als wenn er *selbst* ein Wesen höherer Art wäre – *ist* Genie.
[…]
Wo Wirkung, Kraft, Tat, Gedanke, Empfindung ist, die *von Menschen nicht gelernt und nicht gelehrt werden kann* – da ist *Genie. Genie* – das allererkennbarste und unbeschreiblichste Ding! fühlbar, wo es ist, und unaussprechlich wie die Liebe.
Der Charakter des Genies und aller Werke und Wirkungen des Genies – ist meines Erachtens – *Apparition*[1] … Wie Engelserscheinung *nicht kömmt* – sondern *dasteht;* nicht *weggeht,* sondern weg *ist;* wie Engelserscheinung ins innerste Mark trifft – unsterblich ins Unsterbliche der Menschheit wirkt – und verschwindet, und fortwirkt nach dem Verschwinden – und süße Schauer, und Schreckentränen, und Freudenblässe zurückläßt – So Werk und Wirkung des Genies. – *Genie* – propior Deus[2]…
Oder – nenn es, beschreib es, wie du willst – Nenn's *Fruchtbarkeit des Geistes! Unerschöpflichkeit! Quellgeist!* Nenn's *Kraft ohne ihresgleichen – Urkraft, kraftvolle Liebe;* nenn's *Elastizität der Seele,* oder der *Sinne* und des *Nervensystems* – die leicht Eindrücke annimmt, und mit einem schnell ingerierten Zusatze lebendiger Individualität zurückschnellt – Nenn's unentlehnte, natürliche, innerliche *Energie* der Seele; nenn's *Schöpfungskraft;* nenn's Menge *in-* und *extensiver Seelenkräfte – Sammlung, Konzentrierung aller Naturkräfte;* nenn's *lebendige Darstellungskunst;* nenn's *Meisterschaft über sich selbst;* nenn's *Herrschaft über die Gemüter;* nenn's *Wirksamkeit,* die immer trifft, nie fehlt in alle ihrem Wirken, Leiden, Lassen, Schweigen, Sprechen; nenn's *Innigkeit, Herzlichkeit,* mit Kraft sie fühlbar zu machen. Nenn's *Zentralgeist, Zentralfeuer,* dem nichts widersteht; nenn's *lebendigen* und *lebendig machenden Geist,* der sein Leben fühlt, und leicht und vollkräftig mitteilt; sich in alles hineinwirft mit Lebensfülle, mit Blitzeskraft – Nenn's *Übermacht* über alles, wo es hintritt; nenn's *Ahndung* des Unsichtbaren im Sichtbaren, des Zukünftigen im Gegenwärtigen. Nenn's tiefes erregtes Bedürfnis mit Ahndung innerer Kraft, die das Bedürfnis stillt und sättigt – Nenn's *ungewöhnliche Wirksamkeit durch ungewöhnliches Bedürfnis erregt und unterhalten!* Nenn's ungewöhnliche *Schnelligkeit* des Geistes,

[1] Erscheinung [2] der zweite Gott

entfernte Verhältnisse mit glücklicher Überspringung der Mittelverhältnisse *zusammenzufassen* – oder *Ähnlichkeiten,* die sich nicht herausforschen lassen, *im eilenden Vorbeiflug zu ergreifen* – Nenn's *„Vernunft im schnellsten Flammenstrome der Empfindungen und Tätigkeit"*. – Nenn's *Glaube, Liebe, Hoffnung*[3], die sich nicht geben, nicht nachäffen läßt; oder nenn's schlechtweg nur *Erfindungsgabe* – oder *Instinkt!* Nenn's und beschreib's, wie du willst und kannst – allemal bleibt das gewiß – das *Ungelernte, Unentlehnte, Unlernbare, Unentlehnbare, innig Eigentümliche, Unnachahmliche, Göttliche* – ist *Genie* – das *Inspirationsmäßige ist Genie* – hieß bei allen Nationen, zu allen Zeiten Genie – und wird's heißen, solange Menschen denken und empfinden und reden. [...]

[v 1775–78]

---

[3] vgl. 1. Korinther 13,13

JOHANN GOTTFRIED HERDER

Shakespeare

Wenn bei einem Manne mir jenes ungeheure Bild einfällt: „hoch auf einem Felsengipfel sitzend! zu seinen Füßen, Sturm, Ungewitter und Brausen des Meers; aber sein Haupt in den Strahlen des Himmels!" so ist's bei Shakespeare! – Nur freilich auch mit dem Zusatz, wie unten am tiefsten Fuße seines Felsenthrones Haufen murmeln, die ihn – erklären, retten, verdammen, entschuldigen, anbeten, verleumden, übersetzen und lästern! – und die Er alle nicht höret!
Welche Bibliothek ist schon über, für und wider ihn geschrieben! – die ich nun auf keine Weise zu vermehren Lust habe. Ich möchte es vielmehr gern, daß in dem kleinen Kreise, wo dies gelesen wird, es niemand mehr in den Sinn komme, über, für und wider ihn zu schreiben: ihn weder zu entschuldigen, noch zu verleumden; aber zu erklären, zu fühlen wie er ist, zu nützen, und – wo möglich! – uns Deutschen herzustellen. Trüge dies Blatt dazu etwas bei!
Die kühnsten Feinde Shakespeares haben ihn – unter wie vielfachen Gestalten! beschuldigt und verspottet, daß er, wenn auch ein großer Dichter, doch kein guter Schauspieldichter, und wenn auch dies, doch wahrlich kein so klassischer Trauerspieler sei als Sophokles, Euripides, Corneille und Voltaire, die alles Höchste und Ganze dieser Kunst erschöpft. – Und die kühnsten Freunde Shakespeares haben sich meistens nur begnüget, ihn hierüber zu *entschuldigen,* zu *retten:* seine Schönheiten nur immer mit Anstoß gegen die Regeln zu wägen, zu kompensieren; ihm als Angeklagten das *absolvo*[1] zu erreden und denn sein Großes desto mehr zu vergöttern, je mehr sie über Fehler die Achsel ziehen mußten. So stehet die Sache noch bei den neuesten Herausgebern und Kommentatoren über ihn – ich hoffe, diese Blätter sollen den Gesichtspunkt verändern, daß sein Bild in ein volleres Licht kommt.
Mir ist, wenn ich ihn lese, Theater, Akteur, Kulisse verschwunden! Lauter einzelne im Sturm der Zeiten wehende Blätter aus dem Buch der Begebenheiten, der Vorsehung der Welt! – einzelne Gepräge der Völker, Stände, Seelen! die alle die verschiedenartigsten und abgetrenntest handelnden Maschinen, alle – was wir in der Hand des Weltschöpfers sind – unwissende, blinde Werkzeuge zum Ganzen *eines* theatralischen Bildes, *einer* Größe habenden Begebenheit, die nur der Dichter überschauet. Wer kann sich einen größern Dichter der nordischen Menschheit und in diesem Zeitalter! denken! [...]

[v 1773]

---

[1] Freispruch

Johann Wolfgang von Goethe
Zum Shakespeares-Tag

Mir kommt vor, das sei die edelste von unsern Empfindungen, die Hoffnung, auch dann zu bleiben, wenn das Schicksal uns zur allgemeinen Nonexistenz zurückgeführt zu haben scheint. Dieses Leben, meine Herren, ist für unsre Seele viel zu kurz, Zeuge, daß jeder Mensch, der geringste wie der höchste, der unfähigste wie der würdigste, eher alles müd' wird, als zu leben; und daß keiner sein Ziel erreicht, wornach er so sehnlich ausging – denn wenn es einem auf seinem Gange auch noch so lang' glückt, fällt er doch endlich, und oft im Angesicht des gehofften Zwecks, in eine Grube, die ihm, Gott weiß wer, gegraben hat, und wird für nichts gerechnet.

Für nichts gerechnet! Ich! Der ich mir alles bin, da ich alles nur durch mich kenne! So ruft jeder, der sich fühlt, und macht große Schritte durch dieses Leben, eine Bereitung für den unendlichen Weg drüben. Freilich jeder nach seinem Maß. Macht der eine mit dem stärksten Wandertrab sich auf, so hat der andre Siebenmeilenstiefel an, überschreitet[1] ihn, und zwei Schritte des letzten bezeichnen die Tagreise des ersten. Dem sei, wie ihm wolle, dieser emsige Wandrer bleibt unser Freund und unser Geselle, wenn wir die gigantischen Schritte jenes anstaunen und ehren, seinen Fußtapfen folgen, seine Schritte mit den unsrigen abmessen.

Auf die Reise, meine Herren! die Betrachtung so eines einzigen Tapfs[2] macht unsre Seele feuriger und größer als das Angaffen eines tausendfüßigen königlichen Einzugs[3].

Wir ehren heute das Andenken des größten Wandrers[4] und tun uns dadurch selbst eine Ehre an. Von Verdiensten, die wir zu schätzen wissen, haben wir den Keim in uns.

Erwarten Sie nicht, daß ich viel und ordentlich schreibe, Ruhe der Seele ist kein Festtagskleid; und noch zur Zeit habe ich wenig über Shakespearen gedacht; geahndet, empfunden, wenn's hoch kam, ist das höchste, wohin ich's habe bringen können. Die erste Seite, die ich in ihm las, machte mich auf zeitlebens ihm eigen, und wie ich mit dem ersten Stücke fertig war, stund ich wie ein Blindgeborner, dem eine Wunderhand das Gesicht in einem Augenblicke schenkt. Ich erkannte, ich fühlte aufs lebhafteste meine Existenz um eine Unendlichkeit erweitert, alles war mir neu, unbekannt, und das ungewohnte Licht machte mir Augenschmerzen. Nach und nach lernt' ich sehen, und, Dank sei meinem erkenntlichen Genius, ich fühle noch immer lebhaft, was ich gewonnen habe.

Ich zweifelte keinen Augenblick, dem regelmäßigen Theater[5] zu entsagen. Es schien mir die Einheit des Orts so kerkermäßig ängstlich, die Einheiten der Handlung und der Zeit lästige Fesseln unsrer Einbildungskraft. Ich sprang in die freie Luft und fühlte erst, daß ich Hände und Füße hatte. Und jetzo, da ich sahe, wie viel Unrecht mir die Herrn der Regeln in ihrem Loch angetan haben, wie viel freie Seelen noch drinne sich krümmen, so wäre mir mein Herz geborsten, wenn ich ihnen nicht Fehde angekündigt hätte und nicht täglich suchte, ihre Türne[6] zusammenzuschlagen. [...]

Ich will abbrechen, meine Herren, und morgen weiterschreiben, denn ich bin in einem Ton, der Ihnen vielleicht nicht so erbaulich ist, als er mir von Herzen geht.

Shakespeares Theater ist ein schöner Raritätenkasten[7], in dem die Geschichte der Welt vor unsern Augen an dem unsichtbaren Faden der Zeit vorbeiwallt. Seine Plane sind, nach dem gemeinen Stil zu reden, keine Plane, aber seine Stücke drehen sich alle um den geheimen Punkt (den noch kein Philosoph gesehen und bestimmt hat), in dem das Eigentümliche unsres Ichs, die prätendierte[8] Freiheit unsres Wollens, mit dem notwendigen Gang des Ganzen zusammenstößt.

[1] überholt [2] Fußstapfen [3] Einzug von Marie Antoinette in Straßburg (1771) [4] Shakespeare
[5] das Theater des franz. Klassizismus mit Betonung der drei Einheiten: Ort, Zeit, Handlung [6] Türme
[7] Guckkasten mit wechselnden Bildern, wie er auf Jahrmärkten gezeigt wurde [8] vermeintliche

Unser verdorbner Geschmack aber umnebelt dergestalt unsere Augen, daß wir fast eine neue Schöpfung nötig haben, uns aus dieser Finsternis zu entwickeln. [...]
Die meisten von diesen Herren stoßen auch besonders an seinen Charakteren an.
Und ich rufe: Natur! Natur! nichts so Natur als Shakespeares Menschen.
Da hab' ich sie alle überm Hals.
Laßt mir Luft, daß ich reden kann!
Er wetteiferte mit dem Prometheus, bildete ihm Zug vor Zug seine Menschen nach, nur in *kolossalischer Größe;* darin liegt's, daß wir unsre Brüder verkennen; und dann belebte er sie alle mit dem Hauch *seines* Geistes, er redet aus allen, und man erkennt ihre Verwandtschaft.
Und was will sich unser Jahrhundert unterstehen, von Natur zu urteilen? Wo sollten wir sie her kennen, die wir von Jugend auf alles geschnürt und geziert an uns fühlen und an andern sehen. Ich schäme mich oft vor Shakespearen, denn es kommt manchmal vor, daß ich beim ersten Blick denke, das hätt' ich anders gemacht! Hintendrein erkenn' ich, daß ich ein armer Sünder bin, daß aus Shakespearen die Natur weissagt, und daß meine Menschen Seifenblasen sind, von Romanengrillen aufgetrieben.
Und nun zum Schluß, ob ich gleich noch nicht angefangen habe.
Das, was edle Philosophen von der Welt gesagt haben, gilt auch von Shakespearen, das, was wir bös nennen, ist nur die andre Seite vom Guten, die so notwendig zu seiner Existenz und in das Ganze gehört, als *Zona torrida*[9] brennen und Lappland einfrieren muß, daß es einen gemäßigten Himmelsstrich gebe. Er führt uns durch die ganze Welt, aber wir verzärtelte, unerfahrne Menschen schreien bei jeder fremden Heuschrecke, die uns begegnet: „Herr, er will uns fressen."[10]
Auf, meine Herren! trompeten Sie mir alle edle Seelen aus dem Elysium des sogenannten guten Geschmacks, wo sie schlaftrunken in langweiliger Dämmerung halb sind, halb nicht sind, Leidenschaften im Herzen und kein Mark in den Knochen haben, und, weil sie nicht müde genug zu ruhen und doch zu faul sind, um tätig zu sein, ihr Schattenleben zwischen Myrten und Lorbeergebüschen verschlendern und vergähnen.

[e 1771]

[9] heiße Zone am Äquator [10] vgl. Tobias 6,3: Tobias erschrickt am Tigris vor einem großen Fisch

JAKOB MICHAEL REINHOLD LENZ
Anmerkungen übers Theater

[...] Auf eins seiner [= des Aristoteles] Fundamentalgesetze muß ich noch zurückschießen, das so viel Lärm gemacht, bloß weil es so klein ist, und das ist die so erschröckliche jämmerlichberühmte Bulle von den drei Einheiten. Und was heißen denn nun drei Einheiten, meine Lieben? Ist es nicht die *eine,* die wir bei allen Gegenständen der Erkenntnis suchen, die eine, die uns den Gesichtspunkt gibt, aus dem wir das Ganze umfangen und überschauen können? Was wollen wir mehr, oder was wollen wir weniger? Ist es den Herren beliebig, sich in dem Verhältnis eines Hauses und eines Tages einzuschränken, in Gottes Namen, behalten Sie Ihre *Familienstücke,* Miniaturgemälde, und lassen uns unsere Welt. Kommt es Ihnen so sehr auf den Ort an, von dem Sie sich nicht bewegen möchten, um dem Dichter zu folgen: wie denn, daß Sie sich nicht den Ruhepunkt Archimeds wählen: „da mihi figere pedem et terram movebo"?[1] Welch ein größer und göttlicher Vergnügen, die Bewegung einer Welt, als eines Hauses? und welche Wohltat des Genies, Sie auf die Höhe zu führen, wo Sie einer Schlacht mit all ihrem Getümmel, Jammern und Grauen zusehen können, ohne Ihr eigen Leben, Gemütsruhe, und Behagen hineinzu-

[1] Gib mir nur einen Punkt, wo ich hintreten kann, und ich bewege die Erde (Ausspruch des Mathematikers Archimedes, 287–212 v. Chr.)

flechten, ohne auf dieser grausamen Szene Akteur zu sein. Liebe Herren! was sollen wir mehr tun, daß ihr selig werdet? wie kann man's euch bequemer machen? Nur zuschauen, ruhen und zuschauen, mehr fordern wir nicht, warum wollt ihr denn nicht auf diesem Stern stehen bleiben, und in die Welt 'nabgucken, aus kindischer Furcht den Hals zu brechen?
Was heißen die drei Einheiten? hundert Einheiten will ich euch angeben, die alle immer doch die *eine* bleiben. Einheit der Nation, Einheit der Sprache, Einheit der Religion, Einheit der Sitten – ja was wird's denn nun? Immer dasselbe, immer und ewig dasselbe. Der Dichter und das Publikum müssen die eine Einheit fühlen aber nicht klassifizieren. Gott ist nur eins in allen seinen Werken, und der Dichter muß es auch sein, wie groß oder klein sein Wirkungskreis auch immer sein mag. Aber fort mit dem Schulmeister, der mit seinem Stäbchen einem Gott auf die Finger schlägt. […] [v 1774]

Aufgaben zu den Texten auf den Seiten 108–112

JOHANN CASPAR LAVATER Physiognomische Fragmente (S. 108 f.)

① Lavater nennt zahlreiche Kennzeichen für das Genie. Umschreiben Sie mit eigenen Worten, was er unter Genie versteht.
② Was verstehen wir heute unter dem Begriff Genie? Vergleichen Sie dazu die Ableitung des Begriffs aus dem Französischen (s. Kapiteleinleitung, S. 104 f.).
③ Welche stilistischen Besonderheiten fallen in dem Text auf? Inwiefern sind sie für die Epoche bezeichnend?

JOHANN GOTTFRIED HERDER Shakespeare (S. 109)

① Worin sieht Herder Shakespeares Leistung?
② Wie beurteilt Herder die Tätigkeit von Literaturwissenschaftlern und Theaterkritikern? Stimmen Sie ihm zu?
③ Welche Absicht verfolgt Herder mit diesem Aufsatz? Inwiefern entspricht er damit den Ideen des Sturm und Drang?

JOHANN WOLFGANG VON GOETHE Zum Shakespeares-Tag (S. 110 f.)

① Welche Vorzüge sieht Goethe bei Shakespeare? Wo stimmt er mit Herder überein, wo unterscheidet er sich von diesem? Ziehen Sie zur Erläuterung der Zeilen 39–41 Gestalt und Schicksal des Götz von Berlichingen heran.
② Wie beurteilt Goethe die Lehre von den drei Einheiten?
③ Wo finden Sie hier epochentypische Stilmittel und Leitbegriffe, wie sie im Einleitungstext (S. 104 f.) genannt sind?
④ Woran wird deutlich, daß es sich um eine Rede handelt? Analysieren Sie die entsprechenden Stilmittel.

JAKOB MICHAEL REINHOLD LENZ Anmerkungen übers Theater (S. 111 f.)

① Wie beurteilt Lenz Gottscheds Forderung nach den drei Einheiten? Welche Probleme sieht er bei deren genauer Einhaltung? Vergleichen Sie dazu Lessings Äußerungen zum Drama (S. 78 f.) und Goethes Rede zum Shakespeares-Tag.
② Welche Stilmittel verwendet Lenz?

b) Liebe, Freundschaft, Natur

JOHANN GOTTFRIED HERDER
Volkslied

Zu unsern Zeiten wird so viel von *Liedern für Kinder* gesprochen: wollen Sie ein älteres deutsches hören? Es enthält zwar keine transzendente Weisheit und Moral, mit der die Kinder zeitig genug überhäuft werden – es ist nichts als ein kindisches

Fabelliedchen
Es sah ein Knab ein Röslein stehn
Ein Röslein auf der Heiden.
Er sah, es war so frisch und schön
Und blieb stehn, es anzusehen
Und stand in süßen Freuden.

Ich suppliere diese Reihe nur aus dem Gedächtnis,
und nun folgt das kindische Ritornell[1] bei jeder Strophe:

Röslein, Röslein, Röslein rot,
Röslein auf der Heiden!
Der Knabe sprach: „Ich breche dich!
Röslein" etc.
Das Röslein sprach: „Ich steche dich,
Daß du ewig denkst an mich
Daß ich's nicht will leiden!"
Röslein etc.
Jedoch der wilde Knabe brach,
Das Röslein etc.
Das Röslein wehrte sich und stach,
Aber er vergaß darnach
Beim Genuß das Leiden!
Röslein etc.

Ist das nicht Kinderton?

[v 1773]

[1] wörtl. instrumentales Vor-, Zwischen- oder Nachspiel einer Arie; hier: Kehrreim

Johann Wolfgang von Goethe

Willkommen und Abschied

Erste Fassung

Es schlug mein Herz. Geschwind, zu Pferde!
Und fort, wild wie ein Held zur Schlacht.
Der Abend wiegte schon die Erde,
Und an den Bergen hing die Nacht.
Schon stund im Nebelkleid die Eiche
Wie ein getürmter Riese da,
Wo Finsternis aus dem Gesträuche
Mit hundert schwarzen Augen sah.

Der Mond von einem Wolkenhügel
Sah schläfrig aus dem Duft[1] hervor,
Die Winde schwangen leise Flügel,
Umsausten schauerlich mein Ohr.
Die Nacht schuf tausend Ungeheuer,
Doch tausendfacher war mein Mut,
Mein Geist war ein verzehrend Feuer,
Mein ganzes Herz zerfloß in Glut.

Ich sah dich, und die milde Freude
Floß aus dem süßen Blick auf mich.
Ganz war mein Herz an deiner Seite,
Und jeder Atemzug für dich.
Ein rosenfarbes Frühlingswetter
Lag auf dem lieblichen Gesicht
Und Zärtlichkeit für mich, ihr Götter,
Ich hofft' es, ich verdient' es nicht.

Der Abschied, wie bedrängt, wie trübe!
Aus deinen Blicken sprach dein Herz.
In deinen Küssen welche Liebe,
O welche Wonne, welcher Schmerz!
Du gingst, ich stund und sah zur Erden
Und sah dir nach mit nassem Blick.
Und doch, welch Glück, geliebt zu werden,
Und lieben, Götter, welch ein Glück!

[e 1771]

Spätere Fassung

Es schlug mein Herz, geschwind zu Pferde!
Es war getan fast eh gedacht.
Der Abend wiegte schon die Erde,
Und an den Bergen hing die Nacht;
Schon stand im Nebelkleid die Eiche,
Ein aufgetürmter Riese, da,
Wo Finsternis aus dem Gesträuche
Mit hundert schwarzen Augen sah.

Der Mond von einem Wolkenhügel
Sah kläglich aus dem Duft[1] hervor,
Die Winde schwangen leise Flügel,
Umsausten schauerlich mein Ohr;
Die Nacht schuf tausend Ungeheuer,
Doch frisch und fröhlich war mein Mut:
In meinen Adern welches Feuer!
In meinem Herzen welche Glut!

Dich sah ich, und die milde Freude
Floß von dem süßen Blick auf mich;
Ganz war mein Herz an deiner Seite
Und jeder Atemzug für dich.
Ein rosenfarbnes Frühlingswetter
Umgab das liebliche Gesicht,
Und Zärtlichkeit für mich – ihr Götter!
Ich hofft' es, ich verdient' es nicht!

Doch ach, schon mit der Morgensonne
Verengt der Abschied mir das Herz:
In deinen Küssen welche Wonne!
In deinem Auge welcher Schmerz!
Ich ging, du standst und sahst zur Erden
Und sahst mir nach mit nassem Blick:
Und doch, welch Glück, geliebt zu werden!
Und lieben, Götter, welch ein Glück!

[e 1789]

[1] leichter, dünner Nebel

Johann Wolfgang von Goethe
Maifest

Wie herrlich leuchtet
Mir die Natur!
Wie glänzt die Sonne!
Wie lacht die Flur!

Es dringen Blüten
Aus jedem Zweig
Und tausend Stimmen
Aus dem Gesträuch

Und Freud und Wonne
Aus jeder Brust.
O Erd', o Sonne,
O Glück, o Lust,

O Lieb', o Liebe,
So golden schön
Wie Morgenwolken
Auf jenen Höhn,

Du segnest herrlich
Das frische Feld –
Im Blütendampfe
Die volle Welt!

O Mädchen, Mädchen,
Wie lieb' ich dich!
Wie blinkt dein Auge,
Wie liebst du mich!

So liebt die Lerche
Gesang und Luft,
Und Morgenblumen
Den Himmelsduft,

Wie ich dich liebe
Mit warmen Blut,
Die du mir Jugend
Und Freud' und Mut

Zu neuen Liedern
Und Tänzen gibst.
Sei ewig glücklich,
Wie du mich liebst.

[e 1771, v 1775]

Lexikonartikel
Die Leiden des jungen Werthers

Roman von Johann Wolfgang von Goethe (1749 bis 1832), erschienen 1774; eine zweite, überarbeitete Fassung, in der stilistische Modeerscheinungen der Sturm-und-Drang-Epoche (etwa die starke Flexion des Eigennamens im Titel) getilgt sind, veröffentlichte Goethe 1787. – Noch im dreizehnten Buch von „Dichtung und Wahrheit" erinnert sich Goethe ärgerlich jener neugierigen Frager, die, zur „unleidlichen Qual" des Autors, am Werther „sämtlich ein für allemal" nichts anderes interessierte, als „was denn eigentlich an der Sache wahr sei". In der Tat lassen sich die zum Roman verwobenen autobiographischen Fakten nachträglich nur noch gewaltsam, und ohne nennenswerten Gewinn für das Verständnis des Werkes selber, entflechten. Im Sommer 1772 praktizierte Goethe am Reichskammergericht in Wetzlar. Bei einem Ball im nahegelegenen Volpertshausen lernte er Charlotte Buff und deren Verlobten, den hannoverschen Gesandtschaftssekretär Johann Christian Kestner kennen. Goethe warb stürmisch um Lotte, doch wußte diese, einer Tagebuchnotiz Kestners zufolge, den verliebten Dichter „kurz zu halten". Im September reiste Goethe ohne Abschied zurück nach Frankfurt. Unterwegs machte er Station bei Sophie von La Roche, zu deren sechzehnjähriger Tochter Maximiliane er eine spontane Neigung faßte. Am 30. Oktober desselben Jahres erschießt sich in Wetzlar, mit von Kestner „zu einer vorhabenden Reise" entliehenen Pistolen, der braunschweigische Legationssekretär Carl Wilhelm Jerusalem, den Goethe auf jenem Ball in Volpertshausen persönlich kennengelernt hatte. Motiv dieses Selbstmords, der großes Aufsehen erregte, war die unglückliche Liebe zu einer verheirateten Frau. Bei Goethe „schoß" auf diese Nachricht hin – Kestner berichtete in einem Brief den Vorgang äußerst detailliert – das autobiographische Material „von allen Seiten zusammen und ward eine solide Masse". Den letzten Anstoß zur Niederschrift des Romans gaben wohl Erlebnisse (Januar/Februar 1774) im Hause des Frankfurter Kaufmanns Peter Brentano (Albert, Werthers Gegenspieler, trägt dessen Züge), der inzwischen die zwanzig Jahre jüngere Maximiliane von La Roche geheiratet hatte (Lotte im Werther hat ihre „schwarzen Augen"). Nach heftigen Zusammenstößen mit Brentano begab Goethe sich in strengste Isolation und schrieb „in vier Wochen" (Februar/März 1774) seinen Roman nieder, „ohne daß ein Schema des Ganzen, oder die Behandlung eines Teils irgend vorher wäre zu Papier gebracht gewesen". Werther versucht seinem Freund Wilhelm in Briefen (datiert 4. Mai 1771 – 23. Dez. 1772) die Erfahrung einer überwältigenden inneren Befreiung mitzuteilen, die in einem gleichsam religiösen Naturgefühl und einer schwärmerisch unbedingten Liebe sich manifestiert, durch die bürgerlichen Verhältnisse aber, in denen er zu leben gezwungen ist, umschlägt in Unfreiheit und zur Fessel wird, die einzig der Tod zu lösen vermag. Werther erfährt die „unaussprechliche Schönheit" der „paradiesischen Natur", von der die kleine, „unangenehme" Stadt, in der er sich aufhält, umgeben ist, als Ausdruck eines Unendlichen, an dem sein eigenes empfindendes Ich partizipiert. Die Briefform des Romans erlaubt es, den Leser durch suggestive[1] Anreden zum Vertrauten Werthers zu machen. […] Werthers Konflikt nimmt konkrete Gestalt an, als er bei einem „Ball auf dem Lande" Lotte kennenlernt. Zwar warnt man ihn, Lotte sei „schon vergeben"; doch auf solche „Vernunft" zu hören, wo „das Herz spricht", schiene ihm ein Sakrileg. Lottes Gegenwart versetzt ihn, wie zuvor die Natur, in einen besinnungslosen Glückstaumel, der wiederum mit einem Realitätsverlust erkauft wird: „… die ganze Welt verliert sich um mich her." Werther lebt „wie im Traume". […]

Ein Schatten fällt auf Werthers Glück, als Albert, Lottes Verlobter, zurückkehrt. Was zuvor „Glückseligkeit" bedeutete, wird nun zur „Quelle seines Unglücks". Zwar ist Albert, dessen „Ordnung und Emsigkeit in Geschäften" stadtbekannt ist, „ein braver, lieber Kerl […] dem man gut sein muß"; aber Werthers Leidenschaft für Lotte ist zu fordernd, und Albert verkörpert zu sehr das Prinzip bürgerlicher Lebensrationalität, als daß eine herzliche Beziehung zwischen beiden sich bilden könnte. Der Gegensatz tritt offen zutage, als Werther in einem Gespräch leidenschaftlich für die Legitimität des Selbstmords plädiert, was Albert als unmoralisch verwirft. Jedem, so meint Werther, sei das „Maß seines Leidens" von der Natur zugemessen; werde dies Maß überschritten, so verwandle sich das Leiden in „Krankheit zum Tode". Der Selbstmord wird als eine durch äußeren Druck hervorgebrachte Abart des „natürlichen" Todes begriffen und somit unter die Naturrechte des Menschen eingereiht. Um

[1] beeinflussend

seiner unerträglichen Lage ein Ende zu machen, beschließt Werther, Lotte und Albert ohne Abschied für immer zu verlassen. – In seiner neuen Umgebung, fern von Lotte, fühlt Werther sich bald wie im „Käfig". Die Engstirnigkeit seiner Vorgesetzten und die „Rangsucht" seiner Kollegen verbittern ihn zutiefst; was ihn aber „am meisten neckt, das sind die fatalen bürgerlichen Verhältnisse", die dem einzelnen seine Freiheit nur um den Preis der Verarmung und Verödung des Daseins zugestehen: „Wie ausgetrocknet meine Sinne [...] nicht Einen Augenblick der Fülle des Herzens, nicht Eine selige, tränenreiche Stunde! Nichts! Nichts!" Der skandalöse Vorfall, als Bürgerlicher aus einer adligen Tischgesellschaft verwiesen zu werden, ist ihm willkommener Anlaß, zu demissionieren[2]. Nach einer „Wallfahrt" an die Stätten seiner Kindheit treibt es ihn zurück in die Nähe Lottes. Sprunghaft steigert sich nun seine Eifersucht, als er Albert in immergleicher „Sattheit" und „Gleichgültigkeit" wiederfindet: „Zieht ihn nicht jedes elende Geschäft mehr an als die teure, köstliche Frau?" [...]

Werther umarmt Lotte leidenschaftlich, küßt sie und „wirft sich vor ihr nieder"; sie jedoch reißt sich los, flüchtet ins Nebengemach und schließt sich ein. Noch in derselben Nacht beendet Werther den seit langem begonnenen Abschiedsbrief an Lotte, entleiht bei Albert – „zu einer vorhabenden Reise" – ein Paar Pistolen, legt jene Kleider an, die er in der ersten Ballnacht mit Lotte getragen hatte, und erschießt sich, am Schreibtisch sitzend.

„Die Wirkung des Büchleins", notiert Goethe rückblickend in „Dichtung und Wahrheit", „war groß, ja ungeheuer [...] weil es genau in die rechte Zeit traf." Das Werther-Schicksal wurde von einer ganzen Generation, die sich in dieser Romanfigur wiedererkannte, begierig aufgegriffen als Gebärde des Protests und der Selbstdarstellung. Goethe führt die „Grille des Selbstmords", die sich „in jenen herrlichen Friedenszeiten" bei einer „müßigen Jugend" – auch bei ihm selbst – „eingeschlichen" hatte, zurück auf einen „Mangel an Taten". Er selbst rettete sich durch die „Komposition" des Romans aus dem „stürmischen Elemente". [...]

Der Roman brachte eine Flut von Bühnenbearbeitungen, Parodien („Die Freuden des jungen Werther" von Nicolai ist eine der bekanntesten) und Imitationen hervor; auch an literarischer Nachkommenschaft [...] fehlt es nicht. Man parfümierte sich mit „Eau de Werther", fand Werther-Nippes dekorativ, eine Epidemie „stilechter" Werther-Selbstmorde ist zu verzeichnen, und die Werther-Mode schrieb vor: blauer Frack mit Messingknöpfen, gelbe Weste, braune Stulpenstiefel, runder Filzhut und ungepudertes Haar. –

Dieter Barber

(aus: Hauptwerke der deutschen Literatur, hg. von Manfred Kluge und Rudolf Radler. München: Kindler 1974)

[2] aus dem Dienst treten

JOHANN WOLFGANG VON GOETHE

Die Leiden des jungen Werthers

Was ich von der Geschichte des armen Werther nur habe auffinden können, habe ich mit Fleiß gesammelt und lege es euch hier vor, und weiß, daß ihr mir's danken werdet. Ihr könnt seinem Geist und seinem Charakter eure Bewunderung und Liebe, seinem Schicksale eure Tränen nicht versagen.

Und du gute Seele, die du eben den Drang fühlst wie er, schöpfe Trost aus seinem Leiden, und laß das Büchlein deinen Freund sein, wenn du aus Geschick oder eigener Schuld keinen nähern finden kannst.

Erstes Buch

Am 4. Mai 1771

Wie froh bin ich, daß ich weg bin! Bester Freund, was ist das Herz des Menschen! Dich zu verlassen, den ich so liebe, von dem ich unzertrennlich war, und froh zu sein! Ich weiß, du verzeihst mir's. Waren nicht meine übrigen Verbindungen recht ausgesucht vom Schicksal, um ein Herz wie das meine zu ängstigen? Die arme Leonore! Und doch war ich unschuldig. Konnt' ich dafür, daß, während die eigensinnigen Reize ihrer Schwester mir eine angenehme Unterhaltung verschafften, daß eine Leidenschaft in dem armen Herzen sich bildete? Und doch – bin ich ganz unschuldig? Hab' ich nicht ihre Empfindungen genährt? hab' ich mich nicht an den ganz wahren Ausdrücken der Natur, die uns so oft zu lachen machten, so wenig lächerlich sie waren, selbst ergetzt? hab' ich nicht – O was ist der Mensch, daß er über sich klagen darf! Ich will, lieber Freund, ich verspreche dir's, ich will mich bessern, will nicht mehr ein bißchen Übel, das uns das Schicksal vorlegt, wiederkäuen, wie ich's immer getan habe; ich will das Gegenwärtige genießen, und das Vergangene soll mir vergangen sein. Gewiß, du hast recht, Bester, der Schmerzen wären minder unter den Menschen, wenn sie nicht – Gott weiß, warum sie so gemacht sind! – mit so viel Emsigkeit der Einbildungskraft sich beschäftigten, die Erinnerungen des vergangenen Übels zurückzurufen, eher als eine gleichgültige Gegenwart zu ertragen.

Du bist so gut, meiner Mutter zu sagen, daß ich ihr Geschäft bestens betreiben und ihr ehstens Nachricht davon geben werde. Ich habe meine Tante gesprochen und bei weitem das böse Weib nicht gefunden, das man bei uns aus ihr macht. Sie ist eine muntere, heftige Frau von dem besten Herzen. Ich erklärte ihr meiner Mutter Beschwerden über den zurückgehaltenen Erbschaftsanteil; sie sagte mir ihre Gründe, Ursachen und die Bedingungen, unter welchen sie bereit wäre, alles herauszugeben, und mehr als wir verlangten – Kurz, ich mag jetzt nichts davon schreiben, sage meiner Mutter, es werde alles gut gehen. Und ich habe, mein Lieber, wieder bei diesem kleinen Geschäft gefunden, daß Mißverständnisse und Trägheit vielleicht mehr Irrungen in der Welt machen als List und Bosheit. Wenigstens sind die beiden letzteren gewiß seltener.

Übrigens befinde ich mich hier gar wohl. Die Einsamkeit ist meinem Herzen köstlicher Balsam in dieser paradiesischen Gegend, und diese Jahrszeit der Jugend wärmt mit aller Fülle mein oft schauderndes Herz. Jeder Baum, jede Hecke ist ein Strauß von Blüten, und man möchte zum Maienkäfer werden, um in dem Meer von Wohlgerüchen herumschweben und alle seine Nahrung darin finden zu können.

Die Stadt selbst ist unangenehm, dagegen rings umher eine unaussprechliche Schönheit der Natur. Das bewog den verstorbenen Grafen von M. einen Garten auf einem der Hügel anzulegen, die mit der schönsten Mannigfaltigkeit sich kreuzen und die lieblichsten Täler bilden. Der Garten ist einfach, und man fühlt gleich bei dem Eintritte, daß nicht ein wissenschaftlicher Gärtner, sondern ein fühlendes Herz den Plan gezeichnet, das seiner selbst hier genießen wollte. Schon manche Träne hab' ich dem Abgeschiedenen in dem verfallenen Kabinettchen geweint, das sein Lieblingsplätzchen war und auch meines ist. Bald werde ich Herr vom Garten sein; der Gärtner ist mir zugetan, nur seit den paar Tagen, und er wird sich nicht übel dabei befinden.

Am 16. Junius

[...]

Warum ich dir nicht schreibe? – Fragst du das und bist doch auch der Gelehrten einer. Du solltest raten, daß ich mich wohl befinde, und zwar – Kurz und gut, ich habe eine Bekanntschaft gemacht, die mein Herz näher angeht. Ich habe – ich weiß nicht.

Dir in der Ordnung zu erzählen, wie's zugegangen ist, daß ich eins der liebenswürdigsten Ge-

Werther am Schreibpult, die Pistolen in der Hand. Aquarell eines unbekannten Zeitgenossen.

schöpfe habe kennen lernen, wird schwer halten. Ich bin vergnügt und glücklich, und also kein guter Historienschreiber.

Einen Engel! – Pfui! das sagt jeder von der Seinigen, nicht wahr? Und doch bin ich nicht imstande, dir zu sagen, wie sie vollkommen ist, warum sie vollkommen ist; genug, sie hat allen meinen Sinn gefangengenommen.

So viel Einfalt bei so viel Verstand, so viel Güte bei so viel Festigkeit, und die Ruhe der Seele bei dem wahren Leben und der Tätigkeit. –

Das ist alles garstiges Gewäsch, was ich da von ihr sage, leidige Abstraktionen, die nicht einen Zug ihres Selbst ausdrücken. Ein andermal – nein, nicht ein andermal, jetzt gleich will ich dir's erzählen. Tu' ich's jetzt nicht, so geschäh' es niemals. Denn, unter uns, seit ich angefangen habe zu schreiben, war ich schon dreimal im Begriffe, die Feder niederzulegen, mein Pferd satteln zu lassen und hinauszureiten. Und doch schwur ich mir heute früh, nicht hinauszureiten, und gehe doch alle Augenblick' ans Fenster, zu sehen, wie hoch die Sonne noch steht. – – –

Ich hab's nicht überwinden können, ich mußte zu ihr hinaus. Da bin ich wieder, Wilhelm, will mein Butterbrot zu Nacht essen und dir schreiben. Welch eine Wonne das für meine Seele ist, sie in dem Kreise der lieben, muntern Kinder, ihrer acht Geschwister, zu sehen! –

Wenn ich so fortfahre, wirst du am Ende so klug sein wie am Anfange. Höre denn, ich will mich zwingen, ins Detail zu gehen.

Ich schrieb dir neulich, wie ich den Amtmann S. habe kennenlernen und wie er mich gebeten habe, ihn bald in seiner Einsiedelei oder vielmehr seinem kleinen Königreiche zu besuchen. Ich vernachlässigte das, und wäre vielleicht nie hingekommen, hätte mir der Zufall nicht den Schatz entdeckt, der in der stillen Gegend verborgen liegt.

Unsere jungen Leute hatten einen Ball auf dem Lande angestellt, zu dem ich mich denn auch willig finden ließ. Ich bot einem hiesigen guten, schönen, übrigens unbedeutenden Mädchen die Hand, und es wurde ausgemacht, daß ich eine Kutsche nehmen, mit meiner Tänzerin und ihrer Base nach dem Orte der Lustbarkeit hinausfahren und auf dem Wege Charlotten S. mitnehmen sollte. – „Sie werden ein schönes Frauenzimmer kennenlernen", sagte meine Gesellschafterin, da wir durch den weiten, ausgehauenen Wald nach dem Jagdhause fuhren. – „Nehmen Sie sich in acht", versetzte die Base, „daß Sie sich nicht verlieben!" – „Wieso?" sagte ich. – „Sie ist schon vergeben", antwortete jene, „an einen sehr braven Mann, der weggereist ist, seine Sachen in Ordnung zu bringen, weil sein Vater gestorben ist, und sich um eine ansehnliche Versorgung zu bewerben." – Die Nachricht war mir ziemlich gleichgültig.

Die Sonne war noch eine Viertelstunde vom Gebirge, als wir vor dem Hoftore anfuhren. Es war sehr schwül, und die Frauenzimmer äußerten ihre Besorgnis wegen eines Gewitters, das sich in weißgrauen, dumpfichten Wölkchen rings am Horizonte zusammenzuziehen schien. Ich täuschte ihre Furcht mit anmaßlicher Wetterkunde, ob mir gleich selbst zu ahnen anfing, unsere Lustbarkeit werde einen Stoß leiden.

Ich war ausgestiegen, und eine Magd, die ans Tor kam, bat uns, einen Augenblick zu verziehen[1], Mamsell Lottchen würde gleich kommen. Ich ging durch den Hof nach dem wohlgebauten Hause, und da ich die vorliegenden Treppen hinaufgestiegen war und in die Tür trat, fiel mir das reizendste Schauspiel in die Augen, das ich je gesehen habe. In dem Vorsaale wimmelten sechs Kinder von eilf zu zwei Jahren um ein Mädchen von schöner Gestalt, mittlerer Größe, die ein simples weißes Kleid, mit blaßroten Schleifen an Arm und Brust, anhatte. Sie hielt ein schwarzes Brot und schnitt ihren Kleinen rings herum jedem sein Stück nach Proportion ihres Alters und Appetits ab, gab's jedem mit solcher Freundlichkeit, und jedes rief so ungekünstelt sein „Danke!", indem es mit den kleinen Händchen lange in die Höhe gereicht hatte, ehe es noch abgeschnitten war, und nun mit seinem Abendbrote vergnügt entweder wegsprang, oder nach seinem stillern Charakter gelassen davonging nach dem Hoftore zu, um die Fremden und die Kutsche zu sehen, darin ihre Lotte wegfahren sollte. – „Ich bitte um Vergebung", sagte sie, „daß ich Sie hereinbemühe und die Frauenzimmer warten lasse. Über dem Anziehen und allerlei Bestellung fürs Haus in meiner Abwesenheit habe ich vergessen, meinen Kindern ihr Vesperbrot zu geben, und sie wollen von niemanden Brot geschnitten haben als von mir." – Ich machte ihr ein unbedeutendes Kompliment, meine ganze Seele ruhte auf der Gestalt, dem Tone, dem Betragen, und ich hatte eben Zeit, mich von der Überraschung zu erholen, als sie in die Stube lief, ihre Handschuhe und den Fächer zu holen. Die Kleinen sahen mich in einiger Entfernung so von der Seite an, und ich ging auf das jüngste los, das ein Kind von der glücklichsten Gesichtsbildung war. Es zog sich zurück, als eben Lotte zur Türe herauskam und sagte: „Louis, gib dem Herrn Vetter eine Hand." – Das tat der Knabe sehr freimütig, und ich konnte mich nicht enthalten, ihn, ungeachtet seines kleinen Rotznäschens, herzlich zu küssen. – „Vetter?" sagte ich, indem ich ihr die Hand reichte, „glauben Sie, daß ich des Glücks wert sei, mit Ihnen verwandt zu sein?" – „O", sagte sie mit einem leichtfertigen Lächeln, „unsere Vetterschaft ist sehr weitläufig, und es wäre mir leid, wenn Sie der schlimmste drunter sein sollten." – Im Gehen gab sie Sophien, der ältesten Schwester nach ihr, einem Mädchen von ungefähr eilf Jahren, den Auftrag, wohl auf die Kinder acht zu haben und den Papa zu grüßen, wenn er vom Spazierritte nach Hause käme. Den Kleinen sagte sie, sie sollten ihrer Schwester Sophie folgen, als wenn sie's selber wäre, das denn auch einige ausdrücklich versprachen. Eine kleine, naseweise Blondine aber, von ungefähr sechs Jahren, sagte: „Du bist's doch nicht, Lottchen, wir haben dich doch lieber."

---

[1] warten

Beim dritten englischen Tanz waren wir das zweite Paar. Wie wir die Reihe durchtanzten und ich, weiß Gott mit wieviel Wonne, an ihrem Arm und Auge hing, das voll vom wahrsten Ausdruck des offensten, reinsten Vergnügens war, kommen wir an eine Frau, die mir wegen ihrer liebenswürdigen Miene auf einem nicht mehr ganz jungen Gesichte merkwürdig gewesen war. Sie sieht Lotten lächelnd an, hebt einen drohenden Finger auf und nennt den Namen Albert zweimal im Vorbeifliegen mit viel Bedeutung.

„Wer ist Albert?“ sagte ich zu Lotten, „wenn's nicht Vermessenheit ist zu fragen.“ – Sie war im Begriff zu antworten, als wir uns scheiden mußten, um die große Achte zu machen, und mich dünkte einiges Nachdenken auf ihrer Stirn zu sehen, als wir so vor einander vorbeikreuzten. – „Was soll ich's Ihnen leugnen“, sagte sie, indem sie mir die Hand zur Promenade bot. „Albert ist ein braver Mensch, dem ich so gut als verlobt bin.“ – Nun war mir das nichts Neues (denn die Mädchen hatten mir's auf dem Wege gesagt) und war mir doch so ganz neu, weil ich es noch nicht im Verhältnis auf sie, die mir in so wenig Augenblicken so wert geworden war, gedacht hatte. Genug, ich verwirrte mich, vergaß mich und kam zwischen das unrechte Paar hinein, daß alles drunter und drüber ging und Lottens ganze Gegenwart und Zerren und Ziehen nötig war, um es schnell wieder in Ordnung zu bringen.

Der Tanz war noch nicht zu Ende, als die Blitze, die wir schon lange am Horizonte leuchten gesehn und die ich immer für Wetterkühlen ausgegeben hatte, viel stärker zu werden anfingen und der Donner die Musik überstimmte. Drei Frauenzimmer liefen aus der Reihe, denen ihre Herren folgten; die Unordnung wurde allgemein, und die Musik hörte auf. Es ist natürlich, wenn uns ein Unglück oder etwas Schreckliches im Vergnügen überrascht, daß es stärkere Eindrücke auf uns macht als sonst, teils wegen des Gegensatzes, der sich so lebhaft empfinden läßt, teils und noch mehr, weil unsere Sinne einmal der Fühlbarkeit geöffnet sind und also desto schneller einen Eindruck annehmen. Diesen Ursachen muß ich die wunderbaren Grimassen zuschreiben, in die ich mehrere Frauenzimmer ausbrechen sah. Die klügste setzte sich in eine Ecke, mit dem Rücken gegen das Fenster, und hielt die Ohren zu. Eine andere kniete vor ihr nieder und verbarg den Kopf in der ersten Schoß. Eine dritte schob sich zwischen beide hinein und umfaßte ihre Schwesterchen mit tausend Tränen. Einige wollten nach Hause; andere, die noch weniger wußten, was sie taten, hatten nicht so viel Besinnungskraft, den Keckheiten unserer jungen Schlucker zu steuern, die sehr beschäftigt zu sein schienen, alle die ängstlichen Gebete, die dem Himmel bestimmt waren, von den Lippen der schönen Bedrängten wegzufangen. Einige unserer Herren hatten sich hinabbegeben, um ein Pfeifchen in Ruhe zu rauchen; und die übrige Gesellschaft schlug es nicht aus, als die Wirtin auf den klugen Einfall kam, uns ein Zimmer anzuweisen, das Läden und Vorhänge hätte. Kaum waren wir da angelangt, als Lotte beschäftigt war, einen Kreis von Stühlen zu stellen und, als sich die Gesellschaft auf ihre Bitte gesetzt hatte, den Vortrag zu einem Spiele zu tun.

[...]

[...] Am 29. Junius

Vorgestern kam der Medikus hier aus der Stadt hinaus zum Amtmann und fand mich auf der Erde unter Lottens Kindern, wie einige auf mir herumkrabbelten, andere mich neckten, und wie ich sie kitzelte und ein großes Geschrei mit ihnen erregte. Der Doktor, der eine sehr dogmatische Drahtpuppe ist, unterm Reden seine Manschetten in Falten legt und einen Kräusel ohne Ende herauszupft, fand dieses unter der Würde eines gescheiten Menschen; das merkte ich an seiner Nase. Ich ließ mich aber in nichts stören, ließ ihn sehr vernünftige Sachen abhandeln und baute den Kindern ihre Kartenhäuser wieder, die sie zerschlagen hatten. Auch ging er darauf in der Stadt herum und beklagte, des Amtmanns Kinder wären so schon ungezogen genug, der Werther verderbe sie nun völlig.

Ja, lieber Wilhelm, meinem Herzen sind die Kinder am nächsten auf der Erde. Wenn ich ihnen zusehe und in dem kleinen Dinge die Keime aller Tugenden, aller Kräfte sehe, die sie einmal so nötig brauchen werden; wenn ich in dem Eigensinne künftige Standhaftigkeit und Festigkeit des Charakters, in dem Mutwillen guten Humor und Leichtigkeit, über die Gefahren der Welt hinzuschlüpfen, erblicke, alles so unverdorben, so ganz! – immer, immer wiederhole ich dann die goldenen Worte des Lehrers der Menschen: „Wenn ihr nicht werdet wie eines von diesen!“ Und nun, mein Bester, sie, die unseresgleichen sind, die wir als unsere Muster ansehen sollten, behandeln wir als Untertanen. Sie sollen keinen Willen haben! – Haben wir denn keinen? und wo liegt das Vorrecht? – Weil wir älter sind und gescheiter! – Guter Gott von deinem Himmel, alte Kinder siehst du und junge Kinder, und nichts weiter; und an welchen du mehr Freude hast, das hat dein Sohn schon lange verkündigt. Aber sie glauben an ihn und hören ihn nicht – das ist auch was Altes! – und bilden ihre Kinder nach sich und – Adieu, Wilhelm! Ich mag darüber nicht weiter radotieren[1].

[v 1774]

[1] schwätzen, faseln

Goethe über Charlotte und Christian Kestner in Dichtung und Wahrheit

Nach dem Tode ihrer Mutter hatte sie sich als Haupt einer zahlreichen jüngeren Familie höchst tätig erwiesen und den Vater in seinem Witwerstand allein aufrecht erhalten, so daß ein künftiger Gatte von ihr das gleiche für sich und seine Nachkommenschaft hoffen und ein entschiedenes häusliches Glück erwarten konnte. Ein jeder gestand, auch ohne diese Lebenszwecke eigennützig für sich im Auge zu haben, daß sie ein wünschenswertes Frauenzimmer sei. Sie gehörte zu denen, die, wenn sie nicht heftige Leidenschaften einflößen, doch ein allgemeines Gefallen zu erregen geschaffen sind. Eine leicht aufgebaute, nett gebildete Gestalt, eine reine gesunde Natur und die daraus entspringende frohe Lebenstätigkeit, eine unbefangene Behandlung des täglich Notwendigen, das alles war ihr zusammen gegeben. […]

Lotte – denn so wird sie denn doch wohl heißen – war anspruchslos in doppeltem Sinne: erst ihrer Natur nach, die mehr auf ein allgemeines Wohlwollen als auf besondere Neigungen gerichtet war, und dann hatte sie sich ja für einen Mann bestimmt, der, ihrer wert, sein Schicksal an das ihrige fürs Leben zu knüpfen sich bereit erklären mochte. Die heiterste Luft wehte in ihrer Umgebung.

Unter den jungen Männern, welche, der Gesandtschaft zugegeben, sich zu ihrem künftigen Dienstlauf vorüben sollten, fand sich einer, den wir kurz und gut den Bräutigam zu nennen pflegten. Er zeichnete sich aus durch ein ruhiges gleiches Betragen, Klarheit der Ansichten, Bestimmtheit im Handeln und Reden. Seine heitere Tätigkeit, sein anhaltender Fleiß empfahl ihn dergestalt den Vorgesetzten, daß man ihm eine baldige Anstellung versprach. Hiedurch berechtigt, unternahm er, sich mit einem Frauenzimmer zu verloben, das seiner Gemütsart und seinen Wünschen völlig zusagte. […] Der Bräutigam, bei seiner durchaus rechtlichen und zutraulichen Sinnesart, machte jeden, den er schätzte, bald mit ihr bekannt, und sah gern, weil er den größten Teil des Tages den Geschäften eifrig oblag, wenn seine Verlobte, nach vollbrachten häuslichen

Bemühungen, sich sonst unterhielt und sich gesellig auf Spaziergängen und Landpartien mit Freunden und Freundinnen ergetzte.
Der neue Ankömmling, völlig frei von allen Banden, sorglos in der Gegenwart eines Mädchens, das, schon versagt, den gefälligsten Dienst nicht als Bewerbung auslegen und sich desto eher daran erfreuen konnte, ließ sich ruhig gehen, war aber bald dergestalt eingesponnen und gefesselt, und zugleich von dem jungen Paare so zutraulich und freundlich behandelt, daß er sich selbst nicht mehr kannte. Müßig und träumerisch, weil ihm keine Gegenwart genügte, fand er das, was ihm abging, in einer Freundin, die, indem sie fürs ganze Jahr lebte, nur für den Augenblick zu leben schien. Sie mochte ihn gern zu ihrem Begleiter; er konnte bald ihre Nähe nicht missen, denn sie vermittelte ihm die Alltagswelt, und so waren sie, bei einer ausgedehnten Wirtschaft, auf dem Acker und den Wiesen, auf dem Krautland wie im Garten, bald unzertrennliche Gefährten. Erlaubten es dem Bräutigam seine Geschäfte, so war er an seinem Teil dabei; sie hatten sich alle drei an einander gewöhnt, ohne es zu wollen, und wußten nicht, wie sie dazu kamen, sich nicht entbehren zu können. So lebten sie, den herrlichen Sommer hin, eine echt deutsche Idylle, wozu das fruchtbare Land die Prosa, und eine reine Neigung die Poesie hergab.

[e 1809–1813]

Aus Goethes Abschiedsbrief vom 10.9.1772

Wohl hoff ich wiederzukommen, aber Gott weiß wann. Lotte, wie war mirs bei Deinem Reden ums Herz, da ich wußte, es ist das letztemal, daß ich Sie sehe. Nicht das letztemal, und doch geh ich morgen fort. Fort ist er. Welcher Geist brachte Euch auf den Diskurs. Da ich alles sagen durfte, was ich fühlte, ach mir wars um Hienieden zu tun, um Ihre Hand, die ich zum letztenmal küßte. Das Zimmer, in das ich nicht wiederkehren werde, und der liebe Vater, der mich zum letztenmal begleitete. Ich bin nun allein und darf weinen, ich lasse Euch glücklich und gehe nicht aus Euren Herzen. Und sehe Euch wieder, aber nicht morgen ist nimmer. Sagen Sie meinen Buben, er ist fort. Ich mag nicht weiter.

GOETHE **an Charlotte Kestner**

Frankfurt, 23. September 1774

Lotte, wie lieb mir das Büchelgen ist, magst Du im Lesen fühlen, und auch dieses Exemplar ist mir so wert, als wär's das einzige in der Welt. Du sollst[s] haben, Lotte, ich hab es hundertmal geküßt, habs weggeschlossen, daß es niemand berühre. O Lotte! – Und ich bitte Dich, laß es außer Meyers niemand jetzo sehn, es kommt erst die Leipziger Messe in's Publikum. Ich wünschte, jedes läs es alleine vor sich, Du allein, Kestner allein, und jedes schriebe mir ein Wörtgen.
Lotte Adieu Lotte.

GOETHE **an das Ehepaar Kestner**

Frankfurt, Oktober 1774

Ich muß Euch gleich schreiben, meine Lieben, meine Erzürnten, daß mirs vom Herzen komme. Es ist getan, es ist ausgegeben, verzeiht mir, wenn Ihr könnt. – Ich will nichts, ich bitte Euch, ich will nichts von Euch hören, bis der Ausgang bestätigt haben wird, daß Eure Besorgnisse zu hoch gespannt waren, bis Ihr dann auch im Buche selbst das unschuldige Gemisch von Wahrheit und Lüge reiner an Euerm Herzen gefühlt haben werdet. Du hast, Kestner, ein liebevoller Advokat, alles erschöpft, alles mir weggeschnitten, was ich zu meiner Entschuldigung sagen könnte; aber ich weiß nicht, mein Herz hat noch mehr zu sagen, ob sichs gleich nicht ausdrücken kann. Ich schweige, nur die frohe Ahndung muß ich Euch hinhalten, ich mag gern wähnen, und ich hoffe, daß das ewige Schicksal mir das zugelassen hat, um uns fester aneinander zu knüpfen. Ja, meine Besten, ich, der ich so durch Lieb an Euch gebunden bin, muß noch Euch und Euern Kindern ein Schuldner werden für die böse Stunden, die Euch meine – nennts wie Ihr wollt – gemacht hat. Haltet, ich bitt Euch, haltet Stand. Und wie ich in Deinem letzten Briefe Dich ganz erkenne, Kestner, Dich ganz erkenne, Lotte, so bitt ich bleibt! bleibt in der ganzen Sache, es entstehe was wolle. – Gott im Himmel, man sagt von dir: du kehrest alles zum besten. Und, meine Lieben, wenn Euch der Unmut übermannt, denkt nur denkt, daß der alte Euer Goethe, immer neuer und neuer, und jetzt mehr als jemals der Eurige ist.

Kestner an Goethe

[Hannover, Anfang Oktober 1774]

Euer Werther würde mir großes Vergnügen machen können, da er mich an manche interessante Szene und Begebenheit erinnern könnte. So aber, wie er da ist, hat er mich, in gewissem Betracht, schlecht erbauet. Ihr wißt, ich rede gern wie es mir ist.

Ihr habt zwar in jede Person etwas Fremdes gewebt, oder mehrere in eine geschmolzen. Das ließ ich schon gelten. Aber wenn Ihr bei dem Verweben und Zusammenschmelzen Euer Herz ein wenig mit raten lassen; so würden die würklichen Personen, von denen Ihr Züge entlehnet, nicht dabei so prostituiert[1] sein. Ihr wolltet nach der Natur zeichnen, um Wahrheit in das Gemälde zu bringen; und doch habt Ihr so viel Widersprechendes zusammengesetzt, daß Ihr gerade Euren Zweck verfehlt habt. Der Herr Autor wird sich hiergegen empören, aber ich halte mich an die Würklichkeit und an die Wahrheit selbst, wenn ich urteile, daß der Maler gefehlt hat. Der würklichen Lotte würde es in vielen Stücken leid sein, wenn sie Eurer da gemalten Lotte gleich wäre. Ich weiß es wohl, daß es eine Komposition sein soll; allein die H[erd][2], welche Ihr zum Teil mit hineingewebt habt, war auch zu dem nicht fähig, was Ihr Eurer Heldin beimesset. Es bedurfte aber des Aufwandes der Dichtung zu Eurem Zwecke und zur Natur und Wahrheit gar nicht, denn ohne das – eine Frau, eine mehr als gewöhnliche Frau immer entehrende Betragen Eurer Heldin – erschoß sich Jerusalem.

Die würkliche Lotte, deren Freund Ihr doch sein wollt, ist in Eurem Gemälde, das zu viel von ihr enthält, um nicht auf sie stark zu deuten, ist, sag' ich – doch nein, ich will es nicht sagen, es schmerzt mich schon zu sehr, da ichs denke. Und Lottens Mann, Ihr nanntet ihn Euren Freund, und Gott weiß, daß er es war, ist mit ihr–

Und das elende Geschöpf von einem Albert! Mag es immer ein eignes, nicht kopiertes Gemälde sein sollen, so hat es doch von einem Original wieder solche Züge (zwar nur von der Außenseite, und Gott sei's gedankt, nur von der Außenseite), daß man leicht auf den würklichen fallen kann. Und wenn Ihr ihn so haben wolltet, mußtet Ihr ihn zu so einem Klotze machen? damit Ihr etwa auf ihn stolz hintreten und sagen könntet, seht, was *ich* für ein Kerl bin!

[1] bloßgestellt, preisgegeben

[2] Elisabeth Herd, Frau des Kurpfälzischen Legationssekretärs Philipp Jakob Herd; wegen ihr hatte sich Carl Wilhelm Jerusalem erschossen

GOETHES **Antwort**

21. November 1774

Da hab ich Deinen Brief, Kestner! An einem fremden Pult, in eines Malers Stube, denn gestern fing ich an, in Öl zu malen, habe Deinen Brief und muß Dir zurufen: Dank! Dank, Lieber! Du bist immer der Gute! – O könnt ich Dir an Hals springen, mich zu Lottens Füßen werfen, *eine, eine* Minute, und all all das sollte getilgt, erklärt sein, was ich mit Büchern Papier nicht aufschließen könnte! – O Ihr Ungläubigen, würd ich ausrufen! Ihr Kleingläubigen! – Könntet Ihr den tausendsten Teil fühlen, was Werther tausend Herzen ist, Ihr würdet die Unkosten nicht berechnen, die Ihr dazu hergebt! Da lies ein Blättgen u. sende mirs heilig wieder, wie Du hier Deine hast. – Du schickst mir Hennigs[1] Brief, er klagt mich nicht an, er entschuldigt mich. Bruder, lieber Kestner! Wollt Ihr warten, so wird Euch geholfen. Ich wollt um meines eignen Lebens Gefahr willen Werthern nicht zurückrufen, und glaub mir, glaub an mich, Deine Besorgnisse, Deine Gravamina[2], schwinden wie Gespenster der Nacht, wo Du Geduld hast, und dann – binnen hier und einem Jahr versprech ich Euch auf die *lieblichste einzigste innigste* Weise alles, was noch übrig sein mögte von Verdacht, Mißdeutung pp im schwätzenden Publikum! obgleich das eine Herd Schwein ist, auszulöschen, wie ein reiner Nordwind, Nebel und Duft. – Werther muß – muß sein! – Ihr fühlt *ihn* nicht, Ihr fühlt nur *mich* und *Euch,* und was Ihr *angeklebt* heißt – und trutz Euch – und andern – *eingewoben* ist – Wenn ich noch lebe, so bist Du's, dem ich's danke – bist also nicht Albert – Und also – Gib Lotten eine Hand ganz warm von mir, und sag ihr: Ihren Namen von Tausend heiligen Lippen mit Ehrfurcht ausgesprochen zu wissen, sei doch ein Äquivalent gegen Besorgnisse, die einem kaum ohne alles andre im gemeinen Leben, da man jeder Base ausgesetzt ist, lange verdrießen würden.

Wenn Ihr brav seid und nicht an mir nagt; so schick ich Euch Briefe, Laute, Seufzer nach Werthern, und wenn Ihr Glauben habt, so glaubt, daß alles wohl sein wird, und Geschwätz nichts ist, und beherzige Deines Philosophen Brief – den ich geküßt habe –

– O Du! – hast nicht gefühlt, wie der Mensch Dich umfaßt, Dich tröstet – und in Deinem, in Lottens Wert Trost genug findet gegen das Elend, das schon Euch in der Dichtung schröckt. Lotte, leb wohl – Kestner Du – habt mich lieb – Und nagt mich nicht – G.

Das Billet keinem Menschen gezeigt! unter Euch beiden! Sonst niemand sähe das! – Adieu, Ihr Lieben! Küsse mir, Kestner, Deine Frau und meinen Paten.

Und mein Versprechen bedenkt. Ich allein kann *erfinden,* was euch völlig außer aller Rede setzt, außer dem windgen Argwohn. Ich habs in meiner Gewalt, noch ists zu früh! Grüß Deinen Hennings ganz herzlich von *mir*

Ein Mädgen sagt mir gestern, ich glaubte nicht, daß *Lotte* so ein schöner Name wäre! er klingt so ganz eigen in dem Werther

Eine andre schrieb neulich: Ich bitt Euch um Gotteswillen, heißt mich nicht mehr Lotte! – Lottgen, oder Lolo – wie Ihr wollt – Nur nicht Lotte, bis ich des Namens werter werde denn ichs bin.

O Zauberkraft der Lieb u. Freundschaft.

Zimmermanns Billet nächstens. Es ist kalt, ich kanns nicht droben suchen. Heut gehts aufs Eis, Ihr Lieben, Ade.

Frankfurt, d. 21. Nov. 1774

[1] August von Hennings (1746–1826), Schriftsteller; Freund Kestners [2] Beschwerden

JOHANN WOLFGANG VON GOETHE

Ganymed

Wie im Morgenrot
Du rings mich anglühst,
Frühling, Geliebter!
Mit tausendfacher Liebeswonne
Sich an mein Herz drängt
Deiner ewigen Wärme
Heilig Gefühl,
Unendliche Schöne!

Daß ich dich fassen möcht'
In diesen Arm!

Ach, an deinem Busen
Lieg' ich, schmachte,
Und deine Blumen, dein Gras
Drängen sich an mein Herz.
Du kühlst den brennenden
Durst meines Busens,
Lieblicher Morgenwind,
Ruft drein die Nachtigall
Liebend nach mir aus dem Nebeltal.

Ich komme! Ich komme!
Wohin? Ach, wohin?

Hinauf, hinauf strebt's,
Es schweben die Wolken
Abwärts, die Wolken
Neigen sich der sehnenden Liebe,
Mir, mir!

In eurem Schoße
Aufwärts,
Umfangend umfangen!
Aufwärts
An deinem Busen,
Alliebender Vater!

[e 1774]

BARTHOLD HINRICH BROCKES

Das Blümlein Vergißmeinnicht

An einem wallenden, kristallengleichen Bach,
Der allgemach
Die glatte Flut durch tausend Blumen lenkte
Und schlanke Binsen, Klee und Gras
Mit silberreinen Tropfen tränkte,
Saß ich an einem kleinen Hügel,
Bewunderte bald in der blauen Flut
Des Luftsaphirs saphirnen Spiegel,
Bald den smaragdnen Rahm' des Grases, dessen Grün
Der güldne Sonnenstrahl beschien,
Und fand von Kräutern, Gras und Klee
In so viel tausend schönen Blättern
Aus dieses Weltbuchs A B C
So viel, so schön gemalt, so rein gezogne Lettern,
Daß ich, dadurch gerührt, den Inhalt dieser Schrift
Begierig wünschte zu verstehn.
Ich konnt es überhaupt auch alsbald sehn
Und, daß er von des großen Schöpfers Wesen
Ganz deutlich handelte, ganz deutlich lesen.
Ein jedes Gräschen war mit Linien geziert,
Ein jedes Blatt war vollgeschrieben;
Denn jedes Äderchen, durchs Licht illuminiert,
Stellt einen Buchstab vor. Allein,
Was eigentlich die Worte sein,
Blieb mir noch unbekannt,
Bis der Vergißmeinnicht fast himmelblauer Schein,
Der in dem holden Grünen strahlte
Und in dem Mittelpunkt viel güldne Striche malte,
Mir einen klaren Unterricht
Von dreien Worten gab, indem mich ihre Pracht
Auf die Gedanken bracht:
Da Gott in allem, was wir sehen,
Uns sein Allgegenwart und wie er alles liebet
So wunderbarlich zu verstehen,
So deutlich zu erkennen gibet;
So deucht mich, hör ich durchs Gesicht,
Daß in dem saubern Blümchen hier
Sowohl zu dir als mir
Der Schöpfer der Vergißmeinnicht selbst spricht:
Vergiß mein nicht!

[v 1727]

Aufgaben zu den Texten auf den Seiten 113–126

JOHANN GOTTFRIED HERDER Volkslied (S. 113)

① Inwiefern wendet sich Herder hier gegen das Erziehungsideal der Aufklärung? Vergleichen Sie die Einleitungen zu beiden Epochen.
② Welche Vorzüge sieht Herder in diesem Gedicht Goethes?

JOHANN WOLFGANG VON GOETHE Willkommen und Abschied (S. 114)

① Vergleichen Sie die beiden Fassungen: Charakterisieren Sie die Einstellung zur Natur und zur Geliebten. Worin liegt der Hauptunterschied zwischen den beiden 4. Strophen?
② Was könnte den Verfasser veranlaßt haben, die Veränderung vorzunehmen? Welche Einstellung zur Rolle von Mann und Frau würden Sie daraus ablesen?

JOHANN WOLFGANG VON GOETHE Maifest (S. 115)

① Untersuchen Sie die Struktur des Gedichts.
② Analysieren Sie die Strophenform im Hinblick auf Zeilenlänge, Wortwahl, Reim (z.B. die Zeilen 6 und 8).
③ Vergleichen Sie das Gedicht mit Klopstocks *Rosenband* (S. 98) und Goethes *Es sah ein Knab* (S. 113).

LEXIKONARTIKEL Die Leiden des jungen Werthers (S. 115ff.)

① Informieren Sie sich in einer Literaturgeschichte über den Inhalt von Ulrich Plenzdorfs *Die neuen Leiden des jungen W.*
② Zeigen Sie Übereinstimmungen und Unterschiede der Handlung. Mit welcher Berechtigung wählte Plenzdorf seinen Titel?

JOHANN WOLFGANG VON GOETHE Die Leiden des jungen Werthers
Brief vom 4. Mai 1771 (S. 118)

① Arbeiten Sie Begriffe und Aussagen heraus, die im Einleitungstext als kennzeichnend für den Sturm und Drang genannt sind.
② Charakterisieren Sie Satzbau und Wortwahl.

JOHANN WOLFGANG VON GOETHE Brief vom 16. Junius (S. 118ff.)

① Zeigen Sie, weshalb die Zeilen 12 f. für die Epoche kennzeichnend sind.
② Vergleichen Sie die Zeilen 16 ff. mit dem Gedicht *Willkommen und Abschied* (S. 114).
③ Welche Funktion kommt dem Gewitter hier zu? Charakterisieren Sie das Verhältnis zur Natur unter Verwendung des Einleitungstextes. Suchen Sie weitere Beispiele in diesem Kapitel.

JOHANN WOLFGANG VON GOETHE Brief vom 29. Junius (S. 121 f.)

① Welche Einstellung zu Kindern wird in der Person des „Medikus" kritisiert? Vergleichen Sie dagegen die Aussagen Lichtenbergs (S. 92).
② Welche Vorzüge sieht Werther im Kind?
③ Vergleichen Sie diesen Brief mit dem vom 16. Junius (Zeilen 61 ff.).

GOETHE über Charlotte und Christian Kestner in *Dichtung und Wahrheit* (S. 122 f.)

① Welche Charakterzüge hat Goethe in seinen Roman übernommen?

GOETHE an das Ehepaar Kestner (S. 123 f.)

① Wodurch sucht Goethe möglichen heftigen Reaktionen des Ehepaars Kestner vorzubeugen?
② Wie beurteilen Sie Goethes Absicht und sein Vorgehen?

KESTNER an Goethe (S. 124)

① Welchen grundsätzlichen Einwand gegen den Roman nennt Kestner?
② Was stört Kestner an den Romanfiguren Lotte und Albert?

GOETHES Antwort (S. 125)

① Mit welchen Argumenten sucht Goethe Kestners Einwände zu entkräften?
② Mit Hilfe welcher Stilmittel will Goethe das Ehepaar Kestner überzeugen?
③ Wie beurteilen Sie Goethes Ansicht? Suchen Sie andere Fälle, wo sich dichterische Freiheit und das Persönlichkeitsrecht des einzelnen widersprechen.

JOHANN WOLFGANG VON GOETHE Ganymed (S. 126)
BARTHOLD HINRICH BROCKES Das Blümlein Vergißmeinnicht (S. 126)

① Informieren Sie sich über die Figur des Ganymed in einem Lexikon der antiken Mythologie.
② Zeigen Sie die verschiedenen Auffassungen von Natur und Schöpfer bei Brockes und Goethe.
③ Welche Funktion kommt in Goethes Gedicht dem Frühling zu? Inwieweit wird hier die antike Sage verändert?
④ Inwiefern sind beide Texte für die jeweilige literarische Epoche bezeichnend?

c) Gegen überkommene Autoritäten

JOHANN ANTON LEISEWITZ
Die Pfandung

EIN BAUER *und* SEINE FRAU.
Abends in ihrer Schlafkammer.

DER MANN: Frau, liegst du? so tu ich das Licht aus. Dehne dich zu guter Letzt noch einmal recht in deinem Bette. Morgen wird's gepfandet. Der Fürst hat's verpraßt.

DIE FRAU: Lieber Gott!

DER MANN *indem er sich niederlegt:* Bedenk einmal das wenige, was wir ihm gegeben haben, gegen das Geld, was er durchbringt; so reicht es kaum zu einem Trunke seines köstlichen Weins zu.

DIE FRAU: Das ist erschrecklich, wegen eines Trunkes zwei Leute unglücklich zu machen! Und das tut einer, der nicht einmal durstig ist! Die Fürsten können ja nie recht durstig sein.

DER MANN: Aber wahrhaftig! wenn auch in dem Kirchengebet das kommt: „Unsern durchlauchtigen Landesherrn und sein hohes Haus", so kann ich nicht mitbeten. Das hieße Gott spotten, und er läßt sich nicht spotten.

DIE FRAU: Freilich nicht! – Ach! ich bin in diesem Bette geboren, und, Wilhelm, Wilhelm! es ist unser Brautbett!

DER MANN *springt auf:* Bedächte ich nicht meine arme Seele, so nähm ich mein Strumpfband, betete ein gläubig Vaterunser, und hinge mich an diesen Bettpfosten.

DIE FRAU *schlägt ein Kreuz:* Gott sei mit uns! – Da hättest du dich schön gerächt!

DER MANN: Meinst du nicht? – Wenn ich so stürbe, so würdest du doch wenigstens einmal seufzen!

DIE FRAU: Ach Mann!

DER MANN: Und unser Junge würde schreien! Nicht?

DIE FRAU: Gewiß!

DER MANN: Gut! An jenem Tage ich, dieses Seufzen und Schreien auf einer Seite – der Fürst auf der andern! Ich dächte, ich wäre gerächt.

DIE FRAU: Wenn du an jenen Tag denkst, wie kannst du so reden? Da seid ihr, der Fürst und du, ja einander gleich.

DER MANN: Das wolle Gott nicht! Siehe, ich gehe aus der Welt, wie ich über Feld gehe, allein, als ein armer Mann. Aber der Fürst geht heraus, wie er reist, in einem großen Gefolge. Denn alle Flüche, Gewinsel und Seufzer, die er auf sich lud, folgen ihm nach.

DIE FRAU: Desto besser! – So sieh doch dies Leben als einen heißen Erntetag an! – Darauf schmeckt die Ruhe so süß; und dort ist Ruhe von Ewigkeit zu Ewigkeit.

DER MANN *legt sich wieder nieder:* Amen! Du hast recht, Frau. Laß sie das Bette nehmen, die Unsterblichkeit können sie mir doch nicht nehmen! Schlaf wohl.

DIE FRAU: Und der Fürst und der Vogt sind ja auch unsterblich. – Gute Nacht! Ach, morgen abend sagen wir uns die auf der Erde!

[e 1774]

JOHANN WOLFGANG VON GOETHE
Prometheus

Bedecke deinen Himmel, Zeus,
Mit Wolkendunst!
Und übe, Knaben gleich,
Der Disteln köpft,
An Eichen dich und Bergeshöhn!
Mußt mir meine Erde
Doch lassen stehn,
Und meine Hütte,
Die du nicht gebaut,
Und meinen Herd,
Um dessen Glut
Du mich beneidest.

Ich kenne nichts Ärmer's
Unter der Sonn' als euch Götter.
Ihr nähret kümmerlich
Von Opfersteuern
Und Gebetshauch
Eure Majestät
Und darbtet, wären
Nicht Kinder und Bettler
Hoffnungsvolle Toren.

Da ich ein Kind war,
Nicht wußte, wo aus, wo ein,
Kehrte mein verirrtes Aug'
Zur Sonne, als wenn drüber wär'
Ein Ohr, zu hören meine Klage,
Ein Herz wie meins,
Sich des Bedrängten zu erbarmen.

Wer half mir wider
Der Titanen Übermut?
Wer rettete vom Tode mich,
Von Sklaverei?
Hast du's nicht alles selbst vollendet,
Heilig glühend Herz?
Und glühtest, jung und gut,
Betrogen, Rettungsdank
Dem Schlafenden dadroben?

Ich dich ehren? Wofür?
Hast du die Schmerzen gelindert
Je des Beladenen?
Hast du die Tränen gestillet
Je des Geängsteten?

Hat nicht mich zum Manne geschmiedet
Die allmächtige Zeit
Und das ewige Schicksal,
Meine Herrn und deine?

Wähntest du etwa,
Ich sollte das Leben hassen,
In Wüsten fliehn,
Weil nicht alle Knabenmorgen-
Blütenträume reiften?

Hier sitz' ich, forme Menschen
Nach meinem Bilde,
Ein Geschlecht, das mir gleich sei,
Zu leiden, weinen,
Genießen und zu freuen sich,
Und dein nicht zu achten,
Wie ich.

[e 1773]

JOHANN WOLFGANG VON GOETHE
Vor Gericht

Von wem ich's habe, das sag ich euch nicht,
Das Kind in meinem Leib.
„Pfui", speit ihr aus, „die Hure da!"
Bin doch ein ehrlich Weib.

Mit wem ich mich traute, das sag ich euch nicht,
Mein Schatz ist lieb und gut,
Trägt er eine goldne Kett am Hals,
Trägt er einen strohernen Hut.

Soll Spott und Hohn getragen sein,
Trag ich allein den Hohn.
Ich kenn ihn wohl, er kennt mich wohl,
Und Gott weiß auch davon.

Herr Pfarrer und Herr Amtmann ihr,
Ich bitt, laßt mich in Ruh!
Es ist mein Kind und bleibt mein Kind,
Ihr gebt mir ja nichts dazu.

[e 1776]

JAKOB MICHAEL REINHOLD LENZ
Der Hofmeister

ERSTER AKT, ZWEITE SZENE
GEHEIMER RAT. MAJOR.[1]

MAJOR: Was willst du denn? Ist das nicht ein ganz artiges Männichen?
GEH. RAT: Artig genug, nur zu artig. Aber was soll er deinen Sohn lehren?
MAJOR: Ich weiß nicht, Berg, du tust immer solche wunderliche Fragen.
GEH. RAT: Nein aufrichtig! Du mußt doch eine Absicht haben, wenn du einen Hofmeister nimmst und den Beutel mit einemmal so weit auftust, daß dreihundert Dukaten herausfallen. Sag mir, was meinst du mit dem Geld auszurichten; was foderst du dafür von deinem Hofmeister?
MAJOR: Daß er – was ich – daß er meinen Sohn in allen Wissenschaften und Artigkeiten und Weltmanieren – Ich weiß auch nicht, was du immer mit deinen Fragen willst; das wird sich schon finden; das werd ich ihm alles schon zu seiner Zeit sagen.
GEH. RAT: Das heißt: Du willst Hofmeister deines Hofmeisters sein; bedenkst du aber auch, was du da auf dich nimmst – Was soll dein Sohn werden, sag mir einmal?
MAJOR: Was er ... Soldat soll er werden; ein Kerl, wie ich gewesen bin.
GEH. RAT: Das letzte laß nur weg, lieber Bruder; unsere Kinder sollen und müssen das nicht werden, was wir waren: die Zeiten ändern sich, Sitten, Umstände, alles, und wenn du nichts mehr und nichts weniger geworden wärst, als das leibhafte Konterfei deines Eltervaters - -
MAJOR: Potz hundert! wenn er Major wird, und ein braver Kerl wie ich, und dem König so redlich dient als ich!
GEH. RAT: Ganz gut, aber nach funfzig Jahren haben wir vielleicht einen andern König und eine andre Art ihm zu dienen. Aber ich seh schon, ich kann mich mit dir in die Sachen nicht einlassen, ich müßte zu weit ausholen und würde doch nichts ausrichten. Du siehst immer nur der graden Linie nach, die deine Frau dir mit Kreide über den Schnabel zieht.
MAJOR: Was willst du damit sagen, Berg? Ich bitt dich, misch dich nicht in meine Hausangele-

[1] Zwei Brüder

genheiten, so wie ich mich nicht in die deinigen. Aber sieh doch! da läuft ja eben dein gnädiger Junker mit zwei Hollunken aus der Schule heraus. – Vortreffliche Erziehung, Herr Philosophus! Das wird einmal was Rechts geben! Wer sollt es in aller Welt glauben, daß der Gassenbengel der einzige Sohn Sr. Exzellenz des Königlichen Geheimen Rats - -

GEH. RAT: Laß ihn nur. – Seine lustigen Spielgesellen werden ihn minder verderben als ein galonierter[2] Müßiggänger, unterstützt von einer eiteln Patronin.

MAJOR: Du nimmst dir Freiheiten heraus. – Adieu.

GEH. RAT: Ich bedaure dich.

ERSTER AKT, DRITTE SZENE

Der Majorin Zimmer. FRAU MAJORIN *auf einem Kanapee.* LÄUFFER[3] *in sehr demütiger Stellung neben ihr sitzend.* LEOPOLD[4] *steht.*

MAJORIN: Ich habe mit Ihrem Herrn Vater gesprochen und von den dreihundert Dukaten stehenden Gehalts sind wir bis auf hundertundfunfzig einig worden. Dafür verlang ich aber auch Herr – Wie heißen Sie? – Herr Läuffer, daß Sie sich in Kleidern sauber halten und unserm Hause keine Schande machen. Ich weiß, daß Sie Geschmack haben; ich habe schon von Ihnen gehört, als Sie noch in Leipzig waren. Sie wissen, daß man heutzutage auf nichts in der Welt so sehr sieht, als ob ein Mensch sich zu führen wisse.

LÄUFFER: Ich hoff, Euer Gnaden werden mit mir zufrieden sein. Wenigstens hab ich in Leipzig keinen Ball ausgelassen, und wohl über die funfzehn Tanzmeister in meinem Leben gehabt.

MAJORIN: So? lassen Sie doch sehen. *Läuffer steht auf.* Nicht furchtsam, Herr ... Läuffer! nicht furchtsam! Mein Sohn ist buschscheu genug; wenn der einen blöden[5] Hofmeister bekommt, so ist's aus mit ihm. Versuchen Sie doch einmal, mir ein Kompliment[6] aus der Menuet[7] zu machen; zur Probe nur, damit ich doch sehe. – Nun, nun, das geht schon an! Mein Sohn braucht vorderhand keinen Tanzmeister! Auch einen Pas[8], wenn's Ihnen beliebt. – Es wird schon gehen; das wird sich alles geben, wenn Sie einmal einer unsrer Assembleen[9] werden beigewohnt haben ... Sind Sie musikalisch?

LÄUFFER: Ich spiele die Geige, und das Klavier zur Not.

MAJORIN: Desto besser: wenn wir aufs Land gehn und Fräulein Milchzahn besuchen uns einmal; ich habe bisher ihnen immer was vorsingen müssen, wenn die guten Kinder Lust bekamen zu tanzen: aber besser ist besser.

LÄUFFER: Euer Gnaden setzen mich außer mich: wo wär ein Virtuos auf der Welt, der auf seinem Instrument Euer Gnaden Stimme zu erreichen hoffen dürfte.

MAJORIN: Ha ha ha, Sie haben mich ja noch nicht gehört... Warten Sie; ist Ihnen die Menuet bekannt? *Singt.*

LÄUFFER: Oh ... oh ... verzeihen Sie dem Entzücken, dem Enthusiasmus[10], der mich hinreißt. *Küßt ihr die Hand.*

MAJORIN: Und ich bin doch enrhumiert[11] dazu; ich muß heut krähen wie ein Rabe. Vous parlez français, sans doute?

LÄUFFER: Un peu, Madame.

MAJORIN: Avez-vous déjà fait votre tour de France?

LÄUFFER: Non Madame. ... Oui Madame.

---

[2] verbrämter [3] der Hofmeister [4] Junker des Majors; ein Kind [5] schüchternen [6] Verbeugung [7] französischer Tanz [8] Schritt [9] Versammlungen [10] Begeisterung [11] erkältet

MAJORIN: Vous devez donc savoir, qu'en France, on ne baise pas les mains, mon cher.[12] …
BEDIENTER *tritt herein:* Der Graf Wermuth …

GRAF WERMUTH *tritt herein.*
GRAF *nach einigen stummen Komplimenten setzt sich zur Majorin aufs Kanapee. Läuffer bleibt verlegen stehen:* Haben Euer Gnaden den neuen Tanzmeister schon gesehn, der aus Dresden angekommen? Er ist ein Marchese aus Florenz, und heißt … Aufrichtig: ich habe nur zwei auf meinen Reisen angetroffen, die ihm vorzuziehen waren.
MAJORIN: Das gesteh ich, nur zwei! In der Tat, Sie machen mich neugierig; ich weiß, welchen verzärtelten Geschmack der Graf Wermuth hat.
LÄUFFER: Pintinello … nicht wahr? ich hab ihn in Leipzig auf dem Theater tanzen sehen; er tanzt nicht sonderlich …
GRAF: Er tanzt – on ne peut pas mieux.[13] – Wie ich Ihnen sage, gnädige Frau, in Petersburg hab ich einen Beluzzi gesehn, der ihm vorzuziehen war: aber dieser hat eine Leichtigkeit in seinen Füßen, so etwas Freies, Göttlich-Nachlässiges in seiner Stellung, in seinen Armen, in seinen Wendungen –
LÄUFFER: Auf dem Kochischen Theater[14] ward er ausgepfiffen, als er sich das letztemal sehen ließ.
MAJORIN: Merk Er sich, mein Freund! daß Domestiken in Gesellschaften von Standespersonen nicht mitreden. Geh Er auf Sein Zimmer. Wer hat Ihn gefragt? *Läuffer tritt einige Schritte zurück.*
GRAF: Vermutlich der Hofmeister, den Sie dem jungen Herrn bestimmt? …
MAJORIN: Er kommt ganz frisch von der hohen Schule. – Geh Er nur! Er hört ja, daß man von Ihm spricht; desto weniger schickt es sich, stehenzubleiben. *Läuffer geht mit einem steifen Kompliment ab.* Es ist was Unerträgliches, daß man für sein Geld keinen rechtschaffenen Menschen mehr antreffen kann. Mein Mann hat wohl dreimal an einen dasigen Professor geschrieben und dies soll doch noch der galanteste Mensch auf der ganzen Akademie gewesen sein. Sie sehen's auch wohl an seinem links bordierten Kleide. Stellen Sie sich vor, von Leipzig bis Insterburg zweihundert Dukaten Reisegeld und jährliches Gehalt fünfhundert Dukaten, ist das nicht erschröcklich?
GRAF: Ich glaube, sein Vater ist der Prediger hier aus dem Ort …
MAJORIN: Ich weiß nicht – es kann sein – ich habe nicht darnach gefragt, ja doch, ich glaub es fast: er heißt ja auch Läuffer; nun denn ist er freilich noch artig genug. Denn das ist ein rechter Bär, wenigstens hat er mich ein für allemal aus der Kirche gebrüllt.
GRAF: Ist's ein Katholik?
MAJORIN: Nein doch, Sie wissen ja, daß in Insterburg keine katholische Kirche ist: er ist lutherisch, oder protestantisch wollt ich sagen; er ist protestantisch.
GRAF: Pintinello tanzt … Es ist wahr, ich habe mir mein Tanzen einige dreißigtausend Gulden kosten lassen, aber noch einmal so viel gäb ich drum, wenn …

ERSTER AKT, VIERTE SZENE
Läuffers Zimmer. LÄUFFER. LEOPOLD. DER MAJOR.
Erstere sitzen an einem Tisch, ein Buch in der Hand, indem sie der letztere überfällt.

---

[12] Sie sprechen zweifellos französisch? – Ein wenig, Madame. – Haben Sie schon Ihre Bildungsreise nach Frankreich gemacht? – Nein, Madame. … Ja, Madame. – Sie sollten doch wissen, mein Lieber, daß man in Frankreich nicht die Hand küßt.
[13] man kann nicht besser [14] Schauspielertruppe in Leipzig

MAJOR: So recht; so lieb ich's; hübsch fleißig – und wenn die Kanaille nicht behalten will, Herr Läuffer, so schlagen Sie ihm das Buch an den Kopf, daß er 's Aufstehen vergißt, oder wollt ich sagen, so dürfen Sie mir's nur klagen. Ich will dir den Kopf zurecht setzen, Heiduck du! Seht da zieht er das Maul schon wieder. Bist empfindlich, wenn dir dein Vater was sagt? Wer soll dir's denn sagen? Du sollst mir anders werden, oder ich will dich peitschen, daß dir die Eingeweide krachen sollen, Tuckmäuser! Und Sie, Herr, sei'n Sie fleißig mit ihm, das bitt ich mir aus, und kein Feriieren[15] und Pausieren und Rekreiieren[16], das leid ich nicht. Zum Plunder, vom Arbeiten wird kein Mensch das Malum hydropisiacum[17] kriegen. Das sind nur Ausreden von euch Herren Gelehrten. – Wie steht's, kann er seinen Cornelio? Lippel! ich bitt dich um tausend Gottes willen, den Kopf grad. Den Kopf in die Höhe, Junge! *Richtet ihn.* Tausendsackerment den Kopf aus den Schultern! oder ich zerbrech dir dein Rückenbein in tausendmillionen Stücken.

LÄUFFER: Der Herr Major verzeihen: er kann kaum Lateinisch lesen.

MAJOR: Was? So hat der Racker vergessen. – Der vorige Hofmeister hat mir doch gesagt, er sei perfekt im Lateinischen, perfekt ... Hat er's ausgeschwitzt – aber ich will dir – Ich will es nicht einmal vor Gottes Gericht zu verantworten haben, daß ich dir keinen Daumen aufs Auge gesetzt habe, und daß ein Galgendieb aus dir geworden ist, wie der junge Hufeise oder wie deines Onkels Friedrich, eh du mir so ein gassenläuferischer Taugenichts – Ich will dich zu Tode hauen – *Gibt ihm eine Ohrfeige.* Schon wieder wie ein Fragzeichen? Er läßt sich nichts sagen. – Fort mir aus den Augen! – Fort! Soll ich dir Beine machen? Fort, sag ich. *Stampft mit dem Fuß. Leopold geht ab. Major setzt sich auf seinen Stuhl. Zu Läuffern.* Bleiben Sie sitzen, Herr Läuffer; ich wollte mit Ihnen ein paar Worte allein sprechen, darum schickt ich den jungen Herrn fort. Sie können immer sitzen bleiben; ganz, ganz. Zum Henker Sie brechen mir ja den Stuhl entzwei, wenn Sie immer so auf einer Ecke ... Dafür steht ja der Stuhl da, daß man drauf sitzen soll. Sind Sie so weit gereist und wissen das noch nicht? – Hören Sie nur: ich seh Sie für einen hübschen artigen Mann an, der Gott fürchtet und folgsam ist, sonst würd ich das nimmer tun, was ich für Sie tue. Hundertundvierzig Dukaten jährlich hab ich Ihnen versprochen: das machen drei – Warte – Dreimal hundertundvierzig: wieviel machen das?

LÄUFFER: Vierhundertundzwanzig.

MAJOR: Ist's gewiß? Macht das soviel? Nun damit wir gerade Zahl haben, vierhundert Taler preußisch Kurant hab ich zu Ihrem Salarii[18] bestimmt. Sehen Sie, das ist mehr als das ganze Land gibt.

LÄUFFER: Aber mit Eurer Gnaden gnädigen Erlaubnis, die Frau Majorin haben mir von hundertfunfzig Dukaten gesagt; das machte gerade vierhundertfunfzig Taler und auf diese Bedingungen hab ich mich eingelassen.

MAJOR: Ei was wissen die Weiber! – Vierhundert Taler, Monsieur; mehr kann Er mit gutem Gewissen nicht fodern. Der vorige hat zweihundertfunfzig gehabt und ist zufrieden gewesen wie ein Gott. Er war doch, mein Seel! ein gelehrter Mann auch; und ein Hofmann zugleich: die ganze Welt gab ihm das Zeugnis, und Herr, Er muß noch ganz anders werden, eh Er so wird. Ich tu es nur aus Freundschaft für Seinen Herrn Vater, was ich an Ihm tue und um Seinetwillen auch, wenn Er hübsch folgsam ist, und werd auch schon einmal für Sein Glück zu sorgen wissen; das kann Er versichert sein. [...]

[v 1774]

[15] Ferien machen [16] sich erholen [17] Wassersucht [18] Gehalt, müßte Salarium heißen; vom Major falsch flektiert

FRIEDRICH SCHILLER
Aus einem Brief an Dalberg

Stuttgart, den 12. Dezember 1781

Mit der von Euer Exzellenz in Rücksicht auf den Verlag meines Schauspiels getroffenen Veränderung bin ich vollkommen zufrieden, besonders da ich sehe, daß durch dieselbe zwei von sich sehr verschieden gewesene Interessen vereinigt worden sind, ohne jedoch, wie ich hoffe, die Folgen und den Sukzeß meines Schauspiels zu unterdrücken. Euer Exzellenz berühren einige *sehr* wichtige Veränderungen, die meine Arbeit von Ihren Händen erlitten hat, und ich finde diese Sache in Ansehung meiner wichtig genug, etwas weitläuftig dabei zu sein. Gleich anfangs gesteh ich Ihnen aufrichtig, daß ich die Zurücksetzung der Geschichte meines Stücks in die Epoche des gestifteten Landfriedens und unterdrückten Faustrechts – die ganze dardurch entsprungene neue Anlage des Schauspiels – für unendlich besser als die *meinige* halte und halten muß, wenn ich vielleicht dardurch mein ganzes Schauspiel verlieren sollte. Allerdings ist der Einwurf, daß schwerlich in unserm hellen Jahrhundert, bei unserer abgeschliffenen Polizei und Bestimmtheit der Gesetze eine solche meisterlose Rotte gleichsam im Schoß der Gesetze entstehen, noch viel weniger einwurzeln und einige Jahre aufrecht stehen könnte, allerdings ist dieser Vorwurf gegründet, und ich wüßte nichts dagegenzusetzen als die Freiheit der Dichtkunst, die Wahrscheinlichkeiten der wirklichen Welt in den Rang der Wahrheit und die Möglichkeit derselben in den Rang der Wahrscheinlichkeit erheben zu dörfen. Diese Entschuldigung befriedigt allerdings die Größe des Gegenteils nicht. Wenn ich Euer Exzellenz aber dieses zugebe (und ich gebe es mit Wahrheit und ungeheuchelter Überzeugung zu), was wird folgen? – Gewiß nichts anders, als daß mein Schauspiel einen großen Fehler bei der Geburt bekommen, einen eigentlichen angeborenen Fehler, den die Hand der feinsten Chirurgie ewig nicht ausmerzen wird – einen Fehler, den es, wenn ich so sagen darf, ins Grab mitnehmen muß, weil er in sein Grundwesen verflochten ist und nicht ohne Destruktion des Ganzen aufgehoben werden kann. Ich will mich Euer Exzellenz näher zu erklären wagen.

I. Sprechen alle meine Personen zu modern, zu aufgeklärt für die damalige Zeit. Der Dialoge ist gar nicht derselbe. Die Simplizität, die uns der Verfasser[1] des ›Götz von Berlichingen‹ so lebhaft gezeichnet hat, fehlt ganz. Viele Tiraden, kleine und große Züge, Charaktere sogar, sind aus dem Schoß unserer gegenwärtigen Welt herausgehoben und taugten nichts in dem Maximilianischen Alter. Mit einem Wort, es ginge dem Stück wie einem Holzstich, den ich in einer Ausgabe des Virgils gefunden. Die Trojaner hatten schöne Husarenstiefel, und der König Agamemnon führte ein paar Pistolen in seinem Hulfter[2]. Ich beginge ein *Verbrechen* gegen die Zeiten Maximilians, um einem *Fehler* gegen die Zeiten Friederichs II. auszuweichen.

II. Meine ganze Episode mit *Amaliens Liebe* spielte gegen die einfache Ritterliebe der damaligen Zeit einen abscheulichen Kontrast. Amalia müßte schlechterdings in ein Ritterfräulein umgeschmolzen werden, und Sie sehen von selbsten, dieser Charakter, diese Gattung Liebe, die in meiner Arbeit herrscht, ist in das ganze Gemälde der Räuber Moors, ja in das ganze Stück so tief und allgemein hineinkoloriert, daß man das ganze Gemäld übermalen muß, um es auszulöschen. So verhält es sich auch mit dem ganzen Charakter Franzens, diesem spekulativischen Bösewicht, diesem metaphysisch-spitzfündigen Schurken. Ich glaube, mit *einem* Wort sagen zu können, diese Versetzung meines Stücks, welche ihm vor der Ausarbeitung den größten Glanz und die höchste Vollkommenheit würde gegeben haben, macht es nunmehr, da es schon angelegt und vollendet ist, zu einem fehlervollen und anstößigen Quodlibet[3], zu einer Krähe mit Pfauenfedern.[4]

---

[1] Goethe [2] Pistolenhalter [3] Stück, das aus verschiedenartigen Teilen besteht [4] vgl. S. 77: *Die Pfauen und die Krähe*

Verzeihen Euer Exzellenz dem Vater diese eifrige Fürsprache für sein Kind. Es sind nur Worte, und allerdings kann jedwedes Theater mit den Schauspielen anfangen, was es will, der Autor muß sichs gefallen lassen, und ein Glück ist es für den Verfasser der ›Räuber‹, daß er in die besten Hände gefallen ist. Dieses einige werd ich mir von Herrn Schwan ausbedingen, daß er es wenigstens nach der ersten Anlage *druckt.* Auf dem Theater prätendiere[5] ich keine Stimme.
Die zwote Hauptveränderung mit der Ermordung Amaliens interessierte mich fast noch mehr. Glauben mir Euer Exzellenz, es war dieses derjenige Teil meines Schauspiels, der mich am meisten Anstrengung und Überlegung gekostet hat, davon das Resultat kein anderes war als dieses, daß Moor seine Amalie ermorden *muß* und daß dieses eine *positive Schönheit* seines Charakters ist, die einerseits den feurigsten Liebhaber, andernseits den *Banditenführer* mit dem lebhaftesten Kolorit auszeichnet. Doch ich würde die Rechtfertigung dieser Stelle in keinem Briefe erschöpfen. Übrigens sind die wenigen Worte, davon Euer Exzellenz in Ihrem Briefe Meldung getan, *fürtrefflich* und der ganzen Situation wert. Ich würde stolz darauf sein, sie gemacht zu haben.
Da mir Herr Schwan auch schreibt, das Stück würde mit der Musik und den unentbehrlichsten Pausen gegen fünf Stunden spielen, eine zu lange Zeit für ein Stück! so wird eine zweite Beschneidung an demselben vorgenommen werden müssen. Ich wünschte nicht, daß jemand anders als ich sich dieser Arbeit unterzöge, und ich selbst kann es nicht ohne die Anschauung einer Probe oder der *ersten* Vorstellung selbst. Wenn es möglich wäre, daß Euer Exzellenz die Generalprobe des Stücks wenigstens zwischen dem Zwanzigsten und Dreißigsten dieses Monats zustande brächten und mir die wichtigsten Unkosten einer Reise zu Ihnen vergüteten, so hoffte ich in etlichen Tagen das Interesse des Theaters und das meinige vereinigen und dem Stück die theatralische Rundung geben zu können, die sich nicht ohne wirkliche Gegenwart bei der Aufführung geben läßt. Über dieses bät ich mir dieser Tage einen gütigsten Aufschluß aus, so würde ich mich auf den Fall vorzusehen wissen …

[5] verlange

FRIEDRICH SCHILLER
Selbstbesprechung im „Wirtembergischen Repertorium[1]"*

Die Räuber
Ein Schauspiel von Friedrich Schiller. 1782
(Ich nehme es nach der neuesten Theaterausgabe, wie es bisher auf der Nationalbühne zu Mannheim ist vorgestellt worden.)

Das einzige Schauspiel auf Wirtembergischen Boden gewachsen. Die Fabel des Stücks ist ohngefähr diese: Ein fränkischer Graf, Maximilian von Moor, ist Vater von zween Söhnen, Karl und Franz, die sich an Charakter sehr unähnlich sind. Karl, der ältere, ein Jüngling voll Talenten und Edelmut, gerät zu Leipzig in einen Zirkel lüderlicher Brüder, stürzt in Exzesse und Schulden, muß zuletzt mit einem Trupp seiner Spießgesellen aus Leipzig entfliehen. Unterdes lebte Franz, der jüngere, zu Hause beim Vater, und da er heimtückischer schadenfroher Gemütsart war, wußte er die Zeitungen[2] von den Lüderlichkeiten seines Bruders zu seinem eigenen Vorteil zu verschlimmern, seine reuvollen und rührenden Briefe zu unterdrücken, andere nachteiligen Inhalts unterzuschieben und den Vater dergestalt gegen den Sohn zu erbittern, daß er ihm den Fluch gab und ihn enterbte.

[1] hier: Name einer Zeitschrift in Württemberg [2] Nachrichten

Karl, durch diesen Schritt zur Verzweiflung gebracht, verwickelt sich mit seinen Gefährten in ein Räuberkomplott, wird ihr Anführer und führt sie in Böhmische Wälder. Der alte Graf hatte eine Nichte im Hause, die den jungen Grafen Karl schwärmerisch liebte. Dieses Mädchen kämpfte mit allen Waffen der Liebe gegen den Zorn des Vaters und hätte auch durch zudringliches Bitten zuletzt ihren Zweck erreicht, wenn nicht Franz, der von diesem Schritt alles zu besorgen hatte, der nebendem noch Absichten auf Amalien hegte, durch eine ersonnene List alles vereitelt hätte. Nämlich er unterrichtete einen seiner Vertrauten, der noch einen Privatgroll auf den alten und jungen Grafen gefaßt hatte, unter dem vorgeblichen Namen eines Freunds von Karln, die erdichtete Zeitung vom Tod dieses letztern zu bringen und versah ihn hiezu mit den tüchtigsten Dokumenten. Der Streich gelang, die Trauerpost überraschte den Vater auf dem Krankenbett und wirkte so stark auf seinen geschwächten Körper, daß er in einen Zustand verfiel, den jedermann für den Tod erklärte – Aber es war nur eine tiefe Ohnmacht. – Franz, der sich durch boshafte Streiche zu den abscheulichsten Verbrechen erhärtet hatte, benutzte diesen allgemeinen Wahn, vollzog das Leichenbegängnis und brachte den Vater mit Hülfe seines gedungenen Handlangers in einen abgelegenen Turm, ihn alldort, ferne von Menschen, Hungers sterben zu lassen und trat sodenn in den vollkommensten Besitz seiner Güter und Rechte.

Unterdessen hatte sich Karl Moor an der Spitze seiner Rotte durch außerordentliche Streiche weit und breit ruchbar[3] und furchtbar gemacht. Sein Anhang wuchs, seine Güter stiegen, sein Dolch schröckte die kleinere Tyrannen und autorisierten Beutelschneider, aber sein Beutel war der Notdurft geöffnet und sein Arm zu ihrem Schutze bereit. Niemals erlaubte er sich spitzbübische Dieberei, sein Weg ging gerade, er hätte sich bälder zehen Mordtaten als einen einzigen Diebstahl vergeben. Das Gerücht seiner Taten foderte die Gerechtigkeit auf; er wurde in einem Walde, wo hinein er sich nach einem Hauptstreich mit seiner ganzen Bande geworfen hatte, umringt, aber der zur Verzweiflung gehetzte Abenteurer schlug sich mit wenigem Verlust herzhaft durch und entrann glücklich aus Böhmen. Itzt verband sich ein flüchtiger edler Böhme mit ihm, den sein widriges Geschick mit der bürgerlichen Gesellschaft entzweit hatte, dessen unglückliche Liebesgeschichte die schlafende Erinnerung der seinigen wieder aufweckte und ihn zu dem Entschluß bewog, Vaterland und Geliebte wiederzusehen, welchen er auch schleunig ins Werk setzte.

Hier eröffnet sich die zweite Epoche der Geschichte. Franz Moor genoß indes in aller wollüstigen Ruhe die Frucht seiner Büberei; nur Amalia stemmte sich standhaft gegen seine wollüstige Bestürmungen. Karl erscheint unter einem vorgeblichen Namen – Wilde Lebensart, Leidenschaft und lange Trennung hatten ihn unkenntlich gemacht, nur die Liebe, die sich niemals verleugnet, verweilt über dem sonderbaren Fremdling. Sinnliches Anschauen überwältigt die Erinnerung, Amalia fängt an, ihren Karl in dem Unbekannten zu lieben – und zu vergessen und liebt ihn doppelt, eben da sie ihm untreu zu werden fürchtet. Ihr Herz verrät sich dem seinigen, das seinige dem ihrigen, und der scharfsichtigen Furcht entrinnt keines von beiden. Franz wird aufmerksam, vergleicht, errät, überzeugt sich und beschließt das Verderben des Bruders. Zum zweitenmal will der den Arm seines Handlangers dingen, der aber, durch seinen Undank beleidigt, mit angedrohter Entdeckung der Geheimnisse von ihm abspringt. Franz, selbst zu feig, einen Mord auszuführen, verschiebt die unmenschliche Tat. Unterdes war schon der Eindruck von Karl so tief in das Herz des Mädchens gegangen, daß ein Heldenentschluß auf Seiten des ersten vonnöten war, ihn zu vertilgen. Er mußte die verlassen, von der er geliebt war, die er liebte und doch nicht mehr besitzen konnte; er floh, nachdem sie ihn erkannt, zu seiner Bande zurück. Er traf diese im nächstgelegenen Wald. Es war der nämliche, worin sein Vater im Turme verzweifelte, von dem reuigen und rachsüchtigen Hermann (so hieß Franzens Vertrauter) kümmerlich

[3] bekannt

genährt. Er findet seinen Vater, den er mit Hülfe seiner Raubwerkzeuge befreit. Ein Detachement[4] von Räubern muß den abscheulichen Sohn herbeiholen, der aus dem Brand seines Schlosses, worein er sich aus Verzweiflung gestürzt hatte, mühsam errettet wird. Karl läßt ihn durch seine Bande richten, die ihn verurteilt, in dem nämlichen Turme zu verhungern. Nun entdeckt sich Karl seinem Vater, doch seine Lebensart nicht. Amalia war dem fliehenden Geliebten in den Wald nachgeflohen und wird hier von den streifenden Banditen aufgefangen und vor den Hauptmann gebracht. Karl ist gezwungen, sein Handwerk zu verraten, wobei der Vater für Entsetzen stirbt. Auch itzt ist ihm seine Amalia noch treu. Er ist im Begriff, der Glücklichste zu werden, aber die schwürige Bande steht wider ihn auf, und erinnert ihn an den feierlich geschwornen Eid. Karl, auch im größesten Bedrängnis noch Mann, ermordet Amalien, die er nicht mehr besitzen kann; verläßt die Bande, die er durch dieses unmenschliche Opfer befriedigt hat, und geht hin, sich selbst in die Hände der Justiz zu überliefern. [v 1782]

[4] Trupp, Abteilung

Berichte zur Uraufführung der „Räuber“

Endlich kam auch der so heftig gewünschte und ersehnte Tag heran, wo er seinen verlornen Sohn, wie er anfangs die „Räuber“ benennen wollte, in der Mitte Januars 1782 auf dem Theater in Mannheim darstellen sah. Aus der ganzen Umgegend, von Heidelberg, Darmstadt, Frankfurt, Mainz, Worms, Speyer usw. waren die Leute zu Roß und zu Wagen herbeigeströmt, um dieses berüchtigte Stück, das eine außerordentliche Publizität erlangt hatte, von Künstlern aufführen zu sehen, die auch unbedeutende Rollen mit täuschender Wahrheit gaben und nun hier um so stärker wirken konnten, je gedrängter die Sprache, je neuer die Ausdrücke, je ungeheurer und schrecklicher die Gegenstände waren, welche dem Zuschauer vorgeführt werden sollten. Der kleine Raum des Hauses nötigte diejenigen, welchen nicht das Glück zuteil wurde, eine Loge zu erhalten, ihre Sitze schon mittags um ein Uhr zu suchen und geduldig zu warten, bis um fünf Uhr endlich der Vorhang aufrollte. [...] Die ersten drei Akte machten die Wirkung nicht, die man im Lesen davon erwartete; aber die letzten drei enthielten alles, um auch die gespanntesten Forderungen zu befriedigen.

(Andreas Streicher, v 1836)[1]

Das Theater glich einem Irrenhause, rollende Augen, geballte Fäuste, stampfende Füße, heisere Aufschreie im Zuschauerraum! Fremde Menschen fielen einander schluchzend in die Arme, Frauen wankten, einer Ohnmacht nahe, zur Türe. Es war eine allgemeine Auflösung wie im Chaos, aus dessen Nebeln eine neue Schöpfung hervorbricht!

(Aussage eines Augenzeugen nach der Premiere, v 1782)

[1] (1761–1833), Karlsschüler und Freund Schillers; begleitete den Dichter auf seiner Flucht nach Mannheim

FRIEDRICH SCHILLER
Die Räuber [Monolog Karl Moors]. VIERTER AKT, FÜNFTE SZENE

MOOR: Wer mir Bürge wäre? - - Es ist alles so finster – verworrene Labyrinthe – kein Ausgang – kein leitendes Gestirn – Wenns *aus* wäre mit diesem letzten Odemzug – *Aus* wie ein schales Marionettenspiel – Aber wofür der heiße *Hunger* nach *Glückseligkeit*? Wofür das Ideal einer *unerreichten* Vollkommenheit? Das *Hinausschieben* unvollendeter Plane? – wenn der armselige Druck dieses armseligen Dings *(die Pistole vors Gesicht haltend)* den Weisen dem Toren – den Feigen dem Tapfern – den Edlen dem Schelmen gleich macht? – Es ist doch eine so göttliche Harmonie in der seelenlosen Natur, warum sollte dieser Mißklang in der vernünftigen sein? – Nein! Nein! es ist etwas mehr, denn ich bin noch nicht glücklich gewesen. Glaubt ihr, ich werde zittern? Geister meiner Erwürgten! ich werde nicht zittern! *(Heftig zitternd)* – Euer banges Sterbegewinsel – euer schwarzgewürgtes Gesicht – eure fürchterlich klaffenden Wunden sind ja nur Glieder einer unzerbrechlichen Kette des Schicksals, und hängen zuletzt an meinen Feierabenden, an den Launen meiner Ammen und Hofmeister, am Temperament meines Vaters, am Blut meiner Mutter – *(Von Schauer geschüttelt)* Warum hat mein Perillus[1] einen Ochsen aus mir gemacht, daß die Menschheit in meinem glühenden Bauche bratet?

(Er setzt die Pistole an) Zeit und *Ewigkeit* – gekettet aneinander durch ein einzig Moment! – Grauser Schlüssel, der das Gefängnis des Lebens hinter mir schließt, und vor mir aufriegelt die Behausung der ewigen Nacht – sage mir – o sage mir – *wohin* – *wohin* wirst du mich führen? – Fremdes, nie umsegeltes Land! – Siehe, die Menschheit erschlappt unter *diesem* Bilde, die Spannkraft des Endlichen läßt nach, und die Phantasei, der mutwillige Affe der Sinne, gaukelt unserer Leichtgläubigkeit seltsame Schatten vor – Nein! Nein! Ein Mann muß nicht straucheln – Sei, wie du willt, *namenloses Jenseits* – bleibt mir nur dieses mein *Selbst* getreu – Sei wie du willt, wenn ich nur *mich selbst* mit hinübernehme. – Außendinge sind nur der Anstrich des Manns – *Ich* bin mein Himmel und meine Hölle.

Wenn Du mir irgendeinen eingeäscherten Weltkreis *allein* ließest, den Du aus deinen Augen verbannt hast, wo die einsame Nacht, und die ewige Wüste meine Aussichten sind? – Ich würde dann die schweigende Öde mit meinen Phantasien bevölkern, und hätte die Ewigkeit zur Muße, das verworrene Bild des allgemeinen Elends zu zergliedern. – Oder willst Du mich durch immer neue Geburten und immer neue Schauplätze des Elends von Stufe zu Stufe – zur Vernichtung – führen? Kann ich nicht die Lebensfäden, die mir jenseits gewoben sind, so leicht zerreißen wie diesen? – Du kannst mich zu nichts machen – Diese Freiheit kannst Du mir nicht nehmen. *(Er lädt die Pistole. Plötzlich hält er inn)* Und soll ich für Furcht eines qualvollen Lebens sterben? – Soll ich dem Elend den Sieg über mich einräumen? – Nein! ich wills dulden! *(Er wirft die Pistole weg)* Die Qual erlahme an meinem Stolz! Ich wills vollenden.

[v 1781]

[1] Perillus fertigte für den Tyrannen Phalaris in Agrigent einen ehernen Stier, in dem Verurteilte verbrannt wurden

FRIEDRICH SCHILLER
Brief an Herzog Karl Eugen

Mannheim, den 24. September 1782

Durchlauchtigster Herzog, Gnädigster Herzog und Herr!
Das Unglück eines Untertanen und eines Sohns kann dem gnädigsten Fürsten und Vater niemals gleichgültig sein. Ich habe einen schröcklichen Weg gefunden, das Herz meines gnädigsten

Herrn zu rühren, da mir die natürlichen bei schwerer Ahndung untersagt worden sind. Höchstdieselbe haben mir auf das strengste verboten, literarische Schriften herauszugeben, noch weniger mich mit Ausländern einzulassen. Ich habe gehofft, Eurer Herzoglichen Durchlaucht Gründe von Gewicht untertänigst dagegen vorstellen zu können, und mir daher die gnädigste Erlaubnis ausgebeten, Höchstdenenselben meine untertänigste Bitte in einem Schreiben vortragen zu dörfen; da mir diese Bitte mit Androhung des Arrests verweigert ward, meine Lage aber eine gnädigste Milderung dieses Verbots höchst notwendig machte, so habe ich, von Verzweiflung gedrungen, den itzigen Weg ergriffen, Eure Herzogliche Durchlaucht mit der Stimme eines Unglücklichen um gnädigstes Gehör für meine Vorstellungen anzuflehen, die meinem Fürsten und Vater gewiß nicht gleichgültig sind …

Ich mußte befürchten, gestraft zu werden, wenn ich Höchstdenenselben gegen das Verbot meine Anliegenheit in einem Schreiben entdeckte. Dieser Gefahr auszuweichen, bin ich hieher geflüchtet, fest überzeugt, daß nur die untertänigste Vorstellung meiner Gründe dazu gehört, das Herz meines Fürsten gegen mich zu mildern. Ich weiß, daß ich in der großen Welt nichts gewinnen kann, daß ich in mein größestes Unglück stürze; ich habe keine Aussichten mehr, wenn Eure Herzogliche Durchlaucht mir die Gnade verweigern sollten, mit der Erlaubnis, Schriftsteller sein zu dörfen, einigemal mit dem Zuschuß, den mir das Schreiben verschafft, Reisen zu tun, die mich große Gelehrte und Welt kennen lernen, und mich zivil zu tragen, welches mir die Ausübung meiner Medizin mehr erleichtert, zurückzukommen. Diese einzige Hoffnung hält mich noch in meiner schröcklichen Lage. Sollte sie mir fehlschlagen, so wäre ich der ärmste Mensch, der, verwiesen vom Herzen seines Fürsten, verbannt von den Seinigen, wie ein Flüchtling umherirren muß. Aber die erhabene Großmut meines Fürsten läßt mich das Gegenteil hoffen. Würde sich Karls Gnade herablassen, mir jene Punkte zu bewilligen, welcher Untertan wäre glücklicher als ich, wie brennend sollte mein Eifer sein, Karls Erziehung vor der ganzen Welt Ehre zu machen. Ich erwarte die gnädigste Antwort mit zitternder Hoffnung, ungedultig, aus einem fremden Lande zu meinem Fürsten, zu meinem Vaterland zu eilen, der ich in tiefster Submission[1] und aller Empfindung eines Sohns gegen den zürnenden Vater ersterbe Eurer Herzoglichen Durchlaucht untertänigst treugehorsamster Schiller.

[1] Ehrerbietigkeit, Unterwürfigkeit

FRIEDRICH SCHILLER
Ankündigung der Rheinischen Thalia*

[…] (Um den) Verhältnissen zu entfliehen, die mir zur Folter waren, schweifte mein Herz in eine *Idealenwelt* aus – aber unbekannt mit der *wirklichen,* von welcher mich eiserne Stäbe schieden – unbekannt mit den *Menschen* – denn die vielhunderte, die mich umgaben, waren ein *einziges* Geschöpf, der getreue Abguß eines und eben dieses Modells, von welchem die plastische Natur sich feierlich lossagte – unbekannt mit den Neigungen freier, sich selbst überlassener Wesen, denn *hier* kam nur *eine* zur Reife, eine, die ich jetzo nicht nennen will; jede übrige Kraft des Willens erschlaffte, indem eine einzige sich konvulsivisch spannte; jede Eigenheit, jede Ausgelassenheit der tausendfach spielenden Natur ging in dem regelmäßigen Tempo der herrschenden Ordnung verloren – unbekannt mit dem schönen Geschlecht – die Tore dieses Instituts[1] öffnen sich, wie man wissen wird, Frauenzimmern nur, ehe sie anfangen interessant zu werden, und wenn sie aufgehört haben es zu sein – unbekannt mit Menschen und Menschenschicksal mußte mein Pinsel notwendig die mittlere Linie zwischen Engel und Teufel verfehlen, mußte er ein

[1] die „Pflanzschule" Karl Eugens von Württemberg

Ungeheuer hervorbringen, das zum Glück in der Welt nicht vorhanden war, dem ich nur darum Unsterblichkeit wünschen möchte, um das Beispiel einer Geburt zu verewigen, die der naturwidrige Beischlaf der *Subordination* und des *Genius* in die Welt setzte. – Ich meine die »Räuber«.

Dies Stück ist erschienen. Die ganze sittliche Welt hat den Verfasser als einen Beleidiger der Majestät vorgefodert – Seine ganze Verantwortung sei das *Klima*[2], unter dem es geboren ward. Wenn von allen den unzähligen Klagschriften gegen die Räuber eine einzige *mich* trifft, so ist es diese, daß ich zwei Jahre vorher mich anmaßte, Menschen zu schildern, ehe mir noch einer begegnete. […] [v 1784]

[2] Milieu, Lebensbedingungen

FRIEDRICH SCHILLER

Die Verschwörung des Fiesco zu Genua. ZWEITER AKT, ACHTE SZENE

[Situation: Zwölf genuesische Handwerker fordern den Grafen Fiesco auf, der Tyrannei in Genua ein Ende zu machen. – Schiller charakterisiert Fiesco als jungen, blühend-schönen Mann von dreiundzwanzig Jahren, stolz, freundlich, höflich-geschmeidig und ebenso tückisch.]

[…] FIESCO. Euer Zutrauen schmeichelt mir sehr. Kann ich es durch Taten verdienen?

ALLE *(lärmend).* Schlage! Stürze! Erlöse!

FIESCO. Doch ein gut Wort werdet ihr noch annehmen?

EINIGE. Redet, Lavagna[1].

FIESCO *(der sich niedersetzt).* Genueser – Das Reich der Tiere kam einst in bürgerliche Gärung, Parteien schlugen mit Parteien, und ein *Fleischerhund* bemächtigte sich des Throns. Dieser, gewohnt, das Schlachtvieh an das Messer zu hetzen, hauste hündisch im Reich, klaffte, biß und nagte die Knochen seines Volks. Die Nation murrte, die Kühnsten traten zusammen, und erwürgten den fürstlichen Bullen. Itzt ward ein Reichstag gehalten, die große Frage zu entscheiden, welche Regierung die glücklichste sei? Die Stimmen teilten sich dreifach. Genueser, für welche hättet ihr entschieden?

ERSTER BÜRGER. Fürs Volk. Alle fürs Volk.

FIESCO. Das Volk gewanns. Die Regierung ward demokratisch. Jeder Bürger gab seine Stimme. *Mehrheit* setzte durch. Wenige Wochen vergingen, so kündigte der Mensch dem neugebackenen Freistaat den Krieg an. Das Reich kam zusammen. Roß, Löwe, Tiger, Bär, Elefant und Rhinozeros traten auf und brüllten laut: Zu den Waffen! Itzt kam die Reih an die übrigen. Lamm, Hase, Hirsch, Esel, das ganze Reich der Insekten, der Vögel, der Fische ganzes menschenscheues Heer – alle traten dazwischen und wimmerten: Friede! Seht, Genueser! Der Feigen waren *mehr* denn der Streitbaren, der Dummen *mehr* denn der Klugen – *Mehrheit* setzte durch. Das Tierreich streckte die Waffen, und der Mensch brandschatzte sein Gebiet. Dieses Staatssystem ward also verworfen. Genueser, wozu wäret ihr itzt geneigt gewesen?

ERSTER UND ZWEITER. Zum Ausschuß! Freilich, zum Ausschuß!

FIESCO. Diese Meinung gefiel! Die Staatsgeschäfte teilten sich in mehrere Kammern. *Wölfe* besorgten die Finanzen, *Füchse* waren ihre Sekretäre. *Tauben* führten das Kriminalgericht, *Tiger* die gütlichen Vergleiche, *Böcke* schlichteten Heuratsprozesse. Soldaten waren die *Hasen, Löwen* und *Elefant* blieben bei der Bagage, der *Esel* war Gesandter des Reichs, und der *Maulwurf* Oberaufseher über die Verwaltung der Ämter. Genueser, was hofft ihr von dieser weisen Verteilung? Wen der Wolf nicht zerriß, den prellte der Fuchs. Wer diesem entrann,

[1] Fiesco ist Graf von Lavagna

den tölpelte der Esel nieder. Tiger erwürgten die Unschuld; Diebe und Mörder begnadigte die Taube, und am Ende, wenn die Ämter niedergelegt wurden, fand sie der Maulwurf alle unsträflich verwaltet – Die Tiere empörten sich. Laßt uns einen *Monarchen* wählen, riefen sie einstimmig, der Klauen und Hirn und nur *einen* Magen hat – und *einem* Oberhaupt huldigten alle – *einem,* Genueser – aber *(indem er mit Hoheit unter sie tritt)* es war der Löwe.

ALLE *(klatschen, werfen die Mützen in die Höh).* Bravo! Bravo! das haben sie schlau gemacht!

ERSTER. Und Genua solls nachmachen, und Genua hat seinen Mann schon.

FIESCO. Ich will ihn nicht wissen. Gehet heim. Denkt auf den Löwen. *(Die Bürger tumultuarisch hinaus)* Es geht erwünscht. [...] [v 1783]

Aufgaben zu dem Bild auf der Seite 103

VICTOR HEIDELOFF Schiller liest aus den *Räubern*

① Informieren Sie sich in einem Literaturlexikon über Schillers Situation an der Karlsschule und als Regimentsarzt (vgl. S. 107).
② Charakterisieren Sie die Atmosphäre bei dieser Lesung.

Aufgaben zu den Texten auf den Seiten 129–142

JOHANN ANTON LEISEWITZ Die Pfandung (S. 129)

① Charakterisieren Sie die Wortwahl. Welche Leitbegriffe fallen Ihnen auf?
② Welche moralischen Grundsätze vertreten der Bauer und seine Frau?
③ Inwiefern stellt Leisewitz hier das Gottesgnadentum in Frage?
④ Wodurch wirkt der Text revolutionär? Vergleichen Sie dazu Bürgers *Der Bauer* (S. 100).

JOHANN WOLFGANG VON GOETHE Prometheus (S. 130)

① Informieren Sie sich in einem Lexikon antiker Mythen über Zeus und Prometheus.
② Inwiefern sind Form und Stilmittel für die Epoche kennzeichnend?
③ Arbeiten Sie die Leitbegriffe heraus. Welche halten Sie für epochentypisch? (s. Kapiteleinleitung, S. 104 ff.)
④ Das Gedicht wurde als „Antigebet" oder als Plädoyer eines Staatsanwalts bezeichnet; halten Sie eine solche Charakterisierung für gerechtfertigt? Begründen Sie.
⑤ Vergleichen Sie Goethes Rede auf Shakespeare (S. 110 f.) mit diesem Gedicht. Wo sehen Sie Parallelen zwischen Prometheus und Shakespeare?

JOHANN WOLFGANG VON GOETHE Vor Gericht (S. 131)

① An welche Autoritäten wendet sich die Frau?
② Untersuchen Sie die Funktion der Verben.
③ Vergleichen Sie das Gedicht mit Gretchens Gebet im Zwinger („Ach neige/Du Schmerzenreiche") in Goethes *Faust I.*

JAKOB MICHAEL REINHOLD LENZ Der Hofmeister (S. 131 ff.)

① Skizzieren Sie die gegensätzlichen Ansichten der beiden Brüder über eine zweckmäßige Erziehung. Vergleichen Sie dazu Werthers *Brief vom 29. Junius* (S. 121 f.) und Lichtenbergs *Brief an Georg Heinrich Hollenberg* (S. 92).

② Welche Rolle wird dem Erzieher zugewiesen? Was ergibt sich daraus für die soziale Stellung des Lehrers?
③ Welche Lern- und Erziehungsmethoden vertritt der Major? Vergleichen Sie damit die Grundsätze des Sturm und Drang.

FRIEDRICH SCHILLER Aus einem Brief an Dalberg (S. 135 f.)

① Welches Vorbild nennt Schiller für sein Drama?
② Womit begründet Dalberg die Verlegung der Handlung in das ausgehende Mittelalter?
③ Wie reagiert Schiller auf Dalbergs eigenmächtige Änderungen? Welche Beweggründe haben ihn dabei wohl geleitet?

FRIEDRICH SCHILLER Selbstbesprechung im „Wirtembergischen Repertorium"* (S. 136 ff.)

① Vergleichen Sie die Inhaltsangabe Schillers mit der in einem Dramenführer oder in einem Literaturlexikon. Begründen Sie die unterschiedliche Akzentsetzung.
② Worauf kommt es Schiller vor allem an?
③ Definieren Sie den Begriff der „Fabel". Beziehen Sie sich auf Texte von Gottsched und Lessing (S. 71 ff., 77). Beziehen Sie in Ihre Definition alle Bedeutungsmöglichkeiten ein.

FRIEDRICH SCHILLER Die Räuber [Monolog Karl Moors] (S. 139)

① Welche Funktion hat dieser Monolog im Handlungsablauf?
② Inwiefern ist der Text nach Inhalt und Sprache für die Epoche bezeichnend?

FRIEDRICH SCHILLER Brief an Herzog Karl Eugen (S. 139)

① Untersuchen Sie die Sprache des Briefes nach Aussage und Formelhaftigkeit. Vergleichen Sie dazu den Brief Schillers an Dalberg und den Brief Mozarts an seinen Vater (S. 76).
② Charakterisieren Sie Schillers Einstellung gegenüber dem Herzog. Vergleichen Sie dazu auch Schillers *Ankündigung der Rheinischen Thalia* sowie Schillers Aussage nach dem Tod des Herzogs, daß ihm ein Vater gestorben sei. Läßt sich Schillers Einstellung aus seiner Biographie erklären?

FRIEDRICH SCHILLER Ankündigung der Rheinischen Thalia* (S. 140 f.)

① Welche Schwäche sieht Schiller in seinem ersten Drama?
② Welche Ursachen nennt er dafür?
③ Welche Absicht verfolgt er wohl mit seiner Darstellung? Nennen Sie dafür Belege aus Syntax und Wortwahl. Welches Publikum hat er im Auge?

FRIEDRICH SCHILLER Die Verschwörung des Fiesco zu Genua (S. 141 f.)

① Informieren Sie sich in einem Dramenführer über den Inhalt dieses Stückes.
② Wie charakterisiert Schiller die jeweiligen Staatsformen?
③ Welche Leitbegriffe und welche rhetorischen Mittel verwendet der Redner, um die Bürger von seiner Ansicht zu überzeugen?
④ Stellen Sie anhand des Textes die Kriterien für eine Fabel zusammen.

Klassik und Romantik

Als im ausgehenden 18. Jahrhundert eine deutsche Literatur von europäischem Rang entstand, gab es zwar die Vorstellung von einer deutschen Kulturnation, aber keinen deutschen Nationalstaat. Deutschland war zersplittert in mehr als 300 selbständige Mittel- und Kleinstaaten und über 1400 kleinste Territorien, die durch das Heilige Römische Reich Deutscher Nation notdürftig zusammengehalten wurden. Metropolen wie Paris oder London fehlten, dafür entwickelten sich neben Wien und Berlin zahlreiche kleine Residenzstädte zu kulturellen Zentren, Weimar zur geistigen Hauptstadt Deutschlands. 1789 erschütterte die Französische Revolution die bisherige politische und gesellschaftliche Ordnung, den Absolutismus und das Feudalsystem. Eine neue Zeit schien heraufzuziehen, in der die Ideale der Aufklärung – Vernunftherrschaft, Selbstbestimmung und Toleranz – verwirklicht würden. Es folgten aber die Schreckensherrschaft der Jakobiner, die Diktatur Napoleons und sein Siegeszug durch Europa. Unter dem Druck französischer Besatzung wuchsen in Deutschland das Bedürfnis nach nationaler Identität und der Wunsch nach nationaler Einheit. Der Untergang der Großen Armee in Rußland und die Befreiungskriege beendeten zwar die napoleonische Herrschaft, aber die Hoffnung auf einen freiheitlich-demokratischen deutschen Nationalstaat wurde durch den Wiener Kongreß und die Restauration vorläufig zunichte gemacht.

Im Zeitraum von etwa 1789 bis 1830, zwischen Französischer Revolution und der Pariser Julirevolution, entwickelten sich in Deutschland die literarischen Epochen Klassik und Romantik. Im Mittelpunkt stand JOHANN WOLFGANG VON GOETHE (1749–1832), der an Sturm und Drang, Klassik und Romantik Anteil hatte. Eine neue literarische Periode, schrieb Heinrich Heine, habe erst nach Goethes Tod begonnen.
Die Vertreter der Romantik übernahmen zunächst das Gedankengut der Klassik, ehe sie einen eigenen Weg einschlugen. Geographische Nähe (Weimar und Jena, die geistigen Zentren der Klassik und Frühromantik, liegen nur wenige Wegstunden voneinander entfernt), persönliche Beziehungen oder das beinahe zeitgleiche Erscheinen von programmatischen Schriften und dichterischen Werken der Klassik und Romantik (vgl. Synopse S. 14) lassen eine Abgrenzung ebenso fragwürdig erscheinen wie die Unmöglichkeit, Dichter wie JEAN PAUL (1763–1825), FRIEDRICH HÖLDERLIN (1770–1843) oder HEINRICH VON KLEIST (1777–1811) einer der Epochen eindeutig zuzuordnen. Klassik wie Romantik waren der Philosophie des deutschen **Idealismus** verpflichtet, besonders IMMANUEL KANT (1724–1804) und JOHANN GOTTLIEB FICHTE (1762–1814). Beide Epochen wurden vorwiegend getragen vom gebildeten Bürgertum.
In keiner anderen Zeit hatte Kunst einen vergleichbar hohen Stellenwert wie in der klassisch-romantischen Epoche: Mit der Erklärung ihrer Autonomie, ihrer Unabhängigkeit von allen außerkünstlerischen Bestimmungen verband sich ein geradezu utopischer Anspruch: Allein die Kunst sollte die Erziehung der Menschheit und damit die Veränderung der Welt bewirken. Kunst tritt damit als gleichberechtigte oder sogar überlegene Instanz neben Politik, Wissenschaft, Philosophie und Religion. Ihre Aufgabe ist nicht die Abbildung der Alltagswirklichkeit, sondern das Sichtbarmachen von Ideen wie Humanität, Persönlichkeitsbildung oder ursprünglicher Ganzheit.
Daß sich klassische und romantische Dichtung trotz des gemeinsamen historischen und geistigen Hintergrunds voneinander abheben, ist an den nachfolgenden Texten abzulesen.

Die klassische Periode wird als Weimarer Klassik auf den Zeitraum von 1786, dem Beginn von Goethes italienischer Reise, bis 1805, dem Todesjahr Schillers, beschränkt. Die Romantik entfaltet sich nach 1790 und klingt in den 30er Jahren des 19. Jahrhunderts aus.

VIII. Klassik (1786–1805)

Johann Heinrich Wilhelm Tischbein, Goethe in der Campagna di Roma, 1786–88

1. Grundzüge der Epoche

Als „klassisch" gilt uns zumeist alles, was „schön", „edel", „maßvoll", „zeitlos gültig" erscheint. Schon in Rom (lat. classicus „zur obersten Steuerklasse gehörend") wurde das Wort für ranghöchste Personen und erstklassige Leistungen verwendet. Mit der Wiederentdeckung der Antike erweiterte sich die Wortbedeutung zu „vorbildlich", „mustergültig", „vollendet". Der Begriff Klassik als Epochenbezeichnung stammt aus dem 19. Jahrhundert.

Weimar, die Residenzstadt des politisch bedeutungslosen Herzogtums Sachsen-Weimar-Eisenach, wurde im ausgehenden 18. Jahrhundert zum geistig-kulturellen Mittelpunkt Deutschlands. Es lebten dort der Dichter Christoph Martin Wieland (1733–1813), der Schriftsteller und Theologe Johann Gottfried Herder (1744–1803), Johann Wolfgang von Goethe (1749–1832) und Friedrich Schiller (1759–1805). Sie und die ihnen Nahestehenden entwickelten in ihrem Zusammenwirken die für die Klassik typische Weltsicht und Kunstform.

Die Bedeutung Weimars für die **Entwicklung Goethes** wird immer wieder hervorgehoben (vgl. den Borchmeyer-Text, S. 150). Goethe kam im November 1775 auf Einladung des gerade achtzehnjährigen Herzogs CARL AUGUST (1757–1828) in die Residenzstadt, wurde 1776 in das Geheime Conseil, das höchste Beratungs- und Verwaltungsgremium des Landes, berufen und als weimarischer Beamter mit den unterschiedlichsten politischen, wirtschaftlichen und kulturellen Aufgaben betraut. Trotz der Belastung akzeptierte Goethe seine Tätigkeit als Mittel der Persönlichkeitsbildung. Er gewann Erfahrungen und Weltkenntnis, die dem dichterischen Werk zugute kamen. Besonderen Anteil an der Entwicklung Goethes im ersten Weimarer Jahrzehnt hatte CHARLOTTE VON STEIN (1742–1827), Hofdame der Herzogin-Mutter und Frau eines weimarischen Hofbeamten. Sie bändigte als die Überlegene und Maßvolle Goethes jugendlichen Gefühlsüberschwang (vgl. *Warum gabst du uns die tiefen Blicke,* S. 152). – Neben dem „Dienst- und Hofleben" entstanden die Erstfassung der *Iphigenie* (1779), des *Tasso* (1780), ein erster Entwurf zu dem Erziehungs- und Bildungsroman *Wilhelm Meisters Lehrjahre* und Gedichte, in denen sich die Beziehung zu Frau von Stein, Goethes innere Verfassung und die Abkehr von der Sturm-und-Drang-Periode widerspiegelten.
In seinem eineinhalbjährigen Aufenthalt in Italien (1786/88) entwickelte sich Goethe zum „klassischen" Dichter. Nach seiner Rückkehr entband ihn Carl August von zeitraubenden Verpflichtungen und übertrug ihm Aufgaben, die seinen Neigungen entsprachen: die Leitung des Weimarer Hoftheaters und die Betreuung der wissenschaftlichen und künstlerischen Institute in Weimar und Jena.
Das Gedicht *Die Metamorphose der Pflanzen* zeigt Goethe als Naturforscher und sein neugewonnenes „klassisches" Naturverständnis: Das Naturerlebnis des Sturm und Drang wird abgelöst von Naturbeobachtung; das Gefühl, eins zu sein mit Natur und Gottheit (vgl. *Ganymed* S. 126), von dem Bewußtsein, einem größeren Ganzen anzugehören. Das „geheime Gesetz", nach dem alles Lebendige sich entwickelt, sah er in Polarität und Steigerung, im dauernden Wandel zu immer größerer Vervollkommnung hin. Goethes naturwissenschaftliche Beobachtungen und Deutungen sind wiedergegeben in den Schriften zur Botanik, Zoologie, Geologie, Meteorologie und Farbenlehre. Seine Entdeckung des Zwischenkieferknochens am Menschen bestätigte ihm seine Vorstellung von der Verwandtschaft alles Seienden. Der Anatomie schien bis dahin das Fehlen dieses Knochens die Sonderstellung des Menschen zu beweisen.
Schillers klassische Periode beginnt für die Literaturgeschichtsschreibung 1787 mit seinem Eintreffen in Weimar und dem Studium der Geschichte und Philosophie. Durch die Geschichtsstudien, aus denen die *Geschichte des Abfalls der vereinigten Niederlande* und die *Geschichte des Dreißigjährigen Kriegs* entstanden, gewann er Erfahrung und Menschenkenntnis und das Werk Weltgehalt. Sie trugen ihm zudem die Geschichtsprofessur im nahen Jena ein. Damit begannen sich die äußeren Lebensumstände für ihn zu stabilisieren. 1790 heiratete er Charlotte von Lengefeld. Aus der Ehe gingen vier Kinder hervor. Eine schwere Erkrankung, kruppöse Pneumonie, die nie ganz ausgeheilt wurde, zwang ihn 1793, seine Lehrtätigkeit aufzugeben. 14 Jahre lang hat er, wie Biographen schreiben, „am Tod entlang gelebt" (Robert Minder).
Trotz seiner Kränklichkeit entstanden in Auseinandersetzung mit der Lehre des Philosophen IMMANUEL KANT (1724–1804) zwischen 1792 und 1797 die kunsttheoretischen Schriften und nach 1796 die klassischen Dramen: *Wallenstein* (1796/99), *Maria Stuart* (1799/1800), *Die Jungfrau von Orleans* (1800/01), *Die Braut von Messina* (1801/02), *Wilhelm Tell* (1802/04). Die Tragödie *Demetrius* wurde nicht mehr vollendet.

Goethe hatte sich nach der Rückkehr aus Italien von Schiller eher distanziert; die Kluft zwischen ihnen, bedingt durch Herkunft, Stellung, Wesensverschiedenheit und Altersabstand, schien unüberbrückbar. 1794 kamen sie sich näher (vgl. den Text *Glückliches Ereignis,* S. 154f.). Ihre freundschaftliche **Zusammenarbeit** erst machte Weimar zum literarischen Zentrum Deutschlands. Sie tauschten in Briefen und Gesprächen ihre Gedanken über Aufgabe und Gestaltung von Kunst und Literatur aus. In Goethes und Schillers bedeutendsten Balladen wurden diese Kunsttheorien in die Praxis umgesetzt. Durch verständnisvolles Eingehen auf die Arbeit des anderen förderten sie sich gegenseitig. So regte Schiller Goethe zur Vollendung des *Faust* an, Goethe beriet Schiller in der Arbeit am *Wallenstein* und machte ihn auf den Tell-Stoff aufmerksam. In direkter Gemeinschaftsarbeit entstanden 1795/96 die *Xenien* für die von Schiller herausgegebene Zeitschrift *Musen-Almanach*. Form und Titel waren den Epigrammen des römischen Dichters Martial entlehnt, deren Inhalt sich meist auf Gastgeschenke (lat. xenia) bezog. Die Wirkung war unerwartet groß. Betroffene reagierten ihren Ärger sogar in *Gegen-Xenien* ab. In einem Spottvers ahmten sie die formale Nachlässigkeit mancher Epigramme nach:

„In Weimar und in Jena macht man Hexameter wie der;
Aber die Pentameter sind doch noch exzellenter."

Die **Kunstkonzeption** der Klassik ist in größerem kulturgeschichtlichen Zusammenhang zu sehen. Der Klassizismus, eine Stilrichtung des 18. Jahrhunderts, brach mit Barock und Rokoko und orientierte sich an antiker Kunst. Wegbereiter und Anreger war vor allem der Archäologe und Kunstgelehrte JOHANN JOACHIM WINCKELMANN (1717–1768). Er sah im antiken Griechenland eine bislang unerreichte Blüte menschlicher Harmonie und Würde vorbildhaft ausgedrückt. Das Wort von der „edlen Einfalt und stillen Größe" der dargestellten Menschen wurde durch ihn zur vielzitierten Formel. Er forderte auf zur „Nachahmung der Alten" und meinte damit ein künstlerisches Schaffen aus dem Geist der Antike. – Immanuel Kant beeinflußte die Kunsttheorie der Klassik und Romantik durch seine Schrift *Kritik der Urteilskraft* (1790) und durch die Thesen, Kunst verfolge keine außerästhetischen Zwecke, sie erzeuge „interesseloses Wohlgefallen", das Geschmacksurteil lasse sich nicht rational begründen.
Nach der Sturm-und-Drang-Periode, die absolute künstlerische Freiheit propagiert hatte, wuchs das Bedürfnis nach Gesetz und Regel (vgl. Goethe, *Natur und Kunst*, S. 160). Daß Dichtwerke „gleichsam aus dem Stegreif und gewissermaßen instinktartig" entstehen, genügte Goethe nicht mehr. Auf der Reise nach Italien, in der Begegnung mit den vorbildhaften Werken der Antike, wollte er für seine eigene Produktion ein tragfähiges Fundament gewinnen. Wie er zu neuen Normen gelangt und das Verhältnis von Natur und Kunst überdenkt, zeigen die Textauszüge aus der autobiographischen Schrift *Italienische Reise* (1816/17). In den *Römischen Elegien* (1795 in den *Horen* veröffentlicht) spiegeln sich Antikenaneignung, „klassisches" Kunstverständnis und eine neue Lebensform.

Schiller erläuterte Bedeutung und Aufgabe der Kunst in „unpoetischer" Zeit in einer Besprechung zeitgenössischer Gedichte (vgl. die Bürger-Rezension, S. 161) und in seinen kunsttheoretischen Schriften (z. B. *Über die ästhetische Erziehung des Menschen*, 1795): Wenn zivilisatorischer Fortschritt erkauft ist durch den Verlust menschlicher Ganzheit, wenn Arbeitsteilung, Spezialisierung und Fixierung auf Teilaufgaben zu Selbstentfremdung führen und die allseitige Ausbildung zur harmonischen Persönlichkeit unmöglich machen, kann es nur noch der Kunst gelingen, den „ganzen Menschen in uns" wiederherzustellen. 1784 in Mannheim sah Schiller das Theater als „moralische Anstalt". In der Ankündigung der Zeitschrift *Die Horen* (1794) wird ausdrücklich die Autonomie der Kunst betont, der Verzicht auf jedes unmittelbare politische oder gesellschaftliche Engagement. Als künstlerisches Mittel, das rein Menschliche darzustellen, gilt die Idealisierung der Wirklichkeit: Der Einzelfall soll durchscheinend werden für das Typische, das Besondere soll das Allgemeine repräsentieren.

Johann Wolfgang von Goethe (1749–1832)

Friedrich Schiller (1759–1805)

Im ausgehenden 18. Jahrhundert wurde das **Menschenbild** der Aufklärung und des Sturm und Drang weiterentwickelt zum Humanitätsideal. Herder schrieb in seinen *Briefen zur Beförderung der Humanität* (entstanden 1793–97), ohne Humanität sinke die Menschheit zur „rohen Tierheit, zur Brutalität" zurück. Sein Einfluß auf Goethe ist an dessen Gedicht *Das Göttliche* abzulesen. WILHELM VON HUMBOLDT (1767–1835), maßgeblich an der Reform des preußischen Bildungswesens beteiligt, sah in der Entwicklung des Individuums zur harmonischen Persönlichkeit die eigentliche Lebensaufgabe. Richtungsweisend wurde auch Kant, der in seiner Moralphilosophie nicht mehr die Einhaltung einzelner Gebote, sondern nur den „guten Willen" und die sittliche Gesinnung als ethisch wertvoll gelten ließ und im Kategorischen Imperativ das Allgemeingültige zum Gesetz erhob. Schiller wandte sich in seinen Schriften *Über Anmut und Würde* (1793) gegen die Rigorosität, mit der Kant Gefühle und Neigungen der Vernunft und dem Willen unterwarf. Die höchste Stufe der **Humanität** war für ihn erst erreicht in der **Harmonie** von Vernunft und Gefühl, von Geist und Natur, von Pflicht und Neigung, im Ausgleich von Gesetz und Freiheit.
Das **Ideal** sittlicher Vollkommenheit verkörpert Iphigenie (Erstfassung der *Iphigenie auf Tauris* 1779, endgültige Fassung 1787). Ihr Konflikt rührt an die Frage, ob Humanität in einer von Sachzwängen und Eigennutz bestimmten Welt eine Chance hat. Goethe nannte sein Drama, sich distanzierend, in späteren Jahren „verteufelt human", schrieb aber 1827 in ein Widmungsexemplar: „... Alle menschlichen Gebrechen/Sühnet reine Menschlichkeit." – Andere Gestalten der Hochklassik sind keineswegs Idealmenschen, sondern **„gemischte Charaktere"**, die weder Bewunderung noch Schrecken erregen, aber gerade dadurch das Interesse des Zuschauers oder Lesers wachhalten. Die wohl faszinierendste Gestalt ist Faust, der mittelalterliche Gelehrte, der

mit dem Teufel paktiert und ein Äußerstes an Erkenntnis, Lebenserfahrung und Persönlichkeitsentwicklung erstrebt. Schon im *Prolog* wird sichtbar, daß Faust die Ambivalenz menschlichen Strebens symbolisiert. Zu den meistgespielten Dramen Schillers zählt *Maria Stuart* (Uraufführung 1800 in Weimar). In der Gestalt der schottischen Königin, die als Thronrivalin auf Betreiben von Elisabeth von England gefangengenommen und hingerichtet wurde, führt Schiller den Widerstreit zwischen Vernunftgebot und Gefühl, Sittengesetz und elementaren Antrieben vor. Erst in der Todesstunde verwandelt sich Maria Stuart in die „schöne Seele".

Die Autoren der Klassik gaben sich zwar betont apolitisch, dachten aber dennoch intensiv nach über das **Verhältnis zwischen Kunst, Politik und Gesellschaft.** Vor allem forderte die Französische Revolution, das „schrecklichste aller Ereignisse" (Goethe), zur Stellungnahme heraus. Goethe versuchte mehrmals, die Revolution dichterisch zu bewältigen: neben einem Dramenfragment (*Die Aufgeregten* 1792/93) und einer unvollendet gebliebenen Tragödien-Trilogie (1. Teil: *Die natürliche Tochter* 1803) entstanden die *Unterhaltungen deutscher Ausgewanderten* (1795) und das Versepos *Hermann und Dorothea* (1798). Besonders deutlich zeigt sich Goethes Einstellung zu den revolutionären Ereignissen auch in Gesprächen mit seinem Sekretär Eckermann. Goethe wie Schiller stimmten überein in ihrer Absage an jedes unmittelbare politische Engagement der Dichtung (vgl. *Ankündigung der Horen,* S. 180). Wer politisch wirke, müsse sich politischen Richtungen anschließen; damit sei er als Dichter verloren, urteilte Goethe: „... er muß seinem freien Geist, seinem unbefangenen Überblick lebewohl sagen und dagegen die Kappe der Borniertheit und des blinden Hasses über die Ohren ziehen." – In seinem Erziehungs- und Bildungsroman *Wilhelm Meisters Lehrjahre* (1795/96) geht es unter anderem um die für die Klassik wie für die Zeit typische Frage, ob dem Bürger in einer vom Adel geprägten Welt die Ausbildung zur harmonischen, in sich ruhenden Persönlichkeit möglich sei. Der zweite Teil des Romans schließt mit einer teilweisen Absage an das klassische Bildungsideal: Der Kaufmannssohn Wilhelm wird, nachdem er mehrere Bildungsstufen durchlaufen hat, in einsichtsvoller Selbstbegrenzung Arzt und findet so eine der Allgemeinheit nützliche und ihn ausfüllende Tätigkeit. Schillers Auseinandersetzung mit der Französischen Revolution ist in Briefen, vor allem in Abhandlungen, nachzulesen. Für die Menschheit kam seiner Auffassung nach die politische Selbstbestimmung, die Herrschaft der Vernunft, noch zu früh. Für die bürgerliche Freiheit ist der noch nicht reif, „dem noch so vieles zur menschlichen fehlt". Der einzelne muß zuerst seinen Charakter veredeln, bevor sich eine Gesellschaft veredeln kann. Obwohl Schiller 1792 zum französischen Ehrenbürger ernannt wurde, wandte er sich angesichts des Terrors und der Diktatur des Jakobinismus von der Revolution ab. Die Voraussetzungen für das Gelingen einer Revolution und die Herstellung menschenwürdiger Zustände in einem freilich utopischen Staat stellte er in seinem Drama *Wilhelm Tell* dar (1804 in Weimar uraufgeführt). Mittelpunkt des dramatischen Geschehens ist die berühmte Apfelschuß-Szene. Schiller selbst faßte sie als „punctum saliens" auf. In ihr durchdringen sich „die verschiedenen Bedeutungsebenen des Dramas bildhaft" (Gert Ueding).

2. Texte

a) Goethe und Schiller in Weimar

DIETER BORCHMEYER

Weimar im ausgehenden 18. Jahrhundert

[…] Die 1775 noch recht unansehnliche Residenzstadt Weimar mit ihren gerade 6000 Einwohnern gleicht nach zeitgenössischen Reiseberichten eher einem Dorf als einer Stadt. Handel und Industrie sind völlig unterentwickelt. Ein anonymer Autor schreibt 1796 in seinen *Reisen durch Thüringen*, die Bewohner der Stadt seien größtenteils „kleinstädtische Spießbürger, welchen man weder die Verfeinerung einer Hofstadt noch sonderlichen Wohlstand anmerkt. Alles lebt von dem Luxus eines eingeschränkten Hofs, … dessen geringerer Adel zum Teil arm ist, zum Teil aus gelehrten und schönen Geistern besteht, welche zu philosophisch denken, um des Hofes wegen Aufwand zu machen. Weimar besitzt weder Fabriken, noch Handel, noch Passage." […]

Zwischen der äußerst schmalen, führenden Schicht – dem Hofadel, den höheren Beamten sowie den Erfolgreichen unter den Akademikern und Kaufleuten – und der Masse der Bevölkerung besteht eine tiefe Kluft; einen eigentlichen Mittelstand gibt es nicht. Goethe gehört, wie wir aus einer zeitgenössischen Urkunde wissen, mit dem Gehalt von über 2000 Talern pro Jahr zu der Handvoll von Spitzenverdienern in der Stadt Weimar, der eine Schicht von über 2000 Personen (mehr als ein Drittel der Bevölkerung!) gegenübersteht, die weniger als 200 Taler verdienen (Dienstpersonal, kleine Händler, Handwerksgesellen etc.).

Was kann Goethe veranlaßt haben, das von seinen materiellen Verhältnissen und äußeren Dimensionen her recht kümmerliche Weimar zu seiner Wirkungsstätte zu wählen? […]

Emil Staiger[1] hat Goethes Entscheidung für Weimar auf seine Abneigung gegen die Abstraktheit und Anonymität des modernen Großstaates, der dem konkreten Individuum entfremdet ist, zurückgeführt und sie mit seiner Aversion gegen die Mathematik verglichen. „In Weimar aber fühlte er sich in einem Ganzen, das sozusagen ein einziger Blick zu umfassen vermochte, das an Größe ungefähr einer mittleren griechischen Polis glich. Hier die Geschicke mitzubestimmen, erforderte wenig Abstraktion"… .

Auch für Schiller wird später der Kleinstaat in gewisser Weise zum symbolischen Vorbild der idealen politischen Ordnung. In seiner Jenaer Vorlesung *Die Gesetzgebung des Lykurgus und Solon* (1790) z. B. vergleicht er die griechische Polis mit dem modernen Staat und stellt fest, daß die „Staatskörper" der Alten sich durch eine „lebendige Wärme" ausgezeichnet haben, „die den unsrigen ganz fehlt", eben weil die Griechen den Staat noch nicht vom Menschen getrennt haben. […]

Goethes Bevorzugung der kleinen Residenz resultiert zugleich aus einer nüchternen Einschätzung der Gegebenheiten. Wien oder Berlin hätte ihm keinerlei Entfaltungsmöglichkeit geboten: die durch das feudal-absolutistische System bedingten konventionellen Zwänge und Repräsentationsansprüche an Künste und geistiges Leben überhaupt waren an den großen Höfen ohne Zweifel weit rigoroser ausgeprägt als in der halbländlichen Hauptstadt eines Duodezfürstentums. Jene hätten ein eigengesetzliches geistiges Wirken Goethes und die Entfaltung einer auf das moderne Prinzip der ästhetischen Autonomie verpflichteten Dichtung, die sein Wirken in Weimar seit 1782 ganz und gar prägt, unmöglich gemacht.

(aus: Viktor Žmegač (Hg.), Geschichte der deutschen Literatur vom 18. Jahrhundert bis zur Gegenwart. Bd. I 1. Königstein: Athenäum 1985, S. 260 f.)

[1] Schweizer Literarhistoriker (1908–1987)

JOHANN WOLFGANG VON GOETHE

Seefahrt

Taglang nachtlang stand mein Schiff befrachtet,
Günst'ger Winde harrend saß mit treuen Freunden
– Mir Geduld und guten Mut erzechend –
Ich im Hafen.

Und sie wurden mit mir ungedultig:
Gerne gönnen wir die schnellste Reise,
Gern die hohe Fahrt dir; Güterfülle
Wartet drüben in den Welten deiner,
Wird Rückkehrendem in unsern Armen
Lieb' und Preis dir.

Und am frühen Morgen ward's Getümmel,
Und dem Schlaf entjauchzt' uns der Matrose,
Alles wimmelt, alles lebet, webet,
Mit dem ersten Segenshauch zu schiffen.

Und die Segel blühen in dem Hauche,
Und die Sonne lockt mit Feuerliebe;
Ziehn die Segel, ziehn die hohen Wolken,
Jauchzen an dem Ufer alle Freunde
Hoffnungslieder nach im Freudetaumel
Reisefreuden wähnend wie des Einschiffmorgens
Wie der ersten hohen Sternennächte.

Aber gottgesandte Wechselwinde treiben
Seitwärts ihn der vorgesteckten Fahrt ab,
Und er scheint sich ihnen hinzugeben,
Strebet leise sie zu überlisten,
Treu dem Zweck auch auf dem schiefen Wege.

Aber aus der dumpfen grauen Ferne
Kündet leise wandelnd sich der Sturm an,
Drückt die Vögel nieder auf's Gewässer,
Drückt der Menschen schwellend Herze nieder;
Und er kommt. Vor seinem starren Wüten
Streckt der Schiffer weis' die Segel nieder;
Mit dem angsterfüllten Balle spielen
Wind und Wellen.

Und an jenem Ufer drüben stehen
Freund' und Lieben, beben auf dem Festen:
Ach, warum ist er nicht hiergeblieben!
Ach, der Sturm! Verschlagen weg vom Glücke
Soll der Gute so zu Grunde gehen?
Ach, er sollte, ach, er könnte! Götter!

Doch er stehet männlich an dem Steuer.
Mit dem Schiffe spielen Wind und Wellen,
Wind und Wellen nicht mit seinem Herzen.
Herrschend blickt er auf die grimme Tiefe
Und vertrauet, scheiternd oder landend,
Seinen Göttern.

[e 1776, v 1777]

JOHANN WOLFGANG VON GOETHE

Ein Gleiches[1]

Über allen Gipfeln
Ist Ruh,
In allen Wipfeln
Spürest du
Kaum einen Hauch;
Die Vögelein schweigen im Walde.
Warte nur, balde
Ruhest du auch.

[e 1780, v 1815]

JOHANN WOLFGANG VON GOETHE

Aus einem Brief an Gräfin Auguste zu Stolberg

Alles geben die Götter, die unendlichen,
Ihren Lieblingen ganz,
Alle Freuden, die unendlichen,
Alle Schmerzen, die unendlichen, ganz.

[e 1777]

[1] Steht neben dem ersten Gedicht *Wanderers Nachtlied*

Johann Wolfgang von Goethe

Warum gabst du uns die tiefen Blicke

Warum gabst du uns die tiefen Blicke,
Unsre Zukunft ahndungsvoll zu schaun,
Unsrer Liebe, unserm Erdenglücke
Wähnend selig nimmer hinzutraun?
Warum gabst uns, Schicksal, die Gefühle,
Uns einander in das Herz zu sehn,
Um durch all' die seltenen Gewühle
Unser wahr Verhältnis auszuspähn?

Ach, so viele tausend Menschen kennen,
Dumpf sich treibend, kaum ihr eigen Herz,
Schweben zwecklos hin und her und rennen
Hoffnungslos in unversehnem Schmerz;
Jauchzen wieder, wenn der schnellen Freuden
Unerwart'te Morgenröte tagt.
Nur uns armen liebevollen beiden
Ist das wechselseit'ge Glück versagt,
Uns zu lieben, ohn' uns zu verstehen,
In dem andern sehn, was er nie war,
Immer frisch auf Traumglück auszugehen
Und zu schwanken auch in Traumgefahr.

Glücklich, den ein leerer Traum beschäftigt!
Glücklich, dem die Ahndung eitel wär'!
Jede Gegenwart und jeder Blick bekräftigt
Traum und Ahndung leider uns noch mehr.
Sag', was will das Schicksal uns bereiten?
Sag', wie band es uns so rein genau?
Ach, du warst in abgelebten Zeiten
Meine Schwester oder meine Frau;

Kanntest jeden Zug in meinem Wesen,
Spähtest, wie die reinste Nerve klingt,
Konntest mich mit einem Blicke lesen,
Den so schwer ein sterblich Aug' durchdringt.
Tropftest Mäßigung dem heißen Blute,
Richtetest den wilden irren Lauf,
Und in deinen Engelsarmen ruhte
Die zerstörte Brust sich wieder auf;

Hieltest zauberleicht ihn angebunden
Und vergaukeltest ihm manchen Tag.
Welche Seligkeit glich jenen Wonnestunden,
Da er dankbar dir zu Füßen lag,
Fühlt' sein Herz an deinem Herzen schwellen,
Fühlte sich in deinem Auge gut,
Alle seine Sinnen sich erhellen
Und beruhigen sein brausend Blut.

Und von allem dem schwebt ein Erinnern
Nur noch um das ungewisse Herz,
Fühlt die alte Wahrheit ewig gleich im Innern,
Und der neue Zustand wird ihm Schmerz.
Und wir scheinen uns nur halb beseelet,
Dämmernd ist um uns der hellste Tag.
Glücklich, daß das Schicksal, das uns quälet,
Uns doch nicht verändern mag.

[e 1776, v 1848]

Johann Wolfgang von Goethe

Die Metamorphose der Pflanzen

Dich verwirret, Geliebte, die tausendfältige Mischung
Dieses Blumengewühls über den Garten umher;
Viele Namen hörest du an, und immer verdränget
Mit barbarischem Klang einer den andern im Ohr.
Alle Gestalten sind ähnlich, und keine gleichet der andern;
Und so deutet das Chor auf ein geheimes Gesetz,
Auf ein heiliges Rätsel. O könnt' ich dir, liebliche Freundin,
Überliefern sogleich glücklich das lösende Wort!
Werdend betrachte sie nun, wie nach und nach sich die Pflanze,

Stufenweise geführt, bildet zu Blüten und Frucht.
Aus dem Samen entwickelt sie sich, sobald ihn der Erde
Stille befruchtender Schoß hold in das Leben entläßt,
Und dem Reize des Lichts, des heiligen, ewig bewegten,
Gleich den zärtesten Bau keimender Blätter empfiehlt.
Einfach schlief in dem Samen die Kraft; ein beginnendes Vorbild
Lag, verschlossen in sich, unter die Hülle gebeugt,
Blatt und Wurzel und Keim, nur halb geformet und farblos;
Trocken erhält so der Kern ruhiges Leben bewahrt,
Quillet strebend empor, sich milder Feuchte vertrauend,
Und erhebt sich sogleich aus der umgebenden Nacht.
Aber einfach bleibt die Gestalt der ersten Erscheinung;
Und so bezeichnet sich auch unter den Pflanzen das Kind.
Gleich darauf ein folgender Trieb, sich erhebend, erneuet,
Knoten auf Knoten getürmt, immer das erste Gebild.
Zwar nicht immer das gleiche; denn mannigfaltig erzeugt sich,
Ausgebildet, du siehst's, immer das folgende Blatt,
Ausgedehnter, gekerbter, getrennter in Spitzen und Teile,
Die verwachsen vorher ruhten im untern Organ.
Und so erreicht es zuerst die höchst bestimmte Vollendung,
Die bei manchem Geschlecht dich zum Erstaunen bewegt.
Viel gerippt und gezackt, auf mastig strotzender Fläche,
Scheinet die Fülle des Triebs frei und unendlich zu sein.
Doch hier hält die Natur, mit mächtigen Händen, die Bildung
An und lenket sie sanft in das Vollkommnere hin.
Mäßiger leitet sie nun den Saft, verengt die Gefäße,
Und gleich zeigt die Gestalt zärtere Wirkungen an.
Stille zieht sich der Trieb der strebenden Ränder zurücke,
Und die Rippe des Stiels bildet sich völliger aus.
Blattlos aber und schnell erhebt sich der zärtere Stengel,
Und ein Wundergebild zieht den Betrachtenden an.
Rings im Kreise stellet sich nun, gezählet und ohne
Zahl, das kleinere Blatt neben dem ähnlichen hin.
Um die Achse gedrängt, entscheidet der bergende Kelch sich,
Der zur höchsten Gestalt farbige Kronen entläßt.
Also prangt die Natur in hoher, voller Erscheinung,
Und sie zeiget, gereiht, Glieder an Glieder gestuft.
Immer staunst du aufs neue, sobald sich am Stengel die Blume
Über dem schlanken Gerüst wechselnder Blätter bewegt.
Aber die Herrlichkeit wird des neuen Schaffens Verkündung;
Ja, das farbige Blatt fühlet die göttliche Hand,
Und zusammen zieht es sich schnell; die zärtesten Formen,
Zwiefach streben sie vor, sich zu vereinen bestimmt.
Traulich stehen sie nun, die holden Paare, beisammen,
Zahlreich ordnen sie sich um den geweihten Altar.
Hymen[1] schwebet herbei, und herrliche Düfte, gewaltig,

[1] griechischer Hochzeitsgott

Strömen süßen Geruch, alles belebend, umher.
Nun vereinzelt schwellen sogleich unzählige Keime,
Hold in den Mutterschoß schwellender Früchte gehüllt.
Und hier schließt die Natur den Ring der ewigen Kräfte;
Doch ein neuer sogleich fasset den vorigen an,
Daß die Kette sich fort durch alle Zeiten verlänge
Und das Ganze belebt, so wie das Einzelne, sei.
Wende nun, o Geliebte, den Blick zum bunten Gewimmel,
Das verwirrend nicht mehr sich vor dem Geiste bewegt.
Jede Pflanze verkündet dir nun die ew'gen Gesetze,
Jede Blume, sie spricht lauter und lauter mit dir.
Aber entzifferst du hier der Göttin heilige Lettern,
Überall siehst du sie dann, auch in verändertem Zug:
Kriechend zaudre die Raupe, der Schmetterling eile geschäftig,
Bildsam ändre der Mensch selbst die bestimmte Gestalt.
O, gedenke denn auch, wie aus dem Keim der Bekanntschaft
Nach und nach in uns holde Gewohnheit entsproß,
Freundschaft sich mit Macht aus unserm Innern enthüllte,
Und wie Amor zuletzt Blüten und Früchte gezeugt.
Denke, wie mannigfach bald die, bald jene Gestalten,
Still entfaltend, Natur unsern Gefühlen geliehn!
Freue dich auch des heutigen Tags! Die heilige Liebe
Strebt zu der höchsten Frucht gleicher Gesinnungen auf,
Gleicher Ansicht der Dinge, damit in harmonischem Anschaun
Sich verbinde das Paar, finde die höhere Welt. [e, v 1798]

JOHANN WOLFGANG VON GOETHE
Glückliches Ereignis

Schiller zog nach Jena, wo ich ihn ebenfalls nicht sah. Zu gleicher Zeit hatte Batsch[1] durch unglaubliche Regsamkeit eine naturforschende Gesellschaft in Tätigkeit gesetzt, auf schöne Sammlungen, auf bedeutenden Apparat gegründet. Ihren periodischen Sitzungen wohnte ich gewöhnlich bei; einstmals fand ich Schillern daselbst, wir gingen zufällig beide zugleich heraus, ein Gespräch knüpfte sich an, er schien an dem Vorgetragenen teil zu nehmen, bemerkte aber sehr verständig und einsichtig und mir sehr willkommen, wie eine so zerstückelte Art die Natur zu behandeln, den Laien, der sich gern darauf einließe, keineswegs anmuten könne.
Ich erwiderte darauf: daß sie den Eingeweihten selbst vielleicht unheimlich bleibe, und daß es doch wohl noch eine andere Weise geben könne, die Natur nicht gesondert und vereinzelt vorzunehmen, sondern sie wirkend und lebendig, aus dem Ganzen in die Teile strebend darzustellen. Er wünschte hierüber aufgeklärt zu sein, verbarg aber seine Zweifel nicht; er konnte nicht eingestehen, daß ein solches, wie ich behauptete, schon aus der Erfahrung hervorgehe.
Wir gelangten zu seinem Hause, das Gespräch lockte mich hinein; da trug ich die Metamorphose der Pflanzen lebhaft vor, und ließ, mit manchen charakteristischen Federstrichen, eine symbolische Pflanze vor seinen Augen entstehen. Er vernahm und schaute das alles mit großer Teilnah-

[1] August J.G.K. Batsch (1761–1802), Professor der Naturwissenschaften in Jena

me, mit entschiedener Fassungskraft; als ich aber geendet, schüttelte er den Kopf und sagte: „Das ist keine Erfahrung, das ist eine Idee." Ich stutzte, verdrießlich einigermaßen: denn der Punkt, der uns trennte, war dadurch aufs strengste bezeichnet. Die Behauptung aus *Anmut und Würde* fiel mir wieder ein, der alte Groll wollte sich regen, ich nahm mich aber zusammen und versetzte: „Das kann mir sehr lieb sein, daß ich Ideen habe ohne es zu wissen, und sie sogar mit Augen sehe." Schiller, der viel mehr Lebensklugheit und Lebensart hatte als ich, und mich auch wegen der *Horen,* die er herauszugeben im Begriff stand, mehr anzuziehen als abzustoßen gedachte, erwiderte darauf als ein gebildeter Kantianer; und als aus meinem hartnäckigen Realismus mancher Anlaß zu lebhaftem Widerspruch entstand, so ward viel gekämpft und dann Stillstand gemacht; keiner von beiden konnte sich für den Sieger halten, beide hielten sich für unüberwindlich. Sätze wie folgender machten mich ganz unglücklich: „Wie kann jemals Erfahrung gegeben werden, die einer Idee angemessen sein sollte? denn darin besteht eben das Eigentümliche der letzteren, daß ihr niemals eine Erfahrung kongruieren könne." Wenn er das für eine Idee hielt, was ich als Erfahrung aussprach, so mußte doch zwischen beiden irgend etwas Vermittelndes, Bezügliches obwalten! Der erste Schritt war jedoch getan, Schillers Anziehungskraft war groß, er hielt alle fest, die sich ihm näherten; ich nahm teil an seinen Absichten und versprach zu den „Horen" manches, was bei mir verborgen lag, herzugeben; seine Gattin, die ich, von ihrer Kindheit auf, zu lieben und zu schätzen gewohnt war, trug das Ihrige bei zu dauerndem Verständnis, alle beiderseitigen Freunde waren froh, und so besiegelten wir, durch den größten, vielleicht nie ganz zu schlichtenden Wettkampf zwischen Objekt und Subjekt, einen Bund, der ununterbrochen gedauert, und für uns und andere manches Gute gewirkt hat. [e 1794, v 1817]

JOHANN WOLFGANG VON GOETHE

Gespräche mit Eckermann über die Entstehung der Xenien

16. Dezember 1828

[...] Freunde wie Schiller und ich, jahrelang verbunden, mit gleichen Interessen, in täglicher Berührung und gegenseitigem Austausch, lebten sich ineinander so sehr hinein, daß überhaupt bei einzelnen Gedanken gar nicht die Rede und Frage sein konnte, ob sie dem einen gehörten oder dem andern. Wir haben viele Distichen gemeinschaftlich gemacht, oft hatte ich den Gedanken und Schiller machte die Verse, oft war das Umgekehrte der Fall, und oft machte Schiller den einen Vers und ich den andern. Wie kann nun da von Mein und Dein die Rede sein! [...].

JOHANN WOLFGANG VON GOETHE/FRIEDRICH SCHILLER

Xenien

Kant und seine Ausleger

Wie doch ein einziger Reicher so viele Bettler in Nahrung
Setzt! Wenn die Könige baun, haben die Kärrner zu tun.

Wissenschaft

Einem ist sie die hohe, die himmlische Göttin, dem andern
Eine tüchtige Kuh, die ihn mit Butter versorgt.

Deutscher Nationalcharakter

Zur Nation euch zu bilden, ihr hoffet es, Deutsche, vergebens;
Bildet, ihr könnt es, dafür freier zu Menschen euch aus!

Philosophische Querköpfe

Querkopf! schreiet ergrimmt in unsere Wälder Herr Nickel[1],
Leerkopf! schallt es darauf lustig zum Walde heraus. [v 1796]

[1] Gemeint ist Friedrich Nicolai (1733–1811), Berliner Schriftsteller und Buchhändler

FRIEDRICH SCHILLER

Brief an Goethe

Jena, 23. August 1794

Man brachte mir gestern die angenehme Nachricht, daß Sie von Ihrer Reise wieder zurückgekommen seien. Wir haben also wieder Hoffnung, Sie vielleicht bald einmal bei uns zu sehen, welches ich an meinem Teil herzlich wünsche. Die neulichen Unterhaltungen mit Ihnen haben meine ganze Ideenmasse in Bewegung gebracht; denn sie betrafen einen Gegenstand, der mich seit etlichen Jahren lebhaft beschäftigt. Über so manches, worüber ich mit mir selbst nicht recht einig werden konnte, hat die Anschauung Ihres Geistes (denn so muß ich den Totaleindruck Ihrer Ideen auf mich nennen) ein unerwartetes Licht in mir angesteckt. Mir fehlte das Objekt, der Körper zu mehreren spekulativischen Ideen, und Sie brachten mich auf die Spur davon. Ihr beobachtender Blick, der so still und rein auf den Dingen ruht, setzt Sie nie in Gefahr, auf den Abweg zu geraten, in den sowohl die Spekulation als die willkürliche und bloß sich selbst gehorchende Einbildungskraft sich so leicht verirrt. In Ihrer richtigen Intuition liegt alles und weit vollständiger, was die Analysis mühsam sucht, und nur weil es als ein Ganzes in Ihnen liegt, ist Ihnen Ihr eigener Reichtum verborgen; denn leider wissen wir nur das, was wir scheiden. Geister Ihrer Art wissen daher selten, wie weit sie gedrungen sind und wie wenig Ursache sie haben, von der Philosophie zu borgen, die nur von Ihnen lernen kann. Diese kann bloß zergliedern, was ihr gegeben wird, aber das Geben selbst ist nicht die Sache des Analytikers, sondern des Genies, welches unter dem dunkeln, aber sichern Einfluß reiner Vernunft nach objektiven Gesetzen verbindet.

Goethe-Schiller-Denkmal in Weimar

Lange schon habe ich, obgleich aus ziemlicher Ferne, dem Gang Ihres Geistes zugesehen und den Weg, den Sie sich vorgezeichnet haben, mit immer erneuerter Bewunderung bemerkt. Sie suchen das Notwendige der Natur, aber Sie suchen es auf dem schweresten Wege, vor welchem jede

schwächere Kraft sich wohl hüten wird. Sie nehmen die ganze Natur zusammen, um über das Einzelne Licht zu bekommen, in der Allheit ihrer Erscheinungsarten suchen Sie den Erklärungsgrund für das Individuum auf. Von der einfachen Organisation steigen Sie Schritt vor Schritt zu den mehr verwickelten hinauf, um endlich die verwickeltste von allen, den Menschen, genetisch aus den Materialien des ganzen Naturgebäudes zu erbauen. Dadurch, daß sie in der Natur gleichsam nacherschaffen, suchen Sie in seine verborgene Technik einzudringen. Eine große und wahrhaft heldenmäßige Idee, die zur Genüge zeigt, wie sehr Ihr Geist das reiche Ganze seiner Vorstellungen in einer schönen Einheit zusammenhält. Sie können niemals gehofft haben, daß Ihr Leben zu einem solchen Ziele zureichen werde, aber einen solchen Weg auch nur einzuschlagen, ist mehr wert, als jeden andern zu endigen. [...]
So ungefähr beurteile ich den Gang Ihres Geistes, und ob ich recht habe, werden Sie selbst am besten wissen. Was Sie aber schwerlich wissen können (weil das Genie sich immer selbst das größte Geheimnis ist), ist die schöne Übereinstimmung Ihres philosophischen Instinktes mit den reinsten Resultaten der spekulierenden Vernunft. Beim ersten Anblicke zwar scheint es, als könnte es keine größern Opposita geben als den spekulativen Geist, der von der Einheit, und den intuitiven, der von der Mannigfaltigkeit ausgeht. Sucht aber der erste mit keuschem und treuem Sinn die Erfahrung und sucht der letzte mit selbsttätiger freier Denkkraft das Gesetz, so kann es gar nicht fehlen, daß nicht beide einander auf halbem Wege begegnen werden. [...]
Aber ich bemerke, daß ich anstatt eines Briefes eine Abhandlung zu schreiben im Begriff bin, – verzeihen Sie es dem lebhaften Interesse, womit dieser Gegenstand mich erfüllt hat; und sollten Sie Ihr Bild in diesem Spiegel nicht erkennen, so bitte ich sehr, fliehen Sie ihn darum nicht.

Aufgabe zu der Abbildung auf der Seite 145

JOHANN HEINRICH WILHELM TISCHBEIN Goethe in der Campagna di Roma

① Beschreiben Sie die räumliche Situation und das Verhältnis der Gestalt zur Landschaft.

Aufgaben zu den Texten auf den Seiten 150–157

DIETER BORCHMEYER Weimar im ausgehenden 18. Jahrhundert (S. 150)

① Inwiefern hat die Stadt die Entstehung der Weimarer Klassik begünstigt?
② „Weimarer Klassik" – „Weimarer Nationalversammlung" – KZ Buchenwald: drei symbolische Stationen deutscher Geschichte" (Dieter Borchmeyer, Die Weimarer Klassik I, S. 37). Skizzieren Sie zu dieser Feststellung eine Gedenkrede (Leitfaden könnte Grillparzers Epigramm *Der Weg,* S. 249, sein).

JOHANN WOLFGANG VON GOETHE Seefahrt (S. 151)

① *Seefahrt* ist fast eine Ballade. Welche Merkmale bestätigen dies? Geben Sie die äußere Handlung und ihre Einzelabschnitte wieder.
② Erschließen Sie aus Wortmaterial und Bildern die Situation des Seefahrers. Kennzeichnen Sie auch seine Einstellung zum Schicksal und zu sich selbst. Wie läßt sich der Perspektivewechsel von der ersten zur dritten Person erklären?
③ Das Gedicht entstand 1776. Inwiefern spiegelt es eine Wende in Goethes Leben?
④ Ist dieses Gedicht eher dem Sturm und Drang oder der Klassik zuzurechnen?

JOHANN WOLFGANG VON GOETHE Ein Gleiches; Alles geben die Götter (S. 151)

① Einzelne Kurzgedichte stellen eine sehr private Äußerung von Goethes Lebensgefühl dar. Das Gedicht *Alles geben die Götter ...* wurde einem Brief beigefügt. Wie wird in diesen vier Zeilen die Erlebnisfähigkeit bewertet?
② Das Gedicht *Wanderers Nachtlied (Ein Gleiches)* entstand an einem Septemberabend 1780 auf dem Kickelhahn bei Ilmenau. Goethe schrieb es auf die Bretterwand der Hütte, in der er gelegentlich übernachtete. – Lesen Sie diese Verse als Stimmungsbild. Inwiefern lassen sich unterschiedliche Grade der Ruhe ausmachen? Wie ist das Verhältnis zwischen Mensch und Natur? Untersuchen Sie auch Wortwahl und Syntax und ihre Wirkung.
③ Beschreiben Sie das Lebensgefühl, das aus den beiden Gedichten spricht.

JOHANN WOLFGANG VON GOETHE Warum gabst du uns die tiefen Blicke (S. 152)

① Dieses Gedicht, 1776 an Frau von Stein gesandt, hat Goethe nie veröffentlicht. Erst mit der Drucklegung der Briefe an Frau von Stein 1848–51 wurde es bekannt. Welches Bild gewinnt der Leser von der Beziehung Goethes zu Frau von Stein? Welche Wirkung wird ihr zugeschrieben? – Wie erklären Sie sich die Verwendung von Vergangenheit, Gegenwart und Zukunft?
② Setzen Sie dieses Gedicht in Beziehung zu Goethes Entwicklung, wie sie sich in den Hymnen *Prometheus* (S. 130) und *Grenzen der Menschheit* (S. 167) ausdrückt.

JOHANN WOLFGANG VON GOETHE Die Metamorphose der Pflanzen (S. 152ff.)

Das Gedicht spiegelt Goethes Naturanschauung. Voraus ging eine wissenschaftliche Abhandlung mit gleichem Titel (1790). Im Mittelpunkt steht hier wie dort das Gesetz des Gestaltwandels oder der Entwicklung bei Wahrung der Identität.
① Erschließen Sie aus der Einleitung die Haltung des Menschen gegenüber der Natur.
② Aus dem Mittelteil lassen sich Goethes Vorstellungen vom Gestaltwandel und der Entwicklung des Lebendigen ablesen: die Wahrung der Identität trotz Variationen; der Wechsel von Ausdehnung und Zusammenziehung, Trennung und Vereinigung; die stufenweise Steigerung. Wie werden diese Gesetze veranschaulicht?
③ Im dritten Teil wird das Metamorphose-Bild auf den Menschen übertragen. Wo liegen die Entsprechungen? Kann ein Naturvorgang zum Gleichnis für den Menschen werden?

JOHANN WOLFGANG VON GOETHE Glückliches Ereignis (S. 154f.)
JOHANN WOLFGANG VON GOETHE/FRIEDRICH SCHILLER Xenien (S. 155f.)
FRIEDRICH SCHILLER Brief an Goethe (S. 156f.)

① Auf welche Bereiche erstreckte sich die Zusammenarbeit? Wie sah sie aus?
② Die Dichter-Freundschaft wurde durch das bekannte Denkmal vor dem Weimarer Nationaltheater symbolisiert. Wie beurteilen Sie nach der Lektüre der Texte die „Freundschaft“?
③ „Worauf die Deutschen stolz sind“, sollte eine Allensbacher Umfrage im September/Oktober 1984 klären. 71 % der Befragten nannten „Goethe, Schiller und andere große Dichter“. Teilen Sie diese Meinung einer großen Mehrheit?

b) Kunstverständnis und Künstler

JOHANN WOLFGANG VON GOETHE

Italienische Reise

Verona, den 16. September [1786]

Das Amphitheater ist also das erste bedeutende Monument der alten Zeit, das ich sehe, und so gut erhalten! Als ich hineintrat, mehr noch aber, als ich oben auf dem Rande umherging, schien es mir seltsam, etwas Großes und doch eigentlich nichts zu sehen. Auch will es leer nicht gesehen sein, sondern ganz voll von Menschen [...]. Doch nur in der frühesten Zeit tat es seine ganze Wirkung, da das Volk noch mehr Volk war, als es jetzt ist. Denn eigentlich ist so ein Amphitheater recht gemacht, dem Volk mit sich selbst zu imponieren, das Volk mit sich selbst zum besten zu haben. Wenn irgend etwas Schauwürdiges auf flacher Erde vorgeht und alles zuläuft, suchen die Hintersten auf alle mögliche Weise sich über die Vordersten zu erheben: man tritt auf Bänke, rollt Fässer herbei, fährt mit Wagen heran, legt Bretter hinüber und herüber, besetzt einen benachbarten Hügel, und es bildet sich in der Geschwindigkeit ein Krater.

Kommt das Schauspiel öfter auf derselben Stelle vor, so baut man leichte Gerüste für die, so bezahlen können, und die übrige Masse behilft sich, wie sie mag. Dieses allgemeine Bedürfnis zu befriedigen, ist hier die Aufgabe des Architekten. Er bereitet einen solchen Krater durch Kunst, so einfach als nur möglich, damit dessen Zierat das Volk selbst werde. Wenn es sich so beisammen sah, mußte es über sich selbst erstaunen; denn da es sonst nur gewohnt, sich durcheinander laufen zu sehen, sich in einem Gewühle ohne Ordnung und sonderliche Zucht zu finden, so sieht das vielköpfige, vielsinnige, schwankende, hin und her irrende Tier sich zu einem edlen Körper vereinigt, zu einer Einheit bestimmt, in eine Masse verbunden und befestigt, als *eine* Gestalt, von *einem* Geiste belebt. Die Simplizität des Oval ist jedem Auge auf die angenehmste Weise fühlbar, und jeder Kopf dient zum Maße, wie ungeheuer das Ganze sei.

Venedig, 9. Oktober 1786

Ich wende mich mit meiner Erzählung nochmals ans Meer, dort habe ich heute die Wirtschaft der Seeschnecken, Patellen[1] und Taschenkrebse gesehen und mich herzlich darüber gefreut. Was ist doch ein Lebendiges für ein köstliches, herrliches Ding! Wie abgemessen zu seinem Zustande, wie wahr, wie seiend! Wieviel nützt mir nicht mein bißchen Studium der Natur, und wie freue ich mich, es fortzusetzen! [...]

Rom, 6. September 1787

So viel ist gewiß, die alten Künstler haben ebenso große Kenntnis der Natur und einen ebenso sichern Begriff von dem, was sich vorstellen läßt und wie es vorgestellt werden muß, gehabt als Homer. Leider ist die Anzahl der Kunstwerke der ersten Klasse gar zu klein. Wenn man aber auch diese sieht, so hat man nichts zu wünschen, als sie recht zu erkennen und dann in Friede hinzufahren. Diese hohen Kunstwerke sind zugleich als die höchsten Naturwerke von Menschen nach wahren und natürlichen Gesetzen hervorgebracht worden. Alles Willkürliche, Eingebildete fällt zusammen, da ist die Notwendigkeit, da ist Gott.

[v 1816/17]

---

[1] Muscheln mit Schale

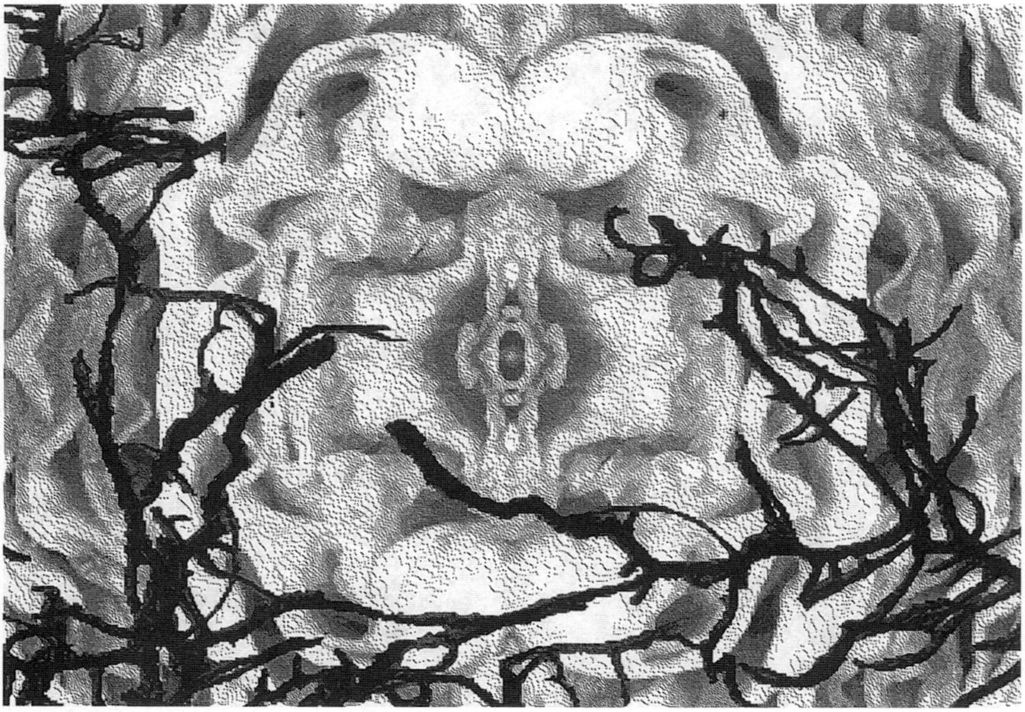

Friedrich Belzner, Illustration zu Georg Christoph Tobler/Johann Wolfgang von Goethe „Die Natur. Ein Fragment" (1782/83).

JOHANN WOLFGANG VON GOETHE

Natur und Kunst

Natur und Kunst, sie scheinen sich zu fliehen
Und haben sich, eh' man es denkt, gefunden;
Der Widerwille ist auch mir verschwunden,
Und beide scheinen gleich mich anzuziehen.

Es gilt wohl nur ein redliches Bemühen!
Und wenn wir erst in abgemeßnen Stunden
Mit Geist und Fleiß uns an die Kunst gebunden,
Mag frei Natur im Herzen wieder glühen.

So ist's mit aller Bildung auch beschaffen:
Vergebens werden ungebundne Geister
Nach der Vollendung reiner Höhe streben.

Wer Großes will, muß sich zusammenraffen;
In der Beschränkung zeigt sich erst der Meister,
Und das Gesetz nur kann uns Freiheit geben.

[v 1802]

JOHANN WOLFGANG VON GOETHE
Aus den Römischen Elegien

V.

Froh empfind' ich mich nun auf klassischem Boden begeistert,
Vor- und Mitwelt spricht lauter und reizender mir.
Hier befolg' ich den Rat, durchblättre die Werke der Alten
Mit geschäftiger Hand, täglich mit neuem Genuß.
Aber die Nächte hindurch hält Amor mich anders beschäftigt;
Werd' ich auch halb nur gelehrt, bin ich doch doppelt beglückt.
Und belehr' ich mich nicht, indem ich des lieblichen Busen
Formen spähe, die Hand leite die Hüften hinab?
Dann versteh' ich den Marmor erst recht: ich denk' und vergleiche,
Sehe mit fühlendem Aug', fühle mit sehender Hand.
Raubt die Liebste denn gleich mir einige Stunden des Tages,
Gibt sie Stunden der Nacht mir zur Entschädigung hin.
Wird doch nicht immer geküßt, es wird vernünftig gesprochen;
Überfällt sie der Schlaf, lieg' ich und denke mir viel.
Oftmals hab' ich auch schon in ihren Armen gedichtet
Und des Hexameters Maß leise mit fingernder Hand
Ihr auf den Rücken gezählt. Sie atmet in lieblichem Schlummer,
Und es durchglühet ihr Hauch mir bis ins Tiefste die Brust.
Amor schüret die Lamp' indes und denket der Zeiten,
Da er den nämlichen Dienst seinen Triumvirn getan. [e 1788–90, v 1795]

FRIEDRICH SCHILLER
Über Bürgers Gedichte

Göttingen, b. Dieterich: Gedichte von G. A. Bürger. Mit Kupfern. 1789. Erster Teil. 272 S. Zweiter Teil. 296 S. 8°. (1 Rthlr. 16 gr.)

Die Gleichgültigkeit, mit der unser philosophierendes Zeitalter auf die Spiele der Musen herabzusehen anfängt, scheint keine Gattung der Poesie empfindlicher zu treffen als die *lyrische*. Der *dramatischen* Dichtkunst dient doch wenigstens die Einrichtung des gesellschaftlichen Lebens zu einigem Schutze, und der *erzählenden* erlaubt ihre freiere Form, sich dem Weltton mehr anzuschmiegen und den Geist der Zeit in sich aufzunehmen. Aber die jährlichen Almanache, die Gesellschaftsgesänge, die Musikliebhaberei unsrer Damen sind nur ein schwacher Damm gegen den Verfall der lyrischen Dichtkunst. Und doch wäre es für den Freund des Schönen ein sehr niederschlagender Gedanke, wenn diese jugendlichen Blüten des Geists in der Fruchtzeit absterben, wenn die reifere Kultur auch nur mit einem einzigen Schönheitsgenuß erkauft werden sollte. Vielmehr ließe sich auch in unsern so unpoetischen Tagen, wie für die Dichtkunst überhaupt, also auch für die lyrische, eine sehr würdige Bestimmung entdecken; es ließe sich vielleicht dartun, daß, wenn sie von einer Seite höhern Geistesbeschäftigungen nachstehen muß, sie von einer andern nur desto notwendiger geworden ist. Bei der Vereinzelung und getrennten Wirksamkeit unsrer Geisteskräfte, die der erweiterte Kreis des Wissens und die Absonderung der Berufsgeschäfte notwendig macht, ist es die Dichtkunst beinahe allein, welche die getrennten Kräfte der Seele wieder in Vereinigung bringt, welche Kopf und Herz, Scharfsinn und Witz, Vernunft und Einbildungskraft in harmonischem Bunde beschäftigt, welche gleichsam den *ganzen Menschen* in uns wieder herstellt.

[v 1789]

Friedrich Schiller
Was kann eine gute stehende Schaubühne eigentlich wirken?

Eine Vorlesung, gehalten zu Mannheim in der öffentlichen Sitzung der kurpfälzischen deutschen Gesellschaft am 26. des Junius 1784 von F. Schiller, Mitglied dieser Gesellschaft und herzogl. Weimarischen Rat.

[...] „*Was wirkt die Bühne?*" – Die höchste und letzte Forderung, welche der Philosoph und Gesetzgeber einer öffentlichen Anstalt nur machen können, ist Beförderung allgemeiner Glückseligkeit. Was die Dauer des physischen Lebens erhält, wird immer sein erstes Augenmerk sein; was die Menschheit innerhalb ihres Wesens veredelt, sein höchstes. [...] Wer ... unwidersprechlich beweisen kann, daß die Schaubühne Menschen- und Volksbildung wirkte, hat ihren Rang neben den ersten Anstalten des Staats entschieden. [...]

Die Gerichtsbarkeit der Bühne fängt an, wo das Gebiet der weltlichen Gesetze sich endigt. Wenn die Gerechtigkeit für Gold verblindet und im Solde der Laster schwelgt, wenn die Frevel der Mächtigen ihrer Ohnmacht spotten und Menschenfurcht den Arm der Obrigkeit bindet, übernimmt die Schaubühne Schwert und Waage und reißt die Laster vor einen schrecklichen Richterstuhl. Das ganze Reich der Phantasie und Geschichte, Vergangenheit und Zukunft gehen ihrem Wink zu Gebot. [...] Wenn keine Moral mehr gelehrt wird, keine Religion mehr Glauben findet, wenn kein Gesetz mehr vorhanden ist, wird uns Medea[1] noch anschauern, wenn sie die Treppen des Palastes herunterwankt und der Kindermord jetzt geschehen ist. [...]

So gewiß sichtbare Darstellung mächtiger wirkt als toter Buchstabe und kalte Erzählung, so gewiß wirkt die Schaubühne tiefer und daurender als Moral und Gesetze.

Aber hier *unterstützt* sie die weltliche Gerechtigkeit nur – ihr ist noch ein weiteres Feld geöffnet. Tausend Laster, die jene ungestraft duldet, straft sie; tausend Tugenden, wovon jene schweigt, werden von der Bühne empfohlen. Hier begleitet sie die Weisheit und die Religion. Aus dieser reinen Quelle schöpft sie ihre Lehren und Muster und kleidet die strenge Pflicht in ein reizendes, lockendes Gewand. Mit welch herrlichen Empfindungen, Entschlüssen, Leidenschaften schwellt sie unsere Seele, welche göttliche Ideale stellt sie uns zur Nacheiferung aus! – [...]

Ebenso häßlich, als liebenswürdig die Tugend, malen sich die Laster in ihrem furchtbaren Spiegel ab. Wenn der hilflose kindische Lear[2] in Nacht und Ungewitter vergebens an das Haus seiner Töchter pocht, wenn er sein weißes Haar in die Lüfte streut und den tobenden Elementen erzählt, wie unnatürlich seine Regan[3] gewesen, wenn sein wütender Schmerz zuletzt in den schrecklichen Worten von ihm strömt: „Ich gab euch alles!" – Wie abscheulich zeigt sich uns da der Undank? wie feierlich geloben wir Ehrfurcht und kindliche Liebe! – [...]

Ich kenne nur ein Geheimnis, den Menschen vor Verschlimmerung zu bewahren, und dieses ist – sein Herz gegen Schwächen zu schützen.

Einen großen Teil dieser Wirkung können wir von der Schaubühne erwarten. Sie ist es, die der großen Klasse von Toren den Spiegel vorhält und die tausendfachen Formen derselben mit heilsamem Spott beschämt. Was sie oben durch Rührung und Schrecken wirkte, leistet sie hier (schneller vielleicht und unfehlbarer) durch Scherz und Satire. Wenn wir es unternehmen wollten, Lustspiel und Trauerspiel nach dem Maß der erreichten Wirkung zu schätzen, so würde vielleicht die Erfahrung dem ersten den Vorrang geben. Spott und Verachtung verwunden den Stolz des Menschen empfindlicher, als Verabscheuung sein Gewissen foltert. Vor dem Schrecklichen verkriecht sich unsre Feigheit, aber eben diese Feigheit überliefert uns dem Stachel der Satire. Gesetz und

[1] In der griechischen Sage Frau Jasons, die aus Rache die Geliebte ihres Mannes und ihre eigenen Kinder tötete.
[2] sagenhafter König von Britannien, Held eines Trauerspiels von Shakespeare. [3] Tochter von Lear

Gewissen schützen uns *oft* vor Verbrechen und Lastern – Lächerlichkeiten verlangen einen eigenen feinern Sinn, den wir nirgends mehr als vor dem Schauplatz üben. [...]
Die Schaubühne allein kann unsre Schwächen belachen, weil sie unsrer Empfindlichkeit schont und den schuldigen Toren nicht wissen will. [...]
Nicht bloß auf Menschen und Menschencharakter, auch auf Schicksale macht uns die Schaubühne aufmerksam und lehrt uns die große Kunst, sie zu ertragen. Im Gewebe unsers Lebens spielen *Zufall* und *Plan* eine gleich große Rolle; den letztern lenken *wir*, dem erstern müssen wir uns blind unterwerfen. Gewinn genug, wenn unausbleibliche Verhängnisse uns nicht ganz ohne Fassung finden, wenn unser Mut, unsre Klugheit sich einst schon in ähnlichen übten und unser Herz zu dem Schlag sich gehärtet hat. Die Schaubühne führt uns eine mannigfaltige Szene menschlicher Leiden vor. Sie zieht uns künstlich in fremde Bedrängnisse und belohnt uns das augenblickliche Leiden mit wollüstigen Tränen und einem herrlichen Zuwachs an Mut und Erfahrung. [...]

FRIEDRICH SCHILLER
Nänie[1]

Auch das Schöne muß sterben! Das Menschen und Götter bezwinget,
  Nicht die eherne Brust rührt es des stygischen Zeus[2].
Einmal nur erweichte die Liebe den Schattenbeherrscher,
  Und an der Schwelle noch, streng, rief er zurück sein Geschenk.
Nicht stillt Aphrodite dem schönen Knaben die Wunde,
  Die in den zierlichen Leib grausam der Eber geritzt.
Nicht errettet den göttlichen Held[3] die unsterbliche Mutter,
  Wann er, am skäischen Tor fallend, sein Schicksal erfüllt.
Aber sie steigt aus dem Meer mit allen Töchtern des Nereus,
  Und die Klage hebt an um den verherrlichten Sohn.
Siehe! Da weinen die Götter, es weinen die Göttinnen alle,
  Daß das Schöne vergeht, daß das Vollkommene stirbt.
Auch ein Klaglied zu sein im Mund der Geliebten, ist herrlich,
  Denn das Gemeine geht klanglos zum Orkus hinab. [e 1799]

[1] lat. naenia: Leichengesang, Trauerlied, Klagelied [2] Hades, Gott der Unterwelt [3] Achill fällt im Kampf um Troja

Aufgaben zu der Abbildung auf Seite 160

FRIEDRICH BELZNER Illustration zu „Die Natur. Ein Fragment“.

① Im Werkverzeichnis des Künstlers trägt die Graphik den Titel *Tod und Leben.* Versuchen Sie, diese Bezeichnung mit Bildelementen in Verbindung zu bringen.
② Ziehen Sie zur Beurteilung der graphischen Interpretation den Text von Georg Christoph Tobler/Johann Wolfgang von Goethe *Die Natur. Ein Fragment* heran.

Aufgaben zu den Texten auf den Seiten 159–163

JOHANN WOLFGANG VON GOETHE Italienische Reise (S. 159)

① Worauf geht Goethe bei der Beschreibung der Arena von Verona ein? Welche der inhaltlichen Details finden Sie nicht in einem Kunstführer? Charakterisieren Sie Goethes Betrachtungsweise.
② Welche Wertbegriffe verwendet Goethe zur Kennzeichnung von Naturdingen oder Kunstwerken, die ihm bedeutend erscheinen?

JOHANN WOLFGANG VON GOETHE Natur und Kunst (S. 160)

Goethe versucht sich erstmals um 1800 in der Kunst, Sonette zu schreiben; eine regelrechte „Sonettenwut" hatte ihn erfaßt.
① Untersuchen Sie den formalen Aufbau. Inwiefern entsprechen sich äußerer und innerer Aufbau?
② Um welches menschliche Grundproblem geht es in dem vorliegenden Gedicht? Beachten Sie dazu die Gegensatzpaare. Welche Lösung bietet Goethe? Inwiefern könnte man sagen, daß Goethe ohne die Beziehung zu Schiller die strenge Formulierung der Schlußzeilen nicht geschrieben hätte?
③ Warum eignet sich gerade das Sonett zur Behandlung dieses Problems?
④ Man hätte das Gedicht auch einer anderen Themengruppe innerhalb der Klassik zuordnen können. Begründen Sie Ihre Wahl.

JOHANN WOLFGANG VON GOETHE Aus den Römischen Elegien (S. 161)

Das Gedicht, entstanden nicht aus unmittelbarem Erleben, sondern aus der Distanz bewußt als Kunstwerk gestaltet, enthält mehr als die Darstellung erfüllter Liebe.
① Untersuchen Sie, welche Arten der Wahrnehmung und des Erkennens und welche Bereiche hier zusammengeführt werden. Sie könnten von dem Motiv „Hand" ausgehen.
② Welche Rolle spielt Amor? Sie könnten zum besseren Verständnis die *I. Elegie* nachlesen. Dort wird beklagt, daß die Steine noch nicht zu ihm, dem Fremden, reden. Sie schließt mit den Versen:
„Eine Welt zwar bist du, o Rom; doch ohne die Liebe
Wäre die Welt nicht die Welt, wäre denn Rom auch nicht Rom."
③ Läßt sich an diesem Gedicht ein verändertes Lebensgefühl erkennen?
④ Goethe stellte sich mit der Formgebung bewußt in die Tradition der Antike. Zeigen Sie dies an Gedichtart (Elegie), Metrik und Vers. Beachten Sie, daß „Elegie" nicht ganz einheitlich definiert wird.
⑤ Inwiefern kann die *V. Römische Elegie* als typisch für die Hochklassik gelten?

FRIEDRICH SCHILLER Über Bürgers Gedichte (S. 161)

① Wie kennzeichnet Schiller die Problematik seiner Zeit? (Beachten Sie auch die *Ankündigung der Horen,* S. 180.)
② Welche Wirkungsmöglichkeiten hat die Kunst? Welche Aufgabe kommt ihr daher zu?

FRIEDRICH SCHILLER Was kann eine gute stehende Schaubühne eigentlich wirken? (S. 162 f.)

① Welche Aufgaben werden dem Theater zugewiesen? Welche Wirkungsmöglichkeiten machen das Theater allen vergleichbaren Einrichtungen überlegen?
② Hat das moderne Theater den Schillerschen Anspruch aufgegeben? Sie könnten dies in einem Referat über ein modernes Drama oder im Vergleich mit Dürrenmatts Schrift *Theaterprobleme* (S. 401 f.) überprüfen.

FRIEDRICH SCHILLER Nänie (S. 163)

① Erschließen Sie sich möglichst vollständig die Aussagen über das Schöne. Beachten Sie besonders die Beispiele und die Wortwahl.
② Wird damit die Selbstbehauptung des Menschen durch die Kunst in Frage gestellt?

c) Bild des Menschen

JOHANN GOTTFRIED HERDER
Briefe zur Beförderung der Humanität

27. BRIEF
[...] Humanität ist der *Charakter unsres Geschlechts*; er ist uns aber nur in Anlagen angeboren und muß uns eigentlich angebildet werden. Wir bringen ihn nicht fertig auf die Welt mit; auf der Welt aber soll er das Ziel unsres Bestrebens, die Summe unsrer Übungen, unser *Wert* sein: denn eine *Angelität* im Menschen kennen wir nicht, und wenn der Dämon, der uns regiert, kein humaner Dämon ist, werden wir Plagegeister der Menschen. Das *Göttliche* in unserm Geschlecht ist also *Bildung zur Humanität*. [...]

28. BRIEF
Gern nehme ich mit Ihnen das Wort *Humanität* in unsre Sprache, wenigstens im Kreise unsrer Gesellschaft auf; der Begriff, den es ausdrückt, noch mehr aber dessen *Geschichte* scheint ihm das Bürgerrecht zu geben.
Solange der Mensch, dies wunderbare Rätsel der Schöpfung, sich seinem sichtbaren Zustande nach betrachtete und sich dabei mit dem, was in ihm lag, mit seinen Anlagen und Willenskräften oder gar mit äußern Gegenständen der daurenden Natur verglich, so ward er auf das Gefühl der *Hinfälligkeit*, der *Schwäche* und *Krankheit* zurückgestoßen; daher in mehreren morgenländischen Schriften dieser Begriff dem Namen unsres Geschlechts ursprünglich beigesellet ist. Der Mensch ist *von Erde*, eine *zerbrechliche*, von einem flüchtigen Otem durchhauchte *Leimhütte*; sein Leben ist ein *Schatte*, sein Los ist *Mühe auf Erden*.
Schon dieser Begriff führte zur *Menschlichkeit*, d. i. zum erbarmenden Mitgefühl des Leidens seiner Nebenmenschen, zur Teilnahme an den Unvollkommenheiten ihrer Natur, mit dem Bestreben, diesen zuvorzukommen oder ihnen abzuhelfen. [...]
Die Griechen hatten für den Menschen einen edleren Namen: ἄνθρωπος, ein *Aufwärtsblickender*, der sein Antlitz und Auge aufrecht empor trägt, oder wie *Plato* es noch künstlicher deutet, einer, der, indem er sieht, auch überzählt und rechnet. Sie konnten indessen ebensowenig umhin, in diesem aufrechtblickenden, vernunftartigen Geschlecht alle die Mängel zu bemerken, die zum bedauernden Mitgefühl, also zur Humanität und zur Gesellung führen. [...] [v 1793–97]

IMMANUEL KANT
Von den Triebfedern der reinen praktischen Vernunft

[…] Das Wesentliche alles sittlichen Werts der Handlungen kommt darauf an, *daß das moralische Gesetz unmittelbar den Willen bestimme*. Geschieht die Willensbestimmung zwar gemäß dem moralischen Gesetze, aber nur vermittelst eines Gefühls, welcher Art es auch sei, das vorausgesetzt werden muß, damit jenes ein hinreichender Bestimmungsgrund des Willens werde, mithin nicht *um des Gesetzes willen*: so wird die Handlung zwar *Legalität*, aber nicht *Moralität* enthalten. […] Es ist sehr schön, aus Liebe zu Menschen und teilnehmendem Wohlwollen ihnen Gutes zu tun, oder aus Liebe zur Ordnung gerecht zu sein, aber das ist noch nicht die echte moralische Maxime unsers Verhaltens, die unserm Standpunkte, unter vernünftigen Wesen, als *Menschen*, angemessen ist, wenn wir uns anmaßen, gleichsam als Volontäre, uns mit stolzer Einbildung über den Gedanken von Pflicht wegzusetzen, und uns, als vom Gebote unabhängig, bloß aus eigener Lust das tun zu wollen, wozu für uns kein Gebot nötig wäre. Wir stehen unter einer *Disziplin* der Vernunft, und müssen in allen unseren Maximen der Unterwürfigkeit unter derselben nicht vergessen, ihr nichts zu entziehen, oder dem Ansehen des Gesetzes (ob es gleich unsere eigene Vernunft gibt) durch eigenliebigen Wahn dadurch etwas abkürzen, daß wir den Bestimmungsgrund unseres Willens, wenn gleich dem Gesetze gemäß, doch worin anders, als im Gesetze selbst, und in der Achtung für dieses Gesetz setzten. Pflicht und Schuldigkeit sind die Benennungen, die wir allein unserem Verhältnisse zum moralischen Gesetze geben müssen. Wir sind zwar gesetzgebende Glieder eines durch Freiheit möglichen, durch praktische Vernunft uns zur Achtung vorgestellten Reichs der Sitten, aber doch zugleich Untertanen, nicht das Oberhaupt desselben. […] [v 1788]

FRIEDRICH SCHILLER
Über Anmut und Würde

So gewiß ich nämlich überzeugt bin..., daß der Anteil der Neigung an einer freien Handlung für die reine Pflichtmäßigkeit dieser Handlung nichts beweist, so glaube ich *eben daraus* folgern zu können, daß die sittliche Vollkommenheit des Menschen gerade nur aus diesem Anteil seiner Neigung an seinem moralischen Handeln erhellen kann. Der Mensch nämlich ist nicht dazu bestimmt, einzelne sittliche Handlungen zu verrichten, sondern ein sittliches Wesen zu sein. Nicht *Tugenden*, sondern *die Tugend* ist seine Vorschrift, und Tugend ist nichts anders „als eine Neigung zu der Pflicht“. Wie sehr also auch Handlungen aus Neigung und Handlungen aus Pflicht in objektivem Sinne einander entgegenstehen, so ist dies doch in subjektivem Sinn nicht also, und der Mensch *darf* nicht nur, sondern *soll* Lust und Pflicht in Verbindung bringen; er soll seiner Vernunft mit Freuden gehorchen. […] Erst alsdann, wenn sie *aus seiner gesamten Menschheit* als die vereinigte Wirkung beider Prinzipien hervorquillt, *wenn sie ihm zur Natur geworden ist*, ist seine sittliche Denkart geborgen, denn solange der sittliche Geist noch *Gewalt* anwendet, so muß der Naturtrieb ihm noch *Macht* entgegenzusetzen haben. Der bloß *niedergeworfene* Feind kann wieder aufstehen, aber der *versöhnte* ist wahrhaft überwunden.
In der Kantischen Moralphilosophie ist die Idee der *Pflicht* mit einer Härte vorgetragen, die alle Grazien davon zurückschreckt und einen schwachen Verstand leicht versuchen könnte, auf dem Wege einer finstern und mönchischen Asketik die moralische Vollkommenheit zu suchen. […]
Eine schöne Seele nennt man es, wenn sich das sittliche Gefühl aller Empfindungen des Menschen endlich bis zu dem Grad versichert hat, daß es dem Affekt die Leitung des Willens ohne Scheu überlassen darf und nie Gefahr läuft, mit den Entscheidungen desselben im Widerspruch zu ste-

hen. Daher sind bei einer schönen Seele die einzelnen Handlungen eigentlich nicht sittlich, sondern der ganze Charakter ist es. [...] In einer schönen Seele ist es also, wo Sinnlichkeit und Vernunft, Pflicht und Neigung harmonieren, und Grazie ist ihr Ausdruck in der Erscheinung.

Würde

So wie die Anmut der Ausdruck einer schönen Seele ist, so ist *Würde* der Ausdruck einer erhabenen Gesinnung.

Es ist dem Menschen zwar aufgegeben, eine innige Übereinstimmung zwischen seinen beiden Naturen zu stiften, immer ein harmonierendes Ganze zu sein und mit seiner vollstimmigen ganzen Menschheit zu handeln. Aber diese Charakterschönheit, die reifste Frucht seiner Humanität, ist bloß eine Idee, welcher gemäß zu werden er mit anhaltender Wachsamkeit streben, aber die er bei aller Anstrengung nie ganz erreichen kann. [...] Die *schöne* Seele muß sich also im Affekt in eine *erhabene* verwandeln, und das ist der untrügliche Probierstein, wodurch man sie von dem *guten Herzen* oder der *Temperamentstugend* unterscheiden kann. Ist bei einem Menschen die Neigung nur darum auf seiten der Gerechtigkeit, weil die Gerechtigkeit sich glücklicherweise auf seiten der Neigung befindet, so wird der Naturtrieb im Affekt eine vollkommene Zwangsgewalt über den Willen ausüben, und wo ein Opfer nötig ist, so wird es die Sittlichkeit und nicht die Sinnlichkeit bringen. War es hingegen die Vernunft selbst, die, wie bei einem schönen Charakter der Fall ist, die Neigungen *in Pflicht nahm* und der Sinnlichkeit das Steuer *nur anvertraute*, so wird sie es in demselben Moment zurücknehmen, als der Trieb seine Vollmacht mißbrauchen will. Die Temperamentstugend sinkt also im Affekt zum bloßen Naturprodukt herab; die schöne Seele geht ins Heroische über und erhebt sich zur reinen Intelligenz. Beherrschung der Triebe durch die moralische Kraft ist *Geistesfreiheit*, und *Würde* heißt ihr Ausdruck in der Erscheinung. [e 1793]

JOHANN WOLFGANG VON GOETHE

Grenzen der Menschheit

Wenn der uralte
Heilige Vater
Mit gelassener Hand
Aus rollenden Wolken
Segnende Blitze
Über die Erde sät
Küss' ich den letzten
Saum seines Kleides,
Kindliche Schauer
Treu in der Brust.

Denn mit Göttern
Soll sich nicht messen
Irgend ein Mensch.
Hebt er sich aufwärts
Und berührt
Mit dem Scheitel die Sterne,
Nirgends haften dann
Die unsichern Sohlen,
Und mit ihm spielen
Wolken und Winde
Steht er mit festen,
Markigen Knochen
Auf der wohlgegründeten
Dauernden Erde,
Reicht er nicht auf,
Nur mit der Eiche
Oder der Rebe
Sich zu vergleichen.

Was unterscheidet
Götter von Menschen?
Daß viele Wellen
Vor jenen wandeln,
Ein ewiger Strom:
Uns hebt die Welle,
Verschlingt die Welle,
Und wir versinken.

Ein kleiner Ring
Begrenzt unser Leben,
Und viele Geschlechter
Reihen sie dauernd
An ihres Daseins
Unendliche Kette.

[e 1781, v 1789]

JOHANN WOLFGANG VON GOETHE

Das Göttliche

Edel sei der Mensch,
Hilfreich und gut!
Denn das allein
Unterscheidet ihn
Von allen Wesen,
Die wir kennen.

Heil den unbekannten
Höhern Wesen,
Die wir ahnen!
Ihnen gleiche der Mensch!
Sein Beispiel lehr' uns
jene glauben.

Denn unfühlend
Ist die Natur:
Es leuchtet die Sonne
Über Bös' und Gute,
Und dem Verbrecher
Glänzen wie dem Besten
Der Mond und die Sterne.

Wind und Ströme,
Donner und Hagel
Rauschen ihren Weg
Und ergreifen
Vorüber eilend
Einen um den andern.

Auch so das Glück
Tappt unter die Menge,
Faßt bald des Knaben
Lockige Unschuld,
Bald auch den kahlen
Schuldigen Scheitel.

Nach ewigen, ehrnen,
Großen Gesetzen
Müssen wir alle
Unseres Daseins
Kreise vollenden.

Nur allein der Mensch
Vermag das Unmögliche:
Er unterscheidet
Wählet und richtet;
Er kann dem Augenblick
Dauer verleihen.

Er allein darf
Den Guten lohnen,
Den Bösen strafen,
Heilen und retten,
Alles Irrende, Schweifende
Nützlich verbinden.

Und wir verehren
Die Unsterblichen,
Als wären sie Menschen,
Täten im großen,
Was der Beste im kleinen
Tut oder möchte.

Der edle Mensch
Sei hilfreich und gut!
Unermüdet schaff' er
Das Nützliche, Rechte,
Sei uns ein Vorbild
Jener geahneten Wesen!

[e, v 1783]

JOHANN WOLFGANG VON GOETHE

Iphigenie auf Tauris

[Situation: Iphigenie schiebt die von Thoas geplante Opferung ihres Bruders Orest und des Pylades auf, läßt die Gefangenen zu dem in einer Bucht versteckten Schiff entfliehen und sucht das Standbild der Göttin, eine rituelle Reinigung vortäuschend, ans Meer zu bringen:]

Fünfter Akt, Dritte Szene

Rolle der Frau (Emanzipation)

Iphigenie. Thoas. 5 Akt 3 Szene

Iphigenie. […] Du weißt es, kennst mich, und du willst mich zwingen!
Thoas. Gehorche deinem Dienste, nicht dem Herrn.
Iphigenie. Laß ab! Beschönige nicht die Gewalt,
Die sich der Schwachheit eines Weibes freut.
Ich bin so frei geboren als ein Mann.
Stünd' Agamemnons Sohn dir gegenüber,
Und du verlangtest, was sich nicht gebührt,
So hat auch er ein Schwert und einen Arm,
Die Rechte seines Busens zu verteid'gen.
Ich habe nichts als Worte, und es ziemt
Dem edlen Mann, der Frauen Wort zu achten.
Thoas. Ich acht' es mehr als eines Bruders Schwert.
Iphigenie. Das Los der Waffen wechselt hin und her:
Kein kluger Streiter hält den Feind gering.
Auch ohne Hilfe gegen Trutz und Härte
Hat die Natur den Schwachen nicht gelassen.
Sie gab zur List ihm Freude, lehrt' ihn Künste:
Bald weicht er aus, verspätet und umgeht.
Ja, der Gewaltige verdient, daß man sie übt.
Thoas. Die Vorsicht stellt der List sich klug entgegen.
Iphigenie. Und eine reine Seele braucht sie nicht.
Thoas. Sprich unbehutsam nicht dein eigen Urteil.
Iphigenie. O sähest du, wie meine Seele kämpft,
Ein bös Geschick, das sie ergreifen will,
Im ersten Anfall mutig abzutreiben!
So steh' ich denn hier wehrlos gegen dich?
Die schöne Bitte, den anmut'gen Zweig,
In einer Frauen Hand gewaltiger
Als Schwert und Waffe, stößest du zurück:
Was bleibt mir nun, mein Innres zu verteid'gen?
Ruf' ich die Göttin um ein Wunder an?
Ist keine Kraft in meiner Seele Tiefen?
Thoas. Es scheint, der beiden Fremden Schicksal macht
Unmäßig dich besorgt. Wer sind sie, sprich,
Für die dein Geist gewaltig sich erhebt?
Iphigenie. Sie sind – sie scheinen – für Griechen halt' ich sie.
Thoas. Landsleute sind es? und sie haben wohl
Der Rückkehr schönes Bild in dir erneut?
Iphigenie *(nach einigem Stillschweigen).*
Hat denn zur unerhörten Tat der Mann
Allein das Recht? Drückt denn Unmögliches
Nur er an die gewalt'ge Heldenbrust?
Was nennt man groß? Was hebt die Seele schaudernd
Dem immer wiederholenden Erzähler,

Als was mit unwahrscheinlichem Erfolg
Der Mutigste begann? Der in der Nacht
Allein das Heer des Feindes überschleicht,
Wie unversehen eine Flamme wütend
Die Schlafenden, Erwachenden ergreift,
Zuletzt, gedrängt von den Ermunterten,
Auf Feindes Pferden, doch mit Beute kehrt,
Wird der allein gepriesen? der allein,
Der, einen sichern Weg verachtend, kühn
Gebirg' und Wälder durchzustreifen geht,
Daß er von Räubern eine Gegend säubre?
Ist uns nichts übrig? Muß ein zartes Weib
Sich ihres angebornen Rechts entäußern,
Wild gegen Wilde sein, wie Amazonen
Das Recht des Schwerts euch rauben und mit Blute
Die Unterdrückung rächen? Auf und ab
Steigt in der Brust ein kühnes Unternehmen:
Ich werde großem Vorwurf nicht entgehn,
Noch schwerem Übel, wenn es mir mißlingt;
Allein euch leg' ich's auf die Kniee! Wenn
Ihr wahrhaft seid, wie ihr gepriesen werdet,
So zeigt's durch euern Beistand und verherrlicht
Durch mich die Wahrheit! – Ja, vernimm, o König,
Es wird ein heimlicher Betrug geschmiedet:
Vergebens fragst du den Gefangnen nach;
Sie sind hinweg und suchen ihre Freunde,
Die mit dem Schiff am Ufer warten, auf.
Der ältste, den das Übel hier ergriffen
Und nun verlassen hat – es ist Orest,
Mein Bruder, und der andre sein Vertrauter,
Sein Jugendfreund, mit Namen Pylades.
Apoll schickt sie von Delphi diesem Ufer
Mit göttlichen Befehlen zu, das Bild
Dianens wegzurauben und zu ihm
Die Schwester hinzubringen, und dafür
Verspricht er dem von Furien Verfolgten,
Des Mutterblutes Schuldigen, Befreiung.
Und beide hab' ich nun, die Überbliebnen
Von Tantals Haus, in deine Hand gelegt:
Verdirb uns – wenn du darfst.
THOAS. Du glaubst, es höre
Der rohe Skythe, der Barbar, die Stimme
Der Wahrheit und der Menschlichkeit, die Atreus,
Der Grieche, nicht vernahm?
IPHIGENIE. Es hört sie jeder,
Geboren unter jedem Himmel, dem
Des Lebens Quelle durch den Busen rein
Und ungehindert fließt. –

[e 1779–87, v 1787]

JOHANN WOLFGANG VON GOETHE

Faust I: Aus dem „Prolog im Himmel“

[…] MEPHISTOPHELES. Da du, o Herr, dich einmal wieder nahst
Und fragst, wie alles sich bei uns befinde,
Und du mich sonst gewöhnlich gerne sahst,
So siehst du mich auch unter dem Gesinde.
Verzeih, ich kann nicht hohe Worte machen,
Und wenn mich auch der ganze Kreis verhöhnt;
Mein Pathos brächte dich gewiß zum Lachen,
Hättst du dir nicht das Lachen abgewöhnt.
Von Sonn' und Welten weiß ich nichts zu sagen,
Ich sehe nur, wie sich die Menschen plagen.
Der kleine Gott der Welt bleibt stets von gleichem Schlag,
Und ist so wunderlich als wie am ersten Tag.
Ein wenig besser würd' er leben,
Hättst du ihm nicht den Schein des Himmelslichts gegeben;
Er nennt's Vernunft und braucht's allein,
Nur tierischer als jedes Tier zu sein.
Er scheint mir, mit Verlaub von Euer Gnaden,
Wie eine der langbeinigen Zikaden,
Die immer fliegt und fliegend springt
Und gleich im Gras ihr altes Liedchen singt;
Und läg' er nur noch immer in dem Grase!
In jeden Quark begräbt er seine Nase.
DER HERR. Hast du mir weiter nichts zu sagen?
Kommst du nur immer anzuklagen?
Ist auf der Erde ewig dir nichts recht?
MEPHISTOPHELES.
Nein, Herr! ich find' es dort, wie immer, herzlich schlecht.
Die Menschen dauern mich in ihren Jammertagen,
Ich mag sogar die armen selbst nicht plagen.
DER HERR. Kennst du den Faust?
MEPHISTOPHELES. Den Doktor?
DER HERR. Meinen Knecht!
MEPHISTOPHELES.
Fürwahr! er dient Euch auf besondre Weise.
Nicht irdisch ist des Toren Trank noch Speise.
Ihn treibt die Gärung in die Ferne,
Er ist sich seiner Tollheit halb bewußt;
Vom Himmel fordert er die schönsten Sterne
Und von der Erde jede höchste Lust,
Und alle Näh' und alle Ferne
Befriedigt nicht die tiefbewegte Brust.
DER HERR. Wenn er mir jetzt auch nur verworren dient,
So werd' ich ihn bald in die Klarheit führen.
Weiß doch der Gärtner, wenn das Bäumchen grünt,
Daß Blüt' und Frucht die künft'gen Jahre zieren.

MEPHISTOPHELES.
Was wettet Ihr? den sollt Ihr noch verlieren,
Wenn Ihr mir die Erlaubnis gebt,
Ihn meine Straße sacht zu führen!
DER HERR. Solang' er auf der Erde lebt,
Solange sei dir's nicht verboten.
Es irrt der Mensch, solang' er strebt.
MEPHISTOPHELES.
Da dank' ich Euch; denn mit den Toten
Hab' ich mich niemals gern befangen.
Am meisten lieb' ich mir die vollen, frischen Wangen.
Für einen Leichnam bin ich nicht zu Haus;
Mir geht es wie der Katze mit der Maus.
DER HERR. Nun gut, es sei dir überlassen!
Zieh diesen Geist von seinem Urquell ab,
Und führ' ihn, kannst du ihn erfassen,
Auf deinem Wege mit herab,
Und steh beschämt, wenn du bekennen mußt:
Ein guter Mensch in seinem dunklen Drange
Ist sich des rechten Weges wohl bewußt.
MEPHISTOPHELES.
Schon gut! nur dauert es nicht lange.
Mir ist für meine Wette gar nicht bange.
Wenn ich zu meinem Zweck gelange,
Erlaubt Ihr mir Triumph aus voller Brust.
Staub soll er fressen, und mit Lust,
Wie meine Muhme, die berühmte Schlange.
DER HERR. Du darfst auch da nur frei erscheinen;
Ich habe deinesgleichen nie gehaßt.
Von allen Geistern, die verneinen,
Ist mir der Schalk am wenigsten zur Last.
Des Menschen Tätigkeit kann allzuleicht erschlaffen,
Er liebt sich bald die unbedingte Ruh;
Drum geb' ich gern ihm den Gesellen zu,
Der reizt und wirkt und muß als Teufel schaffen. –
Doch ihr, die echten Göttersöhne,
Erfreut euch der lebendig reichen Schöne!
Das Werdende, das ewig wirkt und lebt,
Umfass' euch mit der Liebe holden Schranken,
Und was in schwankender Erscheinung schwebt,
Befestiget mit dauernden Gedanken
Der Himmel schließt, die Erzengel verteilen sich.
MEPHISTOPHELES *allein.*
Von Zeit zu Zeit seh' ich den Alten gern,
Und hüte mich, mit ihm zu brechen.
Es ist gar hübsch von einem großen Herrn,
So menschlich mit dem Teufel selbst zu sprechen. [e um 1800, v 1808]

FRIEDRICH SCHILLER

Maria Stuart

DRITTER AKT, VIERTE SZENE

ELISABETH. Wie, Mylords?
Wer war es denn, der eine Tiefgebeugte
Mir angekündigt? Eine Stolze find ich,
Vom Unglück keineswegs geschmeidigt.
MARIA. Seis!
Ich will mich auch noch diesem unterwerfen.
Fahr hin, ohnmächtiger Stolz der edeln Seele!
Ich will vergessen, wer ich bin, und was
Ich litt, ich will vor ihr mich niederwerfen,
Die mich in diese Schmach herunterstieß.
(Sie wendet sich gegen die Königin)
Der Himmel hat für Euch entschieden, Schwester!
Gekrönt vom Sieg ist Euer glücklich Haupt,
Die *Gottheit* bet ich an, die Euch erhöhte!
(Sie fällt vor ihr nieder)
Doch seid auch *Ihr* nun edelmütig, Schwester!
Laßt mich nicht schmachvoll liegen, Eure Hand
Streckt aus, reicht mir die königliche Rechte,
Mich zu erheben von dem tiefen Fall.
ELISABETH *(zurücktretend)*. Ihr seid an Eurem Platz, Lady Maria!
Und dankend preis ich meines Gottes Gnade,
Der nicht gewollt, daß ich zu Euren Füßen
So liegen sollte, wie Ihr jetzt zu meinen.
MARIA *(mit steigendem Affekt)*.
Denkt an den Wechsel alles Menschlichen!
Es leben Götter, die den Hochmut rächen!
Verehret, fürchtet sie, die schrecklichen,
Die mich zu Euren Füßen niederstürzen –
Um dieser fremden Zeugen willen, ehrt
In mir Euch selbst, entweihet, schändet nicht
Das Blut der Tudor, das in meinen Adern
Wie in den Euren fließt – O Gott im Himmel!
Steht nicht da, schroff und unzugänglich, wie
Die Felsenklippe, die der Strandende
Vergeblich ringend zu erfassen strebt.
Mein Alles hängt, mein Leben, mein Geschick,
An meiner Worte, meiner Tränen Kraft,
Löst *mir* das Herz, daß ich das Eure rühre!
Wenn Ihr mich anschaut mit dem Eisesblick,
Schließt sich das Herz mir schaudernd zu, der Strom
Der Tränen stockt, und kaltes Grausen fesselt
Die Flehensworte mir im Busen an.
ELISABETH *(kalt und streng)*.
Was habt Ihr mir zu sagen, Lady Stuart?

Ihr habt mich sprechen wollen. Ich vergesse
Die Königin, die schwerbeleidigte,
Die fromme Pflicht der Schwester zu erfüllen,
Und meines Anblicks Trost gewähr ich Euch.
Dem Trieb der Großmut folg ich, setzte mich
Gerechtem Tadel aus, daß ich so weit
Heruntersteige – denn Ihr wißt,
Daß Ihr mich habt ermorden lassen wollen.
MARIA. Womit soll ich den Anfang machen, wie
Die Worte klüglich stellen, daß sie Euch
Das Herz ergreifen, aber nicht verletzen!
O Gott, gib meiner Rede Kraft, und nimm
Ihr jeden Stachel, der verwunden könnte!
Kann ich doch für mich selbst nicht sprechen, ohne Euch
Schwer zu verklagen, und das will ich nicht.
– Ihr habt an mir gehandelt, wie nicht recht ist,
Denn ich bin eine Königin wie Ihr,
Und Ihr habt als Gefangne mich gehalten,
Ich kam zu Euch als eine Bittende,
Und Ihr, des Gastrechts heilige Gesetze,
Der Völker heilig Recht in mir verhöhnend,
Schloßt mich in Kerkermauern ein, die Freunde,
Die Diener werden grausam mir entrissen,
Unwürdgem Mangel werd ich preisgegeben,
Man stellt mich vor ein schimpfliches Gericht –
Nichts mehr davon! Ein ewiges Vergessen
Bedecke, was ich Grausames erlitt.
– Seht! Ich will alles eine Schickung nennen,
Ihr seid nicht schuldig, *ich* bin auch nicht schuldig,
Ein böser Geist stieg aus dem Abgrund auf,
Den Haß in unsern Herzen zu entzünden,
Der unsre zarte Jugend schon entzweit.
Ach, daß Ihr damals mir Gehör geschenkt,
Als ich so dringend Euer Auge suchte!
Es wäre nie so weit gekommen, nicht
An diesem traurigen Ort geschähe jetzt
Die unglückselig traurige Begegnung.
ELISABETH. Mein guter Stern bewahrte mich davor,
Die Natter an den Busen mir zu legen.
– Nicht die Geschicke, Euer schwarzes Herz
Klagt an, die wilde Ehrsucht Eures Hauses.
Nichts Feindliches war zwischen uns geschehn,
Da kündigte mir Euer Ohm, der stolze,
Herrschwütge Priester, der die freche Hand
Nach allen Kronen streckt, die Fehde an,
Betörte Euch, mein Wappen anzunehmen,
Euch meine Königstitel zuzueignen,
Auf Tod und Leben in den Kampf mit mir

Zu gehn – [...]
Doch Gott ist mit mir, und der stolze Priester
Behält das Feld nicht – Meinem Haupte war
Der Streich gedrohet, und das Eure fällt!
MARIA. Ich steh in Gottes Hand. Ihr werdet Euch
So blutig Eurer Macht nicht überheben –
ELISABETH. Wer soll mich hindern? [...]
Gewalt nur ist die einzge Sicherheit,
Kein Bündnis ist mit dem Gezücht der Schlangen.
MARIA. O das ist Euer traurig finstrer Argwohn!
Ihr habt mich stets als eine Feindin nur
Und Fremdlingin betrachtet. Hättet Ihr
Zu Eurer Erbin mich erklärt, wie mir
Gebührt, so hätten Dankbarkeit und Liebe
Euch eine treue Freundin und Verwandte
In mir erhalten.
ELISABETH. [...] Euch, zur Erbin
Erklären! Der verräterische Fallstrick!
Daß Ihr bei meinem Leben noch mein Volk
Verführtet [...]
MARIA. Regiert in Frieden!
Jedwedem Anspruch auf dies Reich entsag ich.
Ach, meines Geistes Schwingen sind gelähmt.
Nicht Größe lockt mich mehr – Ihr habts erreicht,
Ich bin nur noch der Schatten der Maria.
Gebrochen ist in langer Kerkerschmach
Der edle Mut – Ihr habt das Äußerste an mir
Getan, habt mich zerstört in meiner Blüte!
– Jetzt macht ein Ende, Schwester. Sprecht es aus,
Das Wort, um dessentwillen Ihr gekommen,
Denn nimmer will ich glauben, daß Ihr kamt,
Um Euer Opfer grausam zu verhöhnen.
Sprecht dieses Wort aus. Sagt mir: „Ihr seid frei,
Maria! Meine Macht habt Ihr gefühlt,
Jetzt lernet meinen Edelmut verehren."
Sagts, und ich will mein Leben, meine Freiheit
Als ein Geschenk aus Eurer Hand empfangen.
– Ein Wort macht alles ungeschehn. Ich warte
Darauf. O laßt michs nicht zu lang erharren! [...]
ELISABETH. Bekennt Ihr endlich Euch für überwunden?
Ist's aus mit Euren Ränken? Ist kein Mörder
Mehr unterweges? Will kein Abenteurer
Für Euch die traurge Ritterschaft mehr wagen?
– Ja, es ist aus, Lady Maria. Ihr verführt
Mir keinen mehr. Die Welt hat andre Sorgen.
Es lüstet keinen, Euer – vierter Mann
Zu werden, denn Ihr tötet Eure Freier
Wie Eure Männer!

MARIA *(auffahrend).* Schwester! Schwester!
O Gott! Gott! Gib mir Mäßigung!
ELISABETH *(sieht sie lange mit einem Blick stolzer Verachtung an).*
Das also sind die Reizungen, Lord Leicester,
Die ungestraft kein Mann erblickt, daneben
Kein andres Weib sich wagen darf zu stellen!
Fürwahr! *Der* Ruhm war wohlfeil zu erlangen,
Es kostet nichts, die *allgemeine* Schönheit
Zu sein, als die *gemeine* sein für *alle!*
MARIA. Das ist zuviel!
ELISABETH *(höhnisch lachend).* Jetzt zeigt Ihr Euer wahres
Gesicht, bis jetzt wars nur die Larve.
MARIA *(vor Zorn glühend, doch mit einer edeln Würde).*
Ich habe menschlich, jugendlich gefehlt,
Die Macht verführte mich, ich hab es nicht
Verheimlicht und verborgen, falschen Schein
Hab ich verschmäht, mit königlichem Freimut.
Das Ärgste weiß die Welt von mir und ich
Kann sagen, ich bin besser als mein Ruf.
Weh Euch, wenn sie von Euren Taten einst
Den Ehrenmantel zieht, womit Ihr gleißend
Die wilde Glut verstohlner Lüste deckt.
Nicht Ehrbarkeit habt Ihr von Eurer Mutter
Geerbt, man weiß, um welcher Tugend willen
Anna von Boleyn das Schafott bestiegen.
SHREWSBURY *(tritt zwischen beide Königinnen).*
O Gott des Himmels! Muß es dahin kommen!
Ist das die Mäßigung, die Unterwerfung,
Lady Maria?
MARIA. Mäßigung! Ich habe
Ertragen, was ein Mensch ertragen kann.
Fahr hin, lammherzige Gelassenheit,
Zum Himmel fliehe, leidende Geduld,
Spreng endlich deine Bande, tritt hervor
Aus deiner Höhle, langverhaltner Groll –
Und *du*, der dem gereizten Basilisk
Den Mordblick gab, leg auf die Zunge mir
Den giftigen Pfeil –
SHREWSBURY. O sie ist außer sich!
Verzeih der Rasenden, der schwer Gereizten!
(Elisabeth, für Zorn sprachlos, schießt wütende Blicke auf Marien)
LEICESTER *(in der heftigsten Unruhe, sucht die Elisabeth hinwegzuführen).*
Höre
Die Wütende nicht an! Hinweg, hinweg
Von diesem unglückselgen Ort!
MARIA. Der Thron von England ist durch einen Bastard
Entweiht, der Briten edelherzig Volk

Durch eine listge Gauklerin betrogen.
– Regierte Recht, so läget *Ihr* vor mir
Im Staube jetzt, denn *ich* bin Euer König.
(Elisabeth geht schnell ab, die Lords folgen ihr in der höchsten Bestürzung)

FÜNFTER AUFTRITT
Maria. Kennedy

KENNEDY. O was habt Ihr getan! Sie geht in Wut!
Jetzt ist es aus und alle Hoffnung schwindet.
MARIA *(noch ganz außer sich)*.
Sie geht in Wut! Sie trägt den Tod im Herzen!
(Der Kennedy um den Hals fallend)
O wie mir wohl ist, Hanna! Endlich, endlich
Nach Jahren der Erniedrigung, der Leiden,
Ein Augenblick der Rache, des Triumphs!
Wie Bergeslasten fällts von meinem Herzen,
Das Messer stieß ich in der Feindin Brust. [...]

FÜNFTER AKT, ACHTER AUFTRITT
Die Vorigen. Burleigh. Leicester und Paulet. Leicester bleibt ganz in der Entfernung stehen, ohne die Augen aufzuschlagen. Burleigh, der seine Fassung beobachtet, tritt zwischen ihn und die Königin

BURLEIGH. Ich komme, Lady Stuart, Eure letzten
Befehle zu empfangen.
MARIA. Dank, Mylord!
BURLEIGH. Es ist der Wille meiner Königin,
Daß Euch nichts Billiges verweigert werde.
MARIA. Mein Testament nennt meine letzten Wünsche.
Ich habs in Ritter Paulets Hand gelegt,
Und bitte, daß es treu vollzogen werde.
PAULET. Verlaßt Euch drauf.
MARIA. Ich bitte meine Diener ungekränkt
Nach Schottland zu entlassen, oder Frankreich,
Wohin sie selber wünschen und begehren.
BURLEIGH. Es sei, wie Ihr es wünscht.
MARIA. Und weil mein Leichnam
Nicht in geweihter Erde ruhen soll,
So dulde man, daß dieser treue Diener
Mein Herz nach Frankreich bringe zu den Meinen.
– Ach! Es war immer dort!
BURLEIGH. Es soll geschehn!
Habt Ihr noch sonst –
MARIA. Der Königin von England
Bringt meinen schwesterlichen Gruß – Sagt ihr,
Daß ich ihr meinen Tod von ganzem Herzen
Vergebe, meine Heftigkeit von gestern
Ihr reuevoll abbitte. [...] [e 1799–1800, v 1801]

Aufgaben zu den Texten auf den Seiten 165–177

Johann Gottfried Herder Briefe zur Beförderung der Humanität (S. 165)

① Gehen Sie von den kursiv gedruckten Leitwörtern in diesem Text aus, erklären Sie sie und fassen Sie das Anliegen Herders zusammen.
② Wie begründet Herder die Forderung nach „Bildung zur Humanität"?

Immanuel Kant Von den Triebfedern der reinen praktischen Vernunft (S. 166)
Friedrich Schiller Über Anmut und Würde (S. 166f.)

① Wie bestimmt Kant „Moralität"? Welche Haltung fordert er vom sittlich Handelnden?
② Was bedeuten in Schillers Schriften die Begriffe „Tugend", „Schöne Seele", „Anmut", „Geistesfreiheit", „Würde"?
③ Arbeiten Sie die Unterschiede zwischen der Morallehre Kants und Schillers Theorie heraus.
④ Deckt sich Schillers Harmoniebegriff mit unserer Vorstellung von einem durch die Umstände erzwungenen Kompromiß?

Johann Wolfgang von Goethe Grenzen der Menschheit (S. 167)

In den Kontext dieses und des folgenden Gedichts gehören die Hymnen *Prometheus* (S. 130) und *Ganymed* (S. 126). Jedes der vier Gedichte behandelt das Verhältnis eines Ich zu den Göttern oder dem Göttlichen. In den Sturm-und-Drang-Hymnen sprechen mythische Gestalten: Prometheus verhöhnt die oberste Gottheit und beansprucht Gleichwertigkeit; Ganymed feiert in totaler Selbsthingabe die Vereinigung mit dem Göttlichen.
① Machen Sie sich an formalen und inhaltlichen Unterschieden die Entwicklung vom Sturm und Drang zur Klassik klar.
② Untersuchen Sie den gedanklichen Aufbau zunächst nur für die Strophen 1 bis 3. – Erläutern und bewerten Sie die in den Strophen 2 und 3 entworfenen Lebensformen. –
③ Worin bestehen die grundsätzlichen Unterschiede zwischen Menschen und Göttern?
④ Inwieweit ist das Ring-Bild typisch für das neugewonnene Selbstverständnis des Menschen?

Johann Wolfgang von Goethe Das Göttliche (S. 168)

① Untersuchen Sie den Gebrauch von Konjunktiv und Indikativ in diesem Gedicht.
② Kennzeichnen Sie den Aufbau und zeigen Sie, wie die einzelnen Sphären (die unbeseelte Natur, die menschliche, die göttliche Sphäre) unterschieden und charakterisiert werden. Achten Sie auf die Leitbegriffe. – Wo wird der Mensch eingeordnet?
③ Wie erklären Sie den Titel, wenn das Gedicht vorwiegend vom Menschen spricht?
④ Es fällt schwer, von den speziell menschlichen Möglichkeiten (Strophen 7, 8) eine konkrete Vorstellung zu gewinnen. Versuchen Sie es dennoch.
⑤ Goethe verwendet an anderer Stelle den Begriff „Mutter Natur". Widerspricht die Naturdarstellung dieses Gedichts dieser Auffassung?

JOHANN WOLFGANG VON GOETHE Iphigenie auf Tauris (S. 168 ff.)

① Erschließen Sie aus der Dialogführung möglichst genau den inneren Kampf der Iphigenie.
② Machen Sie sich klar, wodurch sich die Sprechhandlung der Iphigenie von den Taten der Männer unterscheidet. Bedenken Sie dazu die unterschiedliche Einschätzung des anderen, die Ziele und die möglichen wie tatsächlichen Folgen.
③ Worin sehen Sie das Zeitgebundene und das Moderne der *Iphigenie*? Berücksichtigen Sie auch die formale Gestaltung.
④ Goethe selbst klagte während der Arbeit an dem Drama: „Hier will das Drama gar nicht fort, es ist verflucht, der König von Tauris soll reden, als wenn kein Strumpfwirker in Apolde hungerte." (zit. nach Hamburger Ausgabe, Band 5, S. 411 und 403). Formulieren Sie die in dieser Äußerung enthaltene Kritik.

JOHANN WOLFGANG VON GOETHE Faust I, Prolog im Himmel (S. 171 f.)

① Beschreiben Sie Aufbau, Ziel und Ergebnis des Dialogs. Erläutern Sie die zum Textverständnis besonders nötigen Bilder (z.B. Z 50, 61–66, 72 f., 78–80).
② Erarbeiten Sie die Menschenbilder, von denen der Herr und Mephisto ausgehen, und machen Sie die Unterschiede deutlich.
③ Zeigen Sie, daß der Prolog als Exposition für das folgende Drama aufgefaßt werden kann. Welche Erwartungen werden geweckt?

FRIEDRICH SCHILLER Maria Stuart (S. 173 ff.)

① Verfassen Sie eine knappe Inhaltsangabe der vorausgehenden Teile und beschreiben Sie den inhaltlichen Vorgang der Szene III 4.
② Arbeiten Sie die Raffinessen des Aufbaus heraus: Welche Rang- und Machtpositionen finden sich zu Anfang? Wie verändern sie sich im Lauf der Unterredung? Markieren und erläutern Sie die Wendepunkte. Bedenken Sie dabei auch Regieanweisungen und indirekte Regiehinweise. Stellen Sie sich vor, wie Sie als Regisseur die beiden Darstellerinnen ihre Rollen spielen lassen würden.
③ Überlegen Sie, wie sich Maria verändern müßte, wenn sie dem Schillerschen Anspruch auf Würde entsprechen sollte (vgl. S. 166 f.).

d) Verhältnis zu Politik und Gesellschaft

JOHANN WOLFGANG VON GOETHE
Gespräche mit Eckermann

[…] „Es ist wunderlich, gar wunderlich", sagte Goethe, „wie leicht man zu der öffentlichen Meinung in eine falsche Stellung gerät! Ich wußte nicht, daß ich je etwas gegen das Volk gesündigt, aber ich soll nun ein für allemal kein Freund des Volkes sein. Freilich bin ich kein Freund des revolutionären Pöbels, der auf Raub, Mord und Brand ausgeht und hinter dem falschen Schilde des öffentlichen Wohles nur die gemeinsten egoistischen Zwecke im Auge hat. Ich bin kein Freund solcher Leute, ebensowenig als ich ein Freund eines Ludwigs des Funfzehnten bin. Ich hasse jeden gewaltsamen Umsturz, weil dabei ebensoviel Gutes vernichtet als gewonnen wird. Ich hasse die, welche ihn ausführen, wie die, welche dazu Ursache geben. Aber bin ich darum kein Freund des Volkes? Denkt denn jeder rechtlich gesinnte Mann etwa anders? „Sie wissen, wie sehr ich mich über jede Verbesserung freue, welche die Zukunft uns etwa in Aussicht stellt. Aber, wie gesagt, jedes Gewaltsame, Sprunghafte ist mir in der Seele zuwider, *denn es ist nicht naturgemäß.*

„Ich bin ein Freund der Pflanze, ich liebe die Rose als das Vollkommenste, was unsere deutsche Natur als Blume gewähren kann; aber ich bin nicht Tor genug, um zu verlangen, daß mein Garten sie mir schon jetzt, Ende April, gewähren soll. Ich bin zufrieden, wenn ich jetzt die ersten grünen Blätter finde, zufrieden, wenn ich sehe, wie ein Blatt nach dem andern den Stengel von Woche zu Woche weiter bildet; ich freue mich, wenn ich im Mai die Knospe sehe, und bin glücklich, wenn endlich der Juni mir die Rose selbst in aller Pracht und in allem Duft entgegenreicht. Kann aber jemand die Zeit nicht erwarten, der wende sich an die Treibhäuser. [...] [e 1825]

Friedrich Schiller

Ankündigung

Die Horen[1], eine Monatsschrift, von einer Gesellschaft verfaßt und herausgegeben von Schiller

Zu einer Zeit, wo das nahe Geräusch des Kriegs das Vaterland ängstiget, wo der Kampf politischer Meinungen und Interessen diesen Krieg beinahe in jedem Zirkel erneuert und nur allzuoft Musen und Grazien daraus verscheucht, wo weder in den Gesprächen noch in den Schriften des Tages vor diesem allverfolgenden Dämon der Staatskritik Rettung ist, möchte es ebenso gewagt als verdienstlich sein, den so sehr zerstreuten Leser zu einer Unterhaltung von ganz entgegengesetzter Art einzuladen. In der Tat scheinen die Zeitumstände einer Schrift wenig Glück zu versprechen, die sich über das Lieblingsthema des Tages ein strenges Stillschweigen auferlegen und ihren Ruhm darin suchen wird, durch etwas anders zu gefallen, als wodurch jetzt alles gefällt. Aber je mehr das beschränkte Interesse der Gegenwart die Gemüter in Spannung setzt, einengt und unterjocht, desto dringender wird das Bedürfnis, durch ein allgemeines und höheres Interesse an dem, was *rein menschlich* und über allen Einfluß der Zeiten erhaben ist, sie wieder in Freiheit zu setzen und die politisch geteilte Welt unter der Fahne der Wahrheit und Schönheit wieder zu vereinigen.

Dies ist der Gesichtspunkt, aus welchem die Verfasser dieser Zeitschrift dieselbe betrachtet wissen möchten. Einer heitern und leidenschaftfreien Unterhaltung soll sie gewidmet sein, und dem Geist und Herzen des Lesers, den der Anblick der Zeitbegebenheiten bald entrüstet, bald niederschlägt, eine fröhliche Zerstreuung gewähren. Mitten in diesem politischen Tumult soll sie für Musen und Charitinnen[2] einen engen vertraulichen Zirkel schließen, aus welchem alles verbannt sein wird, was mit einem unreinen Parteigeist gestempelt ist. Aber indem sie sich alle Beziehungen auf den *jetzigen* Weltlauf und auf die *nächsten* Erwartungen der Menschheit verbietet, wird sie über die vergangene Welt die Geschichte und über die kommende die Philosophie befragen, wird sie zu dem Ideale veredelter Menschheit, welches durch die Vernunft aufgegeben, in der Erfahrung aber so leicht aus den Augen gerückt wird, einzelne Züge sammeln und an dem stillen Bau beßrer Begriffe, reinerer Grundsätze und edlerer Sitten, von dem zuletzt alle wahre Verbesserung des gesellschaftlichen Zustandes abhängt, nach Vermögen geschäftig sein. [v 1794]

[1] Göttinnen der Jahreszeiten; bei Hesiod (um 700 v. Chr.) Göttinnen der Gesetzmäßigkeit, Gerechtigkeit und des Friedens
[2] göttliche Dienerinnen Aphrodites und Apolls; seit Hesiod Aglaia (Glanz), Euphrosyne (Frohsinn) und Thalia (Glück)

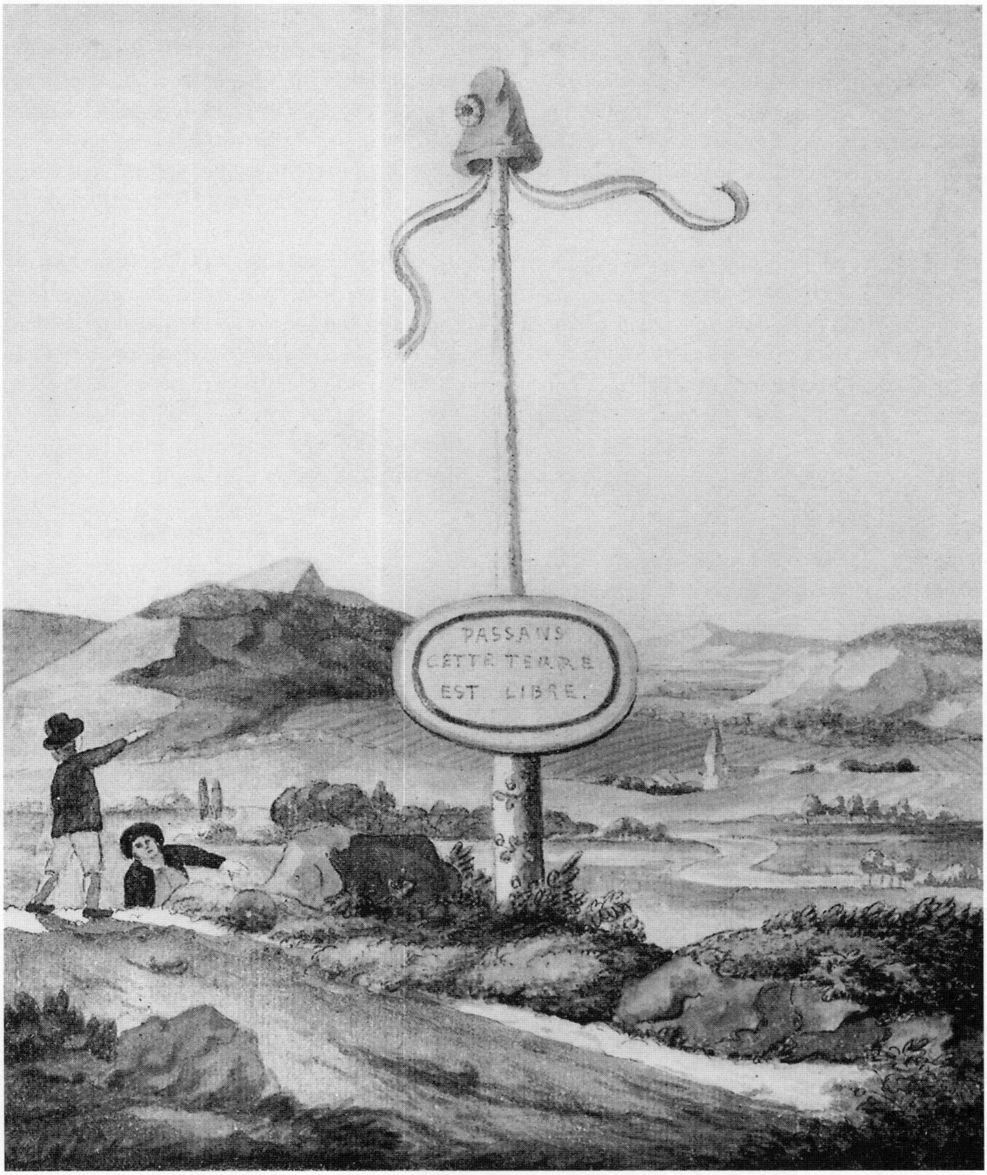

Johann Wolfgang von Goethe, Der Freiheitsbaum, 1792

JOHANN WOLFGANG VON GOETHE
Wilhelm Meisters Lehrjahre

FÜNFTES BUCH

[...] Was hilft es mir, gutes Eisen zu fabrizieren, wenn mein eigenes Inneres voller Schlacken ist? und was, ein Landgut in Ordnung zu bringen, wenn ich mit mir selber uneins bin?

Daß ich Dir's mit einem Worte sage: mich selbst, ganz wie ich da bin, auszubilden, das war dunkel von Jugend auf mein Wunsch und meine Absicht. Noch hege ich eben diese Gesinnungen, nur daß mir die Mittel, die mir es möglich machen werden, etwas deutlicher sind. Ich habe mehr Welt gesehen, als Du glaubst, und sie besser benutzt, als Du denkst. Schenke deswegen dem, was ich sage, einige Aufmerksamkeit, wenn es gleich nicht ganz nach Deinem Sinne sein sollte.

Wäre ich ein Edelmann, so wäre unser Streit bald abgetan; da ich aber nur ein Bürger bin, so muß ich einen eigenen Weg nehmen, und ich wünsche, daß Du mich verstehen mögest. Ich weiß nicht, wie es in fremden Ländern ist, aber in Deutschland ist nur dem Edelmann eine gewisse allgemeine, wenn ich sagen darf, personelle[1] Ausbildung möglich. Ein Bürger kann sich Verdienst erwerben und zur höchsten Not seinen Geist ausbilden; seine Persönlichkeit geht aber verloren, er mag sich stellen, wie er will. Indem es dem Edelmann, der mit den Vornehmsten umgeht, zur Pflicht wird, sich selbst einen vornehmen Anstand zu geben, indem dieser Anstand, da ihm weder Tür noch Tor verschlossen ist, zu einem freien Anstand wird, da er mit seiner Figur, mit seiner Person, es sei bei Hofe oder bei der Armee, bezahlen muß, so hat er Ursache, etwas auf sie zu halten und zu zeigen, daß er etwas auf sie hält. Eine gewisse feierliche Grazie bei gewöhnlichen Dingen, eine Art von leichtsinniger Zierlichkeit bei ernsthaften und wichtigen kleidet ihn wohl, weil er sehen läßt, daß er überall im Gleichgewicht steht. Er ist eine öffentliche Person, und je ausgebildeter seine Bewegungen, je sonorer seine Stimme, je gehaltner und gemessener sein ganzes Wesen ist, desto vollkommner ist er. Wenn er gegen Hohe und Niedre, gegen Freunde und Verwandte immer ebenderselbe bleibt, so ist nichts an ihm auszusetzen, man darf ihn nicht anders wünschen. Er sei kalt, aber verständig; verstellt, aber klug. Wenn er sich äußerlich in jedem Momente seines Lebens zu beherrschen weiß, so hat niemand eine weitere Forderung an ihm zu machen, und alles übrige, was er an und um sich hat, Fähigkeit, Talent, Reichtum, alles scheinen nur Zugaben zu sein.

Nun denke Dir irgendeinen Bürger, der an jene Vorzüge nur einigen Anspruch zu machen gedächte; durchaus muß es ihm mißlingen, und er müßte desto unglücklicher werden, je mehr sein Naturell ihm zu jener Art zu sein Fähigkeit und Trieb gegeben hätte.

Wenn der Edelmann im gemeinen Leben gar keine Grenzen kennt, wenn man aus ihm Könige oder königähnliche Figuren erschaffen kann, so darf er überall mit einem stillen Bewußtsein vor seinesgleichen treten; er darf überall vorwärts dringen, anstatt daß dem Bürger nichts besser ansteht, als das reine, stille Gefühl der Grenzlinie, die ihm gezogen ist. Er darf nicht fragen: Was bist du?, sondern nur: Was hast du? welche Einsicht, welche Kenntnis, welche Fähigkeit, wieviel Vermögen? Wenn der Edelmann durch die Darstellung seiner Person alles gibt, so gibt der Bürger durch seine Persönlichkeit nichts und soll nichts geben. Jener darf und soll scheinen; dieser soll nur sein, und was er scheinen will, ist lächerlich oder abgeschmackt. Jener soll tun und wirken, dieser soll leisten und schaffen; er soll einzelne Fähigkeiten ausbilden, um brauchbar zu werden, und es wird schon vorausgesetzt, daß in seinem Wesen keine Harmonie sei noch sein dürfe, weil er, um sich auf eine Weise brauchbar zu machen, alles übrige vernachlässigen muß.

An diesem Unterschiede ist nicht etwa die Anmaßung der Edelleute und die Nachgiebigkeit der Bürger, sondern die Verfassung der Gesellschaft selbst schuld; ob sich daran einmal etwas ändern wird und was sich ändern wird, bekümmert mich wenig; genug, ich habe, wie die Sachen jetzt stehen, an mich selbst zu denken, und wie ich mich selbst und das, was mir ein unerläßliches Bedürfnis ist, rette und erreiche.

Ich habe nun einmal gerade zu jener harmonischen Ausbildung meiner Natur, die mir meine Geburt versagt, eine unwiderstehliche Neigung.

[v 1795/96]

[1] im heutigen Wortgebrauch: persönlich

Jacques-Louis David, Der Schwur der Horatier, 1784–85.

FRIEDRICH SCHILLER
Wilhelm Tell

DRITTER AKT, DRITTE SZENE

GESSLER: [...]
Was läuft das Volk zusammen? Wer ruft Hülfe
(Allgemeine Stille)
Wer wars? Ich will es wissen. *(Zu Frießhardt)*
Du tritt vor!
Wer bist du und was hältst du diesen Mann?
(Er gibt den Falken einem Diener)
FRIESSHARDT. Gestrenger Herr, ich bin dein Waffenknecht
Und wohlbestellter Wächter bei dem Hut.
Diesen Mann ergriff ich über frischer Tat,
Wie er dem Hut den Ehrengruß versagte.
Verhaften wollt ich ihn, wie du befahlst,
Und mit Gewalt will ihn das Volk entreißen.

GESSLER *(nach einer Pause).*
Verachtest du so deinen Kaiser, Tell,
Und *mich*, der hier an seiner Statt gebietet,
Daß du die Ehr versagst dem Hut, den ich
Zur Prüfung des Gehorsams aufgehangen?
Dein böses Trachten hast du mir verraten.
TELL. Verzeiht mir, lieber Herr! Aus Unbedacht,
Nicht aus Verachtung Eurer ists geschehn,
Wär ich besonnen, hieß ich nicht der Tell,
Ich bitt um Gnad, es soll nicht mehr begegnen.
GESSLER *(nach einigem Stillschweigen).*
Du bist ein Meister auf der Armbrust, Tell,
Man sagt, du nähmst es auf mit jedem Schützen?
WALTER TELL. Und das muß wahr sein, Herr – 'nen Apfel schießt
Der Vater dir vom Baum auf hundert Schritte.
GESSLER. Ist das dein Knabe, Tell?
TELL. Ja, lieber Herr.
GESSLER. Hast du der Kinder mehr?
TELL. Zwei Knaben, Herr.
GESSLER. Und welcher ists, den du am meisten liebst?
TELL. Herr, beide sind sie mir gleich liebe Kinder.
GESSLER. Nun, Tell! weil du den Apfel triffst vom Baume
Auf hundert Schritte, so wirst du deine Kunst
Vor mir bewähren müssen – Nimm die Armbrust –
Du hast sie gleich zur Hand – und mach dich fertig,
Einen Apfel von des Knaben Kopf zu schießen –
Doch will ich raten, ziele gut, daß du
Den Apfel treffest auf den ersten Schuß,
Denn fehlst du ihn, so ist dein Kopf verloren.
(Alle geben Zeichen des Schreckens)
TELL. Herr – Welches Ungeheure sinnet Ihr
Mir an – Ich soll vom Haupte meines Kindes –
– Nein, nein doch, lieber Herr, das könnt Euch nicht
Zu Sinn – Verhüts der gnädge Gott – das könnt Ihr
Im Ernst von einem Vater nicht begehren!
GESSLER. Du wirst den Apfel schießen von dem Kopf
Des Knaben – Ich begehrs und wills.
TELL. Ich soll
Mit meiner Armbrust auf das liebe Haupt
Des eignen Kindes zielen – Eher sterb ich!
GESSLER. Du schießest oder stirbst *mit* deinem Knaben.
TELL. Ich soll der Mörder werden meines Kinds!
Herr, Ihr habt keine Kinder – wisset nicht,
Was sich bewegt in eines Vaters Herzen.
GESSLER. Ei, Tell, du bist ja plötzlich so besonnen!
Man sagte mir, daß du ein Träumer seist,
Und dich entfernst von andrer Menschen Weise.

Du liebst das Seltsame – drum hab ich jetzt
Ein eigen Wagstück für dich ausgesucht.
Ein andrer wohl bedächte sich – *Du* drückst
Die Augen zu, und greifst es herzhaft an.
BERTA. Scherzt nicht, o Herr! mit diesen armen Leuten!
Ihr seht sie bleich und zitternd stehn – So wenig
Sind sie Kurzweils gewohnt aus Eurem Munde.
GESSLER. Wer sagt Euch, daß ich scherze?
(Greift nach einem Baumzweige, der über ihn herhängt)
Hier ist der Apfel
Man mache Raum – Er nehme seine Weite,
Wies Brauch ist – Achtzig Schritte geb ich ihm –
Nicht weniger, noch mehr – Er rühmte sich,
Auf ihrer hundert seinen Mann zu treffen –
Jetzt, Schütze, triff, und fehle nicht das Ziel!
RUDOLF DER HARRAS.
Gott, das wird ernsthaft – Falle nieder, Knabe,
Es gilt, und fleh den Landvogt um dein Leben.
WALTER FÜRST *(beiseite zu Melchthal, der kaum seine Ungeduld bezwingt).*
Haltet an Euch, ich fleh Euch drum, bleibt ruhig.
BERTA *(zum Landvogt).* Laßt es genug sein, Herr! Unmenschlich ists,
Mit eines Vaters Angst also zu spielen.
[... WALTER TELL] – Frisch, Vater, zeigs, daß du ein Schütze bist,
Er glaubt dirs nicht, er denkt uns zu verderben –
Dem Wütrich zum Verdrusse, schieß und triff.
(Er geht an die Linde, man legt ihm den Apfel auf)
MELCHTHAL *(zu den Landleuten).*
Was? Soll der Frevel sich vor unsern Augen
Vollenden? Wozu haben wir geschworen?
STAUFFACHER. Es ist umsonst. Wir haben keine Waffen,
Ihr seht den Wald von Lanzen um uns her.
MELCHTHAL. O hätten wirs mit frischer Tat vollendet,
Verzeihs Gott denen, die zum Aufschub rieten!
GESSLER *(zum Tell).*
Ans Werk! Man führt die Waffen nicht vergebens.
Gefährlich ists, ein Mordgewehr zu tragen,
Und auf den Schützen springt der Pfeil zurück.
Dies stolze Recht, das sich der Bauer nimmt,
Beleidiget den höchsten Herrn des Landes.
Gewaffnet sei niemand, als wer gebietet.
Freuts euch, den Pfeil zu führen und den Bogen,
Wohl, so will ich das Ziel euch dazu geben.
TELL *(spannt die Armbrust und legt den Pfeil auf).*
Öffnet die Gasse! Platz!
STAUFFACHER. Was, Tell? Ihr wolltet – Nimmermehr – Ihr zittert,
Die Hand erbebt Euch, Eure Kniee wanken –
TELL *(läßt die Armbrust sinken).*
Mir schwimmt es vor den Augen!

WEIBER. Gott im Himmel!

TELL *(zum Landvogt).* Erlasset mir den Schuß. Hier ist mein Herz!
(Er reißt die Brust auf)
Ruft Eure Reisigen und stoßt mich nieder.

GESSLER. Ich will dein Leben nicht, ich will den Schuß.
– Du kannst ja alles, Tell, an nichts verzagst du,
Das Steuerruder führst du wie den Bogen,
Dich schreckt kein Sturm, wenn es zu retten gilt,
Jetzt, Retter, hilf dir selbst – du rettest alle!

(Tell steht in fürchterlichem Kampf, mit den Händen zuckend und die rollenden Augen bald auf den Landvogt, bald zum Himmel gerichtet. – Plötzlich greift er in seinen Köcher, nimmt einen zweiten Pfeil heraus und steckt ihn in seinen Goller. Der Landvogt bemerkt all diese Bewegungen)

WALTER TELL *(unter der Linde).*
Vater, schieß zu, ich fürcht mich nicht.

TELL. Es muß!
(Er rafft sich zusammen und legt an)

RUDENZ *(der die ganze Zeit über in der heftigsten Spannung gestanden und mit Gewalt an sich gehalten, tritt hervor).*
Herr Landvogt, weiter werdet Ihrs nicht treiben,
Ihr werdet *nicht* – Es war nur eine Prüfung –
Den Zweck habt Ihr erreicht – Zu weit getrieben
Verfehlt die Strenge ihres weisen Zwecks,
Und allzu straff gespannt zerspringt der Bogen.

GESSLER. Ihr schweigt, bis man Euch aufruft.

RUDENZ. Ich *will* reden,
Ich darfs, des Königs Ehre ist mir heilig,
Doch solches Regiment muß Haß erwerben. [...]
Das Beste aller glaubt ich zu befördern,
Da ich des Kaisers Macht befestigte –
Die Binde fällt von meinen Augen – Schaudernd
Seh ich an einen Abgrund mich geführt –
Mein freies Urteil habt Ihr irrgeleitet,
Mein redlich Herz verführt – Ich war daran,
Mein Volk in bester Meinung zu verderben.

GESSLER. Verwegner, diese Sprache deinem Herrn?

RUDENZ. Der Kaiser ist mein Herr, nicht Ihr – Frei bin ich
Wie Ihr geboren, und ich messe mich
Mit Euch in jeder ritterlichen Tugend.
Und stündet Ihr nicht hier in Kaisers Namen,
Den ich verehre, selbst wo man ihn schändet,
Den Handschuh wärf ich vor Euch hin, Ihr solltet
Nach ritterlichem Brauch mir Antwort geben.
– Ja, winkt nur Euren Reisigen – Ich stehe
Nicht wehrlos da, wie *die* – *(auf das Volk zeigend).*
Ich hab ein Schwert,
Und wer mir naht –

STAUFFACHER *(ruft).* Der Apfel ist gefallen!
(Indem sich alle nach dieser Seite gewendet und Berta zwischen Rudenz und den Landvogt sich geworfen, hat Tell den Pfeil abgedrückt)
RÖSSELMANN. Der Knabe lebt!
VIELE STIMMEN. Der Apfel ist getroffen!
(Walter Fürst schwankt und droht zu sinken, Berta hält ihn)
GESSLER *(erstaunt).* Er hat geschossen? Wie? der Rasende!
BERTA. Der Knabe lebt! Kommt zu Euch, guter Vater!
WALTER TELL *(kommt mit dem Apfel gesprungen).*
Vater, hier ist der Apfel – Wußt ichs ja,
Du würdest deinen Knaben nicht verletzen.
(Tell stand mit vorgebognem Leib, als wollt er dem Pfeil folgen – die Armbrust entsinkt seiner Hand – wie er den Knaben kommen sieht, eilt er ihm mit ausgebreiteten Armen entgegen und hebt ihn mit heftiger Inbrunst zu seinem Herzen hinauf, in dieser Stellung sinkt er kraftlos zusammen. Alle stehen gerührt)
BERTA. O gütger Himmel!
WALTER FÜRST *(zu Vater und Sohn).* Kinder! meine Kinder!
STAUFFACHER. Gott sei gelobt!
LEUTHOLD. Das war ein Schuß! Davon
Wird man noch reden in den spätsten Zeiten. […] [v 1804]

Aufgaben zu den Abbildungen auf den Seiten 181 und 183

JOHANN WOLFGANG VON GOETHE Der Freiheitsbaum

① Welchen Gegensatz will Goethe durch die Darstellung des Freiheitsbaums mit Jakobinermütze inmitten der idyllischen Landschaft ausdrücken?
② Vergleichen Sie die unterschiedliche Funktion des Geßlerhuts auf der Stange.

JACQUES-LOUIS DAVID Der Schwur der Horatier

Dieses Gemälde gilt gleichsam als Manifest des Klassizismus in der Malerei.

① Informieren Sie sich über diese Epoche der Malerei und versuchen Sie dann, charakteristische Merkmale anhand dieses Gemäldes zu erläutern.
② Beschreiben Sie grundlegende Unterschiede zwischen dieser klassizistischen Darstellung und dem romantischen Gemälde Caspar David Friedrichs, S. 197.
③ Nach der römischen Sage waren die Horatier Drillingsbrüder, die Rom durch einen Sieg im Kampf die Herrschaft über die Stadt Alba Longa brachten. Vergleichen Sie das in diesem Gemälde zum Ausdruck gebrachte Menschenbild mit dem der Weimarer Klassik.

Aufgaben zu den Texten auf den Seiten 179–187

JOHANN WOLFGANG VON GOETHE Gespräche mit Eckermann (S. 179f.)

① Geben Sie Goethes Einstellung zur Revolution thesenartig wieder.
② Wie gerät die Naturmetapher in diesen Text? Stellen Sie einen Zusammenhang mit Goethes Naturauffassung (s. S. 152ff., 160) her.

FRIEDRICH SCHILLER Ankündigung (S. 180)

① Wie beurteilt und kennzeichnet Schiller seine Zeit? Entwerfen Sie dazu ein Wortfeld.
② Welche Wirkungen sollen von den *Horen* ausgehen? Berücksichtigen Sie dabei den Titel.
③ Worin sieht Schiller die Ursachen für den Mißerfolg der *Horen*? Nehmen Sie Stellung zu seiner Publikums-Schelte.
④ Das von Schiller geforderte „rein menschliche" Interesse, abgehoben vom politischen Streit, hat bereits bei den Zeitgenossen Widerspruch hervorgerufen. Formulieren Sie eine mögliche Gegenposition zur Haltung Schillers und Goethes.

JOHANN WOLFGANG VON GOETHE Wilhelm Meisters Lehrjahre (S. 181f.)

① Machen Sie sich klar, daß das hier entworfene Bild vom Adligen und Bürger historisch ist und sich nicht mit Ihrer Erfahrung decken kann. Welche Unterschiede zwischen Adel und Bürger beklagt Wilhelm?
② Inwiefern ist dieses Bild zeittypisch und zugleich zeitlos?

FRIEDRICH SCHILLER Wilhelm Tell (S. 183ff.)

① Informieren Sie sich über den äußeren Handlungsablauf und ordnen Sie diese Szene ein. (Hilfsmittel: Hinweise im Einführungskapitel, Literaturlexikon)
② Untersuchen Sie Tells Verfassung zu Anfang der Szene und zeigen Sie, wie sie sich verändert. Warum nützt er Geßlers Ablenkung durch den Aufruhr im Gefolge nicht aus? Verallgemeinern Sie: Welche Wirkung geht von einem Mächtigen wie Geßler aus? Worin sehen Sie das Menschenunwürdige dieser Szene?
③ Inwiefern enthält diese Szene schon die Rechtfertigung des Mordes an Geßler? Wie bewertet Schiller den Tyrannenmord?

Übergreifende Fragestellung

① Ziehen Sie anhand ausgewählter Texte einen Vergleich zwischen Klassik und Romantik: Zeigen Sie Gemeinsamkeiten und Unterschiede im Bild des Menschen: Was ist die Bestimmung des Menschen? Inwieweit werden Grenzen gewahrt, gezogen oder überschritten? Wo und wie wird in Texten der Klassik Innenwelt dargestellt?
② Nehmen Sie Stellung zu dem Urteil Goethes: „Klassisch ist das Gesunde, romantisch das Kranke." (HA 12, S. 487) Bedenken Sie, daß auch in der Klassik die Gefährdung des Menschen zur Sprache kam. Suchen Sie Beispiele dafür.

IX. Zwischen Klassik und Romantik?

1. Grundzüge

Im Umkreis von Klassik und Romantik gab es Autoren, die sich keiner der beiden Richtungen anschlossen, ihren eigenen Weg gingen und ein problematisches Außenseiterdasein führten.

FRIEDRICH HÖLDERLIN (1770–1843) wurde von den Zeitgenossen kaum wahrgenommen oder für einen Epigonen der Klassiker gehalten. Im Mittelpunkt seines Werks steht die Vorstellung von Harmonie, von der Überwindung aller Dissonanzen des Lebens. „Eins zu sein mit Allem, das ist Leben der Gottheit, das ist der Himmel der Menschen", schreibt Hyperion, der Held des gleichnamigen Briefromans (1797/99). Für die Gegenwart konstatiert er nüchtern den Verlust paradiesischer Einheit, Vereinzelung und Entfremdung. Dann folgt die bekannte, einprägsame Formel: „O ein Gott ist der Mensch, wenn er träumt, ein Bettler, wenn er nachdenkt, und wenn die Begeisterung hin ist, steht er da, wie ein mißratener Sohn, den der Vater aus dem Haus stieß". Hölderlin erkrankte nach allem, was man weiß, an Schizophrenie. 36 Jahre lang bis zu seinem Tod lebte er in Tübingen im „Turm" abgeschieden von der Welt.

JEAN PAUL FRIEDRICH RICHTER (1763–1825) war als Romanschriftsteller „einmal fast beispielhaft berühmt gewesen" (Walter Muschg). Zu seinen bekanntesten Texten zählt die *Rede des toten Christus vom Weltgebäude herab* (1796), ein Traum, in dem das Göttliche oder Ewige, eine über die eigene Misere hinausgehende Orientierung des Menschen, in Frage gestellt wird. Sie war zunächst als selbständiger Text geplant und wurde, nach mehrfachen Abwandlungen, in den Roman von der glücklosen Ehe des Armenadvokaten *Siebenkäs* aufgenommen. Im Nihilismus dieser „Rede" scheint sich bereits die Moderne anzukündigen. – Jean Pauls Romane werden bevölkert von einer Vielzahl seltsamer Käuze und Narren, Gegenfiguren zu einem idealistischen Menschenbild. Metaphernsprache, Perspektivenwechsel, Abschweifungen und Verzicht auf eine strenge Handlungsführung verlangten schon zu Lebzeiten Jean Pauls einen geneigten Leser.

HEINRICH VON KLEIST (1777–1811), Erzähler und Dramatiker, ist eine der merkwürdigsten und rätselhaftesten Gestalten der Literatur. Persönliche Veranlagung, instabile politische Verhältnisse, das Ausbleiben von literarischem Erfolg, Lebenskrisen mögen das spektakuläre Ende seines Lebens vielleicht erklären: Er nahm sich 1811 am Wannsee zusammen mit der unheilbar kranken Henriette Vogel das Leben. An seine Schwester hatte er geschrieben: „Wirklich, Du hast an mir getan, ich sage nicht, was in Kräften einer Schwester, sondern in Kräften eines Menschen stand, um mich zu retten: die Wahrheit ist, daß mir auf Erden nicht zu helfen war." In einem vielzitierten Brief an seine Verlobte Wilhelmine von Zenge hat Kleist seine Lebenskrise als Erschütterung durch die Kant-Lektüre dargestellt. Der *Katechismus der Deutschen* (1809) und die Anekdote *Franzosen-Billigkeit* (1810) sind Beispiele für die Wendung vom liberalen Kosmopolitismus der Klassik zu einem aggressiven Nationalismus, der unter dem Eindruck der Kriege Napoleons entstanden war.

2. Texte

FRIEDRICH HÖLDERLIN
Abendphantasie

Vor seiner Hütte ruhig im Schatten sitzt
Der Pflüger, dem Genügsamen raucht sein Herd.
Gastfreundlich tönt dem Wanderer im
Friedlichen Dorfe die Abendglocke.

Wohl kehren itzt die Schiffer zum Hafen auch,
In fernen Städten, fröhlich verrauscht des Markts
Geschäftger Lärm; in stiller Laube
Glänzt das gesellige Mahl den Freunden.

Wohin denn ich? Es leben die Sterblichen
Von Lohn und Arbeit; wechselnd in Müh und Ruh
Ist alles freudig; warum schläft denn
Nimmer nur mir in der Brust der Stachel?

Am Abendhimmel blühet ein Frühling auf;
Unzählig blühn die Rosen und ruhig scheint
Die goldne Welt; o dorthin nimmt mich,
Purpurne Wolken! und möge droben

In Licht und Luft zerrinnen mir Lieb und Leid! –
Doch, wie verscheucht von töriger Bitte, flieht
Der Zauber; dunkel wirds und einsam
Unter dem Himmel, wie immer, bin ich –

Komm du nun, sanfter Schlummer! zu viel begehrt
Das Herz; doch endlich, Jugend! verglühst du ja,
Du ruhelose, träumerische!
Friedlich und heiter ist dann das Alter.

[v 1799]

FRIEDRICH HÖLDERLIN
Hälfte des Lebens

Mit gelben Birnen hänget
Und voll mit wilden Rosen
Das Land in den See,
Ihr holden Schwäne,
Und trunken von Küssen
Tunkt ihr das Haupt
Ins heilignüchterne Wasser.

Weh mir, wo nehm ich, wenn
Es Winter ist, die Blumen, und wo
Den Sonnenschein,
Und Schatten der Erde?
Die Mauern stehn
Sprachlos und kalt, im Winde
Klirren die Fahnen.

[e 1799, v 1805]

FRIEDRICH HÖLDERLIN
An die Parzen

Nur Einen Sommer gönnt, ihr Gewaltigen!
Und einen Herbst zu reifem Gesange mir,
Daß williger mein Herz, vom süßen
Spiele gesättiget, dann mir sterbe.

Die Seele, der im Leben ihr göttlich Recht
Nicht ward, sie ruht auch drunten im Orkus nicht;
Doch ist mir einst das Heilge, das am
Herzen mir liegt, das Gedicht, gelungen,

Willkommen dann, o Stille der Schattenwelt!
Zufrieden bin ich, wenn auch mein Saitenspiel
Mich nicht hinab geleitet; Einmal
Lebt ich, wie Götter, und mehr bedarfs nicht.

[v 1798]

JEAN PAUL
Rede des toten Christus vom Weltgebäude herab

[...] Ich lag einmal an einem Sommerabende vor der Sonne auf einem Berge und entschlief. Da träumte mir, ich erwachte auf dem Gottesacker. Die abrollenden Räder der Turmuhr, die elf Uhr schlug, hatten mich erweckt. Ich suchte im ausgeleerten Nachthimmel die Sonne, weil ich glaubte, eine Sonnenfinsternis verhülle sie mit dem Mond. Alle Gräber waren aufgetan und die eisernen Türen des Gebeinhauses gingen unter unsichtbaren Händen auf und zu. An den Mauern flogen Schatten, die niemand warf, und andere Schatten gingen aufrecht in der bloßen Luft. In den offenen Särgen schlief nichts mehr als die Kinder. Am Himmel hing in großen Falten bloß ein grauer schwüler Nebel, den ein Riesenschatte wie ein Netz immer näher, enger und heißer herein zog. Über mir hört' ich den fernen Fall der Lawinen, unter mir den ersten Tritt eines unermeßlichen Erdbebens. Die Kirche schwankte auf und nieder von zwei unaufhörlichen Mißtönen, die in ihr miteinander kämpften und vergeblich zu einem Wohllaut zusammenfließen wollten. Zuweilen hüpfte an ihren Fenstern ein grauer Schimmer hinan, und unter dem Schimmer lief das Blei und Eisen zerschmolzen nieder. Das Netz des Nebels und die schwankende Erde rückten mich in den Tempel, vor dessen Tore in zwei Gift-Hecken zwei Basilisken funkelnd brüteten.
Ich ging durch unbekannte Schatten, denen alte Jahrhunderte aufgedrückt waren. – Alle Schatten standen um den Altar, und allen zitterte und schlug statt des Herzens die Brust. Nur ein Toter, der erst in die Kirche begraben worden, lag noch auf seinen Kissen ohne eine zitternde Brust, und auf seinem lächelnden Angesicht stand ein glücklicher Traum. Aber da ein Lebendiger hineintrat, erwachte er und lächelte nicht mehr, er schlug mühsam ziehend das schwere Augenlid auf, aber innen lag kein Auge, und in der schlagenden Brust war statt des Herzens eine Wunde. Er hob die Hände empor und faltete sie zu einem Gebete; aber die Arme verlängerten sich und löseten sich ab, und die Hände fielen gefaltet hinweg. Oben am Kirchengewölbe stand das Zifferblatt der *Ewigkeit*, auf dem keine Zahl erschien und das sein eigner Zeiger war; nur ein schwarzer Finger zeigte darauf, und die Toten wollten die *Zeit* darauf sehen.

Jetzo sank eine hohe edle Gestalt mit einem unvergänglichen Schmerz aus der Höhe auf den Altar hernieder, und alle Toten riefen: „Christus! ist kein Gott?"

Er antwortete: „Es ist keiner."

Der ganze Schatten jedes Toten erbebte, nicht bloß die Brust allein, und einer um den andern wurde durch das Zittern zertrennt.

Christus fuhr fort: „Ich ging durch die Welten, ich stieg in die Sonnen und flog mit den Milchstraßen durch die Wüsten des Himmels; aber es ist kein Gott. Ich stieg herab, soweit das Sein seine Schatten wirft, und schauete in den Abgrund und rief: ‚Vater, wo bist du?' aber ich hörte nur den ewigen Sturm, den niemand regiert, und der schimmernde Regenbogen aus Wesen stand ohne eine Sonne, die ihn schuf, über dem Abgrunde und tropfte hinunter. Und als ich aufblickte zur unermeßlichen Welt nach dem göttlichen *Auge*, starrte sie mich mit einer leeren bodenlosen *Augenhöhle* an; und die Ewigkeit lag auf dem Chaos und zernagte es und wiederkäuete sich. – Schreiet fort, Mißtöne, zerschreiet die Schatten; denn Er ist nicht!"

Die entfärbten Schatten zerflatterten, wie weißer Dunst, den der Frost gestaltet, im warmen Hauche zerrinnt; und alles wurde leer. Da kamen, schrecklich für das Herz, die gestorbenen Kinder, die im Gottesacker erwacht waren, in den Tempel und warfen sich vor die hohe Gestalt am Altare und sagten: „Jesus! haben wir keinen Vater?" – Und er antwortete mit strömenden Tränen: „Wir sind alle Waisen, ich und ihr, wir sind ohne Vater."

Da kreischten die Mißtöne heftiger – die zitternden Tempelmauern rückten auseinander – und der Tempel und die Kinder sanken unter – und die ganze Erde und die Sonne sanken nach – und das ganze Weltgebäude sank mit seiner Unermeßlichkeit vor uns vorbei – und oben am Gipfel der unermeßlichen Natur stand Christus und schauete in das mit tausend Sonnen durchbohrte Weltgebäude herab, gleichsam in das in die ewige Nacht gewühlte Bergwerk, in dem die Sonnen wie Grubenlichter und die Milchstraßen wie Silberadern gehen.

Und als Christus das reibende Gedränge der Welten, den Fackeltanz der himmlischen Irrlichter und die Korallenbänke schlagender Herzen sah, und als er sah, wie eine Weltkugel um die andere ihre glimmenden Seelen auf das Totenmeer ausschüttete, wie eine Wasserkugel schwimmende Lichter auf die Wellen streuet: so hob er groß wie der höchste Endliche die Augen empor gegen das Nichts und gegen die leere Unermeßlichkeit und sagte: „Starres, stummes Nichts! Kalte, ewige Notwendigkeit! Wahnsinniger Zufall! Kennt ihr das unter euch? Wann zerschlagt ihr das Gebäude und mich? – Zufall, weißt du selber, wenn du mit Orkanen durch das Sternen-Schneegestöber schreitest und eine Sonne um die andere auswehest, und wenn der funkelnde Tau der Gestirne ausblinkt, indem du vorübergehest? – Wie ist jeder so allein in der weiten Leichengruft des All! Ich bin nur neben mir – O Vater! o Vater! wo ist deine unendliche Brust, daß ich an ihr ruhe? – Ach wenn jedes Ich sein eigner Vater und Schöpfer ist, warum kann es nicht auch sein eigner Würgengel sein? …

Ist das neben mir noch ein Mensch? Du Armer! Euer kleines Leben ist der Seufzer der Natur oder nur sein Echo – ein Hohlspiegel wirft seine Strahlen in die Staubwolken aus Totenasche auf euere Erde hinab, und dann entsteht ihr bewölkten, wankenden Bilder. – Schaue hinunter in den Abgrund, über welchen Aschenwolken ziehen – Nebel voll Welten steigen aus dem Totenmeer, die Zukunft ist ein steigender Nebel, und die Gegenwart ist der fallende. – Erkennst du deine Erde?"

Hier schauete Christus hinab, und sein Auge wurde voll Tränen, und er sagte: „Ach, ich war sonst auf ihr: da war ich noch glücklich, da hatt' ich noch meinen unendlichen Vater und blickte noch froh von den Bergen in den unermeßlichen Himmel und drückte die durchstochne Brust an sein linderndes Bild und sagte noch im herben Tode: ‚Vater, ziehe deinen Sohn aus der blutenden Hülle und heb ihn an dein Herz!' … Ach ihr überglücklichen Erdenbewohner, ihr glaubt *Ihn* noch. Vielleicht gehet jetzt euere Sonne unter, und ihr fallet unter Blüten, Glanz und Tränen auf die Knie und hebet die seligen Hände empor und rufet unter tausend Freudentränen zum aufgeschlossenen Himmel hinauf: ‚auch mich kennst du, Unendlicher, und alle meine Wunden, und nach dem Tode empfängst du mich und schließest sie alle.‘ … Ihr Unglücklichen, nach dem Tode werden sie nicht geschlossen. Wenn der Jammervolle sich mit wundem Rücken in die Erde legt, um einem schönern Morgen voll Wahrheit, voll Tugend und Freude entgegenzuschlummern: so erwacht er im stürmischen Chaos, in der ewigen Mitternacht – und es kommt kein Morgen und keine heilende Hand und kein unendlicher Vater! – Sterblicher neben mir, wenn du noch lebst, so bete Ihn an: sonst hast du Ihn auf ewig verloren.“

Und als ich niederfiel und ins leuchtende Weltgebäude blickte: sah ich die emporgehobenen Ringe der Riesenschlange der Ewigkeit, die sich um das Welten-All gelagert hatte – und die Ringe fielen nieder, und sie umfaßte das All doppelt – dann wand sie sich tausendfach um die Natur – und quetschte die Welten aneinander – und drückte zermalmend den unendlichen Tempel zu einer Gottesacker-Kirche zusammen – und alles wurde eng, düster, bang – und ein unermeßlich ausgedehnter Glockenhammer sollte die letzte Stunde der Zeit schlagen und das Weltgebäude zersplittern … als ich erwachte.

Meine Seele weinte vor Freude, daß sie wieder Gott anbeten konnte – und die Freude und das Weinen und der Glaube an ihn waren das Gebet. Und als ich aufstand, glimmte die Sonne tief hinter den vollen purpurnen Kornähren und warf friedlich den Widerschein ihres Abendrotes dem kleinen Monde zu, der ohne eine Aurora im Morgen aufstieg; und zwischen dem Himmel und der Erde streckte eine frohe vergängliche Welt ihre kurzen Flügel aus und lebte, wie ich, vor dem unendlichen Vater; und von der ganzen Natur um mich flossen friedliche Töne aus, wie von fernen Abendglocken.

[e 1796]

HEINRICH VON KLEIST

Katechismus der Deutschen

[Der „Katechismus der Deutschen, abgefaßt nach dem Spanischen, zum Gebrauch für Kinder und Alte“ sollte 1809 in einem von Kleist geplanten patriotischen Wochenblatt, „Germania“, erscheinen. Es kam nicht dazu, weil die Schlacht von Wagram (5. und 6. Juli 1809) sich zugunsten Napoleons entschieden hatte: Kleist mußte seinen Plan aufgeben.]

ERSTES KAPITEL
Von Deutschland überhaupt

FRAGE: Sprich, Kind, wer bist du?

ANTWORT: Ich bin ein Deutscher.

FRAGE: Ein Deutscher? Du scherzest. Du bist in Meißen geboren, und das Land, dem Meißen angehört, heißt Sachsen!

ANTWORT: Ich bin in Meißen geboren, und das Land, dem Meißen angehört, heißt Sachsen; aber mein Vaterland, das Land dem Sachsen angehört, ist Deutschland, und dein Sohn, mein Vater, ist ein Deutscher.

FRAGE: Du träumst! Ich kenne kein Land, dem Sachsen angehört, es müßte denn das rheinische Bundesland sein. Wo find ich es, dies Deutschland, von dem du sprichst, und wo liegt es?

ANTWORT: Hier, mein Vater. – Verwirre mich nicht.

FRAGE: Wo?

ANTWORT: Auf der Karte.

FRAGE: Ja, auf der Karte! – Diese Karte ist vom Jahr 1805. – Weißt du nicht, was geschehn ist, im Jahr 1805, da der Friede von Preßburg abgeschlossen war?

ANTWORT: Napoleon, der korsische Kaiser, hat es, nach dem Frieden, durch eine Gewalttat zertrümmert.

FRAGE: Nun? Und gleichwohl wäre es noch vorhanden?

ANTWORT: Gewiß! – Was fragst du mich doch.

FRAGE: Seit wann?

ANTWORT: Seit Franz der Zweite, der alte Kaiser der Deutschen, wieder aufgestanden ist, um es herzustellen, und der tapfre Feldherr, den er bestellte, das Volk aufgerufen hat, sich an die Heere, die er anführt, zur Befreiung des Landes, anzuschließen.

ZWEITES KAPITEL
Von der Liebe zum Vaterlande

FRAGE: Du liebst dein Vaterland, nicht wahr, mein Sohn?

ANTWORT: Ja, mein Vater; das tu ich.

FRAGE: Warum liebst du es?

ANTWORT: Weil es mein Vaterland ist.

FRAGE: Du meinst, weil Gott es gesegnet hat mit vielen Früchten, weil viele schöne Werke der Kunst es schmücken, weil Helden, Staatsmänner und Weise, deren Namen anzuführen kein Ende ist, es verherrlicht haben?

ANTWORT: Nein, mein Vater; du verführst mich.

FRAGE: Ich verführte dich?

ANTWORT: – Denn Rom und das ägyptische Delta sind, wie du mich gelehrt hast, mit Früchten und schönen Werken der Kunst, und allem, was groß und herrlich sein mag, weit mehr gesegnet, als Deutschland. Gleichwohl, wenn deines Sohnes Schicksal wollte, daß er darin leben sollte, würde er sich traurig fühlen, und es nimmermehr so lieb haben, wie jetzt Deutschland.

FRAGE: Warum also liebst du Deutschland?

ANTWORT: Mein Vater, ich habe es dir schon gesagt!

FRAGE: Du hättest es mir schon gesagt?

ANTWORT: Weil es mein Vaterland ist. [...] [e 1809]

HEINRICH VON KLEIST
Franzosen-Billigkeit

(wert in Erz gegraben zu werden)

Zu dem französischen General *Hulin* kam, während des Kriegs, ein ... Bürger, und gab, behufs einer kriegsrechtlichen Beschlagnehmung, zu des Feindes Besten, eine Anzahl, im Pontonhof liegender, Stämme an. Der General, der sich eben anzog, sagte: Nein, mein Freund; diese Stämme können wir nicht nehmen. – „Warum nicht?" fragte der Bürger. „Es ist königliches Eigentum." – Eben darum, sprach der General, indem er ihn flüchtig ansah. Der König von Preußen braucht dergleichen Stämme, um solche Schurken daran hängen zu lassen, wie er. –

[v 1810]

Heinrich von Kleist
Brief an Wilhelmine von Zenge

[...] Du schreibst: „Wie sieht es aus in Deinem Innern? Du würdest mir viele Freude machen, wenn Du mir etwas mehr davon mitteiltest, als bisher; glaube mir, ich kann leicht fassen, was Du mir sagst, und ich möchte gern Deine Hauptgedanken mit Dir teilen."

Liebe Wilhelmine, ich erkenne an diesen fünf Zeilen mehr als an irgend etwas, daß Du wahrhaft meine Freundin bist. Nur unsre äußern Schicksale interessieren die Menschen, die innern nur den Freund. Unsere äußere Lage kann ganz ruhig sein, indessen unser Innerstes ganz bewegt ist – Ach, ich kann Dir nicht beschreiben, wie wohl es mir tut, einmal jemandem, der mich versteht, mein Innerstes zu öffnen. Eine ängstliche Bangigkeit ergreift mich immer, wenn ich unter Menschen bin, die alle von dem Grundsatze ausgehen, daß man ein Narr sei, wenn man ohne Vermögen jedes Amt ausschlägt. Du wirst nicht so hart über mich urteilen, – nicht wahr?

Ja, allerdings dreht sich mein Wesen jetzt um einen Hauptgedanken, der mein Innerstes ergriffen hat, er hat eine tiefe erschütternde Wirkung auf mich hervorgebracht – [...]

Ich hatte schon als Knabe [...] mir den Gedanken angeeignet, daß die Vervollkommnung der Zweck der Schöpfung wäre. Ich glaubte, daß wir einst nach dem Tode von der Stufe der Vervollkommnung, die wir auf diesem Sterne erreichten, auf einem andern weiter fortschreiten würden, und daß wir den Schatz von Wahrheiten, den wir hier sammelten, auch dort einst brauchen könnten. Aus diesen Gedanken bildete sich so nach und nach eine eigne Religion, und das Bestreben, nie auf einen Augenblick hienieden still zu stehen, und immer unaufhörlich einem höhern Grade von Bildung entgegenzuschreiten, ward bald das einzige Prinzip meiner Tätigkeit. *Bildung* schien mir das einzige Ziel, das des Bestrebens, *Wahrheit* der einzige Reichtum, der des Besitzes würdig ist. – Ich weiß nicht, liebe Wilhelmine, ob Du diese zwei Gedanken: *Wahrheit* und *Bildung*, mit einer solchen Heiligkeit denken kannst, als ich – Das freilich, würde doch nötig sein, wenn Du den Verfolg dieser Geschichte meiner Seele verstehen willst. [...]

Vor kurzem ward ich mit der neueren sogenannten Kantischen Philosophie bekannt – und Dir muß ich jetzt daraus einen Gedanken mitteilen, indem ich nicht fürchten darf, daß er Dich so tief, so schmerzhaft erschüttern wird, als mich. Auch kennst Du das Ganze nicht hinlänglich, um sein Interesse vollständig zu begreifen. Ich will indessen so deutlich sprechen, als möglich.

Wenn alle Menschen statt der Augen grüne Gläser hätten, so würden sie urteilen müssen, die Gegenstände, welche sie dadurch erblicken, *sind* grün – und nie würden sie entscheiden können, ob ihr Auge ihnen die Dinge zeigt, wie sie sind, oder ob es nicht etwas zu ihnen hinzutut, was nicht ihnen, sondern dem Auge gehört. So ist es mit dem Verstande. Wir können nicht entscheiden, ob das, was wir Wahrheit nennen, wahrhaft Wahrheit ist, oder ob es uns nur so scheint. Ist das letzte, so *ist* die Wahrheit, die wir hier sammeln, nach dem Tode nicht mehr – und alles Bestreben, ein Eigentum sich zu erwerben, das uns auch in das Grab folgt, ist vergeblich –

Ach, Wilhelmine, wenn die Spitze dieses Gedankens Dein Herz nicht trifft, so lächle nicht über einen andern, der sich tief in seinem heiligsten Innern davon verwundet fühlt. Mein einziges, mein höchstes Ziel ist gesunken, und ich habe nun keines mehr –

Seit diese Überzeugung, nämlich, daß hienieden keine Wahrheit zu finden ist, vor meine Seele trat, habe ich nicht wieder ein Buch angerührt. Ich bin untätig in meinem Zimmer umhergegangen, ich habe mich an das offne Fenster gesetzt, ich bin hinausgelaufen ins Freie, eine innerliche Unruhe trieb mich zuletzt in Tabagien und Kaffeehäuser, ich habe Schauspiele und Konzerte besucht, um mich zu zerstreuen, ich habe sogar, um mich zu betäuben, eine Torheit begangen, die Dir Carl lieber erzählen mag, als ich; und dennoch war der einzige Gedanke, den meine Seele in diesem äußeren Tumulte mit glühender Angst bearbeitete, immer nur dieser: dein *einziges*, dein *höchstes* Ziel ist gesunken – [...]

[e 22. März 1801]

Aufgaben zu den Texten auf den Seiten 190–195

FRIEDRICH HÖLDERLIN Abendphantasie (S. 190)

① Erläutern Sie den inneren Aufbau des Gedichts.
② Was unterscheidet das Ich dieses Gedichts von den anderen „Sterblichen"? Erschließen Sie den Unterschied zwischen der Lebenswirklichkeit der Menschen und ihrem Sehnsuchtsbild auch aus der Wortwahl.
③ Das Gedicht ist eine alkäische Ode. Informieren Sie sich über diese Gedichtform. Warum verwendet Hölderlin wohl diese Form?

FRIEDRICH HÖLDERLIN Hälfte des Lebens (S. 190)

① Werden Sie sich zunächst klar über die äußere und innere Situation des Ich. – Welches Motiv wird hier gestaltet?
② Erschließen Sie sich den Inhalt und die Unterschiede zwischen den beiden in Strophe 1 und 2 entworfenen Bildern. Beachten Sie dabei auch die Unterschiede in Wortwahl, Satzbau, Klang und Rhythmus und die Bedeutung dieser Mittel.

FRIEDRICH HÖLDERLIN An die Parzen (S. 191)

① Erschließen Sie aus dem Gedicht Hölderlins Auffassung vom Dichter. Nehmen Sie „Sommer" und „Herbst" nicht wörtlich, sondern als Symbole.

JEAN PAUL Rede des toten Christus vom Weltgebäude herab (S. 191 ff.)

① Klären Sie zuerst die reale und die im Traum eingenommene Situation des Ich. Wer ist dieses Ich?
② Fassen Sie abschnittsweise den Inhalt zusammen: Was kennzeichnet den Weltzustand, die Haltung und Einsicht des Christus, die Zukunft?
③ Heben Sie von dieser Vorstellung die des erwachenden Ich ab.

HEINRICH VON KLEIST Katechismus der Deutschen (S. 193 f.)

① Welches Deutschlandbild hat dem Anschein nach der Fragende? Warum wird es als verwirrend empfunden? Wozu könnte es verführen?

HEINRICH VON KLEIST Brief an Wilhelmine von Zenge (S. 195)

Heinrich von Kleist war von 1801 bis 1802 mit Wilhelmine von Zenge verlobt. In einem berühmten Brief an sie vom März 1801 beschreibt er eine wichtige Krise seines Lebens.
① Untersuchen Sie den Inhalt des Briefs: Was war Kleists „eigne Religion", sein Bestreben vor der Kantkrise? Welcher Richtung sind diese Vorstellungen zuzuordnen? (Denken Sie an Aufklärung und Humanitätsidee.)
② Ist dies ein privater Brief oder hat er Öffentlichkeits- und Kunstcharakter?

Übergreifende Fragestellungen

① Zeigen Sie an Inhalt und Form von Texten dieses Abschnitts „klassische" und „romantische" Merkmale.
② Anregung für ein Referat: Vergleichen Sie Hölderlins Auffassung vom Dichter mit der von Schiller und Novalis.

X. Romantik (1790–1830)

Caspar David Friedrich, Frau am Fenster, 1822

1. Grundzüge der Epoche

Mehrdeutig wie der Begriff „Klassik" ist auch „Romantik"; abgeleitet von der Gattungsbezeichnung „Roman" oder „Romanze" gilt alles Romanhafte, Wunderbare, Unwirkliche als „romantisch", das Bezaubernde und Stimmungsvolle, ein gefühlsbetonter, träumerischer Mensch – alles, was sich nüchternem Verstand und Profitdenken entzieht. Als historischer Begriff hingegen bezeichnet „Romantik" eine literarische Epoche, die sich etwa zwischen 1790 und 1830, parallel zur Klassik und zum Teil zeitgleich zu Biedermeier und Vormärz, entwickelte. Anders als die Weimarer Klassik ist die Romantik eine in vielen Ländern Europas wirksame literarische Bewegung.
In England war sie neben der Shakespeare-Zeit die zweite große literarische Epoche. Berühmt wurde neben den Lyrikern Wordsworth, Coleridge, Keats und Shelley besonders Lord Byron mit seinen von Weltschmerz geprägten Epen und Gedichten.
Deutschland gilt mit Recht als Land der Romantik par excellence, denn von hier gingen viele Anregungen aus. So beeinflußte E.T.A. Hoffmann den französischen Dichter Victor Hugo (1802–1885), der durch sein romantisches Drama *Hernani* (1830) eine regelrechte Saalschlacht zwischen Anhängern der Klassik und Romantik auslöste, ebenso den russischen Dichter Puschkin und den amerikanischen Lyriker und Epiker Edgar Allan Poe. Die deutsche Romantik wurde vorbereitet durch Empfindsamkeit, Pietismus und Sturm und Drang, durch die Hochschätzung von Gefühl und künstlerischer Freiheit, durch die Zivilisationskritik Rousseaus oder durch Herders Lob der ungekünstelten Volksliteratur. Die Romantik knüpfte auch an die Klassik an. Erst durch die Begeisterung für das christliche Mittelalter geriet sie in Opposition zu ihr.

Anders als die Klassik entwickelte sich die Romantik in **mehreren Phasen** und hatte **verschiedene Zentren** und Schwerpunkte. Wahrzeichen der **Jenaer oder Frühromantik** wurden der literarische Zirkel um die Brüder Schlegel, ihr stark philosophisch geprägtes Kunstprogramm, das *Athenäum* (1798–1800), wichtigste Zeitschrift der Romantik, und eine von der Französischen Revolution geweckte Aufbruchsstimmung. Die Revolution schien die Realisierbarkeit von Idealen zu beweisen und nährte damit den Glauben an ein künftiges humaneres, glücklicheres Zeitalter. Den Jenenser Kreis nannten Zeitgenossen „romantische Schule". Neben AUGUST WILHELM SCHLEGEL (1767–1845) und seinem Bruder FRIEDRICH gehörte dazu vor allem FRIEDRICH VON HARDENBERG, genannt NOVALIS (1772–1801). LUDWIG TIECK (1773–1853) und sein Freund WILHELM WACKENRODER (1773–1798) führten durch ihre Begeisterung für deutsches Mittelalter und christliche Kunst einen Geschmackswandel herbei.

In der **Heidelberger oder Hochromantik** galt das Interesse auch der Volkspoesie und der eigenen nationalen Vergangenheit. In **Berlin** überwogen unter dem Eindruck der französischen Herrschaft die patriotischen Töne. Zu den Vertretern der Hochromantik zählen unter anderem CLEMENS BRENTANO (1778–1842) und ACHIM VON ARNIM (1781–1831), JOSEPH GÖRRES (1776–1848) und die Brüder JACOB (1785–1863) und WILHELM GRIMM (1786–1859).

Mit der **Spätromantik** zwischen Wiener Kongreß (1814/15) und Julirevolution (1830) klang die romantische Bewegung aus. Vor dem Hintergrund der Restauration und dem sich ankündigenden Industriezeitalter entstanden nun jene Gedichte und Erzählungen, die das Bild der Romantik am stärksten geprägt haben. Die nachhaltigste Wirkung ging aus von JOSEPH VON EICHENDORFF (1788–1857) und ERNST THEODOR AMADEUS HOFFMANN (1776–1822). Neben Berlin wurde **Stuttgart** wichtig als Mittelpunkt der „Schwäbischen Dichterschule", vertreten vor allem durch LUDWIG UHLAND (1787–1862) und GUSTAV SCHWAB (1792–1850).

In **Landshut**, dem Sitz der späteren Münchner Universität, bildete sich um Johann Michael Seiler, Clemens Brentano und Friedrich Karl von Savigny eine Gruppe von Autoren und Wissenschaftlern, die romantische Ideen vertraten. Mit Clemens Brentano, Görres und anderen wirkte dieses romantische Gedankengut in München noch lange weiter.

Die **Lebensform der Epoche** spiegelt sich exemplarisch im Werk Joseph von Eichendorffs. Eines seiner bekanntesten Gedichte nennt das Leitmotiv der Romantik schon im Titel: *Sehnsucht* (1834). Wandern oder Reisen wird bei ihm zum Symbol für die Sehnsucht nach Entgrenzung des eigenen Ich.
Der Philosoph JOHANN GOTTLIEB FICHTE (1762–1814), der in Jena die akademische Jugend in seinen Bann zog, postulierte in seinen erkenntnistheoretischen Schriften die absolute Autonomie, die Selbstbestimmung des Ich. Voraussetzung dafür war ihm die nur dem Menschen gegebene Fähigkeit, frei zu denken. Der Publizist und Hochschulprofessor Joseph Görres soll provozierend behauptet haben, es gebe nur zwei Klassen von Menschen: „die mit poetischem Geist gesalbt sind und die Philister". Philisterkritik karikierte die nüchternen Verstandesmenschen, die nur ans Nützliche denken und sich, wie Clemens Brentano meinte, als „Feind aller Idee, aller Begeisterung, alles Genies und aller göttlichen Schöpfung" erweisen (vgl. Novalis, S. 209f.).

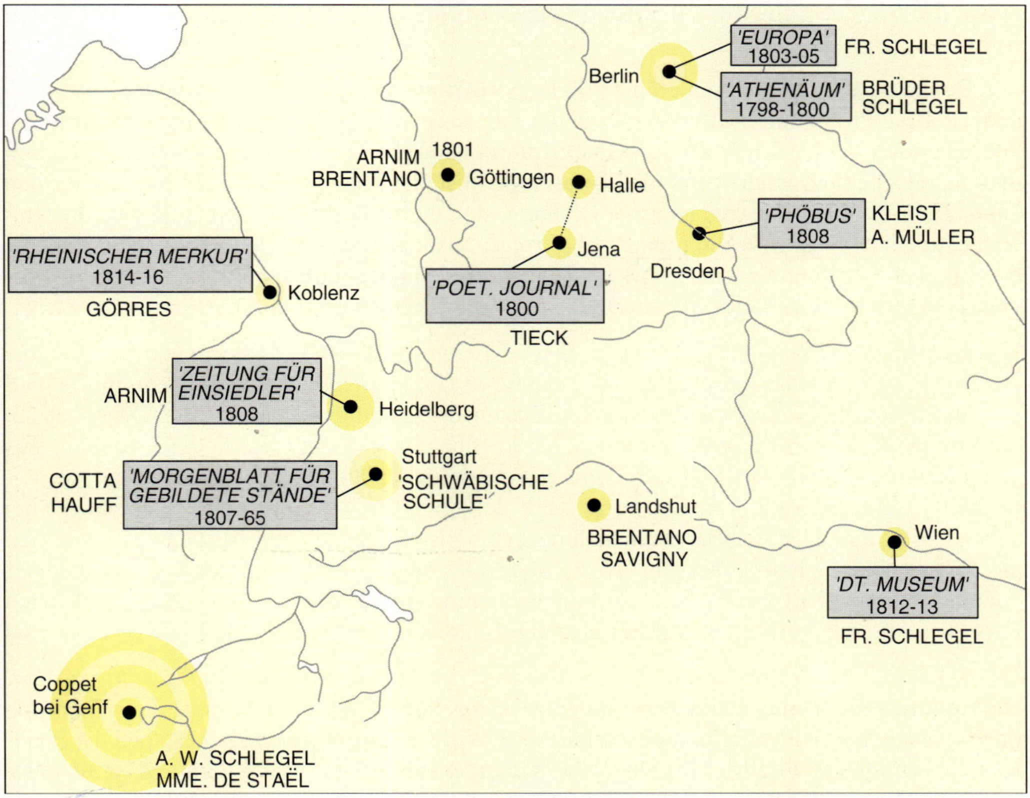

Zentren der Romantik

(aus: dtv-Atlas zur deutschen Literatur von Horst Dieter Schlosser, Graphik: Uwe Goede. © München: Deutscher Taschenbuch Verlag 1983, S. 176)

Nicht sittliche Vervollkommnung oder Persönlichkeitsbildung wie in der Klassik zeichnen den Menschen aus, sondern Sinn für die Kunst oder Künstlertum (vgl. Wackenroder, *Joseph Berglinger,* S. 202f.). Kunstandacht ersetzt Religion, erzeugt Ergriffenheit, erhebt den Menschen über die Alltagsnormalität und zeigt ihm eine höhere, geistige Welt. General Gneisenau betonte ihren die bestehende Ordnung festigenden Wert: „Liebe zum Regenten, zum Vaterland, zur Tugend sind nichts anderes als Poesie, keine Herzenserhebung ohne poetische Stimmung… Auf Poesie ist die Sicherheit der Throne gegründet."
Clemens Brentano kannte die Gefährdung des Künstlers: „Einer, der von der Poesie lebt, hat das Gleichgewicht verloren, und eine übergroße Gänseleber, sie mag noch so gut schmecken, setzt doch immer eine kranke Gans voraus."

In der Romantik spielen erstmals auch **Frauen** eine aktivere Rolle im kulturellen Leben. CAROLINE SCHLEGEL (1763–1809), neben Dorothea Schlegel vielleicht die genialste Frau der Frühromantik, war Anregerin und Mittelpunkt des Jenaer Kreises. Im literarischen Salon der RAHEL LEVIN VARNHAGEN (1771–1833) traf sich die geistige Welt. Wie eingeschränkt Frauen dennoch waren, zeigen ihre Briefe. Am Ungenügen an sich und ihrer Zeit zerbrach KAROLINE VON GÜNDERODE (1780–1806), die dem Heidelberger Kreis nahestand. Die bedeutendste Schriftstellerin der Romantik war BETTINA BRENTANO (1785–1859), bewundert für ihren Mut, „die tiefsten Gefühle und die tollsten Launen und Einfälle frei auszusprechen, und sich überall mit Leib und Seel gehen zu lassen, wie's ihr eben überkommt." (J. F. Reichardt) *Goethes Briefwechsel mit einem Kinde* (1835), eine freie Bearbeitung ihrer Korrespondenz mit Goethe, begründete ihren Ruhm.

Die Romantik entwickelte keine einheitliche **Kunsttheorie**, zeigt aber epochentypische Tendenzen. Eine Programmdiskussion gab es nur im Jenaer Zirkel. Das *Athenäums*-Fragment 116 von Friedrich Schlegel gilt als Kernstück frühromantischer Literaturtheorie. Die absichtlich dunkle, rätselhafte Sprache zeigt, daß Kunst nie vollständig beschrieben und begriffen werden kann. Zentrale Merkmale romantischer Dichtung sind die Vermischung der Gattungen, die Hinwendung zur Volkspoesie, die romantische Ironie, absolute künstlerische Autonomie, die Forderung nach Vereinigung von Kunst und Leben, das Fragmentarische als Kehrseite des Progressiven, der fortwährenden Weiterentwicklung aller Formen und Gattungen.

Im aphoristischen Fragment, geschrieben für das *Athenäum*, haben F. Schlegel und Novalis eine eigenständige Prosaform geschaffen. Als wichtigste Gattung galt der Roman, denn in ihm ließ sich am ehesten die Hauptforderung nach Auflösung der Gattungsgrenzen erfüllen. Dennoch hat die Romantik keine bedeutenden Romane hervorgebracht. Dagegen wurde die Erzählung *Aus dem Leben eines Taugenichts* (1826) von Joseph von Eichendorff weltberühmt.
Dichtung sollte die Welt „romantisieren", d. h. im gewöhnlichen Leben einen geheimen Sinn ahnen lassen, eine Idee sichtbar machen durch symbolische Darstellung. Als Gattung bietet sich das Märchen an, in dem Menschen, Geister und Naturdinge wie selbstverständlich miteinander verkehren. Erst die Romantik hat dem Märchen, einer vorliterarischen und wenig geschätzten Form, zu Ansehen verholfen. Meister des Kunstmärchens waren Novalis, Ludwig Tieck und Clemens Brentano.

Die **romantische Ironie**, vielfach virtuos eingesetztes Stilmittel der Epoche, hat ihren Ursprung im unauflöslichen Widerstreit zwischen Ideal und Wirklichkeit. Als geistreiches Spiel der Phantasie bestimmt sie Friedrich Schlegels Fragmente ebenso wie die Literaturkomödie *Der gestiefelte Kater* (1798) von Ludwig Tieck. Auch Heine bedient sich ihrer noch, wenn er satirisch falsche oder manchmal auch echte Empfindungen zerstört.
Am bedeutendsten waren romantische Dichter als **Lyriker**. Typisch ist die Mischung aus volks-

liedhafter Schlichtheit und bewußter Kunstfertigkeit. Daß romantische Lyrik zu Unrecht im Verdacht des Nur-Stimmungshaften, Inhaltslosen und Esoterischen steht, zeigt Brentanos *Abendständchen*. In einer genauen Analyse läßt sich die für viele romantische Gedichte typische Mischung aus volksliedhafter Schlichtheit und bewußter Kunstfertigkeit nachweisen.
Neben frühromantischem Kunstprogramm und neuen Schreibformen ist für die Romantik auch die Ausweitung des Literaturbegriffs auf die sogenannte **Volkspoesie** oder Naturpoesie typisch, die man sich vom Volksgeist, einer kollektiven Schöpferkraft, hervorgebracht dachte. Heute weiß man, daß auch die Volksdichtung durch einzelne geschaffen wurde oder aus der höheren, literarischen Schicht abgesunken ist. In berühmt gewordenen Sammlungen wurde volkstümliche Literatur herausgegeben.
1806 erschien die Liedersammlung *Des Knaben Wunderhorn,* von Clemens Brentano und Achim von Arnim aus Liederbüchern, Flugblättern, mündlicher Überlieferung zusammengetragen, überarbeitet und durch Eigenes ergänzt. Der Erfolg war groß: Viele Lieder werden noch heute gesungen. Der Volksliedton beeinflußte die deutsche Lyrik. 1807 erschienen die *Teutschen Volksbücher* von Joseph Görres, 1812 und 1815 die *Kinder- und Hausmärchen,* gesammelt und schriftlich fixiert von den Brüdern Grimm. Sie wurden zu einem Bestseller der Weltliteratur. 1816/18 folgten die *Deutschen Sagen*. Die Brüder Grimm arbeiteten auch an einem *Deutschen Wörterbuch*, das die Sprachentwicklung dokumentierte. Die Erforschung der deutschen Sprache und Literatur ließ die Germanistik entstehen.

Zu den Grundzügen der Romantik gehört ihre **Opposition gegen** einen allzu **eng gefaßten Vernunftbegriff**, der das Gute dem Nützlichen unterordnete, nur das rational Erfaßbare gelten ließ und das Nicht-Rationale als Krankheit, Schwärmerei und Wahnsinn abtat. Mit der neuen oder „modernen" Zeit sollten, so forderte August Wilhelm Schlegel, Phantasie und Poesie und ihre Äußerungen im Unbewußten und im Traum wieder Daseinsrecht erhalten.
Der unvollendet gebliebene Roman *Heinrich von Ofterdingen* (veröffentlicht 1802) von Novalis ist als Bildungsroman konzipiert wie Goethes *Wilhelm Meister*. Er spielt in einer fiktiven Welt und veranschaulicht in symbolischer Darstellung die innere Welt des Helden. Traumbilder zeigen ihm sein Ziel. Der zweite Teil sollte damit enden, daß Heinrich die **blaue Blume** findet und das Goldene Zeitalter heraufführt, in dem Raum und Zeit aufgehoben und alles Getrennte geeint ist. Die blaue Blume wurde zum zentralen Symbol der Romantik. Im Blau des Horizonts drückt sich die Sehnsucht nach einer nie erreichten, unbegrenzten Ferne aus, die Blume ist Sinnbild für Schönheit und Harmonie.
In Ludwig Tiecks Erzählungen *Der Runenberg* (1802) geht die Welt der Normalität über in eine irreale, erschreckende und verlockende Gebirgswelt, werden Märchenrequisiten zum Symbol für Angstträume und libidinöse Konflikte, für die Nachtseiten des Lebens.
Die schlafwandlerische Sicherheit eines Menschen, der ganz aus dem Unbewußten lebt, hat Kleist im *Käthchen von Heilbronn* (1810) dargestellt. Als „großes historisches Ritterspiel", wie er es selbst nannte, kam es von allen Kleistdramen Vorstellungen der Hochromantik am nächsten. Ein fünfzehnjähriges Mädchen ist von der ersten Begegnung an dem Grafen Wetter vom Strahl in Liebe ergeben und ist sich trotz seiner schroffen Ablehnung seiner Liebe gewiß. Kleists Abhandlung *Über das Marionettentheater,* 1810 in den *Berliner Abendblättern* erschienen, liest sich wie eine Interpretation zu Gestalten wie Käthchen oder Penthesilea: Die ursprüngliche Identität des Menschen ging mit dem Sündenfall verloren, „das Paradies ist verriegelt ... wir müssen die Reise um die Welt machen, und sehen, ob es vielleicht von hinten irgendwo wieder offen ist". Käthchen wird in seiner Gefühlssicherheit und Selbstgewißheit von der Fragwürdigkeit der Erkenntnis und des vernünftigen Tuns noch nicht berührt.

2. Texte

a) Lebensform der Romantik

WILHELM WACKENRODER, LUDWIG TIECK

Das merkwürdige musikalische Leben des Tonkünstlers Joseph Berglinger

Joseph Berglinger ward in einem kleinen Städtchen im südlichen Deutschlande geboren. Seine Mutter mußte die Welt verlassen, indem sie ihn darein setzte; sein Vater, schon ein ziemlich bejahrter Mann, war Doktor der Arzneigelehrsamkeit und in dürftigen Vermögensumständen. Das Glück hatte ihm den Rücken gewandt; [...] [aber er gehörte zu jenen Menschen], welche in den gewöhnlichen Äußerungen des guten Herzens einen so unerschöpflichen Abgrund von Herrlichkeit finden, daß dies völlig ihr Himmel auf Erden ist, wodurch sie mit der ganzen Welt versöhnt und immer in zufriedenem Wohlbehagen erhalten werden. Joseph hatte ganz diese Empfindung, wenn er seinen Vater betrachtete; – aber *ihn* hatte der Himmel nun einmal so eingerichtet, daß er immer nach etwas *noch Höherem* trachtete; es genügte ihm nicht die bloße *Gesundheit* der Seele, und daß sie ihre ordentlichen Geschäfte auf Erden, als arbeiten und Gutes tun, verrichtete; – er wollte, daß sie auch in üppigem Übermute dahertanzen und zum Himmel, als zu ihrem Ursprunge, hinaufjauchzen sollte. [...]

Seine Seele glich einem zarten Bäumchen, dessen Samenkorn ein Vogel in das Gemäuer öder Ruinen fallen ließ, wo es zwischen harten Steinen jungfräulich hervorschießet. Er war stets einsam und still für sich und weidete sich nur an seinen inneren Phantaseien; drum hielt der Vater auch ihn ein wenig verkehrt und blödes Geistes. Seinen Vater und seine Geschwister liebte er aufrichtig; aber sein Inneres schätzte er über alles und hielt es vor andern heimlich und verborgen. So hält man ein Schatzkästlein verborgen, zu welchem man den Schlüssel niemanden in die Hände gibt.

Seine Hauptfreude war von seinen frühsten Jahren an die *Musik* gewesen. Er hörte zuweilen jemanden auf dem Klaviere spielen und spielte auch selber etwas. Nach und nach bildete er sich durch den oft wiederholten Genuß auf eine so eigene Weise aus, daß sein Inneres ganz und gar zu Musik ward und sein Gemüt, von dieser Kunst gelockt, immer in den dämmernden Irrgängen poetischer Empfindung umherschweifte.

Eine vorzügliche Epoche in seinem Leben machte eine Reise nach der bischöflichen Residenz, wohin ein begüterter Anverwandter, der dort wohnte und der den Knaben liebgewonnen hatte, ihn auf einige Wochen mitnahm. Hier lebte er nun recht im Himmel: sein Geist ward mit tausendfältiger schöner Musik ergötzt und flatterte nicht anders als ein Schmetterling in warmen Lüften umher.

Vornehmlich besuchte er die Kirchen und hörte die heiligen Oratorien, Kantilenen und Chöre mit vollem Posaunen- und Trompetenschall unter den hohen Gewölben ertönen, wobei er oft aus innerer Andacht demütig auf den Knien lag. Ehe die Musik anbrach, war es ihm, wenn er so in dem gedrängten, leise murmelnden Gewimmel der Volksmenge stand, als wenn er das gewöhnliche und gemeine Leben der Menschen als einen großen Jahrmarkt unmelodisch durcheinander und um sich herum summen hörte; sein Kopf ward von leeren, irdischen Kleinigkeiten betäubt. Erwartungsvoll harrte er auf den ersten Ton der Instrumente; – und indem er nun aus der dumpfen Stille, mächtig und langgezogen, gleich dem Wehen eines Windes vom Himmel hervorbrach und die ganze Gewalt der Töne über seinem Haupte daherzog – da war es ihm, als wenn auf einmal seiner Seele große Flügel ausgespannt, als wenn er von einer dürren Heide aufgehoben würde, der trübe Wolkenvorhang vor den sterblichen Augen verschwände und er zum lichten Himmel emporschwebte. Dann hielt er sich mit seinem Körper still und unbeweglich und heftete die Augen unverrückt auf den Boden. Die Gegenwart versank vor ihm; sein Inneres war von allen irdischen

Kleinigkeiten, welche der wahre Staub auf dem Glanze der Seele sind, gereinigt; die Musik durchdrang seine Nerven mit leisen Schauern und ließ, so wie sie wechselte, mannigfache Bilder vor ihm aufsteigen. So kam es ihm bei manchen frohen und herzerhebenden Gesängen zum Lobe Gottes ganz deutlich vor, als wenn er den König David im langen königlichen Mantel, die Krone auf dem Haupt, vor der Bundeslade lobsingend hertanzen sähe; er sah sein ganzes Entzücken und alle seine Bewegungen, und das Herz hüpfte ihm in der Brust. Tausend schlafende Empfindungen in seinem Busen wurden losgerissen und bewegten sich wunderbar durcheinander. Ja bei manchen Stellen der Musik endlich schien ein besonderer Lichtstrahl in seine Seele zu fallen; es war ihm, als wenn er dabei auf einmal weit klüger würde und mit helleren Augen und einer gewissen erhabenen und ruhigen Wehmut auf die ganze wimmelnde Welt herabsähe.

Soviel ist gewiß, daß er sich, wenn die Musik geendigt war und er aus der Kirche herausging, reiner und edler geworden vorkam. Sein ganzes Wesen glühte noch von dem geistigen Weine, der ihn berauscht hatte, und er sah alle Vorübergehende mit andern Augen an.

[v 1796]

JOSEPH VON EICHENDORFF

Aus dem Leben eines Taugenichts

ERSTES KAPITEL

Das Rad an meines Vaters Mühle brauste und rauschte schon wieder recht lustig, der Schnee tröpfelte emsig vom Dache, die Sperlinge zwitscherten und tummelten sich dazwischen; ich saß auf der Türschwelle und wischte mir den Schlaf aus den Augen; mir war so recht wohl in dem warmen Sonnenscheine. Da trat der Vater aus dem Hause; er hatte schon seit Tagesanbruch in der Mühle rumort und die Schlafmütze schief auf dem Kopfe, der sagte zu mir: „Du Taugenichts! da sonnst du dich schon wieder und dehnst und reckst dir die Knochen müde, und läßt mich alle Arbeit allein tun. Ich kann dich hier nicht länger füttern. Der Frühling ist vor der Tür, geh auch einmal hinaus in die Welt und erwirb dir selber dein Brot." – „Nun", sagte ich, „wenn ich ein Taugenichts bin, so ist's gut, so will ich in die Welt gehen und mein Glück machen." Und eigentlich war mir das recht lieb, denn es war mir kurz vorher selber eingefallen, auf Reisen zu gehen, da ich die Goldammer, welche im Herbst und Winter immer betrübt an unserm Fenster sang: „Bauer, miet mich, Bauer miet mich!" nun in der schönen Frühlingszeit wieder ganz stolz und lustig vom Baume rufen hörte: „Bauer, behalt deinen Dienst!" – Ich ging also in das Haus hinein und holte meine Geige, die ich recht artig spielte, von der Wand, mein Vater gab mir noch einige Groschen Geld mit auf den Weg und so schlenderte ich durch das lange Dorf hinaus. Ich hatte recht meine heimliche Freude, als ich da alle meine alten Bekannten und Kameraden rechts und links, wie gestern und vorgestern und immerdar, zur Arbeit hinausziehen, graben und pflügen sah, während ich so in die freie Welt hinausstrich. Ich rief den armen Leuten nach allen Seiten recht stolz und zufrieden Adjes zu, aber es kümmerte sich eben keiner sehr darum. Mir war es wie ein ewiger Sonntag im Gemüte. Und als ich endlich ins freie Feld hinauskam, da nahm ich meine liebe Geige vor, und spielte und sang, auf der Landstraße fortgehend:

„Wem Gott will rechte Gunst erweisen,
Den schickt er in die weite Welt,
Dem will er seine Wunder weisen
In Berg und Wald und Strom und Feld.

Die Trägen, die zu Hause liegen,
Erquicket nicht das Morgenrot,
Sie wissen nur vom Kinderwiegen
Von Sorgen, Last und Not um Brot.

Die Bächlein von den Bergen springen,
Die Lerchen schwirren hoch vor Lust,
Was sollt ich nicht mit ihnen singen
Aus voller Kehl und frischer Brust?

Den lieben Gott laß ich nur walten;
Der Bächlein, Lerchen, Wald und Feld
Und Erd und Himmel will erhalten,
Hat auch mein' Sach' aufs best bestellt!"

Indem, wie ich mich so umsehe, kömmt ein köstlicher Reisewagen ganz nahe an mich heran, der mochte wohl schon einige Zeit hinter mir dreingefahren sein, ohne daß ich es merkte, weil mein Herz so voller Klang war, denn es ging ganz langsam, und zwei vornehme Damen steckten die Köpfe aus dem Wagen und hörten mir zu. Die eine war besonders schön und jünger als die andere, aber eigentlich gefielen sie mir alle beide. Als ich nun aufhörte zu singen, ließ die ältere stillhalten und redete mich holdselig an: „Ei, lustiger Gesell, Er weiß ja recht hübsche Lieder zu singen." Ich nicht zu faul dagegen: „Ew. Gnaden aufzuwarten, wüßt ich noch viel schönere." Darauf fragte sie mich wieder: „Wohin wandert Er denn schon so am frühen Morgen?" Da schämte ich mich, daß ich das selber nicht wußte, und sagte dreist: „Nach Wien"; nun sprachen beide miteinander in einer fremden Sprache, die ich nicht verstand. Die jüngere schüttelte einigemal mit dem Kopfe, die andere lachte aber in einem fort und rief mir endlich zu: „Spring Er nur hinten mit auf, wir fahren auch nach Wien." Wer war froher als ich! Ich machte eine Reverenz und war mit einem Sprunge hinter dem Wagen, der Kutscher knallte und wir flogen über die glänzende Straße fort, daß mir der Wind am Hut pfiff.

Hinter mir gingen nun Dorf, Gärten und Kirchtürme unter, vor mir neue Dörfer, Schlösser und Berge auf; unter mir Saaten, Büsche und Wiesen bunt vorüberfliegend, über mir unzählige Lerchen in der klaren blauen Luft – ich schämte mich, laut zu schreien, aber innerlichst jauchzte ich und strampelte und tanzte auf dem Wagentritt herum, daß ich bald meine Geige verloren hätte, die ich unterm Arme hielt. Wie aber denn die Sonne immer höher stieg, rings am Horizont schwere weiße Mittagswolken aufstiegen, und alles in der Luft und auf der weiten Fläche so leer und schwül und still wurde über den leise wogenden Kornfeldern, da fiel mir erst wieder mein Dorf ein und mein Vater und unsere Mühle, wie es da so heimlich kühl war an dem schattigen Weiher, und daß nun alles so weit, weit hinter mir lag. Mir war dabei so kurios zumute, als müßte ich wieder umkehren; ich steckte meine Geige zwischen Rock und Weste, setzte mich voller Gedanken auf den Wagentritt hin und schlief ein. […]

[v 1826]

CHRISTA WOLF

Über Karoline von Günderode

[…] Ein Zeugnis für die Bewußtseinslage dieser Generation, der sich der große Denkansatz der deutschen Aufklärung zu pragmatischer Vernünftelei eingeebnet, der sich das Bild der Welt entfärbt und verflacht hat, ist das frühe Gedicht der Günderode, mit dem sie sich als eine philosophische Dichterin einführt:

Vorzeit, und neue Zeit

Ein schmaler rauher Pfad schien sonst die Erde.
Und auf den Bergen glänzt der Himmel über ihr,
Ein Abgrund ihr zur Seite war die Hölle,
Und Pfade führten in den Himmel und zur Hölle.

Doch alles ist ganz anders nun geworden,
Der Himmel ist gestürzt, der Abgrund ausgefüllt,
Und mit Vernunft bedeckt, und sehr bequem zum gehen.

Des Glaubens Höhen sind nun demolieret.
Und auf der flachen Erde schreitet der Verstand,
Und misset alles aus, nach Klafter und nach Schuhen.

Der Ton: nicht wehleidig. Kein selbstmitleidiges Sentiment. Authentische Schilderung, der wir gerecht werden müssen.

Eine andre Sicht also, andre Wörter. Das Wort „Seele“ müssen wir hervorholen, ein Wort wie „Sehnsucht“ wieder in seine Rechte einsetzen, Vorbehalte fallenlassen. „Schwebereligion“, schreibt die Bettina Brentano an die Günderode, eine Schwebereligion wollen sie gründen, und ihr oberstes Prinzip soll es sein, „daß wir keine Bildung gestatten – das heißt, kein angebildetes Wesen, jeder soll neugierig sein auf sich selber und soll sich zutage fördern wie aus der Tiefe ein Stück Erz oder eine Quell, die ganze Bildung soll darauf ausgehen, daß wir den Geist ans Licht hervorlassen.“ „Neugier“ also, „Phantasie“ – und nicht nur in der verächtlichen Schimpfform: Phantasterei: Welche Sprache schlagen sie an, welche beglückende Anmaßung, welch aufsässiger Geist. Welche Herausforderung an unsre verschüttete Fähigkeit, Wörter als Botschafter unsrer Sinne, auch unsrer Sinnlichkeit aufzunehmen, in Sätzen uns selbst hervorzubringen und unsre Sprache nicht zur Verhinderung von Einsichten, sondern als Instrument der Erkundung zu gebrauchen. Welche Gelegenheit auch, unsre eigne Lage zu begreifen.

„O, welche schwere Verdammnis, die angeschaffnen Flügel nicht bewegen zu können; Häuser bauen sie, wo kein Gastfreund drin Platz hat! – O Sklavenzeit, in der ich geboren bin! ... Wie! Ihr habt den Geist eingesperrt und einen Knebel ihm in den Mund gesteckt und den großen Eigenschaften der Seele habt ihr die Hände auf den Rücken gebunden?“ Dies seien so „nachwehende Töne“ aus ihren „Unterhaltungen mit der Günderode“, schreibt Bettina dem Bruder Clemens, und ich weiß nicht, ob es nicht eigentlich Neid ist, wenn wir solch hochfliegende Fragen mit dem Worte „schwärmerisch“ abwehren wollen: Neid auf ihr Ungestüm, auf die Unbefangenheit, mit der sie ihre Misere angehn, auf ihre selbstverständliche Weigerung, sich den Maßstäben und Regeln der mörderischen Normalität zu unterwerfen.

Jedenfalls hält das Märchen von der schönen, weltfremden Günderode der Nachprüfung nicht stand. Bettina Brentano, um acht Jahre jünger, nicht ihre einzige Gefährtin, beschreibt die Freundin am genauesten: „Sie war so sanft und weich in ihren Zügen, wie eine Blondine; sie hatte braunes Haar, aber blaue Augen, die waren gedeckt mit langen Augenwimpern; wenn sie lachte, so war es nicht laut, es war vielmehr ein sanftes, gedämpftes Girren, in dem sich Lust und Heiterkeit sehr vernehmlich aussprach: sie ging nicht, sie wandelte, wenn man verstehen will, was ich damit auszusprechen meine; ... ihr Wuchs war hoch, ihre

Karoline von Günderode
Lithographie von Schertle, um 1865

Gestalt war zu fließend, als daß man es mit dem Worte schlank ausdrücken könnte; sie war schüchtern-freundlich und viel zu willenlos, als daß sie in der Gesellschaft sich bemerkbar gemacht hätte.“

[v 1979]

Rahel Varnhagen
Brief vom 22. 1. 1819

[...] Es ist Menschenunkunde, wenn sich die Leute einbilden, unser [der Frauen] Geist sei anders und zu andern Bedürfnissen konstituiert, und wir könnten z. E. ganz von des Mannes oder Sohns Existenz mitzehren. Diese Forderung entsteht nur aus der Voraussetzung, daß ein Weib in ihrer ganzen Seele nichts Höheres kennte, als grade die Forderungen und Ansprüche ihres Mannes in der Welt: oder die Gaben und Wünsche ihrer Kinder: dann wäre *jede* Ehe, schon bloß als solche, der höchste menschliche Zustand: so aber ist es *nicht*: und man liebt, hegt, pflegt wohl die Wünsche der Seinigen; fügt sich ihnen; macht sie sich zur höchsten Sorge und dringendsten Beschäftigung: aber erfüllen, erholen, uns ausruhen, zu fernerer Tätigkeit und Tragen, können die uns nicht; oder auf unser ganzes Leben hinaus stärken und kräftigen. Dies ist der Grund des vielen Frivolen, was man bei Weibern sieht und zu sehen glaubt: sie haben der beklatschten Regel nach gar keinen Raum für ihre eigenen Füße, müssen sie nur immer *da* hin setzen, wo der Mann eben stand und stehen will; und sehen mit ihren Augen die ganze bewegte Welt, wie etwa einer, der wie ein Baum mit Wurzeln in der Erde verzaubert wäre, jeder Versuch, jeder Wunsch, den unnatürlichen Zustand zu lösen, wird Frivolität genannt oder noch für strafwürdiges Benehmen gehalten. *Darum* müssen Du und ich ein wenig angefrischt werden! [...]

Joseph von Eichendorff
Sehnsucht

Es schienen so golden die Sterne,
Am Fenster ich einsam stand
Und hörte aus weiter Ferne
Ein Posthorn im stillen Land.
Das Herz mir im Leib entbrennte,
Da hab ich mir heimlich gedacht:
Ach, wer da mitreisen könnte
In der prächtigen Sommernacht!

Zwei junge Gesellen gingen
Vorüber am Bergeshang,
Ich hörte im Wandern sie singen
Die stille Gegend entlang:
Von schwindelnden Felsenschlüften,
Wo die Wälder rauschen so sacht,
Von Quellen, die von den Klüften
Sich stürzen in die Waldesnacht.

Sie sangen von Marmorbildern,
Von Gärten, die überm Gestein
In dämmernden Lauben verwildern,
Palästen im Mondenschein,
Wo die Mädchen am Fenster lauschen,
Wann der Lauten Klang erwacht
Und die Brunnen verschlafen rauschen
In der prächtigen Sommernacht. –

[v 1834]

HANS MAGNUS ENZENSBERGER
Der Skandal

Wie jeder Mensch, der's verdient, daß die Nachwelt sich nicht nur seiner Werke und Tage annimmt, sondern seiner selbst, ist Clemens Brentano ein Rätsel, das keine Biographie eröffnen kann. Sein wahres Wesen kennen wir nicht; der Brentano, von dem wir zu wissen glauben, ist ein Geschöpf, an dem seine und unsre Einbildungskraft nicht weniger teilhat als die Geschichte: ein träumerisches Kind im düstern Handelshaus zum Goldenen Kopf in Frankfurt, Gebieter über ein phantastisches Fürstentum zwischen Himmel und Erde; ein Kobold und Bürgerschreck im pfirsichfarbenen Rock, ein Komödiant, Tagdieb und Gitarrenspieler; ein strahlender Jüngling, der im erleuchteten Kreis zu Jena rücksichtslos zu spotten und bezaubernd zu erzählen verstand; ein leidenschaftlicher, unsteter Mann, zur Hingabe, zum gefährlichen Spiel, zum Unglück fähig bis zur Selbstzerstörung, ein erotisches Genie; aber hüten wir uns vor romantischer Stilisierung: auch ein Sohn aus bester Familie, der keine Brotsorgen kannte, behaftet mit allen Vorurteilen seiner Klasse, politisch unzurechnungsfähig, den Katastrophen der Geschichte gegenüber ahnungslos; ein sorgfältiger und genialer Sammler wunderbarer alter Geistesschätze, aber auch ein radikaler Artist, der jeden Kanon verwarf und Verse ohne Vorbild schrieb, scheinbar mühelos, in begeisterter Laune Schnurren, Feuerzeilen, urkräftige Mythen ausstreuend, doch vieldeutig und verborgen Zukünftiges fördernd; von persönlichen Katastrophen gehetzt, von Täuschungen und Enttäuschungen getrieben, in allen Plänen gescheitert; auf der Höhe seines Lebens von einer Bekehrung ereilt, die sein Leben in zwei Stücke gespalten hat; jahrelang an der Seite einer kranken Nonne wachend, ein starrer, frommer Eiferer; endlich abgerissen, vereinsamt, eine gespenstische Figur aus einer gespenstischen Epoche, dem Biedermeier; in seinen letzten Jahren ein larvenhaft verschlossener Eigenbrödler, unberechenbar, nie ganz zu durchschauen, „halb Fisch, halb Mensch". [...]

Clemens Brentano, Ölgemälde von E. Linder (Ausschnitt), 1835

„Clemens, du bist ein Dämon!" sagte ihm Sophie Mereau, seine erste Frau, „du bist wunderlich, du bist ein Geist, kein Mensch! Du kannst Dinge aussprechen, die das innerste Wesen des andern zerreißen; wie von einer fremden, bösartigen Macht gezwungen, sagt deine Zunge oft Worte, von denen dein Herz, dein Verstand nichts wissen *können*, die auch das nicht verschonen, was du selbst für das Heiligste erkennst." [...]

[e 1957]

Aufgaben zu den Texten auf den Seiten 202–207

WILHELM WACKENRODER, LUDWIG TIECK Das merkwürdige musikalische Leben des Tonkünstlers Joseph Berglinger (S. 202 f.)

① Welche Ziele und Verhaltensweisen kennzeichnen das Leben des Vaters Berglinger, welche das des Sohns Joseph?
② Welche Rolle spielt Musik in Joseph Berglingers Leben? Erschließen Sie aus der Metaphorik Gegensätzlichkeit und Bewertung von Musik und Alltagswelt.

JOSEPH VON EICHENDORFF Aus dem Leben eines Taugenichts (S. 203 f.)

Thomas Mann sah im *Taugenichts* die „Essenz der Romantik".
① Kennzeichnen Sie Raum und Zeit, den Helden und seine Lebensform: Inwiefern wird hier dem Vorurteil, Romantik sei lebensfremd, Eichendorff harmlos, heiter und unverbindlich, Vorschub geleistet?
② Erschließen Sie die wichtigsten inhaltlichen und formalen Merkmale des Textes, insbesondere die Lebensform des Helden: Was macht den Taugenichts zur Märchenfigur? Was unterscheidet ihn davon?

RAHEL VARNHAGEN Brief vom 22. 1. 1819 (S. 206)

① Charakterisieren Sie anhand der Details das hier entworfene Frauenbild, die Beschränkungen und die Möglichkeiten der Frauen.

JOSEPH VON EICHENDORFF Sehnsucht (S. 206)

① Machen Sie sich die Situation des Sprechers und ihren Symbolcharakter klar: Welche optischen und akustischen Signale gehen über die „Schwelle" Fenster? Wie antwortet das Ich? Welche Formen, Welt zu erleben, werden gezeigt?
② Welches Bild der Welt gewinnen Sie aus dem Text? Überprüfen Sie dazu Bestandteile und Erscheinungsformen der Landschaft und ordnen Sie ihnen Oberbegriffe zu. Welche Strophe erinnert an die Klassik? Erschließen Sie sich Eichendorffs ambivalentes Weltverständnis: Notieren Sie in einer Gegenüberstellung die positiv bzw. negativ besetzten Wörter.
③ Inwieweit spiegelt die Sprachgestalt die romantische Vorstellung, daß nicht Isolation, sondern geheime Bezüge unser Dasein bestimmen? Achten Sie auf die Wiederkehr von Motiven, Versen, Worten, Klängen.

b) Kunst- und Literaturauffassung

Friedrich Schlegel
116. Athenäum-Fragment

Die romantische Poesie ist eine progressive Universalpoesie. Ihre Bestimmung ist nicht bloß, alle getrennte Gattungen der Poesie wieder zu vereinigen und die Poesie mit der Philosophie und Rhetorik in Berührung zu setzen. Sie will und soll auch Poesie und Prosa, Genialität und Kritik, Kunstpoesie und Naturpoesie bald mischen, bald verschmelzen, die Poesie lebendig und gesellig und das Leben und die Gesellschaft poetisch machen, den Witz poetisieren und die Formen der Kunst mit gediegnem Bildungsstoff jeder Art anfüllen und sättigen und durch die Schwingungen des Humors beseelen. Sie umfaßt alles, was nur poetisch ist, vom größten, wieder mehre Systeme in sich enthaltenden Systeme der Kunst bis zu dem Seufzer, dem Kuß, den das dichtende Kind aushaucht in kunstlosen Gesang. Sie kann sich so in das Dargestellte verlieren, daß man glauben möchte, poetische Individuen jeder Art zu charakterisieren sei ihr eins und alles; und doch gibt es noch keine Form, die so dazu gemacht wäre, den Geist des Autors vollständig auszudrücken: so daß manche Künstler, die nur auch einen Roman schreiben wollten, von ungefähr sich selbst dargestellt haben. Nur sie kann gleich dem Epos ein Spiegel der ganzen umgebenden Welt, ein Bild des Zeitalters werden. Und doch kann auch sie am meisten zwischen dem Dargestellten und dem Darstellenden, frei von allem realen und idealen Interesse auf den Flügeln der poetischen Reflexion in der Mitte schweben, diese Reflexion immer wieder potenzieren und wie in einer endlosen Reihe von Spiegeln vervielfachen. Sie ist der höchsten und der allseitigsten Bildung fähig – nicht bloß von innen heraus, sondern auch von außen hinein –, indem sie jedem, was ein Ganzes in ihren Produkten sein soll, alle Teile ähnlich organisiert, wodurch ihr die Aussicht auf eine grenzenlos wachsende Klassizität eröffnet wird. Die romantische Poesie ist unter den Künsten, was der Witz der Philosophie und die Gesellschaft, Umgang, Freundschaft und Liebe im Leben ist. Andre Dichtarten sind fertig und können nun vollständig zergliedert werden. Die romantische Dichtart ist noch im Werden; ja das ist ihr eigentliches Wesen, daß sie ewig nur werden, nie vollendet sein kann. Sie kann durch keine Theorie erschöpft werden, und nur eine divinatorische[1] Kritik dürfte es wagen, ihr Ideal charakterisieren zu wollen. Sie allein ist unendlich, wie sie allein frei ist und das als ihr erstes Gesetz anerkennt, daß die Willkür des Dichters kein Gesetz über sich leide. Die romantische Dichtart ist die einzige, die mehr als Art und gleichsam die Dichtkunst selbst ist: denn in einem gewissen Sinn ist oder soll alle Poesie romantisch sein. [v 1798]

[1] vorausahnend, vorausschauend

Novalis
Fragmente

[75][1] Philister leben nur ein Alltagsleben. Das Hauptmittel scheint ihr einziger Zweck zu seyn. Sie thun das alles, um des irdischen Lebens willen; wie es scheint und nach ihren eignen Äußerungen scheinen muß. Poesie mischen sie nur zur Nothdurft unter, weil sie nun einmal an eine gewisse Unterbrechung ihres täglichen Laufs gewöhnt sind. In der Regel erfolgt diese Unterbrechung alle sieben Tage, und könnte ein poetisches Septanfieber heißen. Sonntags ruht die Arbeit, sie leben ein bißchen besser als gewöhnlich und dieser Sonntagsrausch endigt sich mit einem etwas tiefern Schlafe als sonst; daher auch Montags alles noch einen raschern Gang hat. Ihre parties de plaisir

[1] Numerierung der Fragmente

müssen konvenzionell, gewöhnlich, modisch seyn, aber auch ihr Vergnügen verarbeiten sie, wie alles, mühsam und förmlich.
Den höchsten Grad seines poetischen Daseyns erreicht der Philister bey einer Reise, Hochzeit, Kindtaufe, und in der Kirche. Hier werden seine kühnsten Wünsche befriedigt, und oft übertroffen.
Ihre sogenannte Religion wirkt blos, wie ein Opiat: reizend, betäubend, Schmerzen aus Schwäche stillend. Ihre Früh- und Abendgebete sind ihnen, wie Frühstück und Abendbrot, nothwendig. Sie können's nicht mehr lassen. Der derbe Philister stellt sich die Freuden des Himmels unter dem Bilde einer Kirmeß, einer Hochzeit, einer Reise oder eines Balls vor: der sublimirte macht aus dem Himmel eine prächtige Kirche mit schöner Musik, vielem Gepränge, mit Stühlen für das gemeine Volk parterre, und Kapellen und Emporkirchen für die Vornehmern.
Die schlechtesten unter ihnen sind die revoluzionairen Philister, wozu auch der Hefen der fortgehenden Köpfe, die habsüchtige Race gehört.
[...]
[105] Die Welt muß romantisirt werden. So findet man den urspr[ünglichen] Sinn wieder. Romantisiren ist nichts, als eine qualit[ative] Potenzirung. Das niedre Selbst wird mit einem bessern Selbst in dieser Operation identificirt. So wie wir selbst eine solche qualit[ative] Potenzenreihe sind. Diese Operation ist noch ganz unbekannt. Indem ich dem Gemeinen einen hohen Sinn, dem Gewöhnlichen ein geheimnißvolles Ansehn, dem Bekannten die Würde des Unbekannten, dem Endlichen einen unendlichen Schein gebe so romantisire ich es – [...]

[71] Dichter und Priester waren im Anfang Eins, und nur spätere Zeiten haben sie getrennt. Der ächte Dichter ist aber immer Priester, so wie der ächte Priester immer Dichter geblieben. Und sollte nicht die Zukunft den alten Zustand der Dinge wieder herbeyführen? [v 1798]

LUDWIG TIECK
Der gestiefelte Kater

[Gottlieb, dem jüngsten von drei Brüdern, fällt als Erbe der Kater Hinze zu. Wie im Märchen der Gebrüder Grimm verspricht dieser, ihm zum Glück zu verhelfen, wenn er ein Paar Stiefel erhalte. Der folgende Text bietet den Schlußteil der turbulenten Handlung, in die sich auch das empörte Publikum und der „Dichter" einmischen.]

DRITTER AKT, SIEBTE SZENE
(Palast des Popanzes.[1] Hinze tritt herein.)

[...]
HINZE. Mit Ihrer Erlaubnis, – (*für sich*) Hinze, Du mußt Dir ein Herz fassen, – Ihro Exzellenz –
POPANZ. Was wollt Ihr?
HINZE. Ich bin ein durchreisender Gelehrter und wollte mir daher die Freiheit nehmen, Ihro Exzellenz kennen zu lernen.
POPANZ. Gut, nun so lern Er mich kennen.

[1] Der König wird von den Untertanen als Popanz (Schreckgespenst) oder Gesetz bezeichnet.

HINZE. Sie sind ein mächtiger Fürst, Ihre Gerechtigkeitsliebe ist in der ganzen Welt bekannt.
POPANZ. Ja, das glaub' ich wohl. – Setz Er sich doch!
HINZE. Man erzählt viel Wunderbares von Ihro Hoheit –
POPANZ. Ja, die Leute wollen immer was zu reden haben, und da müssen denn die regierenden Häupter zuerst dran.
HINZE. Aber eins kann ich doch nicht glauben, daß Dieselben sich nämlich in Elefanten und Tiger verwandeln können.
POPANZ. Ich will Ihm gleich ein Exempel davon geben. (*Er verwandelt sich in einen Löwen.*)
HINZE (*zieht zitternd eine Brieftasche heraus*). Erlauben Sie mir, daß ich mir diese Merkwürdigkeit notiere – aber nun geruhen Sie auch, Ihre natürliche anmutige Gestalt wieder anzunehmen, weil ich sonst vor Angst vergehe.
POPANZ (*in seiner Gestalt*). Gelt, Freund, das sind Kunststücke?
HINZE. Erstaunliche. – Aber noch eins, – man sagt auch, Sie könnten sich in ganz kleine Tiere verwandeln, – das ist mir mit Ihrer Erlaubnis noch weit unbegreiflicher, denn sagen Sie mir nur, wo bleibt dann Dero ansehnlicher Körper?
POPANZ. Auch das will ich machen. – (*Er verwandelt sich in eine Maus, Hinze springt hinter ihm her, Popanz entflieht in ein andres Zimmer, Hinze ihm nach.*)
HINZE (*zurückkommend*). Freiheit und Gleichheit! – das Gesetz ist aufgefressen! Nun wird ja wohl der Tiers état[2] Gottlieb zur Regierung kommen.
(*Allgemeines Pochen und Zischen im Parterre.*)
SCHLOSSER[3]. Doch also ein Revolutionsstück? – So sollte man doch um des Himmelswillen nicht pochen.
(*Das Pochen dauert fort, Wiesener und manche andre klatschen, Hinze verkriecht sich in einen Winkel und geht endlich gar ab. – Der Dichter zankt sich hinter der Szene und tritt dann hervor.*)
DICHTER. Was soll ich anfangen? – Das Stück ist gleich zu Ende, – alles wäre vielleicht gut gegangen, – ich hatte nur grade von dieser moralischen Szene so vielen Beifall erwartet. – Wenn es nur nicht von hier so weit nach dem Palast des Königs wäre, so holt' ich den Besänftiger[4], der hat mir schon am Ende des zweiten Akts alle Fabeln vom Orpheus deutlich gemacht, – aber bin ich nicht ein Tor? – Ich bin ganz in Verwirrung geraten, – das ist ja hier das Theater, und der Besänftiger muß irgendwo zwischen den Kulissen stecken, – ich will ihn suchen, – ich muß ihn finden, – er soll mich retten. (*Er geht ab und kömmt schnell zurück.*) Dort ist er nicht! – Herr Besänftiger! – Ein hohles Echo spottet meiner, – er hat mich verlassen, seinen Dichter – ha! dort seh' ich ihn, – er muß hervor. – (*Die Pausen werden immer vom Parterre aus mit Pochen ausgefüllt, und der Dichter spricht diesen Monolog rezitativisch, so daß dadurch eine Art von Melodram entsteht.*)
BESÄNFTIGER (*hinter der Szene*). Nein, ich gehe nicht vor.
DICHTER. Aber warum denn nicht?
BESÄNFTIGER. Ich habe mich ja schon ausgezogen.
DICHTER. Das tut nichts. (*Er stößt ihn mit Gewalt hervor.*)
BESÄNFTIGER. (*in seiner ordinären Kleidung und mit dem Glockenspiele hervortretend*). Nun, Sie mögen's verantworten. – (*Er spielt die Glocken und singt.*)
In diesen heil'gen Hallen
Kennt man die Rache nicht,

[2] der dritte Stand (die Bürger) im Frankreich vor der Revolution von 1789
[3] Schlosser und Wiesener sind Theaterbesucher
[4] Anspielung auf Papageno-Szene in der Zauberflöte; der „Besänftiger" soll die aufgebrachten Zuschauer beruhigen.

Und ist ein Mensch gefallen
  Führt Liebe ihn zur Pflicht,
Dann wandelt er an Freundes Hand
  Vergnügt und froh ins bessre Land.

(*Das Parterre fängt an zu klatschen, indem verwandelt sich das Theater, das Feuer und das Wasser aus der Zauberflöte fängt an zu spielen, oben sieht man den offenen Sonnentempel, der Himmel ist offen und Jupiter sitzt darin, unten die Hölle mit Terkaleon*[5], *Kobolde und Hexen auf dem Theater, viel Lichter u. s. w. – Das Publikum klatscht unmäßig, alles ist in Aufruhr.*)

WIESENER. Nun muß der Kater noch durch Feuer und Wasser gehn, und dann ist das Stück fertig.

(*Der König, die Prinzessin, Gottlieb, Hinze und Bediente treten herein.*)

HINZE. Das ist der Palast des Grafen von Carabas. – Wie, Henker, hat sich's denn hier verändert?

KÖNIG. Ein schön Palais.

HINZE. Weil's denn doch einmal so weit ist, (*Gottlieb bei der Hand nehmend*) so müssen Sie erst hier durch das Feuer und dann dort durchs Wasser gehn.

GOTTLIEB (*geht nach einer Flöte und Pauke durch Feuer und Wasser*).

HINZE. Sie haben die Prüfung überstanden, nun, mein Prinz, sind Sie ganz der Regierung würdig.

GOTTLIEB. Das Regieren, Hinze, ist eine kuriose Sache.

KÖNIG. Empfangen Sie nun die Hand meiner Tochter.

PRINZESSIN. Wie glücklich bin ich!

GOTTLIEB. Ich ebenfalls. – Aber, mein König, ich wünschte meinen Diener zu belohnen.

KÖNIG. Allerdings: ich erhebe ihn hiermit in den Adelstand. (*Er hängt dem Kater einen Orden um.*) Wie heißt er eigentlich?

GOTTLIEB. Hinze, seiner Geburt nach ist er nur aus einer geringen Familie, – aber seine Verdienste erheben ihn.

LEANDER (*schnell hervortretend*).

Ich bin dem großen Kön'ge nachgeritten
Und will um gütige Erlaubnis bitten,
Daß ich mich darf in Poesie ergießen,
Um so das wunderbare Stück zu schließen.
Ins Lob der Kater möcht' ich mich verlieren,
Der edelsten von allen jenen Tieren
Die um uns gehn und stehn auf allen Vieren.
Die Katzen waren einst Ägyptens Götter,
Ein Kater war der großen Isis Vetter,
Sie schützen jetzt noch Küche, Boden, Keller
Und sind in allen Häusern weit reeller
Von Nutzen, als vormals die alten Götzen,
Drum laßt sie zu den Laren[6] uns versetzen.

(*Getrommel. Der Vorhang fällt.*)

[v 1797]

[5] ein Bösewicht [6] römische Schutzgötter der Familie und der Feldflur

Clemens Brentano
Abendständchen

Hör', es klagt die Flöte wieder,
Und die kühlen Brunnen rauschen.
Golden wehn die Töne nieder,
Stille, stille, laß uns lauschen!

Holdes Bitten, mild Verlangen,
Wie es süß zum Herzen spricht!
Durch die Nacht, die mich umfangen,
Blickt zu mir der Töne Licht.

[e 1802, v 1803]

Joseph von Eichendorff
Wünschelrute

Schläft ein Lied in allen Dingen,
Die da träumen fort und fort,
Und die Welt hebt an zu singen,
Triffst du nur das Zauberwort.

[e 1835]

Jakob und Wilhelm Grimm
Deutsches Wörterbuch

Volk, n., *fehlt im got., altn. dän. norw. schwed.* folk, *ags.* folc, *altfries. alts.* folk, *nld.* volk, *ahd.* folc, folch [...] *mhd.* volc [...] *altfr.* foulc; *volck, demos, populus, popellus* [...]
die schreibung mit ck ist im älteren nhd. herrschend und noch im 18. jh. ganz gebräuchlich. die bedeutungsgeschichte des wortes ist auf das engste mit der politischen und gesellschaftlichen entwicklung verbunden; die im wandel der verhältnisse eintretenden abspaltungen sind mannigfaltig u. auszerordentlich oft von dem gedanken und der stimmung des sprechenden abhängig. nur eine skizzenhafte darstellung kann hier gegeben werden. eine besonders bedeutsame wandlung tritt in der zweiten hälfte des 18. und der ersten des 19. jhs. ein. die ästhetisch-philosophische bewegung veredelt den begriff des volkes als des ursprungs des werthvollsten poetischen gutes, schöpferischen phantasielebens, naturbedingter sitte, indem zugleich der werth der den oberen gesellschaftschichten vorbehaltenen bildung herabgesetzt wird; die aus der romantik hervorgehende philologie führt diese bewegung in historischer vertiefung weiter, wobei bes. die gegenüber der aufklärungszeit völlig veränderte stellung zu beachten ist, die dem volk im sprachlichen leben zugewiesen wird. in politischer beziehung wird durch die ideen der französischen revolution und ihre weitere entwicklung in der liberalen bewegung eine umwerthung des wortes herbeigeführt. Damit verbindet sich die veredlung durch das erwachsen des nationalen bewusztseins, mächtig gefördert durch den zusammenbruch des alten deutschen reiches und den kampf gegen Napoleon: das ringen um freiheit und einheit geben dem wort einen stimmungsgehalt, der leidenschaftlich empfunden werden kann. in diese würde wächst das wort erst allmählich im kampfe mit dem fremden nation hinein.

[v 1854–1984]

ACHIM VON ARNIM UND CLEMENS BRENTANO

Des Knaben Wunderhorn
Laß rauschen, Lieb, laß rauschen

Ich hört ein Sichlein rauschen,
Wohl rauschen durch das Korn,
Ich hört ein Mägdlein klagen,
Sie hätt ihr Lieb verlorn.

Laß rauschen, Lieb, laß rauschen,
Ich acht nicht, wie es geht,
Ich tät mein Lieb vertauschen
In Veilchen und im Klee.

Du hast ein Mägdlein worben
In Veilchen und im Klee,
So steh ich hier alleine,
Tut meinem Herzen weh.

Ich hör ein Hirschlein rauschen,
Wohl rauschen durch den Wald,
Ich hör mein Lieb sich klagen,
Die Lieb verrauscht so bald.

Laß rauschen, Lieb, laß rauschen,
Ich weiß nicht, wie mir wird,
Die Bächlein immer rauschen,
Und keines sich verirrt. [v 1806]

Titelblatt der Erstausgabe

JAKOB UND WILHELM GRIMM

Die Sterntaler

Es war einmal ein kleines Mädchen, dem war Vater und Mutter gestorben, und es war so arm, daß es kein Kämmerchen mehr hatte, darin zu wohnen, und kein Bettchen mehr, darin zu schlafen, und endlich gar nichts mehr als die Kleider auf dem Leib und ein Stückchen Brot in der Hand, das ihm ein mitleidiges Herz geschenkt hatte. Es war aber gut und fromm. Und weil es so von aller Welt verlassen war, ging es im Vertrauen auf den lieben Gott hinaus ins Feld. Da begegnete ihm ein armer Mann, der sprach „ach, gib mir etwas zu essen, ich bin so hungerig". Es reichte ihm das ganze Stückchen Brot und sagte „Gott segne dirs", und ging weiter. Da kam ein Kind, das jammerte und sprach „es friert mich so an meinem Kopfe, schenk mir etwas, womit ich ihn bedecken kann". Da tat es seine Mütze ab und gab sie ihm. Und als es noch eine Weile gegangen war, kam wieder ein Kind und hatte kein Leibchen an und fror: da gab es ihm seins; und noch weiter, da bat eins um ein Röcklein, das gab es auch von sich hin. Endlich gelangte es in einen Wald, und es war schon dunkel geworden, da kam noch eins und bat um ein Hemdlein, und das fromme Mädchen dachte „es ist dunkle Nacht, da sieht dich niemand, du kannst wohl dein Hemd weggeben", und zog das Hemd ab und gab es auch noch hin. Und wie es so stand und gar nichts mehr hatte, fielen auf einmal die Sterne vom Himmel, und waren lauter harte blanke Taler: und ob es gleich sein Hemdlein weggegeben, so hatte es ein neues an, und das war vom allerfeinsten Linnen. Da sammelte es sich die Taler hinein und war reich für sein Lebtag. [v 1812–15]

Aufgaben zu dem Bild auf Seite 197

Caspar David Friedrich (1774–1840) gilt als bedeutendster Maler der deutschen Romantik. In dem Bild *Frau am Fenster* ist die Frau des Künstlers dargestellt, die aus dem Fenster seines Dresdner Ateliers auf die Elblandschaft blickt.

① Rückenfiguren finden sich mehrfach im Werk Caspar David Friedrichs. Wird durch sie die Betrachtungsweise beeinflußt?
② Was ist an dem Bild „romantisch"? Das Fenstermotiv? Situation und Haltung der Frau? Die Beziehung zwischen Mensch und Landschaft?
③ Hat das Bild Symbolcharakter?

Aufgaben zu den Texten auf den Seiten 209–214

FRIEDRICH SCHLEGEL 116. Athenäum-Fragment (S. 209)

① Was heißt „progressiv"? Inwiefern spiegelt sich hier ein Grundzug der Romantik?
② Wodurch unterscheidet sich Schlegels Autonomievorstellung von der Schillers? Inwiefern werden hier Tendenzen der Moderne vorweggenommen?

NOVALIS Fragmente (S. 209 f.)

① Welche Gesinnung und welche Verhaltensweisen werden als philiströs kritisiert? Ordnen Sie die Philisterkritik in den geistesgeschichtlichen Rahmen ein.
② Klären Sie über ein Lexikon die Wortgeschichte.
③ Im Bild der Planetenreise wurden im 17. und 18. Jahrhundert utopische Konzepte formuliert. Welche Wörter deuten darauf hin, daß auch Novalis von der Zukunft spricht? – Skizzieren Sie nach diesem Fragment ein Bild der Gegenwart und der – utopischen – Zukunft.
④ Legen Sie sich das Wort „romantisieren" aus. Bedenken Sie: „romantisch" kann „romanhaft" heißen; die Wortbedeutung der mathematischen Begriffe sollte klar sein und auf das „Romantisieren" übertragen werden. Inwiefern kann man Novalis' *Heinrich von Ofterdingen* (S. 217 f.) als Beispiel für „romantisieren" heranziehen?
⑤ Welche Ziele hat Dichtung? Machen Sie sich klar, in welcher Tradition Novalis steht. Weist er der Kunst die gleiche Aufgabe zu wie Schiller?

Ludwig Tieck Der gestiefelte Kater (S. 210ff.)

① Ludwig Tieck dramatisierte mit dieser Literaturkomödie nicht das Märchen, sondern dessen Aufführung. Welche Ungereimtheiten und Mißverhältnisse fallen auf den ersten Blick auf? Welche Wirkung hat das ironische Spiel?
② Lesen Sie genau: Trennen und benennen Sie die einzelnen Ebenen. Welche Bereiche werden gemischt, welche Grenzen fallen?
③ Welche Merkmale kennzeichnen das Publikum? Was erwarten Publikum und Autor von einander? Welche kritische Absichten werden deutlich?
④ Achten Sie auf die Sprache: Suchen Sie parodistische Elemente, Wortwitz, Sprachspiele und ähnliches.
⑤ Erläutern Sie an diesem Textbeispiel romantische Ironie.

Clemens Brentano Abendständchen (S. 213)

① In der ursprünglichen Fassung werden die Verse 1, 2, 5 und 6 von dem Mädchen Fabiola, die Verse 3, 4, 7 und 8 von dem blinden Greis Piast gesungen. Was verändert sich, wenn man den Text als geschlossene Gedichtform vor sich hat?
② Suchen Sie hinter der konkreten Situation das Allgemeine: Mit welchen Worten werden Außen- und Innenraum und Gefühle angedeutet? Was bewirken die Töne? Erklären Sie den Sinn der Synästhesie.
③ Prüfen Sie die Entsprechung von Inhalt und Form: Untersuchen Sie Metrik und Reim, die Beziehung von Satz und Vers, von Sprechakzentuierung und Metrum. Achten Sie auf Vokale, Konsonanten, Reime und Assonanzen. Wie sind die Klänge miteinander verflochten? Würde das Gedicht durch eine Vertonung – die Brentano gewünscht hat – gewinnen oder verlieren? Was erscheint Ihnen volksliedhaft, was artifiziell?
④ Worin sehen Sie das typisch Romantische?

Jakob und Wilhelm Grimm Deutsches Wörterbuch (S. 213)

① Welche Bedeutungswandel erfuhr das Wort „Volk“ zu Beginn des 19. Jahrhunderts?

Achim v. Arnim/Clemens Brentano Des Knaben Wunderhorn (S. 214)

① Erinnern Sie sich an weitere Volkslieder (oder suchen Sie Textbeispiele) und kennzeichnen Sie die gemeinsamen Merkmale (Inhalt, Motiv, Form). Gibt es etwas Vergleichbares in unserer Zeit?
② Wie erklären Sie, daß gerade die Romantiker Volkslieder (Untertitel *Alte deutsche Lieder*), Volksmärchen und Volkssagen sammelten und edierten?

Jakob und Wilhelm Grimm Die Sterntaler (S. 214)

① Durch welche inhaltlichen und sprachlich-stilistischen Elemente kommt der Märchenton zustande?
② Vergleichen Sie die Aufgabe zu Büchners *Woyzeck*, S. 241.

c) Dichtung des Unbewußten

NOVALIS
Heinrich von Ofterdingen

ERSTER TEIL, ERSTES KAPITEL
Die Eltern lagen schon und schliefen, die Wanduhr schlug ihren einförmigen Takt, vor den klappernden Fenstern sauste der Wind; abwechselnd wurde die Stube hell von dem Schimmer des Mondes. Der Jüngling lag unruhig auf seinem Lager, und gedachte des Fremden und seiner Erzählungen. Nicht die Schätze sind es, die ein so unaussprechliches Verlangen in mir geweckt haben, sagte er zu sich selbst; fern ab liegt mir alle Habsucht: aber die blaue Blume sehn' ich mich zu erblicken. Sie liegt mir unaufhörlich im Sinn, und ich kann nichts anders dichten und denken. So ist mir noch nie zu Muthe gewesen: es ist, als hätt' ich vorhin geträumt, oder ich wäre in eine andere Welt hinübergeschlummert; denn in der Welt, in der ich sonst lebte, wer hätte da sich um Blumen bekümmert, und gar von einer so seltsamen Leidenschaft für eine Blume hab' ich damals nie gehört. Wo eigentlich nur der Fremde herkam? Keiner von uns hat je einen ähnlichen Menschen gesehn; doch weiß ich nicht, warum nur ich von seinen Reden so ergriffen worden bin; die Andern haben ja das Nämliche gehört, und Keinem ist so etwas begegnet. Daß ich auch nicht einmal von meinem wunderlichen Zustande reden kann! Es ist mir oft so entzückend wohl, und nur dann, wenn ich die Blume nicht recht gegenwärtig habe, befällt mich so ein tiefes, inniges Treiben: das kann und wird Keiner verstehn. Ich glaubte, ich wäre wahnsinnig, wenn ich nicht so klar und hell sähe und dächte, mir ist seitdem alles viel bekannter. Ich hörte einst von alten Zeiten reden; wie da die Thiere und Bäume und Felsen mit den Menschen gesprochen hätten. Mir ist gerade so, als wollten sie allaugenblicklich anfangen, und als könnte ich es ihnen ansehen, was sie mir sagen wollten. Es muß noch viel Worte geben, die ich nicht weiß: wüßte ich mehr, so könnte ich viel besser alles begreifen. Sonst tanzte ich gern; jezt denke ich lieber nach der Musik. Der Jüngling verlohr sich allmählich in süßen Fantasien und entschlummerte. Da träumte ihm erst von unabsehlichen Fernen, und wilden, unbekannten Gegenden. Er wanderte über Meere mit unbegreiflicher Leichtigkeit; wunderliche Thiere sah er; er lebte mit mannichfaltigen Menschen, bald im Kriege, in wildem Getümmel, in stillen Hütten. Er gerieth in Gefangenschaft und die schmählichste Noth. Alle Empfindungen stiegen bis zu einer niegekannten Höhe in ihm. Er durchlebte ein unendlich buntes Leben; starb und kam wieder, liebte bis zur höchsten Leidenschaft, und war dann wieder auf ewig von seiner Geliebten getrennt. Endlich gegen Morgen, wie draußen die Dämmerung anbrach, wurde es stiller in seiner Seele, klarer und bleibender wurden die Bilder. Es kam ihm vor, als ginge er in einem dunkeln Walde allein. Nur selten schimmerte der Tag durch das grüne Netz. Bald kam er vor eine Felsenschlucht, die bergan stieg. Er mußte über bemooste Steine klettern, die ein ehemaliger Strom herunter gerissen hatte. Je höher er kam, desto lichter wurde der Wald. Endlich gelangte er zu einer kleinen Wiese, die am Hange des Berges lag. Hinter der Wiese erhob sich eine hohe Klippe, an deren Fuß er eine Oefnung erblickte, die der Anfang eines in den Felsen gehauenen Ganges zu seyn schien. Der Gang führte ihn gemächlich eine Zeitlang eben fort, bis zu einer großen Weitung, aus der ihm schon von fern ein helles Licht entgegen glänzte. Wie er hineintrat, ward er einen mächtigen Strahl gewahr, der wie aus einem Springquell bis an die Decke des Gewölbes stieg, und oben in unzählige Funken zerstäubte, die sich unten in einem großen Becken sammelten; der Strahl glänzte wie entzündetes Gold; nicht das mindeste Geräusch war zu hören, eine heilige Stille umgab das herrliche Schauspiel. Er näherte sich dem Becken, das mit unendlichen Farben wogte und zitterte. Die Wände der Höhle waren mit dieser Flüssigkeit überzogen, die nicht heiß, sondern kühl war, und an den Wänden nur ein mattes, bläuliches Licht von sich

warf. Er tauchte seine Hand in das Becken und benetzte seine Lippen. Es war, als durchdränge ihn ein geistiger Hauch, und er fühlte sich innigst gestärkt und erfrischt. Ein unwiderstehliches Verlangen ergriff ihn sich zu baden, er entkleidete sich und stieg in das Becken. Es dünkte ihn, als umflösse ihn eine Wolke des Abendroths; eine himmlische Empfindung überströmte sein Inneres; mit inniger Wollust strebten unzählbare Gedanken in ihm sich zu vermischen; neue, niegesehene Bilder entstanden, die auch in einander flossen und zu sichtbaren Wesen um ihn wurden, und jede Welle des lieblichen Elements schmiegte sich wie ein zarter Busen an ihn. Die Flut schien eine Auflösung reizender Mädchen, die an dem Jünglinge sich augenblicklich verkörperten.
Berauscht von Entzücken und doch jedes Eindrucks bewußt, schwamm er gemach dem leuchtenden Strome nach, der aus dem Becken in den Felsen hineinfloß. Eine Art von süßem Schlummer befiel ihn, in welchem er unbeschreibliche Begebenheiten träumte, und woraus ihn eine andere Erleuchtung weckte. Er fand sich auf einem weichen Rasen am Rande einer Quelle, die in die Luft hinausquoll und sich darin zu verzehren schien. Dunkelblaue Felsen mit bunten Adern erhoben sich in einiger Entfernung; das Tageslicht das ihn umgab, war heller und milder als das gewöhnliche, der Himmel war schwarzblau und völlig rein. Was ihn aber mit voller Macht anzog, war eine hohe lichtblaue Blume, die zunächst an der Quelle stand, und ihn mit ihren breiten, glänzenden Blättern berührte. Rund um sie her standen unzählige Blumen von allen Farben, und der köstlichste Geruch erfüllte die Luft. Er sah nichts als die blaue Blume, und betrachtete sie lange mit unnennbarer Zärtlichkeit. Endlich wollte er sich ihr nähern, als sie auf einmal sich zu bewegen und zu verändern anfing; die Blätter wurden glänzender und schmiegten sich an den wachsenden Stengel, die Blume neigte sich nach ihm zu, und die Blüthenblätter zeigten einen blauen ausgebreiteten Kragen, in welchem ein zartes Gesicht schwebte. Sein süßes Staunen wuchs mit der sonderbaren Verwandlung, als ihn plötzlich die Stimme seiner Mutter weckte, und er sich in der elterlichen Stube fand, die schon die Morgensonne vergoldete. [...] [e 1799–1800, v 1802]

Ludwig Tieck

Der Runenberg

[...] Er kam in Gegenden, in denen er nie gewesen war, die Felsen wurden steiler, das Grün verlor sich, die kahlen Wände riefen ihn wie mit zürnenden Stimmen an, und ein einsam klagender Wind jagte ihn vor sich her. So eilte er ohne Stillstand fort, und kam spät nach Mitternacht auf einen schmalen Fußsteig, der hart an einem Abgrunde hinlief. Er achtete nicht auf die Tiefe, die unter ihm gähnte und ihn zu verschlingen drohte, so sehr spornten ihn irre Vorstellungen und unverständliche Wünsche. Jetzt zog ihn der gefährliche Weg neben eine hohe Mauer hin, die sich in den Wolken zu verlieren schien; der Steig ward mit jedem Schritte schmaler, und der Jüngling mußte sich an vorragenden Steinen festhalten, um nicht hinunterzustürzen. Endlich konnte er nicht weiter, der Pfad endigte unter einem Fenster, er mußte stillstehen und wußte jetzt nicht, ob er umkehren, ob er bleiben solle. Plötzlich sah er ein Licht, das sich hinter dem alten Gemäuer zu bewegen schien. Er sah dem Scheine nach, und entdeckte, daß er in einen alten geräumigen Saal blicken konnte, der wunderlich verziert von mancherlei Gesteinen und Kristallen in vielfältigen Schimmern funkelte, die sich geheimnisvoll von dem wandelnden Lichte durcheinanderbewegten, welches eine große weibliche Gestalt trug, die sinnend im Gemache auf und nieder ging. Sie schien nicht den Sterblichen anzugehören, so groß, so mächtig waren ihre Glieder, so streng ihr Gesicht, aber doch dünkte dem entzückten Jünglinge, daß er noch niemals solche Schönheit gesehen oder geahnet habe. Er zitterte und wünschte doch heimlich, daß sie zum Fenster treten und ihn wahrnehmen möchte. Endlich stand sie still, setzte das Licht auf einen kristallenen Tisch nieder, schaute in die Höhe und sang mit durchdringlicher Stimme:

„Wo die Alten weilen,
Daß sie nicht erscheinen?
Die Kristallen weinen,
Von demantnen Säulen
Fließen Tränenquellen,
Töne klingen drein;
In den klaren hellen
Schön durchsichtgen Wellen
Bildet sich der Schein,
Der die Seelen ziehet,
Dem das Herz erglühet.
Kommt ihr Geister alle
Zu der goldnen Halle,
Hebt aus tiefen Dunkeln
Häupter, welche funkeln!
Macht der Herzen und der Geister,
Die so durstig sind im Sehnen,
Mit den leuchtend schönen Tränen
Allgewaltig euch zum Meister!“

Als sie geendigt hatte, fing sie an sich zu entkleiden, und ihre Gewänder in einen kostbaren Wandschrank zu legen. Erst nahm sie einen goldenen Schleier vom Haupte, und ein langes schwarzes Haar floß in geringelter Fülle bis über die Hüften hinab; dann löste sie das Gewand des Busens, und der Jüngling vergaß sich und die Welt im Anschauen der überirdischen Schönheit. Er wagte kaum zu atmen, als sie nach und nach alle Hüllen löste; nackt schritt sie endlich im Saale auf und nieder, und ihre schweren schwebenden Locken bildeten um sie her ein dunkel wogendes Meer, aus dem wie Marmor die glänzenden Formen des reinen Leibes abwechselnd hervorstrahlten. Nach geraumer Zeit näherte sie sich einem andern goldenem Schranke, nahm eine Tafel heraus, die von vielen eingelegten Steinen, Rubinen, Diamanten und allen Juwelen glänzte, und betrachtete sie lange prüfend. Die Tafel schien eine wunderliche unverständliche Figur mit ihren unterschiedlichen Farben und Linien zu bilden; zuweilen war, nachdem der Schimmer ihm entgegenspiegelte, der Jüngling schmerzhaft geblendet, dann wieder besänftigten grüne und blau spielende Scheine sein Auge: er aber stand, die Gegenstände mit seinen Blicken verschlingend, und zugleich tief in sich selbst versunken. In seinem Innern hatte sich ein Abgrund von Gestalten und Wohllaut, von Sehnsucht und Wollust aufgetan, Scharen von beflügelten Tönen und wehmütigen und freudigen Melodien zogen durch sein Gemüt, das bis auf den Grund bewegt war: er sah eine Welt von Schmerz und Hoffnung in sich aufgehen, mächtige Wunderfelsen von Vertrauen und trotzender Zuversicht, große Wasserströme, wie voll Wehmut fließend. Er kannte sich nicht wieder, und erschrak, als die Schöne das Fenster öffnete, ihm die magische steinerne Tafel reichte und die wenigen Worte sprach: „Nimm dieses zu meinem Angedenken!“ Er faßte die Tafel und fühlte die Figur, die unsichtbar sogleich in sein Inneres überging, und das Licht und die mächtige Schönheit und der seltsame Saal waren verschwunden. Wie eine dunkele Nacht mit Wolkenvorhängen fiel es in sein Inneres hinein, er suchte nach seinen vorigen Gefühlen, nach jener Begeisterung und unbegreiflichen Liebe, er beschaute die kostbare Tafel, in welcher sich der untersinkende Mond schwach und bläulich spiegelte.

Noch hielt er die Tafel fest in seinen Händen gepreßt, als der Morgen graute und er erschöpft, schwindelnd und halb schlafend die steile Höhe hinunterstürzte. – [v 1804]

Joseph von Eichendorff
Lockung

Hörst du nicht die Bäume rauschen
Draußen durch die stille Rund?
Lockt's dich nicht, hinabzulauschen
Von dem Söller in den Grund,
Wo die vielen Bäche gehen
Wunderbar im Mondenschein
Und die stillen Schlösser sehen
In den Fluß vom hohen Stein?

Kennst du noch die irren Lieder
Aus der alten, schönen Zeit?
Sie erwachen alle wieder
Nachts in Waldeseinsamkeit,

Wenn die Bäume träumend lauschen
Und der Flieder duftet schwül
Und im Fluß die Nixen rauschen –
Komm herab, hier ist's so kühl.

[v 1834]

Heinrich von Kleist
Das Käthchen von Heilbronn

Vierter Akt, Zweite Szene
Er läßt sich auf Knieen vor ihr nieder und legt seine beiden Arme sanft um ihren Leib. – Sie macht eine Bewegung als ob sie erwachen wollte, liegt aber gleich wieder still.
Der Graf vom Strahl. Käthchen! Schläfst du?
Käthchen. Nein, mein verehrter Herr.
Pause.
Der Graf vom Strahl. Und doch hast du die Augenlider zu.
Käthchen. Die Augenlider?
Der Graf vom Strahl. Ja; und fest, dünkt mich.
Käthchen. – Ach, geh!
Der Graf vom Strahl. Was! Nicht? Du hättst die Augen auf?
Käthchen. Groß auf, so weit ich kann, mein bester Herr;
Ich sehe dich ja, wie du zu Pferde sitzest.
Der Graf vom Strahl. So! – Auf dem Fuchs – nicht?
Käthchen. Nicht doch! Auf dem Schimmel.
Pause.
Der Graf vom Strahl. Wo bist du denn, mein Herzchen? Sag mir an.
Käthchen. Auf einer schönen grünen Wiese bin ich,
Wo alles bunt und voller Blumen ist.
Der Graf vom Strahl. Ach, die Vergißmeinnicht! Ach, die Kamillen!
Käthchen. Und hier die Veilchen; schau! ein ganzer Busch.

DER GRAF VOM STRAHL. Ich will vom Pferde niedersteigen, Käthchen,
Und mich ins Gras ein wenig zu dir setzen.
– Soll ich?
KÄTHCHEN. Das tu, mein hoher Herr.
DER GRAF VOM STRAHL *als ob er riefe*. He, Gottschalk! –
Wo laß ich doch das Pferd? – Gottschalk! Wo bist du?
KÄTHCHEN. Je, laß es stehn. Die Liese läuft nicht weg.
DER GRAF VOM STRAHL *lächelt*.
Meinst du? – Nun denn, so seis!
Pause. – Er rasselt mit seiner Rüstung.
Mein liebes Käthchen!
Er faßt ihre Hand.
KÄTHCHEN. Mein hoher Herr.
DER GRAF VOM STRAHL. Du bist mir wohl recht gut?
KÄTHCHEN. Gewiß! Von Herzen.
DER GRAF VOM STRAHL. Aber *ich* – was meinst du?
Ich nicht.
KÄTHCHEN *lächelnd*. O Schelm!
DER GRAF VOM STRAHL. Was, Schelm! Ich hoff –?
KÄTHCHEN. O geh! –
Verliebt ja, wie ein Käfer, bist du mir.
DER GRAF VOM STRAHL. Ein Käfer! Was! Ich glaub du bist –?
KÄTHCHEN. Was sagst du?
DER GRAF VOM STRAHL *mit einem Seufzer*.
Ihr Glaub ist, wie ein Turm, so fest gegründet!
– Seis! Ich ergebe mich darin. – Doch, Käthchen,
Wenns ist, wie du mir sagst –
KÄTHCHEN. Nun? Was beliebt?
DER GRAF VOM STRAHL. Was, sprich, was soll draus werden?
KÄTHCHEN. Was draus soll werden?
DER GRAF VOM STRAHL. Ja! hast dus schon bedacht?
KÄTHCHEN. Je, nun.
DER GRAF VOM STRAHL. – Was heißt das?
KÄTHCHEN. Zu Ostern, übers Jahr, wirst du mich heuern.
DER GRAF VOM STRAHL *das Lachen verbeißend*.
So! Heuern! In der Tat! Das wußt ich nicht!
Kathrinchen, schau! – Wer hat dir das gesagt?
KÄTHCHEN. Das hat die Mariane mir gesagt.
DER GRAF VOM STRAHL. So! Die Mariane! Ei! – Wer ist denn das?
KÄTHCHEN. Das ist die Magd, die sonst das Haus uns fegte.
DER GRAF VOM STRAHL. Und die, die wußt es wiederum – von wem?
KÄTHCHEN. Die sahs im Blei, das sie geheimnisvoll
In der Silvesternacht, mir zugegossen.
DER GRAF VOM STRAHL. Was du mir sagst! Da prophezeite sie –?
KÄTHCHEN. Ein großer, schöner Ritter würd mich heuern.
DER GRAF VOM STRAHL. Und nun meinst du so frischweg, das sei ich?
KÄTHCHEN. Ja, mein verehrter Herr.
Pause.

DER GRAF VOM STRAHL *gerührt*. – Ich will dir sagen,
Mein Kind, ich glaub, es ist ein anderer.
Der Ritter Flammberg. Oder sonst. Was meinst du?
KÄTHCHEN. Nein, nein!
DER GRAF VOM STRAHL. Nicht?
KÄTHCHEN. Nein, nein, nein!
DER GRAF VOM STRAHL. Warum nicht? Rede!
KÄTHCHEN. – Als ich zu Bett ging, da das Blei gegossen,
In der Silvesternacht, bat ich zu Gott,
Wenns wahr wär, was mir die Mariane sagte,
Möcht er den Ritter mir im Traume zeigen.
Und da erschienst du ja, um Mitternacht,
Leibhaftig, wie ich jetzt dich vor mir sehe,
Als deine Braut mich liebend zu begrüßen.
DER GRAF VOM STRAHL. Ich wär dir –? Herzchen! Davon weiß ich nichts.
– Wann hätt ich dich –?
KÄTHCHEN. In der Silvesternacht.
Wenn wiederum Silvester kommt, zwei Jahr.
DER GRAF VOM STRAHL. Wo? In dem Schloß zu Strahl?
KÄTHCHEN. Nicht! In Heilbronn;
Im Kämmerlein, wo mir das Bette steht.
DER GRAF VOM STRAHL. Was du da schwatzst, mein liebes Kind. – Ich lag
Und obenein todkrank, im Schloß zu Strahl.
Pause. – Sie seufzt, bewegt sich, und lispelt etwas.
DER GRAF VOM STRAHL. Was sagst du?
KÄTHCHEN. Wer?
DER GRAF VOM STRAHL. Du!
KÄTHCHEN. Ich? Ich sagte nichts. [e 1808]

HEINRICH VON KLEIST

Über das Marionettentheater

Als ich den Winter 1801 in M… zubrachte, traf ich daselbst eines Abends, in einem öffentlichen Garten, den Herrn C. an, der seit kurzem, in dieser Stadt, als erster Tänzer der Oper, angestellt war, und bei dem Publiko außerordentliches Glück machte.

Ich sagte ihm, daß ich erstaunt gewesen wäre, ihn schon mehrere Mal in einem Marionettentheater zu finden, das auf dem Markte zusammengezimmert worden war, und den Pöbel, durch kleine dramatische Burlesken, mit Gesang und Tanz durchwebt, belustigte.

Er versicherte mir, daß ihm die Pantomimik dieser Puppen viel Vergnügen machte, und ließ nicht undeutlich merken, daß ein Tänzer, der sich ausbilden wolle, mancherlei von ihnen lernen könne.

Da die Äußerung mir, durch die Art, wie er sie vorbrachte, mehr, als ein bloßer Einfall schien, so ließ ich mich bei ihm nieder, um ihn über die Gründe, auf die er eine so sonderbare Behauptung stützen könne, näher zu vernehmen.

Er fragte mich, ob ich nicht, in der Tat, einige Bewegungen der Puppen, besonders der kleineren, im Tanz sehr graziös gefunden hatte.

Diesen Umstand konnt ich nicht leugnen. Eine Gruppe von vier Bauern, die nach einem raschen Takt die Ronde tanzte, hätte von Teniers[1] nicht hübscher gemalt werden können.

[1] Flämischer Maler (1610–1690), der vor allem das Leben auf Märkten und bei Festen darstellte.

Ich erkundigte mich nach dem Mechanismus dieser Figuren, und wie es möglich wäre, die einzelnen Glieder derselben und ihre Punkte, ohne Myriaden von Fäden an den Fingern zu haben, so zu regieren, als es der Rhythmus der Bewegungen, oder der Tanz, erfordere?

Er antwortete, daß ich mir nicht vorstellen müsse, als ob jedes Glied einzeln, während der verschiedenen Momente des Tanzes, von dem Maschinisten gestellt und gezogen würde.

Jede Bewegung, sagte er, hätte einen Schwerpunkt; es wäre genug, diesen, in dem Innern der Figur, zu regieren; die Glieder, welche nichts als Pendel wären, folgten, ohne irgend ein Zutun, auf eine mechanische Weise von selbst. [...]

Und der Vorteil, den diese Puppe vor lebendigen Tänzern voraus haben würde?

Der Vorteil? Zuvörderst ein negativer, mein vortrefflicher Freund, nämlich dieser, daß sie sich niemals *zierte*. – Denn Ziererei erscheint, wie Sie wissen, wenn sich die Seele (vis motrix[2]) in irgend einem andern Punkte befindet, als in dem Schwerpunkt der Bewegung. Da der Maschinist nun schlechthin, vermittelst des Drahtes oder Fadens, keinen anderen Punkt in seiner Gewalt hat, als diesen: so sind alle übrigen Glieder, was sie sein sollen, tot, reine Pendel, und folgen dem bloßen Gesetz der Schwere; eine vortreffliche Eigenschaft, die man vergebens bei dem größesten Teil unsrer Tänzer sucht.

Sehen Sie nur die P... an, fuhr er fort, wenn sie die Daphne[3] spielt, und sich, verfolgt vom Apoll, nach ihm umsieht; die Seele sitzt ihr in den Wirbeln des Kreuzes; sie beugt sich, als ob sie brechen wollte, wie eine Najade aus der Schule Bernins[4]. Sehen Sie den jungen F... an, wenn er, als Paris, unter den drei Göttinnen steht, und der Venus den Apfel überreicht: die Seele sitzt ihm gar (es ist ein Schrecken, es zu sehen) im Ellenbogen.

Solche Mißgriffe, setzte er abbrechend hinzu, sind unvermeidlich, seitdem wir von dem Baum der Erkenntnis gegessen haben. Doch das Paradies ist versiegelt und der Cherub hinter uns; wir müssen die Reise um die Welt machen, und sehen, ob es vielleicht von hinten irgendwo wieder offen ist. [...]

Ich sagte, daß, so geschickt er auch die Sache seiner Paradoxe führe, er mich doch nimmermehr glauben machen würde, daß in einem mechanischen Gliedermann mehr Anmut enthalten sein könne, als in dem Bau des menschlichen Körpers.

Er versetzte, daß es dem Menschen schlechthin unmöglich wäre, den Gliedermann darin auch nur zu erreichen. Nur ein Gott könne sich, auf diesem Felde, mit der Materie messen; und hier sei der Punkt, wo die beiden Enden der ringförmigen Welt in einander griffen.

Ich erstaunte immer mehr, und wußte nicht, was ich zu so sonderbaren Behauptungen sagen sollte.

Es scheine, versetzte er, indem er eine Prise Tabak nahm, daß ich das dritte Kapitel vom ersten Buch Moses nicht mit Aufmerksamkeit gelesen; und wer diese erste Periode aller menschlichen Bildung nicht kennt, mit dem könne man nicht füglich über die folgenden, um wie viel weniger über die letzte, sprechen.

Ich sagte, daß ich gar wohl wüßte, welche Unordnungen, in der natürlichen Grazie des Menschen, das Bewußtsein anrichtet. Ein junger Mann von meiner Bekanntschaft hätte, durch eine bloße Bemerkung, gleichsam vor meinen Augen, seine Unschuld verloren, und das Paradies derselben, trotz aller ersinnlichen Bemühungen, nachher niemals wieder gefunden. – Doch, welche Folgerungen, setzte ich hinzu, können Sie daraus ziehen?

Er fragte mich, welch einen Vorfall ich meine?

Ich badete mich, erzählte ich, vor etwa drei Jahren, mit einem jungen Mann, über dessen Bildung damals eine wunderbare Anmut verbreitet war. Er mochte ohngefähr in seinem sechszehnten Jahre stehn, und nur ganz von fern ließen sich, von der Gunst der Frauen herbeigerufen, die ersten Spuren von Eitelkeit erblicken. Es traf sich, daß wir grade kurz zuvor in Paris den Jüngling gesehen hatten, der sich einen Splitter aus dem Fuße zieht; der Abguß der Statue ist bekannt und befin-

[2] die bewegende Kraft [3] In der griech. Mythologie eine Nymphe, die von Apoll geliebt und verfolgt wird.
[4] Lorenzo Bernini, ital. Baumeister (1598–1680); gemeint: manirierte Darstellung.

det sich in den meisten deutschen Sammlungen. Ein Blick, den er in dem Augenblick, da er den Fuß auf den Schemel setzte, um ihn abzutrocknen, in einen großen Spiegel warf, erinnerte ihn daran; er lächelte und sagte mir, welch eine Entdeckung er gemacht habe. In der Tat hatte ich, in eben diesem Augenblick, dieselbe gemacht; doch sei es, um die Sicherheit der Grazie, die ihm beiwohnte, zu prüfen, sei es, um seiner Eitelkeit ein wenig heilsam zu begegnen: ich lachte und erwiderte – er sähe wohl Geister! Er errötete, und hob den Fuß zum zweitenmal, um es mir zu zeigen; doch der Versuch, wie sich leicht hätte voraussehn lassen, mißglückte. Er hob verwirrt den Fuß zum dritten und vierten, er hob ihn wohl noch zehnmal: umsonst! er war außerstand, dieselbe Bewegung wieder hervorzubringen – was sag ich? die Bewegungen, die er machte, hatten ein so komisches Element, daß ich Mühe hatte, das Gelächter zurückzuhalten: – [v 1810]

Aufgaben zu den Texten auf den Seiten 217–224

NOVALIS Heinrich von Ofterdingen (S. 217f.)

① Beschreiben Sie den Aufbau, indem Sie die Stationen der Ablösung von dem, was gewöhnlich als Wirklichkeit bezeichnet wird, benennen, und erschließen Sie aus dem Wortmaterial die Haltung des Helden; achten Sie besonders auf die Verben.
② Versuchen Sie, die Symbole dieses Auszugs zu deuten. – Worauf verweisen die einzelnen Merkmale der blauen Blume: ihr Gesicht, ihr Blau, ihr Ursprung, ihr Ort? Was symbolisiert die blaue Blume (für Sie)?

LUDWIG TIECK Der Runenberg (S. 218f.)

① Machen Sie sich klar, wie hier reale und irreale Welt ineinander übergehen.
② Charakterisieren Sie die weibliche Gestalt und ihre Wirkung auf den Helden.
③ Wie wird Natur und das Verhältnis des Menschen zur Natur dargestellt? Prüfen Sie die Behauptung, Tieck sehe – als Städter – Natur nur mit den Augen des Ästheten.

JOSEPH VON EICHENDORFF Lockung (S. 220)

① Erschließen Sie sich den Symbolcharakter des Lieds. Machen Sie sich zunächst die Sprechsituation klar und bestimmen Sie, soweit möglich, die Bedeutung von „Grund" und „Lockung". Ist der Sprecher gefährdet? Wodurch?
② Welche Wirkung übt das Gedicht durch seine sprachlich-stilistische Form auf Sie aus?

HEINRICH VON KLEIST Käthchen von Heilbronn (S. 220ff.)

① Auf den ersten Blick könnte die Szene das Klischee von der „romantischen Liebe" bestätigen. Inwiefern? Welches Frauenbild liegt dem Text zugrunde?
② Hat Käthchen sich in seiner Phantasie einen Traummann entworfen, den sie nun in dem Grafen wiederfindet, oder liegt die Erklärung tiefer?
③ Diese Szene gilt für manche als eine der schönsten in der deutschen Literatur; andrerseits sieht man dieses Drama auch an der Grenze zur Parodie. Wie urteilen Sie?

HEINRICH VON KLEIST Über das Marionettentheater (S. 222ff.)

① Wie wird die Behauptung, daß in einer Marionette „mehr Anmut enthalten sein könne, als im Bau des menschlichen Körpers", belegt und begründet?
② Vergleichen Sie mit Kleists Auffassung die Vorstellung Schillers von der „schönen Seele" (S. 166f.). Wo liegen die Unterschiede?

XI. Junges Deutschland (1830–1850)

Der deutsche Michel unter der Zensur, zeitgenössischer Einzelblattdruck

1. Grundzüge der Epoche

„Die Geschichte der Literatur ist eben so schwierig zu beschreiben wie die Naturgeschichte", stellt HEINRICH HEINE in *Die Romantische Schule* (1835) fest, „dort wie hier hält man sich an die besonders hervortretenden Erscheinungen". Seine Aussage bezog sich speziell auf eine literarische Bewegung, die der Publizist LUDOLF WIENBARG (1802–1872) 1834 in seinen *Ästhetischen Feldzügen* programmatisch als das **Junge Deutschland** bezeichnet und der er begeistert attestiert hatte: „Der Geist der Zeit, der unsichtbar über allen Köpfen waltet, er greift des Schriftstellers Hand und schreibt im Buch des Lebens mit dem ehernen Griffel der Geschichte." Vom Autor hatte er zugleich verlangt, daß er „allem altdeutschen Philistertum den Krieg erklärte und dasselbe bis unter den Zipfel der wohlbekannten Nachtmütze unerbittlich zu verfolgen willens ist." Diese Bewegung des Jungen Deutschland, die weder eine einheitliche Schule bildete noch gemeinsame Ziele kannte, begann um 1830 und dauerte bis gegen Ende 1850, umfaßte also etwa den gleichen Zeitraum wie das literarische **Biedermeier.** Sie erwuchs aus dem Gegensatz zwischen politischen Wünschen und Ideen und den tatsächlichen Zuständen.
Nach den Befreiungskriegen erwarteten viele die Einführung einer liberalen Staatsform auf der Grundlage der Verfassung anstelle des Absolutismus. Das engstirnige Denken in den deutschen Kleinstaaten sollte durch die nationale Einheit überwunden werden. Statt eines hoffnungsvollen Aufbruchs gab es jedoch nur den deprimierenden Rückschritt in die Restauration mit Unterdrückung und Zensur, wie sie in den Karlsbader Beschlüssen von 1819 festgelegt waren. Eine Möglichkeit zur Änderung zeigte die Julirevolution von 1830 in Frankreich, die in Deutschland von liberalen Kreisen begeistert begrüßt wurde. Frankreich galt ihnen, die ein politisches Mitspracherecht für das Bürgertum forderten, als Hort der Freiheit und als Vorbild. Ähnliche Bestrebungen in Deutschland, zum Beispiel das Hambacher Fest im Mai 1832, blieben folgenlose Episoden. Aber Dichtung galt jetzt als Mittel des politischen Kampfes, und trotz der strengen Zensur setzten sich viele Autoren für die Verwirklichung der Ziele des **Liberalismus** ein,

zu denen der Kampf gegen den absolutistischen Staat und gegen eine dogmatisch bestimmende Kirche gehörte. Große literarische Vorhaben schienen deshalb manchem weniger wichtig als die Tagesschriftstellerei.
Damit hatte zugleich auch die Geburtsstunde eines **Journalismus** geschlagen, der mit Hilfe von Abhandlungen, Berichten und Kommentaren die Verhältnisse zu verändern suchte. Um der Zensur zu entgehen, war jede Verkleidung recht. Man berichtete etwa in Form von Reisebriefen von den Verhältnissen und Sitten anderer Länder, meinte aber, auch für den Durchschnittsleser leicht erkennbar, das eigene Vaterland. Es gab eine Fülle von kämpferischer Lyrik, weit seltener hingegen Romane und Dramen. Produktive Kritik sollte Mißstände und Möglichkeiten der Verbesserung aufzeigen. Damit die Texte gelesen wurden, schrieben die Autoren möglichst anschaulich, zeitgemäß („modern" lautete das Schlagwort), witzig, ironisch und satirisch.
Zwar bildete sich keine Dichterschule mit engen gegenseitigen Kontakten, doch die Anliegen und die Mittel, sie zu erreichen, zeigten viele Gemeinsamkeiten. Dies schloß freilich nicht aus, daß man sich, wie zum Beispiel Heine und Börne, auch untereinander heftig befehdete.
Neue Ideen verlangten ein deutliches Absetzen vom Bisherigen. Die Klassiker und ihre idealistischen Forderungen wurden ebenso in Frage gestellt wie die Romantik, der man Reaktion, Rückschritt zum Mittelalter und vage Verschwommenheit statt Gedankenklarheit unterstellte. Ein so kluger Beobachter wie Heine sah allerdings rasch die Bedeutung und die Notwendigkeit der vorhergegangenen Epochen, die erst das Neue denkbar und möglich machten.
Liberalismus war nicht vorstellbar ohne Befreiung der Frauen. Bezeichnenderweise wurde das Verlangen nach **Gleichberechtigung** von Mann und Frau fast nur von Frauen vertreten, von FANNY LEWALD (1811–1889) etwa oder von IDA GRÄFIN VON HAHN-HAHN (1805–1880), während sich die Männer vorsichtig abwartend verhielten oder mit Spott reagierten.
Der Philosoph LUDWIG FEUERBACH (1804–1872) und der Theologe DAVID FRIEDRICH STRAUSS (1808–1874) lehnten die bisher unangefochtenen Grundlagen eines **christlichen Weltbildes** ab und stellten dafür den Menschen in den Mittelpunkt. Gott bezeichneten sie als ideale Wunschvorstellung, die materiell ebenso wenig faßbar ist und deshalb ebenso abgelehnt wird wie Wunder und alles Übernatürliche. – Schließlich gab es noch die Forderung nach **Verbesserung der sozialen Verhältnisse**. Die Äußerungen reichten von Hinweisen auf soziale Unterdrückung und Ungerechtigkeit bis zur Abfassung des *Kommunistischen Manifests* durch KARL MARX (1818–1883) und FRIEDRICH ENGELS (1820–1895).

Der Bewegung des Jungen Deutschland standen viele Autoren nahe, ohne daß sie im strengen Sinn eine Gruppe gebildet hätten. Einige wichtige Namen werden hier genannt: AUGUST HEINRICH HOFFMANN VON FALLERSLEBEN (1798–1874) wirkte als Professor für deutsche Sprache und Literatur in Breslau. Wegen seiner Gedichte wurde er 1842 amtsenthoben und erst 1848 rehabilitiert. Im *Lied der Deutschen*, am 26. 08. 1841 auf der damals zu Großbritannien gehörenden Insel Helgoland geschrieben, rief er dazu auf, kleinliche Partikularinteressen zu vergessen und einen Einheitsstaat anzustreben. Seit dem Ende des 19. Jh.s und zumal zwischen 1933 und 1945 wurde dem Text eine veränderte Bedeutung unterlegt, die den deutschen Macht- und Eroberungsanspruch ausdrücken sollte. FERDINAND FREILIGRATH (1810–1876) war zunächst Kaufmann und lebte seit 1839 als freier Schriftsteller. GEORG HERWEGH (1817–1875) und GEORG WEERTH (1822–1856) waren Journalisten und Schriftsteller, HEINRICH LAUBE (1806–1884) begann als Redakteur und Essayist und übernahm 1849 die Direktion des Wiener Burgtheaters. THEODOR MUNDT (1808–1861) war zunächst Redakteur und hatte ab 1848 eine Professur für Geschichte und Literatur in Breslau.
Einer der entschiedensten Gegner des Jungen Deutschland wurde WOLFGANG MENZEL (1798–1873), angesehener Redakteur des *Cottaschen Literaturblatts*, der seinen Angriff auf den 1835

erschienenen Roman *Wally, die Zweiflerin* von KARL GUTZKOW (1811–1878) mit einer Verurteilung des Jungen Deutschland und Heinrich Heines verband, wobei sich seine ohnmächtige Wut in einem widerlichen Antisemitismus entlud: „Denkt man zurück an das Urbild deutscher Jugend, wie wir es im Sifrit erkannt, so hat man hier das ekelerregende Gegenbild. Die Physiognomie des jungen Deutschland war die eines aus Paris kommenden, nach der neusten Mode gekleideten, aber gänzlich blasierten, durch Lüderlichkeit entnervten Judenjünglings mit spezifischem Moschus- und Knoblauchgeruch."

Für viele Schriftsteller wurde LUDWIG BÖRNE (1786–1837) durch seine *Briefe aus Paris* zum Vorbild und zum Vorkämpfer des Liberalismus. Er hatte Medizin und Rechtswissenschaft studiert und wurde dann Polizeiaktuar in Frankfurt (1814 wegen jüdischer Abstammung entlassen) und ab 1818 Publizist. Seit 1830 lebte er in Paris; seine *Briefe* (1832–34) enthielten massive Angriffe auf die gesellschaftlichen und politischen Zustände in den deutschen Staaten.

Die bedeutendsten Autoren im Umkreis des Jungen Deutschland waren HEINRICH HEINE (1797–1856) und GEORG BÜCHNER (1813–1837). Heine absolvierte mit geringem Erfolg eine Banklehre bei seinem Hamburger Onkel und studierte dann auf dessen Kosten von 1819 bis 1825 in Bonn, Göttingen und Berlin Rechtswissenschaft, trat zum protestantischen Glauben über und promovierte zum Doktor jur. 1828 bemühte er sich vergeblich um eine Professur für Poesie in München. Seit 1831 lebte er in Paris und schrieb für deutsche Zeitungen und Zeitschriften. 1835 wurden seine Schriften vorübergehend verboten. Ab 1848 war Heine bis zu seinem Tod wegen fortschreitender Rückenmarksstarre an die „Matratzengruft" gebunden. Er galt auch im Ausland als einer der bedeutendsten deutschen Dichter, der wie kaum ein anderer einen schier unerschöpflichen Reichtum an Ideen souverän und virtuos eingesetzt hat, scheinbar spielerisch und oft wie zufällig, in Wirklichkeit aber genau auf Wirkung bedacht. Besonders erwähnt seien unter seinen Werken die *Gedichte* (1822), das *Buch der Lieder* (1827), die *Reisebilder* (1826–31), *Die romantische Schule* (1836), *Deutschland. Ein Wintermärchen* (1844).

Georg Büchner (1813–1837)

GEORG BÜCHNER wurde 1813 in Goddelau bei Darmstadt als Arztsohn in gesicherten Verhältnissen geboren. Schon während seines Studiums der Medizin setzte er sich für die ärmeren Schichten ein. 1834 schrieb er zusammen mit dem Butzbacher Rektor FRIEDRICH LUDWIG WEIDIG den *Hessischen Landboten*, dessen Motto „Friede den Hütten! Krieg den Palästen!" zum Schlagwort wurde. (Das „Guerre aux châteaux! Paix aux chaumières" war Wahlspruch des französischen Revolutionsheeres und wurde dem französischen Schriftsteller Nicolas Chamfort zugeschrieben.) Die Landbevölkerung sollte zur Revolution aufgerufen werden, lieferte aber die verteilten Exemplare bei der Polizei ab.

Als Büchner im März 1835 eine Vorladung der Polizei erhielt, floh er nach Straßburg. Dort vollendete er sein Drama *Dantons Tod*, in dem er ein anti-idealistisches Geschichtsbild zeichnete. 1836 entstanden das Lustspiel *Leonce und Lena*, die Erzählung *Lenz* und die unvollendete Tragödie *Woyzeck*. Im gleichen Jahr habilitierte er sich in Zürich für Anatomie. Er starb dort nach kurzer Krankheit an Typhus.

2. Texte

a) Politische Freiheit und Liberalismus

AUGUST HEINRICH HOFFMANN VON FALLERSLEBEN
Lied der Deutschen

Deutschland, Deutschland über alles,
über alles in der Welt,
Wenn es stets zu Schutz und Trutze
Brüderlich zusammenhält.
Von der Maas bis zu der Memel,
Von der Etsch bis zu dem Belt,
Deutschland, Deutschland über alles,
über alles in der Welt!

Deutsche Frauen, deutsche Treue,
Deutscher Wein und deutscher Sang
Sollen in der Welt behalten
Ihren alten, schönen Klang,
Und zu edler Tat begeistre
Unser ganzes Leben lang –
Deutsche Frauen, deutsche Treue,
Deutscher Wein und deutscher Sang!

Einigkeit und Recht und Freiheit
Für das deutsche Vaterland!
Darnach laßt uns alle streben
Brüderlich mit Herz und Hand.
Einigkeit und Recht und Freiheit
Sind des Glückes Unterpfand –
Blüh im Glanze dieses Glückes,
Blühe, deutsches Vaterland! [e, v 1841]

Der Beschluß des Bundestages

Nachdem sich in Deutschland in neuerer Zeit, und zuletzt unter der Benennung „das junge Deutschland" oder „die junge Literatur", eine literarische Schule gebildet hat, deren Bemühungen unverhohlen dahin gehen, in belletristischen, für alle Klassen von Lesern zugänglichen Schriften die christliche Religion auf die frechste Weise anzugreifen, die bestehenden sozialen Verhältnisse herabzuwürdigen und alle Zucht und Sittlichkeit zu zerstören: so hat die deutsche Bundesversammlung – in Erwägung, daß es dringend notwendig sei, diesen verderblichen, die Grundpfeiler aller gesetzlichen Ordnung untergrabenden Bestrebungen durch Zusammenwirken aller Bundesregierungen sofort Einhalt zu tun, und unbeschadet weiterer, vom Bunde oder von den einzelnen Regierungen zur Erreichung des Zweckes nach Umständen zu ergreifenden Maßregeln – sich zu nachstehenden Bestimmungen vereiniget:
1. Sämtliche deutschen Regierungen übernehmen die Verpflichtung, gegen die Verfasser, Verleger, Drucker und Verbreiter der Schriften aus der unter der Bezeichnung „das junge Deutschland" oder „die junge Literatur" bekannten literarischen Schule, zu welcher namentlich Heinr. Heine, Karl Gutzkow, Heinr. Laube, Ludolf Wienbarg und Theodor Mundt gehören, die Straf- und Polizei-Gesetze ihres Landes, sowie die gegen den Mißbrauch der Presse bestehenden Vorschriften, nach ihrer vollen Strenge in Anwendung zu bringen, auch die Verbreitung dieser Schriften, sei es durch den Buchhandel, durch Leihbibliotheken oder auf sonstige Weise, mit allen ihnen gesetzlich zu Gebot stehenden Mitteln zu verhindern.

2. Die Buchhändler werden hinsichtlich des Verlags und Vertriebs der oben erwähnten Schriften durch die Regierungen in angemessener Weise verwarnt, und es wird ihnen gegenwärtig gehalten werden, wie sehr es in ihrem wohlverstandenen eigenen Interesse liege, die Maßregeln der Regierungen gegen die zerstörende Tendenz jener literarischen Erzeugnisse auch ihrerseits, mit Rücksicht auf den von ihnen in Anspruch genommenen Schutz des Bundes, wirksam zu unterstützen.
3. Die Regierung der freien Stadt Hamburg wird aufgefordert, in dieser Beziehung insbesondere der Hoffmann und Campeschen Buchhandlung zu Hamburg, welche vorzugsweise Schriften obiger Art in Verlag und Vertrieb hat, die geeignete Verwarnung zugehen zu lassen. [1835]

(aus: Das Junge Deutschland. Texte und Dokumente, hg. von Jost Hermand. Stuttgart: Reclam 1966, S. 331f.)

LUDWIG BÖRNE
Briefe aus Paris

Cotta will hier in Paris eine Zeitung herausgeben, wie mir eben D. erzählte, an den er sich vorläufig deswegen gewendet. Wenn es nur zur Ausführung kömmt – es wäre himmlisch. Hundert deutsche Minister würden darüber verrückt werden. Was könnte dieser Mann mit seinem Reichtume, seiner Tätigkeit, seinem Geschäftskreise und seinen Verbindungen nicht alles wirken, wenn er wollte! Er allein versteht es, wie man die furchtsamen Federn beherzt macht und die verborgensten Schubladen der Geheimniskrämer öffnet. Wenn ich an die Zensur denke, möchte ich mit dem Kopfe an die Wand rennen. Es ist zum Verzweifeln. Die Preßfreiheit ist noch nicht der Sieg, noch nicht einmal der Kampf, sie ist erst die Bewaffnung; wie kann man aber siegen ohne Kampf, wie kämpfen ohne Waffen? Das ist der Zirkel, der einen toll macht. Wir müssen uns mit nackten Fäusten wie wilde Tiere mit den Zähnen wehren. Freiwillig gibt man uns nie die Preßfreiheit. Ich möchte unsern Fürsten und ihren Ratgebern nicht Unrecht tun, ich möchte nicht behaupten, daß bei allen und überall der böse Wille, alle Mißbräuche, welche durch die Presse offenkundig würden, fortsetzen, schuld an der hartnäckigen Verweigerung der Preßfreiheit sei; das nicht. Wenn sie regierten wie die Engel im Himmel und auch der anspruchsvollste Bürger nichts zu klagen fände: sie würden doch Preßfreiheit versagen. Ich weiß nicht – sie haben eine Eulen-Natur, sie können das Tageslicht nicht ertragen; sie sind wie Gespenster, die zerfließen, sobald der Hahn kräht.

[v 1832–34]

Karikatur auf die Unterdrückung der Presse durch die Karlsbader Beschlüsse von 1819: „Preßfreiheit besteht nur noch für Handhabung der Zitronenpresse, um mit Hilfe des Karlsbader ‚Sprudels' einen kräftigen ‚Schlaftrunk' für die Zeitungsleser zu brauen"

Aufgaben zu der Karikatur auf der Seite 225

Der deutsche Michel unter der Zensur

① Wodurch wird die Zensur der Poesie und des deutschen Michels deutlich gemacht?
② Welche Mächte im Staat unterstützen die Zensur?

Aufgaben zu den Texten auf den Seiten 228–229

August Heinrich Hoffmann von Fallersleben Lied der Deutschen (S. 228)

① Welche Anliegen werden in der 1. und 3. Strophe formuliert? Inwiefern stimmen sie mit den Zielen des Jungen Deutschland überein?
② Beurteilen Sie in diesem Zusammenhang die Aussage der 2. Strophe.
③ Informieren Sie sich im Geschichtsunterricht über die Verwendung der 3. Strophe als Nationalhymne für die Bundesrepublik Deutschland.

Der Beschluß des Bundestages (S. 228f.)

① Welche Vorwürfe nennt der Bundestag?
② Stellen Sie mit Hilfe Ihres Geschichtsbuches fest, welche Befugnis der deutsche Bundestag hatte, wer zu ihm gehörte.
③ An wen wendet sich der Beschluß? (Im Hamburger Verlag Hoffmann und Campe erschienen u.a. die Werke Heines.)

Ludwig Börne Briefe aus Paris (S. 229)

① Wie begründet Börne die Notwendigkeit der Pressefreiheit?
② Warum will Cotta die Zeitung in Paris erscheinen lassen?
③ Welche Vorwürfe macht Börne den deutschen Staaten?
④ Welche Stilmittel verwendet Börne?

b) Die „neue Literatur"

Georg Herwegh
Die neue Literatur

Ich schreibe nicht für bevorzugte Geschlechter, ich schreibe nicht für Gelehrte, ich schreibe einzig und allein für mein Volk, für mein deutsches Volk!
[...]
Nicht Verachtung, wie so viele getan, Liebe will ich predigen dem deutschen Volke für seine Literatur, für seine Poesie, für seine auserwählten, berufenen Geister. Aber Liebe nicht nur für den toten marmornen Ruhm, Liebe nicht bloß für Schiller und Goethe, für Herder und Lessing, für Tieck und Novalis, Liebe nicht bloß für das künstlerische Erbe der Vergangenheit, nein, Liebe,

warme, brünstige Liebe auch für die Samenkörner der Zukunft, für die poetischen Sprößlinge, die so herrlich gedeihen vor unsern Augen. Ich möchte die Liebe der Nation erwecken für ihre aufblühende, für ihre *junge Literatur.* [...] Die junge Literatur besaß den Mut, keck die Fragen des Jahrhunderts herauszugreifen aus dem Zetteltopfe der Zeit und sie poetisch zu gestalten. Man hat ihr daraus ein Verbrechen, ein großes Verbrechen gemacht. Was in der Wirklichkeit vor ihr liegt, sollte sie denn das nicht dichterisch behandeln dürfen? [...] Es ist aber nicht genug, daß dieselbe nicht zurückgedrängt werde, man soll die Geburten des modernen Geistes nach Kräften erleichtern, damit wir baldmöglichst unsere Bedürfnisse erkennen und über uns ins klare kommen! Das deutsche Volk wird, hoffe ich, so billig sein und der jungen Literatur trotz allen fanatischen Einflüsterungen endlich einmal ihr Recht angedeihen lassen.

Die *junge Literatur* unterscheidet sich ganz wesentlich von jeder früheren, und die Nation ist ihr zu besonderem Danke verpflichtet. Die junge Literatur ist nämlich durch und durch von ihrem Ursprunge an *demokratisch*, was sich zum Teil bis in die kleinsten Nuancen derselben hinaus nachweisen läßt. Sie braucht zu ihren Tragödien und Novellen nicht mehr jenen fürstlichen Apparat, der selbst Shakespeare zu großartigen Effekten noch zuläßlich dünkte. Für sie ist in jedem Zimmer ein Roman, für sie rauscht in jedem Herzen die Melodie des Schicksals. Während der Dichter in früheren Zeiten sich zurückzog aus dem Gewühle der Welt, stürzt die junge Literatur sich mitten in den Strom des Lebens und schöpft aus ihm die meisten Wellen. Der Dichter vereinsamt sich nicht mehr, er sagt sich von keiner gesellschaftlichen Beziehung mehr los, kein Interesse des Volkes und der Menschheit bleibt seinem Herzen fremd.

[...] [v 1845]

HEINRICH HEINE

Nun ist es Zeit*

Nun ist es Zeit, daß ich mit Verstand
Mich aller Torheit entledge;
Ich hab so lang als ein Komödiant
Mit dir gespielt die Komödie.

Die prächtgen Kulissen, sie waren bemalt
Im hochromantischen Stile,
Mein Rittermantel hat goldig gestrahlt,
Ich fühlte die feinsten Gefühle.

Und nun ich mich gar säuberlich
Des tollen Tands entledge,
Noch immer elend fühl ich mich,
Als spielt ich noch immer Komödie.

Ach Gott! im Scherz und unbewußt
Sprach ich was ich gefühlet;
Ich hab mit dem Tod in der eignen Brust
Den sterbenden Fechter[1] gespielet.

[v 1826]

HEINRICH HEINE

Philister in Sonntagsröcklein*

Philister in Sonntagsröcklein
Spazieren durch Wald und Flur;
Sie jauchzen, sie hüpfen wie Böcklein,
Begrüßen die schöne Natur.

Betrachten mit blinzelnden Augen,
Wie alles romantisch blüht;
Mit langen Ohren saugen
Sie ein der Spatzen Lied.

Ich aber verhänge die Fenster
Des Zimmers mit schwarzem Tuch;
Es machen mir meine Gespenster
Sogar einen Tagesbesuch.

Die alte Liebe erscheinet,
Sie stieg aus dem Totenreich,
Sie setzt sich zu mir und weinet,
Und macht das Herz mir weich.

[v 1826]

[1] Plastik im Kapitolinischen Museum in Rom

Heinrich Heine

Die romantische Schule

Ihn, den Friedrich Schiller, erfaßte lebendig der Geist seiner Zeit, er rang mit ihm, er ward von ihm bezwungen, er folgte ihm zum Kampfe, er trug sein Banner, und es war dasselbe Banner worunter man auch jenseits des Rheines so enthusiastisch stritt, und wofür wir noch immer bereit sind, unser bestes Blut zu vergießen. Schiller schrieb für die großen Ideen der Revolution, er zerstörte die geistigen Bastillen, er baute an dem Tempel der Freiheit, und zwar an jenem ganz großen Tempel, der alle Nationen, gleich einer einzigen Brüdergemeinde, umschließen soll; er war Kosmopolit. Er begann mit jenem Haß gegen die Vergangenheit, welchen wir in den „Räubern" sehen, wo er einem kleinen Titanen gleicht, der aus der Schule gelaufen ist und Schnaps getrunken hat und dem Jupiter die Fenster einwirft; er endigte mit jener Liebe für die Zukunft, die schon im „Don Carlos" wie ein Blumenwald hervorblüht. […] Nichts ist törigter als die Geringschätzung Goethes zu Gunsten des Schiller, mit welchem man es keineswegs ehrlich meinte, und den man von jeher pries um Goethe herabzusetzen. Oder wußte man wirklich nicht, daß jene hochgerühmten hochidealischen Gestalten, jene Altarbilder der Tugend und Sittlichkeit, die Schiller aufgestellt, weit leichter zu verfertigen waren als jene sündhaften, kleinweltlichen, befleckten Wesen, die uns Goethe in seinen Werken erblicken läßt? Wissen sie denn nicht, daß mittelmäßige Maler meistens lebensgroße Heiligenbilder auf die Leinwand pinseln, daß aber schon ein großer Meister dazu gehört, um etwa einen spanischen Betteljungen, der sich laust, einen niederländischen Bauern, welcher kotzt, oder dem ein Zahn ausgezogen wird, und häßliche alte Weiber, wie wir sie auf kleinen holländischen Kabinettbildchen sehen, lebenswahr und technisch vollendet zu malen? Das Große und Furchtbare läßt sich in der Kunst weit leichter darstellen als das Kleine und Putzige. […] Scheltet immerhin über die Gemeinheiten im *Faust*, über die Szenen auf dem Brocken, im Auerbachskeller, scheltet auf die Liederlichkeiten im *Meister* – das könnt Ihr dennoch alles nicht nachmachen; da ist der Finger Goethes! Aber Ihr wollt das auch nicht nachmachen, und ich höre wie Ihr mit Abscheu behauptet: wir sind keine Hexenmeister, wir sind gute Christen. Daß Ihr keine Hexenmeister seid, das weiß ich. – Goethes größtes Verdienst ist eben die Vollendung alles dessen was er darstellt; da gibt es keine Partien, die stark sind während andere schwach, da ist kein Teil ausgemalt während der andere nur skizziert worden, da gibt es keine Verlegenheiten, kein herkömmliches Füllwerk, keine Vorliebe für Einzelheiten. Jede Person in seinen Romanen und Dramen behandelt er, wo sie vorkömmt, als wäre sie die Hauptperson. So ist es auch bei Homer, so bei Shakespeare. In den Werken aller großen Dichter gibt es eigentlich gar keine Nebenpersonen, jede Figur ist Hauptperson an ihrer Stelle. Solche Dichter gleichen den absoluten Fürsten, die den Menschen keinen selbständigen Wert beimessen, sondern ihnen selber, nach eigenem Gutdünken, ihre höchste Geltung zuerkennen. […]

Ein absoluter Dichter, der ebenfalls seine Macht von Gottes Gnade erhalten hat, betrachtet in gleicher Weise diejenige Person seines Geisterreichs als die wichtigste, die er eben sprechen läßt, die eben unter seine Feder geraten, und aus solchem Kunstdespotismus entsteht jene wunderbare Vollendung der kleinsten Figuren in den Werken Homers, Shakespeares und Goethes. [v 1833]

Aufgaben zu den Texten auf den Seiten 230–232

Georg Herwegh Die neue Literatur (S. 230 f.)

① Welche Zielgruppe nennt Herwegh? Gegen wen wendet er sich?
② Zeigen Sie Herweghs Einstellung zur älteren und zur zeitgenössischen Literatur.
③ Welche Aufgaben sieht er für die Gegenwartsliteratur?

Heinrich Heine Nun ist es Zeit; Philister (S. 231)

① Wie grenzt Heine echtes und gekünsteltes Gefühl gegeneinander ab?
② Durch welche Wortwahl charakterisiert er die Pseudoromantik?
③ Klären Sie mit Hilfe eines etymologischen Wörterbuches Herkunft und Bedeutung des Begriffes „Philister".

Heinrich Heine Die romantische Schule (S. 232)

① Wie charakterisiert Heine Schillers und Goethes Dichtung?
② Welche Rolle weist er dem Dichter überhaupt zu?
③ Durch welche Stilmittel gewinnt dieser Text seine Anschaulichkeit? Vergleichen Sie damit die Forderungen des Jungen Deutschland.
④ Vergleichen Sie zur Darstellung des „Großen und Furchtbaren" Stifters Vorrede zu dem Band *Bunte Steine* (s. S. 247 f.).

c) Gegen starre Moralkonventionen

Heinrich Heine
Sie saßen und tranken am Teetisch*

Sie saßen und tranken am Teetisch,
Und sprachen von Liebe viel.
Die Herren die waren ästhetisch,
Die Damen von zartem Gefühl.

Die Liebe muß sein platonisch,
Der dürre Hofrat sprach.
Die Hofrätin lächelt ironisch,
Und dennoch seufzet sie: Ach!

Der Domherr öffnet den Mund weit:
Die Liebe sei nicht zu roh,
Sie schadet sonst der Gesundheit.
Das Fräulein lispelt: Wie so?

Die Gräfin spricht wehmütig:
Die Liebe ist eine Passion!
Und präsentieret gütig
Die Tasse dem Herren Baron.

Am Tische war noch ein Plätzchen;
Mein Liebchen, da hast du gefehlt.
Du hättest so hübsch, mein Schätzchen,
Von deiner Liebe erzählt. [v 1823]

Heinrich Heine
Schnabelewopski, Kapitel VII

Die Fabel von dem fliegenden Holländer ist Euch gewiß bekannt. [...] Jenes hölzerne Gespenst, jenes grauenhafte Schiff, führt seinen Namen von seinem Kapitän, einem Holländer, der einst bei allen Teufeln geschworen, daß er irgend ein Vorgebirge, dessen Namen mir entfallen, trotz des heftigsten Sturms, der eben wehte, umschiffen wolle, und sollte er auch bis zum jüngsten Tage segeln müssen. Der Teufel hat ihn beim Wort gefaßt, er muß bis zum jüngsten Tage auf dem Meere herumirren, es sei denn, daß er durch die Treue eines Weibes erlöst werde. Der Teufel, dumm wie er ist, glaubt nicht an Weibertreue, und erlaubte daher dem verwünschten Kapitän alle sieben Jahr einmal ans Land zu steigen, und zu heuraten, und bei dieser Gelegenheit seine Erlösung zu betreiben. Armer Holländer! Er ist oft froh genug von der Ehe selbst wieder erlöst und seine Erlöserin los zu werden, und er begibt sich dann wieder an Bord.

Auf diese Fabel gründete sich das Stück, das ich im Theater zu Amsterdam gesehen. Es sind wieder sieben Jahr verflossen, der arme Holländer ist des endlosen Umherirrens müder als jemals, steigt ans Land, schließt Freundschaft mit einem schottischen Kaufmann, den er begegnet, verkauft ihm Diamanten zu spottwohlfeilem Preise, und wie er hört, daß sein Kunde eine schöne Tochter besitzt, verlangt er sie zur Gemahlin. Auch dieser Handel wird abgeschlossen. Nun sehen wir das Haus des Schotten, das Mädchen erwartet den Bräutigam, zagen Herzens. Sie schaut oft mit Wehmut nach einem großen verwitterten Gemälde, welches in der Stube hängt und einen schönen Mann in spanisch niederländischer Tracht darstellt; es ist ein altes Erbstück und nach der Aussage der Großmutter ist es ein getreues Konterfei des fliegenden Holländers [...]. Wenn nun der wirkliche fliegende Holländer leibhaftig hereintritt, erschrickt das Mädchen; aber nicht aus Furcht. Auch jener ist betroffen bei dem Anblick des Porträts. Als man ihm bedeutet, wen es vorstelle, weiß er jedoch jeden Argwohn von sich fern zu halten; er lacht über den Aberglauben, er spöttelt selber über den fliegenden Holländer den ewigen Juden des Ozeans; jedoch unwillkürlich in einen wehmütigen Ton übergehend, schildert er, wie Myn Heer auf der unermeßlichen Wasserwüste die unerhörtesten Leiden erdulden müsse, wie sein Leib nichts anders sei als ein Sarg von Fleisch, worin seine Seele sich langweilt, wie das Leben ihn von sich stößt und auch der Tod ihn abweist: gleich einer leeren Tonne, die sich die Wellen einander zuwerfen und sich spottend einander zurückwerfen, so werde der arme Holländer zwischen Tod und Leben hin und hergeschleudert, keins von beiden wolle ihn behalten; sein Schmerz sei tief wie das Meer, worauf er herumschwimmt, sein Schiff sei ohne Anker und sein Herz ohne Hoffnung.

Ich glaube dieses waren ungefähr die Worte womit der Bräutigam schließt. Die Braut betrachtet ihn ernsthaft und wirft manchmal Seitenblicke nach seinem Konterfei. Es ist als ob sie sein Geheimnis erraten habe, und wenn er nachher fragt: Katharina, willst du mir treu sein? antwortet sie entschlossen: Treu bis in den Tod.

Bei dieser Stelle, erinnere ich mich, hörte ich lachen, und dieses Lachen kam nicht von unten, aus der Hölle, sondern von oben, vom Paradiese. Als ich hinaufschaute, erblickte ich eine wunderschöne Eva, die mich mit ihren großen blauen Augen verführerisch ansah. Ihr Arm hing über der Galerie herab, und in der Hand hielt sie einen Apfel, oder vielmehr eine Apfelsine. Statt mir aber symbolisch die Hälfte anzubieten, warf sie mir bloß metaphorisch die Schalen auf den Kopf. War es Absicht oder Zufall? Das wollte ich wissen. Ich war aber als ich ins Paradies hinaufstieg, um die Bekanntschaft fortzusetzen, nicht wenig befremdet, ein weißes sanftes Mädchen zu finden, eine überaus weiblich weiche Gestalt, nicht schmächtig aber doch kristallig zart, ein Bild häuslicher Zucht und beglückender Holdseligkeit. Nur um die linke Oberlippe zog sich etwas, oder vielmehr ringelte sich etwas, wie das Schwänzchen einer fortschlüpfenden Eidechse. Es war ein geheimnisvoller Zug, wie man ihn just nicht bei den reinen Engeln, aber auch nicht bei häßlichen Teufeln zu finden pflegt. Dieser Zug bedeutete weder das Gute noch das Böse, sondern bloß ein schlimmes Wissen; es ist ein Lächeln welches vergiftet worden von jenem Apfel der Erkenntnis, den der Mund genossen. Wenn ich diesen Zug auf weichen vollrosigen Mädchenlippen sehe, dann fühl ich in den eigenen Lippen ein krampfhaftes Zucken, ein zuckendes Verlangen jene Lippen zu küssen; es ist Wahlverwandtschaft.

Ich flüsterte daher dem schönen Mädchen ins Ohr: Juffrow![1] ich will deinen Mund küssen. Bei Gott, Myn Heer, das ist ein guter Gedanke! war die Antwort, die hastig und mit entzückendem Wohllaut aus dem Herzen hervorklang.

Aber nein – die ganze Geschichte, die ich hier zu erzählen dachte, und wozu der fliegende Hollän-

[1] Fräulein

der nur als Rahmen dienen sollte, will ich jetzt unterdrücken. Ich räche mich dadurch an die Prüden, die dergleichen Geschichten mit Wonne einschlürfen, und bis an den Nabel, ja noch tiefer, davon entzückt sind, und nachher den Erzähler schelten, und in Gesellschaft über ihn die Nase rümpfen, und ihn als unmoralisch verschreien. Es ist eine gute Geschichte, köstlich wie eingemachte Ananas, oder wie frischer Kaviar, oder wie Trüffel in Burgunder, und wäre eine angenehme Lektüre nach der Betstunde; aber aus Ranküne, zur Strafe für frühere Unbill, will ich sie unterdrücken. Ich mache daher hier einen langen Gedankenstrich ————

Dieser Strich bedeutet ein schwarzes Sofa, und darauf passierte die Geschichte, die ich nicht erzähle. Der Unschuldige muß mit dem Schuldigen leiden, und manche gute Seele schaut mich jetzt an mit einem bittenden Blick. Jenun, diesen Besseren will ich im Vertrauen gestehn, daß ich noch nie so wild geküßt worden, wie von jener holländischen Blondine, und daß diese das Vorurteil, welches ich bisher gegen blonde Haare und blaue Augen hegte, aufs siegreichste zerstört hat. Jetzt erst begriff ich, warum ein englischer Dichter solche Damen mit gefrorenem Champagner verglichen hat. In der eisigen Hülle lauert der heißeste Extrakt. Es gibt nichts Pikanteres als der Kontrast jener äußeren Kälte und der inneren Glut, die bacchantisch emporlodert und den glücklichen Zecher unwiderstehlich berauscht. Ja, weit mehr als in Brünetten, zehrt der Sinnenbrand in manchen scheinstillen Heiligenbildern, mit goldenem Glorienhaar und blauen Himmelsaugen und frommen Liljenhänden. Ich weiß eine Blondine aus einem der besten niederländischen Häuser, die zuweilen ihr schönes Schloß am Züdersee verließ, und inkognito nach Amsterdam und dort ins Theater ging, jedem der ihr gefiel Apfelsinenschalen auf den Kopf warf, zuweilen gar in Matrosenherbergen die wüsten Nächte zubrachte, eine holländische Messaline.[2]

– – Als ich ins Theater noch einmal zurückkehrte, kam ich eben zur letzten Szene des Stücks, wo auf einer hohen Meerklippe das Weib des fliegenden Holländers, die Frau fliegende Holländerin, verzweiflungsvoll die Hände ringt, während auf dem Meere, auf dem Verdeck seines unheimlichen Schiffes, ihr unglücklicher Gemahl zu schauen ist. Er liebt sie und will sie verlassen, um sie nicht ins Verderben zu ziehen, und er gesteht ihr sein grauenhaftes Schicksal, und den schrecklichen Fluch, der auf ihm lastet. Sie aber ruft mit lauter Stimme: Ich war dir treu bis zu dieser Stunde, und ich weiß ein sicheres Mittel wodurch ich dir meine Treue erhalte bis in den Tod!

Bei diesen Worten stürzt sich das treue Weib ins Meer, und nun ist auch die Verwünschung des fliegenden Holländers zu Ende, er ist erlöst, und wir sehen wie das gespenstische Schiff in den Abgrund des Meeres versinkt. – Die Moral des Stückes ist für die Frauen, daß sie sich in acht nehmen müssen, keinen fliegenden Holländer zu heuraten; und wir Männer ersehen aus diesem Stücke, wie wir durch die Weiber, im günstigsten Falle, zu Grunde gehn. [v 1833]

[2] sprichwörtlich für sittenlose Frau

Aufgaben zu den Texten auf den Seiten 233–235

HEINRICH HEINE Sie saßen und tranken am Teetisch (S. 233)

① Wie charakterisiert Heine die drei Ansichten von Liebe und wie beurteilt er sie?
② Wie ist die Gegenüberstellung von „ästhetisch" und „zartem Gefühl" zu verstehen?

HEINRICH HEINE Schnabelewopski (S. 234 f.)

① Begründen Sie mit Hilfe der Kapiteleinleitung (S. 227), daß Heine in der Gestalt des heimatlos umherirrenden Holländers auch sich selbst gesehen hat.
② Welche Stilmittel geben dem Text Anschaulichkeit und Witz?

d) Emanzipation der Frau

FANNY LEWALD
Meine Lebensgeschichte

Ich war sehr glücklich in der Schule, lernte leicht, kam schnell vorwärts, wurde bei den öffentlichen Schulprüfungen sehr gelobt und gehörte zu den Kindern, welche wir – denn auch die Mädchenschulen erzeugen sich einen Jargon – die Paradepferde nannten. Bei den Prüfungen vor den Eltern, welche etwa alle anderthalb Jahre einmal stattfanden, konnte dem Ehrgeiz des einzelnen aber viel weniger ein Genüge getan werden als bei den Besuchen, welche der in der preußischen Schulgeschichte berühmte Konsistorialrat Dinter ab und zu unserer Anstalt machte. [...]
Ich mußte ihm meine Rechenkünste vormachen, die vortrefflich gelangen, wurde viel in der Geographie befragt, in der ich grade meinen ganz dummen Tag hatte und mir eigensinnig auch von Herrn Ulrich nicht einhelfen ließ, so daß ich schlecht bestand und dann mich erst wieder durch Französisch und Geschichte einigermaßen vor den Augen Dinters zurechtzusetzen hatte. Herr Ulrich war nicht zufrieden mit mir. Dinter aber klopfte mir auf den Kopf und sagte: „Nu! dein Kopf hätt' auch besser auf 'nem Jungen gesessen!" – Dann aber fügte er freundlich hinzu: „Wenn du aber nur 'n mal eine brave Frau wirst, so ist's auch gut!" –
Mit heißen Wangen und höchst aufgeregt kam ich an dem Tage aus der Schule zurück. Ich erzählte alles, was geschehen war, ich klagte mich an, daß ich nichts gewußt hätte, aber ich verweilte doch noch länger auf dem Lobe, das mir erteilt worden war, denn ohne es zu wissen, was er getan, hatte der treffliche Mann einen meiner geheimen Schmerzen berührt – ich beneidete es schon lange allen Knaben, daß sie Knaben waren und studieren konnten, und ich hatte eine Art von Geringschätzung gegen die Frauen. So töricht das an einem Kinde von neun Jahren erscheinen mag, und so unberechtigt es in meinem besondern Falle war, lag doch der Ursprung zu diesen Gedanken nicht in mir selbst. Von jeher hatten Fremde, wenn sie meine Fähigkeiten lobten, mit einer Art von Bedauern hinzugefügt: „Wie schade, daß das kein Junge ist!" – [v 1863]

IDA GRÄFIN VON HAHN-HAHN
Gräfin Faustine

„Ja gewiß! Der Mann muß herrschen und die Frau muß gehorchen – dazu ist sie geboren."
„Gott", rief Faustine, „wie komisch sind die Männer! Ganz ernsthaft bilden sie sich ein, der liebe Gott habe unser Geschlecht geschaffen, um das ihre zu bedienen!"
„Zu beglücken!" verbesserte Walldorf.
„Das kommt euch gegenüber auf eins heraus! Der gute Gott schuf nicht das Lamm, damit der Wolf es fresse; und nicht die Fliege, damit der Vogel sie erschnappe – sondern Lamm und Fliege, weil sie in seine Schöpfung gehören und auch ihre Lust am Leben haben sollen. Und die eine Hälfte des Menschengeschlechts wäre geschaffen, damit die andre sie brutalisiere!"
„Welch ein Ausdruck ..." –
„Ihr wollt winken, und wir sollen kommen – ein Wort sagen, und wir sollen anbeten – lächeln, und wir sollen auf die Knie fallen – zürnen, und wir sollen verzweifeln – alles auf allerhöchsten Befehl, den ihr von Gottes Gnaden dekretiert. Was ist das anders als uns brutalisieren? – Ich frage. Das ist euch schon zur Natur worden! In diesem Sinn richtet ihr die bürgerlichen Verhältnisse ein, erzieht ihr die Kinder, schreibt ihr Bücher. Himmel! wenn ich neuere Romane aufschlage, besonders französische, was erdulde ich für Ärger! In ewiger Anbetung, wie der Pater Seraphicus

im Faust, schweben die Frauen vor ihren Geliebten, und die lassen es sich gnädig, zuweilen auch ungnädig, gefallen. Könnt' ich nur Bücher schreiben – ich kehrte das Ding um und brächte den guten alten Sprachgebrauch, der jetzt ganz widersinnig ist: ‚Er ist ihr Anbeter' – wieder zu Ehren. Ich werde es auch gewiß noch tun, nur um meiner Empörung Luft zu machen, und vielleicht gibt mir der Ärger liebliche Inspirationen."

„Willst du denn, daß die Frauen das Regiment führen?" fragte Adele.

„Nein, ich will nur, daß die Männer mit ihnen umgehen wie mit ihresgleichen und nicht wie mit erkauften Sklavinnen, denen man in übler Laune den Fuß auf den Nacken stellt und in guter Laune ein Halsband oder ähnlichen Plunder hinwirft. Das demoralisiert die Frauen, es stumpft ihr Zartgefühl ab. Heut lassen sie sich eine Brutalität gefallen, um dafür morgen einen neuen Hut zu bekommen. Ich war einmal bei einer Freundin, ihr Mann kam von der Jagd heim, sehr verdrießlich, weil die Schnepfen sich nicht hatten wollen schießen lassen. Er warf sich aufs Sofa und kommandierte: ‚Charlotte!' – Sie stellte sich. ‚Knöpfe die Gamaschen ab!' Große, schwere, plumpe, beschmutzte lederne Gamaschen! Sie tat es. Hernach sagte ich ihr: ‚Ich war recht verwundert, daß du nicht den Bedienten riefst.' – Sie antwortete: ‚Das hätte meinen Mann noch verdrießlicher gemacht, und er würde mir nicht den Gefallen tun, meine Rechnung bei dem Juwelier zu bezahlen, was ganz notwendig ist.' – Ich rief: ‚Du bist ja wie Esau, verkaufst dein Erstgeburtsrecht für ein Linsengericht!' – Diesen Vergleich mit Esau hat sie mir, beiläufig gesagt, nie vergeben. Aber diese Behandlung verdirbt die Frauen so, daß, wenn der Mann spricht: ‚Ich habe Kopfweh, bleibe doch heute abend zu Hause' – so entgegnet sie: ‚Sehr gern, allein dafür bekomme ich doch dies oder das?'" –

[v 1840]

Aufgaben zu den Texten auf den Seiten 236–237

FANNY LEWALD Meine Lebensgeschichte (S. 236)
IDA GRÄFIN VON HAHN-HAHN Gräfin Faustine (S. 236 f.)

① Welche Vorurteile gibt es bei der Erziehung der Mädchen?
② Welche Grundsätze sollen nach Ansicht der Autorinnen für das Verhältnis zwischen Mann und Frau gelten? Wie wird dies begründet? Wie sind die tatsächlichen Zustände?

e) Das neue Weltbild

LUDWIG FEUERBACH
Vorlesungen über das Wesen der Religion

Das Christentum hat sich die Erfüllung der unerfüllbaren Wünsche des Menschen zum Ziel gesetzt, aber eben deswegen die erreichbaren Wünsche des Menschen außer acht gelassen; es hat den Menschen durch die Verheißung des ewigen Lebens um das zeitliche Leben, durch das Vertrauen auf Gottes Hilfe um das Vertrauen zu seinen eigenen Kräften, durch den Glauben an ein besseres Leben im Himmel um den Glauben an ein besseres Leben auf Erden und das Bestreben, ein solches zu verwirklichen, gebracht. Das Christentum hat dem Menschen gegeben, was er in seiner Einbildung wünscht, aber eben deswegen nicht gegeben, was er in Wahrheit und Wirklichkeit verlangt und wünscht. In seiner Einbildung verlangt er ein himmlisches, überschwengliches, in Wahrheit aber ein irdisches, ein mäßiges Glück. Zum irdischen Glück gehört freilich nicht

Reichtum, Luxus, Üppigkeit, Pracht, Glanz und anderer Tand, sondern nur das Notwendige, nur das, ohne was der Mensch nicht menschlich existieren kann. Aber wie unzählig viele Menschen ermangeln des Notwendigsten! Aus diesem Grunde erklären es die Christen für frevelhaft oder unmenschlich, das Jenseits zu leugnen und eben damit den Unglücklichen, Elenden dieser Erde den einzigen Trost, die Hoffnung eines besseren Jenseits zu rauben. Eben hierin finden sie auch jetzt noch die sittliche Bedeutung des Jenseits, die Einheit desselben mit der Gottheit; denn ohne Jenseits sei keine Vergeltung, keine Gerechtigkeit, welche den hier, wenigstens ohne ihre Schuld Leidenden und Unglücklichen ihr Elend im Himmel vergelten müsse. Allein dieser Verteidigungsgrund des Jenseits ist nur ein Vorwand, denn aus diesem Grunde folgt nur ein Jenseits, eine Unsterblichkeit für die Unglücklichen; aber nicht für die, welche auf Erden schon so glücklich waren, die für die Befriedigung und Ausbildung ihrer menschlichen Bedürfnisse und Anlagen notwendigen Mittel zu finden. Für diese ergibt sich aus dem angeführten Grunde nur die Notwendigkeit, daß sie entweder mit dem Tode aufhören, weil sie schon das Ziel der menschlichen Wünsche erreicht haben, oder daß es ihnen im Jenseits schlechter geht als im Diesseits, daß sie im Himmel die Stelle einnehmen, welche ihre Brüder einst auf Erden einnahmen. [v 1845]

David Friedrich Strauss

Das Leben Jesu

Man hörte es nicht gern, und glaubt es darum auch nicht, wer sich aber einmal ernstlich mit dem Gegenstande beschäftigt hat und aufrichtig sein will, der weiß es so gut wie wir, daß wir über wenige große Männer der Geschichte so ungenügend wie über Jesus unterrichtet sind. Wie ohne alle Vergleichung deutlicher ist uns die um vierhundert Jahre ältere Gestalt des Sokrates. Zwar von seiner Jugend- und Bildungsgeschichte wissen wir gleichfalls wenig; was er aber in seinen reifen Jahren gewesen ist, was er gewollt und gewirkt hat, wissen wir genau, die Gestalten seiner Schüler und Freunde stehen mit geschichtlicher Deutlichkeit vor uns, über die Ursachen und den Verlauf seiner Verurteilung und seines Todes sind wir vollständig unterrichtet. [...]

Ich glaube nicht, daß es so schlimm steht, wie schon behauptet worden ist, daß wir von keinem einzigen der Aussprüche, die in den Evangelien Jesu in den Mund gelegt wurden, gewiß wissen können, ob er denselben wirklich getan hat. Ich glaube, daß es deren gibt, die wir mit aller der Wahrscheinlichkeit, über welche ja in geschichtlichen Dingen ohnehin nicht hinauszukommen ist, Jesu zuschreiben dürfen, und habe oben die Zeichen bemerklich zu machen gesucht, woran wir solche erkennen können. Aber sehr weit erstreckt sich diese der Gewißheit nahekommende Wahrscheinlichkeit nicht, und mit den Taten und Begebenheiten des Lebens Jesu sieht es, seine Reise nach Jerusalem und seinen Tod ausgenommen, noch übler aus. Weniges steht fest, und gerade von demjenigen, woran der Kirchenglaube sich vorzugsweise knüpft, dem Wunderbaren und Übermenschlichen in den Taten und Schicksalen Jesu, steht vielmehr fest, daß es nicht geschehen ist. Daß nun aber von dem Glauben an Dinge, von denen zum Teil gewiß ist, daß sie nicht geschehen sind, zum Teil ungewiß, ob sie geschehen sind, und nur zum geringsten Teil außer Zweifel, daß sie geschehen sind, daß von dem Glauben an dergleichen Dinge des Menschen Seligkeit abhängen sollte, ist so ungereimt, daß es heutzutage keiner Widerlegung mehr bedarf. [v 1864]

Aufgaben zu den Texten auf den Seiten 237–238

LUDWIG FEUERBACH Vorlesungen über das Wesen der Religion (S. 237 f.)

① Welche Absicht verfolgt nach Feuerbach das Christentum?
② Welche Ziele sieht Feuerbach für den Menschen?

DAVID FRIEDRICH STRAUSS Das Leben Jesu (S. 238)

① Welche Kriterien für eine Biographie Jesu wendet Strauß an?
② Wogegen wendet er sich in seiner Biographie?

f) Forderung nach sozialer Gerechtigkeit

HEINRICH HEINE
Die schlesischen Weber[1]

Im düstern Auge keine Träne,
Sie sitzen am Webstuhl und fletschen die Zähne:
Deutschland, wir weben dein Leichentuch,
Wir weben hinein den dreifachen Fluch –
Wir weben, wir weben!

Ein Fluch dem Gotte, zu dem wir gebeten
In Winterskälte und Hungersnöten;
Wir haben vergebens gehofft und geharrt,
Er hat uns geäfft und gefoppt und genarrt –
Wir weben, wir weben!

Ein Fluch dem König, dem König der Reichen,
Den unser Elend nicht konnte erweichen,
Der den letzten Groschen von uns erpreßt
Und uns wie Hunde erschießen läßt –
Wir weben, wir weben!

Ein Fluch dem falschen Vaterlande,
Wo nur gedeihen Schmach und Schande,
Wo jede Blume früh geknickt,
Wo Fäulnis und Moder den Wurm erquickt –
Wir weben, wir weben!

Das Schiffchen fliegt, der Webstuhl kracht,
Wir weben emsig Tag und Nacht –
Altdeutschland, wir weben dein Leichentuch,
Wir weben hinein den dreifachen Fluch,
Wir weben, wir weben! [v 1844]

GEORG WEERTH
Das Hungerlied

Verehrter Herr und König,
Weißt du die schlimme Geschicht?
Am Montag aßen wir wenig,
Und am Dienstag aßen wir nicht.

Und am Mittwoch mußten wir darben,
Und am Donnerstag litten wir Not;
Und ach, am Freitag starben
Wir fast den Hungertod!

Drum laß am Samstag backen
Das Brot, fein säuberlich –
Sonst werden wir sonntags packen
Und fressen, o König, dich!

[v 1844]

[1] Heine bezieht sich auf den Aufstand der Weber in Schlesien von 1844, der vom preußischen König blutig niedergeschlagen wurde.

Georg Büchner/Friedrich Ludwig Weidig

Der Hessische Landbote
Erste Botschaft

Darmstadt, im Juli 1834.

Vorbericht

Dieses Blatt soll dem hessischen Lande die Wahrheit melden, aber wer die Wahrheit sagt, wird gehenkt, ja sogar der, welcher die Wahrheit liest, wird durch meineidige Richter vielleicht gestraft. Darum haben die, welchen dies Blatt zukommt, folgendes zu beobachten:

1) Sie müssen das Blatt sorgfältig außerhalb ihres Hauses vor der Polizei verwahren;
2) sie dürfen es nur an treue Freunde mitteilen;
3) denen, welchen sie nicht trauen, wie sich selbst, dürfen sie es nur heimlich hinlegen;
4) würde das Blatt dennoch bei Einem gefunden, der es gelesen hat, so muß er gestehen, daß er es eben dem Kreisrat habe bringen wollen;
5) wer das Blatt nicht gelesen hat, wenn man es bei ihm findet, der ist natürlich ohne Schuld.

Friede den Hütten! Krieg den Palästen!

Im Jahr 1834 siehet es aus, als würde die Bibel Lügen gestraft. Es sieht aus, als hätte Gott die Bauern und Handwerker am 5ten Tage, und die Fürsten und Vornehmen am 6ten gemacht, und als hätte der Herr zu diesen gesagt: Herrschet über alles Getier, das auf Erden kriecht, und hätte die Bauern und Bürger zum Gewürm gezählt. Das Leben der Vornehmen ist ein langer Sonntag, sie wohnen in schönen Häusern, sie tragen zierliche Kleider, sie haben feiste Gesichter und reden eine eigne Sprache; das Volk aber liegt vor ihnen wie Dünger auf dem Acker. Der Bauer geht hinter dem Pflug, der Vornehme aber geht hinter ihm und dem Pflug und treibt ihn mit den Ochsen am Pflug, er nimmt das Korn und läßt ihm die Stoppeln. Das Leben des Bauern ist ein langer Werktag; Fremde verzehren seine Äcker vor seinen Augen, sein Leib ist eine Schwiele, sein Schweiß ist das Salz auf dem Tische des Vornehmen.

Im Großherzogtum Hessen sind 718,373 Einwohner, die geben an den Staat jährlich an 6,363,364[1] Gulden, als

1) Direkte Steuern	2,128,131 fl.
2) Indirekte Steuern	2,478,264 „
3) Domänen	1,547,394 „
4) Regalien	46,938 „
5) Geldstrafen	98,511 „
6) Verschiedene Quellen	64,198 „
	6,363,363[1] fl.

Dies Geld ist der Blutzehnte, der von dem Leib des Volkes genommen wird. An 700,000 Menschen schwitzen, stöhnen und hungern dafür. Im Namen des Staates wird es erpreßt, die Presser berufen sich auf die Regierung und die Regierung sagt, das sei nötig die Ordnung im Staat zu erhalten. Was ist denn nun das für gewaltiges Ding: der Staat? Wohnt eine Anzahl Menschen in einem Land und es sind Verordnungen oder Gesetze vorhanden, nach denen jeder sich richten muß, so sagt man, sie bilden einen Staat. Der Staat also sind *Alle*; die Ordner im Staate sind die Gesetze,

[1] Zahlenangaben so bei Büchner

durch welche das Wohl *Aller* gesichert wird, und die aus dem Wohl *Aller* hervorgehen sollen. – Seht nun, was man in dem Großherzogtum aus dem Staat gemacht hat; seht was es heißt: die Ordnung im Staate erhalten! 700,000 Menschen bezahlen dafür 6 Millionen, d. h. sie werden zu Ackergäulen und Pflugstieren gemacht, damit sie in Ordnung leben. In Ordnung leben heißt hungern und geschunden werden.

Wer sind denn die, welche diese Ordnung gemacht haben, und die wachen, diese Ordnung zu erhalten? Das ist die Großherzogliche Regierung. Die Regierung wird gebildet von dem Großherzog und seinen obersten Beamten. Die andern Beamten sind Männer, die von der Regierung berufen werden, um jene Ordnung in Kraft zu erhalten. Ihre Anzahl ist Legion: Staatsräte und Regierungsräte, Landräte und Kreisräte, Geistliche Räte und Schulräte, Finanzräte und Forsträte u. s. w. mit allem ihrem Heer von Sekretären u. s. w. Das Volk ist ihre Herde, sie sind seine Hirten, Melker und Schinder; sie haben die Häute der Bauern an, der Raub der Armen ist in ihrem Hause; die Tränen der Witwen und Waisen sind das Schmalz auf ihren Gesichtern; sie herrschen frei und ermahnen das Volk zur Knechtschaft. Ihnen gebt ihr 6,000,000 fl. Abgaben; sie haben dafür die Mühe, euch zu regieren; d. h. sich von euch füttern zu lassen und euch eure Menschen- und Bürgerrechte zu rauben. [v 1834]

GEORG BÜCHNER

Woyzeck

Großmutter erzähl!

GROSSMUTTER. Es war einmal ein arm Kind und hat kein Vater und kei Mutter, war Alles tot und war Niemand mehr auf der Welt. Alles tot, und es ist hingangen und hat gerrt[1] Tag und Nacht. Und wie auf der Erd Niemand mehr war, wollt's in Himmel gehn, und der Mond guckt es so freundlich an und wie's endlich zum Mond kam, war's ein Stück faul Holz und da ist es zur Sonn gangen und wie's zur Sonn kam, war's ein verwelkt Sonneblum und wie's zu den Sterne kam warn's klei golde Mücke, die warn angesteckt wie der Neuntöter sie auf die Schlehe steckt, und wie's wieder auf die Erd wollt, war die Erd ein umgestürzter Hafen[2] und war ganz allein und da hat sich's hingesetzt und gerrt und da sitzt es noch und ist ganz allein. [e 1836]

[1] laut geweint [2] Topf, Nachtgeschirr

KARL MARX/FRIEDRICH ENGELS

Manifest der Kommunistischen Partei

Ein Gespenst geht um in Europa – das Gespenst des Kommunismus. Alle Mächte des alten Europa haben sich zu einer heiligen Hetzjagd gegen dies Gespenst verbündet, der Papst und der Zar, Metternich und Guizot[1], französische Radikale und deutsche Polizisten.

Wo ist die Oppositionspartei, die nicht von ihren regierenden Gegnern als kommunistisch verschrien worden wäre, wo die Oppositionspartei, die den fortgeschritteneren Oppositionsleuten sowohl wie ihren reaktionären Gegnern den brandmarkenden Vorwurf des Kommunismus nicht zurückgeschleudert hätte?

Zweierlei geht aus dieser Tatsache hervor.

[1] François Pierre Guillaume Guizot (1787-1874), französ. Staatsmann, dessen repressive Politik mit zur Februarrevolution von 1848 führte

Der Kommunismus wird bereits von allen europäischen Mächten als eine Macht anerkannt. Es ist hohe Zeit, daß die Kommunisten ihre Anschauungsweise, ihre Zwecke, ihre Tendenzen vor der ganzen Welt offen darlegen und dem Märchen vom Gespenst des Kommunismus ein Manifest der Partei selbst entgegenstellen.
Zu diesem Zweck haben sich Kommunisten der verschiedensten Nationalität in London versammelt und das folgende Manifest entworfen, das in englischer, französischer, deutscher, italienischer, flämischer und dänischer Sprache veröffentlicht wird. [v 1848]

Aufgaben zu den Texten auf den Seiten 239–242

Heinrich Heine — Die schlesischen Weber (S. 239)

① Zeigen Sie den Aufbau des Gedichts; worin liegt der Gegensatz zwischen den Strophen 1 und 5?
② Welche Autoritäten werden angegriffen? Nennen Sie Heines Begründung.
③ Welche sprachlichen Mittel verwendet Heine?
④ Wie erreicht Heine den Eindruck des gleichmäßig wiederkehrenden Webvorgangs?

Georg Weerth — Das Hungerlied (S. 239)

① Zeigen Sie die Struktur des Textes mit dem Gegensatz zwischen den Versen 1–10 und 11–12.
② Analysieren Sie die Stilmittel. Berücksichtigen Sie auch die Anrede an den König.

Georg Büchner/Friedrich Ludwig Weidig — Der Hessische Landbote (S. 240f.)

① Woraus wird deutlich, daß es sich um einen Aufruf zum Widerstand handelt und nicht nur um ein literarisches Werk?
② Auf welche Weise wollen die Autoren den einfachen Lesern ihr Anliegen verständlich machen? Nennen Sie inhaltliche und sprachliche Mittel.
③ Welche Vorstellung vom Staat soll vermittelt werden?

Georg Büchner — Woyzeck (S. 241)

① Vergleichen Sie Grimms Märchen *Die Sterntaler* (S. 214) mit dem Text aus Büchners *Woyzeck* und arbeiten Sie die entscheidenden Unterschiede heraus.

Übergreifende Fragestellung

① Welche Anliegen des Jungen Deutschland scheinen Ihnen zeitbedingt, welche noch heute wichtig zu sein?
② Wie beurteilen Sie die Möglichkeiten des Journalismus, eine Änderung bestehender Verhältnisse herbeizuführen, für unsere Zeit? Welche Gefahren sehen Sie?

XII. Biedermeier (1815–1848)

Adalbert Stifter, Die Straßerau bei Linz, um 1850

1. Grundzüge der Epoche

Den Begriff des Biedermeier erfanden der Oberamtsrichter LUDWIG EICHRODT und der Arzt ADOLF KUSSMAUL, die 1855–57 in der Zeitschrift *Fliegende Blätter* unter diesem Pseudonym Gedichte veröffentlichten, mit denen sie die Lyrik eines schwäbischen Dorfschulmeisters parodierten. Gemeint war mit Biedermeier also zunächst nur der naive Verseschmied. Später sollte der Ausdruck Biedermeier eine Epoche charakterisieren, der man zu Unrecht den Eindruck des nur Spießigen und des resignierenden Zukurzgekommenen unterschob. Von den Kritikern wurde völlig übersehen, daß in diesen Jahrzehnten – gemeint sind die Jahre von 1815 bis 1848, die „Epoche der Metternichschen Restauration" – Goethe und Beethoven ihr großartiges Spätwerk geschaffen und die Jungdeutschen geschrieben haben. Damals entstanden ein Lebensstil und eine Wohnkultur, deren Qualität seit dem Ende des Jahrhunderts anerkannt wird.

Zu den Vorlieben der Zeit gehörte die Beschäftigung mit der Literatur. Almanache und Taschenbücher waren im Bürgertum verbreitet wie nie zuvor. Sie enthielten ein Kalendarium, Reproduktionen berühmter Kunstwerke, Lyrik, Prosa, historische Abhandlungen und hießen zum Beispiel *Penelope, Aglaja*, *Vergißmeinnicht* oder *Gedenke mein.*

Es wäre aber falsch, diese Erscheinung für das Kennzeichnende der Literaturepoche zu halten. Längst sieht man Vielfalt und Rang dieser Zeit differenzierter. Der Begriff Biedermeier hat nur noch für Ahnungslose einen vorwiegend einschränkenden Charakter. Ein Blick hinter die Fassade zeigt neben der Vorliebe für das Überschaubare oder der Betonung des Geborgenen und Gemütlichen auch das Abgründige dieser Zeit, die sehr wohl den Zwiespalt zwischen dem **utopischen Ideal** einer **künstlerischen Vollkommenheit** und den Forderungen und Einschränkungen der realen Alltagswelt erkannte. Dies wird deutlich in Mörikes Mozartnovelle, aber auch in Stifters Vorrede zu dem Band *Bunte Steine* (vgl. S. 247f.), die in ihren hohen Ansprüchen wenig mit der Realität in seinem Leben zu tun hat.

Franz Grillparzer (1791–1872)

Adalbert Stifter (1805–1868)

Adalbert Stifter (1805–1868) stammte aus dem kleinen Marktflecken Oberplan im Böhmerwald, nördlich von Linz. Thomas Mann charakterisierte ihn als „unbeschreiblich eigenartig und von stiller Gewagtheit", stellte seine Neigung zum Pathologischen fest und nannte ihn den „hintergründigsten, heimlich kühnsten und wunderlich packendsten Erzähler der Weltliteratur". Stifters Werk erwuchs aus nicht erfüllten Lebenszielen: Die erste große Liebe zur Jugendfreundin Fanny Greipl scheitert am gegenseitigen Unvermögen; die Ehe mit Amalie Mohaupt wird in Briefen zur harmonischen Zweisamkeit stilisiert; Berufswünsche wie der Lehrstuhl für Physik in Prag lassen sich nicht verwirklichen, weil Stifter nicht zur Prüfung antritt; als Kunstmaler kann er sich nicht durchsetzen, als Politiker, der 1848 zum Wahlmann für die Frankfurter Nationalversammlung gewählt wird, resigniert er; sein *Lesebuch zur Förderung humaner Bildung* wird vom Unterrichtsministerium abgelehnt; als Schulinspektor der Linzer Realschule setzt man ihn ab; vergeblich wünscht er sich eigene Kinder, doch die Ziehtochter, die bei ihm aufwächst, geht mit 18 Jahren aus dem Haus und wird tot in der Donau gefunden. Stifter selbst will sich am 26. Januar 1868 mit dem Rasiermesser die Kehle durchschneiden; der Arzt stellt fest, daß der Tod „auch ohne die Ungeduld von seiten des Kranken ... bald erfolgt" wäre; Stifter starb an Leberkrebs. Sein Werk gleicht einer Utopie, in der verwirklicht wird, was das Leben nicht gegeben hat. Die frühen Schriften brachten Ruhm, die überarbeiteten Fassungen und die späten Werke wurden nicht verstanden; wichtig sind: *Studien* (1844–50), *Bunte Steine* (1853), *Der Nachsommer* (1857), *Witiko* (1865–67).

Das Wissen um die **bedrohte Idylle** ist für viele Autoren kennzeichnend. Unverkennbar zeigt es sich in Werk und Biographie von August Graf von Platen (1796–1835) und Franz Grillparzer (1791–1872). Grillparzer war ein bedeutender Epigrammatiker, Lyriker, Erzähler und Dramatiker. Zu seinen Freunden gehörten Schubert und Beethoven; sein Onkel, Ferdinand Sonnleitner, hatte das Textbuch zum *Fidelio* geschrieben. In Grillparzers Dramen geht es um die Auseinandersetzung des Individuums mit der überzeitlichen Ordnung und der geschichtlichen Wirklichkeit, die nicht harmonisch zu lösen war.
Grillparzer war übersensibel und wußte um die Brüchigkeit des Daseins (der Vater starb aus Kummer über Napoleons Sieg über Österreich; die Mutter und ein Bruder begingen Selbstmord). Er wagte nicht zu heiraten, weil er den Verlust seiner dichterischen Begabung, Unabhängigkeit und Ruhe fürchtete (vgl. *Der Halbmond glänzet am Himmel,* S. 250).
Ferdinand Raimund (1790–1836), vor allem aber Johann Nestroy (1801–1862) zeichneten die Menschen in einer Weise, die nur dem oberflächlichen Betrachter heiter erscheint. In Wirklichkeit werden Schwächen und Erbärmlichkeiten des Menschen bloßgestellt.
Es gehört zu den Vorzügen dieser Epoche, daß sie die Grenzen ihrer Existenz begriff, wie Eduard Mörike (1804–1875), der schwäbische Pfarrer und spätere Lehrer für Literaturgeschichte, der in seinem Gebet nicht ein langweiliges Durchschnittsleben erbittet, sondern die rechte Einsicht in Möglichkeiten und Beschränkungen, oder Annette von Droste-Hülshoff (1797–1848), die am Jahresende Bilanz ihres Lebens zieht (vgl. S. 253).

2. Texte

a) Utopie der künstlerischen Vollkommenheit

Eduard Mörike
Mozart auf der Reise nach Prag

[Auf der Reise zur Uraufführung des „Don Giovanni“ (1787 in Prag) war Mozart verehrter Gast auf einem böhmischen Schloß gewesen:]

[...] Wenn gute, vortreffliche Menschen durch ihre Gegenwart vorübergehend unser Haus belebten, durch ihren frischen Geistesodem auch unser Wesen in neuen raschen Schwung versetzten und uns den Segen der Gastfreundschaft in vollem Maße zu empfinden gaben, so läßt ihr Abschied immer eine unbehagliche Stockung, zum mindesten für den Rest des Tags, bei uns zurück, wofern wir wieder ganz nur auf uns selber angewiesen sind.
Bei unsern Schloßbewohnern traf wenigstens das letztere nicht zu. Franziskas Eltern nebst der alten Tante fuhren zwar alsbald auch weg; die Freundin selbst indes, der Bräutigam, Max ohnehin, verblieben noch. Eugenien, von welcher vorzugsweise hier die Rede ist, weil sie das unschätzbare Erlebnis tiefer als alle ergriff, ihr, sollte man denken, konnte nichts fehlen, nichts genommen oder getrübt sein; ihr reines Glück in dem wahrhaft geliebten Mann, das erst soeben seine förmliche Bestätigung erhielt, mußte alles andre verschlingen, vielmehr, das Edelste und Schönste, wovon ihr

Herz bewegt sein konnte, mußte sich notwendig mit jener seligen Fülle in *eines* verschmelzen. So wäre es auch wohl gekommen, hätte sie gestern und heute der bloßen Gegenwart, jetzt nur dem reinen Nachgenuß derselben leben können. Allein am Abend schon, bei den Erzählungen der Frau, war sie von leiser Furcht für ihn, an dessen liebenswertem Bild sie sich ergötzte, geheim beschlichen worden; diese Ahnung wirkte nachher, die ganze Zeit als Mozart spielte, hinter allem unsäglichen Reiz, durch alle das geheimnisvolle Grauen der Musik hindurch, im Grund ihres Bewußtseins fort, und endlich überraschte, erschütterte sie das, was er selbst in der nämlichen Richtung gelegentlich von sich erzählte. Es ward ihr so gewiß, so ganz gewiß, daß dieser Mann sich schnell und unaufhaltsam in seiner eigenen Glut verzehre, daß er nur eine flüchtige Erscheinung auf der Erde sein könne, weil sie den Überfluß, den er verströmen würde, in Wahrheit nicht ertrüge.

Dies, neben vielem andern, ging, nachdem sie sich gestern niedergelegt, in ihrem Busen auf und ab, während der Nachhall *Don Juans* verworren noch lange fort ihr inneres Gehör einnahm. Erst gegen Tag schlief sie ermüdet ein.

Die drei Damen hatten sich nunmehr mit ihren Arbeiten in den Garten gesetzt, die Männer leisteten ihnen Gesellschaft, und da das Gespräch natürlich zunächst nur Mozart betraf, so verschwieg auch Eugenie ihre Befürchtungen nicht. Keins wollte dieselben im mindesten teilen, wiewohl der Baron sie vollkommen begriff. Zur guten Stunde, in recht menschlich reiner, dankbarer Stimmung pflegt man sich jeder Unglücksidee, die einen gerade nicht unmittelbar angeht, aus allen Kräften zu erwehren. Die sprechendsten, lachendsten Gegenbeweise wurden, besonders vom Oheim, vorgebracht, und wie gerne hörte nicht Eugenie alles an! Es fehlte nicht viel, so glaubte sie wirklich, zu schwarz gesehen zu haben.

Einige Augenblicke später, als sie durchs große Zimmer oben ging, das eben gereinigt und wieder in Ordnung gebracht worden war, und dessen vorgezogene, gründamastene Fenstergardinen nur ein sanftes Dämmerlicht zuließen, stand sie wehmütig vor dem Klaviere still. Durchaus war es ihr wie ein Traum, zu denken, wer noch vor wenigen Stunden davor gesessen habe. Lang blickte sie gedankenvoll die Tasten an, die *er* zuletzt berührt, dann drückte sie leise den Deckel zu und zog den Schlüssel ab, in eifersüchtiger Sorge, daß so bald keine andere Hand wieder öffne. Im Weggehn stellte sie beiläufig einige Liederhefte an ihren Ort zurück; es fiel ein älteres Blatt heraus, die Abschrift eines böhmischen Volksliedchens, das Franziska früher, auch wohl sie selbst, manchmal gesungen. Sie nahm es auf, nicht ohne darüber betreten zu sein. In einer Stimmung wie die ihrige wird der natürlichste Zufall leicht zum Orakel. Wie sie es aber auch verstehen wollte, der Inhalt war derart, daß ihr, indem sie die einfachen Verse wieder durchlas, heiße Tränen entfielen.

[v 1855]

Ein Tännlein grünet wo,
Wer weiß, im Walde;
Ein Rosenstrauch, wer sagt,
In welchem Garten?
Sie sind erlesen schon,
Denk es, o Seele,
Auf deinem Grab zu wurzeln
Und zu wachsen.

Zwei schwarze Rößlein weiden
Auf der Wiese,
Sie kehren heim zur Stadt
In muntern Sprüngen.
Sie werden schrittweis gehn
Mit deiner Leiche;
Vielleicht, vielleicht noch eh
An ihren Hufen
Das Eisen los wird,
Das ich blitzen sehe! [v 1852]

EDUARD MÖRIKE
Auf eine Lampe

Noch unverrückt, o schöne Lampe, schmückest du,
An leichten Ketten zierlich aufgehangen hier,
Die Decke des nun fast vergeßnen Lustgemachs.
Auf deiner weißen Marmorschale, deren Rand
Der Efeukranz von goldengrünem Erz umflicht,
Schlingt fröhlich eine Kinderschar den Ringelreihn.
Wie reizend alles! lachend, und ein sanfter Geist
Des Ernstes doch ergossen um die ganze Form –
Ein Kunstgebild der echten Art. Wer achtet sein?
Was aber schön ist, selig scheint es in ihm[1] selbst. [v 1846]

[1] heutiger Sprachgebrauch würde „sich" schreiben.

ADALBERT STIFTER
Bunte Steine
Vorrede

Es ist einmal gegen mich bemerkt worden, daß ich nur das Kleine bilde, und daß meine Menschen stets gewöhnliche Menschen seien. Wenn das wahr ist, bin ich heute in der Lage, den Lesern ein noch Kleineres und Unbedeutenderes an zu bieten, nämlich allerlei Spielereien für junge Herzen. [...] Weil wir aber schon einmal von dem Großen und Kleinen reden, so will ich meine Ansichten darlegen, die wahrscheinlich von denen vieler anderer Menschen abweichen. Das Wehen der Luft das Rieseln des Wassers das Wachsen der Getreide das Wogen des Meeres das Grünen der Erde das Glänzen des Himmels das Schimmern der Gestirne halte ich für groß: das prächtig einherziehende Gewitter, den Blitz, welcher Häuser spaltet, den Sturm, der die Brandung treibt, den feuerspeienden Berg, das Erdbeben, welches Länder verschüttet, halte ich nicht für größer als obige Erscheinungen, ja ich halte sie für kleiner, weil sie nur Wirkungen viel höherer Gesetze sind. Sie kommen auf einzelnen Stellen vor, und sind die Ergebnisse einseitiger Ursachen. Die Kraft, welche die Milch im Töpfchen der armen Frau empor schwellen und übergehen macht, ist es auch, die die Lava in dem feuerspeienden Berge empor treibt, und auf den Flächen der Berge hinab gleiten läßt. Nur augenfälliger sind diese Erscheinungen, und reißen den Blick des Unkundigen und Unaufmerksamen mehr an sich, während der Geisteszug des Forschers vorzüglich auf das Ganze und Allgemeine geht, und nur in ihm allein Großartigkeit zu erkennen vermag, weil es allein das Welterhaltende ist. [...]
So wie es in der äußeren Natur ist, so ist es auch in der inneren, in der des menschlichen Geschlechtes. Ein ganzes Leben voll Gerechtigkeit Einfachheit Bezwingung seiner selbst Verstandesgemäßheit Wirksamkeit in seinem Kreise Bewunderung des Schönen verbunden mit einem heiteren gelassenen Sterben halte ich für groß: mächtige Bewegungen des Gemütes furchtbar einherrollenden Zorn die Begier nach Rache den entzündeten Geist, der nach Tätigkeit strebt, umreißt, ändert, zerstört, und in der Erregung oft das eigene Leben hinwirft, halte ich nicht für größer, sondern für kleiner, da diese Dinge so gut nur Hervorbringungen einzelner und einseitiger Kräfte sind, wie Stürme feuerspeiende Berge Erdbeben. Wir wollen das sanfte Gesetz zu

erblicken suchen, wodurch das menschliche Geschlecht geleitet wird. Es gibt Kräfte die nach dem Bestehen des Einzelnen zielen. Sie nehmen alles und verwenden es, was zum Bestehen und zum Entwickeln desselben notwendig ist. Sie sichern den Bestand des einen und dadurch den aller. [...] Es ist das Gesetz dieser Kräfte das Gesetz der Gerechtigkeit, das Gesetz der Sitte, das Gesetz, das will, daß jeder geachtet geehrt ungefährdet neben dem andern bestehe, daß er seine höhere menschliche Laufbahn gehen könne, sich Liebe und Bewunderung seiner Mitmenschen erwerbe, daß er als Kleinod gehütet werde, wie jeder Mensch ein Kleinod für alle andern Menschen ist. Dieses Gesetz liegt überall, wo Menschen neben Menschen wohnen, und es zeigt sich, wenn Menschen gegen Menschen wirken. Es liegt in der Liebe der Ehegatten zu einander in der Liebe der Eltern zu den Kindern der Kinder zu den Eltern in der Liebe der Geschwister der Freunde zu einander in der süßen Neigung beider Geschlechter in der Arbeitsamkeit, wodurch wir erhalten werden, in der Tätigkeit, wodurch man für seinen Kreis für die Ferne für die Menschheit wirkt, und endlich in der Ordnung und Gestalt, womit ganze Gesellschaften und Staaten ihr Dasein umgeben, und zum Abschlusse bringen. Darum haben alte und neue Dichter vielfach diese Gegenstände benützt, um ihre Dichtungen dem Mitgefühle naher und ferner Geschlechter anheim zu geben. Darum sieht der Menschenforscher, wohin er seinen Fuß setzt, überall nur dieses Gesetz allein, weil es das einzige Allgemeine das einzige Erhaltende und nie Endende ist. [...]
Wie es mit dem Aufwärtssteigen des menschlichen Geschlechtes ist, so ist es auch mit seinem Abwärtssteigen. Untergehenden Völkern verschwindet zuerst das Maß. Sie gehen nach einzelnem aus, sie werfen sich mit kurzem Blicke auf das Beschränkte und Unbedeutende, sie setzen das Bedingte über das Allgemeine; dann suchen sie den Genuß und das Sinnliche, sie suchen Befriedigung ihres Hasses und Neides gegen den Nachbar, in ihrer Kunst wird das Einseitige geschildert das nur von einem Standpunkte Gültige, dann das Zerfahrene Unstimmende Abenteuerliche, endlich das Sinnenreizende Aufregende und zuletzt die Unsitte und das Laster, in der Religion sinkt das Innere zur bloßen Gestalt oder zur üppigen Schwärmerei herab, der Unterschied zwischen Gut und Böse verliert sich, der einzelne verachtet das Ganze, und geht seiner Lust und seinem Verderben nach, und so wird das Volk eine Beute seiner inneren Zerwirrung oder die eines äußeren wilderen aber kräftigeren Feindes. – – [v 1853]

Aufgaben zu dem Bild auf der Seite 243

ADALBERT STIFTER Die Straßerau bei Linz

① Vergleichen Sie die Vorrede zu den *Bunten Steinen* (S. 247 f.) mit dieser Darstellung.
② Welche Eindrücke will Stifter hier wiedergeben?

Aufgaben zu den Texten auf den Seiten 245–248

EDUARD MÖRIKE Mozart auf der Reise nach Prag (S. 245 f.)

① Warum zweifelt Eugenie an der Dauer der künstlerischen Vollkommenheit?
② Welches besonders seit der Barockzeit häufige Motiv erscheint sowohl im Prosatext als auch im Gedicht? Berücksichtigen Sie, daß dieses Gedicht zunächst mit *Grabesgedanken*, dann mit *Denk es, o Seele!* überschrieben war.
③ Wo finden sich hier Anklänge an das Volkslied? Warum handelt es sich bei dem Gedicht nicht um ein Volkslied?

④ Analysieren Sie den Aufbau der beiden Gedichtstrophen: Wo würden Sie jeweils einen Einschnitt machen? Achten Sie auch auf die Strophenlänge und auf das Versmaß.
⑤ Untersuchen Sie, ob die Wortwahl der Struktur der Strophen entspricht.

EDUARD MÖRIKE Auf eine Lampe (S. 247)

① Analysieren Sie den Aufbau des Gedichts.
② Ließe sich die Lampe auf Grund der Beschreibung zeichnen? In welcher Epoche könnte sie entstanden sein?
③ Welches Kunstverständnis zeigt dieses Gedicht?

ADALBERT STIFTER Bunte Steine, Vorrede (S. 247 f.)

① Wie definiert Stifter das „sanfte Gesetz"?
② Was hält er für groß, und womit begründet er seine Einordnung? Vergleiche dazu auch Heines Feststellungen in *Die romantische Schule* (s. S. 232).
③ Wie beurteilen Sie dies vor dem Hintergrund von Stifters Biographie? (s. S. 244 f.)
④ Welche Besonderheit fällt Ihnen bei Stifters Zeichensetzung auf?

b) Bedrohte Idylle

FRANZ GRILLPARZER
Epigramme

Der Kritiker
Die Dichtkunst, sagt man oft und sagt es laut,
Sie sei ein Bild und Spiegel dieses Lebens:
Drum, wenn ein Affe in das Dichtwerk schaut,
Hofft er auf einen Sokrates vergebens.

[e 1838]

Gesteh dirs selbst*
Gesteh dirs selbst, hast du gefehlt,
Füg nicht, wenn Einsicht kam,
Zum falschen Weg, den du gewählt,
Auch noch die falsche Scham.

[e 1849]

Der Weg*
Der Weg der neuern Bildung geht
Von Humanität
Durch Nationalität
Zur Bestialität.

[e 1849]

FRANZ GRILLPARZER

Der Halbmond glänzet am Himmel*

Der Halbmond glänzet am Himmel,
Und es ist neblicht und kalt.
Gegrüßt sei du Halber dort oben,
Wie du, bin ich einer, der halb.

Halb gut, halb übel geboren,
Und dürftig in beider Gestalt,
Mein Gutes ohne Würde,
Das Böse ohne Gewalt.

Halb schmeckt ich die Freuden des Lebens,
Nichts ganz als meine Reu;
Die ersten Bissen genossen,
Schien alles mir einerlei.

Halb gab ich mich hin den Musen,
Und sie erhörten mich halb;
Hart auf der Hälfte des Lebens
Entflohn sie und ließen mich alt.

Und also sitz ich verdrossen,
Doch läßt die Zersplitterung nach;
Die leere Hälfte der Seele
Verdrängt die noch volle gemach.

[e 1827]

JOHANN NESTROY

Der Talisman

ZWEITER AUFZUG, SIEBZEHNTER AUFTRITT

FRAU VON CYPRESSENBURG. TITUS.

TITUS *(für sich).* Ich stehe jetzt einer Schriftstellerin gegenüber, da tun's die Alletagsworte nicht, da heißt's jeder Red' ein Feiertagsg'wandel anziehn.

FRAU VON CYPRESSENBURG. Also jetzt zu Ihm, mein Freund!

TITUS *(sich tief verbeugend).* Das ist der Augenblick, den ich im gleichen Grade gewünscht und gefürchtet habe, dem ich sozusagen mit zaghafter Kühnheit, mit mutvollem Zittern entgegengesehen.

FRAU VON CYPRESSENBURG. Er hat keine Ursache, sich zu fürchten, Er hat eine gute Tournüre[1], eine agreable Fasson[2], und wenn Er sich gut anläßt – wo hat Er denn früher gedient?

TITUS. Nirgends. Es ist die erste Blüte meiner Jägerschaft, die ich zu Ihren Füßen niederlege, und die Livree[3], die ich jetzt bewohne, umschließt eine zwar dienstergebene, aber bis jetzt noch ungediente Individualität.

FRAU VON CYPRESSENBURG. Ist Sein Vater auch Jäger?

TITUS. Nein, er betreibt ein stilles, abgeschiedenes Geschäft, bei dem die Ruhe das einzige Geschäft ist; er liegt von höherer Macht gefesselt, und doch ist er frei und unabhängig, denn er ist Verweser seiner selbst – er ist tot.

FRAU VON CYPRESSENBURG *(für sich).* Wie verschwenderisch er mit zwanzig erhabenen Worten das sagt, was man mit einer Silbe sagen kann! Der Mensch hat offenbare Anlagen zum Literaten. *(Laut.)* Wer war also Sein Vater?

TITUS. Er war schülerischer Meister; Bücher, Rechentafel und Patzenferl[4] waren die Elemente seines Daseins.

[1] gewandtes Benehmen [2] angenehme Arte und Weise [3] uniformartige Dienerkleidung [4] Tatzenstock

FRAU VON CYPRESSENBURG. Und welche literarische Bildung hat er Ihm gegeben?

TITUS. Eine Art Mille-fleurs[5]-Bildung. Ich besitze einen Anflug von Geographie, einen Schimmer von Geschichte, eine Ahnung von Philosophie, einen Schein von Jurisprudenz, einen Anstrich von Chirurgie und einen Vorgeschmack von Medizin.

FRAU VON CYPRESSENBURG. Scharmant! Er hat sehr viel, aber nichts gründlich gelernt! Darin besteht die Genialität.

TITUS *(für sich)*. Das is 's erste, was ich hör'! Jetzt kann ich mir's erklären, warum's so viele Genies gibt.

FRAU VON CYPRESSENBURG. Seine blonden Locken schon zeigen ein apollverwandtes Gemüt. War Sein Vater oder Seine Mutter blond?

TITUS. Keins von alle zwei! Es is ein reiner Zufall, daß ich blond bin.

FRAU VON CYPRESSENBURG. Je mehr ich Ihn betrachte, je länger ich Ihn sprechen höre, desto mehr überzeuge ich mich, daß Er nicht für die Livree paßt. Er kann durchaus mein Domestik nicht sein.

TITUS. Also verstoßen, zerschmettert, zermalmt?

FRAU VON CYPRESSENBURG. Keineswegs. Ich bin Schriftstellerin und brauche einen Menschen, der mir nicht als gewöhnlicher Kopist, mehr als Konsulent, als Sekretär bei meinem intellektuellen Wirken zur Seite steht, und dazu ernenn ich Sie.

TITUS *(freudig überrascht)*. Mich? – Glauben Euer Gnaden, daß ich imstand' bin, einen intellektuellen Zuseitensteher abzugeben?

FRAU VON CYPRESSENBURG. Zweifelsohne, und es ist mir sehr lieb, daß die Stelle offen ist. Ich habe einen weggeschickt, den man mir rekommandierte, einen Menschen von Gelehrsamkeit und Bildung. Aber er hatte rote Haare, und das ist ein Horreur für mich. Dem hab ich gleich gesagt: „Nein, nein, mein Freund, 's ist nichts, adieu!" Ich war froh, wie er fort war.

TITUS *(für sich)*. Da darf ich mich schön in Obacht nehmen, sonst endet meine Karriere mit einem Flug bei der Tür hinaus.

FRAU VON CYPRESSENBURG. Legen Sie nur die Livree sogleich ab; ich erwarte in einer Stunde Gesellschaft, der ich Sie als meinen neuen Sekretär vorstellen will.

TITUS. Euer Gnaden, wenn ich auch den Jäger ablege, mein anderer Anzug ist ebenfalls Livree, nämlich Livree der Armut: ein g'flickter Rock mit z'rissene Aufschläg'.

FRAU VON CYPRESSENBURG. Da ist leicht abgeholfen! Gehen Sie da hinein *(nach rechts deutend)*, dann durchs Billardzimmer in das Eckkabinett, da finden Sie die Garderobe meines verewigten Gemahls. Er hatte ganz Ihren Wuchs. Wählen Sie nach Belieben und kommen Sie sogleich wieder hierher.

TITUS *(für sich)*. Wieder der Anzug von ein' Seligen. *(Sich verbeugend.)* Ich eile! *(Für sich, im Abgehen.)* Ich bring heut' ein' ganzen seligen Tandelmarkt auf den Leib. *(Rechts in die Seitentüre ab.)*

[v 1840]

[5] Streublumenmuster

Aufgaben zu den Texten auf den Seiten 249–251

FRANZ GRILLPARZER Epigramme (S. 249)

① Geben Sie eine Definition des Epigramms.
② Formulieren Sie die Aussage dieser Epigramme mit eigenen Worten.
③ Überprüfen Sie die Aussage des dritten Epigramms im Hinblick auf die Geschichte des 19. und 20. Jahrhunderts. Stimmen Sie Grillparzers Vorhersage zu?

FRANZ GRILLPARZER Der Halbmond (S. 250)

① Arbeiten Sie die Aussage des Gedichts heraus. Berücksichtigen Sie die Hinweise auf Grillparzers Leben in der Einführung.
② Vergleichen Sie damit das Gedicht *Abendlied* von Matthias Claudius, das Sie in einer Gedichtanthologie finden.
③ Zeigen Sie, inwiefern das Gedicht der landläufigen Vorstellung vom spießbürgerlichen Biedermeier gerade nicht entspricht.
④ Untersuchen Sie die Sprache. Achten Sie besonders auf die Verwendung des Wortes *halb*.

JOHANN NESTROY Der Talisman (S. 250f.)

① Informieren Sie sich (z. B. in einem Literaturlexikon) über den Inhalt des Stückes.
② Auf welche Weise gelingt es Titus, die Schwächen seiner Partnerin auszunützen?
③ Zeigen Sie an einigen Beispielen die Bildhaftigkeit von Nestroys Sprache.
④ Wie charakterisiert Frau von Cypressenburg den Literaten? Worin besteht nach ihrer Meinung Genialität?
⑤ Wieso läßt sich der Text unter die Überschrift *Bedrohte Idylle* stellen?

c) Grenzen der Existenz

EDUARD MÖRIKE
Gebet

Herr! schicke, was du willt,
Ein Liebes oder Leides;
Ich bin vergnügt, daß beides
Aus Deinen Händen quillt.

Wollest mit Freuden
Und wollest mit Leiden
Mich nicht überschütten!
Doch in der Mitten
Liegt holdes Bescheiden. [V. 1–4: v 1847; V. 5–9: v 1832]

Annette von Droste-Hülshoff
Am letzten Tage des Jahres (Silvester)

Das Jahr geht um,
Der Faden rollt sich sausend ab.
Ein Stündchen noch, das letzte heut,
Und stäubend rieselt in sein Grab
Was einstens war lebend'ge Zeit.
Ich harre stumm.

's ist tiefe Nacht!
Ob wohl ein Auge offen noch?
In diesen Mauern rüttelt dein
Verrinnen, Zeit! Mir schaudert, doch
Es will die letzte Stunde sein
Einsam durchwacht.

Gesehen all,
Was ich begangen und gedacht,
Was mir aus Haupt und Herzen stieg:
Das steht nun eine ernste Wacht
Am Himmelstor. O halber Sieg,
O schwerer Fall!

Wie reißt der Wind
Am Fensterkreuze, ja es will
Auf Sturmesfittigen das Jahr
Zerstäuben, nicht ein Schatten still
Verhauchen unterm Sternenklar.
Du Sündenkind!

War nicht ein hohl
Und heimlich Sausen jeder Tag
In deiner wüsten Brust Verlies,
Wo langsam Stein an Stein zerbrach,
Wenn es den kalten Odem stieß
Vom starren Pol?

Mein Lämpchen will
Verlöschen, und begierig saugt
Der Docht den letzten Tropfen Öl.
Ist so mein Leben auch verraucht,
Eröffnet sich des Grabes Höhl'
Mir schwarz und still?

Wohl in dem Kreis,
Den dieses Jahres Lauf umzieht,
Mein Leben bricht: Ich wußt' es lang!
Und dennoch hat dies Herz geglüht
In eitler Leidenschaften Drang.
Mir brüht der Schweiß.

Der tiefsten Angst
Auf Stirn und Hand! – Wie, dämmert feucht
Ein Stern dort durch die Wolken nicht?
Wär' es der Liebe Stern vielleicht,
Dir zürnend mit dem trüben Licht,
Daß du so bangst?

Horch, welch Gesumm?
Und wieder? Sterbemelodie!
Die Glocke regt den ehrnen Mund.
O Herr! ich falle auf das Knie:
Sei gnädig meiner letzten Stund!
Das Jahr ist um!

[e 1839, v 1851]

Franz Grillparzer
Ein Bruderzwist in Habsburg

Dritter Aufzug

[Kaiser Rudolf II. (1576-1612) sieht in der Staatsordnung einen Spiegel der göttlichen Ordnung. Er spürt die vielfältigen Spannungen vor dem 30jährigen Krieg, ist aber davon überzeugt, daß jedes Handeln vergeblich ist, wenn die Wirklichkeit nicht mehr dem Reich Gottes entspricht, sondern ungezügeltes Machtstreben die Gefahr der Anarchie heraufbeschwört. – Die Brüder des Kaisers schließen sich zusammen, Mathias wird 1606 zum Chef des Hauses Habsburg gewählt; er setzt Rudolf 1611 ab (Vergleichen Sie dazu seine Äußerung über den nicht erlaubten Weg im V. Aufzug).]

Rudolf. Zu voller Macht? Die Macht ists, was sie wollen.
Mag sein, daß diese Spaltung[1] im Beginn
Nur mißverstandne Satzungen des Glaubens,
Jetzt hat sie gierig in sich eingesogen,
Was Unerlaubtes sonst die Welt bewegt.
Der Reichsfürst will sich lösen von dem Reich,
Dann kommt der Adel und bekämpft die Fürsten;
Den gibt die Not, die Tochter der Verschwendung
Drauf in des Bürgers Hand, des Krämers, Mäklers,
Der allen Wert abwägt nach Goldgewicht.
Der dehnt sich breit und hört mit Spotteslächeln
Von Toren reden, die man Helden nennt,
Von Weisen, die nicht klug für eignen Säckel,
Von allem, was nicht nützt und Zinsen trägt.
Bis endlich aus der untersten der Tiefen
Ein Scheusal aufsteigt, gräßlich anzusehn,
Mit breiten Schultern, weitgespaltnem Mund,
Nach allem lüstern und durch nichts zu füllen.
Das ist die Hefe, die den Tag gewinnt,
Nur um den Tag am Abend zu verlieren,
Angrenzend an das Geist- und Willenlose.
Der ruft: Auch mir mein Teil, vielmehr das Ganze!
Sind wir die Mehrzahl doch, die Stärkern doch,
Sind Menschen so wie ihr, uns unser Recht!

Des Menschen Recht heißt *hungern*, Freund, und *leiden*,
Eh noch ein Acker war, der frommer Pflege
Die Frucht vereint, den Vorrat für das Jahr;
Als noch das wilde Tier, ein Brudermörder,
Den Menschen schlachtete, der waffenlos,
Als noch der Winter und des Hungers Zahn
Alljährlich Ernte hielt von Menschenleben.
Begehrst ein Recht du als ursprünglich erstes,

[1] Gemeint ist das Auseinanderbrechen der Glaubensgemeinschaft während der Reformation.

So kehr zum Zustand wieder, der der erste.
Gott aber hat die *Ordnung* eingesetzt,
Von da an ward es licht, das Tier ward Mensch.

Ich sage dir: nicht Skythen und Chazaren[2],
Die einst den Glanz getilgt der alten Welt,
Bedrohen unsre Zeit, nicht fremde Völker:
Aus eignem Schoß ringt los sich der Barbar,
Der, wenn erst ohne Zügel, alles Große,
Die Kunst, die Wissenschaft, den Staat, die Kirche
Herabstürzt von der Höhe, die sie schützt,
Zur Oberfläche eigener Gemeinheit,
Bis alles gleich, ei ja, weil alles niedrig.
er setzt sich
JULIUS. Ihr schätzt die Zukunft richtig ab, das Ganze,
Doch drängt das Einzelne, die Gegenwart.
RUDOLF. Mein Haus wird bleiben, immerdar, ich weiß.
Weil es mit eitler Menschenklugheit nicht
Dem Neuen vorgeht oder es begleitet,
Nein, weil es einig mit dem Geist des All,
Durch Klug und scheinbar Unklug, rasch und zögernd,
Den Gang nachahmt der ewigen Natur,
Und in dem Mittelpunkt der eignen Schwerkraft
Der Rückkehr harrt der Geister, welche schweifen.

FÜNFTER AUFZUG

FERDINAND. Es geht in Krieg, seid froh, Herr Wallenstein.
WALLENSTEIN. Ich bins.
MEHRERE. Wir auch, und währt es dreißig Jahr.
– Ja, wärens dreißig. – Dreißig! – Um so besser.
indem sie Wallenstein die Hand schütteln, alle ab
MATHIAS *der vom Balkon zurückkommt.*
Was sprechen sie von Krieg und dreißig Jahren?
Ich werd es nicht erleben. Glück genug.
Und übrall Lärm. Ich aber brauchte Stille,
Tönts doch in meinem Innern laut genug;
Und wieder öde, daß kein Widerhall
Des allgemeinen Jubels rückerklingt.
Am Ziel ist nichts mir deutlich als der Weg,
Der kein erlaubter war und kein gerechter.
sein Blick trifft die Reichskleinodien, er wendet die Augen ab
O Bruder, lebtest du, und wär ich tot!
Gekostet hab ich, was mir herrlich schien,

[2] Sinn hier: barbarische Volksstämme

Und das Gebein ist mir darob vertrocknet,
Entschwunden jene Träume künftger Taten,
Machtlos wie du, wank ich der Grube zu.

Ich will ins Freie, mich zerstreun – und doch,
Wie ein Magnet ziehts mir die Augen hin
Und täuscht mit Formen, die nicht sind, ich weiß.
Reicht denn dein Haß herüber übers Grab,
Selbst nach der Strafe noch?

Lärm und Musik von neuem aus der Ferne

MATHIAS *gegen den Tisch gekehrt in einiger Entfernung niederknieend und wiederholt die Brust schlagend.* Mea culpa, mea culpa,
Mea maxima culpa.

VON DER STRASSE. Vivat Mathias!

Indem das Vivatrufen fortwährt und Mathias das Gesicht mit beiden Händen bedeckt, fällt der Vorhang.

[e 1824–48, v 1872]

Aufgaben zu den Texten auf den Seiten 252–256

EDUARD MÖRIKE Gebet (S. 252)

① Inwiefern läßt sich dieses Gedicht als kennzeichnend für eine Grundeinstellung des Biedermeier bezeichnen? (Vergleichen Sie dazu die Kapiteleinleitung.)

ANNETTE VON DROSTE-HÜLSHOFF Am letzten Tage des Jahres (Silvester) (S. 253)

① Skizzieren Sie den Aufbau des Gedichts; vergleichen Sie die erste und die letzte Zeile.
② Nennen Sie wichtige Leitmotive und untersuchen Sie, mit welchen Stilmitteln sie hier unterstützt werden. Vergleichen Sie dazu auch Mörikes Gedicht *Ein Tännlein grünet wo* (S. 246).
③ Welche Assoziationen weckt hier der Gedanke an das Jahresende?

FRANZ GRILLPARZER Ein Bruderzwist in Habsburg (S. 254 ff.)

① Grenzen Sie den Zustand von Ordnung und Unordnung gegeneinander ab.
② Wie läßt sich die unterschiedliche Einstellung zum Krieg charakterisieren? Vergleichen Sie dazu Stifters Vorrede zu den *Bunten Steinen* (S. 247 f.).

Übergreifende Fragestellung

① Wie läßt sich die Sehnsucht vieler Menschen heute nach der Zeit des Biedermeier erklären?
② Welche Kennzeichen des Biedermeier würden Sie nach der Lektüre von Einführung und Texten für besonders wichtig halten?

Wilhelm Leibl, Bildnis der Frau Gedon, 1868/69

1. Grundzüge der Epoche

Seit der Mitte des 19. Jahrhunderts sah das deutsche Bildungsbürgertum in Goethe den maßgebenden Autor, ohne ihn allerdings viel zu lesen, und Schiller fand zunehmend Aufnahme in den deutschen Zitatenschatz. Theodor Fontane bedauerte, daß man sich mit zeitgenössischen Autoren nicht in gleicher Weise beschäftigte:

„Es gibt neunmalweise Leute in Deutschland, die mit dem letzten Goetheschen Papierschnitzel unsere Literatur für geschlossen erklären. Forscht man näher nach bei ihnen, so teilen sie einem vertraulich mit, daß sie eine neue Blüte derselben überhaupt für unwahrscheinlich halten, am wenigsten aber auch nur die kleinsten Keime dazu in den Hervorbringungen der letzten zwanzig Jahre gewahren könnten. Wir kennen dies Lied. Die goldenen Zeiten sind immer *vergangene* gewesen. Wollten jene Herren, die so grausam über alles Neue den Stab brechen, nach der eigensten Wurzel ihres absprechenden Urteils forschen, sie würden sie in selbstsüchtiger Bequemlichkeit und in nichts Besserm finden. Gerechtigkeit gegen Zeitgenossen ist immer eine schwere Tugend gewesen, aber sie ist doppelt schwer auf einem Gebiete, wo das wuchernde Unkraut dem flüchtigen Beschauer die echte Blüte verbirgt. Solche Blüten sind mühsam zu finden, aber sie sind da. Was uns angeht, die wir seit einem Dezennium nicht müde werden, auf dem dunklen Hintergrunde der Tagesliteratur den Lichtstreifen des Genius zu verfolgen, so bekennen wir unsere feste Überzeugung dahin, daß wir nicht rückwärts, sondern vorwärts schreiten."

Die literarische Bewegung, die 1830 mit dem Jungen Deutschland und dem Literarischen Biedermeier begonnen hatte, wurde ab Mitte des Jahrhunderts, seit dem Scheitern der Revolution von 1848, mit dem Bürgerlichen oder Poetischen Realismus noch bestimmender für ihre Zeit. Das liberale Bürgertum, das gesellschaftlichen Aufstieg und Bildung gleichsetzte, förderte und trug neben dem gesellschaftlichen Leben auch die literarische und künstlerische Entwicklung, zumindest solange sie nicht das politische und wirtschaftliche Leben störte.
Die politischen Forderungen der Frankfurter Nationalversammlung nach einer Verfassung und einem einheitlichen Staat waren gescheitert, nicht zuletzt, weil man sich in Fraktionen und Richtungskämpfe verzettelt hatte. Mit der Bismarckschen Reichsgründung von 1871 fanden die politischen Bestrebungen des Vormärz nur scheinbar eine Lösung. Das Bürgertum engagierte sich weitgehend nur im wirtschaftlichen und technischen Bereich. Als Folge ergab sich ein verbreitetes **Desinteresse am politischen Leben,** das bis ins 20. Jahrhundert hineinwirkte.
Die Landwirtschaft konnte ihre Erträge erheblich steigern (künstliche Düngung). Wirtschaft, Technik und Naturwissenschaften erlebten einen bislang nicht vorstellbaren Aufschwung. Es gab zahlreiche neue Erfindungen (zum Beispiel wichtige Neuerungen bei der Stahlgewinnung, Verwendung der Elektrizität), entscheidende Fortschritte in Chemie und Medizin, den raschen Ausbau der Verkehrswege (Straßen, Kanäle, Eisenbahnlinien). Kapitalbildung wurde zur Grundlage einer **expansiven Wirtschaftsentwicklung** in Produktion und Handel. Ideenreichen, wagemutigen Handwerkern war es möglich, ihren Betrieb zur (Klein-)Industrie auszubauen. Lexika aus den 80er Jahren des 19. Jahrhunderts vermitteln den Eindruck, daß man davon überzeugt war, daß ein wirtschaftlicher und technischer Höhepunkt, wenn nicht gar Endpunkt erreicht worden war, es bedurfte nur der entsprechenden Anstrengung. Bezeichnend ist das Motto, das GUSTAV FREYTAG (1816–95) für seinen 1855 veröffentlichten Roman *Soll und Haben* von dem Literaturkritiker Julian Schmidt übernommen hat: „Der Roman soll das deutsche Volk da suchen, wo es in seiner Tüchtigkeit zu finden ist, nämlich bei seiner Arbeit."
Auch die **soziale Struktur** änderte sich entscheidend: Der alte Ständestaat existierte nicht mehr. Statt dessen gab es auf der einen Seite neben dem Adel den (Groß-)Bürger, den Bourgeois, wie

ihn Theodor Fontane kritisch und zugleich respektvoll in seinem Roman *Frau Jenny Treibel* dargestellt hat, mit Geld- und Grundbesitz, mit Anteilen an Fabriken, Gruben und Verkehrssystemen. Der Mittelstand wurde getragen von selbständigen Handwerkern und Angestellten. Den unteren Stand bildete die wachsende Zahl der Arbeiter, die zunehmend in der Industrie Beschäftigung suchten. Sie lebten, sozial ungesichert, von dem, was sie täglich mit harter Arbeit erwarben, vielfach am Rand des Existenzminimums, weitgehend ohne Aussicht, eine bessere Stellung erreichen zu können. Krankheit oder Unfall des Familienvaters war für die Angehörigen eine Katastrophe. In viel gelesenen rührseligen Almanachgeschichten ist die verwitwete Mutter, die erkrankt und deshalb ihre zahlreichen Kinder zum Betteln schicken muß, damit sie nicht verhungern, ein beliebtes Motiv. Die Literatur des Bürgerlichen Realismus setzt sich mit diesem Problem allerdings kaum auseinander oder höchstens von der Warte des patriarchalisch regierenden Fabrikherrn, der die „Ansteckung durch sozialdemokratische Ideen" (Paul Heyse) fürchtet. Wilhelm Heinrich Riehl (1823–97), Professor der Staatswissenschaften in München und Mitglied des Frankfurter Parlaments von 1848, hat klar erkannt, daß diese ausgeprägten Gesellschaftsunterschiede erheblichen sozialen Sprengstoff enthielten. Die Gründung von Genossenschaften und Arbeitervereinen waren erste Versuche zur Hilfe.
Zum großen Problem der Zeit wurde die Auflösung von bisher gültigen Wertmaßstäben, zumal im religiösen Bereich, die bislang Halt und Richtung gegeben hatten. Damit fehlte die Allgemeinverbindlichkeit anerkannter Werte wie in der Zeit der Klassik und der Romantik. Die vielfach vergebliche Auseinandersetzung mit den bestimmenden politischen und sozialen Kräften bestätigte die Behauptung Hegels und der Junghegelianer, daß Literatur und Kunst nicht die Fähigkeit haben, das Leben umfassend darzustellen.

Eine Folge davon war der **Rückzug in den persönlichen Bereich,** in überschaubare Gebiete, wie sich das in Stifters Vorrede zu den Erzählungen *Bunte Steine* bereits angedeutet hatte, und wogegen sich Friedrich Hebbel (1813–1865) in der Abhandlung *Das Komma im Frack* (1858) vehement äußerte. Beispiel für diese Einschränkung ist die *Dorfgeschichte* mit Berthold Auerbach (1812–82) als berühmtestem Vertreter, dessen *Barfüßele* (1856) zu den meistgelesenen Texten des 19. Jahrhunderts gehörte, und der auch noch die Geschichten eines Peter Rosegger (1843–1918) beeinflußte.
Theodor Storms (1817–88) Gedicht *Abseits* und seine Liebeserklärung an die Heimatstadt (vgl. S. 269) gehören ebenso hierher wie Conrad Ferdinand Meyer (1825–98), der vor der zeitgenössischen Wirklichkeit am liebsten in historische Stoffe ausweicht (z. B. *Das Amulett* 1873, *Der Schuß von der Kanzel* 1877, *Der Heilige* 1879). Die abgedruckten Beispiele (vgl. S. 270) zeigen den Lyriker mit der Arbeit an einem Gedicht von der ersten, noch unsicher tastenden Fassung (1860) bis zum fertigen Werk (1882), das zu einem vollkommenen Gleichnis für das Leben, für Werden und Vergehen, für Bewegung und Ruhe geworden ist.
Gleichzeitig mit dem veränderten Denken in Politik und Wirtschaft setzte sich in der Auffassung von der Literatur eine Wandlung durch, die ihre Grundlage in der Wirklichkeit sah. **„Realismus"** wurde das Schlagwort. Allerdings betonte schon Fontane, daß Realismus nicht mit der „nackten Wiedergabe alltäglichen Lebens" gleichzusetzen sei, denn dies wäre „ein Irrweg und ein Verkennen des eigensten *innersten* Wesens der Kunst". Vielmehr erstrebe der richtig verstandene Realismus die „Widerspiegelung alles wirklichen Lebens … im Elemente der Kunst", und „ohne diese Verklärung gibt es … keine eigentliche Kunst".

„Mit der Metapher ‚Verklärung' fällt das Wort, das uns nicht nur bei Fontane, sondern genauso bei Stifter, Storm, Keller, Raabe immer wieder begegnet, wenn vom Wesen einer poetischen Mimesis (d. h. Nachahmung) die Rede ist. Man darf nun allerdings dieses Postulat poetischer Verklärung nicht mißverstehen[...]. Es handelt sich bei einer verklärten Wiedergabe der Wirklichkeit nicht um die Furcht vor Tabus, um ein unredliches Vergolden oder Verschleiern, um ein euphorisches Vergessen oder rücksichtsvolles Retuschieren des ‚Grinsezugs'. Verklärung ist vielmehr insofern Voraussetzung eigentlicher Kunst, als sie verhindert, daß die Dichtkunst aufhört, ein eigenwertiges Medium zu sein, verhindert, daß die Erzählkunst zum Nachvollzug anderweitiger Weisen des Weltverständnisses wird."

(aus: Wolfgang Preisendanz: Voraussetzungen des poetischen Realismus in der deutschen Erzählkunst des 19. Jahrhunderts. In: Richard Brinkmann (Hg.): Begriffsbestimmung des Literarischen Realismus. Darmstadt: Wissenschaftliche Buchgesellschaft 1974.)

Theodor Fontane (1819–1898)

Gottfried Keller (1819–1890)

GOTTFRIED KELLER (1819–90) zeigt in der Erzählung *Die mißbrauchten Liebesbriefe* (1865), wie nichtssagend bloßer Abklatsch der Natur bleibt, und in einem Brief an Paul Heyse vom 27. Juli 1881 betont er im Hinblick auf die „Unwahrscheinlichkeit" in seinen Erzählungen die Selbständigkeit der Kunst:

„Im stillen nenne ich dergleichen die Reichsunmittelbarkeit der Poesie, d.h. das Recht, zu jeder Zeit, auch im Zeitalter des Fracks und der Eisenbahnen, an das Parabelhafte, das Fabelmäßige ohne weiteres anzuknüpfen, ein Recht, das man sich nach meiner Meinung durch keine Kulturwandlungen nehmen lassen soll. Sieht man schließlich genauer zu, so gab es am Ende doch immer einzelne Käuze, die in der Laune sind, das Ungewohnte wirklich zu tun, und warum soll nun dies nicht das Element einer Novelle sein dürfen? Natürlich alles *cum grano salis*."

Otto Ludwig (1813–65) versuchte um die Mitte des 19. Jahrhunderts einen Ausgleich zwischen der objektiven Welt der Realität und den Ansprüchen der künstlerischen Darstellung in einem **„poetischen Realismus"** zu finden:

„Es handelt sich hier von einer Welt, die von der schaffenden Phantasie vermittelt ist, nicht von der gemeinen; sie schafft die Welt noch einmal, keine sogenannte phantastische Welt, d. h. keine zusammenhangslose, im Gegenteil, eine, in der der Zusammenhang sichtbarer ist als in der wirklichen, nicht ein Stück Welt, sondern eine ganze, geschlossene, die alle ihre Bedingungen, alle ihre Folgen in sich selbst hat. So ist es mit ihren Gestalten, deren jede in sich so notwendig zusammenhängt als die in der wirklichen, aber so durchsichtig, daß wir den Zusammenhang sehen, daß sie als Totalitäten vor uns stehen; das Handeln in dieser Welt, so greiflich und anschaulich es ist, es ist ebenfalls zugleich durchsichtig, und wir sehen seinen notwendigen Zusammenhang mit der handelnden Gestalt, wir sehen es aus der Totalität der poetischen Person hervorgehen und ebenso wieder auf die betreffende Totalität einer andern wirken. Es ist eine ganze Welt; in Geschlossenheit so mannigfaltig wie das Stück wirklicher Welt, das wir kennen. Raum und Zeit sind nichts als Rahmen, Stetigkeit des Vorganges und Mittel dazu."

Auffallend ist, daß der Realismus die **Prosa** im Vergleich zu Lyrik und Drama bevorzugt. „Man betrat den Boden der Tatsachen, und damit gab es wieder etwas zu erzählen", schrieb Richard G. Spiller von Hauenschild, ein vielgelesener Schriftsteller seiner Zeit, 1854.
Im Gegensatz zu den Gesellschaftsromanen in Frankreich und England wird in Deutschland der Entwicklungsroman bevorzugt (z. B. G. Keller, *Der grüne Heinrich*, 1854f., A. Stifter, *Der Nachsommer*, 1857, und *Witiko*, 1865–67, W. Raabe, *Hungerpastor*, 1864). Die wichtigste Gattung ist die Erzählung, die das Individuum ausschnitthaft in der Auseinandersetzung mit einer oft verständnislosen Umwelt darstellt. Neben anderen haben sich Theodor Storm, der sich auf Prosa und Lyrik beschränkte, und Paul Heyse (1830–1914), der neben Lyrik, einigen Romanen und Dramen über 150 Novellen geschrieben hat, reflektierend mit Besonderheit und Berechtigung dieser literarischen Gattung auseinandergesetzt. Heyse verlangte von ihr, daß „sie uns ein bedeutsames Menschenschicksal, einen seelischen, geistigen oder sittlichen Konflikt vorführe, uns durch einen nicht alltäglichen Vorgang eine neue Seite der Menschennatur offenbare".
Zu den wenigen bedeutenden Dramatikern gehört Friedrich Hebbel. Im gleichen Jahr geboren wie Büchner, der sich, aus gut bürgerlichen Kreisen stammend, für die unterdrückten Schichten einsetzte, strebte der in dürftigsten Verhältnissen aufwachsende Hebbel danach, vom Bildungsbürgertum anerkannt zu werden. Er versuchte sich autodidaktisch zu bilden, erweiterte seinen Horizont durch ausgedehnte Reisen, aber erst die Heirat mit der Wiener Schauspielerin Christine Enghaus brachte ihm materielle Sicherheit und den Aufstieg zum Bürgertum. Als **„bürgerliches" Trauerspiel** hat er sein Drama *Maria Magdalena* (1844) bezeichnet, und Tragik wird hier nicht in der Auseinandersetzung mit adeligen Kreisen, sondern im Einzelschicksal kleiner Leute möglich. Dargestellt ist der soziale Bereich, aus dem Hebbel selbst stammte. – Sein Werk umfaßt Lyrik, Erzählungen, großartige Tagebücher, vor allem jedoch Dramen, die das Individuum in der Auseinandersetzung mit der Gesellschaft zeigen, und zwar bevorzugt in historischen Wendezeiten, darunter *Herodes und Mariamne* (1850), *Agnes Bernauer* (1855), *Gyges und sein Ring* (1856), *Die Nibelungen* (1862).

2. Texte

a) Zur Theorie des Realismus

THEODOR FONTANE
Unsere lyrische und epische Poesie seit 1848

[…] Was unsere Zeit nach allen Seiten hin charakterisiert, das ist ihr *Realismus*. Die Ärzte verwerfen alle Schlüsse und Kombinationen, sie wollen Erfahrungen; die Politiker (aller Parteien) richten ihr Auge auf das wirkliche Bedürfnis und verschließen ihre Vortrefflichkeitsschablonen ins Pult; Militärs zucken die Achsel über unsere preußische Wehrverfassung und fordern „alte Grenadiere“ statt „junger Rekruten“; vor allem aber sind es die materiellen Fragen, nebst jenen tausend Versuchen zur Lösung des sozialen Rätsels, welche so entschieden in den Vordergrund treten, daß kein Zweifel bleibt: die Welt ist des Spekulierens müde und verlangt nach jener „frischen grünen Weide“, die so nah lag und doch so fern.
Dieser Realismus unserer Zeit findet in der *Kunst* nicht nur sein entschiedenstes Echo, sondern äußert sich vielleicht auf keinem Gebiet unseres Lebens so augenscheinlich wie gerade in ihr. […] [Wir zögern] nunmehr nicht länger, unsere Ansicht darüber auszusprechen, was wir überhaupt unter Realismus verstehen.
Vor allen Dingen verstehen wir *nicht* darunter das nackte Wiedergeben alltäglichen Lebens, am wenigsten seines Elends und seiner Schattenseiten. Traurig genug, daß es nötig ist, derlei sich von selbst verstehende Dinge noch erst versichern zu müssen. Aber es ist noch nicht allzu lange her, daß man (namentlich in der Malerei) *Misere* mit Realismus verwechselte und bei Darstellung eines sterbenden Proletariers, den hungernde Kinder umstehen, oder gar bei Produktionen jener sogenannten Tendenzbilder (schlesische Weber, das Jagdrecht u. dgl. m.) sich einbildete, der Kunst eine glänzende Richtung vorgezeichnet zu haben. Diese Richtung verhält sich zum echten Realismus wie das rohe Erz zum Metall: die Läuterung fehlt. Wohl ist das Motto des Realismus der Goethesche Zuruf:

Greif nur hinein ins volle Menschenleben,
Wo du es packst, da ist's interessant,

aber freilich, die Hand, die diesen Griff tut, muß eine künstlerische sein. Das Leben ist doch immer nur der Marmorsteinbruch, der den Stoff zu unendlichen Bildwerken in sich trägt; sie schlummern darin, aber nur dem Auge des Geweihten sichtbar und nur durch seine Hand zu erwecken. Der Block an sich, nur herausgerissen aus einem größern Ganzen, ist noch kein Kunstwerk, und dennoch haben wir die Erkenntnis als einen unbedingten Fortschritt zu begrüßen, daß es zunächst des Stoffes, oder sagen wir lieber des *Wirklichen*, zu allem künstlerischen Schaffen bedarf. Diese Erkenntnis, sonst nur im einzelnen mehr oder minder lebendig, ist in einem Jahrzehnt zu fast universeller Herrschaft in den Anschauungen und Produktionen unserer Dichter gelangt und bezeichnet einen abermaligen Wendepunkt in unserer Literatur.

[v 1853]

GOTTFRIED KELLER
Die mißbrauchten Liebesbriefe

[…] Dann ging er [der Kaufmann Viktor Störteler, der plötzlich eine Vorliebe für schriftstellerische Tätigkeit entwickelte] in sein Magazin, einen Haufen Farbhölzer wegführen zu lassen, dann in den Wald, um einer Steigerung von Eichenrinde beizuwohnen. Dort machte er einen guten

Handel und, vergnügt darüber, noch einen Spaziergang, aber nicht ohne abermaligen Nutzen. Er steckte das geschäftliche Notizbuch beiseite und zog ein kleineres hervor mit einem Stahlschlößchen.

Damit stellte er sich vor den ersten besten Baum, besah ihn genau und schrieb: „Ein Buchenstamm. Hellgrau mit noch helleren Flecken und Querstreifen. Zweierlei Moos bekleidet ihn, ein fast schwärzliches und dann ein samtähnliches glänzend grünes. Außerdem gelbliche, rötliche und weiße Flechten, welche öfter ineinanderspielen. Eine Efeuranke steigt an der einen Seite hinauf. Die Beleuchtung ist ein andermal zu studieren, da der Baum im Schatten steht. Vielleicht in Räuberszenen anzuwenden."

Dann blieb er vor einem eingerammelten Pflock stehen, auf welchen irgendein Kind eine tote Blindschleiche gehängt hatte. Er schrieb: „Interessantes Detail. Kleiner Stab in Erde gesteckt. Leiche von silbergrauer Schlange darum gewunden gebrochen im Starrkrampf des Todes. Ameisen kommen aus dem hohlen Innern hervor oder gehen hinein, Leben in die tragische Szene bringend. Die Schlagschatten von einigen schwanken Gräsern, deren Spitzen mit rötlichen Ähren versehen sind, spielen über das Ganze. Ist Merkur tot und hat seinen Stab mit toten Schlangen hier stecken lassen? Letztere Anspielung mehr für Handelsnovelle tauglich. NB. Der Stab oder Pflock ist alt und verwittert, von der gleichen Farbe wie die Schlange; wo ihn die Sonne bescheint, ist er wie mit silbergrauen Härchen besetzt. (Die letztere Beobachtung dürfte neu sein.)"

Auch vor einem Karrengeleise stellte er sich auf und schrieb: „Motiv für Dorfgeschichte: Wagenfurche halb mit Wasser gefüllt, in welchem kleine Wassertierchen schwimmen. Hohlweg. Erde feucht, dunkelbraun. Auch die Fußstapfen sind mit Wasser gefüllt, welches rötlich, eisenhaltig. Großer Stein im Wege, zum Teil mit frischen Beschädigungen, wie von Wagenrädern. Hieran ließe sich Exposition knüpfen von umgeworfenen Wagen, Streit und Gewalttat."

Weiter gehend stieß er auf eine arme Landdirne, hielt sie an, gab ihr einige Münzen und bat sie, fünf Minuten stillzustehen, worauf er, sie von Kopf zu Füßen beschauend, niederschrieb: „Derbe Gestalt, barfuß, bis über die Knöchel voller Straßenstaub; blaugestreifter Kittel, schwarzes Mieder, Rest von Nationaltracht, Kopf in rotes Tuch gehüllt, weiß gewürfelt –" allein urplötzlich rannte die Dirne davon und warf die Beine auf, als ob ihr der böse Feind im Nacken säße. Viktor, ihr begierig nachsehend, schrieb eifrig: „Köstlich! dämonisch-populäre Gestalt, elementarisches Wesen." Erst in weiter Entfernung stand sie still und schaute zurück; da sie ihn immer noch schreiben sah, kehrte sie ihm den Rücken zu und klopfte sich mit der flachen Hand mehrere Male hinter die Hüften, worauf sie im Walde verschwand.

So kehrte er heimwärts, beladen wie eine Biene mit seiner Ausbeute. [e 1860, v 1865]

Gottfried Keller

Der grüne Heinrich

[Das Spinnennetz]

Ich erinnere mich, daß es im Monat August und in abgelegener Gegend eines öffentlichen Parkes war, als ich diese Worte schrieb. […] Ich […] gelangte an eine Hecke wilder Rosensträuche, zwischen denen die ausgespannten Netze vieler Spinnen hingen. Es war eine Art kleiner gelber Kreuzspinnen, die hier eine Kolonie zu bilden schienen und alle in wacher Tätigkeit schwebten. Die eine saß still in der Mitte ihres Kunstwerkes und lauerte aufmerksam auf einen Fang; die andere klomm geruhig an den Fäden umher, um hie und da einen Schaden auszubessern, während die dritte mit Unfrieden einen bösen Nachbar beobachtete. Denn an der Grenzmark eines jeden Netzes, im Blattwerk verborgen, saßen gleichfarbige, aber ganz dünnleibige Spinnen, welche keine eigenen

Netze bauten, sondern sich darauf beschränkten, den Erwerb der fleißigen Künstlerinnen für sich zu packen. Ein leichter Wind bewegte das Gesträuche und mit demselben die luftige Stadt dieser Ansiedler, so daß der allgemeine Weltlauf auch hier in aller Stille Leidenschaft und Unruhe hervorbrachte.

Ich haschte eine Fliege und warf sie auf ein Gewebe, dessen Inhaberin reglos im Mittelpunkte hing. Sogleich stürzte sie über das unglückliche Tier her, drehte und wendete es einigemal zwischen den Pfoten, schnürte ihm mit vorläufigen Stricken Flügel und Beine zusammen, überzog es dann mit dichterm Gespinste, indem sie abermals den Raub mit größter Fertigkeit zwischen den Hinterfüßen drehte gleich dem Braten am Spieße, und stellte so ein handliches Paket her, das sie bequem nach ihrem Sitze schleppte. Aber schon war die parasitische Raubspinne von ihrem Lauerposten mit kurzen Rucken halbwegs herangenaht, bereit, dem rechtmäßigen Jäger die Beute zu entreißen, und kaum ersah dieser den Feind, als er den Waidsack an das Gitter seines Burgsitzes hing und sich wie der Blitz gegen den Angreifer wendete. Mit funkelnden Augen und ausgestreckten Vorderfüßen gingen sie sich entgegen, versuchten sich wie förmliche Fechter und rannten sich an. Die Spinne, die im wohlerworbenen Rechte war, schlug die andere nach entschlossenem Kampfe in die Flucht und kehrte zu ihrer Beute zurück; die war jedoch inzwischen von einem zweiten von entgegengesetzter Seite herbeigekommenen Räuber weggeholt worden, der soeben mit der Fliege nach seinem Schlupfwinkel abzog. Da dieser glücklichere Geselle bereits im Besitze war, so trieb er nun seinerseits die ihn verfolgende rechtmäßige Besitzerin von sich ab und entzog sich ihrer Gewalt, indem er schleunigst das Netz verließ. Aufgeregt ging jene umher, brachte das Gewebe, wo es durch die Ereignisse beschädigt war, in Ordnung und setzte sich endlich wieder in den Mittelpunkt.

Da brachte ich eine neue Fliege herbei; die Spinne packte sie wie die frühere; allein schon machte sich der erste Wegelagerer wieder herbei, dem der Hunger keine Wahl lassen mochte; und nun, statt das neue Opfer kunstgerecht einzuwickeln, nahm sie es kurzweg zwischen die Freßzangen und trug es, wie der Bär das Lamm, nicht nach dem Mittelsitze, sondern aus dem Netze heraus nach einem Refugium. Sie erreichte es nicht; denn der Feind rannte ihr den Weg ab, so daß sie eine andere Zuflucht suchen mußte, weil sie ihren Fang nicht fahren lassen und deshalb den Kampf nicht aufnehmen konnte.

So entwickelte sich ein noch ärgeres Irrsal für das geplagte Tierchen, indem zu gleicher Zeit der Wind stärker wurde und das Netz so heftig schaukeln machte, daß eine Hauptstütze desselben zerriß, nämlich einer der stärkeren Fäden, an welchen es aufgehangen war. Darüber ging die Fliege verloren, der Gegner machte sich auch aus dem Staube, und nur die Spinne blieb auf dem Platze, um ihre Pflicht zu tun. Wie während des Sturmes ein Matrose im Takelwerk seines Schiffes hängt, so kletterte sie mit zitternden Gliedern an dem schwankenden Netze auf und nieder und suchte zu retten, was zu retten war, unbekümmert um die Windstöße, welche sie samt ihrem Werke umherwarfen. Erst als ich einen Zweig brach und das ganz Gebäude plötzlich hinwegstreifte, floh sie vor der höheren Gewalt in das Gebüsche. Nun wird sie für heute genug haben! dachte ich und ging weiter. Als ich aber eine Viertelstunde später an demselben Orte vorüberkam, hatte die Spinne schon ein neues Werk begonnen und bereits die Radialtaue gespannt. Jetzt zog sie die feineren Querfäden, zwar nicht mehr so gleichmäßig und zierlich wie die zerstörten; es gab lockere oder zu enge Stellen, hier fehlte eine Linie, dort zog sie eine solche zweimal, kurz, sie betrug sich wie einer, über den Schweres und Hartes ergangen ist und der sich bekümmert und mit zerstreuten Sinnen wieder an die Arbeit gemacht hat. Ja freilich, es war unverkennbar, die kleine Kreatur sagte sich: Es hilft nichts! Ich muß in Gottes Namen wieder anfangen!

Hierüber erstaunte ich nicht wenig; denn eine solche Entschlußfähigkeit in dem winzigen Gehirnchen erhob sich beinahe zu der menschlichen Willensfreiheit, die ich behauptete, oder sie zog diese zu sich herunter in den Bereich des blinden Naturgesetzes, des leidenschaftlichen Antriebes.

Um diesem zu entrinnen, erhöhte ich sofort meine sittlichen Ansprüche, da es beim Bau von Luftschlössern auf ein Mehr oder Weniger an Unkosten ja niemals ankommt. Ob auch Luftschlösser sich verwirklichen oder ob sie mindestens dazu dienen, eine goldene Mittelstraße zu schützen, wie das römische Castrum einst den Heerweg, wird wohl das Geheimnis einer Erfahrung sein, welches erworbene Bescheidenheit nicht immer preisgibt.

[v 1879]

Friedrich Hebbel
Das Komma im Frack

Demjenigen, welcher der Literatur und der Kunst eine mehr, als oberflächliche Aufmerksamkeit zuwendet, kann es nicht entgangen sein, daß jetzt in allen Gebieten der Genre eine ganz unverhältnismäßige Rolle spielt. Er wird nicht allein an sich in seinen sämtlichen zahllosen Spielarten auf das sorgfältigste gehegt und gepflegt, er greift auch mehr und mehr aus dem ihm angewiesenen Kreise in die höheren Sphären hinüber, indem die idealen Formen in seinem Sinne behandelt und dadurch zerstört, wenigstens verrückt und verunstaltet werden. Es wimmelt z. B. auf unseren Gemälde-Ausstellungen nicht bloß an allen Ecken und Enden von spielenden Kindern und säugenden Müttern, sondern auch das historische Bild nimmt Zwitter-Elemente in sich auf, die es scheinbar dem Gemüt näherführen, es in demselben Grade aber auch dem Geist entfremden und es im Grund vernichten. [...]

Das ist nun kein Unglück, im Gegenteil, es wird auf diese Weise wirklich eine neue Seite der Welt erschlossen, in die sich auch der noch mit Vergnügen einlebt, der über dem Moos, trotz seiner Zierlichkeit, den Eichbaum nicht vergißt, auf dem es wächst, und über dem Eichbaum nicht den Wald, zu dem er gehört. Schlimm ist nur, daß die Grenze leicht überschritten und das Maß verrückt wird, und das geschieht immer, früher oder später. Weil das Moos sich viel ansehnlicher ausnimmt, wenn der Maler sich um den Baum nicht bekümmert, und der Baum ganz anders hervortritt, wenn der Wald verschwindet, so entsteht ein allgemeiner Jubel, und Kräfte, die eben für das Kleinleben der Natur ausreichen und sich auch instinktiv die Aufgabe nicht höher stellen, werden weit über andere erhoben, die den Mückentanz schon darum nicht schildern, weil er neben dem Planetentanz gar nicht sichtbar ist. Da fängt das „Nebenbei" überall an zu florieren; der Kot auf Napoleons Stiefeln wird, wenn es sich um den großen Abdikationsmoment[1] des Helden handelt, ebenso ängstlich treu gemalt, wie der Seelenkampf auf seinem Gesicht; dem Jambus der Tragödie wird es als eine positive Tat angerechnet, wenn er den Hiatus zu vermeiden weiß, und die Wucht des Gedankens wird ihm dafür erlassen; die Statue buhlt mit der Nips-Figur um ihre Reize und unterscheidet sich zuletzt nur noch durch die Dimensionen von ihr usw. Kurz, das Komma zieht den Frack an und lächelt stolz und selbstgefällig auf den Satz herab, dem es doch allein seine Existenz verdankt. [...]

Erst dem Mann der ewigen Studien, dem behäbigen Adalbert Stifter, war es vorbehalten, den Menschen ganz aus dem Auge zu verlieren, und in diesem vollzog sich denn auch die Selbstaufhebung der ganzen Richtung, die in seinem *Nachsommer* entschieden den letzten denkbaren Schritt getan hat. Denn dies Produkt ist schon bei Ersch und Gruber[2] oder bei Junkers *Handbuch gemeinnütziger Kenntnisse*[3] angelangt, und selbst derjenige, der dem Verfasser noch durch das Gebiet der Botanik mit Ruhe und Geduld gefolgt ist, muß einsehen, daß die ästhetische Tat aufhört, wo die Rezepte anfangen. Es ist aber durchaus kein Zufall, daß ein Stifter kam, und daß dieser Stifter einen *Nachsommer* schrieb, bei dem er offenbar Adam und Eva als Leser voraussetzte, weil nur diese mit

[1] Augenblick der Abdankung [2] Begründer der allgemeinen Enzyklopädie der Wissenschaften und Künste (1818 ff.)
[3] Lehrbuch für die Volksschulen (1787–93)

den Dingen unbekannt sein können, die er breit und weitläuftig beschreibt. Darin liegt Folgerichtigkeit nach beiden Seiten. Der ausartende Genre reißt sich mehr und mehr vom alles bedingenden, aber auch alles zusammenhaltenden Zentrum los und zerfällt in demselben Moment in sich selbst, wo er sich ganz befreit zu haben glaubt. Und das überschätzte Diminutiv-Talent kommt ebenso natürlich vom Aufdröseln der Form zum Zerbröckeln und Zerkrümeln der Materie, schließt damit aber auch den ganzen Kreis vollständig ab. [v 1858]

Aufgaben zu dem Bild auf der Seite 257

WILHELM LEIBL (1844–1900) Bildnis der Frau Gedon

Das Porträt der schwangeren Mina Gedon, der jungen Frau des Münchner Bildhauers und Architekten Lorenz Gedon, erregte auf der Münchner Kunstausstellung von 1869 Anstoß. 1870 erhielt Leibl für diese Bild die Goldmedaille der Pariser Kunstausstellung.

① Worin sehen Sie die Gründe für die anfänglich Ablehnung des Bildes?
② Wie erklären Sie sich die unterschiedlichen Reaktionen in Paris und in München?
③ Welche Vorstellungen des Realismus verwirklicht Leibl in diesem Porträt?

Aufgaben zu den Texten auf den Seiten 262–266

THEODOR FONTANE Unsere lyrische und epische Poesie seit 1848 (S. 262)

① Was versteht Fontane unter Realismus?
② Welche Forderungen für die Darstellung der Wirklichkeit nennt er?

GOTTFRIED KELLER Die mißbrauchten Liebesbriefe (S. 262 f.)

① Wie versteht Viktor Störteler realistische Literatur?
② Vergleichen Sie damit Fontanes Forderungen an die Literatur.

GOTTFRIED KELLER Der grüne Heinrich (S. 263 ff.)

① Wodurch gelingt es Keller, den Vorgang am Spinnennetz so anschaulich zu beschreiben? Nennen Sie die wichtigsten Stilmittel.
② Welche scheinbar menschlichen Eigenschaften weist Keller der Spinne zu?
③ Zeigen Sie den Unterschied in der Kunstauffassung zwischen diesem Text und den Beobachtungen, die Störteler in der Erzählung *Die mißbrauchten Liebesbriefe* aufnotiert.

FRIEDRICH HEBBEL Das Komma im Frack (S. 265 f.)

① Worauf spielt Hebbel mit dieser Überschrift an?
② Welche Beispiele nennt Hebbel?
③ Wo sieht er die Gefahr bei der Darstellung des „Nebenbei"?
④ Was kreidet er Stifter an? Stellen Sie Hebbels Aussage Stifters *Vorrede* zu den Erzählungen *Bunte Steine* (S. 247 f.) gegenüber.

b) Über die Novelle

THEODOR STORM
Verteidigung der Novelle

Nach einer Zeitungsnotiz hat neuerdings einer unserer gelesensten Romanschriftsteller bei Gelegenheit einer kürzeren, von ihm als „Novelle“ bezeichneten Prosadichtung die Novelle als ein Ding bezeichnet, welches ein Verfasser dreibändiger Romane sich wohl einmal am Feierabend und gleichsam zur Erholung erlauben könne, an das man aber ernstere Ansprüche eigentlich nicht stellen dürfe.

Ob die so eingeleitete Arbeit einer solchen Herabsetzung ihrer Gattung bedurfte, vermag ich nicht zu sagen. Indessen sei es mir gestattet, [...] hier zur Novellistik, als der Dichtungsart, welche die spätere Hälfte meines Lebens begleitet hat, auch meinerseits ein Wort zu sagen.

Die Novelle, wie sie sich in neuerer Zeit, besonders in den letzten Jahrzehnten, ausgebildet hat und jetzt in einzelnen Dichtungen in mehr oder minder vollendeter Durchführung vorliegt, eignet sich zur Aufnahme auch des bedeutendsten Inhalts, und es wird nur auf den Dichter ankommen, auch in dieser Form das Höchste der Poesie zu leisten. Sie ist nicht mehr, wie einst, „die kurzgehaltene Darstellung einer durch ihre Ungewöhnlichkeit fesselnden und einen überraschenden Wendepunkt darbietenden Begebenheit“; die heutige Novelle ist die Schwester des Dramas und die strengste Form der Prosadichtung. Gleich dem Drama behandelt sie die tiefsten Probleme des Menschenlebens; gleich diesem verlangt sie zu ihrer Vollendung einen im Mittelpunkte stehenden Konflikt, von welchem aus das Ganze sich organisiert, und demzufolge die geschlossenste Form und die Ausscheidung alles Unwesentlichen; sie duldet nicht nur, sie stellt auch die höchsten Forderungen der Kunst. [...]

Im übrigen geht es mit der Novellistik wie mit der Lyrik; alle meinen es zu können, und nur bei wenigen ist das Gelingen, und auch dort nur in glücklicher Stunde.

[v 1881]

FRIEDRICH THEODOR VISCHER
Über die Novelle

Die Novelle verhält sich zum Romane wie ein Strahl zu einer Lichtmasse. Sie gibt nicht das umfassende Bild der Weltzustände, aber einen Ausschnitt daraus, der mit intensiver, momentaner Stärke auf das größere Ganze als Perspektive hinausweist, nicht die vollständige Entwicklung einer Persönlichkeit, aber ein Stück aus einem Menschenleben, das eine Spannung, eine Krise hat und uns durch eine Gemüts- und Schicksalswendung mit scharfem Akzente zeigt, was Menschenleben überhaupt ist. Man hat sie einfach und richtig als eine Situation im Unterschied von der Entwicklung durch eine Reihe von Situationen im Romane bezeichnet. [...]

[v 1857]

PAUL HEYSE
Novellentheorie

[...] Denn von einer Novelle, der wir einen künstlerischen Wert zuerkennen, verlangen wir wie von jeder wirklichen dichterischen Schöpfung, daß sie uns ein bedeutsames Menschenschicksal, einen seelischen, geistigen oder sittlichen Konflikt vorführe, uns durch einen nicht alltäglichen Vorgang eine neue Seite der Menschennatur offenbare. Daß dieser Fall in kleinem Rahmen energisch abgegrenzt ist, wie der Chemiker die Wirkung gewisser Elemente, ihren Kampf und das endliche Ergebnis „isolieren" muß, um ein Naturgesetz zur Anschauung zu bringen, macht den eigenartigen Reiz dieser Kunstform aus, im Gegensatz zu dem weiteren Horizont und den mannigfaltigen Charakterproblemen, die der Roman vor uns ausbreitet. Je gehaltvoller die Aufgabe ist, je tiefere Probleme in dieser äußeren Beschränkung gelöst werden, desto ergreifender und nachhaltiger wird die Wirkung sein, desto wichtiger aber auch die Sorge des Dichters, keinen störenden Zug in das kleine Bild hineinzubringen. [...]

Was zunächst die Qualität des Stoffes betrifft, der als spezifisch novellistisch betrachtet werden kann, will ich nur an das erinnern, was ich in der Einleitung zum Deutschen Novellenschatz geäußert habe, und was seitdem vielfach als meine „Falkentheorie" zitiert worden ist: daß man sich fragen müsse, ob die zu erzählende kleine Geschichte eine starke, deutliche Silhouette habe, deren Umriß, in wenigen Worten vorgetragen, schon einen charakteristischen Eindruck mache, wie der Inhalt jener Geschichte des Decamerone vom „Falken" in fünf Zeilen berichtet sich dem Gedächtnis tief einprägt. [...]

Darauf aber wird es ankommen, daß der Erzähler bei jeder einzelnen Aufgabe sich frage, auf welche Weise aus dem fruchtbaren Motiv möglichst alles zu machen wäre, was darin an psychologisch bedeutsamem Gehalt im Keim vorhanden ist. Freilich vollzieht sich die Entwicklung eines novellistischen Grundmotivs sowenig wie die eines musikalischen Themas mit so unfehlbarer, organischer Notwendigkeit, wie aus einem Pflanzenkeim immer nur das einzige in ihm vorgebildete Gewächs hervorsprießt. Nach den verschiedenen geistigen und künstlerischen Anlagen des Individuums werden die verschiedensten dichterischen oder musikalischen Gebilde aus demselben Motiv entspringen. Doch neben diesen berechtigten subjektiven Unterschieden, die u. a. dazu führen, daß dieselben vier Takte von dem einen Komponisten in Dur, von dem andern in Moll weiterentwickelt werden, derselbe Novellenstoff hier zu einer tragischen, dort zu einer versöhnenden oder selbst humoristischen Lösung gelangt, ist doch die Forderung ganz allgemein unerläßlich, das Möglichste an dichterischer oder musikalischer Wirkung dem Thema abzugewinnen. In den meisten Fällen wird auch der Kreis dieser Möglichkeiten nur beschränkt sein, und ein Zeugnis für die gereiftere Kraft des Künstlers ist die Sicherheit, mit der er diejenige Durchführung wählt, die das innerste Wesen des Motivs am schlagendsten zur Anschauung bringt. [...]

[v 1871 und 1900]

Aufgaben zu den Texten auf den Seiten 267–268

THEODOR STORM Verteidigung der Novelle (S. 267)

① Gegen welche Auffassung von der Novelle wendet sich Storm?
② Welche Kriterien soll eine Novelle nach seiner Meinung erfüllen?
③ Worin sieht er die Übereinstimmung zwischen Novelle und Drama?

FRIEDRICH THEODOR VISCHER Über die Novelle (S. 267)

① Wie grenzt Vischer Roman und Novelle voneinander ab?

PAUL HEYSE Novellentheorie (S. 268)

① Wie grenzt Heyse Novelle und Roman voneinander ab? Wo stimmt er mit Vischer überein?
② Welche Forderungen stellt Heyse im Zusammenhang mit der Falkentheorie?

c) Rückzug in den Bereich des Persönlichen

THEODOR STORM
Die Stadt

Am grauen Strand, am grauen Meer
Und seitab liegt die Stadt;
Der Nebel drückt die Dächer schwer,
Und durch die Stille braust das Meer
Eintönig um die Stadt.

Es rauscht kein Wald, es schlägt im Mai
Kein Vogel ohn Unterlaß;
Die Wandergans mit hartem Schrei
Nur fliegt in Herbstesnacht vorbei,
Am Strande weht das Gras.

Doch hängt mein ganzes Herz an dir,
Du graue Stadt am Meer;
Der Jugend Zauber für und für
Ruht lächelnd doch auf dir, auf dir,
Du graue Stadt am Meer.

[v 1852]

Theodor Storm
Abseits

Es ist so still; die Heide liegt
Im warmen Mittagssonnenstrahle,
Ein rosenroter Schimmer fliegt
Um ihre alten Gräbermale;
Die Kräuter blühn; der Heideduft
Steigt in die blaue Sommerluft.

Laufkäfer hasten durchs Gesträuch
In ihren goldnen Panzerröckchen,
Die Bienen hängen Zweig um Zweig
Sich an der Edelheide Glöckchen;
Die Vögel schwirren aus dem Kraut –
Die Luft ist voller Lerchenlaut.

Ein halb verfallen niedrig Haus
Steht einsam hier und sonnbeschienen;
Der Kätner lehnt zur Tür hinaus,
Behaglich blinzelnd nach den Bienen;
Sein Junge auf dem Stein davor
Schnitzt Pfeifen sich aus Kälberrohr.

Kaum zittert durch die Mittagsruh
Ein Schlag der Dorfuhr, der entfernten;
Dem Alten fällt die Wimper zu,
Er träumt von seinen Honigernten.
– Kein Klang der aufgeregten Zeit
Drang noch in diese Einsamkeit.

[v 1848]

Conrad Ferdinand Meyer
Rom: Springquell

Es steigt der Quelle reicher Strahl
Und sinkt in eine schlanke Schal.
Das dunkle Wasser überfließt
Und sich in eine Muschel gießt.
Es überströmt die Muschel dann
Und füllt ein Marmorbecken an.
Ein jedes nimmt und gibt zugleich
Und allesammen bleiben reich,
Und obs auf allen Stufen quillt,
So bleibt die Ruhe doch im Bild.

[e 1860]

Conrad Ferdinand Meyer
Der römische Brunnen

Aufsteigt der Strahl und fallend gießt
Er voll der Marmorschale Rund,
Die, sich verschleiernd, überfließt
In einer zweiten Schale Grund;
Die zweite gibt, sie wird zu reich,
Der dritten wallend ihre Flut,
Und jede nimmt und gibt zugleich
Und strömt und ruht.

[v 1882]

Conrad Ferdinand Meyer
Der Brunnen

In einem römischen Garten
Verborgen ist ein Bronne,
Behütet von dem harten
Geleucht der Mittagssonne,
Er steigt in schlankem Strahle
In dunkle Laubesnacht
Und sinkt in eine Schale
Und übergießt sie sacht.

Die Wasser steigen nieder
In zweiter Schale Mitte
Und voll ist diese wieder,
Sie fluten in die dritte:
Ein Nehmen und ein Geben,
Und alle bleiben reich,
Und alle Fluten leben
Und ruhen doch zugleich.

[e 1865]

CONRAD FERDINAND MEYER
Zwei Segel

Zwei Segel erhellend
Die tiefblaue Bucht!
Zwei Segel sich schwellend
Zu ruhiger Flucht!

Begehrt eins zu hasten,
Das andre geht schnell,
Verlangt eins zu rasten,
Ruht auch sein Gesell.

Wie eins in den Winden
Sich wölbt und bewegt,
Wird auch das Empfinden
Des andern erregt. [v 1882]

GOTTFRIED KELLER
Romeo und Julia auf dem Dorfe

[...] Als sie durch die stillen Gassen kamen und an ihren verlorenen Vaterhäusern vorüber, ergriff sie eine schmerzhaft wilde Laune und sie tanzten mit den andern um die Wette hinter dem Geiger her, küßten sich, lachten und weinten. Sie tanzten auch den Hügel hinauf, über welchen der Geiger sie führte, wo die drei Äcker lagen, und oben strich der schwärzliche Kerl die Geige noch einmal so wild, sprang und hüpfte wie ein Gespenst, und seine Gefährten blieben nicht zurück in der Ausgelassenheit, so daß es ein wahrer Blocksberg war auf der stillen Höhe; selbst der Bucklige sprang keuchend mit seiner Last herum und keines schien mehr das andere zu sehen. Sali faßte Vrenchen fester in den Arm und zwang es still zu stehen; denn er war zuerst zu sich gekommen. Er küßte es, damit es schweige, heftig auf den Mund, da es sich ganz vergessen hatte und laut sang. Es verstand ihn endlich und sie standen still und lauschend, bis ihr tobendes Hochzeitgeleite das Feld entlang gerast war und, ohne sie zu vermissen, am Ufer des Stromes hinauf sich verbarg. Die Geige, das Gelächter der Mädchen und die Jauchzer der Bursche[1] tönten aber noch eine gute Zeit durch die Nacht, bis zuletzt alles verklang und still wurde.
„Diesen sind wir entflohen", sagte Sali, „aber wie entfliehen wir uns selbst? Wie meiden wir uns?"
Vrenchen war nicht imstande zu antworten und lag hochaufatmend an seinem Halse. „Soll ich dich nicht lieber ins Dorf zurückbringen und Leute wecken, daß sie dich aufnehmen? Morgen kannst du ja dann deines Weges ziehen und gewiß wird es dir wohl gehen, du kommst überall fort!"
„Fortkommen, ohne dich!"
„Du mußt mich vergessen!"
„Das werde ich nie! Könntest denn du es tun?"
„Darauf kommts nicht an, mein Herz!" sagte Sali und streichelte ihm die heißen Wangen, je nachdem es sie leidenschaftlich an seiner Brust herumwarf, „es handelt sich jetzt nur um dich; du bist noch so ganz jung und es kann dir noch auf allen Wegen gut gehen!"
„Und dir nicht auch, du alter Mann?"
„Komm!" sagte Sali und zog es fort. Aber sie gingen nur einige Schritte und standen wieder still, um sich bequemer zu umschlingen und zu herzen. Die Stille der Welt sang und musizierte ihnen

[1] Gesellschaft

durch die Seelen, man hörte nur den Fluß unten sacht und lieblich rauschen im langsamen Ziehen. „Wie schön ist es da rings herum! Hörst du nicht etwas tönen, wie ein schöner Gesang oder ein Geläute?“

„Es ist das Wasser, das rauscht! Sonst ist alles still.“

„Nein, es ist noch etwas anderes, hier, dort hinaus, überall tönts!“

„Ich glaube, wir hören unser eigenes Blut in unsern Ohren rauschen!“

Sie horchten ein Weilchen auf diese eingebildeten oder wirklichen Töne, welche von der großen Stille herrührten oder welche sie mit den magischen Wirkungen des Mondlichtes verwechselten, welches nah und fern über die weißen Herbstnebel wallte, welche tief auf den Gründen lagen. Plötzlich fiel Vrenchen etwas ein; es suchte in seinem Brustgewand und sagte: „Ich habe dir noch ein Andenken gekauft, das ich dir geben wollte!“ Und es gab ihm den einfachen Ring und steckte ihm denselben selbst an den Finger. Sali nahm sein Ringlein auch hervor und steckte ihn an Vrenchens Hand, indem er sagte: „So haben wir die gleichen Gedanken gehabt!“ Vrenchen hielt seine Hand in das bleiche Silberlicht und betrachtete den Ring. „Ei, wie ein feiner Ring!“ sagte es lachend; „nun sind wir aber doch verlobt und versprochen, du bist mein Mann und ich deine Frau, wir wollen es einmal einen Augenblick lang denken, nur bis jener Nebelstreif am Mond vorüber ist oder bis wir zwölf gezählt haben! Küsse mich zwölfmal!“

Sali liebte gewiß ebenso stark als Vrenchen, aber die Heiratsfrage war in ihm doch nicht so leidenschaftlich lebendig als ein bestimmtes Entweder – Oder, als ein unmittelbares Sein oder Nichtsein, wie in Vrenchen, welches nur das eine zu fühlen fähig war und mit leidenschaftlicher Entschiedenheit unmittelbar Tod oder Leben darin sah. Aber jetzt ging ihm endlich ein Licht auf und das weibliche Gefühl des jungen Mädchens ward in ihm auf der Stelle zu einem wilden und heißen Verlangen und eine glühende Klarheit erhellte ihm die Sinne. So heftig er Vrenchen schon umarmt und liebkost hatte, tat er es jetzt doch ganz anders und stürmischer und übersäete es mit Küssen. Vrenchen fühlte trotz aller eigenen Leidenschaft auf der Stelle diesen Wechsel und ein heftiges Zittern durchfuhr sein ganzes Wesen, aber ehe jener Nebelstreif am Monde vorüber war, war es auch davon ergriffen. Im heftigen Schmeicheln und Ringen begegneten sich ihre ringgeschmückten Hände und faßten sich fest, wie von selbst eine Trauung vollziehend, ohne den Befehl eines Willens. Salis Herz klopfte bald wie mit Hämmern, bald stand es still, er atmete schwer und sagte leise: „Es gibt eines für uns, Vrenchen, wir halten Hochzeit zu dieser Stunde und gehen dann aus der Welt – dort ist das tiefe Wasser – dort scheidet uns niemand mehr und wir sind zusammengewesen – ob kurz oder lang, das kann uns dann gleich sein. –“

Vrenchen sagte sogleich: „Sali – was du da sagst, habe ich schon lang bei mir gedacht und ausgemacht, nämlich daß wir sterben könnten und dann alles vorbei wäre – so schwör mir es, daß du es mit mir tun willst!“

„Es ist schon so gut wie getan, es nimmt dich niemand mehr aus meiner Hand als der Tod!“ rief Sali außer sich. Vrenchen aber atmete hoch auf, Tränen der Freude entströmten seinen Augen; es raffte sich auf und sprang leicht wie ein Vogel über das Feld gegen den Fluß hinunter. Sali eilte ihm nach; denn er glaubte, es wolle ihm entfliehen, und Vrenchen glaubte, er wolle es zurückhalten. So sprangen sie einander nach und Vrenchen lachte wie ein Kind, welches sich nicht will fangen lassen. „Bereust du es schon?“ rief eines zum andern, als sie am Flusse angekommen waren und sich ergriffen; „nein! es freut mich immer mehr!“ erwiderte ein jedes. Aller Sorgen ledig gingen sie am Ufer hinunter und überholten die eilenden Wasser, so hastig suchten sie eine Stätte, um sich niederzulassen; denn ihre Leidenschaft sah jetzt nur den Rausch der Seligkeit, der in ihrer Vereinigung lag, und der ganze Wert und Inhalt des übrigen Lebens drängte sich in diesem zusammen; was danach kam, Tod und Untergang, war ihnen ein Hauch, ein Nichts, und sie dachten weniger daran, als ein Leichtsinniger denkt, wie er den andern Tag leben will, wenn er seine letzte Habe verzehrt. „Meine Blumen gehen mir voraus“, rief Vrenchen, „sieh, sie sind ganz dahin und verwelkt!“ Es nahm sie von der Brust, warf sie ins Wasser und sang laut dazu: „Doch süßer als ein Mandelkern ist meine Lieb zu dir!“

„Halt!“ rief Sali, „hier ist dein Brautbett!“

Sie waren an einen Fahrweg gekommen, der vom Dorfe her an den Fluß führte, und hier war eine Landungsstelle, wo ein großes Schiff, hoch mit Heu beladen, angebunden lag. In wilder Laune begann er unverweilt die starken Seile loszubinden. Vrenchen fiel ihm lachend in den Arm und rief: „Was willst du tun? Wollen wir den Bauern ihr Heuschiff stehlen zu guter Letzt?“ „Das soll die Aussteuer sein, die sie uns geben, eine schwimmende Bettstelle und ein Bett, wie noch keine Braut gehabt! Sie werden überdies ihr Eigentum unten wiederfinden, wo es ja doch hin soll, und werden nicht wissen, was damit geschehen ist. Sieh, schon schwankt es und will hinaus!“

Das Schiff lag einige Schritte vom Ufer entfernt im tiefen Wasser. Sali hob Vrenchen mit seinen Armen hoch empor und schritt durch das Wasser gegen das Schiff; aber es liebkoste ihn so heftig ungebärdig und zappelte wie ein Fisch, daß er im ziehenden Wasser keinen Stand halten konnte. Es strebte Gesicht und Hände ins Wasser zu tauchen und rief: „Ich will auch das kühle Wasser versuchen! Weißt du noch, wie kalt und naß unsere Hände waren, als wir sie uns zum ersten Mal gaben? Fische fingen wir damals, jetzt werden wir selber Fische sein und zwei schöne große!“ „Sei ruhig, du lieber Teufel!“ sagte Sali, der Mühe hatte, zwischen dem tobenden Liebchen und den Wellen sich aufrecht zu halten, „es zieht mich sonst fort!“ Er hob seine Last in das Schiff und schwang sich nach; er hob sie auf die hochgebettete weiche und duftende Ladung und schwang sich auch hinauf, und als sie oben saßen, trieb das Schiff allmählich in die Mitte des Stromes hinaus und schwamm dann, sich langsam drehend, zu Tal.

Der Fluß zog bald durch hohe dunkle Wälder, die ihn überschatteten, bald durch offenes Land; bald an stillen Dörfern vorbei, bald an einzelnen Hütten; hier geriet er in eine Stille, daß er einem ruhigen See glich und das Schiff beinah stillhielt, dort strömte er um Felsen und ließ die schlafenden Ufer schnell hinter sich; und als die Morgenröte aufstieg, tauchte zugleich eine Stadt mit ihren Türmen aus dem silbergrauen Strome. Der untergehende Mond, rot wie Gold, legte eine glänzende Bahn den Strom hinauf und auf dieser kam das Schiff langsam überquer gefahren. Als es sich der Stadt näherte, glitten im Froste des Herstmorgens zwei bleiche Gestalten, die sich fest umwanden, von der dunklen Masse herunter in die kalten Fluten.

Das Schiff legte sich eine Weile nachher unbeschädigt an eine Brücke und blieb da stehen. Als man später unterhalb der Stadt die Leichen fand und ihre Herkunft ausgemittelt hatte, war in den Zeitungen zu lesen, zwei junge Leute, die Kinder zweier blutarmen zugrunde gegangenen Familien, welche in unversöhnlicher Feindschaft lebten, hätten im Wasser den Tod gesucht, nachdem sie einen ganzen Nachmittag herzlich miteinander getanzt und sich belustigt auf einer Kirchweih. Es sei dies Ereignis vermutlich in Verbindung zu bringen mit einem Heuschiff aus jener Gegend, welches ohne Schiffleute in der Stadt gelandet sei, und man nehme an, die jungen Leute haben das Schiff entwendet, um darauf ihre verzweifelte und gottverlassene Hochzeit zu halten, abermals ein Zeichen von der um sich greifenden Entsittlichung und Verwilderung der Leidenschaften.

[v 1856]

Aufgaben zu den Texten auf den Seiten 269–273

THEODOR STORM Die Stadt; Abseits (S. 269; 270)

① Zeigen Sie am Beispiel dieser Gedichte den Rückzug in den geborgenen, überschaubaren Bereich der Heimat und des Persönlichen (s. Kapiteleinleitung, S. 259).
② Welche Lebensbereiche stellt Storm dar?
③ Zeigen Sie in dem Gedicht *Die Stadt* durch eine Analyse der Wortwahl, wie Storm seine Heimatstadt sachlich beschreibt und ihre negativen Seiten trotz seiner Liebe zu ihr nicht verklärend, sondern objektiv herausstellt.

CONRAD FERDINAND MEYER Der römische Brunnen (S. 270)

① Beschreiben Sie den dargestellten Brunnen und fertigen Sie eine Skizze.
② Analysieren Sie die inhaltlichen und sprachlichen Veränderungen zwischen 1860 und 1882.
③ Vergleichen Sie die sprachliche Genauigkeit und die Geschlossenheit der Fassung von 1882 mit Storms Gedicht *Die Stadt*.
④ Würden Sie der Behauptung zustimmen, daß Meyer in dem Bewegungsablauf des Wassers ein Symbol für Leben und Vergänglichkeit sieht? Begründen Sie.

CONRAD FERDINAND MEYER Zwei Segel (S. 271)

① Schlagen Sie im Lexikon den Begriff „Symbol" nach.
② Zeigen Sie, wie sich das Symbolverständnis in dem Gedicht *Zwei Segel* von dem Symbolverständnis in einem klassischen Gedicht Goethes unterscheidet.
③ Wodurch erreicht Meyer die Bildlichkeit des Gedichts?

GOTTFRIED KELLER Romeo und Julia auf dem Dorfe (S. 271 ff.)

① Informieren Sie sich in einem Literaturlexikon über den Inhalt von Shakespeares *Romeo und Julia* und Kellers *Romeo und Julia auf dem Dorfe.*
② Wo spielt Keller auf die Gemeinsamkeit der beiden Texte an?
③ Untersuchen Sie die Spannung zwischen Liebe und Haß, Leben und Tod.
④ Welche Funktion weist Keller hier dem Wasser zu?
⑤ Vergleichen Sie den Zeitungsbericht am Schluß der Novelle mit der vorhergehenden Handlung.
⑥ Der Novelle liegt ein Bericht der Züricher Freitagszeitung vom 3.9.1847 zugrunde:

„Im Dorfe Altsellerhausen, bei Leipzig, liebten sich ein Jüngling von 19 Jahren und ein Mädchen von 17 Jahren, beide Kinder armer Leute, die aber in einer tödlichen Feindschaft lebten und nicht in eine Vereinigung des Paares willigen wollten. Am 15. August begaben sich die Verliebten in eine Wirtschaft, wo sich arme Leute vergnügten, tanzten daselbst bis nachts 1 Uhr und entfernten sich hierauf. Am Morgen fand man die Leichen beider Liebenden auf dem Felde liegen; sie hatten sich durch den Kopf geschossen."

(aus: Gottfried Keller, Sämtliche Werke, hg. von Jonas Fränkel und Carl Helbling. Erlenbach (ZH): Eugen Rentsch, 1926 ff., und Bern: Benteli, 1944 ff. Hier: Band 7.)

Stellen Sie die Veränderungen gegenüber der Quelle fest und überlegen Sie, wie sich Kellers Abweichungen erklären lassen.

d) Die bürgerliche Gesellschaft

WILHELM HEINRICH RIEHL
Die bürgerliche Gesellschaft

[...] Der Bürgerstand ist seit alten Tagen der oberste Träger der berechtigten sozialen Bewegung gewesen, der sozialen Reform. Er ist darum – namentlich in seiner modernen Erscheinung – das Gegenteil des Bauern. Das Bürgertum strebt dem Allgemeinen, das Bauerntum dem Besonderen zu. Die Besonderungen sind aber in der Gesellschaft das alte Vorhandene, die Allgemeinheit wird erst geschaffen. Dem Bauern sieht man's gleich am Rock und an der Nase an, aus welchem Winkel des Landes er stammt, das Bürgertum hat seine gleichmäßige äußere Physiognomie der „gebildeten Gesellschaft" bereits über ganz Europa ausgebreitet. Aber indem es die schroffen Unterschiede der historischen Gesellschaft zu überbrücken trachtet, will es dieselben doch andererseits nicht auflösen und von Grund aus zerstören, wie der vierte Stand.
Das Bürgertum ist unstreitig in unseren Tagen im Besitze der überwiegenden materiellen und moralischen Macht. Unsere ganze Zeit trägt einen bürgerlichen Charakter. Die politische Mündigsprechung des Bürgertumes durch die erste französische Revolution hat die Pforten der Gegenwart erschlossen. Man nannte darum in jener Krise jedes Glied der Gesellschaft bedeutungsvoll „Bürger". Seitdem drückt das Bürgertum den Universalismus des modernen gesellschaftlichen Lebens am entschiedensten aus. Viele nehmen Bürgertum und moderne Gesellschaft für gleichbedeutend. Sie betrachten den Bürgerstand als die Regel, die anderen Stände nur noch als Ausnahmen, als Trümmer der alten Gesellschaft, die noch so beiläufig an der modernen hängengeblieben sind. Wir selber folgen einem auf diese Gedanken zurückgehenden Sprachgebrauch, der in unserer vorwiegend bürgerlichen Zeit mindestens das Recht des Charakteristischen hat, indem wir von einer „bürgerlichen Gesellschaft" reden im Gegensatz zu einer „politischen", ohne darum die anderen Stände von der Gesellschaft ausschließen oder ihnen ein gleiches Recht der Existenz mit dem Bürgerstand abstreiten zu wollen. [...]

[v 1851 ff.]

THEODOR FONTANE
Frau Jenny Treibel

[...]
Die Hauptkolonne hielt sich links. Sie bestand, unter Vorantritt des Felgentreuschen Ehepaares (Treibel hatte sich von seiner Freundin wieder frei gemacht), aus dem Krolaschen Quartett, in das sich Elfriede und Blanca Felgentreu derart eingereiht hatten, daß sie zwischen den beiden Referendarien und zwei jungen Kaufleuten gingen. Einer der jungen Kaufleute war ein berühmter Jodler und trug auch den entsprechenden Hut. Dann kamen Otto und Helene, während Treibel und Krola abschlossen.
„Es geht doch nichts über eine richtige Ehe", sagte Krola zu Treibel und wies auf das junge Paar vor ihnen. „Sie müssen sich doch aufrichtig freuen, Kommerzienrat, wenn Sie Ihren Ältesten so glücklich und so zärtlich neben dieser hübschen und immer blink und blanken Frau einherschreiten sehen. Schon oben saßen sie dicht beisammen, und nun gehen sie Arm in Arm. Ich glaube beinah, sie drücken sich leise."
„Mit ein sichrer Beweis, daß sie sich vormittags gezankt haben. Otto, der arme Kerl, muß nun Reugeld zahlen."

„Ach, Treibel, Sie sind ewig ein Spötter. Ihnen kann es keiner recht machen und am wenigsten die Kinder. Glücklicherweise sagen Sie das so hin, ohne recht dran zu glauben. Mit einer Dame, die so gut erzogen wurde, kann man sich überhaupt nicht zanken."

In diesem Augenblicke hörte man den Jodler einige Juchzer ausstoßen, so tirolerhaft echt, daß sich das Echo der Pichelsberge nicht veranlaßt sah, darauf zu antworten.

Krola lachte. „Das ist der junge Metzner. Er hat eine merkwürdig gute Stimme, wenigstens für einen Dilettanten, und hält eigentlich das Quartett zusammen. Aber sowie er eine Prise frische Luft wittert, ist es mit ihm vorbei. Dann faßt ihn das Schicksal mit rasender Gewalt, und er muß jodeln... Aber wir wollen von den Kindern nicht abkommen. Sie werden mir doch nicht weismachen wollen" – Krola war neugierig und hörte gern Intimitäten – „Sie werden mir doch nicht weismachen wollen, daß die beiden da vor uns in einer unglücklichen Ehe leben. Und was das Zanken angeht, so kann ich nur wiederholen, Hamburgerinnen stehen auf einer Bildungsstufe, die den Zank ausschließt."

Treibel wiegte den Kopf. „Ja, sehen Sie, Krola, Sie sind nun ein so gescheiter Kerl und kennen die Weiber, ja, wie soll ich sagen, Sie kennen sie, wie sie nur ein Tenor kennen kann. Denn ein Tenor geht noch weit übern Lieutenant. Und doch offenbaren Sie hier in dem speziell Ehelichen, was noch wieder ein Gebiet für sich ist, ein furchtbares Manquement. Und warum? Weil Sie's in Ihrer eigenen Ehe, gleichviel nun, ob durch Ihr oder Ihrer Frau Verdienst, ausnahmsweise gut getroffen haben. Natürlich, wie Ihr Fall beweist, kommt auch *das* vor. Aber die Folge davon ist einfach die, daß Sie – auch das Beste hat seine Kehrseite – daß Sie, sag ich, kein richtiger Ehemann sind, daß Sie keine volle Kenntnis von der Sache haben; Sie kennen den Ausnahmefall, aber nicht die Regel. Über Ehe kann nur sprechen, wer sie durchgefochten hat, nur der Veteran, der auf Wundenmale zeigt... Wie heißt es doch? ‚Nach Frankreich zogen zwei Grenadier, die ließen die Köpfe hangen'[1]... Da haben Sie's."

„Ach, das sind Redensarten, Treibel..."

„...Und die schlimmsten Ehen sind die, die, lieber Krola, wo furchtbar ‚gebildet' gestritten wird, wo, wenn Sie mir den Ausdruck gestatten wollen, eine Kriegsführung mit Sammethandschuhen stattfindet, oder richtiger noch, wo man sich, wie beim römischen Karneval, Konfetti ins Gesicht wirft. Es sieht hübsch aus, aber verwundet doch. Und in dieser Kunst anscheinend gefälligen Konfettiwerfens ist meine Schwiegertochter eine Meisterin. Ich wette, daß mein armer Otto schon oft bei sich gedacht hat, wenn sie dich doch kratzte, wenn sie doch mal außer sich wäre, wenn sie doch mal sagte: ‚Scheusal' oder ‚Lügner' oder ‚elender Verführer'..."

„Aber, Treibel, das kann sie doch nicht sagen. Das wäre ja Unsinn. Otto ist ja doch kein Verführer, also auch kein Scheusal..."

„Ach, Krola, darauf kommt es ja gar nicht an. Worauf es ankommt, ist, sie muß sich dergleichen wenigstens denken können, sie muß eine eifersüchtige Regung haben und in solchem Momente muß es afrikanisch aus ihr losbrechen. Aber alles, was Helene hat, hat höchstens die Temperatur der Uhlenhorst. Sie hat nichts als einen unerschütterlichen Glauben an Tugend und Windsorsoap."

„Nun meinetwegen. Aber wenn es so ist, wo kommt dann der Zank her?"

„Der kommt doch. Er tritt nur anders auf, anders, aber nicht besser. Kein Donnerwetter, nur kleine Worte mit dem Giftgehalt eines halben Mückenstichs, oder aber Schweigen, Stummheit, Muffeln, das innere Düppel[2] der Ehe, während nach außen hin das Gesicht keine Falte schlägt. Das sind so die Formen. Und ich fürchte, die ganze Zärtlichkeit, die wir da vor uns wandeln sehen, und die

---

[1] Ballade von Heinrich Heine
[2] dänisches Dorf in Nordschleswig; in den deutsch-dänischen Kriegen 1848–50 und 1864 von beiden Seiten umkämpft

sich augenscheinlich sehr einseitig gibt, ist nichts als ein Bußetun – Otto Treibel im Schloßhof zu Canossa und mit Schnee unter den Füßen. Sehen Sie nun den armen Kerl; er biegt den Kopf in einem fort nach rechts, und Helene rührt sich nicht und kommt aus der graden Hamburger Linie nicht heraus... Aber jetzt müssen wir schweigen. Ihr Quartett hebt eben an. Was ist es denn?"
„Es ist das bekannte: ‚Ich weiß nicht, was soll es bedeuten?'[3]"
„Ah, das ist recht. Eine jederzeit wohl aufzuwerfende Frage, besonders auf Landpartien."

[v 1892]

[3] Gedicht von Heinrich Heine, von Mendelssohn-Bartholdy vertont

WILHELM RAABE
Der Hungerpastor

Vom Hunger will ich in diesem schönen Buche handeln, von dem, was er bedeutet, was er will und was er vermag. Wie er für die Welt im ganzen Schiwa und Wischnu, Zerstörer und Erhalter in einer Person ist, kann ich freilich nicht auseinandersetzen, denn das ist die Sache der Geschichte; aber schildern kann ich, wie er im einzelnen zerstörend und erhaltend wirkt und wirken wird bis an der Welt Ende.
Dem Hunger, der heiligen Macht des echten, wahren Hungers widme ich diese Blätter, und sie gehören ihm auch von Rechts wegen, was am Schluß hoffentlich vollkommen klargeworden sein wird. Mit letzterer Versicherung bin ich einer weiteren Vorrede, welche zur Gemütlichkeit, Erregung und Aufregung des Lesers doch nur das wenigste beitragen würde, überhoben und beginne meine Geschichte mit unbegrenztem Wohlwollen sowohl gegen Mitwelt und Nachwelt als auch gegen mich selber und alle mir im Lauf der Erzählung vorübergleitenden Schattenbilder des großen Entstehens, Seins und Vergehens – des unendlichen *Werdens,* welches man Weltentwicklung nennt, welches freilich ein wenig interessanter und reicher als dieses Buch ist, das aber auch nicht wie dieses Buch in drei Teilen zu einem befriedigenden Abschluß kommen muß.
„Da haben wir den Jungen! Da haben wir ihn endlich – endlich!" rief der Vater meines Helden und tat einen langen, erleichternden Atemzug, wie ein Mann, der langes, vergebliches Sehnen, schwere Arbeit, viele Mühen und Sorgen getragen hat und endlich glücklich zu einem glücklichen Ziel gekommen ist. Mit klugen, glänzenden Augen sah er herab auf das unansehnliche, kümmerliche Stück Menschentum, welches ihm die Wehemutter in die Arme gelegt hatte, grad als die Feierabendglocke erklang. Eine Träne stahl sich über die hagere Wange des Mannes; und die scharfe, spitze, kluge väterliche Nase senkte sich immer tiefer gegen das unbedeutende, kaum erkennbare Näschen des Neugeborenen, bis sie plötzlich mit einem Ruck wieder emporfuhr und sich ängstlich fragend gegen die gute, hilfreiche Frau, die soviel zu seinem Entzücken beigetragen hatte, richtete.
„O Frau Gevatterin – Gevatterin Tiebus, es ist doch wirklich, wirklich einer? Sagt's noch einmal, daß Ihr Euch nicht irrt – daß dem wirklich, wirklich also ist!"
Die Wehemutter, die bis jetzt mit selbstbewußtem, lächelndem Kopfnicken der ersten zärtlichen Begrüßung zwischen Vater und Sohn zugesehen hatte, hob nun ebenfalls ihre Nase sehr ruckartig, verscheuchte mit einer unnachahmlichen Bewegung beider Arme alle Geister und Geisterchen des Wohlwollens und der Zufriedenheit, von welchen sie bis jetzt umflattert wurde, stemmte die Fäuste in die Seite, und mit Hohn, Verachtung und beleidigtem Selbstgefühl sprach sie:
„Meister Unwirrsch, Ihr seid ein Narr! Laßt Euch an die Wand malen! ... Ob es einer ist? – Hat die Welt je so was gehört von solchem alten, verständigen Menschen und Hausvater? ... Ob es einer ist!? Meister Unwirrsch, ich glaube, nächstens verlernt Ihr noch, einen Stiefel von einem Schuh zu unterscheiden". [...]

Arme Leute und reiche Leute leben auf verschiedene Art in dieser Welt; aber wenn die Sonne des Glücks in ihre Hütten, Häuser oder Paläste fällt, so vergoldet sie mit ganz dem nämlichen Schein die hölzerne Bank wie den Sammetsessel, die getünchte Wand wie die vergoldete; und mehr als ein philosophischer Schlaukopf will bemerkt haben, daß, was Freude und Leid betrifft, der Unterschied zwischen reichen und armen Leuten gar so groß nicht sei, wie man auf beiden Seiten oft, sehr oft, ungemein oft denkt. Wir wollen das dahingestellt sein lassen; uns genügt es, daß das Lachen nicht Monopol und das Weinen nicht Servitut ist auf diesem rundlichen, an beiden Polen abgeplatteten, feuergefüllten Ball, auf welchem wir uns ohne unsern Willen einfinden und von welchem wir ohne unsern Willen abgehen, nachdem uns der Zwischenraum zwischen Kommen und Gehen sauer genug gemacht wurde.

[v 1864]

Aufgaben zu den Texten auf den Seiten 275–278

Wilhelm Heinrich Riehl Die bürgerliche Gesellschaft (S. 275)

① Welche Aufgabe weist Riehl dem Bürgertum zu?
② Wie begründet er die Trennung zwischen der „bürgerlichen" und der „politischen" Gesellschaft? (Vergleichen Sie die Kapiteleinleitung, S. 258 ff.)

Theodor Fontane Frau Jenny Treibel (S. 275 ff.)

① Welche Ansichten vom Eheleben vertritt Treibel?
② Analysieren Sie den Dialog zwischen Treibel und Krola. Wie erreicht Fontane den leichten Konversationston?
③ Wie wird Krola von Treibel charakterisiert?
④ Ordnen Sie den Text der Epoche „Bürgerlicher Realismus" zu.

Wilhelm Raabe Der Hungerpastor (S. 277 f.)

① Was versteht der Autor unter dem „echten, wahren" Hunger? Informieren Sie sich über den Inhalt des Romans in einem Literaturlexikon.
② Wie ist der Begriff vom „Helden" im Zusammenhang mit dem Säugling zu verstehen?
③ Auf welche Weise drückt Raabe die Freude des Vaters aus?
④ Wie betont Raabe die Gleichheit der Menschen? (Vergleichen Sie die Kapiteleinleitung, S. 258 ff.)

Übergreifende Fragestellung

① Arbeiten Sie mit Hilfe der Einführung und der Texte zur Theorie des Bürgerlichen Realismus den Unterschied zwischen bloßem Abklatsch der Natur und einer künstlerischen Darstellung heraus.
② Welche Rolle nimmt die Kunst des Realismus für sich in Anspruch?

XIV. Naturalismus (1880–1900)

Max Liebermann, Alte Frau mit Ziegen, 1890

1. Grundzüge der Epoche

Ende der 70er Jahre entwickeln junge Autoren den **Naturalismus,** der seinen Höhepunkt in den Jahren 1880–1895 erreicht. Seine Vertreter bezeichnen sich als „Jung- oder Jüngstdeutsche", als „Moderne" oder als die „Stürmer und Dränger".
Auch für den Naturalismus läßt sich ein Ineinander literarischer Strömungen feststellen: Zunächst gibt es die Fortführung der realistischen Erzählkunst der etablierten Autoren. Die Naturalisten bilden die bewußt kämpferische Gegenposition zu einer ihrer Meinung nach allzu angepaßten Literatur in der 2. Hälfte des 19. Jahrhunderts, wie sie zum Beispiel PAUL HEYSE in bewußter Goethe-Nachahmung vertritt. Andererseits gibt es gegen Ende der 80er Jahre bereits Autoren, die sich vom Naturalismus distanzieren wie George, Rilke und Hofmannsthal.
Ausgehend vom **Positivismus** (d. h., nur, was sich unbezweifelbar und nach exakten naturwissenschaftlichen Methoden feststellen läßt, wird als existent angesehen, auf metaphysische Spekulation daher verzichtet) sucht eine junge Literatengeneration nach neuen Wegen und Vorbildern, nach Antworten auf Erkenntnisse und Fragen ihrer Zeit. Dazu gehören die stürmische Entwicklung von Technik, Naturwissenschaften und Industrie sowie die wachsenden sozialen Probleme, die sich im Boom der Gründerjahre noch verschärften.

Für den Bürgerlichen Realismus galten Autoren wie HONORÉ DE BALZAC (1799–1850) als Maßstab für die erzählende Prosa. Jetzt gewinnen Schriftsteller wie FEDOR M. DOSTOJEWSKI (1821–81), der die innersten Bereiche des Seelenlebens darstellt, und vor allem EMILE ZOLA (1840–1902) bestimmenden Einfluß. Zola wendet die wissenschaftlichen Erkenntnisse seiner Zeit, nach denen der Mensch von **genetischen Faktoren,** von der Umwelt (dem **Milieu**) und den **historischen Bedingungen** bestimmt wird, auf die Ästhetik des Romans an. Das Leben wird dabei so unverfälscht dargestellt, wie es sich in Wirklichkeit darbietet: „Die Kunst ist ein Stück Natur, gesehen durch ein Temperament“ (Zola). Die Tatsache, daß Zola vom Bürgertum als amoralisch abgelehnt wurde, erhöhte den Reiz seiner Romane.
In Deutschland gehörten zu den wichtigsten Theoretikern die Brüder HEINRICH (1855–1906) und JULIUS (1859–1930) HART in Berlin. Der Schriftsteller WILHELM BÖLSCHE (1861–1939), der in Berlin die *Freie Volksbühne* mitbegründete, verlangte vom Dichter eine geradezu naturwissenschaftliche Denkweise. ARNO HOLZ (1863–1929) und sein Freund JOHANNES SCHLAF (1862–1941) forderten größtmögliche Genauigkeit bei der Wiedergabe aller Details der Wahrnehmung in strenger Beachtung der zeitlichen Reihenfolge. Der Roman sollte wie ein naturwissenschaftliches Experiment entwickelt werden.
Der Literaturhistoriker A. Soergel, ein Zeitgenosse, zitiert dazu eine Passage aus den Erinnerungen von Heinrich Hart: Arno Holz setzte den Freunden und Bekannten eines Nachmittags im Café Monopol das Ergebnis seiner Studien auseinander und machte ihnen den Unterschied zwischen alter und neuer Kunst klar:

„Er entwickelte seine Ansicht am Beispiel eines vom Baume fallenden Blattes. Die alte Kunst hat von dem fallenden Blatt weiter nichts zu melden gewußt, als daß es im Wirbel sich drehend zu Boden sinkt. Die neue Kunst schildert diesen Vorgang von Sekunde zu Sekunde; sie schildert, wie das Blatt, jetzt auf dieser Seite vom Licht beglänzt, rötlich aufleuchtet, auf der andern schattengrau erscheint, in der nächsten Sekunde ist die Sache umgekehrt, sie schildert, wie das Blatt erst senkrecht fällt, dann zur Seite getrieben wird, dann wieder lotrecht sinkt, sie schildert – ja der Himmel weiß, so schließt Hart halb zornig, was sie sonst noch zu berichten hat. Ich hab's vergessen.“

Arno Holz (1863–1929)

Gerhart Hauptmann (1862–1946)

Ein Beispiel für diesen **„Sekundenstil“** gaben Holz und Schlaf 1889 in ihren Prosastudien *Papa Hamlet*. Auch in der Lyrik versuchte Holz neue Wege zu weisen.
Im Süden beabsichtigte der Franke MICHAEL GEORG CONRAD (1846–1927) mit der Gründung seiner Zeitschrift *Die Gesellschaft* (vgl. S. 282) eine Revolution der deutschen Literatur: „Am Ausgang des Jahres 1884 entrollte ich die Sturmfahne und pflanzte sie in meiner eigenen Zeitschrift ‚Die Gesellschaft‘ auf. Die Gesellschaft als Organisation aller freien, bislang gebundenen Kräfte! Die Gesellschaft als Antipode des kulturhemmenden Staates und aller reaktionär verankerten Vergangenheitsgewalten!“ Conrad kämpfte gegen die betuliche Erzählliteratur für Bürger, gegen verharmlosende historische Romane und gegen nichtssagende Butzenscheibenlyrik. Er selbst war kein bedeutender Schriftsteller, aber für junge Autoren wurde er zum großen Anreger, zum „Ideal eines Mannes“ (Thomas Mann). 1887 druckte er in seiner Zeitschrift GERHART HAUPTMANNS (1862–1946) Erstlingswerk, die Erzählung *Bahnwärter Thiel.* 1889 wurde Hauptmanns erstes Drama, *Vor Sonnenaufgang,* auf der *Freien Bühne* in Berlin uraufgeführt. Das Drama *Die Weber* (1892) handelt vom Aufstand der schlesischen Weber in Peterswaldau im Jahr 1844. Sie teilen alle das gleiche Schicksal. Durch die Einführung der mechanischen Webstühle in England ist der Preis für Tuch gefallen. Die Weber, die in manueller Arbeit Stoffe herstellen, können von dem Hungerlohn für ihre Heimarbeit nicht mehr leben. Die Bedeutung der Milieugebundenheit der Figuren wird schon in den Bühnenanweisungen erkennbar.

2. Texte

a) Die Revolution der Kunst

WILHELM BÖLSCHE
Die naturwissenschaftlichen Grundlagen der Poesie

Die Basis unseres gesamten modernen Denkens bilden die Naturwissenschaften. Wir hören täglich mehr auf, die Welt und die Menschen nach metaphysischen Gesichtspunkten zu betrachten, die Erscheinungen der Natur selbst haben uns allmählich das Bild einer unerschütterlichen Gesetzmäßigkeit alles kosmischen Geschehens eingeprägt, dessen letzte Gründe wir nicht kennen, von dessen lebendiger Betätigung wir aber unausgesetzt Zeuge sind. Das vornehmste Objekt naturwissenschaftlicher Forschung ist dabei selbstverständlich der Mensch geblieben, und es ist der fortschreitenden Wissenschaft gelungen, über das Wesen seiner geistigen und körperlichen Existenz ein außerordentlich großes Tatsachenmaterial festzustellen, das noch mit jeder Stunde wächst, aber bereits jetzt von einer derartigen beweisenden Kraft ist, daß die gesamten älteren Vorstellungen, die sich die Menschheit von ihrer eigenen Natur auf Grund weniger exakter Forschung gebildet, in den entscheidendsten Punkten über den Haufen geworfen haben. Da, wo diese älteren Ansichten sich während der Dauer ihrer langen Alleinherrschaft mit andern Gebieten menschlicher Geistestätigkeit eng verknotet hatten, bedeutete dieser Sturz notwendig eine gänzliche Umbildung und Neugestaltung auch auf diesen verwandten Gebieten. Das bekannteste Beispiel hierfür ist die Religion, deren einseitig dogmatischer Teil durch die Naturwissenschaften zersetzt und zu völliger Umwandlung gezwungen wurde. Ein zweites Gebiet aber, das auch wesentlich in Frage kommt, ist die Poesie. Welche besondern Zwecke diese auch immer verfolgen mag und wie sehr sie in ihrem innersten Wesen sich von den exakten Naturwissenschaften unterscheiden mag – eine Sonderung, die wir so wenig wie die Sonderstellung einer vernünftigen Religion antasten –, ganz unbezweifelbar hat sie unausgesetzt, um zu ihren besonderen Zielen zu gelangen, mit Menschen und Naturerscheinungen zu tun, und zwar, so fern sie im geringsten

Die Gesellschaft.

Realistische Wochenschrift
für
Litteratur, Kunst und öffentliches Leben.

Herausgegeben von
M. G. Conrad.

I. Jahrgang. München, 1. Januar 1885. Nr. 1.

Zur Einführung.

Unsere **„Gesellschaft"** bezweckt zunächst die Emanzipation der periodischen schöngeistigen Litteratur und Kritik von der Tyrannei der „höheren Töchter" und der „alten Weiber beiderlei Geschlechts"; sie will mit jener geist- und freiheitmörderischen Verwechslung von Familie und Kinderstube aufräumen, wie solche durch den journalistischen Industrialismus, der nur auf Abonnentenfang ausgeht, zum größten Schaden unserer nationalen Litteratur und Kunst bei uns landläufig geworden.

Wir wollen die von der spekulativen Rücksichtsnehmerei auf den schöngeistigen Dusel, auf die gefühlvollen Lieblingsthorheiten und moralischen Vorurteile der sogenannten „Familie" (im weibischen Sinne) arg gefährdete Mannhaftigkeit und Tapferkeit im Erkennen, Dichten und Kritisieren wieder zu Ehren bringen.

Fort, ruft unsere **„Gesellschaft"**, mit der geheiligten Backfisch-Litteratur, mit der angestaunten phrasenseligen Altweiber-Kritik, mit der verehrten kastrirten Sozialwissenschaft! Wir brauchen ein Organ des ganzen, freien, humanen Gedankens, des unbeirrten Wahrheitssinnes, der resolut realistischen Weltauffassung!

Was für herzbrechend zahmes und lahmes Zeug läßt sich heute die Nation der Denker und Dichter als idealistische Weisheitsblüte auf den Familientisch legen! Was für breite Bettelsuppen läßt sie sich von den vielgepriesenen Familienblätter-Köchen anrichten! Das litterarische und künstlerische Küchenpersonal hat es allerdings bis zur höchsten Meisterschaft gebracht in der Sparkunst und Nachahmung des berühmten Kartoffelgastmahls, worüber schon Jean Paul so weidlich spottete. Da kommen nämlich zwölf Gänge, jeder die Kartoffel in anderer Zurichtung bietend, und am Schluß werden, den elend getäuschten Magen wieder aufzurichten, Konfekt und Schnäpse aufgewartet, die ebenfalls aus Kartoffeln hergestellt sind. Wir werden später nicht ermangeln, Einzelfälle dieser Familienblätterkocherei gründlich zu zergliedern und rücksichtslos die gemeingefährlichen Praktiken zu schildern.

Unsere **„Gesellschaft"** wird keine Anstrengung scheuen, der herrschenden jammervollen Verflachung und Verwässerung des litterarischen, künstlerischen und sozialen Geistes starke, mannhafte Leistungen entgegenzusetzen, um die entsittlichende Verlogenheit, die romantische Flunkerei und entnervende Phantasterei durch das positive Gegenteil wirksam zu bekämpfen. Wir künden Fehde dem Verlegenheits-Idealismus des Philistertums, der Moralitäts-Notlüge der alten Parteien- und Cliquenwirtschaft auf allen Gebieten des modernen Lebens.

Unsere **„Gesellschaft"** wird sich bestreben, jene ächte, natürliche, deutsche Vornehmheit zu pflegen, welche in der Reinlichkeit des Denkens, in der Kraft des

Vorrede zur Erstausgabe der Zeitschrift „Die Gesellschaft", Facsimile

gewissenhafte Poesie, also Poesie im echten und edeln Sinne und nicht ein Fabulieren für Kinder sein will, mit eben denselben Menschen und Naturerscheinungen, von denen die Wissenschaft uns gegenwärtig jenen Schatz sicherer Erkenntnisse darbietet. Notwendig muß sie auch von letzteren Notiz nehmen und frühere irrige Grundanschauungen fahren lassen. Es kann ihr, was jedermann einsieht, von dem Punkte ab, wo das Dasein von Gespenstern wissenschaftlich widerlegt ist, nicht mehr gestattet werden, daß sie zum Zwecke irgendwelcher Aufklärung einen Geist aus dem Jenseits erscheinen läßt, weil sie sich sonst durchaus lächerlich und verächtlich machen würde. Es kann ihr, was zwar nicht so bekannt, aber ebenso wahr ist, auch nicht mehr ungerügt hingehen, wenn sie eine Psychologie bei den lebendigen Figuren ihrer Erzeugnisse verwertet, die durch die Fortschritte der modernen wisschenschaftlichen Psychologie entschieden als falsch dargetan ist. Eine Anpassung an die neuen Resultate der Forschung ist durchaus das einfachste, was man verlangen kann.

[v 1887]

ARNO HOLZ

Die Kunst. Ihr Wesen und ihre Gesetze

Vor mir auf meinem Tisch liegt eine Schiefertafel. Mit einem Steingriffel ist eine Figur auf sie gemalt, aus der ich absolut nicht klug werde. Für ein Dromedar hat sie nicht Beine genug, und für ein Vexierbild: „Wo ist die Katz?“ kommt sie mir wieder zu primitiv vor. Am ehesten möchte ich sie noch für eine Schlingpflanze oder für den Grundriß einer Landkarte halten. Ich würde sie mir vergeblich zu erklären versuchen, wenn ich nicht wüßte, daß ihr Urheber ein kleiner Junge ist. Ich hole ihn mir also von draußen aus dem Garten her, wo der Bengel eben auf einen Kirschbaum geklettert ist, und frage ihn: „Du, was ist das hier?“

Und der Junge sieht mich ganz verwundert an, daß ich das überhaupt noch fragen kann, und sagt: „Ein Suldat!“

Ein „Suldat!“ Richtig! Jetzt erkenne ich ihn deutlich! Dieser unfreiwillige Klumpen hier soll sein Bauch, dieser Mauseschwanz sein Säbel sein, und schräg über seinem Rücken hat er sogar noch so eine Art von zerbrochenem Schwefelholz zu hängen, das natürlich wieder nur seine Flinte sein kann. In der Tat! Ein „Suldat“! Und ich schenke dem Jungen einen schönen, blankgeputzten Groschen, für den er sich nun wahrscheinlich Knallerbsen, Zündhütchen oder Malzzucker kaufen wird, und er zieht befriedigt ab. Dieser „Suldat“ ist das, was ich suchte. [...]

Ich habe also bis jetzt konstatiert, daß zwischen dem Ziel, das sich der Junge gestellt hatte, und dem Resultat, das er in Wirklichkeit hier auf dem kleinen schwarzen Täfelchen vor mir, erreicht hat, eine Lücke klafft, die grauenhaft groß ist. Ich wiederhole: daß diese Lücke nur für mich klafft, nicht aber auch bereits für ihn existierte, davon sehe ich einstweilen noch ganz ab.

Schiebe ich nun für das Wörtchen Resultat das sicher auch nicht ganz unbezeichnende ‚Schmierage‘ unter, für Ziel ‚Soldat‘ und für Lücke ‚x‘, so erhalte ich hieraus die folgende niedliche kleine Formel: Schmierage = Soldat – x. Oder weiter, wenn ich für Schmierage ‚Kunstwerk‘ und für Soldat das beliebte ‚Stück Natur‘ setze: Kunstwerk = Stück Natur – x. Oder noch weiter, wenn ich für Kunstwerk vollends ‚Kunst‘ und für Stück Natur ‚Natur‘ selbst setze: Kunst = Natur – x.

Bis hierher war unzweifelhaft alles richtig und die Rechnung stimmte. Nur, was ‚erklärte‘ mir das? Das erklärte mir noch gar nichts! Damit stand ich leider immer noch da wie das bekannte alte schöne vierbeinige Tier vorm Berge. Ich mußte mir sagen, und zwar ganz deutlich, daß ich es auch ja recht hörte: so schlau war der gute Emil, der dicke Bürgermeister von Médan[1], auch schon! Nur

[1] Anspielung auf Zola

freilich, daß er zugleich auch noch so draufzutäppisch war, das verschmitzte Löchelchen x, das ich einstweilen noch so fein vorsichtig offengelassen, gleich ganz mit seinem dummen, klobigen Temperament zustopfen zu wollen; wodurch sich dann natürlich alles sofort wieder in den schönsten Unsinn verkringelte und der alte Blödsinn wieder in vollster Blüte blühte.

Als ob z. B. daran, daß an meinem S*u*ldaten keine blanken Knöpfe glitzerten, für die doch der S*o*ldat unter allen Umständen aufzukommen hat, einzig das ‚Temperament' meines kleinen Bengelchens die Schuld trug! Ich wußte ganz genau: wenn ich ihm zu Weihnachten einen Tuschkasten geschenkt hätte, in dem dann aber natürlich auch noch so ein kleines Muschelschälchen mit Goldbronze hätte drin sein müssen, und der Junge hätte so sein Konterfei, statt mit einem Steingriffel auf eine schwarze Schieferplatte, mit einem Pinsel auf ein weißes Stück Pappe gemalt – die blanken Knöpfe wären sicher nicht ausgeblieben. Und ebensowenig der blaue Rock und die roten Aufschläge. Mithin, das x würde dann um ein paar Points verringert und die pp. Lücke nicht mehr ganz so grauenhaft groß geworden sein. Und doch würde dann das ‚Temperament' meines kleinen Miniatur-Menzels zu diesem Subtraktionsexempel aber auch nicht das mindeste beigetragen haben! Es wäre im Gegenteil haarscharf dasselbe gewesen und nur das Resultat ein anderes geworden.

Nein! Das geheimnisvolle x bestand also auch noch aus ganz andern Faktoren. So plumpplausibel, daß es nur aus dem einen simplen ‚Temperament' zusammengeleimt war, ging es leider nicht zu in der vertrackten Realität!

Und ich sagte mir:

„Kunst = Natur – x. Damit locke ich noch keinen Hund hinterm Ofen vor! Gerade um dieses x handelt es sich ja! Aus welchen Elementen es zusammengesetzt ist!

Ob ich sie freilich hier gleich alle und nun gar bis in ihre letzten, feinsten Verzweigungen hinein werde ausfindig machen können, das scheint mir schon jetzt mehr als zweifelhaft. Aber ich ahne, daß es vorderhand, *um überhaupt erst einmal festen Boden unter den Füßen zu fühlen,* bereits genügen würde, wenn es mir glückte, auch nur ihrer gröbsten, allerhandgreiflichsten habhaft zu werden. Die übrigen feiner geäderten, nuancierten werden sich dann mit der Zeit schon von ganz allein einstellen."

Und das hob mir, einigermaßen wenigstens, wieder den Mut. Und ich spann meinen Faden weiter aus.

„Also Kunst = Natur – x. Schön. Weiter. Woran, in meinem speziellen Falle, hatte es gelegen, daß das x entstanden war? Ja, daß es einfach hatte entstehen müssen? Mit andern Worten also, daß mein S*u*ldat kein S*o*ldat geworden?"

Und ich mußte mir antworten:

„Nun, offenbar, in erster Linie wenigstens, doch schon an seinem Material. An seinen Reproduktionsbedingungen rein als solchen. Ich kann unmöglich aus einem Wassertropfen eine Billardkugel formen. Aus einem Stück Ton wird mir das schon eher gelingen, aus einem Block Elfenbein vermag ich's vollends."

[v 1891 f.]

Arno Holz

Revolution der Lyrik

Die Prosa kümmert sich um Klangwirkungen überhaupt nicht. Wenigstens nicht um Klangwirkungen in dem Sinne, um den einzig es sich hier drehen kann. Ich schreibe als Prosaiker einen ausgezeichneten Satz nieder, wenn ich schreibe: „Der Mond steigt hinter blühenden Apfelbaumzweigen auf." Aber ich würde über ihn stolpern, wenn man ihn mir für den Anfang eines Gedichts ausgäbe. Er wird zu einem solchen erst, wenn ich ihn forme: „Hinter blühenden Apfelbaumzweigen steigt der Mond auf." Der erste Satz referiert nur, der zweite stellt dar. Erst jetzt, fühle ich, ist der Klang eins mit dem Inhalt. Und um diese Einheit bereits deutlich auch nach außen zu geben, schreibe ich:

„Hinter blühenden Apfelbaumzweigen
steigt der Mond auf."

Das ist meine ganze „Revolution der Lyrik". Sie genügt, um ihr einen neuen Kurs zu geben. Ungefähr wie die Umkehr „Die Erde dreht sich um die Sonne und nicht die Sonne um die Erde" genügt hatte, uns in eine neue Weltanschauung zu zwingen.

[v 1899]

Aufgaben zu den Abbildungen auf den Seiten 279 und 282

MAX LIEBERMANN Alte Frau mit Ziegen

① Beschreiben Sie das dargestellte Motiv.
② Überlegen Sie, inwiefern das Bild für die Entstehungszeit bezeichnend ist (vergleichen Sie die Kapiteleinführung).

MICHAEL GEORG CONRAD Vorrede zu *Die Gesellschaft*

① Stellen Sie die Ziele der Zeitschrift *Die Gesellschaft* kurz zusammen. Vergleichen Sie dazu die Kapiteleinführung.
② Analysieren Sie die stilistischen Mittel.

Aufgaben zu den Texten auf den Seiten 281–285

WILHELM BÖLSCHE Die naturwissenschaftlichen Grundlagen der Poesie (S. 281 ff.)

① Fassen Sie die Forderungen Bölsches thesenartig zusammen.
② Womit begründet Bölsche seine Überlegungen?
③ Zeigen Sie mit Hilfe der Kapiteleinführung, inwiefern diese Gedanken den Theorien des Naturalismus und Zolas entsprechen.

ARNO HOLZ Die Kunst. Ihr Wesen und ihre Gesetze (S. 283 f.)

① Formulieren Sie diese Überlegungen mit eigenen Worten.
② Vergleichen Sie dazu Fontanes Gedanken in *Unsere lyrische und epische Poesie seit 1848* (S. 262).
③ Welche Stilmittel verwendet Holz, um seine Theorien anschaulich darzustellen?

ARNO HOLZ Revolution der Lyrik (S. 284 f.)

① Worin sieht Holz seine „Revolution"?
② Wodurch unterscheidet sich seine Lyrik von der bisher üblichen?

Adolph von Menzel, Glasbläser, 1860–65

b) Der Mensch im Alltag

ARNO HOLZ
Phantasus

Rote Dächer!
Aus den Schornsteinen, hier und da, Rauch,
oben, hoch, in sonniger Luft, ab und zu Tauben.
Es ist Nachmittag.
Aus Mohdrickers Garten her gackert eine Henne,
die ganze Stadt riecht nach Kaffee.

Ich bin ein kleiner, achtjähriger Junge
und liege, das Kinn in beide Fäuste,
platt auf dem Bauch
und kucke durch die Bodenluke.
Unter mir, steil, der Hof,
hinter mir, weggeworfen, ein Buch.
Franz Hoffmann. Die Sclavenjäger.[1]

Wie still das ist!

Nur drüben in Knorrs Regenrinne
zwei Spatzen, die sich um einen Strohhalm zanken,
ein Mann, der sägt,
und dazwischen, deutlich von der Kirche her,
in kurzen Pausen, regelmäßig, hämmernd,
der Kupferschmied Thiel.

Wenn ich unten runtersehe,
sehe ich grade auf Mutters Blumenbrett:
ein Topf Goldlack, zwei Töpfe Levkoyen, eine Geranie
und mittendrin, zierlich in einem Zigarrenkistchen,
ein Hümpelchen Reseda.

Wie das riecht? Bis zu mir rauf!

Und die Farben!
Jetzt! Wie der Wind drüber weht!
Die wunder, wunderschönen Farben!

Ich schließe die Augen. Ich sehe sie noch immer.

[v 1898]

[1] Franz Hoffmann (1814–82) schrieb u. a. das Jugendbuch *Die Sclavenjäger*

Arno Holz und Johannes Schlaf
Papa Hamlet – Skizze

„Sein oder Nichtsein, das ist hier die Frage:
Ob's edler im Gemüt, die Pfeil' und Schleudern
Des wütenden Geschicks erdulden, oder...
oder? ... Scheußlich!"

Der große Thienwiebel hielt wieder inne.
„Nicht zum Aushalten das! Nicht zum Aushalten!!"
Die fünf kleinen gelben Latten hinter dem Ofen, die dort an einer Waschleine zum Trocknen aufgehängt waren, hatten ihn wieder total aus dem Konzept gebracht.
„Ekelhaft!"
Er hatte sich jetzt, die Hände in seinen Schlafrocktaschen vergraben, erbittert vor das Fenster aufgepflanzt.
Der Himmel drüben über den Dächern war tiefblau; in den nassen Dachrinnen, von denen noch gerade der letzte Schnee tropfte, zankten sich bereits die Spatzen; es war ein prachtvolles Wetter zum Ausgehn.
„Armer Yorick!"[1]
Noch um eine Nuance verdüsterter hatte sich jetzt der große Thienwiebel wieder rücklings über das kleine, niedrige, mit blauem Kattun[2] überspannte Sofa geworfen und starrte nun über die Spitzen seiner grünen ausgetretenen Pantoffeln weg melancholisch zu Amalien hinüber.
Ihre dünnen, lehmfarbenen Haare waren noch nicht gemacht, ihre Nachtjacke schien heute noch schmutziger als sonst und stand vorn natürlich wieder offen; der kleine kirschrote Spießbürger, den sie, auf ihr Fußbänkchen gekauert, nachlässig aus einem Gummischlauch säugte, sah auf einmal häßlich aus wie ein kleiner Frosch.
„Armer Yorick!"
Herr Thienwiebel hatte sich wieder seufzend erhoben und setzte jetzt seine Wanderung von vorhin wieder fort.

„...oder? oder...
Sich waffend gegen eine See von Plagen
Durch Widerstand sie enden. – Sterben – Schlafen –
Nichts weiter! –"

Vor dem Fenster konnte er sich jetzt wieder nicht versagen eine kleine Pause zu machen.
Die Sonne draußen ging gerade unter. Die Dächer sahen fuchsrot aus. Aber ein Bild auf seinen alten abgenutzten Schlafrock unten ließ ihn sich wieder zusammennehmen und seinen Monolog von neuem beginnen.

„Sein oder Nichtsein, das ist hier die Frage:
Ob's edler, im Gemüt...
Ae, Quatsch!!"

Mit einem Ruck war jetzt der Shakespeare, den er sich eben aus seiner Schlafrocktasche gerissen, auf den Tisch geflogen, wo er die Gesellschaft einer Spirituskochmaschine, eines braunirdenen Milchtopfs ohne Henkel, eines alten berußten Handtuchs, einer Glaslampe und einer Photographie des großen Thienwiebel in Morarahmen vorfand.
„He! Horatio! Horatio!! ... Nicht zu Hause! Nicht zu Hause..."
Total vernichtet hatte er sich jetzt wieder auf das Sofa zurückgeschleudert und vertiefte sich nun

[1] Zitat aus Shakespeares Hamlet V 1: „Poor Yorick" – der Spaßmacher des Königs, dessen Schädel die Totengräber beim Ausheben von Ophelias Grab finden [2] Baumwollstoff

in den tragischen Anblick eines schmutzigen Kinderhemdchens, das neben einer geplatzten Schachtel schwedischer Zündhölzer vor ihm unten auf dem Fußboden lag.
„Verwünscht! Wenn man wenigstens mal ausgehn könnte, Amalie! Aber ich fürchte ... ich fürchte ... die Welt ist nicht vorurteilsfrei genug, um eines Niels Thiewiebel in Schlafrock und Zylinder unbehelligt seines Weges dahingehn zu lassen!“
Aber Amalie antwortete nicht einmal.

[v 1889]

GERHART HAUPTMANN
Die Weber

ZWEITER AKT
Das Stübchen des Häuslers Wilhelm Ansorge zu Kaschbach im Eulengebirge. In einem engen, von der sehr schadhaften Diele bis zur schwarz verräucherten Balkendecke nicht sechs Fuß hohen Raum sitzen: zwei junge Mädchen, Emma und Bertha Baumert, an Webstühlen – Mutter Baumert, eine kontrakte[1] Alte, auf einem Schemel am Bett, vor sich ein Spulrad – ihr Sohn August, zwanzigjährig, idiotisch, mit kleinem Rumpf und Kopf und langen, spinnenartigen Extremitäten, auf einem Fußschemel, ebenfalls spulend. Durch zwei kleine, zum Teil mit Papier verklebte und mit Stroh verstopfte Fensterlöcher der linken Wand dringt schwaches, rosafarbenes Licht des Abends. Es fällt auf das weißblonde, offene Haar der Mädchen, auf ihre unbekleideten, mageren Schultern sowie dünne, wächserne Nacken, auf die Falten des groben Hemdes im Rücken, das, nebst einem kurzen Röckchen aus härtester Leinewand, ihre einzige Bekleidung ist. Der alten Frau leuchtet der warme Hauch voll über Gesicht, Hals und Brust: ein Gesicht, abgemagert zum Skelett, mit Falten und Runzeln in einer blutlosen Haut, mit versunkenen Augen, die durch Wollstaub, Rauch und Arbeit bei Licht entzündlich gerötet und wäßrig sind, einen langen Kropfhals mit Falten und Sehnen, eine eingefallene, mit verschossenen Tüchern und Lappen verpackte Brust.
Ein Teil der rechten Wand mit Ofen und Ofenbank, Bettstelle und mehreren grell getuschten Heiligenbildern steht auch noch im Licht. – Auf der Ofenstange hängen Lumpen zum Trocknen, hinter dem Ofen ist altes, wertloses Gerümpel angehäuft. Auf der Ofenbank stehen einige alte Töpfe und Kochgeräte, Kartoffelschalen sind zum Dörren auf Papier gelegt. – Von den Balken herab hängen Garnsträhne und Weifen[2]. Körbchen mit Spulen stehen neben den Webstühlen. In der Hinterwand ist eine niedrige Tür ohne Schloß. Ein Bündel Weidenruten ist daneben an die Wand gelehnt. Mehrere schadhafte Viertelkörbe[3] stehen dabei. – Das Getöse der Webstühle, das rhythmische Gewuchte der Lade, davon Erdboden und Wände erschüttert werden, das Schlurren und Schnappen des hin- und hergeschnellten Schiffchens erfüllen den Raum. Dahinein mischt sich das tiefe, gleichmäßig fortgesetzte Getön der Spulräder, das dem Summen großer Hummeln gleicht.

VIERTER AKT
Peterswaldau. – Privatzimmer des Parchentfabrikanten Dreißiger. Ein im frostigen Geschmack der ersten Hälfte unseres Jahrhunderts luxuriös ausgestatteter Raum. Die Decke, der Ofen, die Türen sind weiß; die Tapete gradlinig kleingeblümt und von einem kalten, bleigrauen Ton. Dazu kommen rotüberzogene Polstermöbel aus Mahagoniholz, reich geziert und geschnitzt, Schränke und Stühle von gleichem Material und wie folgt verteilt: rechts, zwischen zwei Fenstern mit kirschroten Damastgardinen, steht der Schreibsekretär, ein Schrank, dessen vordere Wand sich herabklappen läßt; ihm gerade gegenüber das Sofa, unweit davon ein eiserner Geldschrank, vor dem Sofa der Tisch, Sessel und Stühle; an der Hinterwand ein Gewehrschrank. Diese sowie die

[1] verkrümmt oder gelähmt [2] Gerät, auf dem das Garn von der Spindel ausgespannt wird: Garnwinde, Haspel
[3] kleine aus Weidenruten geflochtene Körbe

anderen Wände sind durch schlechte Bilder in Goldrahmen teilweise verdeckt. Über dem Sofa hängt ein Spiegel mit stark vergoldetem Rokokorahmen. Eine einfache Tür links führt in den Flur, eine offene Flügeltür der Hinterwand in eine mit dem gleichen ungemütlichen Prunk überladenen Salon. Im Salon bemerkt man zwei Damen, Frau Dreißiger und Frau Pastor Kittelhaus, damit beschäftigt, Bilder zu besehen – ferner den Pastor Kittelhaus im Gespräch mit dem Kandidaten und Hauslehrer Weinhold. [v 1892]

Aufgaben zu dem Bild auf Seite 286

ADOLPH VON MENZEL (1815–1905) Glasbläser

Neu war zu seiner Zeit das Vorhaben des Künstlers, die Arbeit eines Glasbläsers darzustellen und ihr einen eigenen Wert zuzugestehen.

① In welcher Situation stellt Menzel den Glasbläser dar?
② Welche Vorstellungen des Naturalismus sind hier vorweggenommen?
③ Welche Rolle weist Menzel hier dem Arbeiter zu?

Aufgaben zu den Texten auf den Seiten 287–290

ARNO HOLZ Phantasus (S. 287)

① Anstelle von Reim, Metrik und Strophen schreibt Holz „aus Mangel eines besseren typographischen Mittels in unregelmäßig abgeteilten, um eine unsichtbare Mittelachse gruppierten Zeilen". Untersuchen Sie, wie sich seine Überlegungen in diesem Beispiel auswirken.
② Belegen Sie, wie Holz seine Forderungen nach Wiedergabe sinnlicher Eindrücke hier verwirklicht. Welche Farben, Töne und Gerüche werden genannt?

ARNO HOLZ/JOHANNES SCHLAF Papa Hamlet (S. 288 f.)

① Wie verbinden die Autoren Zitate aus dem berühmten Hamlet-Monolog (III, 1) mit der Realität des Alltags?
② Zeigen Sie, wie hier die Forderungen des „Sekundenstils" (vgl. S. 280 f.) verwirklicht werden.

GERHART HAUPTMANN Die Weber (S. 289 f.)

① Kennzeichnen Sie die Bühnenanweisung, vergleichen Sie diese mit einer zu einem klassischen Drama und suchen Sie Gründe für den Unterschied.
② Zeigen Sie auf, welchen Zusammenhang schon die Bühnenanweisungen zwischen den Räumen und ihren Bewohnern herstellen.
③ Milieu und Vererbung bilden nach der Auffassung der Naturalisten die das Leben bestimmenden Kräfte. Inwiefern steht diese Auffassung im Widerspruch zu jener der Klassiker? Welche politischen Forderungen sind aus dieser Auffassung abzuleiten?

Übergreifende Fragestellung

① Wie würden Sie die Bezeichnung „Jung- oder Jüngstdeutsche" oder „Stürmer und Dränger" für die Vertreter des Naturalismus begründen?
② Worin sehen Sie den Unterschied in den Kunstauffassungen des Bürgerlichen Realismus und des Naturalismus?

XV. Jahrhundertwende (1890–1910)

Claude Monet, Die Mohnblumen, 1873

1. Grundzüge der Epoche

Das Gesicht der Gesellschaft um die Jahrhundertwende wurde vor allem durch die **Verstädterung** geprägt. Zwischen 1871 und 1910 vermehrte sich die Zahl der Städte mit mehr als 100 000 Einwohnern von vier auf achtundvierzig. In ihnen entwickelte sich ein neues Bewußtsein, sie wurden zu Zentren allmählich wachsender „institutioneller Mechanismen“ (Nipperdey), wie Verbände, Parteien, Verwaltung. Mit dem Industrieproletariat entstand eine **neue gesellschaftliche Schicht**, so daß die Städte einen Nährboden für soziale Probleme bildeten.
Dem sich entwickelnden **modernen Industriestaat** Deutschland stand eine **Modernisierung des politischen Staates** nur insofern gegenüber, als das Gewaltmonopol und die Ausweitung staatlichen Handelns (Sozialpolitik, Übernahme der Daseinsvorsorge für die weniger Bemittelten) die Aufgaben rasch vermehrten und zu einer Ausdehnung der öffentlichen Verwaltungen von nie gekanntem Ausmaß führten. Im gesellschaftlichen Bereich blieb (trotz der ständigen Appelle an das „Volk“) die **alte Klassenhierarchie** bestehen: An der Spitze der sozialen Rangordnung stand der Adel. Seine Lebensformen wirkten weiterhin vorbildhaft für das aufstrebende Bürgertum. Der Adel besetzte die höheren Posten in der Verwaltung und beim Militär, das Großbürgertum ließ seine Söhne wenigstens Reserveoffizier werden, was immer noch ein notwendiger Schritt für gesellschaftliches Ansehen war. Industrielle wie Krupp erreichten durch die **Nobilitierung** erhöhtes gesellschaftliches Ansehen. Ungeprüft übernahm man die Normen der vorindustriellen Gesellschaft mit ihren Ordnungsvorstellungen, ihrem Normencodex von Pflichten, Disziplin und Gefolgschaft. Treue und Vaterlandsliebe erfuhren unter dem Zeichen eines aggressiven Nationalismus rasch eine gefährliche Veränderung.
Politisch wurden diese Jahre bestimmt von der Regierung des jungen, auf keinem Gebiet gründlich ausgebildeten und überall dilettierenden Kaisers WILHELM II. (1888–1918). Er wollte „Weltpolitik“ machen, die allein der Bedeutung Deutschlands angemessen zu sein schien. Mitwirkung und Mitdenken der Untertanen waren nicht vorgesehen. Wilhelms häufig zitierter Eintrag ins Goldene Buch der Stadt München „Suprema lex regis voluntas“ (Das höchste Gesetz ist der Wille des Königs) dokumentiert eine Form von Selbstherrschaft, die eigentlich im Gegensatz zum System der vom Kaiser grundsätzlich akzeptierten konstitutionellen Monarchie stand und – neben anderen Faktoren – der Entwicklung einer parlamentarischen Demokratie im Wege war. Erst gegen Ende des Ersten Weltkriegs wurden unter innerem und äußerem Druck Voraussetzungen dafür geschaffen.
Was für die Regierung Grundsatz war, sollte auch für die Kunst gelten. In einer Rede anläßlich der Enthüllung einer Gruppe von Denkmälern im Dezember 1901 erklärte Wilhelm II:

[…] Noch ist die Bildhauerei zum größten Teile rein geblieben von den sogenannten modernen Richtungen und Strömungen, noch steht sie hoch und hehr da – erhalten Sie sie so, lassen Sie sich nicht durch Menschenurteil und allerlei Windlehre dazu verleiten, diese großen Grundsätze aufzugeben, worauf sie auferbaut ist!
Eine Kunst, die sich über die von Mir bezeichneten Gesetze und Schranken hinwegsetzt, ist keine Kunst mehr, sie ist Fabrikarbeit, ist Gewerbe, und das darf die Kunst nie werden. Mit dem viel mißbrauchten Wort „Freiheit“ und unter seiner Flagge verfällt man gar oft in Grenzenlosigkeit, Schrankenlosigkeit, Selbstüberhebung. Wer sich aber von dem Gesetz der Schönheit und dem Gefühl für Ästhetik und Harmonie, die jedes Menschen Brust fühlt, ob er sie auch nicht ausdrücken kann, loslöst und in Gedanken in einer besonderen Richtung, einer bestimmten Lösung mehr technischer Aufgaben die Hauptsache erblickt, der versündigt sich an den Urquellen der Kunst.
Aber noch mehr: Die Kunst soll mithelfen, erzieherisch auf das Volk einzuwirken, sie soll auch

den unteren Ständen nach harter Mühe und Arbeit die Möglichkeit geben, sich an den Idealen wieder aufzurichten. [...]
Wenn nun die Kunst, wie es jetzt vielfach geschieht, weiter nichts tut, als das Elend noch scheußlicher hinzustellen, wie es schon ist, dann versündigt sie sich damit am deutschen Volke. Die Pflege der Ideale ist zugleich die größte Kulturarbeit, und wenn wir hierin den anderen Völkern ein Muster sein und bleiben wollen, so muß das ganze Volk daran mitarbeiten, und soll die Kultur ihre Aufgabe voll erfüllen, dann muß sie bis in die untersten Schichten des Volkes hindurchgedrungen sein. Das kann sie nur, wenn die Kunst die Hand dazu bietet, wenn sie erhebt, statt daß sie in den Rinnstein niedersteigt. [...] (aus: Reden des Kaisers. Hg. v. Ernst Johann. München: dtv 1966, S. 102)

LUDWIG THOMA (1867–1921) verfaßte für die satirische Zeitschrift *Simplicissimus* eine kritisch-satirische „Rezension" der Kaiser-Reden (S. 314f.).
Mit politischen Fragen setzten sich Dichter und Schriftsteller dieser Epoche ansonsten so gut wie nicht auseinander. Während die Autoren des Naturalismus sich mit den Problemen ihrer Zeit beschäftigten, galt das Interesse jetzt vor allem künstlerischen Fragen. Die Kultur insgesamt – das ist charakteristisch für die deutsche Situation – lebte in einer **„Dimension des Unpolitischen"**. Der relative Ausschluß des Bürgers aus der aktiven Politik mag Ursache dafür gewesen sein. Thomas Mann sprach von der „machtgeschützten Innerlichkeit", in die sich die Literatur begab.

Die Entwicklung im zweiten deutschsprachigen Kaiserreich, in Österreich-Ungarn, verlief in vielen Bereichen anders als im Deutschen Reich:
Die zentralistische Monarchie war nicht so jung wie in Deutschland, und ihr Ländergefüge reichte in eine Zeit zurück, in der nicht nationalstaatliches Denken oder patriotisches Gefühl den Zusammenschluß betrieben hatten. Kaiser FRANZ JOSEPH (1848–1916) galt trotz aller Kritik an der Unbeweglichkeit seiner Politik als Garant für das Bewährte und Beständige. Das Streben nach Geltung im internationalen Bereich war schon wegen der verschiedenen Nationen geringer ausgebildet als in Deutschland. Der designierte Thronfolger, Franz Ferdinand, erkannte die Notwendigkeit, den verschiedenen Nationalitäten mehr Selbstbestimmungsrechte einzuräumen. Seine Ermordung 1914 sollte auch verhindern, daß durch seine Reformen revolutionärer Sprengstoff beseitigt wurde. In einer Gegenwart, in der das nationale Element immer stärker hervortrat, mußte gerade der übernationale Vielvölkerstaat zu einem ständigen Problem und schließlich zum Sprengstoff für die Monarchie werden.
Österreichischer Imperialismus richtete sich weniger auf „Arrondierungen" und überseeische Kolonialisierung, wohl aber bezog man die jüngst gewonnenen Balkangebiete (Bosnien, Herzegowina) stärker in den Gesamtstaat ein, indem man sie zunächst der österreichischen Verwaltung unterstellte und schließlich (1908) annektierte, womit die Feindschaft zu Serbien nahezu unvermeidbar war.
Die Lösung der sozialen Probleme suchte man in Österreich – anders als in Deutschland – nicht nur in Arbeiterschutzgesetzen, sondern in der Parlamentarisierung der sozialen Kämpfe: Bereits 1907 wurde das allgemeine und gleiche Wahlrecht überall eingeführt, die Arbeiterbewegung konnte sich im Parlament schon bald Gewicht verschaffen, die Gleichberechtigung der nichtdeutschen Völkergruppen war gesetzlich geregelt, doch die Nationalitätenfrage vermochte in der Habsburgermonarchie nicht mehr gelöst zu werden. Die Normen des Adels bestimmten in vielen Bereichen das gesellschaftliche Leben, waren aber auch immer wieder Gegenstand der Kritik aus der aufstrebenden Intellektuellenschicht (vgl. Arthur Schnitzler, S. 299ff.). Armee und Beamtenschaft waren in den höheren Stellen Reservat des Adels; von ihnen ging eine stabilisierende Wirkung aus, andererseits aber boten sie Anlaß für Ängste und Ohnmachtsgefühle

(vgl. Franz Kafka, S. 329 f.). Besonders davon betroffen waren Juden. Während Völkergruppen grundsätzlich vollen staatlichen Schutz genossen, waren Juden – insbesondere im Militär oder im Wiener Universitätsmilieu – zahlreichen Schikanen ausgesetzt. Antisemitismus in einer sonst kosmopolitischen Gesellschaft gehörte zu den negativen Besonderheiten dieses Staates.

Viele Künstler der Jahrhundertwende fühlten sich dem **Impressionismus** zugehörig. Der Begriff stammt aus dem Französischen, wo ihn in erster Linie die Maler verwendeten, und bedeutete die Kunst des Eindrucks, dessen Vielfalt bis in die letzten Verfeinerungen dargestellt werden sollte. Nicht Strukturen und Konturen waren wichtig, sondern subjektive Eindrücke. In der Literatur wird mit dem Begriff „Impressionismus" also nicht eine literarische Epoche oder eine Stilrichtung bezeichnet, sondern eine Ausdrucksmöglichkeit. Bevorzugte Formen, in denen die feinen Abstufungen der Sprache besonders deutlich werden, sind Lyrik und kleinere epische Formen. Entscheidende Anregungen kamen aus Frankreich durch CHARLES BAUDELAIRE (1821–1867), STÉPHANE MALLARMÉ (1842–1898), ARTHUR RIMBAUD (1854–1891) und PAUL VERLAINE (1844–1896); aus Belgien durch EMILE VERHAEREN (1855–1916) und MAURICE MAETERLINCK (1862–1949); aus Italien durch GABRIELE D'ANNUNZIO (1863–1938). Zu den wichtigen Stilmitteln gehören Klangmalerei, Synästhesie (= Verbindung von Eindrücken verschiedener Sinne, zum Beispiel das Hören von Farbeindrücken) und die sorgfältig abgestufte Verwendung von Bildern.

DETLEV VON LILIENCRON (1844–1909) skizziert in dem Gedicht *Viererzug* in knappen Strichen einzelne Eindrücke, die sich dann zum Gesamtbild vereinen. Bezeichnend ist für ihn auch die Darstellung von Situationen aus dem Alltagsleben. MAX DAUTHENDEY (1867–1918) ist ein leidenschaftlicher Verkünder des Schönen. Es gelingt ihm, sinnliche Wahrnehmungen in allen Schattierungen durch das sorgfältig gewählte Wort deutlich werden zu lassen.

Der wichtigste Theoretiker der neuen Richtung kam aus Österreich: es war der wendige, vielbelesene HERMANN BAHR (1863–1934), Schriftsteller, Zeitschriftenherausgeber und Theaterkritiker, der die zukünftigen Entwicklungen instinktsicher vorauszuahnen schien. „Die literarische Kritik, sofern sie modern werden will, muß sich an die Bewegung der Schönheit gewöhnen", schrieb er 1890 in einem Essay mit dem Titel *Zur Kritik der Moderne*. Damit traf er genau die Stimmung seiner Zeit. Mit dieser Absage an den Naturalismus verband er den „Schrei nach dem Heiland" und der neuen Religion, die Kunst sein sollte; außerem die Forderung nach einer neuen Stilrichtung, die zunehmend vom **Ästhetizismus** geprägt war. Hermann Bahr war es auch, der in einem Essay *Die neue Psychologie* 1891 „für die Darstellung alles dieses Wunderlichen und Seltsamen in uns […] aller Rätsel an den Grenzen des Bewußtseins" eine „neue Methode" verlangte. Sie wurde von keinem besser vertreten als von SIGMUND FREUD (1856–1939), seit 1886 Facharzt für Nervenleiden. Seit 1893 entwickelte dieser die Psychoanalyse und Psychotherapie unter Einbeziehung des Unbewußten in die Psychologie. Freud prägte den Begriff der „modernen Nervosität", in der er eine Zivilisationserscheinung sah, aber auch die Voraussetzung für die verfeinerte ästhetische Sensibilisierung, für das Verlangen nach Rausch und Schönheit.

„Wenn erst das Nervöse völlig entbunden und der Mensch, aber besonders der Künstler, ganz den Nerven hingegeben sein wird, ohne vernünftige und sinnliche Rücksicht, dann kehrt die verlorene Freude in die Kunst zurück", schrieb Bahr, „es ist ein geflügeltes, erdenbefreites Steigen und Schweben in azurne Wollust, wenn die entzügelten Nerven träumen". Dieser Zustand bildete die Grundlage für die Dichtung des Wiener Impressionismus nach 1900, die im Bewußtsein von Niedergang, Weltmüdigkeit und Verfall (**„Décadence"**) und dem Ende des bürgerlichen Zeitalters entstand, das nach dem Titel eines Lustspiels von de Jouvenot und Micard als **„Fin de siècle"** bezeichnet wurde.

Bloße Darstellung von Eindrücken war rasch überholt. ARTHUR SCHNITZLER (1862–1931) ver-

öffentlichte 1893 sein Erstlingswerk, die Szenenfolge *Anatol*, in der er sich als genauer psychologischer Beobachter und als Chronist der Wiener Gesellschaft zur Jahrhundertwende erwies. Seine Erzählung *Leutnant Gustl* (1901) erregte erhebliches Aufsehen, brachte hohe Einnahmen und kostete ihn das Reserveoffizierspatent. Sie ist das erste Beispiel des konsequent durchgeführten **inneren Monologs** in der deutschen Literatur. Die innere Verfassung, Assoziationen und Gedanken einer Person werden in Worte gefaßt.
Großen Einfluß auf die Entwicklung vom Impressionismus zur Stilkunst und zum **Symbolismus** übte STEFAN GEORGE (1868–1933) aus. Er lehnte Naturalismus wie Impressionismus als zu gewöhnlich und oberflächlich ab und vertrat die Forderung nach einer Kunst um der Kunst willen **(„l'art pour l'art")**, nach strengen äußeren Formen und geistigen Eliten. Dem Dichter wies er hohenpriesterlichen Rang zu, sein Werk sollte nur Auserwählten zugänglich sein. Deshalb pflegte er eine besondere Symbolsprache, die konsequente Kleinschreibung und eine eigene Zeichensetzung. Die Zeitschrift *Blätter für die Kunst*, die sein Programm enthielt, durfte nur in wenigen auserwählten Buchhandlungen verkauft werden. Bald versammelte sich um ihn eine Gruppe von gleichgesinnten Literaten. In späteren Jahren wurde er zum wichtigen Anreger, kritischen Beurteiler, zum uneigennützigen Helfer und Erzieher eines ausgewählten Kreises junger Menschen.

Stefan George (1868–1923)

Hugo v. Hofmannsthal (1874–1929)

HUGO VON HOFMANNSTHAL (1874–1929) veröffentlichte 16jährig seine ersten Gedichte unter dem Pseudonym Loris, weil ein Schüler ohne Erlaubnis des Schuldirektors nichts drucken lassen durfte. Seine Verse wurden wegen ihrer großartigen Bildlichkeit und sprachlichen Schönheit bewundert. Die Sorge, daß im geradezu rauschhaften Schaffensvermögen neben der virtuosen Beherrschung der Sprache deren Inhalt, besonders die Dimension des Ethischen, zu kurz kommen könnte, führte 1902 zum *Brief*, der von der Verzweiflung an der Sprache berichtet. Deutlich wird auch die Kritik am bloßen Ästhetizismus, wie sie bereits 1894 in dem Dramolett *Der Tor und der Tod* angeklungen war. Das Erscheinen des Todes veranlaßt Claudio, über sein bisheriges Leben zu reflektieren, das er ausschließlich in der Hingabe an das Schöne zugebracht hat, allein auf sich bedacht, ohne Rücksicht auf die Mitmenschen. Durch die bewußte Annahme des Todes versucht er, seinem Dasein einen Sinn zu geben. – Mit der **Fragwürdigkeit von Wort und Sprache** beschäftigte sich Hofmannsthal immer wieder. Graf Hans Karl Bühl im Lustspiel *Der Schwierige* (seit 1908 geplant, 1920 veröffentlicht) ist davon überzeugt, „daß es unmöglich ist, den Mund aufzumachen, ohne die heillosesten Konfusionen anzurichten". Er und Helene Altenwyl finden schließlich zueinander, ohne daß konkret über das, was sie beide fühlen, gesprochen wurde. – Hofmannsthal sah die Rolle des Dichters nicht mehr im Rückzug in den Elfenbeinturm, sondern in der Verantwortung für seine Zeit und den Mitmenschen. Er hielt es für richtig, auch in Tageszeitungen zu veröffentlichen, was ihm George verübelte, der meinte, Hofmannsthal sei dadurch vom Tempel auf die Straße gegangen.

Ästhetizismus und Künstlertum, die Einsamkeit dessen, der durch Sensibilität und außerordentliche Begabung eine Sonderstellung einnimmt, konnten auch eine kaum zu ertragende Last bedeuten. Das wird sichtbar in FRIEDRICH NIETZSCHES (1844–1900) Gedicht *Vereinsamt*, in THOMAS MANNS (1875–1955) Künstlernovelle *Tonio Kröger* (1903); aber auch in RAINER MARIA RILKES (1875–1926) Roman *Die Aufzeichnungen des Malte Laurids Brigge* (1903 begonnen, 1910 veröffentlicht), in dem sich der Dichter mit der Leere und der Kälte des Verfalls, mit dem Untergang des isolierten Daseins auseinandersetzt. Im Schreiben bis zum Ende sieht er die einzige Möglichkeit seiner Existenz.

FRANK WEDEKIND (1864–1918) galt als der Bürgerschreck, der in seinen Gedichten, die er zum Beispiel im Cabaret bei den *Elf Scharfrichtern* selbst zur Laute vortrug, das enthüllte, „was man in Deutschland nicht auszusprechen wagte", wie der gefürchtete Kritiker ALFRED KERR bemerkte. Seine „Kindertragödie" mit dem programmatischen Titel *Frühlings Erwachen* zeichnet die natürliche Welt junger Menschen, die sich gegen das verlogene Scheinwesen der Eltern und Lehrer durchzusetzen suchen.

Eine wichtige Facette der Zeit ist der **satirisch-bissige Humor.** CHRISTIAN MORGENSTERN (1871–1914) wurde nicht durch seine ernsten Gedichte bekannt, sondern durch die surrealistischen, skurrilen Verse, in denen er die scheinbar geordnete Welt in Frage stellt. – JOACHIM RINGELNATZ (1883–1934) erwarb sich durch seine hintergründigen Verse seinen Lebensunterhalt. – Die Aphorismen von KARL KRAUS (1874–1936) haben bis heute nichts von ihrer betroffen machenden Gültigkeit verloren.

Zur Literatur der Jahrhundertwende gehören neben den genannten auch Autoren und Gruppierungen, die die Tendenzen der Zeit als Irrweg deuteten und eine Erneuerung oder Weiterentwicklung der Ideale älterer Epochen anstrebten:

Die Erzählerin RICARDA HUCH (1864–1947), die 1908 der Romantik ein umfassendes Werk widmete; HERMANN HESSE (1877–1962), der mit einem Gedichtband *Romantische Lieder* 1899 hervortrat und mit Romanen wie *Peter Camenzind* den Weg wies zur Mythenbildung und Naturverklärung; GERHART HAUPTMANN (1862–1946), der mit seinem Vers-Drama *Die versunkene Glocke* (1897) der nüchternen Alltagssprache magische Naturwelt gegenüberstellte; sie alle standen in einer Gegenbewegung zur avantgardistischen Moderne (vor allem zum Naturalismus), die als **„Neuromantik"** bezeichnet wird, ohne sich programmatisch zu einer Gruppe zu verbinden. Die Autoren des **„Neoklassizismus"** hingegen orientierten sich bewußt an der klassischen Dichtung Schillers und Goethes.

Die eigentlich antimoderne Gruppierung aber war die sogenannte **„Heimatkunstbewegung".** Ihr Vordenker war JULIUS LANGBEHN (1851–1907). Seine kulturkritische Studie *Rembrandt als Erzieher von einem Deutschen* (1890), eines der vielgelesenen Bücher seiner Zeit, erreichte 1891 schon 39 Auflagen. Er entwirft eine vernichtende Analyse des vom „Zerfall" bedrohten geistigen Lebens „des deutschen Volkes". „Scholle", „Blut", „Boden" werden dementsprechend zentrale Begriffe, aristokratisches Überlegenheitsgefühl gegenüber dem Demokratismus wird als „unanfechtbar" angesehen, weil das „Naturreich selbst aristokratisch aufgebaut" sei. Alle Vertreter der „Heimatkunstbewegung" beriefen sich auf Langbehn. In seinem Sinn glaubten sie vor allem die „Großstadtliteratur", „Internationalität", „Nachahmung ausländischer Vorbilder", „Décadenceliteratur", „Artistenliteratur" ablehnen zu müssen. Man sollte die völkisch-nationale, z. T. unter dem Einfluß Darwins von der Rassenideologie geleitete Bewegung Heimatkunst allerdings nicht verwechseln mit einer **Heimatliteratur,** die sich am vornaturalistischen Realismus orientierte. Die einer sehr genauen Kenntnis und Beobachtungsgabe verpflichteten, oft auch satirischen Romane und Erzählungen LUDWIG THOMAS, zum Beispiel *Altaich, Andreas Vöst, Lausbubengeschichten*, sind nicht ideologisch-nationalistisch, sondern traditionsbewußt.

2. Texte

a) Theorie

HERMANN BAHR
Die Überwindung des Naturalismus

Die Herrschaft des Naturalismus ist vorüber, seine Rolle ist ausgespielt, sein Zauber ist gebrochen. In den breiten Massen der Unverständigen, welche hinter der Entwicklung einhertrotten und jede Frage überhaupt erst wahrnehmen, wenn sie längst schon wieder erledigt ist, mag noch von ihm die Rede sein. Aber die Vorhut der Bildung, die Wissenden, die Eroberer der neuen Werte wenden sich ab. Neue Schulen erscheinen, welche von den alten Schlagworten nichts mehr wissen wollen. Sie wollen weg vom Naturalismus und über den Naturalismus hinaus. [...]
Spuren des Neuen sind manche vorhanden. Sie erlauben viele Vermutungen. Eine Weile war es die Psychologie, welche den Naturalismus ablöste. Die Bilder der äußeren Welt zu verlassen, um lieber die Rätsel der einsamen Seele aufzusuchen – dieses wurde die Losung: Man forschte nach den letzten Geheimnissen, welche im Grunde des Menschen schlummern. Aber diese Zustände der Seele zu konstatieren genügte dem unsteten Fieber der Entwicklung bald nicht mehr, sondern sie verlangten lyrischen Ausdruck, durch welchen erst ihr Drang befriedigt werden könnte. So kam man von der Psychologie, zu welcher man durch einen konsequenten Naturalismus gekommen war, weil ihre Wirklichkeit allein von uns erfaßt werden kann – so kam man von der Psychologie, wie ihren Trieben nachgegeben wurde, notwendig am Ende zum Sturze des Naturalismus: Das Eigene aus sich zu gestalten, statt das Fremde nachzubilden, das Geheime aufzusuchen, statt dem Augenschein zu folgen, und gerade dasjenige auszudrücken, worin wir uns anders fühlen und wissen als die Wirklichkeit. [...]
Auf den ersten Blick scheint das schlechtweg Reaktion: Rückkehr zum Klassizismus, den wir so böse verlästert, und zur Romantik. Die Gegner des Naturalismus behalten recht. Sein ganzer Aufwand ist nur eine Episode gewesen, eine Episode der Verirrung; [...]
Aber es ist doch ein Unterschied zwischen der alten Kunst und der neuen – wie man sie nur ein bißchen eindringlicher prüft. Freilich: die alte Kunst will den Ausdruck des Menschen und die neue Kunst will den Ausdruck des Menschen; darin stimmen sie überein gegen den Naturalismus. Aber wenn der Klassizismus Mensch sagt, so meint er Vernunft und Gefühl; und wenn die Romantik Mensch sagt, so meint sie Leidenschaft und Sinne; und wenn die Moderne Mensch sagt, so meint sie Nerven. Da ist die große Einigkeit schon wieder vorbei.
Ich glaube also, daß der Naturalismus überwunden werden wird durch eine nervöse Romantik; noch lieber möchte ich sagen: durch eine Mystik der Nerven. [...] [v 1891]

Karl Kraus
Die demolierte Literatur

[…] Die ganze Literaturbewegung einzuleiten, die zahlreichen schwierigen Überwindungen vorzunehmen, nicht zuletzt, dem Kaffeehausleben den Stempel einer Persönlichkeit aufzudrücken, war ein Herr aus Linz[1] berufen worden, dem es in der Tat bald gelang, einen entscheidenden Einfluß auf die Jugend zu gewinnen und eine dichte Schar von Anhängern um sich zu versammeln. Eine Linzer Gewohnheit, Genialität durch eine in die Stirne baumelnde Haarlocke anzudeuten, fand sogleich begeisterte Nachahmer – die Modernen wollten es betont wissen, daß ihnen der Zopf nicht hinten hing. Alsbald verbot der verwegene Sucher neuer Sensationen aus Linz seinen Jüngern, von dem „Kaiserfleisch des Naturalismus" zu essen, empfahl ihnen dafür die „gebackenen Dukaten des Symbolismus" und wußte sich durch derlei zweckmäßige Einführungen in seiner Position als erster Stammgast zu behaupten. Seine Schreibweise wurde von der literarischen Jugend spielend erlernt. Den jüngsten Kritikern öffnete er die Spalten seines neugegründeten Blattes[2], welches allwöchentlich den Bahnbrecher und seine Epigonen in engster Nachbarschaft sehen ließ und noch heute eine nur durch die Verschiedenartigkeit der Chiffren gestörte Styleinheit aufweist. Damals, als er noch nicht die abgeklärte Ruhe des weimarischen Goethe besaß, war es für die Anfänger noch schwer, ihm durch das Gestrüpp seines seltsam verschnörkelten und kunstvoll verzweigten Undeutsch zu folgen. Heute, wo er Goethe kopiert, findet er die meisten Nachahmer, und kaum einen seiner Schüler gibt es, der um den Unterschied zwischen einem „Kenner" und einer „Menge" verlegen wäre. […]

[v 1896]

[1] Hermann Bahr, der in Linz-Urfahr geboren wurde

[2] Gemeint ist die Oktober 1894 gegründete Wochenschrift *Die Zeit,* eine „Wiener Wochenschrift für Politik, Volkswirtschaft und Kunst", herausgegeben von Bahr zusammen mit dem österreichischen Journalisten Isidor Singer (1857–1927) und Heinrich Kanner (1864–1930), österreichischer Publizist und Zeitungsherausgeber

Aufgaben zu den Texten auf den Seiten 297–298

Hermann Bahr Die Überwindung des Naturalismus (S. 297)

① Worin sieht Bahr „das Neue", das den Naturalismus überwinden soll?
② Inwiefern stimmen Sie dieser Abgrenzung aufgrund Ihrer Kenntnisse über den Naturalismus zu?

Karl Kraus Die demolierte Literatur (S. 298)

① Wie beurteilt Kraus die Überlegungen und Bemühungen von Bahr?
② Charakterisieren Sie Wortwahl und Stilmittel, und erschließen Sie daraus die Absicht des Verfassers.
③ Welcher Gattung läßt sich der Text zuordnen?

b) Eindrücke des Augenblicks

DETLEV VON LILIENCRON
Viererzug

Vorne vier nickende Pferdeköpfe,
Neben mir zwei blonde Mädchenzöpfe,
Hinten der Groom[1] mit wichtigen Mienen,
An den Rädern Gebell.

In den Dörfern windstillen Lebens Genüge,
Auf den Feldern fleißige Spaten und Pflüge,
Alles das von der Sonne beschienen
So hell, so hell. [v 1897]

[1] Reitknecht

MAX DAUTHENDEY
Regenduft

Schreie. Ein Pfau.
Gelb schwankt das Rohr.
Glimmendes Schweigen von faulem Holz.

Flüstergrün der Mimosen.
Schlummerndes Gold nackter Rosen
Auf braunem Moor.

Weiße Dämmerung rauscht in den Muscheln.
Granit blank, eisengrau.
Matt im Silberflug Kranichheere
Über die Schaumsaat stahlkühler Meere.
[v 1893]

ARTHUR SCHNITZLER
Leutnant Gustl

[...] Wie lange wird denn das noch dauern? Ich muß auf die Uhr schauen ... schickt sich wahrscheinlich nicht in einem so ernsten Konzert. Aber wer sieht's denn? Wenn's einer sieht, so paßt er gerade so wenig auf, wie ich, und vor dem brauch' ich mich nicht zu genieren ... Erst viertel auf zehn? ... Mir kommt vor, ich sitz' schon drei Stunden in dem Konzert. Ich bin's halt nicht gewohnt ... Was ist es denn eigentlich? Ich muß das Programm anschauen ... Ja, richtig: Oratorium? Ich hab' gemeint: Messe. Solche Sachen gehören doch nur in die Kirche. Die Kirche hat auch das Gute, daß man jeden Augenblick fortgehen kann. – Wenn ich wenigstens einen Ecksitz hätt'! – Also Geduld, Geduld! Auch Oratorien nehmen ein End'! Vielleicht ist es sehr schön, und ich bin nur nicht in der Laune. Woher sollt' mir auch die Laune kommen? Wenn ich denke, daß ich hergekommen bin, um mich zu zerstreuen ... Hätt' ich die Karte lieber dem Benedek geschenkt, dem machen solche Sachen Spaß; er spielt ja selber Violine. Aber da wär' der Kopetzky beleidigt gewesen. Es war ja sehr lieb von ihm, wenigstens gut gemeint. Ein braver Kerl, der Kopetzky! Der einzige, auf den man sich verlassen kann ... Seine Schwester singt ja mit unter denen da oben. Mindestens hundert Jungfrauen, alle schwarz gekleidet; wie soll ich sie da herausfinden? Weil sie mitsingt, hat er auch das Billett gehabt, der Kopetzky ... Warum ist er denn nicht selber gegangen? – Sie singen übrigens sehr schön. Es ist sehr erhebend – sicher! Bravo! bravo! ... Ja, applaudieren wir mit. Der neben mir klatscht wie verrückt. Ob's ihm wirklich so gut gefällt? – Das Mädel drüben in der Loge ist sehr hübsch. Sieht sie mich an oder den Herrn dort mit dem blonden Vollbart? ... Ah, ein Solo! Wer ist das? Alt: Fräulein Walker, Sopran: Fräulein Michalek ... das ist wahrscheinlich Sopran ... Lang' war ich schon nicht in der Oper. In der Oper unterhalt' ich mich immer, auch wenn's langweilig ist. Übermorgen könnt' ich eigentlich wieder hineingeh'n, zur „Traviata". Ja, übermorgen bin ich vielleicht schon eine tote Leiche! Ah, Unsinn, das glaub' ich selber nicht! Warten S' nur, Herr Doktor, Ihnen wird's vergeh'n, solche Bemerkungen zu machen! Das Nasenspitzel hau' ich Ihnen herunter ...

Wenn ich die in der Loge nur genau sehen könnt'! Ich möcht' mir den Operngucker von dem Herrn neben mir ausleih'n, aber der frißt mich ja auf, wenn ich ihn in seiner Andacht stör' ... In welcher Gegend die Schwester von Kopetzky steht? Ob ich sie erkennen möcht'? Ich hab' sie ja nur zwei- oder dreimal gesehen, das letztemal im Offizierskasino ... Ob das lauter anständige Mädeln sind, alle hundert? O jeh! ... „Unter Mitwirkung des Singvereins!" – Singverein ... komisch! Ich hab' mir darunter eigentlich immer so was Ähnliches vorgestellt, wie die Wiener Tanzsängerinnen, das heißt, ich hab' schon gewußt, daß es was anderes ist! ... Schöne Erinnerungen! Damals beim „Grünen Tor" ... Wie hat sie nur geheißen? Und dann hat sie mir einmal eine Ansichtskarte aus Belgrad geschickt ... auch eine schöne Gegend! – Der Kopetzky hat's gut, der sitzt jetzt längst im Wirtshaus und raucht seine Virginia! ...

Was guckt mich denn der Kerl dort immer an? Mir scheint, der merkt, daß ich mich langweil' und nicht herg'hör' ... Ich möcht' Ihnen raten, ein etwas weniger freches Gesicht zu machen, sonst stell' ich Sie mir nachher im Foyer! – Schaut schon weg! ... Daß sie alle vor meinem Blick so eine Angst hab'n ... „Du hast die schönsten Augen, die mir je vorgekommen sind!" hat neulich die Steffi gesagt ... O Steffi, Steffi, Steffi! – Die Steffi ist eigentlich schuld, daß ich dasitz' und mir stundenlang vorlamentieren lassen muß. – Ah, diese ewige Abschreiberei von der Steffi geht mir wirklich schon auf die Nerven! Wie schön hätt' der heutige Abend sein können. Ich hätt' große Lust, das Brieferl von der Steffi zu lesen. Da hab' ich's ja. Aber wenn ich die Brieftasche herausnehm', frißt mich der Kerl daneben auf! – Ich weiß ja, was drinsteht ... sie kann nicht kommen, weil sie mit „ihm" nachtmahlen gehen muß ... Ah, das war komisch vor acht Tagen, wie sie mit ihm in der Gartenbaugesellschaft gewesen ist, und ich vis-a-vis mit'm Kopetzky; und sie hat mir immer die Zeichen gemacht mit den Augerln, die verabredeten. Er hat nichts gemerkt – unglaublich! Muß übrigens ein Jud' sein! Freilich, in einer Bank ist er, und der schwarze Schnurrbart ... Reserveleutnant soll er auch sein! Na, in mein Regiment sollt' er nicht zur Waffenübung kommen! Überhaupt, daß sie noch immer so viel Juden zu Offizieren machen – da pfeif' ich auf'n ganzen Antisemitismus! Neulich in der Gesellschaft, wo die G'schicht' mit dem Doktor passiert ist bei den Mannheimers ... die Mannheimer selber sollen ja auch Juden sein, getauft natürlich ... denen merkt man's aber gar nicht an – besonders die Frau ... so blond, bildhübsch die Figur ... War sehr amüsant im ganzen. Famoses Essen, großartige Zigarren ... Na ja, wer hat's Geld? ...

Bravo, bravo! Jetzt wird's doch bald aus sein? – Ja, jetzt steht die ganze G'sellschaft da droben auf ... sieht sehr gut aus – imposant! – Orgel auch? ... Orgel hab' ich sehr gern ... So, das laß' ich mir g'fall'n – sehr schön! Es ist wirklich wahr, man sollt' öfter in Konzerte gehen ... Wunderschön ist's g'wesen, werd' ich dem Kopetzky sagen ... Werd' ich ihn heut' im Kaffeehaus treffen? – Ah, ich hab' gar keine Lust, ins Kaffeehaus zu geh'n; hab' mich gestern so gegiftet! Hundertsechzig Gulden auf einem Sitz verspielt – zu dumm! Und wer hat alles gewonnen? Der Ballert, grad' der, der's nicht notwendig hat ... Der Ballert ist eigentlich schuld, daß ich in das Blöde Konzert hab' geh'n müssen ... Na ja, sonst hätt' ich heut wieder spielen können, vielleicht doch was zurückgewonnen. Aber es ist ganz gut, daß ich mir selber das Ehrenwort gegeben hab', einen Monat lang keine Karte anzurühren ... Die Mama wird wieder ein G'sicht machen, wenn sie meinen Brief bekommt! – Ah, sie soll zum Onkelgeh'n, der hat Geld wie Mist; auf ein paar Hundert Gulden kommt's ihm nicht an. Wenn ich's nur durchsetzen könnt', daß er mir eine regelmäßige Sustentation[1] gibt ... aber nein, um jeden Kreuzer muß man extra betteln. Dann heißt's wieder: Im vorigen Jahr war die Ernte schlecht! ... Ob ich heuer im Sommer wieder zum Onkel fahren soll auf vierzehn Tag'? Eigentlich langweilt man sich dort zum Sterben ... Wenn ich die ... wie hat sie nur geheißen? ... Es ist merkwürdig, ich kann mir keinen Namen merken! ...Ah, ja: Etelka! ... Kein Wort deutsch hat sie verstanden, aber das war auch nicht notwendig ... hab' gar nichts zu reden brauchen! ... Ja, es wird ganz gut sein, vierzehn Tage Landluft und vierzehn Nächt' Etelka oder sonstwer ... Aber acht Tag' sollt' ich doch auch wieder beim Papa und bei der Mama sein ... Schlecht hat sie

[1] Unterstützung

ausg'seh'n heuer zu Weihnachten ... Na, jetzt wird die Kränkung schon überwunden sein. Ich an ihrer Stelle wär' froh, daß der Papa in Pension gegangen ist. – Und die Klara wird schon noch einen Mann kriegen ... Der Onkel kann auch was hergeben ... Achtundzwanzig Jahr, das ist doch nicht so alt ... Die Steffi ist sicher nicht jünger ... Aber es ist merkwürdig: *die* Frauenzimmer halten sich länger jung. Wenn man so bedenkt: die Maretti neulich in der „Madame Sans-Gêne" – siebenunddreißig Jahr ist die sicher, und sieht aus ... Na, ich hätt' nicht Nein g'sagt! – Schad', daß sie mich nicht g'fragt hat ... [...]

[v 1901]

Aufgaben zu dem Bild auf der Seite 291

CLAUDE MONET Die Mohnblumen

① Die „Impression der flüchtigen Effekte wiederzugeben" bezeichnete Monet als Ziel seiner Malerei. Wie sehen Sie dies hier verwirklicht? (Berücksichtigen Sie die zweimalige Darstellung seiner Frau und seines kleinen Sohnes.)
② Auf welche Weise werden Personen und Gegenstände vom Maler wiedergegeben?
③ Wo finden Sie Übereinstimmungen mit dem Impressionismus in der Literatur?

Aufgaben zu den Texten auf den Seiten 299–301

DETLEV VON LILIENCRON Viererzug (S. 299)

① Welche Details hebt Liliencron hervor?
② Beschreiben Sie das Gesamtbild, das durch die einzelnen Eindrücke vermittelt wird.

MAX DAUTHENDEY Regenduft (S. 299)

① Welche Stilmittel sind Dauthendey hier besonders wichtig?
② Zeigen Sie Parallelen und Unterschiede zu Liliencrons „Viererzug".

ARTHUR SCHNITZLER Leutnant Gustl (S. 299 ff.)

① Informieren Sie sich (z. B. in einem Literaturlexikon) über den Inhalt der Erzählung.
② Wie charakterisiert Schnitzler den Leutnant? Welches Kunstverständnis und welche Moralvorstellungen hat er?
③ Welche Gründe könnten wohl dazu geführt haben, daß Schnitzler das Reserveoffizierspatent aberkannt wurde?
④ Untersuchen Sie die Funktion des „inneren Monologs". Welche Möglichkeiten bietet er hier dem Autor?

c) Ästhetizismus und Künstlertum

Stefan George
Einleitungen und Merksprüche der Blätter für die Kunst

Der name dieser veröffentlichung sagt schon zum teil was sie soll: der kunst besonders der dichtung und dem schrifttum dienen, alles staatliche und gesellschaftliche ausscheidend.
Sie will die Geistige Kunst auf grund der neuen fühlweise und mache – eine kunst für die kunst – und steht deshalb im gegensatz zu jener verbrauchten und minderwertigen schule die einer falschen auffassung der wirklichkeit entsprang. sie kann sich auch nicht beschäftigen mit weltverbesserungen und allbeglückungsträumen in denen man gegenwärtig bei uns den keim zu allem neuen sieht, die ja sehr schön sein mögen aber in ein andres gebiet gehören als das der dichtung.
Wir halten es für einen vorteil dass wir nicht mit lehrsätzen beginnen sondern mit werken die unser wollen behellen und an denen man später die regeln ableite. [...]

Niedergang (dekadenz) in verschiedener hinsicht ist eine erscheinung die man unklugerweise zum einzigen ausfluss *unsrer* zeit machen wollte – die gewiss auch einmal in den rechten händen künstlerische behandlung zulässt sonst aber ins gebiet der heilkunde gehört.
Jede niedergangs-erscheinung zeugt auch wieder von höherem leben.

Das *Sinnbild* (symbol) ist so alt wie sprache und dichtung selbst. es gibt sinnbild der einzelnen worte der einzelnen teile und des gesamt-inhalts einer kunst-schöpfung. das lezte nennt man auch die tiefere meinung die jedem bedeutenden werk innewohnt.
Sinnbildliches sehen ist die natürliche folge geistiger reife und tiefe.

Zwischen *älterer und heutiger kunst* gibt es allerdings einige unterschiede:
Wir wollen keine erfindung von geschichten sondern wiedergabe von stimmungen keine betrachtung sondern darstellung keine unterhaltung sondern eindruck.
Die älteren dichter schufen der mehrzahl nach ihre werke oder wollten sie wenigstens angesehen haben als stütze einer meinung: einer weltanschauung – wir sehen in jedem ereignis jedem zeitalter nur ein mittel künstlerischer erregung. auch die freisten der freien konnten ohne den sittlichen deckmantel nicht auskommen (man denke an die begriffe von schuld u.s.w.) der uns ganz wertlos geworden ist.
Drittens die kürze – rein ellenmässig – die kürze.

Das *Gedicht* ist der höchste der endgültige ausdruck eines geschehens: nicht wiedergabe eines gedankens sondern einer stimmung. was in der malerei wirkt ist verteilung linie und farbe, in der dichtung: auswahl maass und klang.
Viele die über ein zweck-gemälde oder ein zweck-tonstück lächeln würden glauben trotz ihres leugnens doch an die zweck-dichtung. auf der einen seite haben sie erkannt dass das stoffliche bedeutungslos ist, auf der andern suchen sie es beständig und fremd ist ihnen eine dichtung zu *geniessen*.

Erzählung. Man verwechselt heute kunst (literatur) mit berichterstatterei (reportage) zu welch lezter gattung die meisten unsrer erzählungen (sogen. romane) gehören. ein gewisser zeitgeschichtlicher wert bleibt ihnen immerhin obgleich er nicht dem der tagesblätter richtverhandlungen behördlichen zählungen u. ä. gleichkommt. [...]

[v 1892]

STEFAN GEORGE
Vogelschau

Weisse schwalben sah ich fliegen ·
Schwalben schnee- und silberweiss ·
Sah sie sich im winde wiegen·
In dem winde hell und heiss.

Bunte häher sah ich hüpfen ·
Papagei und kolibri
Durch die wunder-bäume schlüpfen
In dem wald der Tusferi.[1]

Grosse raben sah ich flattern ·
Dohlen schwarz und dunkelgrau
Nah am grunde über nattern
Im verzauberten gehau.

Schwalben seh ich wieder fliegen ·
Schnee- und silberweisse schar ·
Wie sie sich im winde wiegen
In dem winde kalt und klar! [v 1892]

[1] Wald aus weihrauchtragenden Büschen und Bäumen

STEFAN GEORGE
Es lacht in dem steigenden jahr dir*

Es lacht in dem steigenden jahr dir
Der duft aus dem garten noch leis.
Flicht in dem flatternden haar dir
Eppich und ehrenpreis.

Die wehende saat ist wie gold noch ·
Vielleicht nicht so hoch mehr und reich ·
Rosen begrüssen dich hold noch ·
Ward auch ihr glanz etwas bleich.

Verschweigen wir was uns verwehrt ist ·
Geloben wir glücklich zu sein ·
Wenn auch nicht mehr uns beschert ist
Als noch ein rundgang zu zwein.

[v 1897]

HUGO VON HOFMANNSTHAL
Ein Brief

Dies ist der Brief, den Philipp Lord Chandos, jüngerer Sohn des Earl of Bath, an Francis Bacon, später Lord Verulam und Viscount St. Albans, schrieb, um sich bei diesem Freunde wegen des gänzlichen Verzichtes auf literarische Betätigung zu entschuldigen. [...]
Um mich kurz zu fassen: Mir erschien damals in einer Art von andauernder Trunkenheit das ganze Dasein als eine große Einheit: geistige und körperliche Welt schien mir keinen Gegensatz zu bilden, ebensowenig höfisches und tierisches Wesen, Kunst und Unkunst, Einsamkeit und Gesellschaft; in allem fühlte ich Natur, in den Verirrungen des Wahnsinns ebensowohl wie in den äußersten Verfeinerungen eines spanischen Zeremoniells; in den Tölpelhaftigkeiten junger Bauern nicht minder als in den süßesten Allegorien; und in aller Natur fühlte ich mich selber; wenn ich auf meiner Jagdhütte die schäumende laue Milch in mich hineintrank, die ein struppiges Mensch einer schönen, sanftäugigen Kuh aus dem Euter in einen Holzeimer niedermolk, so war mir das nichts anderes, als wenn ich, in der dem Fenster eingebauten Bank meines studio sitzend, aus einem Folianten süße und schäumende Nahrung des Geistes in mich sog. [...] Es ahnte mir, alles wäre Gleichnis und jede Kreatur ein Schlüssel der andern, und ich fühlte mich wohl den, der imstande wäre, eine nach der andern bei der Krone zu packen und mit ihr so viele der andern aufzusperren, als sie aufsperren könnte. [...]
Mein Fall ist, in Kürze, dieser: Es ist mir völlig die Fähigkeit abhanden gekommen, über irgend etwas zusammenhängend zu denken oder zu sprechen.

Zuerst wurde es mir allmählich unmöglich, ein höheres oder allgemeineres Thema zu besprechen und dabei jene Worte in den Mund zu nehmen, deren sich doch alle Menschen ohne Bedenken geläufig zu bedienen pflegen. Ich empfand ein unerklärliches Unbehagen, die Worte „Geist", „Seele" oder „Körper" nur auszusprechen. Ich fand es innerlich unmöglich, über die Angelegenheiten des Hofes, die Vorkommnisse im Parlament, oder was Sie sonst wollen, ein Urteil herauszubringen. Und dies nicht etwa aus Rücksichten irgendwelcher Art, denn Sie kennen meinen bis zur Leichtfertigkeit gehenden Freimut: sondern die abstrakten Worte, deren sich doch die Zunge naturgemäß bedienen muß, um irgendwelches Urteil an den Tag zu geben, zerfielen mir im Munde wie modrige Pilze. [...]

Allmählich aber breitete sich diese Anfechtung aus wie ein um sich fressender Rost. Es wurden mir auch im familiären und hausbackenen Gespräch alle die Urteile, die leichthin und mit schlafwandelnder Sicherheit abgegeben zu werden pflegen, so bedenklich, daß ich aufhören mußte, an solchen Gesprächen irgend teilzunehmen. [...] Es zerfiel mir alles in Teile, die Teile wieder in Teile, und nichts mehr ließ sich mit einem Begriff umspannen. Die einzelnen Worte schwammen um mich; sie gerannen zu Augen, die mich anstarrten und in die ich wieder hineinstarren muß: Wirbel sind sie, in die hinabzusehen mich schwindelt, die sich unaufhaltsam drehen und durch die hindurch man ins Leere kommt. [...]

[v 1902]

FRIEDRICH NIETZSCHE

Vereinsamt

Die Krähen schrei'n
Und ziehen schwirren Flugs zur Stadt:
Bald wird es schnei'n –
Wohl dem, der jetzt noch – Heimat hat!

Nun stehst du starr,
Schaust rückwärts, ach! wie lange schon!
Was bist du, Narr,
Vor winters in die Welt entflohn?

Die Welt – ein Tor
Zu tausend Wüsten stumm und kalt!
Wer das verlor,
Was du verlorst, macht nirgends halt.

Nun stehst du bleich,
Zur Winter-Wanderschaft verflucht,
Dem Rauche gleich,
Der stets nach kältern Himmeln sucht.

Flieg, Vogel, schnarr
Dein Lied im Wüsten-Vogel-Ton! –
Versteck, du Narr,
Dein blutend Herz in Eis und Hohn!

Die Krähen schrei'n
Und ziehen schwirren Flugs zur Stadt:
– Bald wird es schnei'n,
Weh dem, der keine Heimat hat!

[e 1884, v 1894]

THOMAS MANN

Tonio Kröger

[...] „Kommst du endlich, Hans?" sagte Tonio Kröger, der lange auf dem Fahrdamm gewartet hatte; lächelnd trat er dem Freunde entgegen, der im Gespräch mit anderen Kameraden aus der Pforte kam und schon im Begriffe war, mit ihnen davonzugehen ... „Wieso?" fragte er und sah Tonio an ... „Ja, das ist wahr! Nun gehen wir noch ein bißchen."

Tonio verstummte, und seine Augen trübten sich. Hatte Hans es vergessen, fiel es ihm erst jetzt

wieder ein, daß sie heute mittag ein wenig zusammen spazierengehen wollten? Und er selbst hatte sich seit der Verabredung beinahe unausgesetzt darauf gefreut!
„Ja, adieu, ihr!“ sagte Hans Hansen zu den Kameraden. „Dann gehe ich noch ein bißchen mit Kröger.“ – Und die beiden wandten sich nach links, indes die anderen nach rechts schlenderten. [...]
Er [Tonio] machte nicht den Versuch, zu werden wie Hans Hansen, und vielleicht war es ihm nicht einmal sehr ernst mit diesem Wunsche. Aber er begehrte schmerzlich, so wie er war, von ihm geliebt zu werden, und er warb um seine Liebe auf seine Art, eine langsame und innige, hingebungsvolle, leidende und wehmütige Art, aber von einer Wehmut, die tiefer und zehrender brennen kann als alle jähe Leidenschaftlichkeit, die man von seinem fremden Äußeren hätte erwarten können.
Und er warb nicht ganz vergebens, denn Hans, der übrigens eine gewisse Überlegenheit an ihm achtete, eine Gewandtheit des Mundes, die Tonio befähigte, schwierige Dinge auszusprechen, begriff ganz wohl, daß hier eine ungewöhnlich starke und zarte Empfindung für ihn lebendig sei, erwies sich dankbar und bereitete ihm manches Glück durch sein Entgegenkommen – aber auch manche Pein der Eifersucht, der Enttäuschung und der vergeblichen Mühe, eine geistige Gemeinschaft herzustellen. Denn es war das Merkwürdige, daß Tonio, der Hans Hansen doch um seine Daseinsart beneidete, beständig trachtete, ihn zu seiner eigenen herüberzuziehen, was höchstens auf Augenblicke und auch dann nur scheinbar gelingen konnte ...
„Ich habe jetzt etwas Wundervolles gelesen, etwas Prachtvolles ...“, sagte er. Sie gingen und aßen gemeinsam aus einer Tüte Fruchtbonbons, die sie bei Krämer Iwersen in der Mühlenstraße für zehn Pfennige erstanden hatten. „Du mußt es lesen, Hans, es ist nämlich ‚Don Carlos‘ von Schiller ... Ich leihe es dir, wenn du willst ...“
„Ach nein“, sagte Hans Hansen, „das laß nur, Tonio, das paßt nicht für mich. Ich bleibe bei meinen Pferdebüchern, weißt du. Famose Abbildungen sind darin, sage ich dir. Wenn du mal bei mir bist, zeige ich sie dir. Es sind Augenblicksphotographien, und man sieht die Gäule im Trab und im Galopp und im Sprunge, in allen Stellungen, die man in Wirklichkeit gar nicht zu sehen bekommt, weil es zu schnell geht ...“
„In allen Stellungen?“ sagte Tonio höflich. „Ja, das ist fein. Was aber ‚Don Carlos‘ betrifft, so geht das über alle Begriffe. Es sind Stellen darin, du sollst sehen, die so schön sind, daß es einem einen Ruck gibt, daß es gleichsam knallt ...“
„Knallt es?“ fragte Hans Hansen ... „Wieso?“
„Da ist zum Beispiel die Stelle, wo der König geweint hat, weil er von dem Marquis betrogen ist ... aber der Marquis hat ihn nur dem Prinzen zuliebe betrogen, verstehst du, für den er sich opfert. Und nun kommt aus dem Kabinett in das Vorzimmer die Nachricht, daß der König geweint hat. ‚Geweint?‘ ‚Der König geweint?‘ Alle Hofmänner sind fürchterlich betreten, und es geht einem durch und durch, denn es ist ein schrecklich starrer und strenger König. Aber man begreift es so gut, daß er geweint hat, und mir tut er eigentlich mehr leid als der Prinz und der Marquis zusammengenommen. Er ist immer so ganz allein und ohne Liebe, und nun glaubt er einen Menschen gefunden zu haben, und der verrät ihn ...“
Hans Hansen sah von der Seite in Tonio's Gesicht, und irgend etwas in diesem Gesicht mußte ihn wohl dem Gegenstande gewinnen, denn er schob plötzlich wieder seinen Arm unter den Tonios und fragte:
„Auf welche Weise verrät er ihn denn, Tonio?“
Tonio geriet in Bewegung.
„Ja, die Sache ist“, fing er an, „daß alle Briefe nach Brabant und Flandern ...“
„Da kommt Erwin Jimmerthal“, sagte Hans.
Tonio verstummte. Möchte ihn doch, dachte er, die Erde verschlingen, diesen Jimmerthal! Warum muß er kommen und uns stören! [...] [v 1903]

Rainer Maria Rilke
Das Karussell
Jardin du Luxembourg

Mit einem Dach und seinem Schatten dreht
sich eine kleine Weile der Bestand
von bunten Pferden, alle aus dem Land,
das lange zögert, eh es untergeht.
Zwar manche sind an Wagen angespannt,
doch alle haben Mut in ihren Mienen;
ein böser roter Löwe geht mit ihnen
und dann und wann ein weißer Elefant.

Sogar ein Hirsch ist da, ganz wie im Wald,
nur daß er einen Sattel trägt und drüber
ein kleines blaues Mädchen aufgeschnallt.

Und auf dem Löwen reitet weiß ein Junge
und hält sich mit der kleinen heißen Hand,
dieweil der Löwe Zähne zeigt und Zunge.

Und dann und wann ein weißer Elefant.

Und auf den Pferden kommen sie vorüber,
auch Mädchen, helle, diesem Pferdesprunge
fast schon entwachsen; mitten in dem Schwunge
schauen sie auf, irgendwohin, herüber –

Und dann und wann ein weißer Elefant.

Und das geht hin und eilt sich, daß es endet,
und kreist und dreht sich nur und hat kein Ziel.
Ein Rot, ein Grün, ein Grau vorbeigesendet,
ein kleines kaum begonnenes Profil –.
Und manchesmal ein Lächeln, hergewendet,
ein seliges, das blendet und verschwendet
an dieses atemlose blinde Spiel …

[v 1907]

Rainer Maria Rilke
Die Aufzeichnungen des Malte Laurids Brigge

[…] Ich glaube, ich müßte anfangen, etwas zu arbeiten, jetzt, da ich sehen lerne. Ich bin achtundzwanzig, und es ist so gut wie nichts geschehen. Wiederholen wir: ich habe eine Studie über Carpaccio[1] geschrieben, die schlecht ist, ein Drama, das „Ehe" heißt und etwas Falsches mit zweideu-

[1] Vittore Carpaccio (um 1450 – nach 1522), venezianischer Maler

tigen Mitteln beweisen will, und Verse. Ach, aber mit Versen ist so wenig getan, wenn man sie früh schreibt. Man sollte warten damit und Sinn und Süßigkeit sammeln ein ganzes Leben lang und ein langes womöglich, und dann, ganz zum Schluß, vielleicht könnte man dann zehn Zeilen schreiben, die gut sind. Denn Verse sind nicht, wie die Leute meinen, Gefühle (die hat man früh genug), – es sind Erfahrungen. Um eines Verses willen muß man viele Städte sehen, Menschen und Dinge, man muß die Tiere kennen, man muß fühlen, wie die Vögel fliegen, und die Gebärde wissen, mit welcher die kleinen Blumen sich auftun am Morgen. Man muß zurückdenken können an Wege in unbekannten Gegenden, an unerwartete Begegnungen und an Abschiede, die man lange kommen sah, – an Kindheitstage, die noch unaufgeklärt sind, an die Eltern, die man kränken mußte, wenn sie einem eine Freude brachten und man begriff sie nicht (es war eine Freude für einen anderen –), an Kinderkrankheiten, sie so seltsam anheben mit so vielen tiefen und schweren Verwandlungen, an Tage in stillen, verhaltenen Stuben und an Morgen am Meer, an das Meer überhaupt, an Meere, an Reisenächte, die hoch dahinrauschten und mit allen Sternen flogen, – und es ist noch nicht genug, wenn man an alles das denken darf. Man muß Erinnerungen haben an viele Liebesnächte, von denen keine der andern glich, an Schreie von Kreißenden und an leichte, weiße, schlafende Wöchnerinnen, die sich schließen. Aber auch bei Sterbenden muß man gewesen sein, muß bei Toten gesessen haben in der Stube mit dem offenen Fenster und den stoßweisen Geräuschen. Und es genügt auch noch nicht, daß man Erinnerungen hat. Man muß sie vergessen können, wenn es viele sind, und man muß die große Geduld haben, zu warten, daß sie wiederkommen. Denn die Erinnerungen selbst *sind* es noch nicht. Erst wenn sie Blut werden in uns, Blick und Gebärde, namenlos und nicht mehr zu unterscheiden von uns selbst, erst dann kann es geschehen, daß in einer sehr seltenen Stunde das erste Wort eines Verses aufsteht in ihrer Mitte und aus ihnen ausgeht.

Alle meine Verse aber sind anders entstanden, also sind es keine. – Und als ich mein Drama schrieb, wie irrte ich da. War ich ein Nachahmer und Narr, daß ich eines Dritten bedurfte, um von dem Schicksal zweier Menschen zu erzählen, die es einander schwer machten? [...]

Es ist lächerlich. Ich sitze hier in meiner kleinen Stube, ich, Brigge, der achtundzwanzig Jahre alt geworden ist und von dem niemand weiß. Ich sitze hier und bin nichts. Und dennoch, dieses Nichts fängt an zu denken und denkt, fünf Treppen hoch, an einem grauen Pariser Nachmittag diesen Gedanken:

Ist es möglich, denkt es, daß man noch nichts Wirkliches und Wichtiges gesehen, erkannt und gesagt hat? Ist es möglich, daß man Jahrtausende Zeit gehabt hat, zu schauen, nachzudenken und aufzuzeichnen, und daß man die Jahrtausende hat vergehen lassen wie eine Schulpause, in der man sein Butterbrot ißt und einen Apfel?

Ja, es ist möglich.

Ist es möglich, daß man trotz Erfindungen und Fortschritten, trotz Kultur, Religion und Weltweisheit an der Oberfläche des Lebens geblieben ist? Ist es möglich, daß man sogar diese Oberfläche, die doch immerhin etwas gewesen wäre, mit einem unglaublich langweiligen Stoff überzogen hat, so daß sie aussieht wie die Salonmöbel in den Sommerferien? [...]

Wenn aber dieses alles möglich ist, auch nur einen Schein von Möglichkeit hat, – dann muß ja, um alles in der Welt, etwas geschehen. Der Nächstbeste, der, welcher diesen beunruhigenden Gedanken gehabt hat, muß anfangen, etwas von dem Versäumten zu tun; wenn es auch nur irgend einer ist, durchaus nicht der Geeignetste: es ist eben kein anderer da. Dieser junge, belanglose Ausländer, Brigge, wird sich fünf Treppen hoch hinsetzen müssen und schreiben, Tag und Nacht: ja er wird schreiben müssen, das wird das Ende sein. [...]

[v 1910]

Aufgaben zu den Texten auf den Seiten 302–307

STEFAN GEORGE Einleitungen und Merksprüche der Blätter für die Kunst (S. 302)

① Gegen welche literarischen Richtungen wendet sich George?
② Formulieren Sie mit eigenen Worten, wie hier Symbol, Gedicht und Erzählung definiert werden.

STEFAN GEORGE Vogelschau (S. 303)

① Welche Bedeutungen ergeben sich aus dem Titel?
② Untersuchen Sie die Struktur des Textes.
③ Wie unterscheiden sich Sprache und Bilder in den verschiedenen Teilen des Gedichts?

STEFAN GEORGE Es lacht in dem steigenden jahr dir (S. 303)

① Welcher Gattung würden Sie das Gedicht zuordnen?
② Durch welche Bilder verdeutlicht George seine Aussagen?

HUGO VON HOFMANNSTHAL Ein Brief (S. 303 f.)

① Wie charakterisiert Lord Chandos seinen augenblicklichen und seinen früheren Zustand?
② Welche Auswirkungen auf sein Leben haben sich daraus ergeben?

FRIEDRICH NIETZSCHE Vereinsamt (S. 304)

① Skizzieren Sie die Struktur des Gedichts.
② Welche Aufgabe hat hier die Beschreibung der Natur?
③ Wie charakterisiert Nietzsche den Begriff „Heimat"?

THOMAS MANN Tonio Kröger (S. 304 f.)

① Charakterisieren Sie Tonio und Hans; gehen Sie dabei von ihren verschiedenen literarischen Interessen aus.
② Welche Funktion hat hier die Beschreibung König Philipps?

RAINER MARIA RILKE Das Karussell (S. 306)

① Beschreiben Sie Inhalt und Struktur des Gedichts. Berücksichtigen Sie auch die verschiedenen Strophenlängen.
② Nennen Sie die wichtigsten sprachlichen und stilistischen Mittel.
③ Welche unterschiedlichen Aussagen können Sie in dem Text finden?

RAINER MARIA RILKE Die Aufzeichnungen des Malte Laurids Brigge (S. 306 f.)

① Wie charakterisiert Brigge Lyrik und Verse?
② Beschreiben Sie die Art der Erfahrungen, die ein Dichter gemacht haben sollte.
③ Welche Existenzmöglichkeit sieht Brigge für sich?

d) Liebe und Tod

HUGO VON HOFMANNSTHAL
Der Tor und der Tod

[...] Wie er [Claudio] nach der Türe rechts geht, wird der Vorhang leise zurückgeschlagen, und in der Tür steht der Tod, den Fiedelbogen in der Hand, die Geige am Gürtel hängend. Er sieht Claudio, der entsetzt zurückfährt, ruhig an.

CLAUDIO: Wie packt mich sinnlos namenloses Grauen!
Wenn deiner Fiedel Klang so lieblich war,
Was bringt es solchen Krampf, dich anzuschauen?
Und schnürt die Kehle so und sträubt das Haar?
Geh weg! Du bist der Tod. Was willst du hier?
Ich fürchte mich. Geh weg! Ich kann nicht schrein.
Sinkend [...]
Genug. Ich grüße dich, wenngleich beklommen.
Kleine Pause
Doch wozu bist du eigentlich gekommen?
DER TOD: Mein Kommen, Freund, hat stets nur *einen* Sinn!
CLAUDIO: Bei mir hats eine Weile noch *dahin*!
Merk: eh das Blatt zu Boden schwebt,
Hat es zur Neige seinen Saft gesogen!
Dazu fehlt viel: Ich habe nicht gelebt!
DER TOD: Bist doch, wie alle, deinen Weg gezogen!
CLAUDIO: Wie abgerißne Wiesenblumen
Ein dunkles Wasser mit sich reißt,
So glitten mir die jungen Tage,
Und ich hab nie gewußt, daß das schon Leben heißt.
Dann ... stand ich an den Lebensgittern,
Der Wunder bang, von Sehnsucht süß bedrängt,
Daß sie in majestätischen Gewittern
Auffliegen sollten, wundervoll gesprengt.
Es kam nicht so ... [...]
DER TOD: Was allen, ward auch dir gegeben.
Ein Erdenleben, irdisch es zu leben.
Im Innern quillt euch allen treu ein Geist,
Der diesem Chaos toter Sachen
Beziehung einzuhauchen heißt
Und euren Garten draus zu machen
Für Wirksamkeit, Beglückung und Verdruß.
Weh dir, wenn ich dir das erst sagen muß!
Man bindet und man wird gebunden,
Entfaltung wirken schwül und wilde Stunden;
In Schlaf geweint und müd geplagt,
Noch wollend, schwer von Sehnsucht, halbverzagt,
Tiefatmend und vom Drang des Lebens warm ...
Doch alle *reif*, fallt ihr in meinen Arm.

CLAUDIO: Ich bin aber nicht reif, drum laß mich hier.
Ich will nicht länger töricht jammern,
Ich will mich an die Erdenscholle klammern,
Die tiefste Lebenssehnsucht schreit in mir.
Die höchste Angst zerreißt den alten Bann;
Jetzt fühl ich – laß mich – daß ich leben kann! [...]
Da tot mein Leben war, sei du mein Leben, Tod!
Was zwingt mich, der ich beides nicht erkenne,
Daß ich dich Tod und jenes Leben nenne?
In eine Stunde kannst du Leben pressen,
Mehr als das ganze Leben konnte halten,
Das schattenhafte will ich ganz vergessen
Und weih mich deinen Wundern und Gewalten.
Er besinnt sich einen Augenblick
Kann sein, dies ist nur sterbendes Besinnen,
Heraufgespült vom tödlich wachen Blut,
Doch hab ich nie mit allen Lebenssinnen
So viel ergriffen, und so nenn ichs gut!
Wenn ich jetzt ausgelöscht hinsterben soll,
Mein Hirn von dieser Stunde also voll,
Dann schwinde alles blasse Leben hin:
Erst, da ich sterbe, spür ich, daß ich bin.
Wenn einer träumt, so kann ein Übermaß
Geträumten Fühlens ihn erwachen machen,
So wach ich jetzt, im Fühlensübermaß,
Vom Lebenstraum wohl auf im Todeswachen.
Er sinkt tot zu den Füßen des Todes nieder.
DER TOD *indem er kopfschüttelnd langsam abgeht:*
Wie wundervoll sind diese Wesen,
Die, was nicht deutbar, dennoch deuten,
Was nie geschrieben wurde, lesen,
Verworrenes beherrschend binden
Und Wege noch im Ewig-Dunkeln finden. [...]

[v 1894]

HUGO VON HOFMANNSTHAL
Die Beiden

Sie trug den Becher in der Hand
– Ihr Kinn und Mund glich seinem Rand –,
So leicht und sicher war ihr Gang,
Kein Tropfen aus dem Becher sprang.

So leicht und fest war seine Hand:
Er ritt auf einem jungen Pferde,
Und mit nachlässiger Gebärde
Erzwang er, daß es zitternd stand.

Jedoch, wenn er aus ihrer Hand
Den leichten Becher nehmen sollte,
So war es beiden allzu schwer:

Denn beide bebten sie so sehr,
Daß keine Hand die andre fand
Und dunkler Wein am Boden rollte.

[v 1896]

Frank Wedekind

Frühlings Erwachen. Eine Kindertragödie

III. Akt, fünfte Szene

[Der Hausarzt, Dr. von Brausepulver, hat Wendla untersucht und ihr wegen Eisenmangels Pillen verschrieben.]

Wendla. Was hat er noch gesagt, Mutter, als er draußen war?

Frau Bergmann. Er hat nichts gesagt. – Er sagte, Fräulein von Witzleben habe auch zu Ohnmachten geneigt. Es sei das fast immer so bei der Bleichsucht.

Wendla. Hat er gesagt, Mutter, daß ich die Bleichsucht habe?

Frau Bergmann. Du sollest Milch trinken und Fleisch und Gemüse essen, wenn der Appetit zurückgekehrt sei.

Wendla. O Mutter, Mutter, ich glaube, ich habe nicht die Bleichsucht ...

Frau Bergmann. Du hast die Bleichsucht, Kind. Sei ruhig, Wendla, sei ruhig; du hast die Bleichsucht.

Wendla. Nein, Mutter, nein! Ich weiß es. Ich fühl es. Ich habe nicht die Bleichsucht. Ich habe die Wassersucht ...

Frau Bergmann. Du hast die Bleichsucht. Er hat es ja gesagt, daß du die Bleichsucht hast. Beruhige dich, Mädchen. Es wird besser werden.

Wendla. Es wird nicht besser werden. Ich habe die Wassersucht. Ich muß sterben, Mutter. – O Mutter, ich muß sterben!

Frau Bergmann. Du mußt nicht sterben, Kind! Du mußt nicht sterben ... Barmherziger Himmel, du mußt nicht sterben!

Wendla. Aber warum weinst du dann so jammervoll?

Frau Bergmann. Du mußt nicht sterben – Kind! Du hast nicht die Wassersucht. Du hast ein *Kind,* Mädchen! Du hast ein Kind! – Oh, warum hast du mir das getan!

Wendla. Ich habe dir nichts getan –

Frau Bergmann. O leugne nicht noch, Wendla! – Ich weiß alles. Sieh, ich hätt' es nicht vermocht, dir ein Wort zu sagen. – Wendla, meine Wendla ...!

Wendla. Aber das ist ja nicht möglich, Mutter. Ich bin ja doch nicht verheiratet ...!

Frau Bergmann. Großer, gewaltiger Gott –, das ist's ja, daß du nicht verheiratet bist! Das ist ja das Fürchterliche! – Wendla, Wendla, Wendla, was hast du getan!!

Wendla. Ich weiß es, weiß Gott, nicht mehr! Wir lagen im Heu ... Ich habe keinen Menschen auf dieser Welt geliebt als nur dich, dich, Mutter.

Frau Bergmann. Mein Herzblatt –

Wendla. O Mutter, warum hast du mir nicht alles gesagt!

Frau Bergmann. Kind, Kind, laß uns einander das Herz nicht noch schwerer machen! Fasse dich! Verzweifle mir nicht, mein Kind! Einem vierzehnjährigen Mädchen das sagen! Sieh, ich wäre eher darauf gefaßt gewesen, daß die Sonne erlischt. Ich habe an dir nicht anders getan, als meine liebe gute Mutter an mir getan hat. – O laß uns auf den lieben Gott vertrauen, Wendla; laß uns auf Barmherzigkeit hoffen, und das Unsrige tun! Sieh, *noch* ist ja nichts geschehen, Kind. Und wenn nur wir jetzt nicht kleinmütig werden, dann wird uns auch der liebe Gott nicht verlassen. – Sei *mutig,* Wendla, sei *mutig*! – – So sitzt man einmal am Fenster und legt die Hände in den Schoß, weil sich doch noch alles zum Guten gewandt, und da bricht's dann herein, daß einem gleich das Herz bersten möchte ... Wa – was zitterst du?

Wendla. Es hat jemand geklopft.

FRAU BERGMANN. Ich habe nichts gehört, liebes Herz. – *(Geht an die Tür und öffnet.)*
WENDLA. Ach, ich hörte es ganz deutlich. – – Wer ist draußen?
FRAU BERGMANN. Niemand – Schmidts Mutter aus der Gartenstraße. – – – Sie kommen eben recht, Mutter Schmidtin.

[v 1891]

FRANK WEDEKIND

Ilse

Ich war ein Kind von fünfzehn Jahren,
Ein reines unschuldsvolles Kind,
Als ich zum erstenmal erfahren,
Wie süß der Liebe Freuden sind.

Er nahm mich um den Leib und lachte
Und flüsterte: O welch ein Glück!
Und dabei bog er sachte, sachte
Den Kopf mir auf das Pfühl zurück.

Seit jenem Tag lieb ich sie alle,
Des Lebens schönster Lenz ist mein;
Und wenn ich keinem mehr gefalle,
Dann will ich gern begraben sein.

[v 1894]

Aufgaben zu den Texten auf den Seiten 309–312

HUGO VON HOFMANNSTHAL Der Tor und der Tod (S. 309f.)

① Wie charakterisiert der Tod sich und sein Kommen?
② Weshalb meint Claudio, daß er noch „nicht gelebt" habe?
③ Was bewundert der Tod an den Menschen?
④ Zeigen Sie an einigen Beispielen die Bildhaftigkeit der Sprache.

HUGO VON HOFMANNSTHAL Die Beiden (S. 310)

① Untersuchen Sie Aufbau und Form des Gedichts.
② Analysieren Sie Wortwahl und Stilmittel.
③ Versuchen Sie, die Übereinstimmung von Inhalt und Form deutlich zu machen.

FRANK WEDEKIND Frühlings Erwachen; Ilse (S. 311f.)

① Welche Vorwürfe macht Wendla ihrer Mutter? Wie rechtfertigt sich die Mutter? Welcher der beiden Ansichten stimmen Sie zu? Begründen Sie.
② Worin sehen Sie den wesentlichen Unterschied zwischen dem Dramenausschnitt und dem Gedicht *Ilse*?

e) Skurriler Witz und Satire

CHRISTIAN MORGENSTERN

Die unmögliche Tatsache

Palmström, etwas schon an Jahren,
wird an einer Straßenbeuge
und von einem Kraftfahrzeuge
überfahren.

„Wie war“ (spricht er, sich erhebend
und entschlossen weiterlebend)
„möglich, wie dies Unglück, ja –:
daß es überhaupt geschah?

Ist die Staatskunst anzuklagen
in bezug auf Kraftfahrwagen?
Gab die Polizeivorschrift
hier dem Fahrer freie Trift?

Oder war vielmehr verboten,
hier Lebendige zu Toten
umzuwandeln, – kurz und schlicht:
Durfte hier der Kutscher nicht –?“

Eingehüllt in feuchte Tücher,
prüft er die Gesetzesbücher
und ist alsobald im klaren:
Wagen durften dort nicht fahren!

Und er kommt zu dem Ergebnis:
„Nur ein Traum war das Erlebnis.
Weil“, so schließt er messerscharf,
„nicht sein *kann,* was nicht sein *darf.*“

[v 1910]

CHRISTIAN MORGENSTERN

Palmström

Palmström steht an einem Teiche
und entfaltet groß ein rotes Taschentuch:
Auf dem Tuch ist eine Eiche
dargestellt, sowie ein Mensch mit einem Buch.

Palmström wagt nicht sich hineinzuschneuzen. –
Er gehört zu jenen Käuzen,
die oft unvermittelt-nackt
Ehrfurcht vor dem Schönen packt.

Zärtlich faltet er zusammen,
was er eben erst entbreitet.
Und kein Fühlender wird ihn verdammen,
weil er ungeschneuzt entschreitet.

[v 1908]

JOACHIM RINGELNATZ

Im Park

Ein ganz kleines Reh stand am ganz kleinen Baum
Still und verklärt wie im Traum.
Das war des Nachts elf Uhr zwei.
Und dann kam ich um vier
Morgens wieder vorbei,
Und da träumte noch immer das Tier.
Nun schlich ich mich leise – ich atmete kaum –
Gegen den Wind an den Baum,
Und gab dem Reh einen ganz kleinen Stips.
Und da war es aus Gips. [v 1912]

Karl Kraus
Aphorismen

In einen hohlen Kopf geht viel Wissen.

Ein Feuilleton schreiben heißt auf einer Glatze Locken drehen.

Die Zeitung ist die Konserve der Zeit.

Je größer der Stiefel, desto größer der Absatz.

Wenn einer sich wie ein Vieh benommen hat, sagt er: Man ist doch auch nur ein Mensch! Wenn er aber wie ein Vieh behandelt wird, sagt er: Man ist doch auch ein Mensch!

Keinen Gedanken haben und ihn ausdrücken können – das macht den Journalisten.

Bildung ist das, was die meisten empfangen, viele weitergeben und wenige haben.

Die Deutschen – das Volk der Richter und Henker.

Die Medizin: Geld her und Leben! [v 1909]

Ludwig Thoma
Die Reden Kaiser Wilhelms II.
Ein Beitrag zur Geschichte unserer Zeit

Ich suchte mich nützlich zu beschäftigen und las die Reden Seiner Majestät des Kaisers Wilhelm II. Mich hatte dazu ein Gespräch veranlaßt, welches ich schon im Frühjahr 1905 in Florenz mit dem Geschäftsreisenden Emil Mücke aus Schöneberg hatte.
Mücke vertritt die Firma Gebrüder Schloßberg, mechanische Kleiderfabriken in Gladbach, Spezialität Buckskinhosen.[1]
Er diente beim Train[2] (Mücke sagt Träng) als ein Einjährig-Freiwilliger und ist auch sonst ein gebildeter Mann.
Ich saß eines Abends in Gesellschaft einiger Künstler bei Lopi in Florenz. Wir dachten an nichts, als sich am nächsten Tische ein Herr erhob und uns begrüßte, indem er zugleich sagte, er sei Deutscher.
Diese Mitteilung war überflüssig, denn er trug die Haare glatt gescheitelt, er hatte hervorquellende blaue Augen, und die Vorderzähne standen auseinander.
Wenn man so aussieht, ist man Deutscher, auch wenn man nicht nach jedem Schlucke Rotwein den Taschenspiegel zieht und den Schnurrbart richtet. Was Mücke übrigens tat.
Nach kurzer Zeit wußten wir alles, – daß er in Buckskinhosen reist, beim Träng diente, seinen Kaiser liebt, und auch, daß nach Meinung aller Gladbacher Kollegen Kaiser Wilhelm der größte Redner der Jetztzeit ist. Ich erinnere mich nicht mehr, ob ich ihm widersprochen habe. Ich erinnere mich nur an das Mienenspiel Mückes, als er die letzte Behauptung aufstellte.
Wie soll ich es beschreiben? Die preußische Geschichte von Fehrbellin bis Sedan spiegelte sich in seinen Augen. Husarenattacken und Trompeter von Gravelotte, Düppelstürme und Gebete nach der Schlacht und Germans to the front! zuckten über sein Antlitz.

[1] Hosen aus starkem Wollstoff [2] Geschütz- oder Versorgungsabteilung

Ich glaube wirklich, daß kein Chinese es gewagt hätte, ihn scheel anzusehen. Es müßte denn sein, daß er ihm gleichzeitig eine Partie Buckskinhosen abgekauft hätte.

Der kleine Kellner Giulio sah mit Schrecken auf den Fremden, der so mit einem Male furchterregendes Germanentum in die toskanische Kneipe getragen hatte.

Ich aber bedachte die Größe des Vaterlands, die zu mir aus diesem Geschäftsreisenden sprach, und ich faßte den Entschluß, die Rede des Kaisers einmal zu lesen.

Arbeit und Vergnügen verwischten jedoch den Eindruck, welchen Mücke und der preußische Ruhm auf mich gemacht hatten, und ich vergaß, was ich mir so ernsthaft vorgenommen hatte.

Da wurde die „Geißel der Verurteilung über mich geschwungen“[3], wie der Hofprediger Ohly in Berlin sagte; und in der Stille des Gefängnisses griff ich zu den Reden Kaiser Wilhelms II.

Ich las und las.

Und die Gestalt Emil Mückes tauchte vor meinen Augen auf; ich sah seinen Schnurrbart sich sträuben, und ich sah den Abglanz der preußischen Schlachtfelder auf seinen Zügen.

Philipp Reclam junior in Leipzig hat die Reden Kaiser Wilhelms II. verlegt. Johannes Penzler hat sie gesammelt und herausgegeben.

In zwei Bänden à eine Mark; im Katalog verzeichnet unter Geschichte und Philosophie.

Bismarck und Kaiser Wilhelm ausgenommen, hat kein Redner der letzten zweitausend Jahre Aufnahme in die Universalbibliothek gefunden.

Seit zweitausend Jahren keiner.

Darf uns dies zu Vergleichen anregen? Sollte Emil Mücke zu wenig gesagt haben?

Die Reden Kaiser Wilhelms sind nicht abgeschlossen. Auf der letzten Seite des zweiten Bandes müßten die Worte stehen: „Fortsetzung folgt“.

Denn Philipp Reclam junior ist gewillt, mit seinen Schnellpressen dicht hinter dem Kaiser zu bleiben; und sobald der fünfzehnte Druckbogen gefüllt werden kann, erscheint der dritte Band.

Diese buchhändlerische Tat ist groß.

Man muß bedenken, daß im allgemeinen der Wert einer Rede erst dann gewürdigt werden kann, wenn sie gehalten worden ist.

Die Reden des Kaisers sind gesammelt und herausgegeben, wie auf dem Titelblatte zu lesen ist. Sie sind nicht *ausgewählt.*

Demosthenes war auch ein guter Redner. Er hat die Herzen der Athener zu rühren gewußt, und seine Worte sind der Nachwelt erhalten worden. Aber nicht alle.

Freilich, was er auf dem Markte gegen Philipp[4] redete, das hat man festgehalten und überliefert. Aber wenn Demosthenes bei Glaukon oder Kallikles als Gast erschien und nach dem zweiten Gange sich erhob und sprach: „Geehrte Anwesende, ich trinke auf das Wohl der verehrten und tugendreichen Frau Kallikles“, so fand sich niemand, der die Worte der Nachwelt erhalten wollte.

Johannes Penzler, welcher die Reden Kaiser Wilhelms sammelte, hat auch solche Ansprachen, alle und jede, in den zwei Bänden verewigt. [...]

Ich weiß es. Diese Ausführungen sind unpatriotisch. Und Emil Mücke steht als Deutscher entschieden höher als ich.

Aber die Überzeugung habe ich: wenn ich königlich preußischer Hausminister wäre und meinem Herrn mit ganzem Herzen ergeben, dann würde ich die Sammlung des Johannes Penzler aufkaufen und aus dem Buchhandel entfernen.

Und ich würde glauben, eine überaus loyale Tat vollführt zu haben. [e 1907]

[3] Thoma mußte 1906 sechs Wochen Haft wegen Beleidigung der evangelischen Geistlichkeit absitzen [4] von Makedonien

Aufgaben zu den Texten auf den Seiten 313–315

CHRISTIAN MORGENSTERN Die unmögliche Tatsache; Palmström (S. 313)

① Welche menschlichen Schwächen zeigt Morgenstern?
② Durch welche sprachlichen Mittel entsteht hier die Komik?

JOACHIM RINGELNATZ Im Park (S. 313)

① Worin sehen Sie die Pointe des Gedichts?
② Wodurch erreicht der Autor Überraschung und Witz?

KARL KRAUS Aphorismen (S. 314)

① Definieren Sie den Begriff „Aphorismus", und grenzen Sie ihn vom „Sprichwort" ab.
② Formulieren Sie den Inhalt eines Aphorismus mit eigenen Worten. Was fällt Ihnen dabei bezüglich des Umfangs auf?
③ Versuchen Sie, selbst einen Aphorismus zu formulieren.
④ Benutzen Sie einen der Aphorismen als Ausgangspunkt für eine polemische oder ironisch-glossierende Darstellung.

LUDWIG THOMA Die Reden Kaiser Wilhelms II. (S. 314f.)

① Wie charakterisiert Thoma den deutschen Patrioten Emil Mücke?
② Welche Schlachten werden erwähnt? Informieren Sie sich in einem Lexikon über die Person des Demosthenes sowie über Anlaß und Inhalt seiner Reden gegen Philipp von Makedonien.
③ Wie beurteilt Thoma die Reden des Kaisers?
④ Zeigen Sie die wichtigsten sprachlichen und stilistischen Mittel des Textes auf, und bestimmen Sie deren Funktion.

XVI. Expressionismus (1910–1925)

Ernst Ludwig Kirchner, Straßenbahn in Dresden, 1909

1. Grundzüge der Epoche

Der Begriff „Expressionismus" (dt. „Ausdruckskunst") wurde 1911 zum erstenmal in Berlin als Sammelbezeichnung für eine Gruppe junger französischer Maler verwendet, die sich selbst als „Fauves" (die Wilden) dem französischen Publikum vorgestellt hatten. Zu ihnen gehörten unter anderen HENRI MATISSE, GEORGES BRAQUES und PABLO PICASSO. Doch war die Erfindung des Begriffs nicht zugleich die Entstehung der Kunstrichtung selbst. Schon 1905 hatte sich nämlich in Dresden ein Kreis von Künstlern zusammengetan, dem sein Initiator ERNST LUDWIG KIRCHNER (1880–1938) den Namen *Brücke* gab (zusammen mit ERICH HECKEL und KARL SCHMIDT-ROTTLUFF). Das erklärte Ziel dieser neuen Künstlergeneration war es, der Kunst anstelle eines passiven Kunstgenusses zum Zeitvertreib einen ernstzunehmenden Platz im privaten und öffentlichen Leben zu verschaffen. Das Programm des Jahres 1906 umfaßte nur zwei Sätze: „Mit dem Glauben an die Entwicklung, an eine Generation der Schaffenden wie der Genießenden rufen wir alle Jugend zusammen, und als Jugend, die die Zukunft trägt, wollen wir uns Arm- und Lebensfreiheit verschaffen gegenüber den wohlangesessenen alten Kräften. Jeder gehört zu uns, der unmittelbar und unverfälscht das wiedergibt, was ihn zum Schaffen drängt." Der innere Antrieb des Künstlers sollte also das entscheidende Moment sein, das die Gestalt des Kunstwerks bestimmte und die simple Oberfläche der Wirklichkeit zu durchdringen vermochte, nicht aber Geschmacksfragen und das Kriterium der Schönheit.

Dieses weitgefaßte Programm einer **Erneuerung des Lebens und der Kunst** wurde auf unterschiedliche Weisen von Schriftstellern, Verlegern und Herausgebern von Zeitschriften aufgegriffen. Eine Schlüsselrolle spielten gerade die Zeitschriften, in denen viele der expressionistischen Kurztexte (Lyrik, Erzählungen, Essays, Kurzdramen) vor ihrer Veröffentlichung in Buchausgaben erschienen. Natürlich unterschieden sich diese Publikationen in ihrem Charakter oft beträchtlich voneinander, doch verband die auf Erneuerung bedachten Autoren die Überzeugung, daß die europäische Kultur durch atemberaubende technische und gesellschaftliche Entwicklungen vor einem Umbruch stand, der wesentliche menschliche Werte bedrohte. KURT PINTHUS' (1886–1975) *Illustrierten*-Artikel *Die Überfülle des Erlebens* zeigt dies. Schuld war an dieser Entwicklung nach expressionistischer Überzeugung die **Übermacht der Vernunft** über die **seelischen** Kräfte und Bedürfnisse des Menschen.
Die nach einer Zeitschrift benannte „*Sturm*-Gruppe", zu der außer GEORG HEYM (1887–1912) und JAKOB VAN HODDIS (1887–1942) keine heute noch bekannten Namen gehörten, wurde nicht müde, eine neue Zeit und eine neue Kunst zu verkünden. Ein Aufsatz zu diesem Thema endet z.B. mit den Worten: „So wahr wir alle geboren sind, sind wir in Not geboren. So wahr wir alle die Not wenden wollen, müssen wir uns wandeln. Gesetze wandeln Menschen, Kunstwerke wenden die Not." Dieser Schrei aus der Not, der für eine bestimmte Richtung des Expressionismus zum Erkennungszeichen wurde, ist Ausdruck einer gefühlsmäßigen Reaktion auf unbewältigte Erfahrungen mit der neuen Zeit. Äußerungsformen der Seele wie die des Schreis, die durch Konventionen nicht kontrolliert werden konnten, waren den Expressionisten Vorbild für ihre Kunst. Dazu bedurfte es **neuer Formen**, welche die Malerei durch zunehmende Abstraktion bis hin zur Entgegenständlichung zu erreichen suchte (vgl. S. 320).
Die Dichtung AUGUST STRAMMS (1874–1915) wollte dasselbe Ziel durch Erweiterung der grammatischen Möglichkeiten der Sprache erreichen, während YVAN GOLL (1891–1950) die Grenzen der Literatur zur bildlichen Darstellung aufzuheben trachtete. Hier liegen die ersten Schritte zu einem neuen Formverständnis, das später als „konkrete Poesie" bezeichnet wurde.

Sprache ist nicht nur Träger eines Inhalts, sondern gleichzeitig Material, das nach bildlichen oder klanglichen Gesichtspunkten geformt wird.
Doch solche Experimente mit der äußeren Form blieben in der Literatur eher die Ausnahme. In der Regel äußerte sich der Erneuerungswille der expressionistischen Schriftsteller in der Kühnheit der sprachlichen Bilder, die das Empfinden und die Phantasie des Lesers anregen und durch die ungewöhnliche Zusammenstellung von miteinander unvereinbaren Inhalten die Kontrolle des Verstandes umgehen sollen. GEORG TRAKL (1887–1914) und FRANZ WERFEL (1890–1945) versuchten dies unter anderem durch die Beschwörung alter Mythen und religiöser Symbole, die unvermittelt mit modernen Gegenständen und Orten zuammengestellt wurden. Doch auch schockierende Vorstellungen von Häßlichem, die oft in der vertrauten Form lyrischer Sprache ausgedrückt sind, erzielten einen ähnlichen Effekt (s. Richard Huelsenbecks *Idiot*, S. 328).
Dieser mehr **psychologisch orientierte Zweig des Expressionismus** erhielt ab 1914/15 eine Ergänzung durch eine zweite Richtung, die den **„Durchstoß zum Aktivismus“** (Hiller) wagte. Auch hier waren Zeitschriften Träger der sozialen und mehr und mehr der **politischen Kritik**. Schon deren Titel verraten ihre Absichten: *Die Aktion* wurde von FRANZ PFEMFERT (1879–1954) herausgegeben, *Die Tat* von EUGEN DIEDERICHS (1867–1930), *Das Ziel* von KURT HILLER (1885–1972). HEINRICH MANN (1871–1950), der dieser Richtung des Expressionismus angehörte, beschrieb im Jahre 1918 die Situation: „Gruppen der Tat sind schon da in den Städten Deutschlands, gebildet von lauter Jugend, die die Beschlüsse der Vernunft für bündig hält, im Geist die Tat schon mitbegreift, ja die Literatur und die Politik, solange ruchlos getrennt, endlich wieder vereint in ihrem Herzen.“
Auslösendes Moment dieses bewußt politischen Engagements war der Ausbruch des ersten Weltkriegs, in den mehrere Schriftsteller anfangs noch mit Begeisterung zogen. Bald aber wurden sie durch das wirkliche Gesicht des Krieges so desillusioniert, daß sie entweder ins pazifistische oder, wie ERNST TOLLER (1893–1939), ins kommunistische Lager überwechselten. Andere starben an der Front, so AUGUST STRAMM und ERNST STADLER (1883–1914). Heyms Vorahnung des Krieges von 1911 unterscheidet sich dementsprechend deutlich von Trakls *Grodek*, der die dortige Schlacht 1914 als Sanitäter erlebte (s. S. 331 ff.).
Die Antikriegsdichtung kam wegen der Zensurbeschränkungen erst nach der Kapitulation öffentlich zur Geltung und leitete dann bereits zur Literatur der Weimarer Republik über, wo die politische Radikalisierung offen zutage trat (s. S. 342 ff.). Doch innenpolitische Auseinandersetzungen um Reformen des Staatsaufbaus und Abschaffung des Drei-Klassen-Wahlrechts wurden umso heftiger, je mehr Militär und Staatsführung auf die Unterstützung der Bevölkerung im Krieg angewiesen waren. Der erste moderne Krieg wurde nicht nur auf dem Schlachtfeld geführt, sondern auch als Wirtschaftskrieg: Besonders eine Seeblockade der deutschen Häfen verhinderte Ex- und Importe lebenswichtiger Güter. So wurde die arbeitende Bevölkerung weitab vom Kriegsgeschehen direkt von den wirtschaftlichen Folgen betroffen. Das wiederum verstärkte die Neigung vieler Menschen aus dem bürgerlichen ebenso wie aus dem sozialistischen Lager, radikale Programme zu unterstützen. Diese Entwicklungen regten auch die Schriftsteller zu tagespolitischer Parteinahme mit den ihnen zur Verfügung stehenden Mitteln an.
Die **Zivilisationskritik** der meist jugendlichen Expressionisten hatte sich anfangs vor allem gegen die Väter als unmittelbare Vertreter der vorherigen Generation gerichtet. Ihnen wurde der wilhelminische Pflichtfanatismus und weltanschauliche Materialismus angelastet, welche den Nachkommen keinen Spielraum zur Entfaltung ihrer Persönlichkeit zu lassen schienen. Die große Zahl der Vater-Sohn-Konflikte in der Literatur der Zeit spiegelt dies wider, besonders eindringlich bei FRANZ KAFKA (1883–1924) in seinem Buchlänge erreichenden *Brief an den Vater*, ebenso in WALTER HASENCLEVERS (1890–1940) Drama *Der Sohn*.
Doch auch Prüderie und reines Nützlichkeitsdenken waren solche Beschränkungen, deren

Wassily Kandinsky, Komposition V, 1911

Selbstverständlichkeit angesichts der allgemeinen Verunsicherung nicht länger hingenommen wurde. Bewußte Tabuverletzungen dienten der Suche nach neuen Grundlagen der Menschlichkeit und Wahrheit. Der „Idiot" war für RICHARD HUELSENBECK (1892–1974), den späteren Dadaisten, Gegenfigur zu einer Gesellschaft, deren stolzes Selbstbewußtsein sich zunehmend auf die Zweckrationalität technischer Leistungen stützte. Die Wahl dieses Motivs verstand er als einen Akt des Protests gegen den Zeitgeist.

Nicht nur im Bereich der Stoffwahl, auch in der sprachlichen Formung verweigerte sich CARL EINSTEIN (1885–1940) der Erwartung des Publikums. In seinem Roman *Bebuquin* (1912) stellte er die Grundlage des Textverständnisses, nämlich einen vorgegebenen Sinnzusammenhang, nicht mehr zur Verfügung und irritierte damit auch gutwillige Leser. Unangefochten von den traditionellen Formen erlaubte er sich als expressionistischer Autor jede Freiheit, wenn sie seinen inhaltlichen Intentionen diente. Deshalb fühlte er sich nicht verpflichtet, einen Roman nach realistischem Vorbild als zweite Wirklichkeit zu gestalten, sondern konnte die prosaische Großform gerade zur Zerstörung eines vom Erzähler geschaffenen Kosmos einsetzen. Einstein mißtraute der geordneten Welt des Realismus so sehr, daß er dessen bevorzugte Gattung in ein Mittel zur Darstellung des Chaos in der Psyche moderner Menschen verkehrte. Die Kunstwelt sollte durch eine radikal veränderte, neue Sprache die tatsächliche Wahrnehmungsweise moderner Menschen ausdrücken. Der Zeitgenosse ALFRED LICHTENSTEIN (1889–1914), selbst als

Autor tätig, behauptete mit Blick auf Einsteins *Bebuquin*: „Die genialsten Menschen aller Zeiten sind gewiß in Tollhäusern geborsten." Die Expressionisten griffen hiermit in gewisser Weise Nietzsches „Umwertung aller Werte" auf. Als literarische Vorbilder kann man die französischen Symbolisten (Mallarmé, Rimbaud) ansehen.
Dort, wo expressionistische Dichtung an den Alltag anknüpfte, griff sie zum Mittel der **Verfremdung**, um dem Bekannten die Vertrautheit zu nehmen und das Dämonische und Bedrohliche hinter den Erscheinungen zur Geltung zu bringen. Bei Ernst Stadler ist eine Eisenbahnbrücke nicht einfach ein technisches Konstrukt, sondern Mittelpunkt eines gewaltigen Schauspiels, das die Sinne eines Betrachters überwältigt und ihn in einen Rauschzustand versetzt. Ein Bergwerk wird bei Kafka zum Irrgarten, und selbst die Besucher eines Cafés verlieren bei GOTTFRIED BENN (1886–1956) ihre körperlichen Konturen, weil der Betrachter nur in Teilausschnitten wahrnimmt, was an ihnen widerlich und abstoßend erscheint.
In der verfremdenden, expressionistischen Sicht beherbergt eine **Stadt** nicht nur Menschen, sondern auch übersinnliche Kräfte, durch die sie getrieben oder bedrängt werden, wie die Gedichte von GEORG TRAKL, GEORG HEYM und ALFRED WOLFENSTEIN (1888–1945) zeigen. In ELSE LASKER-SCHÜLERS (1869–1945) gar nicht liedhaftem *Lied der Liebe* erhält eine Stadt ihren Gefühlswert erst aus der Erinnerung an einen geliebten Menschen.
Obwohl in der expressionistischen Literatur die Aussageabsicht Vorrang hatte vor der Formtradition, wurden zum Teil überlieferte Gattungen verwendet. Sogar das Sonett, das strengste lyrische Schema der neueren Literatur, tauchte noch auf, z.B. bei Wolfenstein. Doch es wurde mit einem ganz und gar modernen Inhalt gefüllt, der Großstadt, so daß eine Spannung zwischen Textaussage und poetischer Gestalt auftritt, die nur als Absage an die Tradition verstanden werden kann. Selbst wenn die Form in Wolfensteins Gedicht noch genauer befolgt wäre, als es tatsächlich der Fall ist, müßte der „böse Blick" auf die Gegenstände den Leser befremden.
Die Nähe zur **filmischen Montagetechnik,** die in Teil- und Momentaufnahmen die Objekte fragmentiert, ist in den meisten dieser Texte erkennbar. Auch für das **expressionistische Drama** läßt sich ein Einfluß des neuen Mediums Film annehmen. Die daraus entstandene Form wird oft als „Reihungsstil" bezeichnet:

Man hat den Reihungsstil auch ‚Simultan-Technik'genannt. In der Tat schlägt sich in ihm eine neue simultane Zeiterfahrung nieder, die ihrerseits kennzeichnend für den Film ist [...]. Das ist [...] ein interessanter Befund: zu einem Zeitpunkt, da durch die Massenmedien, insbesondere die Zeitung, das Prinzip der Aktualität zu einem dominanten Bewußtseinsfaktor der Öffentlichkeit wird, beginnt sich eine spezifisch zeitliche Erfahrungsform im Sinne einer kontinuierlichen und finalen Entwicklung von Zeit zu zersetzen.

(aus: Silvio Vietta/Hans G. Kemper, Expressionismus. München: Fink [4]1990, S. 126)

Ein Grund, weshalb in den künstlerischen Werken der Ablauf der Zeit keine Rolle spielte, war auch das **neue Menschenbild** des Expressionismus. Um radikal zum „Wesentlichen" der Wirklichkeit vorzustoßen, wurden oft konkrete Lebensräume ganz verlassen und menschliche Wesen als abstrakte Quersumme aller wirklichen Menschen dargestellt.
Franz Werfel zeigt in seinem Kurzdrama *Die Versuchung* an der Gestalt des Dichters, wie es durch die Kunst möglich wird, die Wahrheit hinter den Dingen zu erkennen. „Das ist das größte Geheimnis dieser Kunst", sagt KASIMIR EDSCHMID (1890–1966) in der unten auszugsweise abgedruckten Rede vom 13. Dezember 1917. „Sie [die Künstler] sind ohne Psychologie. Dennoch geht ihr Erleben tiefer. Es geht auf den einfachsten Bahnen, nicht auf den verdrehten, von Menschen geschaffenen, von Menschen geschändeten Arten des Denkens, das von bekannten Kausalitäten gelenkt, nie kosmisch sein kann." Selbst in Texten, in denen scheinbar konkrete

Orte und Ereignisse genannt sind, wie in GEORG KAISERS (1878–1945) *Die Bürger von Calais*, kommt es dem Autor nicht auf die Geschichtlichkeit der Vorgänge und Personen an, sondern auf Gestaltung des neuen Menschen, der allen Egoismus zugunsten von Mitmenschlichkeit und sozialer Verantwortung aufgibt. Der Mensch als Gattung, abgelöst von allen historischen und kulturellen Besonderheiten im konkreten Fall, wird zum Gegenstand der Kunst.

2. Texte

a) Theorie

KASIMIR EDSCHMID
Expressionismus in der Dichtung

[...] Die neue Kunst ist daher positiv. Weil sie intuitiv ist. Weil sie, elementar empfindend, willig aber stolz sich den großen Wundern des Daseins hingebend, frische Kraft hat zum Handeln und zum Leiden. Diese Menschen machen nicht den Umweg über eine spiralenhafte Kultur. Sie geben sich dem Göttlichen preis. Sie sind direkt. Sie sind primitiv. Sie sind einfach, weil das Einfachste das Schwerste ist und das Komplizierteste, aber zu den größten Offenbarungen geht. Denn täuschen wir uns nicht: erst am Ende aller Dinge steht das Schlichte, erst am Ende gelebter Tage bekommt das Leben ruhigen stetigen Fluß.

So kommt es, daß diese Kunst, da sie kosmisch ist, andere Höhe und Tiefe nehmen kann als irgendeine impressionistische oder naturalistische, wenn ihre Träger stark sind. Mit dem Fortfall des psychologischen Apparats fällt der ganze Decadencerummel, die letzten Fragen können erhascht, große Probleme des Lebens direkt attackiert werden. In ganz neuer Weise erschließt sich aufbrandendem Gefühl die Welt. [...] Es verschwindet das Sekundäre, der Apparat, das Milieu bleibt nur angedeutet und mit kurzem Umriß nur der glühenden Masse des Seelischen einverschmolzen. Die Kunst, die das Eigentliche nur will, scheidet als Nebensache aus. Es gibt keine Entremets mehr, keine Hors d'œuvres, nichts Kluges, was hineingemogelt, nichts Essayistisches, was allgemein unterstreichen, nichts Dekoratives mehr, was von außen her schmücken soll. Nein, das Wesentliche reiht sich an das Wichtige. Das Ganze bekommt gehämmerten Umriß, bekommt Linie und gestraffte Form. Es gibt keine Bäuche mehr, keine hängenden Brüste. Der Torso des Kunstwerks wächst auf straffen Schenkeln in edle Hüften und steigt von dort in den Rumpf voll Training und Gleichmaß. Die Flamme des Gefühls, das direkt zusammenfließt mit dem Kern der Welt, erfaßt das Direkte und ordnet es in sich ein. Es bleibt nichts anderes übrig. [...]

Das Wollen wird deutlicher im Malerischen, am klarsten in der Plastik. Im Schreiben verwirrt die nicht zum erstenmal, aber noch nie mit solcher Innigkeit und solcher Radikalität vorgenommene Verkürzung und Veränderung der Form. Bei Plastiken Rodins sind die Oberflächen noch zerrissen, jede Linie, jede Gebärde noch orientiert nach einem Affekt, einem Moment, einer einmaligen Handlung, kurz: eingefangen in den Augenblick und bei aller Kraft doch unterworfen einer psychologischen Idee. Einer denkt, zwei andere küssen sich. Es bleibt ein Vorgang.

Bei modernen Figuren sind die Oberflächen mit kurzem Umriß gegeben, die Furchen geglättet, nur das Wichtige modelliert. Aber die Figur wird typisch, nicht mehr untertan einem Gedanken, nicht mehr hinauszuckend in die Sekunde, vielmehr sie erhält Geltung in die Zeit. Alles Nebensächliche fehlt. Das Wichtigste gibt die Idee: nicht mehr ein Denkender, nein: das Denken. Nicht zwei Umschlungene: nein, die Umarmung selbst.

Dasselbe unbewußt waltende Gesetz, das ausscheidet, ohne negativ zu sein, das nur erlesenen Moment zu magnetisch gleichen Punkten bindet, reißt die Struktur des Schreibenden zusammen. [...] [v 1918]

Kurt Pinthus
Die Überfülle des Erlebens

Welch ein Trommelfeuer von bisher ungeahnten Ungeheuerlichkeiten prasselt seit einem Jahrzehnt auf unsere Nerven nieder! Trotz sicherlich erhöhter Reizbarkeit sind durch diese täglichen Sensationen unsere Nerven trainiert und abgehärtet wie die Muskulatur eines Boxers gegen die schärfsten Schläge. [...] Man male sich zum Vergleich nur aus, wie ein Zeitgenosse Goethes oder ein Mensch des Biedermeier seinen Tag in Stille verbrachte, und durch welche Mengen von Lärm, Erregungen, Anregungen heute jeder Durchschnittsmensch täglich sich durchzukämpfen hat, mit der Hin- und Rückfahrt zur Arbeitsstätte, mit dem gefährlichen Tumult der von Verkehrsmitteln wimmelnden Straßen, mit Telephon, Lichtreklame, tausendfachen Geräuschen und Aufmerksamkeitsablenkungen. Wer heute zwischen dreißig und vierzig Jahre alt ist, hat noch gesehen, wie die ersten elektrischen Bahnen zu fahren begannen, hat die ersten Autos erblickt, hat die jahrtausendelang für unmöglich gehaltene Eroberung der Luft in rascher Folge mitgemacht, hat die sich rapid übersteigenden Schnelligkeitsrekorde all dieser Entfernungsüberwinder, Eisenbahnen, Riesendampfer, Luftschiffe, Aeroplane miterlebt. [...] Wie ungeheuer hat sich der Bewußtseinskreis jedes einzelnen erweitert durch die Erschließung der Erdoberfläche und die neuen Mitteilungsmöglichkeiten: Schnellpresse, Kino, Radio, Grammophon, Funktelegraphie. Stimmen längst Verstorbener erklingen; Länder, die wir kaum dem Namen nach kennen, rauschen an uns vorbei, als ob wir selbst sie durchschweiften. Der jahrzehntelang vergeblich umkämpfte Südpol ward, innerhalb 34 Tagen, gleich zweimal entdeckt, und der sagenhafte Nordpol wird bald von jedermann auf der Luftreise von Japan nach Deutschland überflogen werden können. Vor kurzem noch ungeahnte Möglichkeiten der Elektrizitätsausnutzung, unheilbare Krankheiten, Diphtherie, Syphilis, Zuckerkrankheit durch neuentdeckte Mittel heilbar geworden, das unsichtbare Innere unseres Körpers durch die Röntgenstrahlen klar vor Augen gelegt, all diese ‚Wunder' sind Alltäglichkeiten geworden. [...]

[v 1925]

Aufgaben zu den Texten auf den Seiten 322–323

Kasimir Edschmid Expressionismus in der Dichtung (S. 322)

① Erfassen Sie in zwei Listen alle Begriffe, die entweder positiv oder negativ werten.
② Versuchen Sie, aufgrund Ihrer Kenntnisse über vorausgehende Epochen festzustellen, welche literarischen Strömungen aus welchen Gründen kritisiert werden.
③ Suchen Sie aus Ihrer Liste die positiv bewertenden Begriffe heraus, die sich auf Literatur beziehen. Überprüfen Sie deren Brauchbarkeit an einem beliebigen Beispiel aus den poetischen Texten des Expressionismus.
④ Versuchen Sie, Edschmids Aussagen über expressionistische Kunst auf Kirchners Gemälde (S. 317) anzuwenden.

Kurt Pinthus Die Überfülle des Erlebens (S. 323)

① Untersuchen Sie, welche der in diesem Textausschnitt aufgezählten neuen Erfahrungen in den poetischen Texten der Zeit aufgegriffen werden.
② Welche für Pinthus verblüffenden Neuigkeiten erscheinen Ihnen heute „harmlos"?

b) Sprachexperimente

AUGUST STRAMM

Patrouille

Die Steine feinden
Fenster grinst Verrat
Äste würgen
Berge Sträucher blättern raschlig
Gellen
Tod. [v 1915]

YVAN GOLL

Die Pyramide

Stein!
Steige!
Strahlende
Gläubige Macht,
Demut der Tausend
Einsamen, Einzelnen:
O der stemmenden Knechte
Ungekannte, schmerzliche Schar.
Rache sprühe, sprenge die Wüsten!
Wieviel Jahre, Geschlechter geopfert,
Dies ist der Sinn der Gemeinschaft, Volkes Gesetz,
Daß die Statue über des Sandes Welle
Abendhin, morgenhin, Dreieck der Gleichheit, glühe!
Zack ins Unendliche. Blitz in die Bläue. Ewiges
Quillt aus der Erde. Und der gottlose Ozean rauscht nur
Ärmlich zu Staub, der aufgelöste! Aber die gläubige Glut
Bildet die Brüderschaft, bildet das Denkmal tief aus Menschen und Sand.
[v 1919]

Aufgaben zu den Texten auf der Seite 324

AUGUST STRAMM Patrouille

① Beschreiben Sie mit grammatikalischen Begriffen, welche Verletzungen der Sprachkonventionen der Autor vornimmt.
② Versuchen Sie, unter Beibehaltung der Wortstämme den Text in eine „korrekte" sprachliche Form zu bringen und die Inhalte möglichst klar auszudrücken. Was geht verloren?
③ Erklären Sie aus dem zeitgenössischen Kunstverständnis, warum der Autor in die Sprachkonventionen eingreift.
④ Ziehen Sie eine Parallele zu den Eingriffen in die Wirklichkeitsdarstellung, welche die bildende Kunst zu dieser Zeit vornimmt (s. Kandinsky, *Komposition V,* S. 320).

YVAN GOLL Die Pyramide

① Stellen Sie fest, welcher Zusammenhang zwischen dem Inhalt und der äußeren Form dieses Gedichtes besteht.
② Was fällt Ihnen am sprachlichen Ausdruck auf? Vergleichen Sie das Gedicht mit Edschmids Ausführungen zu den Zielen expressionistischer Kunst.
③ Inwiefern entspricht das Gedicht dem Programm der konkreten Poesie, wie es Eugen Gomringer (S. 430f.) entwirft?

c) Konflikt der Generationen

FRANZ KAFKA
Brief an den Vater

[…] Das Mißtrauen, das Du mir in Geschäft und Familie gegen die meisten Menschen beizubringen suchtest (nenne mir einen in der Kinderzeit irgendwie für mich bedeutenden Menschen, den Du nicht wenigstens einmal bis in den Grund hinunterkritisiert hättest) und das Dich merkwürdigerweise gar nicht besonders beschwerte (Du warst eben stark genug es zu ertragen, außerdem war es in Wirklichkeit vielleicht nur ein Emblem des Herrschers) – dieses Mißtrauen, das sich mir Kleinem für die eigenen Augen nirgends bestätigte, da ich überall nur unerreichbar ausgezeichnete Menschen sah, wurde in mir zu Mißtrauen zu mir selbst und zur fortwährenden Angst vor allem andern. Dort konnte ich mich also im allgemeinen vor Dir gewiß nicht retten. Daß Du Dich darüber täuschtest, lag vielleicht daran, daß Du ja von meinem Menschenverkehr eigentlich gar nichts erfuhrst, und mißtrauisch und eifersüchtig (leuge ich denn, daß Du mich lieb hast?) annahmst, daß ich mich für den Entgang an Familienleben anderswo entschädigen müsse, da es doch unmöglich wäre, daß ich draußen ebenso lebe. Übrigens hatte ich in dieser Hinsicht gerade in meiner Kinderzeit noch einen gewissen Trost eben im Mißtrauen zu meinem Urteil; ich sagte mir: „Du übertreibst doch, fühlst, wie das die Jugend immer tut, Kleinigkeiten zu sehr als große Ausnahmen." Diesen Trost habe ich aber später bei steigender Weltübersicht fast verloren.

Ebensowenig Rettung vor Dir fand ich im Judentum. Hier wäre ja an sich Rettung denkbar gewesen, aber noch mehr, es wäre denkbar gewesen, daß wir uns beide im Judentum gefunden hätten oder daß wir gar von dort einig ausgegangen wären. Aber was war das für Judentum, das ich von Dir bekam! [...]

Als Kind machte ich mir, in Übereinstimmung mit Dir, Vorwürfe deshalb, weil ich nicht genügend in den Tempel ging, nicht fastete und so weiter. Ich glaubte nicht mir, sondern Dir ein Unrecht damit zu tun, und Schuldbewußtsein, das ja immer bereit war, durchlief mich.

Später, als junger Mensch, verstand ich nicht, wie Du mit dem Nichts von Judentum, über das Du verfügtest, mir Vorwürfe deshalb machen konntest, daß ich (schon aus Pietät, wie Du Dich ausdrücktest) nicht ein ähnliches Nichts auszuführen mich anstrenge. Es war ja wirklich, soweit ich sehen konnte, ein Nichts, ein Spaß, nicht einmal ein Spaß. Du gingst an vier Tagen im Jahr in den Tempel, warst dort den Gleichgültigen zumindest näher als jenen, die es ernst nahmen, erledigtest geduldig die Gebete als Formalität, setztest mich manchmal dadurch in Erstaunen, daß Du mir im Gebetbuch die Stelle zeigen konntest, die gerade rezitiert wurde, im übrigen durfte ich, wenn ich nur (das war die Hauptsache) im Tempel war, mich herumdrücken, wo ich wollte. Ich durchgähnte und durchduselte also dort die vielen Stunden (so gelangweilt habe ich mich später, glaube ich, nur noch in der Tanzstunde) und suchte mich möglichst an den paar kleinen Abwechslungen zu freuen. [...]

[v 1919]

WALTER HASENCLEVER

Der Sohn

ZWEITER AKT. ZWEITE SZENE

Der Vater tritt ein.

DER SOHN *(geht ihm einen Schritt entgegen)*: Guten Abend, Papa!

DER VATER *(sieht ihn an, ohne ihm die Hand zu reichen, eine Weile)*: Was hast du mir zu sagen?

DER SOHN: Ich habe mein Examen nicht bestanden. Diese Sorge ist vorbei.

DER VATER: Mehr weißt du nicht? Mußte ich deshalb zurückkehren?

DER SOHN: Ich bat dich darum – denn ich möchte mit dir reden, Papa.

DER VATER: So rede!

DER SOHN: Ich sehe in deinen Augen die Miene des Schafotts. Ich fürchte, du wirst mich nicht verstehn.

DER VATER: Erwartest du noch ein Geschenk von mir, weil sich die Faulheit gerächt hat?

DER SOHN: Ich war nicht faul, Papa ...

DER VATER *(geht zum Bücherschrank und wirft höhnisch die Bücher um)*: Anstatt diesen Unsinn zu lesen, solltest du lieber deine Vokabeln lernen. Aber ich weiß schon – Ausflüchte haben dir nie gefehlt. Immer sind andere schuld. Was tust du den ganzen Tag? Du singst und deklamierst – sogar im Garten und noch abends im Bett. Wie lange willst du auf der Schulbank sitzen? All deine Freunde sind längst fort. Nur du bist der Tagedieb in meinem Haus.

DER SOHN *(geht hin zum Schrank und stellt die Bücher wieder auf)*: Dein Zorn galt Heinrich von Kleist *(er berührt das Buch zärtlich)*; der hat dir nichts getan. – Welchen Maßstab legst du an!

DER VATER: Bist du schon Schiller oder Matkowsky? Meinst du, ich hörte dich nicht? Aber diese Bücher und Bilder werden verschwinden. Auch auf deine Freunde werde ich ein Auge werfen. Das geht nicht so weiter. Ich habe kein Geld gespart, um dir vorwärtszuhelfen; ich habe dir Lehrer gehalten und Stunden geben lassen. Du bist eine Schande für mich!

DER SOHN: Was hab ich verbrochen? Hab ich Wechsel gefälscht?

DER VATER: Laß diese Phrasen. Du wirst meine Strenge fühlen, da du auf meine Güte nicht hörst.

DER SOHN: Papa, ich hatte anders gedacht, heute vor dir zu stehn. Fern von Güte und Strenge, auf jener Waage mit Männern, wo der Unterschied unseres Alters nicht mehr wiegt. Bitte, nimm mich ernst, denn ich weiß wohl, was ich sage! Du hast über meine Zukunft bestimmt. Ein Sessel blüht mir in Ehren auf einem Amtsgericht. Ich muß dir meine Ausgaben aufschreiben – ich weiß. Und die ewige Scheibe dieses Horizontes wird mich weiterkreisen, bis ich mich eines Tages versammeln darf zu meinen Vätern.

Ich gestehe, ich habe bis heute darüber nicht nachgedacht, denn die Spanne bis zum Ende meiner Schule erschien mir weiter als das ganze Leben. Nun aber bin ich durchgefallen – und ich begann zu sehn. Ich sah mehr als du, Papa, verzeih.

DER VATER: Welche Sprache!

DER SOHN: Eh du mich prügelst, bitte, hör mich zu Ende. Ich erinnre mich gut der Zeit, als du mich mit der Peitsche die griechische Grammatik gelehrt hast. Vor dem Schlaf im Nachthemd, da war mein Körper den Striemen näher! Ich weiß noch, wie du mich morgens überhörtest, kurz vor der Schule; in Angst und Verzweiflung mußt ich zu Hause lernen, wenn sie längst schon begonnen hatte. Wie oft hab ich mein Frühstück erbrochen, wenn ich blutig den langen Weg gerannt bin! Selbst die Lehrer hatten Mitleid und bestraften mich nicht mehr. Papa – ich habe alle Scham und Not ausgekostet. Und jetzt nimmst du mir meine Bücher und meine Freunde, und in kein Theater darf ich gehn, zu keinem Menschen und in keine Stadt. Jetzt nimmst du mir von meinem Leben das Letzte und Ärmste, was ich noch habe.

DER VATER: Wer nicht arbeitet, soll auch nicht essen. Sei froh, daß ich dich nicht längst aus dem Hause gejagt.

DER SOHN: Hättest du es getan, ich wäre ein Stück mehr Mensch, als ich bin.

DER VATER: Du bist noch mein Sohn, und ich muß die Verantwortung tragen. Was du später mit deinem Leben tust, geht mich nichts an. Heute habe ich zu sorgen, daß ein Mensch aus dir wird, der sein Brot verdient, der etwas leistet. […]

[v 1914]

Aufgaben zu den Texten auf den Seiten 325–327

FRANZ KAFKA Brief an den Vater (S. 325f.)

① Welche Vorwürfe erhebt der Verfasser gegen seinen Vater?
② Welche Forderungen an eine Erneuerung des Menschen ergeben sich daraus?

WALTER HASENCLEVER Der Sohn (S. 326f.)

① Halten Sie in zwei getrennten Listen fest, was jeweils der Sohn bzw. der Vater für wichtig hält.
② Beschreiben Sie die unterschiedlichen Bedeutungen, die Vater und Sohn dem Begriff Mensch geben.

d) Skepsis gegenüber moderner Rationalität

Richard Huelsenbeck
Der Idiot

Die grauen Kiemen sind herabgelassen
die Ohren weit und mühsam aufgesperrt;
Aus Augen blöd auf ungeheure Massen
von Welten starrend. Exkrement der Rassen.

Um ihn sie klappern mit den Tischgeräten,
mit roten Tüchern reizen sie den Stier;
Er aber sinkt und schwimmt, von hier
entfernt auf blauen Tulpenbeeten.

Die Ampel ist vor seiner Nase aufgehängt;
Er rührt sie kaum die langen Affenarme,
er brüllt im Lachen doch er scheint gedrängt
zur Wehmut und zum allertiefsten Harme.

In Kirchen sind die roten Teppiche gehängt;
Ein Priester, geil, will ihn mit Pinseln waschen.
Da brennt der Wagen. Die Beamten haschen
vor dem Altar ihn, wo die Kerzen schlendern.

Er stemmt die Arme gegen feste Riemen,
die Ziemer knacken, hart sind Eisenstangen,
und Wände, die im Tanze ihn umsprangen,
zerreißen die herabgelassenen Kiemen.

Ein Kolibri sitzt zwitschernd auf dem Aas,
die Zweige streicheln sorgsam seine Beine,
die aufgereckt wie Wegweiser aus seinem
Bauche glotzen. Im blanken Sonnenscheine.

Mistkäfer gröhlen tief in seinen Lenden;
Die haben sich am Eiter, warm, bezecht.
Ein Bauernkind wirft Steine nach den Enden
seiner Zehen. Auf ihn scheißt ein Knecht.

[v 1916]

Carl Einstein
Bebuquin

Bebuquin trat steif in die neblige Nacht. Die Reflexe der Bogenlampen stürmten durch die Baumäste und schwammen wie breite opalisierende Fische in dem nassen Boden. Bebuquin stand ein Ausrufezeichen. Er lief, rannte durch eine Prozession irgendwelcher neuen Sektierer; verschiedene Messiasse, dekorative junge Mädchen rannte er um; es galt, in den Zirkus zu gelangen. Er mußte aus sich Äußerungen solcher künstlichen unlogischen Bewegungen abzwingen, um zunächst die Physik mit der Kraft seines absterbenden Akts zu widerlegen.
Er ging in eine Loge des Zirkus. Etwas Sonderliches geschah.
Während eines Radlertricks fuhr eine spiegelnde Säule in die Arena, blitzend; eine Flötenbläserin ging nebenher in einer Nonnenkutte. Die Bürger sahen sich darin, bald strahlend übergroß, bald verzerrt; diese Spiegel zwangen, immer wieder hineinzuschauen. Mäuler schluckten die Arena, und die Finsternis aufgerissener Gurgeln verdunkelte sie. Die Blicke versuchten, die hohe Spiegelsäule zu durchbrechen. Ein Weib stürzte aufgewölbten Rocks hinunter unter dem Druck des neugierigen Staunens. Eine Gallerie brach durch; inmitten die Spitzen der unermüdlichen Finger der Bläserin und die Spiegel, die mit dem Schatten der andern sprechend tanzten. Die Säule trat in die Schatten geschwungenen Sprunges.
Die Menschen verwandelten sich in sonderliche Zeichen in den Spiegeln; das Publikum wurde leise irrsinnig und richtete in drehendem Schwindel seine Bewegungen nach denen der Spiegel; um die Spiegel sausten farbige Reflektoren.
Eine innerste Dunkelheit, ein Lichtblitz, der in die Mauer zurückfuhr, eine Anzahl sprang von den Galerien.

Ein junger Mann fuhr zur Decke ins Freie hinaus. „Bagage" rufend.
Das Publikum raste weiter, die Verzerrung für wahr haltend.
Bis in die öde Frühe.
Die Paralyse zog in die Stadt ein.
Mehrere Eisenbahnwaggons hielten mittags vor dem Zirkus.
Im friedlichen Sonnenschein sortierte man die Toten aus.
Dann verlud man die Irren.
In der Stadt war ein halb Jahr Fasching. Bürger leisteten Bedeutendes an Absurdität. Ein grotesker Krampf überkam die meisten. Ein bescheidener Spaß war's, sich gegenseitig die Hirnschale einzuschlagen. Die Raserei wurde dermaßen schmerzlich, daß man begann zu töten.
Man begann mit einem Alten, der, als Pierrot angezogen, an einem Wegweiser bei den Füßen aufgehängt wurde.
Ein Mädchen, das noch einen Rest Vernunft besaß, schrie „hier stirbt der Allmensch", und bat, sie gleichfalls zu hängen; denn sie sei Mörder und Gehängter schon ohnehin, dank ihrer ethischen Sensibilität.
Sie wurde unter nicht unbedeutenden Greueln beinlings gehängt. Jedoch verübelte man ihr, daß sie keine gute Unterwäsche trug. Verschiedene Messiasse traten mit Erfolg auf, Messiasse der Reinheit, der Wollust, des Pflanzenessens, des Tanzes, hypnotisierende Messiasse und einige andere. Hatte man genug Anhänger, so wurde die Sache langweilig. Überlebte Messiasse verwandelte man in Redakteure, zumal ihnen Sensation geläufig war. Die neue Weltanschauung kristallisierte sich zur Ziege, die ein Bein gebrochen hat.
Vor dem Fenster Bebuquins tauchten einige Irre auf. Er neigte sich heraus, die Glatze von der Mittagssonne beleuchtet. Die Fratzen sprangen am Fenster hoch wie Gummibälle, einer schrie „Gib uns wieder zurück, laß uns heraus, nimm die Spiegel weg", denn der gleißende Schrecken der Spiegel hing über der Stadt.

[v 1912]

Franz Kafka

Ein Besuch im Bergwerk

Heute waren die obersten Ingenieure bei uns unten. Es ist irgendein Auftrag der Direktion ergangen, neue Stollen zu legen, und da kamen die Ingenieure, um die allerersten Ausmessungen vorzunehmen. Wie jung diese Leute sind und dabei schon so verschiedenartig! Sie haben sich alle frei entwickelt, und ungebunden zeigt sich ihr klar bestimmtes Wesen schon in jungen Jahren.
Einer, schwarzhaarig, lebhaft, läßt seine Augen überallhin laufen.
Ein Zweiter mit einem Notizblock, macht im Gehen Aufzeichnungen, sieht umher, vergleicht, notiert.
Ein Dritter, die Hände in den Rocktaschen, so daß sich alles an ihm spannt, geht aufrecht; wahrt die Würde; nur im fortwährenden Beißen seiner Lippen zeigt sich die ungeduldige, nicht zu unterdrückende Jugend.
Ein Vierter gibt dem Dritten Erklärungen, die dieser nicht verlangt; kleiner als er, wie ein Versucher neben ihm herlaufend, scheint er, den Zeigefinger immer in der Luft, eine Litanei über alles, was hier zu sehen ist, ihm vorzutragen.
Ein Fünfter, vielleicht der oberste im Rang, duldet keine Begleitung; ist bald vorn, bald hinten; die Gesellschaft richtet ihren Schritt nach ihm; er ist bleich und schwach; die Verantwortung hat seine Augen ausgehöhlt; oft drückt er im Nachdenken die Hand an die Stirn.
Der Sechste und Siebente gehen ein wenig gebückt, Kopf nah an Kopf, Arm in Arm, in vertrau-

tem Gespräch; wäre hier nicht offenbar unser Kohlenbergwerk und unser Arbeitsplatz im tiefsten Stollen, könnte man glauben, diese knochigen, bartlosen, knollennasigen Herren seien junge Geistliche. Der eine lacht meistens mit katzenartigem Schnurren in sich hinein; der andere, gleichfalls lächelnd, führt das Wort und gibt mit der freien Hand irgendeinen Takt dazu. Wie sicher müssen diese zwei Herren ihrer Stellung sein, ja welche Verdienste müssen sie sich trotz ihrer Jugend um unser Bergwerk schon erworben haben, daß sie hier, bei einer so wichtigen Begehung, unter den Augen ihres Chefs, nur mit eigenen oder wenigstens mit solchen Angelegenheiten, die nicht mit der augenblicklichen Aufgabe zusammenhängen, so unbeirrbar sich beschäftigen dürfen. Oder sollte es möglich sein, daß sie, trotz allen Lachens und aller Unaufmerksamkeit, das, was nötig ist, sehr wohl bemerken? Man wagt über solche Herren kaum ein bestimmtes Urteil abzugeben.

Andererseits ist es aber doch wieder zweifellos, daß zum Beispiel der Achte unvergleichlich mehr als diese, ja mehr als alle anderen Herren bei der Sache ist. Er muß alles anfassen und mit einem kleinen Hammer, den er immer wieder aus der Tasche zieht und immer wieder dort verwahrt, beklopfen. Manchmal kniet er trotz seiner eleganten Kleidung in den Schmutz nieder und beklopft den Boden, dann wieder nur im Gehen die Wände oder die Decke über seinem Kopf. Einmal hat er sich lang hingelegt und lag dort still; wir dachten schon, es sei ein Unglück geschehen; aber dann sprang er mit einem kleinen Zusammenzucken seines schlanken Körpers auf. Er hatte also wieder nur eine Untersuchung gemacht. Wir glauben unser Bergwerk und seine Steine zu kennen, aber was dieser Ingenieur auf diese Weise hier immerfort untersucht, ist uns unverständlich.

Ein Neunter schiebt vor sich eine Art Kinderwagen, in welchem die Meßapparate liegen. Äußerst kostbare Apparate, tief in zarteste Watte eingelegt. Diesen Wagen sollte ja eigentlich der Diener schieben, aber es wird ihm nicht anvertraut; ein Ingenieur mußte heran und er tut es gern, wie man sieht. Er ist wohl der Jüngste, vielleicht versteht er noch gar nicht alle Apparate, aber sein Blick ruht immerfort auf ihnen, fast kommt er dadurch manchmal in Gefahr, mit dem Wagen an eine Wand zu stoßen.

Aber da ist ein anderer Ingenieur, der neben dem Wagen hergeht und es verhindert. Dieser versteht offenbar die Apparate von Grund aus und scheint ihr eigentlicher Verwahrer zu sein. Von Zeit zu Zeit nimmt er, ohne den Wagen anzuhalten, einen Bestandteil der Apparate heraus, blickt hindurch, schraubt auf oder zu, schüttelt und beklopft, hält ans Ohr und horcht; und legt schließlich, während der Wagenführer meist stillsteht, das kleine, von der Ferne kaum sichtbare Ding mit aller Vorsicht wieder in den Wagen. Ein wenig herrschsüchtig ist dieser Ingenieur, aber doch nur im Namen der Apparate. Zehn Schritte vor dem Wagen sollen wir schon, auf ein wortloses Fingerzeichen hin, zur Seite weichen, selbst dort, wo kein Platz zum Ausweichen ist.

Hinter diesen zwei Herren geht der unbeschäftigte Diener. Die Herren haben, wie es bei ihrem großen Wissen selbstverständlich ist, längst jeden Hochmut abgelegt, der Diener dagegen scheint ihn in sich aufgesammelt zu haben. Die eine Hand im Rücken, mit der anderen vorn über seine vergoldeten Knöpfe oder das feine Tuch seines Livreerockes streichend, nickt er öfters nach rechts und links, so als ob wir gegrüßt hätten und er antwortete, oder so, als nehme er an, daß wir gegrüßt hätten, könne es aber von seiner Höhe aus nicht nachprüfen. Natürlich grüßen wir ihn nicht, aber doch möchte man bei seinem Anblick fast glauben, es sei etwas Ungeheures, Kanzleidiener der Bergdirektion zu sein. Hinter ihm lachen wir allerdings, aber da auch ein Donnerschlag ihn nicht veranlassen könnte, sich umzudrehen, bleibt er doch als etwas Unverständliches in unserer Achtung.

Heute wird wenig mehr gearbeitet; die Unterbrechung war zu ausgiebig; ein solcher Besuch nimmt alle Gedanken an Arbeit mit sich fort. Allzu verlockend ist es, den Herren in das Dunkel des Probestollens nachzublicken, in dem sie alle verschwunden sind. Auch geht unsere Arbeitsschicht bald zu Ende; wir werden die Rückkehr der Herren nicht mehr mit ansehen. [v 1919]

Ernst Stadler
Fahrt über die Kölner Rheinbrücke bei Nacht

Der Schnellzug tastet sich und stößt die Dunkelheit entlang.
Kein Stern will vor. Die ganze Welt ist nur ein enger, nachtumschienter Minengang.
Darein zuweilen Förderstellen blauen Lichtes jähe Horizonte reißen: Feuerkreis
Von Kugellampen, Dächern, Schloten, dampfend, strömend ... nur sekundenweis ...
Und wieder alles schwarz. Als führen wir ins Eingeweid der Nacht zur Schicht.
Nun taumeln Lichter her ... verirrt, trostlos vereinsamt ... mehr ... und sammeln sich ... und werden dicht.
Gerippe grauer Häuserfronten liegen bloß, im Zwielicht bleichend, tot – etwas muß kommen – o, ich fühl es schwer
Im Hirn. Eine Beklemmung singt im Blut. Dann dröhnt der Boden plötzlich wie ein Meer:
Wir fliegen, aufgehoben, königlich durch nachtentrissne Luft, hoch übern Strom. O Biegung der Millionen Lichter, stumme Wacht,
Vor deren blitzender Parade schwer die Wasser abwärts rollen. Endloses Spalier, zum Gruß gestellt bei Nacht!
Wie Fackeln stürmend! Freudiges! Salut von Schiffen über blauer See! Bestirntes Fest!
Wimmelnd, mit hellen Augen hingedrängt! Bis wo die Stadt mit letzten Häusern ihren Gast entläßt.
Und dann die langen Einsamkeiten. Nackte Ufer. Stille. Nacht. Besinnung. Einkehr. Kommunion. Und Glut und Drang
Zum Letzten, Segnenden. Zum Zeugungsfest. Zur Wollust. Zum Gebet. Zum Meer. Zum Untergang.

[v 1913]

Georg Heym
Der Krieg

Aufgestanden ist er, welcher lange schlief,
Aufgestanden unten aus Gewölben tief.
in der Dämmrung steht er groß und unerkannt,
Und den Mond zerdrückt er in der schwarzen Hand.

In den Abendlärm der Städte fällt es weit,
Frost und Schatten einer fremden Dunkelheit,
Und der Märkte runder Wirbel stockt zu Eis.
Es wird still. Sie sehn sich um. Und keiner weiß.

In den Gassen faßt es ihre Schulter leicht.
Eine Frage. Keine Antwort. Ein Gesicht erbleicht.
In der Ferne wimmert ein Geläute dünn
Und die Bärte zittern um ihr spitzes Kinn.

Auf den Bergen hebt er schon zu tanzen an
Und er schreit: Ihr Krieger alle, auf und an.
Und es schallet, wenn das schwarze Haupt er schwenkt,
Drum von tausend Schädeln laute Kette hängt.

Einem Turm gleich tritt er aus die letzte Glut,
Wo der Tag flieht, sind die Ströme schon voll Blut.
Zahllos sind die Leichen schon im Schilf gestreckt,
Von des Todes starken Vögeln weiß bedeckt.

Über runder Mauern blauem Flammenschwall
Steht er, über schwarzer Gassen Waffenschall.
Über Toren, wo die Wächter liegen quer,
Über Brücken, die von Bergen Toter schwer.

In der Nacht er jagt das Feuer querfeldein
Einen roten Hund mit wilder Mäuler Schrein.
Aus dem Dunkel springt der Nächte schwarze Welt,
Von Vulkanen furchtbar ist ihr Rand erhellt.

Und mit tausend roten Zipfelmützen weit
Sind die finstren Ebnen flackend überstreut,
Und was unten auf den Straßen wimmelt hin und her,
Fegt er in die Feuerhaufen, daß die Flamme brenne mehr.

Und die Flammen fressen brennen Wald um Wald,
Gelbe Fledermäuse zackig in das Laub gekrallt.
Seine Stange haut er wie ein Köhlerknecht
In die Bäume, daß das Feuer brause recht.

Eine große Stadt versank in gelbem Rauch,
Warf sich lautlos in des Abgrunds Bauch.
Aber riesig über glühnden Trümmern steht
Der in wilde Himmel dreimal seine Fackel dreht,

Über sturmzerfetzter Wolken Widerschein,
In des toten Dunkels kalte Wüstenein,
Daß er mit dem Brande weit die Nacht verdorr,
Pech und Feuer träufet unten auf Gomorrh.

[e 1911]

Aufgaben zu dem Bild auf der Seite 333

ALFRED KUBIN Der Krieg

① Beschreiben Sie die 1907 entstandene Zeichnung Kubins. Achten Sie besonders darauf, welche Elemente und historischen „Anspielungen" der Künstler mit dem Begriff Krieg verbindet.

② Worin finden sich Ähnlichkeiten und Unterschiede zu den Kriegsgedichten von Heym, Trakl und Stramm (S. 324, 331 ff.)?

GEORG TRAKL
Grodek

Am Abend tönen die herbstlichen Wälder
Von tödlichen Waffen, die goldnen Ebenen
Und blauen Seen, darüber die Sonne
Düstrer hinrollt; umfängt die Nacht
Sterbende Krieger, die wilde Klage
Ihrer zerbrochenen Münder.
Doch stille sammelt im Weidengrund
Rotes Gewölk, darin ein zürnender Gott wohnt
Das vergoßne Blut sich, mondne Kühle;
Alle Straßen münden in schwarze Verwesung.
Unter goldnem Gezweig der Nacht und Sternen
Es schwankt der Schwester Schatten durch den schweigenden Hain,
Zu grüßen die Geister der Helden, die blutenden Häupter;
Und leise tönen im Rohr die dunkeln Flöten des Herbstes.
O stolzere Trauer! Ihr ehernen Altäre
Die heiße Flamme des Geistes nährt heute ein gewaltiger Schmerz,
Die ungebornen Enkel.

[e 1914]

Alfred Kubin, Der Krieg, 1907

Aufgaben zu den Texten auf den Seiten 328–333

RICHARD HUELSENBECK Der Idiot (S. 328)

① Erklären Sie, worin die Provokation des Gedichts besteht.

CARL EINSTEIN Bebuquin (S. 328 f.)

① Stellen Sie fest, wo die Erzähllogik Brüche aufweist.
② Nennen Sie einige der für Expressionisten wichtigen Erscheinungen der Wirklichkeit, die in dem Romankapitel angesprochen werden.
③ Welche Funktion hat die einfach gehaltene Sprache?
④ Wie verhält sich dieser Text zur Romantradition des „Poetischen Realismus" (vgl. S. 257 ff.)?

FRANZ KAFKA Ein Besuch im Bergwerk (S. 329 f.)

① Wie lassen sich Erzähler und Figuren den Beschäftigten des Bergwerks zuordnen?
② In welcher Weise tritt Technik in diesem Text auf?
③ Wie wird die Leserreaktion durch die Perspektive des Textes beeinflußt?

ERNST STADLER Fahrt über die Kölner Rheinbrücke bei Nacht (S. 331)

① Beschreiben Sie Grammatik und Zeichensetzung dieses Gedichts. Welche Schlüsse lassen sich daraus für die Wirkungsabsicht ziehen?
② Erörtern Sie, ob in dem Gedicht die dargestellte Wirklichkeit oder die poetischen Bilder moderner sind.

GEORG HEYM Der Krieg (S. 331 f.)

① Nach dem Wort eines Interpreten ist „das Gedicht von der innigen Gefühlssprache des humanen und subjektiven Stimmungsgedichts [...] weit entfernt." Weisen Sie diese Feststellung durch eine Analyse der Sprache und der (äußeren) Form nach. Suchen Sie nach Gründen für die Abwendung.
② Untersuchen Sie die Dimensionen des „unten" und „oben". Welches Bild ergibt sich?
③ Welche Haltung nimmt das Gedicht gegenüber dem Krieg ein?

GEORG TRAKL Grodek (S. 333)

① Untersuchen Sie den Wortschatz, mit dem Trakl die „Teilnehmer" und Orte der Schlacht benennt. Bedenken Sie dabei, daß das Gedicht 1914 entstand.
② Was erwarten Sie von einem Kriegsgedicht mit dem (Orts-)Namen „Grodek"? Wird die geschilderte Landschaft dieser Erwartung gerecht?
③ Wie unterscheidet sich Trakls Bilderwelt von der Heyms?

Übergreifende Fragestellung

Vergleichen Sie Form und Inhalt der drei Kriegsgedichte von Heym (1911), Trakl (1914) und Stramm (1915; S. 324). Welches würden Sie als „modern" bezeichnen?

e) Lebensraum Stadt

Georg Trakl
An die Verstummten

O, der Wahnsinn der großen Stadt, da am Abend
An schwarzer Mauer verkrüppelte Bäume starren,
Aus silberner Maske der Geist des Bösen schaut;
Licht mit magnetischer Geißel die steinerne Nacht verdrängt.
O, das versunkene Läuten der Abendglocken.

Hure, die in eisigen Schauern ein totes Kindlein gebärt.
Rasend peitscht Gottes Zorn die Stirne des Besessenen,
Purpurne Seuche, Hunger, der grüne Augen zerbricht.
O, das gräßliche Lachen des Golds.

Aber stille blutet in dunkler Höhle stummere Menschheit,
Fügt aus harten Metallen das erlösende Haupt.

[v 1914]

Georg Heym
Die Menschen stehen vorwärts in den Straßen ...

Die Menschen stehen vorwärts in den Straßen
Und sehen auf die großen Himmelszeichen,
Wo die Kometen mit den Feuernasen
Um die gezackten Türme drohend schleichen.

Und alle Dächer sind voll Sternedeuter,
Die in den Himmel stecken große Röhren.
Und Zaubrer, wachsend aus den Bodenlöchern,
In Dunkel schräg, die einen Stern beschwören.

Krankheit und Mißwachs durch die Tore kriechen
In schwarzen Tüchern. Und die Betten tragen
Das Wälzen und das Jammern vieler Siechen,
Und welche rennen mit den Totenschragen.

Selbstmörder gehen nachts in großen Horden,
Die suchen vor sich ihr verlornes Wesen,
Gebückt in Süd und West, und Ost und Norden,
Den Staub zerfegend mit den Armen-Besen.

Sie sind wie Staub, der hält noch eine Weile,
Die Haare fallen schon auf ihren Wegen,
Sie springen, daß sie sterben, nun in Eile,
Und sind mit totem Haupt im Feld gelegen.

[...] [e 1911]

Alfred Wolfenstein
Städter

Nah wie Löcher eines Siebes stehn
Fenster beieinander, drängend fassen
Häuser sich so dicht an, daß die Straßen
Grau geschwollen wie Gewürgte sehn.

Ineinander dicht hineingehakt
Sitzen in den Trams die zwei Fassaden
Leute, wo die Blicke eng ausladen
Und Begierde ineinander ragt.

Unsre Wände sind so dünn wie Haut,
Daß ein jeder teilnimmt, wenn ich weine,
Flüstern dringt hinüber wie Gegröhle:

Und wie stumm in abgeschloßner Höhle
Unberührt und ungeschaut
Steht doch jeder fern und fühlt: alleine.

[v 1914]

Gottfried Benn
Nachtcafé

824: Der Frauen Liebe und Leben.
Das Cello trinkt rasch mal. Die Flöte
rülpst tief drei Takte lang: das schöne Abendbrot.
Die Trommel liest den Kriminalroman zu Ende.

Grüne Zähne, Pickel im Gesicht
winkt einer Lidrandentzündung.

Fett im Haar
spricht zu offenem Mund mit Rachenmandel
Glaube Liebe Hoffnung um den Hals.

Junger Kropf ist Sattelnase gut.
Er bezahlt für sie drei Biere.

Bartflechte kauft Nelken,
Doppelkinn zu erweichen.

B-moll: die 35. Sonate.
Zwei Augen brüllen auf:
Spritzt nicht das Blut von Chopin in den Saal,
damit das Pack drauf rumlatscht!
Schluß! He, Gigi! –

Die Tür fließt hin: Ein Weib.
Wüste ausgedörrt. Kanaanitisch braun.
Keusch. Höhlenreich. Ein Duft kommt mit. Kaum Duft.
Es ist nur eine süße Vorwölbung der Luft
gegen mein Gehirn.

Eine Fettleibigkeit trippelt hinterher.

[v 1912]

Else Lasker-Schüler
Ein Lied der Liebe

Seit du nicht da bist,
Ist die Stadt dunkel.

Ich sammle die Schatten
Der Palmen auf,
Darunter du wandeltest.

Immer muß ich eine Melodie summen,
Die hängt lächelnd an den Ästen.

Du liebst mich wieder –
Wem soll ich mein Entzücken sagen?

Einer Waise oder einem Hochzeitler,
Der im Widerhall das Glück hört.

Ich weiß immer,
Wann du an mich denkst –

Dann wird mein Herz ein Kind
Und schreit.

An jedem Tor der Straße
Verweile ich und träume;

Ich helfe der Sonne deine Schönheit malen
An allen Wänden der Häuser.

Aber ich magere
An deinem Bilde.

Um schlanke Säulen schlinge ich mich
Bis sie schwanken.

Überall steht Wildedel,
Die Blüten unseres Blutes.

Wir tauchen in heilige Moose,
Die aus der Wolle goldener Lämmer sind.

Wenn doch ein Tiger
Seinen Leib streckte

Über die Ferne, die uns trennt,
Wie zu einem nahen Stern.

Auf meinem Angesicht
Liegt früh dein Hauch.

[v 1911]

Aufgaben zu den Texten auf den Seiten 335–336

Georg Trakl An die Verstummten (S. 335)

① Welche bedrohlichen Momente und welche beklagenswerten Verluste durch die moderne Großstadt werden genannt?
② Welche sprachlichen Verformungen nimmt der Verfasser bei der Nennung der realen Erscheinungen vor, und welche Wirkungen dürften damit beabsichtigt sein? (Formulieren Sie auch Ihren eigenen Ersteindruck!)
③ Die Überschrift des Gedichts verweist auf die vorletzte Zeile, die ihrerseits durch den Begriff „erlösend" in der letzten Zeile weitergeführt wird. Interpretieren Sie diese Schlußstrophe des Gedichts unter Verwendung der Informationen der Einleitung.

Georg Heym Die Menschen stehen vorwärts in den Straßen … (S. 335)

① Weisen Sie anhand verschiedener Begriffe nach, daß Heym einen biblischen Hintergrund verarbeitet. Stellen Sie den biblischen Konnotationen dieser Begriffe die im Gedicht geschaffenen entgegen. Deuten Sie Ihre Befunde.
② Die Begriffe „Straßen", „gezackte Türme", „Dächer" deuten den Ort an, von dem die Rede sein soll. Welche bedrohlichen Erscheinungen sind diesem Ort zugeschrieben?
③ Schon die erste Zeile enthält ein Paradox. Suchen Sie weitere im Text, und beschreiben Sie ihren Einfluß auf den Versuch, das Gedicht inhaltlich zu deuten.

Alfred Wolfenstein Städter (S. 335)

① Untersuchen Sie den Zusammenhang von Form und Inhalt des Gedichts.
② Trennen Sie die beschreibenden Teile von den bildlichen Assoziationen, und stellen Sie die Wechselwirkungen zwischen beiden fest.

Gottfried Benn Nachtcafé (S. 336)

① Das Gedicht stellt unvermittelt Ästhetisches neben ausgesprochen Unästhetisches. Welche Haltung nimmt damit der Verfasser gegenüber der lyrischen Tradition ein?
② In dem Gedicht wird von dem rhetorischen Mittel der Katachrese (Bildervermischung) ausgiebiger Gebrauch gemacht. Suchen Sie einschlägige Beispiele im Text, und prüfen Sie, welche Auswirkungen diese Form der Montage auf die Darstellung der Wirklichkeit hat.

Else Lasker-Schüler Ein Lied der Liebe (S. 336)

① Welche Formulierungen in diesem Gedicht deuten an, daß die angesprochene Liebesbeziehung nicht in jeder Hinsicht vollkommen ist?
② Wo verstoßen syntaktisch richtig gebaute Sätze gegen sprachliche Verknüpfungsregeln? Erklären Sie aus der expressionistischen Poetik, wie ein Leser mit solchen rational nicht verständlichen Chiffren umgehen soll.

f) Menschheitsprobleme

GEORG KAISER
Die Bürger von Calais

[Der König von England hat als Eroberer der Stadt Calais sechs Opfer gefordert, die zur Strafe für den langen Widerstand der Stadt getötet werden sollen. Es haben sich aber sieben Freiwillige gemeldet. Der Bürgermeister Eustache de Saint-Pierre lehnt einen Entscheid durch das Los ab.]

[...]

EUSTACHE DE SAINT-PIERRE *stärker.* Heute sucht ihr die Entscheidung – heute betäubt ihr euern Entschluß – heute überwältigt ihr mit Fieber euren Willen. Ein schweler Rauch trübt um euch von Stirn zu Sohlen und verhüllt den Weg vor euch. Seid ihr würdig, ihn zu gehen? Zu diesem Ziel zu wallen? Diese Tat zu tun – die ein Frevel ist – ohne verwandelte Täter? Seid ihr reif – für eure neue Tat? – Die an allem Bestand lockert – die alten Ruhm verhaucht – die langen Mut knickt – was klang, dämpft – was glänzte, schwärzt – was galt, verwirft! – Seid ihr die neuen Täter? – Ist eure Hand kühl – euer Blut ohne Fieber – eure Begierde ohne Wut? Steht ihr bei eurer Tat – hoch wie diese? Ein halbes ist die Tat – ein halbes der Täter – eins zerstört ohne das andere – sind wir nur Frevler? –

Die anderen blicken hingenommen nach ihm über den Tisch.

EUSTACHE DE SAINT-PIERRE. Ihr buhlt um diese Tat – vor ihr streift ihr eure Schuhe und Gewänder ab. Sie fordert euch nackt und neu. Um sie klirrt kein Streit – schwillt kein Brand – gellt kein Schrei. An eurer Brunst und wütenden Begierde entzündet ihr sie nicht. Eine klare Flamme ohne Rauch brennt sie – kalt in ihrer Hitze – milde in ihrem Blenden. So ragt sie hinaus – so geht ihr den Gang – so nimmt sie euch an: – ohne Halt und ohne Hast – kühl und hell in euch – ihr froh ohne Rausch – ihr kühn ohne Taumel – ihr willig ohne Wut – ihr neue Täter der neuen Tat! – – Tat und Täter schon verschmolzen – wie heute in morgen! Wie wollt ihr heute und morgen noch trennen, wenn euer Wille sich nicht mehr von eurer Tat scheidet? Wenn ihr sie leicht und lang bis an das Ende rollt, in dem ihr überliefert seid oder entlassen? Was versucht euch noch? Was bemüht euch noch? Ist eure Ungeduld nicht verblasen – und tönt als böser Schall vor diesem Saal? –

Er erhob seine Stimme gegen den außen anwachsenden Lärm, der rasch vordringt. Die Tür rechts vorne wird aufgerissen: Jean de Vienne an der Spitze vieler Gewählter Bürger überstürzt herein.

JEAN DE VIENNE *schreiend.* Eustache de Saint-Pierre, die Wachen sind von dem Eingang getrieben – wir haben die Türen geschlossen – sie halten noch Widerstand!

Dauernde Stöße gegen die Tür hallen herein.

EIN GEWÄHLTER BÜRGER. Sie stürmen die Tür!

Ein krachender Schlag dicht draußen – dem jubelndes Geschrei folgt.

EIN ANDERER GEWÄHLTER BÜRGER. Die Treppe ist frei vor ihnen!

EIN ANDERER GEWÄHLTER BÜRGER. Sie laufen die Treppe hoch!

EIN ANDERER GEWÄHLTER BÜRGER. Sie kommen in den Saal!

EIN ANDERER GEWÄHLTER BÜRGER. Sie wollen sich eines von euch mit Gewalt bemächtigen!

JEAN DE VIENNE. Eustache de Saint-Pierre, wen hat das Los befreit?

EUSTACHE DE SAINT-PIERRE *hat sich aufgerichtet, laut.* Ein Irrtum ist unterlaufen – die Kugeln wurden in der Schüssel vertauscht. Wir haben uns redlich gequält – jetzt mangelt uns die Kraft, das Spiel zu wiederholen! – *Noch stärker.* Wir wollen uns ruhen bis an den Morgen – *Auch an die um den Tisch.* – mit der ersten Glocke soll jeder von seinem Hause aufbrechen – und wer zuletzt in der Mitte des Marktes ankommt – ist los!

Alle schweigen betroffen.

Jacques de Wissant und Pierre de Wissant *um den Tisch vor ihn laufend.* Eustache de Saint-Pierre –

Pierre de Wissant *allein fortfahrend.* Wir beide gehen morgen von demselben Haus – sollen wir wieder das Spiel verwirren, wenn wir zusammen auf dem Markt ankommen?

Eustache de Saint-Pierre. Sorgt ihr doch um den Morgen? Könnt ihr nicht mit euren jungen Füßen vor den anderen laufen und die ersten im Ziel werden? – *Er steht auf.*

Jean de Vienne. Eustache de Saint-Pierre, willst du vor den wütenden Sturm draußen treten?

Eustache de Saint-Pierre *denen am Tisch zuwinkend.* Nicht ich – wir sind sieben: – soll es sie nicht besänftigen, daß einer noch zuviel ist? Kann nicht einen von uns über Nacht seine Erregung ohnmächtig machen? Ist es nicht klug, den Überfluß zu bewahren? – Wir wollen es ihnen deutlich sagen!

Die Sieben steigen von der erhöhten Schwelle und gehen an Jean de Vienne und den Gewählten Bürgern vorüber, deren sie mit keinem Zeichen mehr achten, aus der Tür und in den Lärm hinein, der schnell verebbt und verstummt. Jean de Vienne und die Gewählten Bürger sehen sich staunend an.

[v 1914]

Franz Werfel

Die Versuchung

[...]

Der Erzengel: Nun hast du dich erkannt. Nun weißt du ganz, daß dein Reich von dieser Welt nicht von dieser Welt ist. Das ist, o Dichter, dein Geburtstag. Und in dieser Welt der Gesandte, der Mittler, der Verschmähte zu sein, ist dein Schicksal. Kein Gesetz, keine Moral gilt für dich, denn du bist der unsrigen, der unendlichen Geister einer.

Der Dichter: Welch unbekannter Stolz durchrollt mich, welch neue Stärke faltet meine Stirne?

Die Welt braucht mich.

Ja, ich höre eure Stimmen alle.

Der blonde verprügelte Soldat ruft mich, ein kaum getötetes Häslein, das fröhliche Jäger mit in die Stube brachten, wartet, daß ich fühle, wie anmutig mädchenhaft sein kleiner Körper erstarrt. Die große Zigarre eines Börseaners sieht mich seltsam an, und ich allein, ich allein empfinde für sie, daß sie nun bald nicht mehr sein wird, nicht einmal mehr Rauch. Eine kleine energische Frau sagt: „Ja, als dann mein Bruder selig starb, war ich ganz allein." Und meine Seele umarmt sie und weiß alles, das Abstauben bei fremden Leuten am Morgen, das Mittagessen in der Küche (sehr viel Zimmet und Zucker), den Hausherrn in Pantoffeln, seine großen, roten, haarigen Hände, wie sie nach dem runden, festen Busen tasten.

Auch dein Ärger spricht zu mir, heute, unvorteilhaft gekleidetes Mädchen auf dem Kränzchen, und deinen Mut schöpfe ich aus, Minister, wenn du ruhig dem Wirbel der Tintenfässer und Lineale standhältst.

Bronislawa, Barmaid, du tanzest mit einem schlanken Idioten. Und ich vergehe vor Schmerz und Jubel, denn bald, bald wird dein wunderbarer, zarter Körper erlöst sein. Du bist nicht mehr. Mit dem Walzer der Damenkapelle, mit dem Weingeruch, mit der langsamen Höflichkeit der Kellner stürzest du ein. Dein silbriges Skelett fast ein Sarg. Doch dein unsterblicher Augenaufschlag, der harte Tanzschritt deines Fußes, dein flatternder Alt, die Hingabe durch den Mann hindurch an dich selbst, deine unsinnigen Redensarten, dies alles, alles entschwebt und ist überall da, und ich Glücklicher finde es, wenn der Mond aufgeht und Mädchen den Eimer aus dem Brunnen emporkurbeln.

Engel, mein Engel, jetzt fühle ich, daß ich von deinem Geschlechte bin. Ich bewundere mich. Ich bin groß.

DER ERZENGEL: Wie du's erkennst, bist du es schon. Aber, mein Sohn und Bruder, sage, was hörst du jetzt für Stimmen?

DER DICHTER: Stimmen der Lästerung und des Unverstands. Ich will mich auf eine Steinbank setzen und himmlisch lachen. Nein, nicht mehr glaube ich von meinem Erdenwallen, daß es nutzlos und unfruchtbar sei.
Mögen sie nur rufen und achselzucken: Schwächling, Weichtier!
Ich führe und leite sie doch.
Die ganze grüne Erde liegt da und schweigt.
Ich werde sie ihnen schenken, und sie werden reich von meiner Armut sein.
Denn siehe, ich bin die Verkündigung! [...] [v 1913]

GEORG TRAKL
Menschheit

Menschheit vor Feuerschlünden aufgestellt,
Ein Trommelwirbel, dunkler Krieger Stirnen,
Schritte durch Blutnebel; schwarzes Eisen schellt,
Verzweiflung, Nacht in traurigen Gehirnen:
Hier Evas Schatten, Jagd und rotes Geld.
Gewölk, das Licht durchbricht, das Abendmahl.
Es wohnt in Brot und Wein ein sanftes Schweigen
Und jene sind versammelt zwölf an Zahl.
Nachts schrein im Schlaf sie unter Ölbaumzweigen;
Sankt Thomas taucht die Hand ins Wundenmal. [v 1913]

Aufgaben zu den Texten auf den Seiten 338–340

GEORG KAISER Die Bürger von Calais (S. 338 f.)

① Warum verschiebt Eustache de Saint-Pierre die Entscheidung auf den nächsten Tag? Erläutern Sie das neue Auswahlverfahren, insbesondere den Begriff der Tat.
② Welcher Zusammenhang besteht zwischen dem moralischen Problem, um das es hier geht, und der gewählten Sprache?

FRANZ WERFEL Die Versuchung (S. 339 f.)

① Beschreiben Sie die Rolle des Künstlers, wie er im Text dargestellt wird.
② In welchem Licht erscheint die Normalität des bürgerlichen Lebens?
③ Diskutieren Sie die These, im Expressionismus sei, wie schon in der Romantik, die Kunst zum Religionsersatz geworden.

GEORG TRAKL Menschheit (S. 340)

① Das Gedicht besteht inhaltlich aus zwei Teilen. Welche gedanklichen und begrifflichen Verbindungen können Sie herstellen?
② Die beiden Mittelzeilen, die den Übergang von einem zum anderen Inhaltsbereich schaffen, sind syntaktisch kaum gestaltet. Versuchen Sie eine Umformulierung in ganze Sätze, so daß die bewußte Vagheit des Inhalts konkretisiert wird.
③ Wie hat Trakl den biblischen Mythos im zweiten Teil des Gedichts verändert?

XVII. Weimarer Republik (1919–1933)

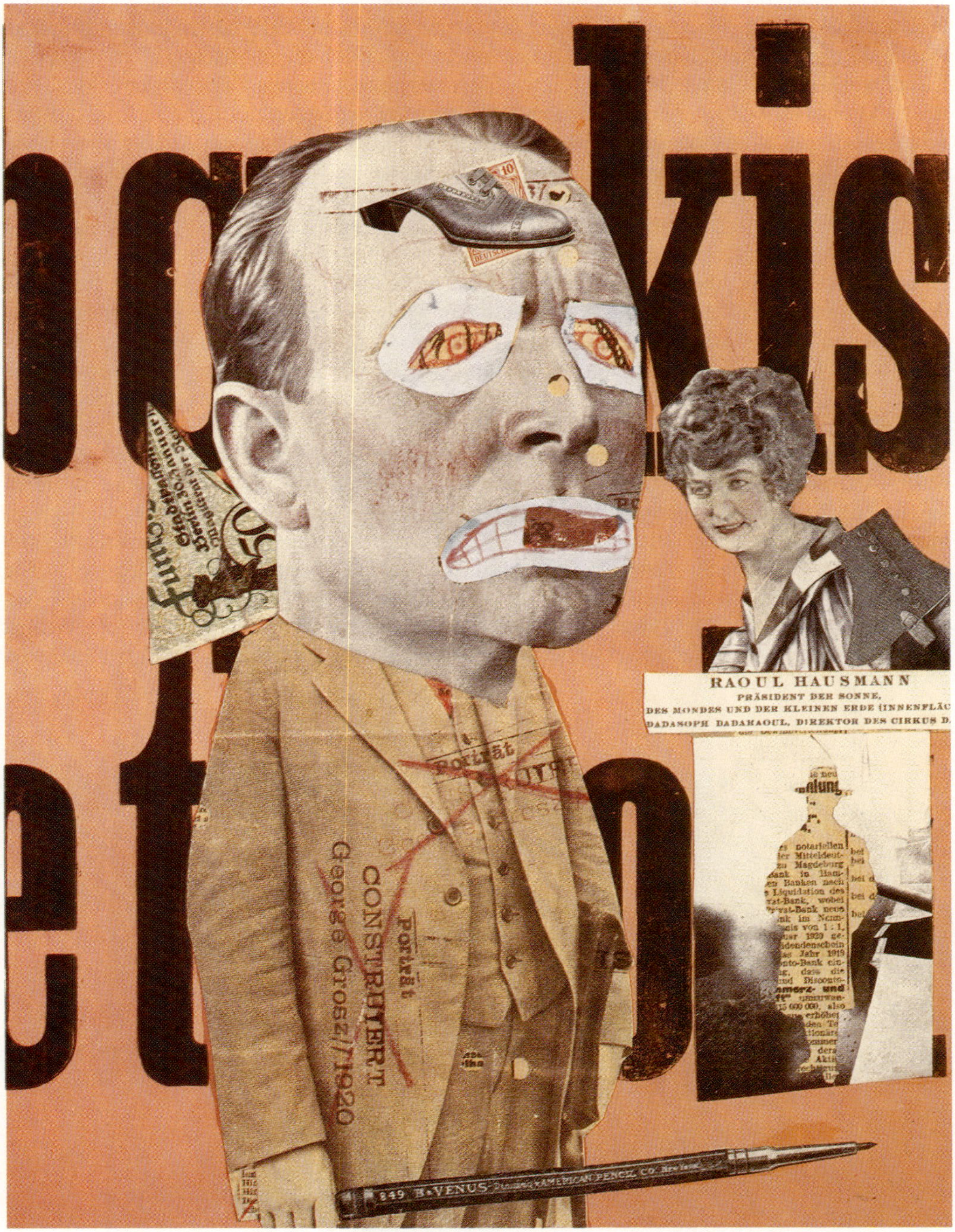

Raoul Hausmann, Der Kunstkritiker, 1919/20

1. Grundzüge der Epoche

Anfang November 1918 verzichtete der Kaiser unter dem Druck der Verhältnisse auf den Thron, eine republikanische Übergangsregierung übernahm die Macht. 1919 beschloß eine Nationalversammlung in Weimar eine demokratische Verfassung. Doch die politischen Wirren, die dem Zusammenbruch der alten Ordnung folgten (Separationsbestrebungen, Putschversuche, Generalstreiks) und im Jahre 1923 einen Höhepunkt erreichten, verhinderten zusammen mit den wirtschaftlichen und politischen Belastungen durch den Versailler Vertrag von Anfang an eine stabile politische und soziale Ordnung. Die **Republik** fand außerhalb der regierenden Parteien wenig Unterstützung; die neue Staatsform blieb für viele ein Fremdkörper.
Als schließlich 1929 die **Weltwirtschaftskrise** den kurzen wirtschaftlichen Aufschwung zwischen 1924 (Dawes-Plan) und 1927 beendete und ein Heer von Arbeitslosen verursachte, setzte ein Zustrom zu den radikalen Parteien auf dem rechten und linken Rand ein, der 1932 nach den letzten freien Wahlen den Sturz der bürgerlichen Parteien zur Folge hatte. Die extreme **Polarisierung** hatte zur **Radikalisierung** geführt, Haß und Gewalt bestimmten mehr und mehr das öffentliche Bild. Am Endpunkt dieser Entwicklung standen Hitlers Berufung zum Reichskanzler, die Reichsbrandverordnung und das Ermächtigungsgesetz von 1933, das der Demokratie in Deutschland für mehr als zwölf Jahre ein Ende setzte (s. S. 371).
Im gesellschaftlichen Bereich ist das rasche Ansteigen der Industriearbeiterschaft und der Gruppe der Angestellten kennzeichnend. Der „Neue Mittelstand", wie ihn die Angestellten darstellen, und die Entstehung einer vor allem städtischen **Massengesellschaft** gelten als wesentliche Veränderung der sozialen Wirklichkeit des 20. Jahrhunderts. Masse und Massenverhalten stehen daher im Mittelpunkt soziologischer, politischer und philosophischer Überlegungen. Die wichtigsten wie ORTEGA Y GASSETS *Aufstand der Massen* (1928) oder KARL JASPERS' *Die geistige Situation der Zeit* (1930) wurden heftig diskutiert, LE BONS schon 1895 erschienene Schrift *Psychologie der Massen* fand jetzt weite Verbreitung auch in Deutschland. Die Vorstellung von

George Grosz, Ameisen, 1920/21

„Vermassung" rief Ängste, aber ebenso Hoffnungen hervor. Die Massendemokratie der neuen Republik konnte (und sollte) auch zum Träger einer modernen demokratischen Kultur werden. Das Vorbild für die Avantgarde um BERTOLT BRECHT (1898–1956), LION FEUCHTWANGER (1884–1958) und ALFRED DÖBLIN (1878–1957) waren dabei England und Frankreich, vor allem aber Amerika. Berlin wurde für viele zum Zentrum des amerikanischen Einflusses. Die Nachahmung des amerikanischen „way of life" galt als Absage an ein individualistisches Kunstverständnis, das auf humanistisch-idealistischen Werten beruhte. Im Ersten Weltkrieg, in den Massenbewegungen der Arbeiter und durch die Folgen der Inflation war dieses fragwürdig geworden. Auch das Vorbild der russischen Revolution und der mit ihr entwickelten Vorstellungen einer revolutionären Literatur (besonders das sog. Agitprop-Theater) wirkten ab der Mitte der 20er Jahre z. B. auf die Theaterarbeit Brechts und ERWIN PISCATORS (1893–1966).
Kultur sollte auf neue Weise die Massen erreichen; besonders geeignet dafür erschienen die Medien **Rundfunk** und **Film**. Deren Janusköpfigkeit wurde dabei wohl erkannt: „Der amerikanische Film", schrieb der Kulturkritiker Herbert Ihering 1926, „ist der neue Weltmilitarismus [...]. Er ist gefährlicher als der preußische [...]. Er verschlingt Völkerindividuen [...]. Die Zahl der Menschen, die Filme sieht und keine Bücher liest, geht in die Millionen." – Mancher Film griff auf eine Buchvorlage zurück. *Der blaue Engel*, nach Heinrich Manns *Professor Unrat*, wurde mit Emil Jannings und Marlene Dietrich einer der wenigen Welterfolge des deutschen Tonfilms – veränderte allerdings in entscheidenden Punkten den Roman: Aus dem machtlüsternen und verklemmten Spießbürger wurde die tragische Figur eines Sonderlings.
Die **Literatur** mußte sich den neuen Anforderungen stellen: Auf dem Buchmarkt erschienen ungewohnte Reklame- und Marketingtechniken (z. B. Bestsellerlisten); Autoren wie Brecht versuchten, mit krassen Effekten und anderen auf das Publikum bezogenen „Strategien" Gehör zu finden, viele von ihnen benutzten aber auch die neuen Medien: Sie schrieben Hörspiele (Brecht sein *Radiolehrstück für Knaben und Mädchen: Ozeanflug*), lasen im Rundfunk (Gottfried Benn, Marieluise Fleißer), verarbeiteten ihre Werke im Film (Döblin, *Berlin Alexanderplatz*) oder Rundfunk (Brecht, *Heilige Johanna der Schlachthöfe*). Journalistische Formen fanden, wenngleich zögernd, Anerkennung. Reportagen (z. B. von Egon Erwin Kisch), Glossen und Satiren (z. B. von Kurt Tucholsky) erschienen auch in Buchausgaben. Der Essay gewann an literarischer Bedeutung. Mit der Berliner Zeitschrift *Die Weltbühne* entstand ein für solche Formen geeignetes, vielgelesenes Publikationsorgan.

Die Literatur der Weimarer Republik ist wie die politische Landschaft gezeichnet von den Auseinandersetzungen um den einzuschlagenden Weg. Wie in der Politik sind daher **Pluralismus** der Strömungen inhaltlicher und formaler Art, **Polarisierung** der Lager und **Radikalisierung** der Absichten wesentliche Kennzeichen der literarischen Epoche.
Der Pluralismus läßt einen einheitlichen Epochenbegriff nicht zu; auch die Benennung einer dominierenden Gruppe, wie sie die Expressionisten darstellten, ist nicht möglich. Die nebeneinander herlaufenden Strömungen lassen sich nur andeuten:
Die Vertreter des **Expressionismus** entfalteten noch weit in die 20er Jahre hinein eine rege Tätigkeit, während die **„Neue Sachlichkeit"** (bezeichnet nach einer von Gustav Hartlaub 1925 organisierten Ausstellung neorealistischer Maler wie Grosz, Dix u. a.) schon anfangs der 20er Jahre die expressionistische Richtung abzulösen trachtete, indem sie deren pathetisch übersteigerter Ausdrucksweise eine sachliche, um Genauigkeit bemühte Sprache entgegensetzte. Aber auch diese Strömung war keineswegs einheitlich, vor allem nicht in ihrem Kunstverständnis und ihren Absichten. So galt den einen seit dem Erscheinen des Sammelbandes *Der rasende Reporter* von EGON ERWIN KISCH (1885–1948) die **Reportage** als ebenso „kunstfähig" wie die **Collage** und die **Textmontage**. Andere sahen in der sogenannten Vortragslyrik eine Ablösung

traditioneller Formen und einen Weg hin zu einer neuen **„Gebrauchslyrik"**. Charakteristisch dafür ist z. B., daß Brecht als Preisrichter 400 eingesandte Gedichte ablehnte und statt dessen ein Gedicht aus einer Radsportzeitung mit dem Titel *He! He! The Iron Man* prämierte, weil die anderen in ihrer „Sentimentalität, Unechtheit und Weltfremdheit" nichts als Nachahmungen von Gedichten seien, wie sie Rilke, George und Werfel verfaßten – Autoren, die zu dieser Zeit immer noch publizierten. Es ging Brecht wie ERICH KÄSTNER (1899–1974), JOACHIM RINGELNATZ und KURT TUCHOLSKY (1890–1935) um Verse, „die das Publikum lesen und hören kann, ohne einzuschlafen" (Kästner). Damit wurden Wirksamkeit, Nützlichkeit und Realitätsnähe wichtige Kriterien, sehr zum Mißvergnügen anderer Literaten (wie JOSEPH ROTH, 1894–1939), die anfänglich durchaus der Neuen Sachlichkeit nahestanden.

Im ganzen sind die Autoren der Neuen Sachlichkeit keine Weltveränderer, wohl aber scharfe Beobachter ihrer Umwelt und deshalb oft Kritiker ihrer Zeitgenossen. Besonders günstig für ihre kühle Einstellung zur Wirklichkeit war die Wahl eines Wissenschaftlers als Hauptfigur wie in ERNST WEISS' (1882–1940) Roman *Georg Letham*. Die Titelfigur wird zur Strafe für die Ermordung seiner Frau auf eine von Fleckfieber verseuchte Insel verbannt. Da er Arzt ist, wird ihm erlaubt, Forschungen über diese Krankheit anzustellen. Genaue Beobachtung und systematisches Vorgehen kennzeichnet das Verhalten des Helden und des Romanerzählers.
Leidenschaftslos und nüchtern ist in dieser Zeit auch der Blick auf Liebe, Glück und Erfolg. Zwar hatte schon der Realismus des 19. Jahrhunderts die Beziehungen zwischen den Geschlechtern nicht mehr mit Gefühlsüberschwang und Seelenharmonie gleichgesetzt, doch MARIELUISE FLEISSERS (1901–1974) Behandlung der Liebe in den *Pionieren in Ingolstadt* läßt nicht einmal mehr tragisches Scheitern zu. Die ganz unheroische Sehnsucht von Dienstmädchen nach menschlicher Zuwendung dient als Motiv für Liebesbeziehungen, die weder auf Dauer noch auf Gegenseitigkeit noch auf Ehrlichkeit angelegt sind. Erich Kästners *Sachliche Romanze* verarbeitet das gleiche Thema, ohne aber auf die sozialen Bedingungen einzugehen.

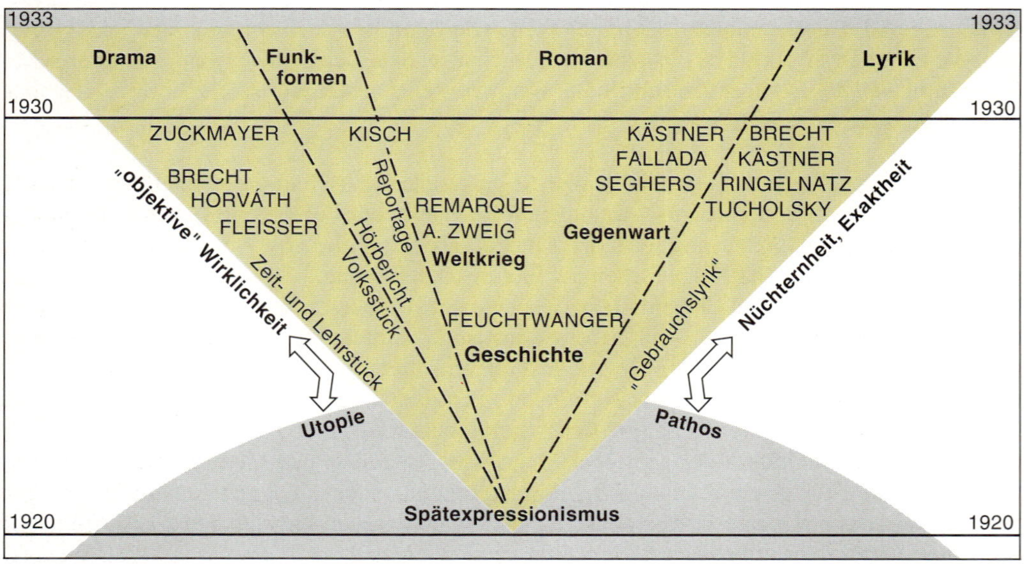

„Neue Sachlichkeit"
(aus: dtv-Atlas zur deutschen Literatur von Horst Dieter Schlosser, Graphik: Uwe Goede. © München, Deutscher Taschenbuch Verlag 1983, S. 246)

Der Pluralismus der Strömungen wird am deutlichsten im **Roman**. Wie bei Fleißer wird in Lion Feuchtwangers Roman *Erfolg* die „Provinz" als eine (keineswegs heile) **Gegenwelt zur Großstadt** erfaßt. Der Roman spielt in Feuchtwangers Heimatstadt München und enthält viel Autobiographisches. Als Zeitzeuge des Hitlerputsches von 1923 lag ihm an einer Dokumentation dieser Vorgänge, zugleich wollte er einen künstlerisch gestalteten Roman vorlegen. Feuchtwanger schrieb dazu in einer kurzen Notiz am Schluß des Buches: „Kein einziger Mensch dieses Buches existierte aktenmäßig in der Stadt München in den Jahren 1921/24: wohl aber ihre Gesamtheit [...]. Das Buch *Erfolg* gibt nicht *wirkliche*, sondern *historische* Menschen." Es wird als Schlüssel- und Zeitroman angesehen.
Das Spektrum der Formen und Themen ist vielfältig: THOMAS MANNS *Zauberberg*, HEINRICH MANNS (1871–1950) *Der Untertan* und HERMANN HESSES (1877–1962) *Demian* sind vergleichbare Beispiele für den Versuch, an Zentralgestalten und -schicksalen aus der Vorkriegszeit den Weg in die Katastrophe zu zeigen, ohne Zeitromane im modernen Sinn zu sein. Auch wenn Hesse im *Steppenwolf* die „Seelenkraft" des Harry Haller nicht als „die Schrulle eines Einzelnen", sondern die „Krankheit der Zeit" selbst verstanden wissen will, so ist doch das Individuum losgelöst vom gesellschaftlichen Hintergrund, wird die Lösung im persönlichen Ausgleich zwischen dem Wölfischen und Geistigen seiner „Natur" gesucht. Die Vorbilder stammen aus der Klassik: Goethe und Mozart.
Ganz anders ein Roman wie Kästners *Fabian*, in dem, ähnlich wie in HANS FALLADAS (1895–1947) *Kleiner Mann – was nun?*, die neue Welt der Angestellten in ihrem Bemühen und Scheitern um eine moralische Existenz in einer Welt des Chaos gezeigt wird. Es ist die Welt der **„Großstadt"**, die man in Berlin verkörpert sah: Mit dem an den neuen Vorbildern JAMES JOYCE (*Ulysses*, 1922) und JOHN DOS PASSOS (*Manhattan Transfer*, 1925) geschulten Roman *Berlin Alexanderplatz* hat Alfred Döblin diese Großstadt und neue Möglichkeiten der Darstellung gezeigt. Seine Mittel: Montage, innerer Monolog, zitatartige Einschübe, Perspektivenwechsel, entsprechen am ehesten den Forderungen an einen modernen Roman.
Von solchen Mitteln macht auch ROBERT MUSIL (1880–1942) Gebrauch, wenn er in seinem Roman *Der Mann ohne Eigenschaften* den Versuch unternimmt, an der geistigen Welt Kakaniens (= Österreich) vor 1914 das Typische herauszuarbeiten. Dabei wird die traditionelle Romanform aufgegeben: Reflexionen, essayistische und kommentierende Formen drängen das erzählende Element zurück.
FRANZ KAFKAS *Der Prozeß* (nach seinem Tod von Max Brod 1925 herausgegeben) ist zwar schon 1911 entstanden, spiegelt aber mehr als andere Romane der Weimarer Zeit die Verstörung des Individuums durch undurchschaubare Gesetze und Mächte, die im einzelnen nur ein Objekt sehen, wider.
IRMGARD KEUNS (1910–1981) Roman *Das kunstseidene Mädchen* steht der Neuen Sachlichkeit nahe. Ihre „Heldin", Doris, will nach dem Vorbild der Film„girls" ihr Leben einrichten, ihr Ziel ist „Glanz". Sie sucht ihn in Berlin, aber ihre Wünsche sind nicht erfüllbar. In Stationen, die wie in einem Film ablaufen, erfährt sie, daß ihr „Glanz" nicht beständig und daß sie nur eine von vielen ist – austauschbar.

Die **Polarisierung** im politischen Bereich führte zur Entstehung ganz unterschiedlicher, sich zunehmend feindlicher gegenüberstehender Gruppen, aber auch zu ganz unterschiedlichen Vorstellungen über Vergangenheit und Gegenwart der eigenen Nation, den Wert des Nationalen, des Aufklärerisch-Rationalen und anderes mehr. Die Hintergrundskämpfe wurden in den Medien ausgetragen – die Literatur war daran beteiligt. Vor allem in den **literarischen Zeitschriften** schlug sich die Diskussion nieder. Während Publikationen wie *Die Aktion* (hrsg. v. Franz Pfemfert), *Linkskurve* (hrsg. v. Johannes R. Becher u. a.), *Der Simplicissimus* (hrsg. v. Albert Langen

und Thomas Theodor Heine), *Die Fackel* (hrsg. v. Karl Kraus), *Die weißen Blätter* (hrsg. v. René Schickele) der politischen Linken zuzurechnen waren, sammelten sich auf der extremen Rechten Autoren, die der „Asphaltliteratur“ der Expressionisten und der neuen Generation der 20er Jahre durch Rückbesinnung auf Volk und Geschichte begegnen wollten. Von Nietzsche abgeleitet, mischte sich in diese völkische Literatur oft auch ein ethischer Voluntarismus, der den Kampf ums Dasein bzw. den Willen zur Macht als treibendes Moment nationalgeschichtlicher und sozialer Entwicklung ansah. Der *Kampfbund für deutsche Kultur*, der 1928 von dem Nazi-Ideologen Alfred Rosenberg gegründet wurde, bündelte diese Bestrebungen und führte sie mit geringen Widerständen in die nationalsozialistische „Blut und Boden“-Literatur über. Im gleichen Jahr entstand der *Bund Proletarisch-Revolutionärer Schriftsteller*, deren Mitglieder ihre Aufgabe als Beitrag zum „Klassenkampf“ verstanden.
Zunehmend polarisierend waren auch die Meinungen über die **Aufgabe der Kunst** und ihre Ausdrucksformen. Man vergleiche z. B. die Ausführungen Joseph Roths zur Neuen Sachlichkeit mit denen des Literaturkritikers und Essayisten WALTER BENJAMIN (1882–1940). Während Roth von der Kunst „Wahrheit“ fordert, verlangt Benjamin politische Veränderungen: „einen Produktionsapparat zu beliefern, ohne ihn [...] zu verändern“ sei „selbst dann ein höchst anfechtbares Verfahren [...], wenn die Stoffe, mit denen dieser Apparat beliefert wird, revolutionärer Natur scheinen“.
Im fiktionalen Bereich wird vor allem das Thema „Krieg“ (ein angesichts der unterschiedlichen Beurteilung des 1. Weltkrieges durchgehendes Motiv) Anlaß für polarisierende Darstellung: Der ehemalige Reichswehroffizier ERNST JÜNGER (geb. 1895) hatte schon 1920 eine Darstellung seiner Kriegserlebnisse (*In Stahlgewittern*) vorgelegt und in einer romanhaften Ausgestaltung in *Feuer und Blut* (1925) noch einmal verarbeitet. Er hatte die Gefahr an der Front als Gelegenheit zu äußerster persönlicher Bewährung empfunden und versuchte, in seinen tagebuchähnlichen Romanen diese Grenzerfahrungen festzuhalten. Das Fehlen erkennbarer moralischer Bewertung der oft in der Diktion von Sportberichterstattung dargestellten Kampfhandlungen kam rechtsradikalen Erwartungen weit entgegen.
Ein anderer Kriegsteilnehmer, ERICH MARIA REMARQUE (1898–1970), sah dagegen im Krieg die Entwürdigung der Menschen zu reißenden Tieren. In seinem Roman *Im Westen nichts Neues* (1929) beklagt er vor allem, daß die junge Generation um eine unbeschwerte Jugend betrogen und als Kanonenfutter geopfert wurde. Die Erschütterung der Zuschauer durch die amerikanische erste Verfilmung dieses Romans läßt sich an zeitgenössischen Rezensionen ablesen; andererseits wird in den Berichten über die Erstaufführungen auch deutlich, wie sich bereits 1930 die nationalsozialistischen Banden gegen kritische Kultur durchsetzen konnten.

Radikalisierung in der Literatur drückt sich in scharfer Polemik und in verschärfter Ablehnung bestehender Richtungen aus; vor allem aber in der Forderung und Durchsetzung von Neuem. In der Weimarer Republik betrifft dies Inhalte wie Formen. Zwei Beispiele verdeutlichen dies:
Noch aus der Zeit des Expressionismus stammt die Kritik am Bürgertum, dem man die Unterstützung der Kriegspolitik und die Aufgabe der eigenen liberalen Werte zum Vorwurf machte. Der **Dadaismus** versuchte auf provozierende Weise in den Formen des Cabarets, der Manifeste und der literarischen Parodie, die Aushöhlung traditioneller Wertvorstellungen bewußtzumachen. Die „Bewegung“, wie sie sich selbst in beabsichtigter Übertreibung nannte, war 1916 in Zürich von den Deutschen HUGO BALL (1886–1927) und RICHARD HUELSENBECK, dem Elsässer HANS ARP (1887–1966), dem Rumänen TRISTAN TZARA (1896–1963) u. a. gegründet worden und trat im *Cabaret Voltaire* auf. Sie waren flüchtige Kriegsdienstverweigerer und verstanden ihre Aktivitäten trotz ihrer unernsten Form als Protest gegen den Krieg. Sie versuchten nach eigenen Angaben „die Kunst- und Kulturideologie einer beruhigten Klasse mit ihren eigenen

Mitteln zu zerstören". In der Verneinung aller bisherigen Normen sollte im „schöpferischen Stil" höchste Freiheit erlangt werden. Wenn es dabei anfangs nur darum ging, „nichts als frech" zu sein, entwickelte sich doch bald der Wille, gegenüber anderen Stilarten und Gesinnungen einen scharfen Trennungsstrich zu ziehen. In einer dritten Phase erfolgte die konsequente Radikalisierung des eigenen Kunstverständnisses: Im neuen Zentrum Berlin sah schließlich Huelsenbeck in der Kunst nur noch ein Propagandamittel für eine revolutionäre Idee.
Zum Umkreis der Dadaisten zählt auch KURT SCHWITTERS (1887–1948), der in allen Bereichen der Kunst experimentierte. Berühmt geworden sind vor allem seine *Merz-Collagen* und sein „Liebesgedicht" *An Anna Blume*.
Nicht weniger radikal waren Bertolt Brechts Vorstellungen über eine **neue Dramatik**. Sein „Lustspiel" *Mann ist Mann* stellte eine Kampfansage an das „traditionelle bürgerliche, psychologisierende Drama" dar. Die „Entbürgerlichung" wird buchstäblich in einer „Ummontierung" eines individuellen Menschen zu einem austauschbaren Typus auf offener Bühne vorgeführt:

Herr Bertolt Brecht behauptet: Mann ist Mann.
Und das ist etwas, was jeder behaupten kann.
Aber Herr Bertolt Brecht beweist auch dann
Daß man mit einem Menschen beliebig viel machen kann.
Hier wird heute abend ein Mann wie ein Auto ummontiert
Ohne daß er irgend etwas dabei verliert.

Die Austauschbarkeit des einzelnen in der modernen Arbeitswelt sollte sichtbar werden.
Brechts Weg führte weiter zu den Lehrstücken und zum Epischen Theater.
Auch in der Lyrik ging Brecht neue, radikale Wege. Mit den Gedichten der *Hauspostille* will er „entsentimentalisieren" und einen direkten Kontakt zur Umwelt herstellen. Seine Mittel sind Songs, Moritaten, „volkstümliche" Balladen, bewußter Stilbruch, Vermischung hoher Formen (z. B. Psalmen) mit scheinbar banalen Themen, Derbheit, häufig Trivialität. Mit dem Gedicht *Die Nachtlager* (aus der Zeit der Weltwirtschaftskrise 1929/30) wird die endgültig ideologisch-marxistisch bestimmte Hinwendung zur **politischen Lyrik** deutlich.

„Mann ist Mann" von Bert Brecht. Uraufführung, inszeniert von Jacob Geis, in Darmstadt, 1926. Der Bühnenbildner Caspar Neher verwandte zum erstenmal den Halbvorhang, die „Brecht-Gardine", die für Brechts Theater typisch geworden ist.

2. Texte

a) Pluralismus der Strömungen

ERNST WEISS
Georg Letham

[...] Die Schwierigkeiten, die sich bald in ungeahntem Maße steigern sollten, begannen schon jetzt. Sollte man die Mücke sich an dem Blut des ungeduldig werdenden Jungen übersatt trinken lassen bis fast zum Platzen oder sollte man sofort ein zweites, drittes, viertes bis xtes Insekt an dem Jungen saugen lassen? Ich war dafür, nicht lange zu warten, Walter dagegen. Vielleicht ahnte er, was kommen würde, er wollte es bei einer Mücke bewenden lassen und wollte dem kranken Jungen, der schon ungeduldig wurde und sich ungeschickt wehrte, den zweiten Anstich ersparen. Er hatte eben anscheinend mit Menschen noch nicht experimentiert, oder er war durch die Aufregungen der letzten Zeit weicher geworden, als es die Lage gestattete. Ich nahm also die Mücke nach etwa drei Sekunden ab, wobei ich mich eines kleines Stückchens Papier bediente, um sie sanft von der quaddelartig aufgeschwollenen Haut des jungen Y. F.[1]-Kranken zu entfernen. Dieses Papier stammte aus der englischen Taschenausgabe des Hamlet, die ich am Morgen des Tages unter meinen Habseligkeiten zufällig gefunden und zu mir gesteckt hatte. Es waren die Worte am Beginn des zweiten Aktes: ... doch wozu das Zeug zitieren, genug, es tat seinen Dienst, und das Insekt mußte notgedrungen ablassen. Sein Hinterleib wies jetzt gerundete Konturen auf, durch die das Blut, rubinartig schimmernd, hindurchleuchtete.

Erster Akt – aus, Beginn des zweiten. Nämlich Stich an Marchs entblößtem Oberarm. Das Insekt hatte nun reichlich Y. F.-Blut in seinem Leibe, in seinen Speicheldrüsen, seinem Beißstachel – es sollte also dieses Blut auf den gesunden, kräftigen March durch einen Stich übertragen.

Vorsichtig transportierte ich das Tierchen, es einerseits mit dem Wattebausch des Glasröhrchens, andererseits mit dem Hamletfragment festhaltend, auf Marchs Oberarm, und wir warteten alle gespannt (auch der kranke Junge guckte trotz seines Fiebers jetzt, wo die Mücke fort war, interessiert zu, seine Somnolenz[2] war gewichen), ob die Stegomyiamücke ein zweites Mal anbeißen würde, um die Keime zu übertragen – aus dem Blut – durch das Blut – in das Blut?

Sie saß da, das letzte Beinpaar wippte nicht, sie hatte den Kopf gesenkt, der winzige Stachel, feiner als die feinste Nadel, berührte Marchs Haut. Aber stechen tat sie nicht. Beißt sie? fragte immer wieder einer der anwesenden Herren. Sie lächelten, vielleicht nur aus Nervosität, und doch empörte es mich. Offenbar zweifelten sie im Herzensgrund an unseren Experimenten, oder ich bildete es mir ein. Ich hatte oft Zweifel *vor* einem Experiment, ich hatte ebensooft Zweifel *nachher*, aber nie, *während* ich meine Pläne in die Tat umsetzte. Carolus, der lederne Gesell, konnte das dumme Witzwort nicht unterlassen, die Mücke, als weibliches Wesen, müsse doch an einem so leckeren Mann anbeißen. Tatsächlich war March ein hübscher, wenn auch etwas weiblicher, jedenfalls aber wohlgestalter Mensch, dem schon wegen seines auch jetzt gepflegten und ansehnlichen äußeren Wesens immer die Sympathien sicher waren.

Tatsache aber war und blieb, daß die Mücke zwar unbeweglich bald zwei Minuten dahockte, aber nicht stach. [...]

Was war zu tun? [...] Ich sah jetzt ein, daß man entweder die ganze Versuchsreihe aufgeben müsse – aber ich hätte jetzt lieber Selbstmord verübt, als meine Idee loszulassen – oder aber ich mußte alles in meine Hände nehmen.

---

[1] Yellow Fever (Gelbfieber) [2] Benommenheit, Bewußtseinstrübung

Was war ich? Ein auf Lebenszeit verschickter, abgeurteilter Verbrecher, ein rechtloses Individuum, ein passives Objekt der Gefängnisverwaltung. Aber sobald ich meine Energie entwickelte (und es war noch ein Rest der alten Willenskraft in mir), fügten sich mir sonderbarerweise die Lebensumstände und vor allem selbst *die* Menschen, die sozial und nach Recht und Gesetz jetzt hoch über mir standen. Denn ich besaß noch etwas anderes außer meiner Energie, nämlich die Logik, den ungehemmten Forschungsdrang und ein ungetrübtes Urteil. Ich kann dies, ohne unbescheiden zu sein, sagen, denn meine Ansicht hat sich bewährt. Vielleicht konnte nur ein Mann meiner Art diese Aufgabe hier lösen, ein Sohn meines Vaters und seiner Erziehung.

Es handelte sich einfach um folgendes. Sollte man den Versuch abbrechen? Und wenn nicht, sollte man jetzt noch mehrere hungrige, junge, weibliche Mücken an dem kleinen Jungen da saugen lassen? Oder sollte man unter diesen Umständen lieber andere Patienten dazu heranziehen?

Ich war dafür, bei dem Jungen zu bleiben. Und zwar aus folgenden Gründen: Es war ein frischer Fall. Ich hatte den Eindruck (der sich freilich nicht auf logische Erwägungen, sondern mehr auf Intuition stützte), daß im Blute der *frisch* erkrankten Menschen das gefährliche, krankmachende, ansteckende Virus am sichersten zu finden sein müsse. Wenn überhaupt eines, war ihr Blut am geeignetsten, eine Infektion von Mensch zu Mensch im Experiment hervorzurufen. [...]

[v 1931]

MARIELUISE FLEISSER
Pioniere in Ingolstadt

[...] *Auftreten Karl, Berta.*

BERTA: Ich bin auch schon verraten worden. *Vorn auf die Bank zeigend.*

KARL: So, da ist unsere, auf die haben wir gewartet.

BERTA: Die gehört garnicht da her. Die hat wer vertragen.

KARL: Schaun wir, ob sie sauber ist. *Leuchtet mit einem Streichholz ab.*

BERTA: Ich hab nämlich mein helles Gewand an.

KARL: Ich leg mein Taschentuch hin. *Beide setzen sich.*

BERTA: Gell, weil's keine Lehne hat, drum ist sie nicht besetzt.

KARL: Das ist doch nicht, wie wenn ich nicht dabei bin.

BERTA: Jetzt hab ich eine Lehne und weiß nicht, wie sie heißt.

KARL: Karl.

BERTA: Karl heißt sie.

KARL: Da bist schon öfter gesessen.

BERTA: So nicht.

KARL: Das mach dem nächsten weiß, aber mir nicht. So, dann bist du auch schon verraten worden. *Pause.* Auf einmal weißt Du nichts.

BERTA: Ich muß denken, wie ich's sage. Von keinem Herrn rede ich nicht. Von einem Mädel rede ich.

KARL: Wie soll sie denn heißen?

BERTA: Alma. Weil sie mich verraten hat. Zuerst hat sie mich brauchen können und jetzt schaut sie mich nicht mehr an.

KARL: Mir kannst noch viel vorsagen. Das geht ohne das auch, daß was wahr ist. Die Mädel meinen immer, sie können einen gleich zu was haben.

BERTA: Ich bin nicht wie die anderen.

KARL: Das meinst du. Ich bin wie alle anderen.

BERTA: Das glaube ich nicht.

KARL: Wie soll ich denn sein?

BERTA: Ich weiß immer nicht, wie die Ausdrücke sind.

KARL: Dann kann ich mich aber nicht danach richten. Ich täte es schon nicht.

BERTA: Magst ein Zündhölzel aufzünden, daß ich dich sehe?

Karl hält das Zündholz neben das Gesicht.

Daß du dich fein nicht am Finger brennst.

KARL: Da ist schon was dabei. Weil das ein Pionier nimmer spürt. Lang her auf die Haut, was das für eine ist.

Berta freut sich.

Hast einen Namen auch?

BERTA: Eine Berta bin i worden.

KARL: Berta.

BERTA: Hast schon eine gehabt?

KARL: Pfeilgrad nein.

BERTA: Das wär mir nicht recht, wenn du schon eine gehabt hast.

KARL: Das tät ich dir nicht sagen. Muß man denn immer alles wissen vom andern.

BERTA: Ja, mach dich nur schlecht.

KARL: Da mach ich mich nicht lang schlecht, weil ich sage, das kann dir gleich sein.

BERTA: Mir ist es aber nicht gleich.

KARL: Sag, daß es dir gleich ist.

BERTA: Du tust mir weh.

KARL: Das weiß ich.

BERTA: Ich steh auf.

KARL: Wenn ich dich nicht laß.

BERTA: Nicht, das tut man nicht.

KARL: Warum nicht, das gewöhnt sich.

BERTA: Ich habe es nie getan. Ich geh sonst nicht mit die Herren. Wenn ein Herr so ist, zeig ich ihn an.

KARL: Du kommst schon noch.

BERTA: Auf die Bank setz ich mich nicht noch einmal hin. Die merk ich mir.

KARL: Nein, bloß auf die nächste. Da kann sie schaun wie eine Ziege.

BERTA: Ich muß immer was begreifen.

KARL: Warum, meinst du, bin ich mit dir gegangen?

BERTA: Ich hör nicht hin, was er sagt, weil er das nicht so meint.

KARL: Von dir laß ich mich verklären mit der Verklärung.

BERTA: Dem Gesicht nach kannst du nicht so sein.

KARL: Laß mich aus mit meinem Gesicht. Entweder es geht was zusammen oder es geht nicht zusammen. Wenn ein Mädel nicht zieht, tu ich nicht lang um.

BERTA: Geh nicht weg, denn ich will nicht mit dir streiten und ich weiß auch nicht, wie das gekommen ist.

KARL: Was is jetzt? Stellen wir uns her oder stellen wir uns nicht her?

BERTA: Das kann ich auf einmal nicht sagen.

KARL: Aber ich will Dir's aufs erste Mal sagen, daß du nicht viel Zeit hast. Morgen kennen wir uns nicht mehr. *Geht ab.*

BERTA *ruft ihm nach:* Karl.

Zwischenvorhang.

[v 1929]

ERICH KÄSTNER
Sachliche Romanze

Als sie einander acht Jahre kannten
(und man darf sagen: sie kannten sich gut),
kam ihre Liebe plötzlich abhanden.
Wie andern Leuten ein Stock oder Hut.

Sie waren traurig, betrugen sich heiter,
versuchten Küsse, als ob nichts sei,
und sahen sich an und wußten nicht weiter.
Da weinte sie schließlich. Und er stand dabei.

Vom Fenster aus konnte man Schiffen winken.
Er sagte, es wäre schon Viertel nach Vier
Und Zeit, irgendwo Kaffee zu trinken.
Nebenan übte ein Mensch Klavier.

Sie gingen ins kleinste Café am Ort
und rührten in ihren Tassen.
Am Abend saßen sie immer noch dort.
Sie saßen allein, und sie sprachen kein Wort
und konnten es einfach nicht fassen.

[v 1929]

LION FEUCHTWANGER
Erfolg
8. Kapitel: Noch vor der Baumblüte

Ein kleines Jahrhundert vorher hatte der deutsche Archäologe Schliemann auf dem Gebiete der alten Stadt Troja Ausgrabungen gemacht, die viel Verschollenes zutage förderten. Unter anderm Hunderte von Spinnwirteln. Auf diesen fiel dem deutschen Forscher immer das gleiche Zeichen auf: ein mit Haken versehenes Kreuz. Es war ein Zeichen, das über die ganze Erde verbreitet war; den gelben Völkern diente es als Glückssymbol, den Indern als Sexualemblem. Allein das wußte Heinrich Schliemann nicht. […]

Mit dem Wachstum der Wahrhaft Deutschen wurde das Zeichen, das bisher vornehmlich in japanischen und chinesischen Spielklubs und an den Tempeln vielgliedriger indischer Gottheiten zu sehen war, neben den haubenförmigen Kuppen des unvollendeten Doms und dem als Mönch maskierten Kind das populärste Wahrzeichen Münchens.

Dieses Zeichen trugen die großen, blutroten Fahnen der Wahrhaft Deutschen. Dieses Zeichen malten die Bewohner der bayrischen Hochebene an die Wände, vor allem der Bedürfnisanstalten. Trugen es als Busennadel, als Ring, manche ließen es sich eintätowieren. Unter diesem Zeichen zogen die Münchner zu den Versammlungen Rupert Kutzners. Denn allmontäglich, zuerst im Kapuzinerbräu, dann in den riesigen Biersälen von drei oder vier andern Brauereien, sprach der Führer zum Volk.

Immer bestimmter verlautete, die Patrioten würden bald losschlagen. Von einem Montag zum andern wartete man, Kutzner werde jetzt den genauen Tag ansagen. Immer dichtere Massen strömten zu seinen Versammlungen, Beamte und Angestellte erzwangen sich früheren Büroschluß, um sich einen Platz zu erstehen. Keiner wollte die Verkündigung des Freiheitstages versäumen. […]

Es war gut eine halbe Stunde vor Beginn, aber schon war der Saal dick voll. In den tiefhängenden Wolken des Tabakrauchs schwammen tomatenrote Rundschädel mit Schnauzbärten, graue Tonkrüge. Verkäufer riefen aus: „Die verbotene Nummer des ‚Vaterländischen Anzeigers'"; denn die Behörden verboten zuweilen, aber sie achteten nicht auf die Durchführung ihres Verbots. Man wartete geruhsam, schimpfte derweilen über die Ungerechtigkeit der Regierung. […]

Alle schimpften sie, daß der Wert der Mark von Tag zu Tag so närrisch sank, alle machten sie die Juden und die Regierung dafür verantwortlich, alle erhofften sie sich Befreiung durch den Kutzner. Der Regierungsinspektor a. D. Ersinger war ein Herr, der sehr auf Sauberkeit hielt. Leib und

Seele, Wohnung und Kleidung sauberzuhalten, war nicht leicht in diesen miserablen Zeiten. Er war ein friedfertiger Mann, geneigt, der Obrigkeit zu gehorchen, auch wenn die Herkunft ihrer Macht zweifelhaft war. Als ihm aber seine Frau, statt der gewohnten hygienischen Rolle, Zeitungspapier ins Klosett hing, da riß ihm die Geduld, und er ging zum Kutzner. Dem Maurerpolier Bruckner waren im Krieg drei Söhne erschossen worden, einer an der Somme, einer an der Aisne, einer am Isonzo, der vierte war in den Karpaten verschollen. Die Kirche hatte für den schimpfenden Alten keinen Trost, als daß Gott, wen er liebe, züchtige. Der Maurerpolier Bruckner fand besseren Trost bei Kutzner. Die Hofrätin Beradt war zwar ihre unwillkommene Mieterin Anna Elisabeth Haider durch deren Ableben losgeworden. Doch auch ihre späteren Mieter trieben Ungebühr aller Art, lärmten, empfingen zweideutige Besuche, kochten verbotenerweise im Zimmer auf elektrischen Apparaten. Mußte sich eine anständige Witfrau das bieten lassen? Sie mußte es. Sie konnte sich des Gesindels nicht entledigen: infolge der gottlosen Mieterschutzgesetze. Der Führer, hoffte sie, wird Ordnung schaffen. [...]

Der Rauch wurde dicker, Schweiß und Hitze stärker, die grauen Tonkrüge undeutlicher, die runden Schädel röter. Der Altmöbelhändler Lechner zog immer heftiger sein gewürfeltes Taschentuch. Endlich hielt, begleitet von den Fahnen, unter ungeheurem Jubel, Rupert Kutzner seinen Einzug, den sorglich gescheitelten Kopf gereckt, marschierend zu der dröhnenden Blechmusik. Er sprach von dem Schmachfrieden von Versailles, von den frechen Advokatentricks des Franzosen Poincaré, von internationaler Verschwörung, von Freimaurern und Talmud. Was er sagte, war nicht unbekannt, aber es wirkte neu durch die Urwüchsigkeit des Dialekts, durch die Kraft des Vortrags. Voll Bewunderung dann und Ehrfurcht in der Stimme sprach er von dem italienischen Führer Mussolini, wie der sich kühn der Stadt Rom und der Apenninenhalbinsel bemächtigt hatte. Seine Tatkraft, rief er, solle auch den Bayern leuchtendes Vorbild sein, und er verhöhnte die Reichsregierung und prophezeite den Marsch auf Berlin. Malte aus, wie die verrottete Stadt den Wahrhaft Deutschen in die Hände fallen werde, ohne Schwertstreich, sich schon beim Anblick der heranziehenden echten Söhne des Volkes die Hosen bekleckernd. Es war lautlos still, während er von dem Marsch auf Berlin sprach. Alle warteten, daß er einen bestimmten Tag verkünden werde. Cajetan Lechner hielt mitten im Schneuzen inne, um nicht zu stören. Allein der Führer drückte sich nicht grob und klar aus wie die Kursnotiz des Dollars, er sagte es poetisch. „Noch vor der Baumblüte", rief er, auf die Fahnen mit dem exotischen Emblem weisend, „werden diese Fahnen sich bewähren."

Noch vor der Baumblüte. Das war eine Verheißung, die sich den Menschen ins Herz grub. Die Leute lauschten benommen, glücklich. Der prächtige Schall Rupert Kutzners, seine bewegte Mimik riß sie mit. Sie vergaßen, daß ihre paar Wertpapiere wertlos waren, die Versorgung ihres Alters gefährdet. Wie dieser Mann es verstand, ihren Träumen Worte zu geben. Wie seine Hände groß durch die Luft fegten, gewaltig aufs Pult schlugen, sich markig reckten, wohl auch ironisch Bewegungen imitierten, mit denen die schlichteren Witzblätter jener Zeit Juden charakterisierten. Glückselig hingen sie an seinen Gesten, zwangen, wenn sie die Maßkrüge auf den Tisch setzten, die schweren Finger zu besonderer Behutsamkeit, damit nicht das Geräusch eines der köstlichen Worte übertöne. Manchmal hob der Führer die Stimme, auf daß die Zuhörer merkten, jetzt sei es an der Zeit, zu klatschen. Die Pause des trommelnden Applauses dann benutzte er, den Schweiß von der Stirn zu wischen, den Bierkrug, auch das mit großer Geste, zu ergreifen, tief zu trinken. Einmal sprach er von dieser traurigen Berliner Regierung, die gegen die berechtigte Empörung des Volkes keine andere Waffe habe als ein Ausnahmegesetz. „Wir Wahrhaft Deutschen", rief er, „wenn wir an der Macht wären, wir brauchten kein Ausnahmegesetz." – „Was würdet denn ihr tun?" rief eine wohlklingende, sonore Stimme dazwischen. Rupert Kutzner schwieg einen Augenblick. Dann in den lautlos gespannten Saal hinein, leise, mit einem träumerischen Lächeln, sagte er: „Wir würden unsre Gegner legal hängen lassen." [...]

Und Rupert Kutzner schmetterte seine Rede weiter. Rauch und Hitze fochten ihn nicht an. Seine Lunge hielt durch. Sie war zuverlässig wie eine Maschine, das kostbarste Gut der Partei, der Führer betreute sie sehr. Bei jeder seiner Reden mußte Konrad Stolzing zugegen sein, der Hofschauspieler. [...] Ein glücklicher Stern hatte den Staatsmann Kutzner und den Künstler Stolzing zusammengeführt. [...] Konrad Stolzing widmete sich seinem großen Schüler mit Hingebung. Lehrte ihn, wie man durch ein menschenvolles Lokal geht, unbewegten Gesichts, unbefangen, unberührt von den tausend Blicken, wie man würdig schreitet, mit den Zehen zuerst, nicht mit der Ferse auftretend. Brachte ihm bei, wie man mit dem Atem haushält, wie man durch das Rollen des Buchstaben R die Aussprache deutlich macht. Unterwies ihn in der Kunst, Schönheit und Würde des Auftretens zu erzielen. [...] Schon konnte der Führer acht Stunden hintereinander sprechen, ohne zu erlahmen, ohne Verstoß gegen die Grundrezepte. Der Alte mit dem eindrucksvollen Römerkopf saß in jedem Vortrag des Führers, kontrollierte Atemführung, Aussprache des R, kontrollierte Schreiten, Trinken, Sprechen des Führers, ob es Schönheit und Würde habe.
Er fand an seinem Schüler nichts auszusetzen. Klar trotz des Rauchs schmetterte Kutzners Stimme. Alles klappte, alles *kam*. Der Schauspieler war der Mann gewesen, der zwischengerufen hatte, wie denn die Wahrhaft Deutschen ihre Gegner erledigen würden. Er hatte die Antwort mit Kutzner studiert, die wirkungsvolle Pause, das nachdenkliche Lächeln. [...]
Der Führer hielt seine Rede noch in drei andern großen Biersälen: im Spatenbräukeller, im Münchner Kindlkeller, im Arzbergerkeller. Dreimal noch marschierte er, prunkvoll geleitet von seinem Stoßtrupp, durch Bierdunst und Geschrei. Dreimal noch tat der Schauspieler seinen Zwischenruf und lächelte Rupert Kutzner, wie Hamlet-Stolzing gelächelt hatte auf der Bühne des Münchner Hoftheaters. Dreimal noch, während er auf die Fahnen mit dem Hakenkreuz wies, prophezeite er, man werde nach Berlin marschieren „noch vor der Baumblüte". „Noch vor der Baumblüte", scholl es zwölftausend Münchnern dräuend, lieblich, verlockend in die Ohren. „Noch vor der Baumblüte", grub es sich zwölftausend Münchnern ins Herz.

[v 1930]

HEINRICH MANN
Der Untertan

Diederich Heßling war ein weiches Kind, das am liebsten träumte, sich vor allem fürchtete und viel an den Ohren litt. Ungern verließ er im Winter die warme Stube, im Sommer den engen Garten, der nach den Lumpen der Papierfabrik roch und über dessen Goldregen- und Fliederbäumen das hölzerne Fachwerk der alten Häuser stand. Wenn Diederich vom Märchenbuch, dem geliebten Märchenbuch, aufsah, erschrak er manchmal sehr. Neben ihm auf der Bank hatte ganz deutlich eine Kröte gesessen, halb so groß wie er selbst! Oder an der Mauer dort drüben stak bis zum Bauch in der Erde ein Gnom und schielte her!
Fürchterlicher als Gnom und Kröte war der Vater, und obendrein sollte man ihn lieben. Diederich liebte ihn. Wenn er genascht oder gelogen hatte, drückte er sich so lange schmatzend und scheu wedelnd am Schreibpult umher, bis Herr Heßling etwas merkte und den Stock von der Wand nahm. Jede nicht herausgekommene Untat mischte in Diederichs Ergebenheit und Vertrauen einen Zweifel. Als der Vater einmal mit seinem invaliden Bein die Treppe herunterfiel, klatschte der Sohn wie toll in die Hände – worauf er weglief.
Kam er nach einer Abstrafung mit gedunsenem Gesicht und unter Geheul an der Werkstätte vorbei, dann lachten die Arbeiter. Sofort aber streckte Diederich nach ihnen die Zunge aus und stampfte. Er war sich bewußt: ‚Ich habe Prügel bekommen, aber von meinem Papa. Ihr wäret froh, wenn ihr auch Prügel von ihm bekommen könntet. Aber dafür seid ihr viel zuwenig.' [...]

[v 1918]

HERMANN HESSE
Der Steppenwolf

[…] „Es ist mir eine Freude, lieber Harry, Sie heut ein wenig bewirten zu dürfen. Sie sind oft Ihres Lebens sehr überdrüssig gewesen, Sie strebten fort von hier, nicht wahr? Sie sehnen sich danach, diese Zeit, diese Welt, diese Wirklichkeit zu verlassen und in eine andre, Ihnen gemäßere Wirklichkeit einzugehen, in eine Welt ohne Zeit. Tun Sie das, lieber Freund, ich lade Sie dazu ein. Sie wissen ja, wo diese andere Welt verborgen liegt, daß es die Welt Ihrer eigenen Seele ist, die Sie suchen. Nur in Ihrem eigenen Innern lebt jene andre Wirklichkeit, nach der Sie sich sehnen. Ich kann Ihnen nichts geben, was nicht in Ihnen selbst schon existiert, ich kann Ihnen keinen andern Bildersaal öffnen als den Ihrer Seele. Ich kann Ihnen nichts geben, nur die Gelegenheit, den Anstoß, den Schlüssel. Ich helfe Ihnen, Ihre eigene Welt sichtbar machen, das ist alles."
Er griff wieder in die Tasche seiner bunten Jacke und brachte einen runden Taschenspiegel heraus.
„Sehen Sie: so haben Sie bisher sich selbst gesehen!"
Er hielt mir das Spieglein vor die Augen (ein Kindervers fiel mir ein: „Spiegelein, Spiegelein in der Hand"), und ich sah, etwas zerflossen und wolkig, ein unheimliches, in sich selbst bewegtes, in sich selbst heftig arbeitendes und gärendes Bild: mich selber, Harry Haller, und innen in diesem Harry den Steppenwolf, einen scheuen, schönen, aber verirrt und geängstigt blickenden Wolf, die

Max Beckmann, Die Nacht, 1919

Augen bald böse, bald traurig glimmend, und diese Wolfgestalt floß in unablässiger Bewegung durch Harry, so wie in einem Strome ein Nebenfluß von andrer Farbe wölkt und wühlt, kämpfend, leidvoll, einer im andern fressend, voll unerlöster Sehnsucht nach Gestaltung. Traurig, traurig blickte der fließende, halbgestaltete Wolf mich aus den schönen scheuen Augen an.

„So haben Sie sich selbst gesehen", wiederholte Pablo sanft und steckte den Spiegel wieder in die Tasche. Dankbar schloß ich die Augen und nippte am Elixier.

„Wir haben nun ausgeruht", sagte Pablo, „wir haben uns gestärkt und haben ein wenig geplaudert. Wenn ihr euch nicht mehr müde fühlt, dann will ich euch jetzt in meinen Guckkasten führen und euch mein kleines Theater zeigen. Seid ihr einverstanden?"

Wir erhoben uns, lächelnd ging Pablo voran, öffnete eine Tür, zog einen Vorhang beiseite, und da standen wir im runden, hufeisenförmigen Korridor eines Theaters, genau in der Mitte, und nach beiden Seiten hin führte der gebogene Gang an sehr vielen, an unglaublich vielen schmalen Logentüren vorüber. [...]

Die Inschrift

Auf zum fröhlichen Jagen!
Hochjagd auf Automobile

lockte mich an, ich öffnete die schmale Türe und trat ein.

Da riß es mich in eine laute und aufgeregte Welt. Auf den Straßen jagten Automobile, zum Teil gepanzerte, und machten Jagd auf die Fußgänger, überfuhren sie zu Brei, drückten sie an den Mauern der Häuser zuschanden. Ich begriff sofort: es war der Kampf zwischen Menschen und Maschinen, lang vorbereitet, lang erwartet, lang gefürchtet, nun endlich zum Ausbruch gekommen. Überall lagen Tote und Zerfetzte herum, überall auch zerschmissene, verbogene, halbverbrannte Automobile, über dem wüsten Durcheinander kreisten Flugzeuge, und auch auf sie wurde von vielen Dächern und Fenstern aus mit Büchsen und mit Maschinengewehren geschossen. Wilde, prachtvoll aufreizende Plakate an allen Wänden forderten in Riesenbuchstaben, die wie Fackeln brannten, die Nation auf, endlich sich einzusetzen für die Menschen gegen die Maschinen, endlich die fetten, schöngekleideten, duftenden Reichen, die mit Hilfe der Maschinen das Fett aus den andern preßten, samt ihren großen, hustenden, böse knurrenden, teuflisch schnurrenden Automobilen totzuschlagen, endlich die Fabriken anzuzünden und die geschändete Erde ein wenig auszuräumen und zu entvölkern, damit wieder Gras wachsen, wieder aus der verstaubten Zementwelt etwas wie Wald, Wiese, Heide, Bach und Moor werden könne. Andre Plakate hingegen, wunderbar gemalt, prachtvoll stilisiert, in zarteren, weniger kindlichen Farben, außerordentlich klug und geistvoll abgefaßt, warnten im Gegenteil alle Besitzenden und alle Besonnenen beweglich vor dem drohenden Chaos der Anarchie, schilderten wahrhaft ergreifend den Segen der Ordnung, der Arbeit, des Besitzes, der Kultur, des Rechtes und priesen die Maschinen als höchste und letzte Erfindung der Menschen, mit deren Hilfe sie zu Göttern werden würden. Nachdenklich und bewundernd las ich die Plakate, die roten und die grünen, fabelhaft wirkte auf mich ihre flammende Beredsamkeit, ihre zwingende Logik, recht hatten sie, und tief überzeugt stand ich bald vor dem einen, bald vor dem andern, immerhin merklich gestört durch die ziemlich saftige Schießerei ringsum. Nun, die Hauptsache war klar: es war Krieg, ein heftiger, rassiger und höchst sympathischer Krieg, worin es sich nicht um Kaiser, Republik, Landesgrenzen, um Fahnen und Farben und dergleichen mehr dekorative und theatralische Sachen handelte, um Lumpereien im Grunde, sondern wo ein jeder, dem die Luft zu eng wurde und dem das Leben nicht recht mehr mundete, seinem Verdruß schlagenden Ausdruck verlieh und die allgemeine Zerstörung der blechernen zivilisierten Welt anzubahnen strebte. Ich sah, wie allen die Zerstörungs- und Mordlust so hell und aufrichtig aus den Augen lachte, und in mir selbst blühten diese roten wilden Blumen hoch und feist und lachten nicht minder. Freudig schloß ich mich dem Kampfe an. [...] [v 1927]

Erich Kästner
Fabian

[…] „Die Unruhen haben nicht stattgefunden?“ fragte Münzer entrüstet. „Wollen Sie mir das erst mal beweisen? In Kalkutta finden immer Unruhen statt. Sollen wir vielleicht mitteilen, im Stillen Ozean sei die Seeschlange wieder aufgetaucht? Merken Sie sich folgendes: Meldungen, deren Unwahrheit nicht oder erst nach Wochen festgestellt werden kann, sind wahr. Und nun entfernen Sie sich blitzartig, sonst lasse ich Sie matern[1] und der Stadtausgabe beilegen.“

Der junge Mann ging.

„Und so was will Journalist werden“, stöhnte Münzer und strich aufseufzend und mit einem Bleistift in der Rede des Reichskanzlers herum. „Privatgelehrter für Tagesneuigkeiten, das wäre was für den Jüngling. Gibt's aber leider nicht.“

„Sie bringen ohne weiteres vierzehn Inder um und zweiundzwanzig andere ins Städtische Krankenhaus von Kalkutta?“ fragte Fabian.

Münzer bearbeitete den Reichskanzler. „Was soll man machen?“ sagte er. „Im übrigen, wozu das Mitleid mit den Leuten? Sie leben ja noch, alle sechsunddreißig, und sind kerngesund. Glauben Sie mir, mein Lieber, was wir hinzudichten, ist nicht so schlimm wie das, was wir weglassen.“ Und dabei strich er wieder eine halbe Seite aus dem Text der Kanzlerrede heraus. „Man beeinflußt die öffentliche Meinung mit Meldungen wirksamer als durch Artikel, aber am wirksamsten dadurch, daß man weder das eine noch das andere bringt. Die bequemste öffentliche Meinung ist noch immer die öffentliche Meinungslosigkeit.“

„Dann stellen Sie doch das Erscheinen des Blattes ein“, meinte Fabian.

„Und wovon sollen wir leben?“ fragte Münzer. „Außerdem, was sollten wir statt dessen tun?“

Dann kam der livrierte Bote und brachte den Wein und die Gläser. Münzer schenkte ein und hob sein Glas. „Die vierzehn toten Inder sollen leben!“ rief er und trank. Dann fiel er wieder über den Kanzler her. „Einen Stuß redet unser hehres Staatsoberhaupt wieder einmal zusammen!“ erklärte er. „Das ist geradezu ein Schulaufsatz über das Thema: Das Wasser, in dem Deutschlands Zukunft liegt, ohne unterzugehen. In Untersekunda kriegte er dafür die Drei.“ Er drehte sich zu Fabian herum und fragte: „Und wie überschreibt man den Scherzartikel?“

„Ich möchte lieber wissen, was Sie drunterschreiben“, sagte Fabian ärgerlich.

Der andere trank wieder, bewegte langsam den Wein im Mund, schluckte hinter und antwortete: „Keine Silbe. Nicht ein Wort. Wir haben Anweisung, der Regierung nicht in den Rücken zu fallen. Wenn wir dagegen schreiben, schaden wir uns, wenn wir schweigen, nützen wir der Regierung.“

„Ich mache Ihnen einen Vorschlag“, sagte Fabian. „Schreiben Sie dafür!“

„O nein“, rief Münzer. „Wir sind anständige Leute. Tag Malmy.“ […] [v 1931]

Franz Kafka
Der Prozeß

Jemand mußte Josef K. verleumdet haben, denn ohne daß er etwas Böses getan hätte, wurde er eines Morgens verhaftet. Die Köchin der Frau Grubach, seiner Zimmervermieterin, die ihm jeden Tag gegen acht Uhr früh das Frühstück brachte, kam diesmal nicht. Das war noch niemals geschehen. K. wartete noch ein Weilchen, sah von seinem Kopfkissen aus die alte Frau, die ihm gegenüber wohnte und die ihn mit einer an ihr ganz ungewöhnlichen Neugierde beobachtete, dann aber, gleichzeitig befremdet und hungrig, läutete er. Sofort klopfte es, und ein Mann, den er in dieser Wohnung noch niemals gesehen hatte, trat ein. Er war schlank und doch fest gebaut, er trug ein

[1] zur Druckplatte verarbeiten

anliegendes schwarzes Kleid, das, ähnlich den Reiseanzügen, mit verschiedenen Falten, Taschen, Schnallen, Knöpfen und einem Gürtel versehen war und infolgedessen, ohne daß man sich darüber klar wurde, wozu es dienen sollte, besonders praktisch erschien. „Wer sind Sie?“ fragte K. und saß gleich halb aufrecht im Bett. Der Mann aber ging über die Frage hinweg, als müsse man seine Erscheinung hinnehmen, und sagte bloß seinerseits: „Sie haben geläutet?“ – „Anna soll mir das Frühstück bringen“, sagte K. und versuchte, zunächst stillschweigend, durch Aufmerksamkeit und Überlegung festzustellen, wer der Mann eigentlich war. Aber dieser setzte sich nicht allzulange seinen Blicken aus, sondern wandte sich zur Tür, die er ein wenig öffnete, um jemandem, der offenbar knapp hinter der Tür stand, zu sagen: „Er will, daß Anna ihm das Frühstück bringt.“ Ein kleines Gelächter im Nebenzimmer folgte, es war nach dem Klang nicht sicher, ob nicht mehrere Personen daran beteiligt waren. Obwohl der fremde Mann dadurch nichts erfahren haben konnte, was er nicht schon früher gewußt hätte, sagte er nun doch zu K. im Tone einer Meldung: „Es ist unmöglich.“ – „Das wäre neu“, sagte K., sprang aus dem Bett und zog rasch seine Hosen an. „Ich will doch sehen, was für Leute im Nebenzimmer sind und wie Frau Grubach diese Störung mir gegenüber verantworten wird.“ Es fiel ihm zwar gleich ein, daß er das nicht hätte laut sagen müssen und daß er dadurch gewissermaßen ein Beaufsichtigungsrecht des Fremden anerkannte, aber es schien ihm jetzt nicht wichtig. Immerhin faßte es der Fremde so auf, denn er sagte: „Wollen Sie nicht lieber hierbleiben?“ – „Ich will weder hierbleiben noch von Ihnen angesprochen werden, solange Sie sich mir nicht vorstellen.“ – „Es war gut gemeint“, sagte der Fremde und öffnete nun freiwillig die Tür. Im Nebenzimmer, in das K. langsamer eintrat, als er wollte, sah es auf den ersten Blick fast genauso aus wie am Abend vorher. Es war das Wohnzimmer der Frau Grubach, vielleicht war in diesem mit Möbeln, Decken, Porzellan und Fotografien überfüllten Zimmer heute ein wenig mehr Raum als sonst, man erkannte das nicht gleich, um so weniger, als die Hauptveränderung in der Anwesenheit eines Mannes bestand, der beim offenen Fenster mit einem Buch saß, von dem er jetzt aufblickte. „Sie hätten in Ihrem Zimmer bleiben sollen! Hat es Ihnen denn Franz nicht gesagt?“ – „Ja, was wollen Sie denn?“ sagte K. und sah von der neuen Bekanntschaft zu dem mit Franz Benannten, der in der Tür stehengeblieben war, und dann wieder zurück. Durch das offene Fenster erblickte man wieder die alte Frau, die mit wahrhaft greisenhafter Neugierde zu dem jetzt gegenüberliegenden Fenster getreten war, um auch weiterhin alles zu sehen. „Ich will doch Frau Grubach…“, sagte K., machte eine Bewegung, als reiße er sich von den zwei Männern los, die aber weit von ihm entfernt standen, und wollte weitergehen. „Nein“, sagte der Mann beim Fenster, warf das Buch auf ein Tischchen und stand auf. „Sie dürfen nicht weggehen, Sie sind ja verhaftet.“ – „Es sieht so aus“, sagte K. „Und warum denn?“ fragte er dann. „Wir sind nicht dazu bestellt, Ihnen das zu sagen. Gehen Sie in Ihr Zimmer und warten Sie. Das Verfahren ist nun einmal eingeleitet, und Sie werden alles zur richtigen Zeit erfahren.“ […] [e 1914/15, v 1925]

Robert Musil

Der Mann ohne Eigenschaften

1. Kapitel: Woraus bemerkenswerter Weise nichts hervorgeht

Über dem Atlantik befand sich ein barometrisches Minimum; es wanderte ostwärts, einem über Rußland lagernden Maximum zu, und verriet noch nicht die Neigung, diesem nördlich auszuweichen. Die Isothermen und Isotheren taten ihre Schuldigkeit. Die Lufttemperatur stand in einem ordnungsgemäßen Verhältnis zur mittleren Jahrestemperatur, zur Temperatur des kältesten wie des wärmsten Monats und zur aperiodischen monatlichen Temperaturschwankung. Der Auf- und Untergang der Sonne, des Mondes, der Lichtwechsel des Mondes, der Venus, des Saturnringes und viele andere bedeutsame Erscheinungen entsprachen ihrer Voraussage in den astronomischen Jahrbüchern. Der Wasserdampf in der Luft hatte seine höchste Spannkraft, und die Feuchtigkeit der Luft war gering. Mit einem Wort, das das Tatsächliche recht gut bezeichnet, wenn es auch etwas altmodisch ist: Es war ein schöner Augusttag des Jahres 1913.

Autos schossen aus schmalen, tiefen Straßen in die Seichtigkeit heller Plätze. Fußgängerdunkelheit bildete wolkige Schnüre. Wo kräftigere Striche der Geschwindigkeit quer durch ihre lockere Eile fuhren, verdickten sie sich, rieselten nachher rascher und hatten nach wenigen Schwingungen wieder ihren gleichmäßigen Puls. Hunderte Töne waren zu einem drahtigen Geräusch ineinander verwunden, aus dem einzelne Spitzen vorstanden, längs dessen schneidige Kanten liefen und sich wieder einebneten, von dem klare Töne absplitterten und verflogen. An diesem Geräusch, ohne daß sich seine Besonderheit beschreiben ließe, würde ein Mensch nach jahrelanger Abwesenheit mit geschlossenen Augen erkannt haben, daß er sich in der Reichshaupt- und Residenzstadt Wien befinde. [...]

[v 1930]

ALFRED DÖBLIN

Berlin Alexanderplatz

[...] Wenn man ein Kälbchen schlachten will, bindet man ihm einen Strick um den Hals, geht mit ihm an die Bank. Dann hebt man das Kälbchen hoch, legt es auf die Bank und bindet es fest.

Sie marschieren zur Kute. Er sagt: „Leg dir hin." „Ick?" „Wenn du schreist! Mädel, ick hab dir gern, ick wär sonst nicht hergekommen, ich sag dir: wenn du ooch seine Hure bist, biste noch keine Gräfin. Mach mit mir kein Klamauk, du. Weeßte, det is noch keenem gut bekommen. Da kann er nu Mann oder Frau oder Kind sein, da bin ick kitzlig. Da kannste ja mal bei dein Lude anklopfen. Der kann dir wat erzählen. Wenn er sich nich scheniert, der. Aber von mir kannstet ja ooch hören. Dir kann ichs ja sagen, damit du weißt, wer er ist. Und wo du dran bist, wennste mit mir anfängst. Der wollte ooch mal, wat er hier oben in seine Birne hat. Vielleicht woll ooch uns verpfeifen. Der is mal Schmiere gestanden, wo wir gearbeitet haben. Und er sagt, er macht nicht mit, er is ein anständiger Mensch. Hat keene Bollen in die Strümpfe, der. Da sag ich, du mußt mit. Und da muß er mit ins Auto und ick weeß noch nicht, wat ick mit dem Kerl mache, der hat auch schon immer ein großes Maul, und warte mal, da kommt ein Auto hinter uns her und ich denke, nu sieh dir mal vor, mein Junge, du mit deim Dicketun anständig sein gegen uns. Und raus ausm Wagen. Jetzt weeßt ja, wo er sein Arm hat."

Eisige Hände, eisige Füße, der war es. „Jetzt legste dir hin, und bist lieb, wie sich det gehört." Das ist ein Mörder. „Du gemeiner Hund, du Schuft." Er strahlt: „Siehste. Nu schrei dir man aus." Nun wirste parieren. Sie brüllt, sie weint: „Du Hund, den wolltest du umbringen, den haste unglücklich gemacht, und jetzt willste mir haben, du Saukerl." „Ja, det will ick." „Du Saukerl. Dir spuck ick an." Er hält ihr den Mund zu: „Willste nu?" Sie ist blau, zerrt an seiner Hand: „Mörder, Hilfe, Franz, Franzeken, komme."

Seine Zeit! Seine Zeit! Jegliches seine Zeit. Würgen und heilen, brechen und bauen, zerreißen und zunähen, seine Zeit. Sie wirft sich hin, um zu entweichen. Sie ringen in der Kute. Hilfe Franz.

Det Ding werden wir schon drehen, deinem Franz werden wir mal einen Spaß machen, da hat er was für die ganze Woche. „Ick will weg." „Da will mal weg. Hat schon mancher mal weg gewollt."

Er kniet von oben über den Rücken, seine Hände sind um ihren Hals, die Daumen im Nacken, ihr Körper zieht sich zusammen, zieht sich zusammen, ihr Körper zieht sich zusammen. Seine Zeit, geboren werden und sterben, geboren werden und sterben, jegliches.

Mörder sagst du, und mir lockst du her, und willst mir vielleicht an der Nase rumziehen, Stücke, da kennste Reinholden gut.

Gewalt, Gewalt, ist ein Schnitter, vom höchsten Gott hat er die Gewalt. Laß mir los. Sie wirft sich noch, sie zappelt, sie schlägt hinten aus. Das Kind werden wir schon schaukeln, da können Hunde kommen und können fressen, was von dir übrig ist.

Ihr Körper zusammen zusammen zieht sich ihr Körper, Miezes Körper. Mörder sagt sie, das soll sie erleben, das hat er dir wohl aufgetragen, dein süßer Franz.
Darauf schlägt man mit der Holzkeule dem Tier in den Nacken und öffnet mit dem Messer an beiden Halsseiten die Schlagadern. Das Blut fängt man in Metallbecken auf.
Es ist acht Uhr, der Wald ist mäßig dunkel. Die Bäume schaukeln, schwanken. War eine schwere Arbeit. Sagt die noch wat? Die japst nicht mehr, das Luder. Das hat man davon, wenn man mit son Aas ein Ausflug macht.
Gestrüpp rübergeworfen, Taschentuch an den nächsten Baum, damit man es wieder findet, mit die bin ick fertig, wo ist Karl, muß den herkriegen. Nach einer guten Stunde mit Karl zurück, was das fürn Schlappier ist, zittert der Kerl, hat weiche Knie, mit sone Anfänger soll man arbeiten. Es ist ganz finster, sie suchen mit Taschenlampen, da ist das Taschentuch. Sie haben Spaten aus dem Auto. Der Körper wird eingebuddelt, Sand drauf, Gestrüpp rauf, bloß keene Fußspuren, Mensch, immer wegwischen, na halt dir senkrecht, Karl, tust ja so, als ob du selber schon dran bist.
„Also, da hast du meinn Paß, einen guten Paß, Karle, und hier ist Geld und du machst dir dünne, solange wie dicke Luft ist. Geld kriegst du, keene Sorge. Adresse immer an Pums. Ich fahr wieder retour. Mir hat keener gesehen und dir kann keener wat tun, du hast dein Alibi. Gemacht, los."
Die Bäume schaukeln, schwanken. Jegliches, jegliches. […] [v 1929]

Irmgard Keun
Das kunstseidene Mädchen

[…] Ein Mann aus der Großindustrie hatte mich eingeladen, indem er im Schauspielhaus Freikarten holte beim Portier für morgen, denn wer Geld hat, hat Beziehungen und braucht nicht zu zahlen. Man kann furchtbar billig leben, wenn man reich ist. Und sprach mit mir und lud mich ein, weil er mich als fertige Künstlerin ansah. Ich will eine werden. Ich will so ein Glanz werden, der oben ist. Mit weißem Auto und Badewasser, das nach Parfüm riecht, und alles wie Paris. Und die Leute achten mich hoch, weil ich ein Glanz bin, und werden es dann wunderbar finden, wenn ich nicht weiß, was eine Kapazität ist, und nicht runter lachen auf mich wie heute – […]
Ich werde ein Glanz, und was ich dann mache, ist richtig – nie mehr brauch ich mich in acht nehmen und nicht mehr meine Worte ausrechnen und meine Vorhabungen ausrechnen – einfach betrunken sein – nichts kann mir mehr passieren an Verlust und Verachtung, denn ich bin ein Glanz.
Die Großindustrie bin ich schon wieder quitt, denn die Politik vergiftet schon im voraus menschliche Beziehungen. Ich spuck drauf. Der Konferenzier war ein Jude, der auf dem Rad war ein Jude, die getanzt hat, war ein Jude.
Fragt mich die Großindustrie, ob ich auch ein Jude bin. Gott, ich bin's nicht – aber ich dachte: wenn er das gern will, tu ihm den Gefallen – und sag: „Natürlich – erst vorige Woche hat sich mein Vater in der Synagoge den Fuß verstaucht."
Sagt er, er hätt es sich ja denken können bei meinem krausen Haar. Dabei sind es Dauerwellen und von Natur aalglatt. Und er wird eisig mit mir und stellte sich heraus als Nationaler und hatte eine Rasse – und Rasse ist eine Frage – und wurde darauf feindlich – das ist alles sehr kompliziert. Ich hatte es genau gerade falsch gemacht. Aber es war mir zu dumm, nu wieder alles zurückzunehmen, und ein Mann muß doch vorher wissen, ob ihm eine Frau gefällt oder nicht. So was Idiotisches. Machen sie erst vollfette Komplimente und reißen sich Arme und Beine und was weiß ich noch alles aus – sagt man auf einmal: ich bin eine Kastanie! – sperren sie das Maul auf: ach, du bist eine Kastanie – pfui, das wußte ich nicht. Dabei ist man noch dasselbe wie vorher, aber durch ein Wort soll man verändert sein. […] [v 1932]

Aufgaben zu den Texten auf den Seiten 348–359

ERNST WEISS Georg Letham (S. 348 f.)

① Welche Symptome des Gelbfiebers werden in diesem Textausschnitt genannt? Welches Verhältnis zwischen Wissenschaft und Literatur wird darin deutlich?
② Welche methodischen Überlegungen zur Durchführung des Experiments stellt der Erzähler an? Kennzeichnen Sie das Verständnis der Wirklichkeit, das darin zum Ausdruck kommt.
③ Im vorliegenden Textausschnitt wird Shakespeares Stück *Hamlet* erwähnt, von dessen Titel der des Romanhelden LET-HAM abgeleitet ist. Lassen sich aus der vorliegenden Episode Parallelen zwischen beiden Figuren ziehen?

MARIELUISE FLEISSER Pioniere in Ingolstadt (S. 349 f.)

① Welche Unterschiede in der Auffassung von einer Liebesbeziehung bestehen zwischen den beiden Personen? Welche der Auffassungen hat in dieser Situation bessere Aussichten, auch verwirklicht zu werden? Ist die gegenteilige Auffassung damit widerlegt?
② Untersuchen Sie den Zusammenhang von Sprache und Inhalt dieses Stücks.

ERICH KÄSTNER Sachliche Romanze (S. 350)

① Formulieren Sie die Vorstellungen von „Liebe“ in diesem Gedicht.
② Vergleichen Sie diese Liebesvorstellungen mit denen in Fleißers Stück *Pioniere in Ingolstadt*.

LION FEUCHTWANGER Erfolg (S. 351 ff.)

① Welches Bild der Bevölkerung zeichnet Feuchtwanger in diesem Ausschnitt?
② Mit welchen sprachlichen Mitteln wird die Gestalt des stellungslosen Monteurs Rupert Kutzner (Adolf Hitler) dargestellt? Kennzeichnen Sie Absicht und Wirkung.
③ Welche Funktion hat die Überschrift, die auch als Schlußformel wieder erscheint?
④ Ein zeitgenössischer Kritiker kreidete Feuchtwanger die Vermischung der Schreibabsichten an: „Entweder man schreibe Romane mit jener artistischer Überlegenheit [...] wie Feuchtwanger es kann – und lasse die Politik zu Hause. Oder man treibe Politik [...] aber man treibe dann diese Politik aus dem unbeirrbaren, selbst halsstarrigen Verteidigen und Propagieren der politischen Idee – und lasse den Roman zu Hause.“ Bringen Sie das damit ausgedrückte Problem auf eine knappe These (oder Frage), und setzen Sie sich damit auseinander.

HEINRICH MANN Der Untertan (S. 353)

① Erläutern Sie Inhalt und Funktion dieses Romananfangs. Formulieren Sie Ihre eigenen Erwartungen nach der Eröffnung.
② Welche Unterschiede ergeben sich im Vergleich zu anderen Romananfängen, die den Titelhelden vorstellen? Vergleichen Sie z. B. mit Johann Wolfgang v. Goethe, *Die Wahlverwandtschaften:*

Eduard – so nennen wir einen reichen Baron im besten Mannesalter – Eduard hatte in einer Baumschule die schönste Stunde eines Aprilnachmittags zugebracht, um frisch erhaltene Propfreiser auf junge Stämme zu bringen. Sein Geschäft war eben vollendet; er legte die Gerätschaften in das Futteral zusammen und betrachtete seine Arbeit mit Vergnügen [...].

HERMANN HESSE Der Steppenwolf (S. 354ff.)

① Welche Funktion hat der Spiegel für das Verständnis der folgenden Erlebnisse des Harry Haller im magischen Theater?
② Welche Gemeinsamkeiten bestehen zwischen der Autojagd und Kriegshandlungen?
③ Informieren Sie sich über Handlung und zentrales Problem des Romans. Ordnen Sie ihn den Thematiken der Weimarer Republik zu.
④ Der hier abgedruckte Auszug war Vorlage für eine Szene des amerikanischen Films *Easy Rider*. Wie erklären Sie sich das Interesse der Jugendlichen in den 60er und 70er Jahren an diesem Roman?

ERICH KÄSTNER Fabian (S. 356)

① Inwiefern sind die Inhalte dieses Textauszugs zeittypisch?
② Beurteilen Sie aus heutiger Sicht die im letzten Satz ausgedrückte Einstellung.

FRANZ KAFKA Der Prozeß (s. 356f.)

① Entspricht die Darstellung nach dem 1. Satz Ihrer Erwartung? Begründen Sie.
② Beschreiben Sie die Reaktion K.s auf den Vorgang. Finden Sie diese verständlich?
③ Welche Angaben fehlen im Vergleich zu „üblichen" Romananfängen (z. B. Goethes *Wahlverwandtschaften,* s. o.; Heinrich Manns *Untertan,* S. 353)?
④ In diesem Roman läßt sich die Methode des Perspektivenwechsels gut verfolgen. Erläutern Sie die Darstellung unter diesem Gesichtspunkt. Vergleichen Sie mit folgendem Ausschnitt aus Döblins *Berlin Alexanderplatz:*

Franz kann nichts sagen, er sieht immer bloß auf Reinholds Hände, der hat zwei Hände, zwei Arme, er hat bloß einen, mit den zwei Händen hat ihn Reinhold untern Wagen geschmissen, ach warum, ach darum, müßt ich nicht den Kerl totschlagen, ach bloß wegen dem Tschingdarada. Herbert meint, aber das mein ick alles nicht, was mein ick bloß. Ick kann nichts, ick kann gar nichts ... ich bin überhaupt keen Mann, ein Hahnepampen.

ROBERT MUSIL Der Mann ohne Eigenschaften (S. 357f.)

① Welche Funktion sehen Sie in dieser Wirklichkeitsbeschreibung am Romananfang? Berücksichtigen Sie die Überschrift des Kapitels.

ALFRED DÖBLIN Berlin Alexanderplatz (S. 358 f.)

① Die Prostituierte und Lebensgefährtin Biberkopfs, genannt Mieze, wird von dessen ehemaligem Freund Reinhold umgebracht. Untersuchen Sie, aus welchen Perspektiven dieser Vorgang dargestellt wird.
② Kennzeichnen Sie die erzählerischen Mittel, durch welche die Perspektivenwechsel dargestellt sind.
③ An welchen Stellen wird die für die Literatur dieser Zeit typische Verknappung des sprachlichen Ausdrucks besonders deutlich?

IRMGARD KEUN Das kunstseidene Mädchen (S. 359)

① Kennzeichnen Sie die Darstellungsperspektive und die damit verbundene Wirklichkeitssicht.
② Arbeiten Sie zeittypische Merkmale heraus.

b) Polarisierung der Lager

JOSEPH ROTH
Schluß mit der „Neuen Sachlichkeit"

Nicht oft im Lauf der Jahrhunderte war in Deutschland die Verwirrung so groß, [...] das Bewußtsein von einer Tradition so ohnmächtig. Niemals war die stoffliche Unwissenheit der Schreibenden so groß und die dokumentarische Authentizität des Geschriebenen so betont. Niemals waren die Menge, die Zwecklosigkeit, die Hohlheit der Publikationen offensichtlicher und niemals die Leichtgläubigkeit größer, mit der man schon die Deklaration der Zweckmäßigkeit aufnahm. Niemals waren Plakate verlogener und suggestiver. Die furchtbare Verwechslung begann, die furchtbarste aller Verwechslungen: des Schattens, den die Gegenstände werfen, mit den Gegenständen. Das Wirkliche begann man für wahr zu halten, das Dokumentarische für echt, das Authentische für gültig. Erstaunlich, daß in einer Zeit, in der die einfachen Zeugenaussagen vor Gericht von der modernen medizinischen Wissenschaft mit Recht als unzuverlässig bezeichnet werden, erstaunlich, daß in dieser Zeit die literarische Zeugenaussage gültiger ist als die künstlerische Gestaltung. Man zweifelt an der Zuverlässigkeit des beeideten Zeugen. Aber man verleiht dem geschriebenen Zeugnis die höchste Anerkennung, die es in der Literatur gibt: die der Wahrhaftigkeit. [...]
Niemals war der Respekt vor dem „Stoff" größer, naiver, kurzsichtiger. Er verschuldet die zweite furchtbare Verwechslung: des Simplen mit dem Unmittelbaren; die Mitteilung mit dem Bericht; des photographierten Moments mit dem andauernden Leben; der „Aufnahme" mit der Realität. Also verliert selbst das Dokumentarische die Fähigkeit, authentisch zu sein. Beinahe brachte man dem Photographen ein stärkeres Vertrauen entgegen, als seinem Objekt, ein stärkeres Vertrauen der Platte, als der Wirklichkeit. Die Deklaration des Photographen genügt. Die Erklärung des Porträtisten, er habe photographiert, genügt. Man erfinde eine Geschichte und sage, man sei dabei gewesen: man glaubt der erfundenen Geschichte. Der Respekt vor der Wirklichkeit ist so groß, daß selbst die erlogene Wirklichkeit geglaubt wird.
Niemals schrieb man in deutscher Sprache so schlecht, wie jetzt. Und niemals war die Meinung so verbreitet, man schriebe in Deutschland immer besser. Man schreibt nicht gut, man schreibt sim-

Otto Dix, Der Krieg (Triptychon Mitte), 1929–32

pel. Es gilt als „unmittelbar". Niemals wurde in deutscher Sprache so viel gelogen, wie jetzt. Aber über jeder zweiten Lüge steht die Bezeichnung Photographie, vor der jeder Einwand verstummt. Man sage: Dokument, und jeder erschauert in Ehrfurcht, wie einstmals vor dem Wort Dichtung. Der Autor behauptet, er sei dabei gewesen. Man glaubt ihm: erstens: als wäre er wirklich dabei gewesen; zweitens: als wäre es wichtig, ob er dabei gewesen sei oder nicht. [...]

Der berechtigte Ruf nach dem Dokumentarischen hatte einen pädagogischen Nebenzweck: er war ein Wink an die Schreibenden sich in ihrer Gegenwart umzusehn.

Erst, da sie, die Berufenen es nicht taten (oder selten taten), begann das simple Zeugnis der Unberufenen und Zufälligen zu grassieren.

Vor die Wahl gestellt: zwischen einen mittelmäßig geformten Bericht von einem wirklichkeitsfernen Stoff und die ungeformte dokumentarische Mitteilung über die wirkliche Gegenwart oder die jüngste Vergangenheit – da greift der anspruchsvolle Leser (und der primitive erst recht) nach der Mitteilung.

Seine Wahl ist nützlich, solange sein Bewußtsein die scharfe Unterscheidung zwischen dem Dokument und der gelungenen Gestaltung aufrechthält.

Gefährlich aber wird das Dokument in dem Augenblick, in dem es anfängt, die Gestaltung zu ersetzen und zu verdrängen. Die Mitteilung tritt an Stelle des Berichts. Das mitteilende Wort an Stelle des Geformten und Formenden, des „gedichteten" also. [...]

Da der Leser auf die Form nicht mehr zu achten braucht, entgeht ihm nicht nur die Identität der Form und des Inhalts im Kunstwerk, sondern auch die Identität von Formlosigkeit und Gehaltlosigkeit in den meisten Dokumenten. Nicht einmal seine Freude am Stofflichen kommt also in allen dokumentarischen Werken auf ihre Kosten. Gleichsam von selbst, automatisch entwickelt sich die Sachlichkeit zum Gegensatz der Form. Sagte man noch vor zehn Jahren etwa: Häßlich ist, was zwecklos ist; so sagt man heute: häßlich ist, was unsachlich ist. [...]

Hören wir auf! Brechen wir ab! Seit einer halben Stunde liest man uns mit dem bittersten aller Vorwürfe: wir seien „unsachlich" geworden! ...

[v 1933]

ERNST JÜNGER
Feuer und Blut

[...] Und wieder setzt der Wille zum Siege zu einer seiner furchtbaren, sich rhythmisch wiederholenden Geburtswehen an, von der jeder Mann der im Kampf längst zerstreuten und zerrissenen Einheiten gepackt und geschüttelt wird. Einzeln und in geballten Haufen werden die Angreifer vorgetrieben wie Geschosse zum Ziel. Jeder ist bis zur Weißglut entflammt.

Quer durch die Trichter führt der Sturm, über noch zuckende Körper hinweg in eine Tiefe, die nichts Menschliches mehr zu bergen scheint. Zuerst springen noch hier und dort einige Gestalten auf, die in Löchern und Senken dem Feuer entronnen sind. Dann machen die nächsten Angreifer für Augenblicke halt und schießen sie wie Jäger, die keine Zeit verlieren wollen, im stehenden Anschlag ab. Bald aber sind wir in einer ausgebrannten Wüstenei, in der die Beschießung die Landschaft gleichmäßig ausgestanzt hat und auf der hoch und dicht die Granatsäulen stehen wie Geysire auf einem isländischen Vulkangebiet.

Mir ist bei diesem rasenden Ansturm unglaublich heiß geworden, der Körper ist ausgedörrt. Ich habe bereits den Rock aufgerissen und die Halsbinde fortgeworfen, aber es ist mir, als ob ich jeden Augenblick verdursten müßte, und ich werfe mich hin, um jemand zu erwarten, der mir die Feldflasche reichen kann. Wie ich mich umdrehe, wird mir erst klar, daß ich schon mitten in unsere Feuerwalze hineingeraten bin. Nicht nur vor mir spritzt es auf, sondern auch neben und hinter mir, kohlschwarz, milchweiß, stickstoffbraun, pikringelb und feuerrot. Ich bin zu hitzig gewesen;

aber das Zurückspringen scheint jetzt noch bedenklicher. So entschließe ich mich, liegenzubleiben und zu warten, bis die Walze wieder vorrücken wird. Das ist, als ob man unter einen Zug gefallen wäre und sich lang zwischen die Schienen legte, um ihn über sich hinwegrollen zu lassen. Ich sehe jedoch, daß ich nicht allein in dieser Lage bin. Aus einem benachbarten Trichter lugt eine Gestalt und winkt mir zu. Ich springe zu ihr hinein, zu einem jungen Offizier, den ich nie zuvor gesehen habe, aber wir sind in einem Augenblick vertraut, als ob uns eine jahrelange Bekanntschaft verbrüderte. Er reicht mir seine Feldflasche, und wir schlagen uns auf die Schulter: Die Sache geht glänzend voran!
Endlich rollt die Feuerwalze über uns hinweg. Ohne uns zu verabschieden, stürzen wir hinter ihr her, der eine nach hier, der andere nach dort, auf Nimmerwiedersehen. Plötzlich befinde ich mich wieder inmitten einer langen Kette von Menschen, die langsam und gleichmäßig mit umgehängten Gewehren vorwärtsstrebt. Ein Häslein schießt in Zickzacksprüngen aus der Feuerwalze heraus, ein Mann neben mir reißt die Flinte herunter und pafft hinter ihm her. Das stimmt mich heiter; es war ein guter Witz. [...]

[v 1934]

ERICH MARIA REMARQUE
Im Westen nichts Neues

[...] Wir müssen warten, warten. Mittags passiert das, womit ich schon rechnete. Einer der Rekruten hat einen Anfall. Ich habe ihn schon lange beobachtet, wie er ruhelos die Zähne bewegte und die Fäuste ballte und schloß. Diese gehetzten, herausspringenden Augen kennen wir zur Genüge. In den letzten Stunden ist er nur scheinbar stiller geworden. Er ist in sich zusammengesunken wie ein morscher Baum.
Jetzt steht er auf, unauffällig kriecht er durch den Raum, verweilt einen Augenblick und rutscht dann dem Ausgang zu. Ich lege mich herum und frage: „Wo willst du hin?"
„Ich bin gleich wieder da", sagt er und will an mir vorbei.
„Warte doch noch, das Feuer läßt schon nach."
Er horcht auf, und das Auge wird einen Moment klar. Dann hat es wieder den trüben Glanz wie bei einem tollwütigen Hund, er schweigt und drängt mich fort. „Eine Minute, Kamerad!" rufe ich. Kat wird aufmerksam. Gerade als der Rekrut mich fortstößt, packt er zu, und wir halten ihn fest. Sofort beginnt er zu toben: „Laßt mich los, laßt mich 'raus, ich will hier 'raus!"
Er hört auf nichts und schlägt um sich, der Mund ist naß und sprüht Worte, halbverschluckte, sinnlose Worte. Es ist ein Anfall von Unterstandsangst, er hat das Gefühl, hier zu ersticken, und kennt nur den einen Trieb: hinauszugelangen. Wenn man ihn laufen ließe, würde er ohne Deckung irgendwohin rennen. Er ist nicht der erste.
Da er sehr wild ist und die Augen sich schon verdrehen, so hilft es nichts, wir müssen ihn verprügeln, damit er vernünftig wird. Wir tun es schnell und erbarmungslos und erreichen, daß er vorläufig wieder ruhig sitzt. Die andern sind bleich bei der Geschichte geworden; hoffentlich schreckt es sie ab. Dieses Trommelfeuer ist zuviel für die armen Kerle; sie sind vom Feldrekrutendepot gleich in einen Schlamassel geraten, der selbst einem alten Mann graue Haare machen könnte. [...]

[v 1929]

Aufgabe zu dem Bild auf Seite 363

Otto Dix Der Krieg

① Welchem der Texte über den Krieg ließe sich dieses Gemälde am besten zur Seite stellen? Begründen Sie Ihre Wahl anhand genauer Beobachtungen.

Aufgaben zu den Texten auf den Seiten 362–365

Joseph Roth Schluß mit der „Neuen Sachlichkeit" (S. 362 ff.)

① Fassen Sie die Aussagen über die zwei „Verwechslungen" zusammen, und formulieren Sie den darin enthaltenen Vorwurf mit eigenen Worten.
② Welche Gefahr sieht der Verfasser in der von ihm geschilderten Erscheinung?
③ Kennzeichnen Sie die Einstellung des Verfassers zum Dokumentarischen.

Ernst Jünger Feuer und Blut (S. 364 f.)

① Der Begriff „Wille zum Siege" in der ersten Zeile des Textausschnitts weist den Verfasser als Vertreter einer bestimmten weltanschaulichen Richtung aus. Nehmen Sie für die Zuordnung den Einleitungstext zu Hilfe, und weisen Sie im vorliegenden Textauszug die Berechtigung dieser Zuordnung nach.
② Der Verfasser nimmt zu den kriegerischen Vorgängen eine fast sportsmännische Haltung ein. Welche angenehmen Eindrücke von den Vorgängen übermittelt der Erzähler seinem Leser?
③ Erörtern Sie mögliche Wirkungen eines solchen Darstellungsverfahrens beim Thema Krieg.

Erich Maria Remarque Im Westen nichts Neues (S. 365)

① Vergleichen Sie diese Kriegsdarstellung mit derjenigen Ernst Jüngers.

c) Radikalisierung der Absichten

KURT SCHWITTERS
An Anna Blume

Oh Du, Geliebte meiner 27 Sinne, ich liebe Dir!
Du, Deiner, Dich Dir, ich Dir, Du mir, - - - - wir?
Das gehört beiläufig nicht hierher!

Wer bist Du, ungezähltes Frauenzimmer, Du bist, bist Du?
Die Leute sagen, Du wärest.
Laß sie sagen, sie wissen nicht, wie der Kirchturm steht.

Du trägst den Hut auf Deinen Füßen und wanderst auf die Hände,
Auf den Händen wanderst Du.

Halloh, Deine roten Kleider, in weiße Falten zersägt,
Rot liebe ich Anna Blume, rot liebe ich Dir.
Du, Deiner, Dich Dir, ich Dir, Du mir, - - - - wir?
Das gehört beiläufig in die kalte Glut!
Anna Blume, rote Anna Blume, wie sagen die Leute?

Preisfrage

1. Anna Blume hat ein Vogel,
2. Anna Blume ist rot.
3. Welcher Farbe hat der Vogel.

Blau ist die Farbe Deines gelben Haares,
Rot ist die Farbe Deines grünen Vogels.
Du schlichtes Mädchen im Alltagskleid,
Du liebes grünes Tier, ich liebe Dir!
Du Deiner Dich Dir, ich Dir, Du mir, - - - - wir!
Das gehört beiläufig in die - - - - Glutenkiste.

Anna Blume, Anna, A - - - - N - - - - N - - - - A!
Ich träufle Deinen Namen.
Dein Name tropft wie weiches Rindertalg.
Weißt Du es Anna, weiß Du es schon,
Man kann Dich auch von hinten lesen.
Und Du, Du Herrlichste von allen,
Du bist von hinten, wie von vorne:

A - - - - N - - - - N - - - - A.
Rindertalg träufelt STREICHELN über meinen Rücken.
Anna Blume,
Du tropfes Tier,
Ich - - - - liebe - - - - Dir! [v 1919]

Dadaisten gegen Weimar

LA
CHSTRASSE
MIT BLAUEN
ZUR
nd
EL
KAP
TISCH
CABARET

Am Donnerstag, den 6. Februar 1919, abends 7½ Uhr, wird im Kaisersaal des Rheingold (Bellevuestraße) der

OBERdADA

als

Präsident des Erdballs

verkündigt werden nach dem Wort der Zeitung:

(B. Z. v. 27. I. 19.)

„Wir werden in diesem Jahre wahrscheinlich noch einigemal wählen, den Prxsıdentrx, das V lkshaus. Und dann wollen wir uns nicht mehr bloß mit dem Instinkt, der mechanischen Zielsicherheit der unbewußt ahnungsvollen Masse bescheiden, sondern das persönliche Genie s.ch.n gehɔⁿ, das wir in irgend einer Schichte unseres Volkes endlich doch und doch hervorgebracht haben müssen, wenn wir nicht schon jetzt eine abgestorbene Rasse sein sallen!"

?

Zu dieser Suche werden alle geistigen und geistlichen Arbeiter, Volksbeauftragte, Bürger und Genossen beiderlei Geßchlechts (Soldaten ohne Rangabzeichen) erscheinen, denen an dem Glück der Menschheit gelegen ist.

Wir werden Weimar in die Luft sprengen. **Berlin** ist der Ort ¡ɐp · · ɐp · · Es wird niemand und nichts geschont werden.

Man erscheine in Massen!

Der dadaistische Zentralrat der Weltrevolution.

BAADER, HAUSMANN, TRISTAN TZARA, GEORGE GROSZ, MARCEL JANCO, HANS ARP, RICHARD HULSENBECK, FRANZ JUNG, EUGEN ERNST, A. R. MEYER

*

Flugblatt: Dadaisten gegen Weimar, 1919

Bertolt Brecht

Die Nachtlager

Ich höre, daß in New York
An der Ecke der 26. Straße und des Broadway
Während der Wintermonate jeden Abend ein Mann steht
Und den Obdachlosen, die sich ansammeln
Durch Bitten an Vorübergehende ein Nachtlager verschafft.

Die Welt wird dadurch nicht anders
Die Beziehungen zwischen den Menschen bessern sich nicht
Das Zeitalter der Ausbeutung wird dadurch nicht verkürzt
Aber einige Männer haben ein Nachtlager
Der Wind wird von ihnen eine Nacht lang abgehalten
Der ihnen zugedachte Schnee fällt auf die Straße.

Leg das Buch nicht nieder, der du das liesest, Mensch.

Einige Menschen haben ein Nachtlager
Der Wind wird von ihnen eine Nacht lang abgehalten
Der ihnen zugedachte Schnee fällt auf die Straße
Aber die Welt wird dadurch nicht anders
Die Beziehungen zwischen den Menschen bessern sich dadurch nicht
Das Zeitalter der Ausbeutung wird dadurch nicht verkürzt.

[e 1931]

Kurt Tucholsky

An das Publikum

O hochverehrtes Publikum,
sag mal: bist du wirklich so dumm,
wie uns das an allen Tagen
alle Unternehmer sagen?
Jeder Direktor mit dickem Popo
spricht: „Das Publikum will es so!"
Jeder Filmfritze sagt: „Was soll ich machen?
Das Publikum wünscht diese zuckrigen Sachen!"
Jeder Verleger zuckt die Achseln und spricht:
„Gute Bücher gehn eben nicht!"
Sag mal, verehrtes Publikum:
bist du wirklich so dumm?

So dumm, daß in Zeitungen, früh und spät,
immer weniger zu lesen steht?
Aus lauter Furcht, du könntest verletzt sein;
aus lauter Angst, es soll niemand verhetzt sein;
aus lauter Besorgnis, Müller und Cohn
könnten mit Abbestellung drohn?
Aus Bangigkeit, es käme am Ende
einer der zahllosen Reichsverbände
und protestierte und denunzierte
und demonstrierte und prozessierte...
Sag mal, verehrtes Publikum:
bist du wirklich so dumm?

Ja, dann ...
Es lastet auf dieser Zeit
der Fluch der Mittelmäßigkeit.
Hast du so einen schwachen Magen?
Kannst du keine Wahrheit vertragen?
Bist also nur ein Grießbrei-Fresser-?
Ja, dann ...
Ja, dann verdienst dus nicht besser.

[v 1931]

Aufgaben zu den Bildern auf den Seiten 341 und 347

RAOUL HAUSMANN Der Kunstkritiker

① Bestimmen Sie zeittypische Merkmale inhaltlicher und gestalterischer Art.

„Mann ist Mann“ von Bert Brecht

① Erläutern Sie Brechts Vorstellungen von einem neuen Theater anhand des Fotos und der Verse (S. 347), die in einem „Zwischenspruch“ zwischen 8. und 9. Szene des Stücks gesprochen werden.

Aufgaben zu den Texten auf den Seiten 367–369

KURT SCHWITTERS An Anna Blume (S. 367)

① Welche verschiedenartigen Verstöße gegen die Lesererwartung an ein Liebesgedicht können Sie in diesem Gedicht entdecken? Untersuchen Sie u. a. Realitätsbezug, lyrische Konventionen, Grammatik, Sprachebene, Wortmaterial.
② „du, du Herrlichste von allen“ ist eine Anspielung auf eine Stelle in Adalbert v. Chamissos Gedichtzyklus *Frauenliebe und -leben*: „Er, der Herrlichste von allen“. Was läßt sich daraus für die Funktion des vorliegenden Gedichts schließen? Erhärten Sie Ihre Schlußfolgerung durch Auswerten Ihrer Antworten zu Frage ①.

Dadaisten gegen Weimar (S. 368)

① Welches organisatorische Umfeld wird durch den Text vorgespiegelt? Kennen Sie aus damaliger oder heutiger Zeit ähnliche realitätsferne Welterlösungsversprechen ernstgemeinter Art?
② Wie wird die Persiflage graphisch verstärkt? Beschreiben Sie die eingesetzten Mittel.

BERTOLT BRECHT Die Nachtlager (S. 369)

① Der Verfasser stellt zwei gegensätzliche Urteile über die Verhaltensweise des Mannes auf. Welches befürwortet der Sprecher des Gedichts nach Ihrer Ansicht? Begründen Sie diese Entscheidung.
② Was trägt die Form, insbesondere die Anordnung der Zeilen, zum Inhalt bei?
③ Analysieren Sie die Montagetechniken des Gedichts.
④ Wie läßt sich Brecht mit den hier gemachten Aussagen in die politische Landschaft der Weimarer Republik einordnen?

KURT TUCHOLSKY An das Publikum (S. 369)

① Beschreiben Sie die Form des Gedichts, und ordnen Sie es den literarischen Bestrebungen in der Weimarer Republik zu.
② Welche Absicht verfolgt der Autor?

XVIII. Literatur zwischen 1933 und 1945

Pablo Picasso, Das Beinhaus, 1944/45

1. Grundzüge dieser Zeit

Nach der „Machtergreifung“ der Nationalsozialisten 1933 war es eines der wichtigsten Anliegen der neuen Machthaber, die **Meinungs-, Presse- und Informationsfreiheit** aufzuheben. „Die gefährlichste Gefahr für jeden Staat ist die Pressefreiheit“, warnte Hitler in einer Tischrede. Bereits in den ersten Monaten wurden Zeitungen, die der KPD, der SPD oder kirchlichen Kreisen nahestanden, enteignet. Mit Hilfe der *Verordnung des Reichspräsidenten zum Schutz von Volk und Staat* waren Beschränkungen „des Rechts der freien Meinungsäußerung, einschließlich der Pressefreiheit“ zulässig. Zugleich war man bemüht, für NS-Zeitungen eine Monopolstellung zu schaffen. Durch Berufsverbote und wirtschaftliche Pressionen gelang es, bis Ende 1935 die Eigenständigkeit der bürgerlichen Zeitungen auszuschalten. Mit der Einführung der sogenannten Pressekonferenzen wurde der Inhalt der Zeitungen in Deutschland weitestgehend festgelegt.

Ebenso wichtig wie die Zeitung war der Rundfunk als Instrument der Massenpropaganda. Rundfunkhören galt als staatspolitische Pflicht, um die Masse des Volkes auch tatsächlich beeinflussen zu können. Die Herstellung eines billigen „Volksempfängers" sollte dies ermöglichen und gleichzeitig das Hören ausländischer Rundfunksender unterbinden. Ab Januar 1933 wurden die Schlüsselstellen der Rundfunkanstalten mit Nationalsozialisten, mit kampfwilligen „SA-Männern des Geistes" besetzt. Eine straff zentralistisch organisierte Struktur gewährleistete außerdem die einheitliche Führung des Rundfunkwesens.
Schließlich wollte man auch die suggestive Wirkung des Films zur Verbreitung von NS-Ideen nutzen; man setzte Spielfilme und vor allem die Wochenschau bewußt ein, um die Volksmeinung zu lenken.
Selbstverständlich wollten die NS-Funktionäre auch die Literatur in ihre Hand bekommen. Die Übersicht auf S. 373 zeigt, auf welche Weise versucht wurde, Druckerzeugnisse jeder Art und Gattung dem Staatsapparat verfügbar zu machen.
Die Programme der Verlage wurden der Zensur der Reichsschrifttumskammer unterstellt. Durch die Einführung von „schwarzen Listen" versuchte man, ebenso wie durch die Verweigerung von Papierzuteilung, „unerwünschte" Autoren auszuschalten. Der „undeutsche Verräter" Heinrich Heine oder der „verrückte" Franz Kafka mußten aus der deutschen Literaturgeschichte ebenso verschwinden wie etwa Bertolt Brecht, Alfred Döblin, Heinrich, Klaus und Thomas Mann, Erich Maria Remarque (wegen seines Antikriegsbuches *Im Westen nichts Neues*), Kurt Tucholsky oder Stefan Zweig. Zum Symbol des Kampfes gegen die „entartete Literatur" wurden die öffentlichen **Bücherverbrennungen** am Abend des 10. Mai 1933, welche die „zersetzende Literatur" und „nichtdeutschen Ungeist" ausmerzen sollten. Goebbels deutete diese Aktionen, die sorgfältig geplant und vielfach von fanatisierten Studenten durchgeführt wurden, als spontane Aktionen des Volkes zur Beseitigung der „weltbürgerlich-jüdisch-bolschewistischen Zersetzungsliteratur".

Der Komponist Max von Schillings (1868–1933), Präsident der Preußischen Akademie der Künste, schickte nachstehendes Schreiben an die 31 Mitglieder der Abteilung für Dichtung in der Preußischen Akademie der Künste:

Preußische Akademie der Künste
Berlin W 8, Pariser Platz 4
den 14. März 1933

Abteilung für Dichtung — *Vertraulich!*

Sehr geehrter Herr Kollege,
die Sitzung vom 13. d. Mts. unter Teilnahme des unterzeichneten Präsidenten (Tagesordnung «Stellungnahme zu lebenswichtigen Fragen der Abteilung»), zu der Sie eingeladen waren, hat zu folgenden Ergebnissen geführt:

In Anbetracht der Lage müssen von der Abteilung sofortige Entschlüsse gefaßt werden. Die Abteilung unternimmt den Versuch, sich aus sich selbst heraus neu zu organisieren; sie sieht sich gezwungen, allen Mitgliedern die anliegenden Fragen vorzulegen und bittet um sofortige Beantwortung ausschließlich mit ja oder nein und Ihre Unterschrift. Die Antwort muß spätestens am 21. März bei der Akademie eingetroffen sein.

Mit kollegialem Gruß
Max von Schillings

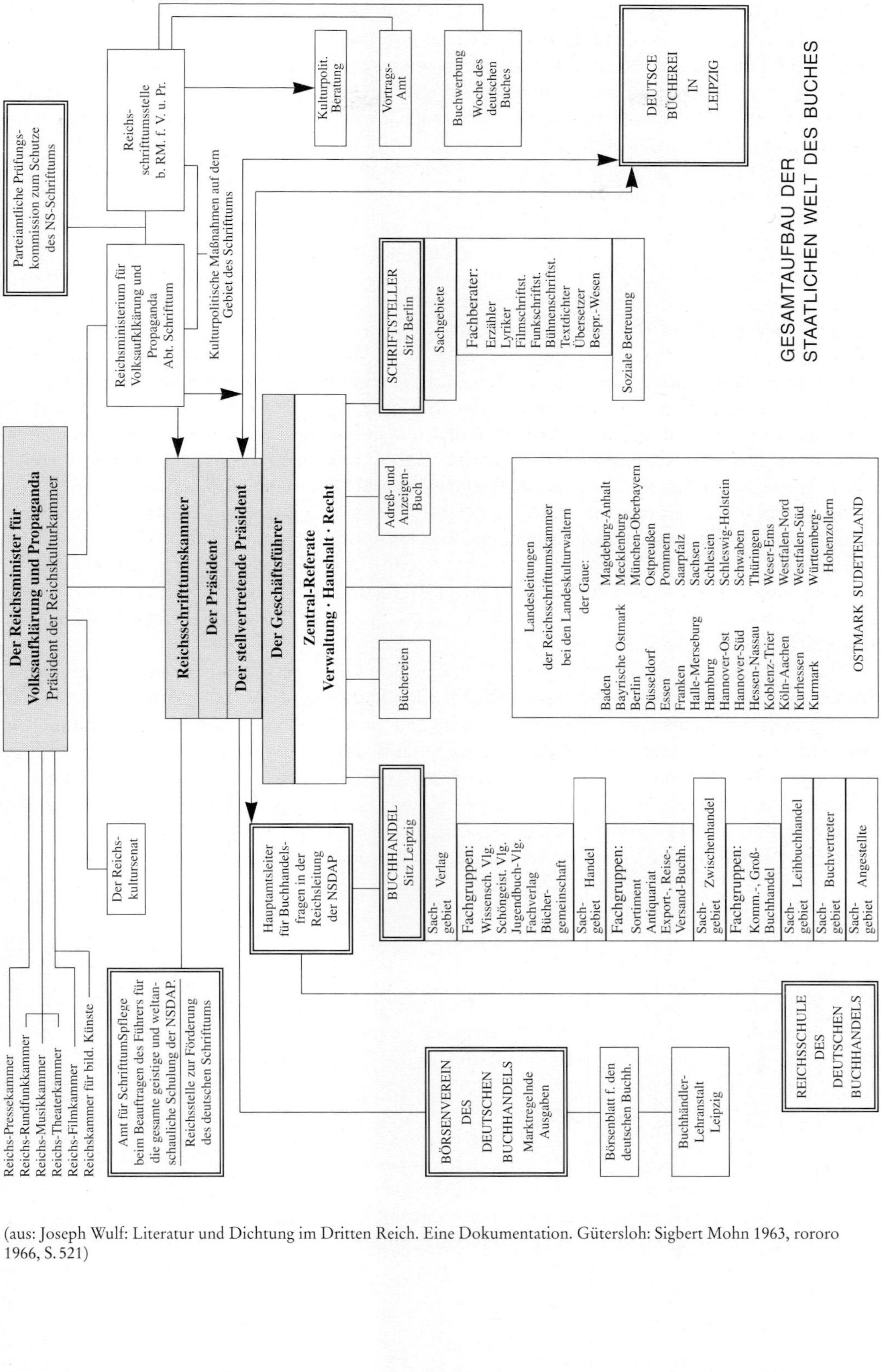

(aus: Joseph Wulf: Literatur und Dichtung im Dritten Reich. Eine Dokumentation. Gütersloh: Sigbert Mohn 1963, rororo 1966, S. 521)

Vertraulich!
Sind Sie bereit, unter Anerkennung der veränderten geschichtlichen Lage weiter Ihre Person der Preußischen Akademie der Künste zur Verfügung zu stellen? Eine Bejahung dieser Frage schließt die öffentliche politische Betätigung gegen die Regierung aus und verpflichtet Sie zu einer loyalen Mitarbeit an den satzungsgemäß der Akademie zufallenden nationalen kulturellen Aufgaben im Sinne der veränderten geschichtlichen Lage.

Ja   Nein
(Nichtzutreffendes bitte zu durchstreichen)

Name: Ort und Datum:

RICARDA HUCH (1864–1947) antwortete darauf:

[Heidelberg, 18.3.1933]

In Erwiderung Ihres Schreibens vom 14. März bestreite ich Ihre Kompetenz, mir eine Frage von so unübersehbaren Konsequenzen vorzulegen, und lehne infolgedessen ab, sie zu beantworten. Die Mitglieder der Akademie werden nach Wortlaut der Statuten zur Ehrung und Anerkennung ihrer Leistungen berufen, ohne daß ein politisches Bekenntnis von ihnen gefordert würde. Ich bin, seit ich der Akademie angehöre, stets mit Nachdruck dafür eingetreten, daß bei der Wahl der Mitglieder nichts anderes maßgebend sein darf als ihre künstlerischen Leistungen und die Bedeutung ihrer Persönlichkeit. Daran werde ich auch künftig festhalten.

Ricarda Huch

Heidelberg, 24. März 1933

Sehr geehrter Herr Präsident,
aus Ihrem Schreiben vom 22. März schließe ich, daß Sie meine Ablehnung, die mir vorgelegte Frage zu unterzeichnen, so aufzufassen gedenken, als hätte ich sie mit Ja beantwortet. Ich kann aber dieses Ja um so weniger aussprechen, als ich verschiedene der inzwischen vorgenommenen Handlungen der neuen Regierung aufs schärfste mißbillige.
Sie zweifeln nicht, davon überzeugt mich Ihr Brief, daß ich an dem nationalen Aufschwung von Herzen teilnehme; aber auf das Recht der freien Meinungsäußerung will ich nicht verzichten, und das täte ich durch die Erklärung, wie die ist, welche ich zu unterzeichnen aufgefordert wurde. Ich nehme an, daß ich durch diese Feststellung automatisch aus der Akademie ausgeschieden bin. [...]

Ricarda Huch

Heidelberg, 9. April 1933

Sehr geehrter Herr Präsident,
lassen Sie mich zuerst danken für das warme Interesse, das Sie an meinem Verbleiben in der Akademie nehmen. Es liegt mir daran, Ihnen verständlich zu machen, warum ich Ihrem Wunsche nicht entsprechen kann. Daß ein Deutscher deutsch empfindet, möchte ich fast für selbstverständlich halten; aber was deutsch ist, und wie Deutschtum sich bestätigen soll, darüber gibt es verschiedene Meinungen. Was die jetzige Regierung als nationale Gesinnung vorschreibt, ist nicht mein Deutschtum. Die Zentralisierung, den Zwang, die brutalen Methoden, die Diffamierung Andersdenkender, das prahlerische Selbstlob halte ich für undeutsch und unheilvoll. Bei einer so sehr von der staatlich vorgeschriebenen Meinung abweichenden Auffassung halte ich es für unmöglich, in einer staatlichen Akademie zu bleiben. Sie sagen, die mir von der Akademie vorgelegte Erklärung werde mich nicht an der freien Meinungsäußerung hindern. Abgesehen davon, daß eine „loyale

Mitarbeit an den satzungsgemäß der Akademie zufallenden nationalen und kulturellen Aufgaben im Sinne der veränderten geschichtlichen Lage“ eine Übereinstimmung mit dem Programm der Regierung erfordert, die bei mir nicht vorhanden ist, so würde ich keine Zeitung oder Zeitschrift finden, die eine oppositionelle Meinung abdruckte. Da bliebe das Recht der freien Meinungsäußerung in der Theorie stecken. [...]
Hiermit erkläre ich meinen Austritt aus der Akademie.

Ricarda Huch

(zit. nach: Joseph Wulf, Literatur und Dichtung im Dritten Reich. A.a.O., S. 22f. u. 26f.)

Beflissene und karrieresüchtige Universitätsprofessoren und Literaturgeschichtsschreiber wußten selbst Klassiker im Sinn des NS-Staates umzudeuten. Kunst und Kultur galten als Ausdruck „völkischen Lebens“. Deshalb sollte der Nationalsozialismus auch nicht als Bruch mit der geschichtlichen Tradition verstanden werden, sondern vielmehr als Endziel, in das die literarische Entwicklung vergangener Zeit mündete. Friedrich Schiller, zum Beispiel, war gar „Kampfgenosse Hitlers“ (so H. Fabricius' gleichnamiges Buch), seine Dramen wurden zu gewaltigen Gleichnissen für die „politische Gesinnung der Gegenwart“ (H. Pongs über *Schillers Urbilder*). Das änderte sich jedoch, als sich Schillers Texte als höchst aktuell erwiesen. Bei einer Aufführung des *Don Carlos* klatschte das Premierenpublikum bei Posas Forderung nach Gedankenfreiheit ganz spontan. Ein Aufsatz in Heft 7 von *Wille und Macht. Führerorgan der nationalsozialistischen Jugend* versuchte nachzuweisen, daß es den Klatschenden offensichtlich am nötigen Verständnis für Schiller und an der politischen Reife fehle. Ab sofort wurde das Theater angewiesen, in Zukunft vor dieser Szene im Zuschauerraum das Licht anzumachen. *Wilhelm Tell* durfte wegen der Szene mit dem Geßlerhut (Parallele zur Grußpflicht am nationalsozialistischen „Ehrenmal“ an der Münchner Feldherrnhalle) und wegen des Tyrannenmords nicht mehr im Theater aufgeführt oder in der Schule gelesen werden.
Reichsleiter Martin Bormann schrieb „STRENG VERTRAULICH!“ am 3. Juni 1941 aus dem Führerhauptquartier an Reichsminister Dr. Lammers:

Der Führer wünscht, dass Schillers Schauspiel „Wilhelm Tell“ nicht mehr aufgeführt wird und in der Schule nicht mehr behandelt wird.

Der Reichsdramaturg, Rainer Schlösser, übersandte im Auftrag der Reichstheaterkammer allen deutschen Theatern ein streng vertrauliches, umgehend zu beantwortendes Rundschreiben folgenden Inhalts:

Ich ersuche alle Theaterleiter, mir sofort schriftliche Meldung ... darüber zu machen
1. ob zurzeit „Wilhelm Tell“ von Friedrich von Schiller auf dem Spielplan ist
2. ob das Stück für eine spätere Aufführung vorgesehen ist.
3. Auch Fehlanzeige muß erstattet werden.

(zit. nach: Klassiker in finsteren Zeiten, 1933–1945. Eine Ausstellung des deutschen Literaturarchivs im Schiller-Nationalmuseum Marbach am Neckar, 1983, Bd. 1, S. 420f.)

Hingegen sollte Friedrich Hebbels Tragödie *Agnes Bernauer* möglichst häufig auf dem Spielplan stehen. Die Partei- und Volksgenossen wurden mit Bussen zu den Aufführungen gefahren, denn in diesem Stück wurde deutlich, wie die Rezensenten nicht müde wurden zu betonen, daß das Einzelwesen, wie Agnes Bernauer, sein Leben hinter das Wohl des Staates stellen müsse. Allein von September 1934 bis April 1935 wurde das Stück 120mal aufgeführt. Bei all diesen Aufführungen kam es nicht darauf an, möglichst viele Zuschauer mit dem klassischen Drama vertraut zu machen; vielmehr diente die Literatur nur dazu, dem Publikum bestimmte Gedanken und Ideologien zu vermitteln.

Die Jahre zwischen 1933 und 1945 kennzeichnen keine literarische Epoche, denn eine spezifische „Literatur des Dritten Reiches" von literarischem Rang gibt es nur in Ansätzen. Nationalsozialistischen Forderungen wurde am ehesten die Spruch- und Lieddichtung gerecht, wie sie zum Beispiel HANS BAUMANN (1914–1988) geschrieben hat, allerdings inhaltlich und sprachlich das Erbe des 19. Jahrhunderts weiterführend. Die germanisch und antichristlich ausgerichteten Thingspiele, die zumal 1936 als Kulturprogramm zur Olympiade gefördert wurden, setzte man wegen ihrer bescheidenen Qualität rasch wieder ab.
Weil es im Grunde nichts Brauchbares an eigenständigem NS-Schrifttum gab, förderte man großzügig alles, was an bodenständiger „arischer" und „völkisch" ausgerichteter Literatur vorhanden war. Wo nötig und irgend möglich wurde sie für eigene Zwecke umgedeutet, wie etwa RUDOLF ALEXANDER SCHRÖDERS (1878–1962) *Deutscher Schwur*, der 1914 im ersten Weltkriegsjahr entstanden war. Volkslieder und Gedichte aus der Zeit der Freiheitskriege mißbrauchte man ebenso für den faschistischen Staat wie das Liedgut der bündischen Jugend. Irregeleitete Idealisten, die einer guten Sache, oder Opportunisten, die ihrer Karriere zu dienen glaubten, ließen sich von den Funktionären einspannen.
Bewußt wurde in Reden, Sprüchen und Liedern der Mythos vom gottgesandten Führer und Retter aufgebaut. Hitler forderte im März 1933, die Kunst müsse in dem Heroismus gipfeln, der den Zeitgeist bestimme. Nicht wenige Schriftsteller hielten sich daran und lieferten die gewünschten Texte ab. HERBERT BÖHMES (1907–1971) Gedicht *Der Führer* entlarvt gegen seine Absicht das menschenverachtende Denken des Regimes, ist aber inhaltlich und sprachlich unfreiwillig komisch. Bertolt Brecht parodierte diese Verse in seinem Stück *Schweyk im Zweiten Weltkrieg*.

Eine Reihe von Autoren wählte die **„innere Emigration"**, zum Beispiel HANS CAROSSA (1878–1956), in dieser Haltung von STEFAN ZWEIG (1881–1942) bestärkt, der ihm im Mai 1933 geraten hatte, sich „zunächst nicht in die grelle Öffentlichkeit zu stellen". Er vermied den Hitlergruß und verwahrte sich gegen Versuche, ihn zum Mitglied der Arbeitsgemeinschaft für „Völkische Kunst" oder der neuen „Dichter-Akademie" zu machen. Andererseits zögerte er nicht, sich mit Nachdruck für verfolgte Dichterkollegen einzusetzen, zum Beispiel für ALFRED MOMBERT (1872–1942). Die NS-Machthaber nutzten allerdings ihr Entgegenkommen dazu, ihn zur Annahme öffentlicher Ehrenämter zu erpressen, durch die er als Aushängeschild des Regimes mißbraucht werden konnte.
REINHOLD SCHNEIDERS (1903–1958) hier abgedrucktes Sonett wurde in zahllosen Abschriften weitergereicht, als Trost und Zuspruch ebenso wie als Ankündigung des herbeigesehnten Scheiterns des NS-Regimes; Schneider galt vielen als moralische Instanz.
Der in den 20er Jahren erfolgreiche, heute weitgehend vergessene Schriftsteller FRIEDRICH PERCYVAL RECK-MALLECZEWEN (1884–1945) hatte bereits 1937 in seinem Buch *Bockelson – Geschichte eines Massenwahns* die Münsteraner Wiedertäuferbewegung als historisches Gleichnis für den NS-Staat dargestellt. In seinen postum veröffentlichten Tagebuchnotizen stellte er seine Gedanken zum NS-Regime dar, um, wie er schrieb, für die kommenden Generationen Zeugnis abzulegen. Er wurde wegen seiner Äußerungen verhaftet und starb im KZ Dachau an Flecktyphus.

Auch von zunächst indifferenten oder gar wohlgesonnenen Autoren gab es wachsenden **Widerstand** gegen das Unrechtsregime. ALBRECHT HAUSHOFER (1903–1945), Ordinarius für politische Geographie und Geopolitik, Mitarbeiter im Außenministerium und zeitweilig außenpoliti-

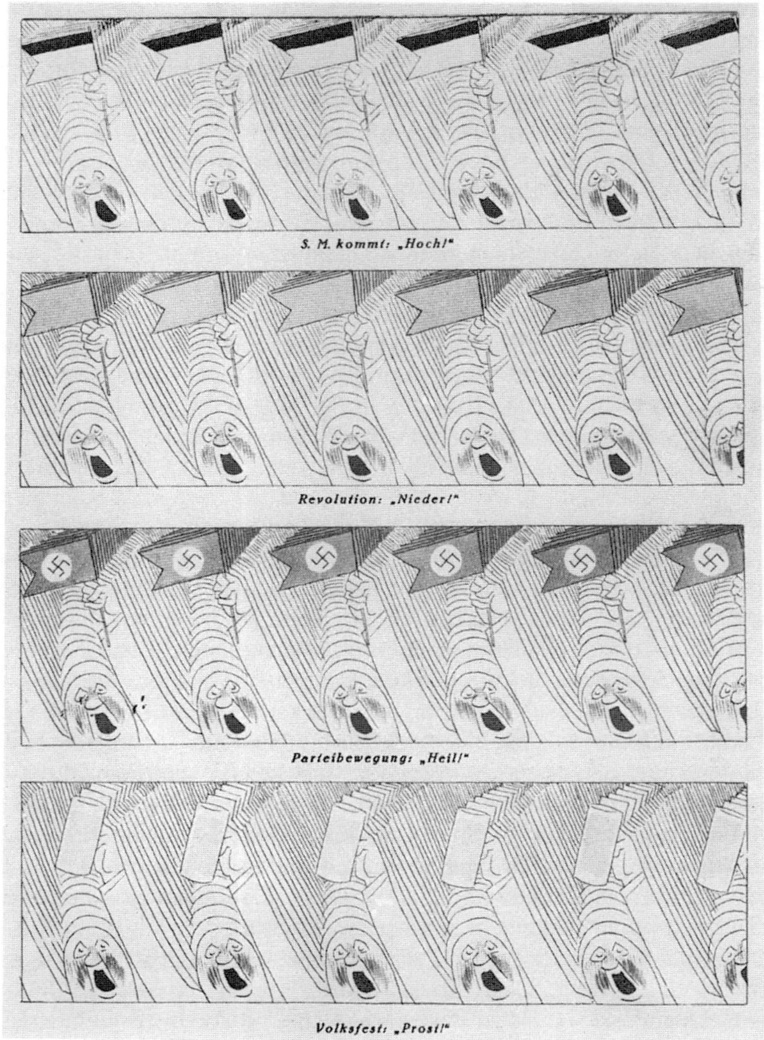

„Das Volk als Masse"
Karikatur von Karl Arnold im Simplicissimus 1932

scher Berater von Rudolf Heß, verlor 1941 wegen freimütiger Äußerungen seine Professur und erhielt Redeverbot. Im September 1944 wurde er wegen seiner Zugehörigkeit zu Widerstandsgruppen verhaftet und kurz vor Kriegsende (23.04.1945) durch Genickschuß ermordet. Im Gefängnis schrieb er einen Zyklus von Gedichten, für die er – bezeichnend in diesen Monaten der allgemeinen Auflösung – die strenge Form des Sonetts wählte.
KURT HUBER (1893–1943), Musikwissenschaftler an der Universität München, schloß sich nach Kriegsausbruch der Widerstandsgruppe der „Weißen Rose" an. Am 27. Februar 1943 wurde er verhaftet und am 19. April durch Roland Freisler zum Tod verurteilt. Seine sorgfältig konzipierte (und von ihm auf Packpapier geschriebene) Rede ist Rechtfertigung und Mahnung, erwachsen aus dem Gefühl, als Hochschullehrer eine sittliche Verpflichtung und Vorbildfunktion für junge Menschen zu haben. Die Rede gilt als kostbares Vermächtnis.

Zahlreiche Autoren wurden ausgebürgert, vertrieben; viele flohen und waren dankbar, daß sie ihr Leben vor den NS-Schergen retten konnten. OSKAR MARIA GRAF (1894–1967) emigrierte über Österreich und Prag nach Amerika, wo er freilich nie heimisch wurde. Weil ihn die Nazis wegen seiner Bauerngeschichten für harmlos hielten, protestierte er öffentlich gegen ihr Regime. Brecht kam 1933 über Prag, Wien, die Schweiz und Paris nach Dänemark, von dort über Schweden, Finnland und Rußland in die USA. Er setzte sich auch mit der Frage nach der Aufgabe von Schriftsteller und Literatur in der Zeit der Diktatur auseinander, ebenso wie Thomas Mann, der 1933 in die Schweiz emigrierte und ab 1939 in den USA lebte. Was sich hier so leicht als **Emigration** liest, brachte neben vielfach lebensbedrohenden Schwierigkeiten den Verlust der Heimat, des Freundeskreises, der Bücher, des Vermögens und des Lesepublikums. Nicht wenige Schriftsteller mußten mit schier unlösbaren materiellen Problemen zurechtkommen oder mit den oft noch größeren geistigen Existenzfragen. So schreibt Brecht in seinem Gedicht *Über die Bezeichnung Emigranten* „Vertriebene sind wir, Verbannte./Und kein Heim, ein Exil soll das Land sein, das uns da aufnahm."; und ALFRED POLGAR (1873–1955) in *Der Emigrant und die Heimat:* „Die Fremde ist nicht Heimat geworden. Aber die Heimat Fremde."
ANNA SEGHERS (1900–1983), die über Frankreich nach Mexiko floh, zeigt in dem Roman *Transit* das Schicksal der Hitler-Flüchtlinge in Frankreich. Viele der Emigranten, darunter bedeutende Schriftsteller (z. B. Stefan Zweig, Joseph Roth, Alfred Wolfenstein, Kurt Tucholsky, Walter Hasenclever, Ernst Toller, Walter Benjamin), haben die Abtrennung von Heimat und Sprache nicht überlebt. Beispielhaft ist das Schicksal von STEFAN ZWEIG (1881–1942), der über England, Frankreich, USA im August 1941 nach Petropolis bei Rio de Janeiro gekommen war. Er litt unter der kulturellen Isolation: „Mit fehlt die Erwartung der Leserschaft, mit fehlt ein Verleger, der früher mich stimulierte" und lebte ohne genaue Ziele: „Ich arbeite nur, um nicht melancholisch oder irrsinnig zu werden".
Die Nachricht von der Kapitulation Singapurs, eine der schwersten Niederlagen der alliierten Streitkräfte, verstärkte Zweigs Depression. Am 23. Februar 1942 wurde das Ehepaar Zweig in seiner Wohnung tot aufgefunden. Seine *Erklärung* (s. S. 391 f.) ist ein erschütterndes Dokument für die Situation der Emigranten.

2. Texte

a) Anfänge

RUDOLF ALEXANDER SCHRÖDER
Deutscher Schwur

Heilig Vaterland
In Gefahren,
Deine Söhne stehn,
Dich zu wahren.
Von Gefahr umringt,
Heilig Vaterland,
Schau, von Waffen blinkt
Jede Hand.

Bei den Sternen steht,
Was wir schwören;
Der die Sterne lenkt,
Wird uns hören:
Eh der Fremde dir
Deine Kronen raubt,
Deutschland, fallen wir
Haupt bei Haupt.

Heilig Vaterland,
Heb zur Stunde
Kühn dein Angesicht
In die Runde.
Sieh uns all entbrannt,
Sohn bei Söhnen stehn:
Du sollst bleiben, Land!
Wir vergehn.

[v 1914]

HANS BAUMANN
Ausfahrt

Aus dem Land der Kindheit schritt ich
halb im Traum und stieg zu Pferde,
Lied des Stroms im Ohre, ritt ich
nach der Lockung fremder Erde.

Neue Ströme hört' ich rinnen,
alle hat der Sturm getrunken,
neue Lande sind nach innen
in der Heimat Bild versunken.

Wagnis und Gefahr erkor ich
zu Gefährten meiner Ritte
und der Kindheit Strom beschwor ich
als des Lebens reine Mitte.

[v um 1934]

Aufgaben zu den Texten auf der Seite 379

Rudolf Alexander Schröder Deutscher Schwur

① Informieren Sie sich über die historische Situation, in der das Gedicht 1914 entstanden ist.
② Wie wurde der Text vermutlich für das Jahr 1933 umgedeutet?
③ Welchen Leitbegriffen kommt hier besondere Bedeutung zu?

Hans Baumann Ausfahrt

① Welche Leitwörter fallen Ihnen besonders auf?
② Versuchen Sie eine Interpretation des Textes mit und ohne Berücksichtigung des Zeithintergrunds. Wo sehen Sie Unterschiede?
③ Wie beurteilen Sie Inhalt, Form und Sprache des Gedichts?

b) Führerkult

Herbert Böhme
Der Führer

Eine Trommel geht in Deutschland um,
Und der sie schlägt, der führt,
Und die ihm folgen, folgen stumm,
Sie sind von ihm gekürt.

Sie schwören ihm den Fahnenschwur,
Gefolgschaft und Gericht,
Er wirbelt ihres Schicksals Spur
Mit ehernem Gesicht.

Er schreitet hart der Sonne zu
Mit angespannter Kraft.
Seine Trommel, Deutschland, das bist du!
Volk, werde Leidenschaft!

[v 1934]

„Der ewige Trommler“, Karikatur von Olaf Gulbransson im Simplicissimus 1933

„Immer rein, meine Herrschaften, gleich beginnt zum unwiderruflich letztenmal das Dritte Reich!“ „Mensch, wenn wir jetzt nicht bald wirklich anfangen, läuft uns das ganze Publikum davon!“

BERTOLT BRECHT
Schweyk im Zweiten Weltkrieg

[...]

Man hört Kommandos von außen, sowie Marschtritte, dann beginnt eine Musikkapelle zu spielen. Es ist der Horst-Wessel-Marsch.

DER STERBENDE: Was is da los? Haben Sie was gesehn?

SCHWEYK: Am Tor sind ein Haufen Leut. Wahrscheinlich ein Bataillon, wo auszieht.

DER GEKRÜMMTE: Das is eine gräßliche Musik.

SCHWEYK: Ich find sie hibsch, weil sie traurig is und mit Schmiß.

DER MIT KRÜCKEN. Die wern wir bald häufiger hern. Den Horst-Wessel-Marsch spielens, wo sie nur können. Er is von einem Zutreiber[1] gedichtet worn. Ich möcht wissen, was dem sein Text bedeutet.

DER DICKE: Ich kann Ihnen mit einer Übersetzung dienen. Die Fahne hoch, / die Reihen fest geschlossen, / SA marschiert mit ruhig festem Schritt, / Kameraden, deren Blut vor unserm schon geflossen, / sie ziehn im Geist in unsern Reihen mit.

SCHWEYK: Ich weiß einen andern Text, den hammer im „Kelch"[2] gesungn. *Er singt zu der Begleitung der Militärkapelle, und zwar so, daß er den Refrain zu der Melodie singt, die Vorstrophen aber zu dem Trommeln dazwischen:*

Hinter der Trommel her
Trotten die Kälber
Das Fell für die Trommel
Liefern sie selber.
    Der Metzger ruft. Die Augen fest geschlossen.
    Das Kalb marschiert mit ruhig festem Tritt.
    Die Kälber, deren Blut im Schlachthof schon geflossen
    Sie ziehn im Geist in seinen Reihen mit.

Sie heben die Hände hoch
Sie zeigen sie her
Sie sind schon blutgefleckt
Und sind noch leer.
    Der Metzger ruft. Die Augen fest geschlossen.
    Das Kalb marschiert mit ruhig festem Tritt.
    Die Kälber, deren Blut im Schlachthof schon geflossen
    Sie ziehn im Geist in seinen Reihen mit.

Sie tragen ein Kreuz voran
Auf blutroten Flaggen
Das hat für den armen Mann
Einen großen Haken.
    Der Metzger ruft. Die Augen fest geschlossen.
    Das Kalb marschiert mit ruhig festem Tritt.
    Die Kälber, deren Blut im Schlachthof schon geflossen
    Sie ziehn im Geist in seinen Reihen mit.

[e 1943]

[1] Zuhälter [2] berühmtes Prager Bierlokal

Aufgaben zu den Texten auf den Seiten 380–381

HERBERT BÖHME Der Führer (S. 380)

① Untersuchen Sie, welchem Bereich Verben und Adjektive überwiegend angehören.
② Beschreiben Sie die Vorstellung, die von Trommler und Trommel vermittelt werden.
③ Beurteilen Sie Vergleiche und Bilder.

BERTOLT BRECHT Schweyk im Zweiten Weltkrieg (S. 381)

① Wie werden die Anhänger Hitlers in dieser Szene dargestellt?
② Vergleichen Sie die Texte von Böhme und Brecht. Welche Aufgabe erfüllt Dichtung jeweils?

Aufgaben zu der Karikatur auf der Seite 380

① Beschreiben Sie die Rollen, die Hitler und Goebbels zugewiesen werden. Welche Eigenschaften sollen dadurch hervorgehoben werden? Vergleichen Sie die Darstellung von Goebbels mit der Beschreibung durch Carossa, s. u.
② Informieren Sie sich über die historischen Ereignisse des Jahres 1933, auf die sich diese Zeichnung bezieht.

c) Innere Emigration

HANS CAROSSA
Ungleiche Welten

[Im Herbst 1941 wurde Carossa anläßlich eines „Weimarer Dichtertreffens“ die Präsidentschaft einer „Europäischen Schriftstellervereinigung“ aufgedrängt. Carossa stimmte zu, weil er hoffte, bei Goebbels die Freilassung des verhafteten Dichters Alfred Mombert erreichen zu können.]

[…] Der folgende Tag brachte Regen und Sturm. Dr. Goebbels sandte einen Offizier mit seinem Wagen und ließ um einen Besuch bitten. Der junge Leutnant war ein stiller, zurückhaltender Mann; ich hatte etwas unüberlegt zu ihm gesagt: „*Muß* denn das sein?“, als er die Einladung überbrachte; das schien ihn erheitert zu haben, – „Ich bitte *sehr* darum“, antwortete er und sah mich während der Fahrt von Zeit zu Zeit mit freundlicher Neugier an, schwieg jedoch und überließ mich meinen Gedanken.

Ein Zufallsblick auf Goethes herbstlaubumwirbeltes Gartenhaus machte mich noch stärker fühlen, in welche Unordnung mein Leben geraten war. Mochte ich mir noch so oft sagen, der Weg, den ich seit meiner Ankunft in Weimar ging, sei nur ein Umweg und nähere sich dem Ende, so war dies doch nur eine Beschwichtigung für den Augenblick; bei tieferem Nachdenken kam ich nicht um gewisse Selbsterkenntnisse herum, an denen leider nichts zu ändern war. Sekundenlang hielt ich es wohl für möglich, den Mann, der mich erwartete, durch ein offenes Wort unter vier Augen über meine wahren Daseinsbedingungen aufzuklären und ihn um Befreiung von dem so genannten Ehrenamt zu bitten; aber das hätte bedeutet, daß ich Goebbels bitten wollte, nicht Goebbels zu sein. […]

Goebbels und seine Frau, die eben von einer Ausfahrt zurückgekehrt war, noch Regenperlen an dem blauen Hut, sie waren beide geübt in jener Höflichkeit, die den denkenden Menschen schweigsam macht, weil er einen Zweck dahinter spürt. Sie sprachen zu mir bald wie zu einem Sonderling vom Lande, bald wie zu dem Gesandten einer neutralen Macht, mit der sie einen Pakt zu schließen wünschten. Für die Übernahme des Präsidiums dankten sie beide mit einer Ernsthaftigkeit, die mir das Fatale dieser Wahl aufs neue zu fühlen gab. Ich schlug nachträglich zwei Schriftsteller vor, die ich vor allem für geeignet hielt, einer solchen Vereinigung vorzustehen; er schien nicht überrascht, schüttelte aber den Kopf, lächelte schlau, als ob ich ihn hereinlegen wollte, und entkräftete meinen Widerstand, den er vielleicht für unecht hielt, mit einer Schmeichelphrase, die er mit einer verneinenden Handbewegung begleitete.

An seiner Erscheinung war eigentlich nichts, was ihn zum Rassenhochmut berechtigte; denn was man an ihm schön nennen konnte, die ungemein lebhaften dunklen Augen, wäre in Ländern wie Polen, Italien und Frankreich keine Seltenheit. Seinem Kopf war trotz des normalen Umfangs etwas Knabenhaftes geblieben und dieses stand in eigentümlichem Gegensatz zu der biedermännischen sonoren Stimme, die so dämonisch berückend auf die Massen wirkte, daß sie ihr alles glaubten, auch die greifbarsten Lügen, wenn sie nur mit ein paar Tröpfchen Wahrheit versetzt waren. [...]

Ich benützte die nächste Pause des Gesprächs, um mich zu empfehlen. [...] [v 1951]

REINHOLD SCHNEIDER

Allein den Betern kann es noch gelingen*

Allein den Betern kann es noch gelingen,
Das Schwert ob unsern Häuptern aufzuhalten
Und diese Welt den richtenden Gewalten
Durch ein geheiligt Leben abzuringen.

Denn Täter werden nie den Himmel zwingen:
Was sie vereinen, wird sich wieder spalten,
Was sie erneuern, über Nacht veralten,
Und was sie stiften, Not und Unheil bringen.

Jetzt ist die Zeit, da sich das Heil verbirgt,
Und Menschenhochmut auf dem Markte feiert,
Indes im Dom die Beter sich verhüllen.

Bis Gott aus unsern Opfern Segen wirkt
Und in den Tiefen, die kein Aug entschleiert,
Die trocknen Brunnen sich mit Leben füllen.

[e 1936]

FRIEDRICH PERCYVAL RECK-MALLECZEWEN
Tagebuchnotizen

September 1941

[...] Die Bonzokratie, die sich aus ehemaligen Schneidergesellen, unbrauchbaren Banklehrlingen und fortgelaufenen Theologiestudenten und Seminaristen zusammensetzt, predigt den Geist des Feldlagers und lebt auf „Diplomatenmarken“[1], die die dreifachen Bezüge sichern: letzthin als Herr Gauleiter Wagner[2] meine kleine Kreisstadt beehrte, wurden nahezu sämtliche Hühner des Ortes geschlachtet, um den Bedarf dieses aus Säufern und Zuchthauskandidaten bestehenden hohen Stabes zu decken. Herr Hitler hat in Solln bei München seinen von SS-Leuten bewachten und von elektrisch geladenen Hochspannungsdrähten umhegten Garten, in dessen Wärmehäusern man das Gemüse für die Tafel des vegetarischen Tamerlan[3] züchtet. An der Plebs läßt inzwischen der chemische Teufel der deutschen Nahrungsmittelindustrie seine Wut aus. Zucker ist aus Tannenholz, die Blutwurst (dies ist keine Legende!) aus pulverisiertem Buchenholzmehl, das Bier eine stinkende Brühe aus Molke. Die Nährhefe macht man aus Kuhurin, die Marmelade ist, echte Früchte vorzutäuschen, „handelsüblich gefärbt“. Die Butter ist es ebenfalls, nur daß sie außerdem irgendein schweres und übles Lebergift enthält, das für alle die heute so zahlreichen Gallenkrämpfe verantwortlich zu machen ist. Alles läuft mit gelben Augen herum, die Krebsstatistik hat sich, wenn ich meinen ärztlichen Freunden glauben darf, seit vier Jahren verdoppelt.

2. Juli 1944

Heute, mit dem Rade von Stein kommend, stoße ich auf einen Haufen junger Fabrikarbeiterinnen. Es sind Norddeutsche, die man hierher evakuiert und in die chemische Industrie des Alztales „eingesetzt“ hat (um dieses schöne Wort aus dem Sprachschatz des modernen Kaufmannsdeutsch zu gebrauchen) ... sie marschieren, muschkotisiert[4] wie dieses ganze Volk, in militärischer Formation, es wirkt so plump, so häßlich, so bar aller weiblichen Anmut, wie es nun einmal der Stil des BDM[5] ist. Sie trotten daher wie eine blondbezopfte Kuhherde, und wenn ich von ihnen so viel Wesens mache, so geschieht es wegen des von ihnen gesungenen Liedes ...
Das ist, in jenem bekannten, von den Bolschewiken entliehenen zerhackten Rhythmus, den wir den musikalischen Hoflieferanten verdanken, irgendein gleichgültiger Schmarren, und das Bemerkenswerte ist eben der Refrain ...

„Wo die Flamme schlägt
aus dem Opernhaus,
ist meine Heimatstadt,
ist mein Vaterhaus.“

Ein bemerkenswerter Text, immerhin! Eine Frage ergibt, daß diese anmutlosen Geschöpfe mit den lymphatischen Gesichtern aus Hannover stammen, wo tatsächlich das Opernhaus verbrannt ist. Ob Opposition, Selbstironie, Protest oder nur jene allgemeine Verkuhung dahintersteckt, in die die Nazis die deutsche Frau herabgedrückt haben, wage ich nicht zu entscheiden. Wahrscheinlich wird es Symptom der allgemeinen Verblödung sein.

[v 1947]

---

[1] gemeint sind Lebensmittelmarken [2] Adolf Wagner (1890–1945), von 1929 bis 1942 Gauleiter von Oberbayern
[3] mongolischer Eroberer und Gewaltherrscher (1333 – nach 1402) [4] als Fußsoldaten [5] Bund deutscher Mädchen

Aufgaben zu den Texten auf den Seiten 382–384

HANS CAROSSA Ungleiche Welten (S. 382f.)

① Wie charakterisiert Carossa das Verhältnis der Parteifunktionäre zur Wahrheit? Welche Gründe sieht er für ihr ideologisches Denken?
② Welchen Eindruck gewinnt Carossa vom Gesprächsverlauf? Welche Absicht vermutet er dahinter?

REINHOLD SCHNEIDER Allein den Betern kann es noch gelingen (S. 383)

① Untersuchen Sie die inhaltliche und formale Struktur des Gedichts.
② Welche Stilmittel scheinen Ihnen hier wichtig zu sein? Begründen Sie Ihre Meinung.
③ Auf welche Aussage kommt es dem Autor vermutlich an?

FRIEDRICH PERCYVAL RECK-MALLECZEWEN Tagebuchnotizen (S. 384)

① Wie beurteilt der Autor die NS-Führung?
② Vergleichen Sie den Eindruck des Autors vom Volk mit Brechts „Kälbermarsch" (S. 381; Reck-Malleczewen hat das Gedicht vermutlich nicht gekannt).

d) Widerstand

ALBRECHT HAUSHOFER
Schuld

Ich trage leicht an dem, was das Gericht[1]
mir Schuld benennen wird: an Plan und Sorgen.
Verbrecher wär' ich, hätt' ich für das Morgen
des Volkes nicht geplant aus eigner Pflicht.

Doch schuldig bin ich anders als ihr denkt,
ich mußte früher meine Pflicht erkennen,
ich mußte schärfer Unheil Unheil nennen –
mein Urteil hab ich viel zu lang gelenkt …

Ich klage mich in meinem Herzen an:
Ich habe mein Gewissen lang betrogen,
ich hab mich selbst und andere belogen –

ich kannte früh des Jammers ganze Bahn –
ich hab gewarnt – nicht hart genug und klar!
Und heute weiß ich, was ich schuldig war …

[e 1944/45, v 1946]

[1] der 1934 in Berlin als Sondergericht für Hoch- und Landesverratssachen eingerichtete „Volksgerichtshof"

Kurt Huber

Schlußrede vor dem Volksgerichtshof

Als deutscher Staatsbürger, als deutscher Hochschullehrer und als politischer Mensch erachte ich es als Recht nicht nur, sondern als sittliche Pflicht, an der Gestaltung der deutschen Geschichte mitzuarbeiten, offenkundige Schäden aufzudecken und zu bekämpfen. Was ich bezweckte, war die Weckung der studentischen Kreise nicht durch eine Organisation, sondern durch das schlichte Wort, nicht zu irgend einem Akt der Gewalt, sondern zur sittlichen Einsicht in bestehende schwere Schäden des politischen Lebens. Rückkehr zu klaren sittlichen Grundsätzen, zum Rechtsstaat, zu gegenseitigem Vertrauen von Mensch zu Mensch, das ist nicht illegal, sondern umgekehrt die Wiederherstellung der Legalität. Ich habe mich im Sinne von Kants kategorischem Imperativ gefragt, was geschähe, wenn diese subjektive Maxime meines Handelns ein allgemeines Gesetz würde. Darauf kann es nur eine Antwort geben: Dann würde Ordnung, Sicherheit, Vertrauen in unser Staatswesen, in unser politisches Leben zurückkehren. Jeder sittlich Verantwortliche würde mit uns seine Stimme erheben gegen die drohende Herrschaft der bloßen Macht über das Recht, der bloßen Willkür über den Willen des sittlich Guten. Die Forderung der freien Selbstbestimmung auch des kleinsten Volksteils ist in ganz Europa vergewaltigt, nicht minder die Forderung der Wahrung der rassischen und völkischen Eigenart. Die grundlegende Forderung wahrer Volksgemeinschaft ist durch die systematische Untergrabung des Vertrauens von Mensch zu Mensch zunichte gemacht. Es gibt kein furchtbareres Urteil über eine Volksgemeinschaft als das Eingeständnis, das wir uns alle machen müssen, daß keiner sich vor seinem Nachbarn, der Vater nicht mehr vor seinen Söhnen, sicher fühlt.

Das war es, was ich wollte, mußte.

Es gibt für alle äußere Legalität eine letzte Grenze, wo sie unwahrhaftig und unsittlich wird. Dann nämlich, wenn sie zum Deckmantel einer Feigheit wird, die sich nicht getraut, gegen offenkundige Rechtsverletzung aufzutreten. Ein Staat, der jegliche freie Meinungsäußerung unterbindet und jede, aber auch jede sittlich berechtigte Kritik, jeden Verbesserungsvorschlag als „Vorbereitung zum Hochverrat" unter die furchtbarsten Strafen stellt, bricht ein ungeschriebenes Recht, das im gesunden Volksempfinden noch immer lebendig war und lebendig bleiben muß.

Ich bitte und beschwöre Sie in dieser Stunde, diesen jungen Angeklagten[1] gegenüber im wahren Wortsinn schöpferisch Recht zu sprechen, nicht ein Diktat der Macht, sondern die klare Stimme des Gewissens sprechen zu lassen, die auf die Gesinnung schaut, aus der die Tat hervorging. Und diese Gesinnung war wohl die uneigennützigste, idealste, die man sich denken kann! Das Streben nach absoluter Rechtlichkeit, Sauberkeit, Wahrhaftigkeit im Leben des Staates. Für mich selbst aber nehme ich in Anspruch, daß meine Mahnung zur Besinnung auf die allein dauerhaften Fundamente eines Rechtsstaates das oberste Gebot der Stunde ist, dessen Überhören nur den Untergang des deutschen Geistes und zuletzt des deutschen Volkes nach sich zieht.

Ich habe das eine Ziel erreicht, diese Warnung und Mahnung nicht in einem privaten kleinen Diskutierklub, sondern an verantwortlicher, an höchster richterlicher Stelle vorzubringen.

Ich setze für diese Mahnung, für diese beschwörende Bitte zur Rückkehr mein Leben ein. Ich fordere die Freiheit für unser deutsches Volk zurück. Wir wollen nicht in Sklavenketten unser kurzes Leben dahinfristen, und wären es goldene Ketten eines materiellen Überflusses.

Ich hinterlasse eine gebrochene Frau und zwei unglückliche Kinder in Not und Trauer. Wollen Sie meiner armen Familie wenigstens einen Lebensunterhalt gewähren, der meiner Stellung als deut-

[1] gemeint sind Willi Graf (geb. 1918), Christoph Probst (geb. 1919), Alexander Schmorell (geb. 1917), Hans Scholl (geb. 1918) und Sophie Scholl (geb. 1921), vom Volksgerichtshof wegen ihrer Zugehörigkeit zur Widerstandsgruppe „Weiße Rose" zum Tode verurteilt und 1943 hingerichtet

scher Hochschullehrer entspricht. Sie haben mir den Rang und die Rechte des Professors und den „summa cum laude“ erarbeiteten Doktorhut genommen und mich dem niedrigsten Verbrecher gleichgestellt. Die innere Würde des Hochschullehrers, des offenen, mutigen Bekenners seiner Welt- und Staatsanschauung kann mir kein Hochverratsverfahren rauben. Mein Handeln und Wollen wird der eherne Gang der Geschichte rechtfertigen; darauf vertraue ich felsenfest. Ich hoffe zu Gott, daß die geistigen Kräfte, die es rechtfertigen, rechtzeitig aus meinem eigenen Volk sich entbinden mögen. Ich habe gehandelt, wie ich aus einer inneren Stimme heraus handeln mußte. Ich nehme die Folgen auf mich nach dem schönen Wort Johann Gottlieb Fichtes[2]:

Und handeln sollst du so, als hinge
Von dir und deinem Tun allein
Das Schicksal ab der deutschen Dinge,
Und die Verantwortung wär dein. [e 1943]

[2] Philosoph (1762–1814), der Kants kritischen Idealismus zum subjektiven Idealismus weiterführte

Aufgaben zu den Texten auf den Seiten 385–387

ALBRECHT HAUSHOFER Schuld (S. 385)

① Worin sieht der Autor eine mögliche Schuld?
② Untersuchen Sie die äußere Form und die inhaltliche Struktur des Gedichts.
③ Beurteilen Sie das Gedicht im Hinblick auf die persönliche Situation Haushofers.

KURT HUBER Schlußrede vor dem Volksgerichtshof (S. 386f.)

① Analysieren Sie den Aufbau der Rede, Wortwahl und Leitbegriffe.
② Welche Aufgaben und Ziele nennt Huber für sein Handeln?

e) Emigration

OSKAR MARIA GRAF
Ein Protest

Wie fast alle linksgerichteten, entschieden sozialistischen Geistigen in Deutschland habe auch ich etliche Segnungen des neuen Regimes zu spüren bekommen: Während meiner zufälligen Abwesenheit aus München erschien die Polizei in meiner dortigen Wohnung, um mich zu verhaften. Sie beschlagnahmte einen großen Teil unwiederbringlicher Manuskripte, mühsam zusammengetragenes Quellenstudienmaterial, meine sämtlichen Geschäftspapiere und einen großen Teil meiner Bücher. Das alles harrt nun der wahrscheinlichen Verbrennung. Ich habe also mein Heim, meine Arbeit und – was vielleicht am schlimmsten ist – die heimatliche Erde verlassen müssen, um dem Konzentrationslager zu entgehen.
Die schönste Überraschung aber ist mir erst jetzt zuteil geworden: Laut „Berliner Börsencourier“ stehe ich auf der *weißen* Autorenliste des neuen Deutschland und alle meine Bücher, mit Ausnahme meines Hauptwerkes *Wir sind Gefangene*, werden *empfohlen!* Ich bin also dazu berufen, einer der Exponenten des „neuen“ deutschen Geistes zu sein!

Vergebens frage ich mich, womit ich diese Schmach verdient habe.
Das Dritte Reich hat fast das ganze deutsche Schrifttum von Bedeutung ausgestoßen, hat sich losgesagt von der wirklichen deutschen Dichtung, hat die größte Zahl ihrer [seiner] wesentlichsten Schriftsteller ins Exil gejagt, und das Erscheinen ihrer Werke in Deutschland unmöglich gemacht. Die Ahnungslosigkeit einiger wichtigtuerischer Konjunkturschreiber und der hemmungslose Vandalismus der augenblicklich herrschenden Gewalthaber versuchen all das, was von unserer Dichtung und Kunst Weltgeltung hat, auszurotten, und den Begriff „deutsch" durch engstirnigsten Nationalismus zu ersetzen. Ein Nationalismus, auf dessen Eingebung selbst die geringste freiheitliche Regung unterdrückt wird, ein Nationalismus, auf dessen Befehl alle meine aufrechten sozialistischen Genossen verfolgt, eingekerkert, gefoltert, ermordet oder aus Verzweiflung in den Freitod getrieben werden!
Und die Vertreter dieses barbarischen Nationalismus, der mit Deutschsein nichts, aber auch schon gar nichts zu tun hat, unterstehen sich, mich als einen ihrer „Geistigen" zu beanspruchen, mich auf ihre sogenannte weiße Liste zu setzen, die vor dem Weltgewissen nur eine schwarze Liste sein kann!
Diese Unehre habe ich nicht verdient!
Nach meinem ganzen Leben und nach meinem ganzen Schreiben habe ich das Recht, zu verlangen, daß meine Bücher der reinen Flamme des Scheiterhaufens überantwortet werden und nicht in die blutigen Hände und die verdorbenen Hirne der braunen Mordbanden gelangen!
Verbrennt die Werke des deutschen Geistes! Er selbst wird unauslöschlich sein, wie eure Schmach!
(Alle anständigen Zeitungen werden um Abdruck dieses Protestes ersucht. Oskar Maria Graf)

[v 1933]

ANNA SEGHERS
Transit

[...] Wie die meisten Menschen in diesen Tagen hatten wir das kindische Ziel, über die Loire zu kommen. Wir vermieden die große Straße, wir liefen über Felder. Wir kamen durch verlassene Dörfer, in denen die ungemolkenen Kühe brüllten. Wir suchten etwas zum Beißen, aber alles war ausgefressen, vom Stachelbeerstrauch bis zur Scheune. Wir wollten trinken, die Wasserleitungen waren durchschnitten. Wir hörten jetzt keine Schüsse mehr, der Dorftrottel, der allein zurückgeblieben war, konnte uns keine Auskunft geben. Da wurde uns beiden bang. Diese Abgestorbenheit war ja beklemmender als die Bombardements auf den Docks. Schließlich stießen wir auf die Pariser Straße. Wir waren wirklich noch längst nicht die letzten. Aus den nördlichen Dörfern ergoß sich noch immer ein stummer Strom von Flüchtlingen. Erntewagen, hoch wie ein Bauernhaus, mit Möbeln beladen und mit den Geflügelkäfigen, mit den Kindern und mit den Urahnen, mit den Ziegen und Kälbern, Camions[1] mit einem Nonnenkloster, ein kleines Mädchen, das seine Mutter auf einem Karren mitzottelte, Autos, in denen hübsche steife Weiber saßen in ihren geretteten Pelzen, aber die Autos waren von Kühen gezogen, denn es gab keine Tankstellen mehr, Frauen, die sterbende Kinder mitschleppten, sogar tote.
Damals durchfuhr mich zum erstenmal der Gedanke, warum diese Menschen eigentlich flüchteten. Vor den Deutschen? Die waren ja motorisiert. Vor dem Tod? Der würde sie ohne Zweifel auch unterwegs einholen. [...]
Ich schlug mich wieder quer durch die Felder. Ich kam vor ein großes, abseitiges, noch immer bewohntes Bauernhaus. Ich bat um Essen und Trinken, zu meiner großen Verwunderung richtete mir die Frau einen Teller Suppe, Wein und Brot auf den Gartentisch. Dabei erzählte sie, nach lan-

gem Familienzwist hätten auch sie gerade beschlossen, abzuziehen. Alles sei schon gepackt, man brauchte jetzt nur noch aufzuladen.

Während ich aß und trank, surrten die Flieger ziemlich tief. Ich war zu müde, um den Kopf zu heben. Ich hörte auch, ziemlich nah, ein kurzes Maschinengewehrfeuer. Ich konnte mir keineswegs erklären, woher es kam, war auch zu erschöpft, um nachzudenken. Ich dachte nur, daß ich gewiß nachher auf den Camion dieser Leute aufspringen könnte. Man ließ schon den Motor an. Die Frau lief jetzt aufgeregt zwischen Camion und Haus hin und her. Man sah ihr an, wie leid es ihr tat, das schöne Haus zu verlassen. Wie alle Menschen in solchen Fällen packte sie rasch noch alles mögliche unnütze Zeug auf. Sie kam dann an meinen Tisch, zog meinen Teller weg, rief: Fini! Da sehe ich, wie ihr der Mund offen bleibt, sie glotzt über den Gartenzaun, ich drehe mich um, und ich sah, nein, ich hörte, ich weiß nicht, ob ich zuerst gesehen oder gehört oder beides zugleich – wahrscheinlich hatte der angelassene Camion das Geräusch der Motorradfahrer übertönt. Jetzt hielten zwei hinter dem Zaun, jeder hatte zwei Leute im Beisitz, und sie trugen die grüngrauen Uniformen. Einer sagte so laut auf Deutsch, daß ich es hören konnte: Himmel, Arsch und Zwirn, jetzt ist auch der neue Riemen kaputt!

Die Deutschen waren schon da! Sie hatten mich überholt. Ich weiß nicht, was ich mir unter der Ankunft der Deutschen vorgestellt hatte: Donner und Erdbeben. Es geschah aber zunächst gar nichts anderes als die Anfahrt von zwei Motorrädern hinter dem Gartenzaun. Die Wirkung war ebenso groß, vielleicht noch größer. Ich saß gelähmt. Mein Hemd war im Nu pätschnaß. Was ich selbst bei der Flucht aus dem ersten Lager nicht gespürt hatte, selbst beim Ausladen unter den Fliegern nicht, das spürte ich jetzt. Zum erstenmal in meinem Leben spürte ich Todesangst.

Haben Sie bitte Geduld mit mir! Ich werde bald auf die Hauptsache kommen. Sie verstehen vielleicht. Einmal muß man ja jemand alles der Reihe nach erzählen. Ich kann mir heute selbst nicht mehr erklären, wie ich mich dermaßen fürchtete. Entdeckt zu werden? An die Wand gestellt? Auf den Docks hätte ich ebenso sang- und klanglos verschwinden können. Nach Deutschland zurückgeschickt zu werden? Langsam zu Tode gequält? Das hatte mir auch geblüht, als ich über den Rhein geschwommen war. Ich hatte außerdem immer gern auf der Kante gelebt, war immer daheim, wo es brenzlich roch. Und wie ich nachdachte, vor was ich mich eigentlich maßlos fürchtete, fürchtete ich mich schon etwas weniger.

Ich tat zugleich das Vernünftigste und das Einfältigste: Ich blieb sitzen. Ich hatte gerade zwei Löcher in meinen Gürtel bohren wollen, das tat ich jetzt. Der Bauer kam mit leerem Gesicht in den Garten, er sagte zu seiner Frau: „Jetzt können wir also genau so gut bleiben." – „Natürlich", sagte die Frau erleichtert, „aber du geh in die Scheune, ich werde mit ihnen fertig, sie werden mich nicht fressen." – „Mich auch nicht", sagte der Mann, „ich bin kein Soldat, ich zeig ihnen meinen Klumpfuß."

Inzwischen war eine ganze Kolonne auf den Grasplatz hinter dem Zaun vorgefahren. Sie kamen nicht einmal in den Garten. Sie fuhren nach drei Minuten weiter. Zum erstenmal seit vier Jahren hörte ich wieder deutsche Befehle. O, wie sie knarrten! Es hätte nicht viel gefehlt, ich selbst wär aufgesprungen und hätte stramm gestanden. Ich hörte später, die selbe Motorradkolonne habe die Flüchtlingsstraße abgeschnitten, auf der ich vorhin gekommen war. All die Ordnung, all die Befehle hätten das furchtbarste Durcheinander bewirkt, Blut, Schreie von Müttern, die Auflösung unserer Weltordnung. Doch surrte im Unterton dieser Befehle etwas gemein Klares, niederträchtig Aufrichtiges: Gebt nur nicht an! Wenn eure Welt schon zu Grunde gehen muß, wenn ihr sie schon nicht verteidigt habt, wenn ihr schon zulaßt, daß man sie auflöst, dann keine Flausen, dann schleunigst, dann überlaßt das Kommando uns!

Ich aber wurde plötzlich ganz ruhig. Da sitze ich nun, dachte ich, und die Deutschen ziehen an mir vorbei und besetzen Frankreich. [...] [v span. 1944, dt. 1948]

---

[1] Lastwagen

BERTOLT BRECHT
Schlechte Zeit für Lyrik

Ich weiß doch: nur der Glückliche
Ist beliebt. Seine Stimme
Hört man gern. Sein Gesicht ist schön.

Der verkrüppelte Baum im Hof
Zeigt auf den schlechten Boden, aber
Die Vorübergehenden schimpfen ihn
einen Krüppel
Doch mit Recht.

Die grünen Boote und die lustigen Segel des Sundes
Sehe ich nicht. Von allem
Sehe ich nur der Fischer rissiges Garnnetz.
Warum rede ich nur davon
Daß die vierzigjährige Häuslerin gekrümmt geht?
Die Brüste der Mädchen
Sind warm wie ehedem.

In meinem Lied ein Reim
Käme mir fast vor wie Übermut.

In mir streiten sich
Die Begeisterung über den blühenden Apfelbaum
Und das Entsetzen über die Reden des Anstreichers.
Aber nur das zweite
Drängt mich zum Schreibtisch.

[e 1939, v 1964]

THOMAS MANN
Briefwechsel mit Bonn

Philosophische Fakultät
der Rheinischen Friedrich-Wilhelms-Universität

Bonn, den 19. Dezember 1936

Herrn Schriftsteller Thomas Mann!

Im Einverständnis mit dem Herrn Rektor der Universität Bonn muß ich Ihnen mitteilen, daß die Philosophische Fakultät sich nach Ihrer Ausbürgerung genötigt gesehen hat, Sie aus der Liste der Ehrendoktoren zu streichen. Ihr Recht, diesen Titel zu führen, ist gemäß Art. VIII unserer Promotionsordnung erloschen.

[unleserlich] Dekan

An den Herrn Dekan der Philosophischen Fakultät der Universität Bonn

Sehr geehrter Herr Dekan,
ich habe die trübselige Mitteilung erhalten, die Sie unterm 19. Dezember an mich gerichtet haben. Erlauben Sie mir, Ihnen folgendes darauf zu erwidern:
Die schwere Mitschuld an allem gegenwärtigen Unglück, welche die deutschen Universitäten auf sich geladen haben, indem sie aus schrecklichem Mißverstehen der historischen Stunde sich zum Nährboden der verworfenen Mächte machten, die Deutschland moralisch, kulturell und wirtschaftlich verwüsten, – diese Mitschuld hatte mir die Freude an der mir einst verliehenen akademischen Würde längst verleidet und mich gehindert, noch irgendwelchen Gebrauch davon zu machen. Den Ehrentitel eines Doktors der Philosophie führe ich auch heute, da die Harvard-Universität ihn mir aufs neue verliehen hat, und zwar mit einer Begründung, die ich Ihnen, Herr Dekan, nicht vorenthalten möchte.
Aus dem Lateinischen ins Deutsche übersetzt, lautet das Dokument: „... haben wir Rektor und Senat unter dem Beifall der ehrenwerten Universitätsinspektoren in feierlicher Sitzung Thomas Mann, den weitberühmten Schriftsteller, welcher, indem er vielen unserer Mitbürger das Leben

deutete, *zusammen mit ganz wenigen Zeitgenossen die hohe Würde der deutschen Kultur bewahrt,* zum Doktor der Philosophie ehrenhalber ernannt und ausgerufen und ihm alle Rechte und Ehren, welche mit diesem Grade verbunden sind, verliehen.“

So sonderbar der aktuellen deutschen Auffassung widersprechend malt sich meine Existenz in den Köpfen freier und gebildeter Männer jenseits des Meeres – und, ich darf es hinzufügen, nicht nur dort. Nie wäre es mir in den Sinn gekommen, mit den Worten jenes Schriftstücks zu prahlen; heute und hier aber darf, ja muß ich sie anführen; und wenn Sie, Herr Dekan (ich kenne die Gepflogenheiten nicht), die an mich gerichtete Mitteilung am Schwarzen Brett Ihrer Universität sollten haben anschlagen lassen, so müßte ich wahrhaftig wünschen, daß auch dieser meiner Entgegnung solche Ehre zuteil würde: vielleicht daß manchen akademischen Bürger, Student oder Professor, doch ein nachdenkliches Stutzen, ein rasch unterdrückter, ahnungsvoller Schrecken ankäme bei einer Lektüre, die einem flüchtigen Blick aus bösartig erzwungener Abgeschlossenheit und Unwissenheit in die freie geistige Welt gleichkommen würde. [...]

Ein deutscher Schriftsteller, an Verantwortung gewöhnt durch die Sprache; ein Deutscher, dessen Patriotismus sich – vielleicht naiverweise – in dem Glauben an die *unvergleichliche moralische Wichtigkeit* dessen äußert, was in Deutschland geschieht, – und sollte schweigen, *ganz* schweigen zu all dem unsühnbar Schlechten, was in meinem Lande an Körpern, Seelen und Geistern, an Recht und Wahrheit, an Menschen und an dem Menschen täglich begangen wurde und wird? Zu der furchtbaren Gefahr, die dies menschenverderberische, in unsäglicher Unwissenheit über das, was die Weltglocke geschlagen hat, lebende Regime für den Erdteil bedeutet? Es war nicht möglich. Und so kamen, gegen das Programm, die Äußerungen, die unvermeidlich Stellung nehmenden Gesten zustande, die nun den absurden und kläglichen Akt meiner nationalen Exkommunikation herbeigeführt haben. [...] Wohin haben sie, in noch nicht vier Jahren, Deutschland gebracht? Ruiniert, seelisch und physisch ausgesogen von einer Kriegsaufrüstung, mit der es die ganze Welt bedroht, die ganze Welt aufhält und an der Erfüllung ihrer eigentlichen Aufgaben, ungeheurer und dringender Aufgaben *des Friedens,* hindert; geliebt von niemandem, mit Angst und kalter Abneigung betrachtet von allen, steht es am Rande der wirtschaftlichen Katastrophe, und erschrocken strecken sich die Hände seiner ‚Feinde‘ nach ihm aus, um ein so wichtiges Glied der zukünftigen Völkergemeinschaft vom Abgrunde zurückzureißen, ihm zu helfen [...].

Ich habe wahrhaftig vergessen, Herr Dekan, daß ich noch immer zu Ihnen spreche. Gewiß darf ich mich getrösten, daß Sie schon längst nicht mehr weitergelesen haben, entsetzt von einer Sprache, deren man in Deutschland seit Jahren entwöhnt ist, voll Schrecken, daß jemand sich erdreistet, das deutsche Wort in alter Freiheit zu führen. – Ach, nicht aus dreister Überheblichkeit habe ich gesprochen, sondern aus einer Sorge und Qual, von welcher Ihre Machtergreifer mich nicht entbinden konnten, als Sie verfügten, ich sei kein Deutscher mehr; einer Seelen- und Gedankennot, von der seit vier Jahren nicht eine Stunde meines Lebens frei gewesen ist und gegen die ich meine künstlerische Arbeit tagtäglich durchzusetzen hatte [...].

Küsnacht am Zürichsee, Neujahr 1937

STEFAN ZWEIG

Declaracão

Ehe ich aus freiem Willen und mit klaren Sinnen aus dem Leben scheide, drängt es mich eine letzte Pflicht zu erfüllen: diesem wundervollen Lande Brasilien innig zu danken, das mir und meiner Arbeit so gute und gastliche Rast gegeben. Mit jedem Tage habe ich dies Land mehr lieben gelernt und nirgends hätte ich mir mein Leben lieber vom Grunde aus neu aufgebaut, nachdem die Welt meiner eigenen Sprache für mich untergegangen ist und meine geistige Heimat Europa sich selber vernichtet.

Aber nach dem sechzigsten Jahre bedürfte es besonderer Kräfte, um noch einmal völlig neu zubeginnen. Und die meinen sind durch die langen Jahre heimatlosen Wanderns erschöpft. So halte ich es für besser, rechtzeitig und in aufrechter Haltung ein Leben abzuschließen, dem geistige Arbeit immer die lauterste Freude und persönliche Freiheit das höchste Gut dieser Erde gewesen.
Ich grüße alle meine Freunde! Mögen sie die Morgenröte noch sehen nach der langen Nacht! Ich, allzu Ungeduldiger, gehe Ihnen voraus.

Stefan Zweig Petropolis, 22. 11. 1942

Aufgaben zu dem Bild auf der Seite 371

PABLO PICASSO Das Beinhaus

① Picasso wurde durch Zeitungsfotos vom Zweiten Weltkrieg zu dem Bild inspiriert. Welche malerischen Mittel setzt er ein, um den Schrecken des Krieges darzustellen?
② Vergleichen Sie das Bild mit Otto Dix' Gemälde *Der Krieg* (S. 363).

Aufgabe zu den Texten auf den Seiten 387–392

OSKAR MARIA GRAF Ein Protest (S. 387 f.)

① Stellen Sie dar, wie Graf die Kulturpolitik des NS-Staates beurteilt. Ziehen Sie für Ihre Antwort auch die Kapiteleinleitung heran.
② Weshalb legt Graf Wert darauf, nicht zu den Autoren gerechnet zu werden, die dem neuen Regime genehm sind?

ANNA SEGHERS Transit (S. 388 f.)

① Untersuchen Sie die sprachlichen Mittel, durch die es der Verfasserin gelingt, die Flüchtlingssituation so anschaulich darzustellen.
② Wodurch wird die Angst der Bevölkerung und vor allem der Flüchtlinge vor den deutschen Soldaten deutlich?

BERTOLT BRECHT Schlechte Zeit für Lyrik (S. 390)

① Analysieren Sie die Struktur des Gedichts.
② Wie begründet Brecht seinen Verzicht auf den Endreim?
③ Welche Aufgabe weist Brecht dem Schriftsteller in der Zeit der Diktatur zu?

THOMAS MANN Briefwechsel mit Bonn (S. 390 f.)

① Inwiefern haben die deutschen Universitäten nach Thomas Manns Ansicht versagt?
② Erläutern Sie die Aussagen der Harvard-Universität, die er für wichtig hält.
③ Welche Verantwortung und welche Aufgaben sieht Thomas Mann für den Schriftsteller?

STEFAN ZWEIG Declaracão (S. 391 f.)

① Welche persönlichen, künstlerischen und politischen Gründe für den Selbstmord nennt Zweig in seiner *Erklärung?*

XIX. Nachkriegszeit (1945–1949)

Carl Hofer, Im Neubau, 1947

1. Grundzüge der Epoche

1945 endete der Zweite Weltkrieg. Deutschland war besiegt und wurde in vier Besatzungszonen aufgeteilt. Für die Deutschen begannen die Trümmer- und Hungerjahre. Millionen von Vertriebenen und Flüchtlingen aus dem Osten mußten untergebracht und versorgt werden, der **Wiederaufbau** ging nur schleppend voran. Initiativen für eine kulturelle Erneuerung wurden ergriffen, blieben aber sporadisch und uneinheitlich.
Das Erziehungsprogramm der Siegermächte öffnete das Land für politische und kulturelle Strömungen des Ostens und Westens. Die neuen Schulbücher griffen auf Vorbilder aus der Zeit vor dem Nationalsozialismus zurück. Neu gegründete Zeitschriften (z. B. *Der Monat*) verbreiteten Themen, Ideen und Namen von Autoren, die in Deutschland unbekannt geblieben waren.
In der sowjetischen Zone wurde der Aufbau des **Sozialismus** vorbereitet, der Großgrundbesitz enteignet und neu verteilt; Industriebetriebe wurden verstaatlicht und hießen nun „volkseigen".
Als die USA 1947 den sogenannten **Marshall-Plan**, ein großes Hilfsprogramm für die Wiederbelebung der Wirtschaft in Europa, anlaufen ließen, verweigerte die Sowjetunion ihre Mitwirkung. Eine im gleichen Jahr einberufene Konferenz der deutschen Ministerpräsidenten aller vier Besatzungszonen ging ohne Ergebnis wieder auseinander. Im Osten schloß sich das kommuni-

stische Regime enger an die Sowjetunion an, im Westen entstanden Länder, die eine demokratische Verfassung erhielten und deren Volksvertretungen aus freien Wahlen hervorgingen. Bald mehrten sich die Zeichen, die für die Vereinigung der drei Westzonen zu einem Staat sprachen. Die 1948 von den Westmächten angeordnete Währungs- und Wirtschaftsreform schuf eine Marktwirtschaft, die über den freien Wettbewerb sogleich eine ausreichende und wenig später eine reichliche Güterversorgung zuwege brachte. In der sowjetischen Zone wurde eine Planwirtschaft aufgebaut. Diese Entwicklung teilte Deutschland auch wirtschaftlich und war Anlaß für die UdSSR, Berlin zu blockieren.
Im Mai 1949 wurde die **Bundesrepublik Deutschland** ins Leben gerufen; ihr „Grundgesetz" wies sie als freiheitlich-demokratischen Rechtsstaat aus; der statt „Verfassung" gewählte Begriff sollte deren Vorläufigkeit bis zu einer Wiedervereinigung ausdrücken. Nach föderalistischem Prinzip waren Aufgaben und Kompetenzen auf Bund und Länder verteilt. Wenige Monate später machte die Sowjetunion ihre Besatzungszone zur **Deutschen Demokratischen Republik.** Ihre Verfassung zielte auf die Errichtung eines sozialistischen Staats auf deutschem Boden; er bildete Strukturen aus, die auf sowjetischen Mustern und Vorbildern beruhten.

Sowenig wie in der deutschen Geschichte gab es nach dem Ende des Zweiten Weltkriegs in der **deutschen Literatur** eine Stunde Null. Deutsche Schriftsteller hatten den Krieg jeweils anders erlebt; je nach Schicksal, Aufenthaltsort und innerer Einstellung gestaltete sich der Neuanfang unterschiedlich. Daß manche nach dem Chaos der letzten Kriegsphase und unter dem Eindruck des totalen Zusammenbruchs alles Streben nach Sprachkunst verwarfen und eine **Kahlschlagliteratur** forderten, ist verständlich. Diese Literatur sollte sich mit einer nüchternen Bestandsaufnahme und einer Darstellung in gänzlich schmuckloser Sprache begnügen. GÜNTER EICHS (1907–1972) berühmtes Gedicht *Inventur,* in dem ein Kriegsgefangener sich Rechenschaft gibt, was ihm geblieben ist, kann als Beispiel dienen.

HEINRICH BÖLL (1917–1985), der den Krieg als Soldat durchlitten hatte, fand neben WOLFGANG BORCHERT (1921–1947) rasch Anerkennung. Um 1950 war er bereits ein vielgelesener Erzähler. In seinen Werken fand sich die Kriegsgeneration mit ihren Erfahrungen wieder. Sein *Bekenntnis zur Trümmerliteratur* drückt das Programm einer Literatur aus, die er selbst vertrat.
Der Schweizer FRIEDRICH DÜRRENMATT (1921–1990) bedachte, was Millionen von Menschen in den Jahren der Diktaturen und Kriege zugestoßen und angetan worden war. In seiner Schrift *Theaterprobleme* zieht er daraus Folgerungen: Eine große Zahl von Schicksalen ist mit den Kategorien der Vernunft und Moral nicht mehr zu deuten. Die aus der Antike überkommene Gattung der Tragödie, die so oft aus dem Geist anderer Epochen neu belebt wurde, ist nun endgültig als historisch zu betrachten. Die Gesetze, die den tragischen Helden der Vergangenheit bewußt waren und an denen sie gemessen wurden, können für die Opfer der durch menschliches Planen herbeigeführten Katastrophen des 20. Jahrhunderts nicht mehr gelten. Sie lassen sich nur noch durch ein Theater des Grotesken darstellen. Dürrenmatt war einer seiner Pioniere.
Im übrigen standen Gattungsprobleme in den ersten Nachkriegsjahren nicht im Mittelpunkt des Gesprächs über Literatur. Interessierte erwarteten sich von den Emigranten und großen alten Männern, wie Thomas Mann und Hermann Hesse, fast selbstverständlich den umfangreichen und bedeutenden Roman. Die jungen Autoren jener Jahre entdeckten für sich die **Kurzgeschichte**, eine Erzählgattung, die in Deutschland nicht heimisch war. Sie taugte dazu, ein Menschenleben gerade in dem Moment anzuleuchten, in dem es um viel oder alles geht. SIEGFRIED LENZ (geb. 1926) hat dargestellt, wie stark ihn als Zwanzigjährigen die Kurzgeschichten ERNEST HEMINGWAYS faszinierten. Fast noch wertvoller ist sein Bericht darüber, wie er sich von seinem Vorbild freischrieb.

Thomas Mann (1875–1955)

Alfred Andersch (1914–1980)

THOMAS MANN (1875–1955) und ALFRED ANDERSCH (1914–1980) schrieben über das Ende des Krieges aus beträchtlicher räumlicher und zeitlicher Distanz. Thomas Mann hatte als Emigrant in Kalifornien 1943 den Roman *Doktor Faustus* begonnen, er läßt ihn mit dem Zusammenbruch des Deutschen Reichs enden. 1947 kamen die ersten Exemplare nach Deutschland. Thomas Mann beschäftigte die Schuld, die die Deutschen durch Mitmachen oder Dulden auf sich geladen hatten. Er versucht, den Nationalsozialismus aus dem geschichtlichen Erbe der Jahrhunderte und den daraus erklärbaren Besonderheiten der deutschen Mentalität zu deuten. Mann war nicht bereit, für Schriftsteller, die nach 1933 in Deutschland geblieben waren, den Status einer **„inneren Emigration"** anzuerkennen; was geschrieben wurde, trug für ihn den „Geruch nach Blut und Schande". Dieser Standpunkt war Anlaß für heftige Diskussionen.
WERNER BERGENGRUEN (1892–1964), der wie R. A. SCHRÖDER oder ERNST WIECHERT (1878–1962) in Deutschland ausgeharrt und mit chiffrierten dichterischen Aussagen dem Nationalsozialismus entgegengewirkt hatte, war über jeden Verdacht des Opportunismus erhaben. Unbeschadet des von Menschen Angerichteten sah er Kosmos und Erde als „heile Welt". Er hoffte, daß die Betrachtung der sich durch göttliche Fügung stets erneuernden Natur den Menschen Trost und Wegweisung geben könne. Näher an der erlebten und gelebten Realität hält WILHELM LEHMANN (1882–1968) die gleiche Botschaft bereit.
Alfred Andersch desertierte 1944 in Mittelitalien aus der deutschen Armee; sechs Jahre später schrieb er darüber das Erinnerungs- und Bekenntnisbuch *Die Kirschen der Freiheit*. Unter dem Einfluß des französischen Philosophen JEAN PAUL SARTRE (1905–1980) orientierte er sich an Denkmodellen des **Existentialismus**. In diesem Sinn deutet er seine Entscheidung als Erkenntnis- und Willensakt eines einzelnen, mit dem er eine uniformierte, gesichtslose Masse hinter sich ließ.
PAUL CELAN (1920–1970), dessen Angehörige Opfer des Holocaust wurden, hat den Mord an Millionen Juden in deutschen Konzentrationslagern in dem Gedicht *Todesfuge* (1948) in einer kühnen und neuartigen lyrischen Ausdrucksweise gestaltet.

Wolfgang Borchert, ebenfalls Sprecher der Kriegsgeneration, schrieb nicht nur schrill anklagende Manifeste und das eindrucksvolle, oft aufgeführte Heimkehrer-Drama *Draußen vor der Tür*, sondern auch Texte in gedämpften Tönen. In der Kurzgeschichte *Das Brot* stützt der Stärkere den Schwächeren und bewahrt so das Humane in der Beziehung zweier alter Menschen. Die Stimmen der jungen Autoren wurden im Chor der bereits bekannten, die zudem dem Geschmack der breiten Öffentlichkeit entsprachen, nur schwer vernommen. Ihre Chance wuchs, als mit der **„Gruppe 47"** ein eigenes Zentrum für sie entstand. Die Gruppe entstand aus den Mitarbeitern der Zeitschrift *Der Ruf* und blieb bis zu ihrem Ende (1967) ein lockerer Zusammenschluß. Zu ihren Tagungen lud der Gründer HANS WERNER RICHTER (1908–1993) anfangs fast ausschließlich Autoren ein, die aus ihren unveröffentlichten Manuskripten vortrugen und sich gegenseitig kritisierten. Später waren Verleger, Lektoren und Kritiker beinahe in der Überzahl. Der ursprünglich leitende Gedanke der politischen Einflußnahme ging mehr und mehr verloren, was schließlich zur Selbstauflösung führte. Dennoch ist die Wirkung der Gruppe nicht zu übersehen: Für viele Autoren (Ingeborg Bachmann, Günter Grass, Wolfgang Hildesheimer, Paul Celan, Hans Magnus Enzensberger, Uwe Johnson) begann in ihr der literarische Erfolg.

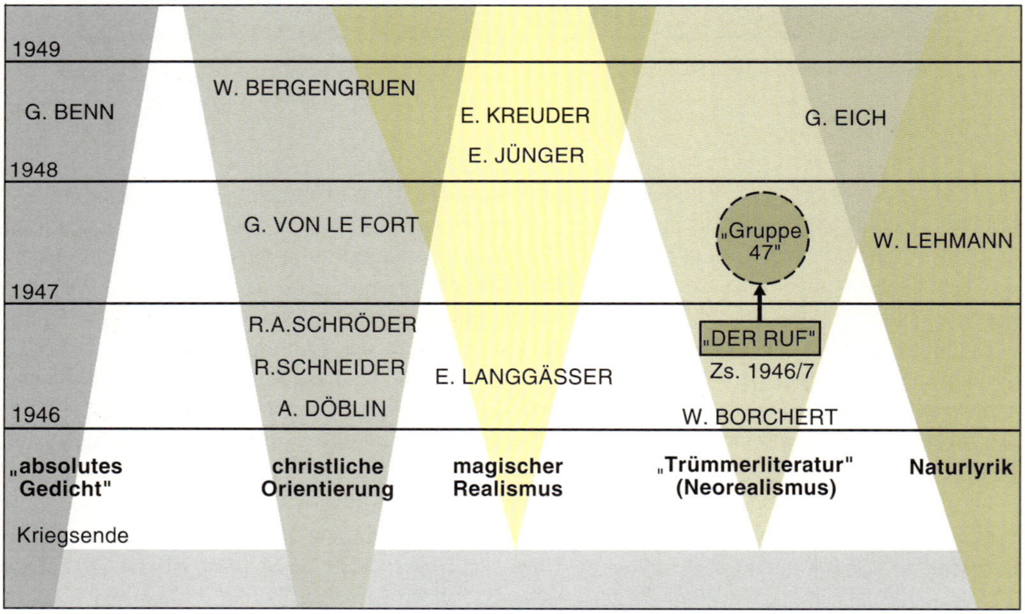

Literarische Strömungen in den „Westzonen"
(aus: dtv-Atlas zur deutschen Literatur von Horst Dieter Schlosser, Graphik: Uwe Goede. © München, Deutscher Taschenbuch Verlag 1983, S. 268)

Neben den genannten Hauptströmungen der westdeutschen Nachkriegsliteratur muß das „absolute Gedicht", wie es z. B. bei Gottfried Benn erscheint, erwähnt werden (vgl. *Nur zwei Dinge,* S. 426). Im **„absoluten Gedicht"** soll individuelle Erfahrung zur Wahrheit über das menschliche Dasein werden. Sprache und Klang nehmen den Mühen und Irrwegen eines Lebens das Lastende und Schwere. Es wird nirgends abstrahiert, in den Wörtern pulsiert Lebendiges, Schönes, Geheimnisvolles; einige haben Symbolkraft in sich. Künstlerische Formung wird an einzelnen Zeilen besonders deutlich, sie geht aber im Strom und Wohlklang eines harmonischen Ganzen auf.

Die Autoren, die dem **„magischen Realismus“** zugerechnet werden, bildeten keine Gruppe oder Schule. Ernst Kreuder (1903–1972) mag seinen Lesern 1946 mit seiner Erzählung *Die Gesellschaft vom Dachboden* eine angenehme Überraschung bereitet haben: Seine Stadt am Fluß ist Gegenwelt zu den Ruinenstädten der Trümmerliteratur; es gibt zu essen und zu trinken, und das Wunderland des Märchenhaften ist nicht weit. Sieben Gesellen, denen Phantasie und Künstlertalent mehr bedeuten als bürgerlicher Lebensernst, vertreiben sich zwischen alten Möbeln, Plunder und Kram auf dem Dachboden die Zeit und schließen einen Bund. Der Erzähler soll einen Dampfer beschaffen, auf dem die Gesellschaft zu einer größeren Reise aufbrechen will:

[...] Auf dem Weg zum Hafen kaufte ich mir einige Brezeln. Es gab hier einen neuen und einen alten Hafen. Im alten Hafen lagen reparaturbedürftige Schiffe. Dorthin zog es mich. Ich entdeckte schließlich einen Dampfer, der ein riesiges Schild am Schornstein hängen hatte. „Zu verkaufen!“ stand darauf. Aus dem Schornstein stieg dicker, schwarzer Qualm. Ich ging über die Leitplanke an Deck. Der Schiffmann mit der blauen Mütze und der kurzen Pfeife im Mund zog gerade sein Messer aus der Tasche. Niedrig hing der Himmel über dem Fluß, er hatte die Farbe von Hafersuppe. In dem öligen Hafenwasser schwammen verfaulte, mit grünem Schimmel bedeckte Orangen. Die alten Kähne lagen vor Anker, vor den Kajütfenstern standen Blumentöpfe, blühende Geranien, Rauch stieg aus den Kombüsen, kleine Hunde trippelten sorglos und neugierig über die Laufgänge, Wäsche hing reglos an Seilen, ab und zu holte ein Mann einen Eimer Wasser am Strick herauf. Der Schiffmann klappte das Messer auf, reckte sich in die Höhe und schnitt den Strick durch, an dem das Schild befestigt war. Das Schild fiel herunter, er zerriß es und warf es über Bord.

„Wollen Sie den Dampfer nicht mehr verkaufen?“ fragte ich ihn.

Er nahm die Pfeife aus dem Mund, spuckte ins Wasser hinunter und sagte: „Schon verkauft. Wir legen jetzt ab.“

„Könnte ich vielleicht mitfahren?“ fragte ich ihn und bot ihm eine Brezel an. Er steckte die Pfeife in die Rocktasche, biß in die Brezel und nickte. Es war ein geräumiger Dampfer.

„Dann zieh die Planke ein“, sagte er zu mir und ging hinüber an das große Steuerrad. [...]

(aus: Ernst Kreuder, Die Gesellschaft vom Dachboden. Hamburg: Rowohlt 1953, S. 126; e 1945, v 1946)

Wie es im Hafen aussieht, was an Bord vor sich geht, schildert Kreuder genau und gründlich, „realistisch“; über allem liegt aber auch ein Fluidum von Unwirklichkeit, als sei dem allen nicht zu trauen.

In der sowjetischen Besatzungszone schien man auf dem kulturellen Sektor zunächst die deutsche Eigenständigkeit bewahren zu wollen. In einer „antifaschistisch-demokratischen Übergangsperiode“ sollte Kunst und Literatur keine Doktrin aufgezwungen werden. Gewähr dafür schien der Präsident des 1945 gegründeten überparteilichen **„Kulturbundes zur demokratischen Erneuerung Deutschlands“** (und spätere Kulturminister der DDR) Johannes R. Becher (1891–1958) zu bieten, der sich als expressionistischer Lyriker einen Namen gemacht hatte. Er war auch an einem gesamtdeutschen Schriftstellerkongreß führend beteiligt, der im Oktober 1947 im damals noch nicht geteilten Berlin stattfand. Becher sagte in seiner programmatischen Rede: „Wir haben es erfahren, daß von der Literatur gefordert wurde, sich den politischen Bedürfnissen zu unterwerfen, um so zu einer Art kunstgewerblich aufgeputzter Fassade der Staatsführung zu werden. Die Politik verschlingt die Literatur, wenn nicht die Literatur auf eine ihr eigentümliche und selbständige Art politisch wird.“

Unter solchen Devisen konnten sich im Kulturbund Autoren unterschiedlicher Weltanschauung versammeln: von Ricarda Huch über Gerhart Hauptmann (als Ehrenpräsident des Bundes) bis zu sozialistischen Schriftstellern wie Anna Seghers oder Theodor Plivier. Sie alle lieferten – wie

auch Thomas Mann, Erich Kästner, Ernst Wiechert, Ernest Hemingway oder Jean Cocteau – Beiträge für die neue Zeitschrift des Kulturbunds *Aufbau* oder die Wochenzeitschrift *Sonntag*. Die im Osten lebenden Autoren wurden bald verstärkt durch zurückkehrende Emigranten wie Ernst Bloch, Stefan Heym, Arnold Zweig oder Bertolt Brecht. Diese gestalteten neben Vertretern der jüngeren Generation das literarische Leben bis in die 50er Jahre hinein. Sie förderten darüber hinaus die Werke von Verfassern, die im Exil blieben: Heinrich Mann, Lion Feuchtwanger, Oskar Maria Graf und andere.
Ab 1949 wurde von der Literatur verlangt, sich politischen Bedürfnissen zu unterwerfen. Die „gesellschaftliche Funktion der Literatur“ – eine Forderung schon der sozialistischen Literatur der Weimarer Republik – wird Leitgedanke. Nach dem Willen von Partei und Regierung sollte das Programm des **sozialistischen Realismus** gelten, das bereits 1934 von Andrej Shdanow für die Sowjetliteratur entworfen worden war. Shdanow verurteilte die Literatur der westlichen Moderne als formalistisch und dekadent, der Schriftsteller sollte „objektive Wirklichkeit in einer konkreten Situation“ darstellen, zugleich sollte gezeigt werden, wie diese Wirklichkeit durch den Prozeß revolutionärer Entwicklung verändert wird. Die Auszüge aus HEINER MÜLLERS (geb. 1929) Stück *Der Lohndrücker* und aus ERWIN STRITTMATTERS (1912–1994) Roman *Ole Bienkopp* zeigen einerseits das Bemühen, diesem Programm zu entsprechen; die beiden Autoren versuchen aber andererseits, der Vielfalt von Prägungen und Motiven gerecht zu werden, die das Denken und Handeln der Menschen in der Anfangsphase der DDR bestimmt haben.

2. Texte

a) Theorie

HEINRICH BÖLL
Bekenntnis zur Trümmerliteratur

Die ersten schriftstellerischen Versuche unserer Generation nach 1945 hat man als Trümmerliteratur bezeichnet, man hat sie damit abzutun versucht. Wir haben uns gegen diese Bezeichnung nicht gewehrt, weil sie zu Recht bestand: tatsächlich, die Menschen, von denen wir schrieben, lebten in Trümmern, sie kamen aus dem Kriege, Männer und Frauen in gleichem Maße verletzt, auch Kinder. Und sie waren scharfäugig: sie sahen. Sie lebten keineswegs in völligem Frieden, ihre Umgebung, ihr Befinden, nichts an ihnen und um sie herum war idyllisch, und wir als Schreibende fühlten uns ihnen so nahe, daß wir uns mit ihnen identifizierten. Mit Schwarzhändlern und den Opfern der Schwarzhändler, mit Flüchtlingen und allen denen, die auf andere Weise heimatlos geworden waren, vor allem natürlich mit der Generation, der wir angehörten und die sich zu einem großen Teil in einer merk- und denkwürdigen Situation befand: sie kehrte heim. Es war die Heimkehr aus einem Krieg, an dessen Ende kaum noch jemand hatte glauben können.
Wir schrieben also vom Krieg, von der Heimkehr und dem, was wir im Krieg gesehen hatten und bei der Heimkehr vorfanden: von Trümmern; das ergab drei Schlagwörter, die der jungen Literatur angehängt wurden: Kriegs-, Heimkehrer- und Trümmerliteratur.
Die Bezeichnungen als solche sind berechtigt: es war Krieg gewesen, sechs Jahre lang, wir kehrten heim aus diesem Krieg, wir fanden Trümmer und schrieben darüber. Merkwürdig, fast verdächtig war nur der vorwurfsvolle, fast gekränkte Ton, mit dem man sich dieser Bezeichnung bediente: man schien uns zwar nicht verantwortlich zu machen dafür, daß Krieg gewesen, daß alles in Trümmern lag, nur nahm man uns offenbar übel, daß wir es gesehen hatten und sahen, aber wir hatten

keine Binde vor den Augen und sahen es: ein gutes Auge gehört zum Handwerkszeug des Schriftstellers. [...]

Nehmen wir an, das Auge des Schriftstellers sieht in einen Keller hinein: dort steht ein Mann an einem Tisch, der Teig knetet, ein Mann mit mehlbestaubtem Gesicht: der Bäcker. Er sieht ihn dort stehen, wie Homer ihn gesehen hat, wie er Balzacs und Dickens' Augen nicht entgangen ist – den Mann, der unser Brot backt, so alt wie die Welt, und seine Zukunft reicht bis ans Ende der Welt. Aber dieser Mann dort unten im Keller raucht Zigaretten, er geht ins Kino, sein Sohn ist in Rußland gefallen, dreitausend Kilometer weit liegt er begraben am Rande eines Dorfes; aber das Grab ist eingeebnet, kein Kreuz steht darauf, Traktoren ersetzen den Pflug, der diese Erde sonst gepflügt hat. Das alles gehört zu dem bleichen und sehr stillen Mann dort unten im Keller, der unser Brot backt – dieser Schmerz gehört zu ihm, wie auch manche Freude dazugehört.

Und hinter den verstaubten Scheiben einer kleinen Fabrik sieht das Auge des Schriftstellers eine kleine Arbeiterin, die an einer Maschine steht und Knöpfe ausstanzt, Knöpfe, ohne die unsere Kleider keine Kleider mehr wären, sondern lose an uns herunterhängende Stoffetzen, die uns weder schmücken noch wärmen würden: diese kleine Arbeiterin schminkt sich die Lippen, wenn sie Feierabend hat, auch sie geht ins Kino, raucht Zigaretten; sie geht mit einem jungen Mann spazieren, der Autos repariert oder die Straßenbahn fährt. Und es gehört zu diesem jungen Mädchen, daß ihre Mutter irgendwo unter einem Trümmerhaufen begraben liegt: unter einem Berg schmutziger Steinbrocken, die mit Mörtel gemengt sind, unten tief irgendwo liegt die Mutter des Mädchens, und ihr Grab ist ebensowenig mit einem Kreuz geschmückt wie das Grab des Bäckersohnes. Nur hin und wieder – einmal im Jahr – geht das junge Mädchen hin und legt Blumen auf diesen schmutzigen Trümmerhaufen, unter dem seine Mutter begraben liegt. [...]

Wer Augen hat zu sehen, der sehe! Und in unserer schönen Muttersprache hat Sehen eine Bedeutung, die nicht mit optischen Kategorien allein zu erschöpfen ist: wer Augen hat, zu sehen, für den werden die Dinge durchsichtig – und es müßte ihm möglich werden, sie zu durchschauen, und man kann versuchen, sie mittels der Sprache zu durchschauen, in sie hineinzusehen. Das Auge des Schriftstellers sollte menschlich und unbestechlich sein: man braucht nicht gerade Blindekuh zu spielen, es gibt rosarote, blaue, schwarze Brillen – sie färben die Wirklichkeit jeweils so, wie man sie gerade braucht. Rosarot wird gut bezahlt, es ist meistens sehr beliebt – und der Möglichkeiten zur Bestechung gibt es viele –, aber auch Schwarz ist hin und wieder beliebt, und wenn es gerade beliebt ist, wird auch Schwarz gut bezahlt. Aber wir wollen es so sehen, wie es ist, mit einem menschlichen Auge, das normalerweise nicht ganz trocken und nicht ganz naß ist, sondern feucht – und wir wollen daran erinnern, daß das lateinische Wort für Feuchtigkeit Humor ist –, ohne zu vergessen, daß unsere Augen auch trocken werden können oder naß; daß es Dinge gibt, bei denen kein Anlaß für Humor besteht. Unsere Augen sehen täglich viel: sie sehen den Bäcker, der unser Brot backt, sehen das Mädchen in der Fabrik – und unsere Augen erinnern sich der Friedhöfe; und unsere Augen sehen Trümmer: die Städte sind zerstört, die Städte sind Friedhöfe, und um sie herum sehen unsere Augen Gebäude entstehen, die uns an Kulissen erinnern, Gebäude, in denen keine Menschen wohnen, sondern Menschen verwaltet werden, verwaltet als Versicherte, als Staatsbürger, Bürger einer Stadt, als solche, die Geld einzahlen oder Geld entleihen – es gibt unzählige Gründe, um derentwillen ein Mensch verwaltet werden kann.

Es ist unsere Aufgabe, daran zu erinnern, daß der Mensch nicht nur existiert, um verwaltet zu werden – und daß die Zerstörungen in unserer Welt nicht nur äußerer Art sind und nicht so geringfügiger Natur, daß man sich anmaßen kann, sie in wenigen Jahren zu heilen.

Der Name Homer ist der gesamten abendländischen Bildungswelt unverdächtig: Homer ist der Stammvater europäischer Epik, aber Homer erzählt vom Trojanischen Krieg, von der Zerstörung Trojas und von der Heimkehr des Odysseus – Kriegs-, Trümmer- und Heimkehrerliteratur –, wir haben keinen Grund, uns dieser Bezeichnung zu schämen. [e um 1950, v 1952]

Siegfried Lenz
Mein Vorbild Hemingway

[...] Bei der Lektüre meiner frühen Geschichten – die ich in direkter und durchaus freimütiger Anspielung auf das literarische Vorbild „Geschichten aus dieser Zeit“ nannte –, läßt sich ohne weiteres erkennen, was ich Hemingway verdanke. Mit der obligaten Nachsicht, die jeder seinen Anfängen gegenüber aufbringt, muß ich mir sogar eingestehen, daß da eine erhebliche – sagen wir: Abhängigkeit bestanden hat. [...] Mein Verhängnis – wenn man es so nennen will – bestand vermutlich darin, daß ich einige seiner Passionen teilte, und daß ich sie auch schon ausgeübt hatte, bevor ich ihn gelesen hatte: ich fischte wie er, ich erkannte wie er das Argument des Bizeps in gewissen Augenblicken an, und wie er hatte ich ein Gefühl für Landschaft: diese Gemeinsamkeit trieb mich ihm geradezu in die Arme. Ich fürchte, ich war disponiert dafür, Hemingway eines Tages zu begegnen und mir, zumindest vorübergehend, seinen Blick übertragen zu lassen. Wenn ich mir meine „Geschichten aus dieser Zeit“ ansehe – heute, nachdem ich meine persönliche Unabhängigkeitserklärung abgegeben habe –, hört das Staunen darüber nicht auf, was mein literarisches Vorbild in mir auslöste. Das Inventar etlicher Geschichten ist Hemingwaysches Inventar: der Jäger, der Anarchist, der verlorene Kämpfer, der Läufer, die Liebenden ohne Chance. [...]
Ich hörte zwar nicht auf, Hemingway zu bewundern, aber je beharrlicher ich an meiner privaten Unabhängigkeitserklärung arbeitete, desto deutlicher wurde mir bewußt, was ich bei meinem Lehrmeister nicht fand und niemals finden würde. Er hatte sich damit begnügt, die Tat zu feiern – ich bestand darauf, auch verstehen zu lernen, was eine Tat begünstigt oder nachträglich widerlegt. Er hatte sich damit begnügt, dem notorischen Scheitern die Vision der Ausdauer entgegenzusetzen – ich wollte erfahren, welche Gründe das Scheitern hat und ob Ausdauer die einzige Antwort sein kann. Hemingway hatte sich dazu entschieden, nur ein einziges Zentrum anzunehmen – ich glaubte feststellen zu müssen, daß es verschiedene Zentren gibt, die am Rande liegen. Natürlich versuchte ich am Anfang, meine Erfahrungen durch ihn beglaubigen zu lassen. Es ging nicht. Was ich suchte, kam bei ihm nicht vor. Ich war keineswegs enttäuscht darüber, aber ich hielt es jetzt für notwendig, meine Beziehung zu Hemingway gewissermaßen bilanzierend zu bestimmen. Er entsprach mir nicht mehr, und ich wollte das für mich begründen.
Ich tat es mit einer Geschichte. Sie steht in dem Band „Das Feuerschiff“, und ihr Titel erscheint bereits wie eine unmittelbare Entgegnung auf eine großartige Geschichte Hemingways. Ich nannte sie „Der Anfang von etwas“, und bezog sie direkt auf Hemingways „Das Ende von etwas“. Wenn ich Hemingway richtig verstehe, läßt er Nick und Marjorie nur deshalb zum Fischen hinausfahren, um ihnen eine Gelegenheit zu geben, auf besondere Weise Schluß zu machen. Sie bestücken die Angeln, sie sehen die Forellen springen, sie kehren ans Ufer zurück und zünden ein Feuer aus Treibholz an. Da fragt Marjorie Nick, ob die Liebe nicht schön sei, und Nick sagt nein und hat nichts anderes zu sagen, als daß etwas in ihm „zum Teufel gegangen sei“. Das genügt Marjorie; sie klettert ins Boot, Nick schiebt sie hinaus aufs Wasser und sie rudert davon: ein musterhafter Hemingway, fast eine Selbstimitation.
Bei aller Verschwiegenheit indes und aller lapidaren Verkürzung, wird in dieser Geschichte eine Erfahrung verkündet, die bei Hemingway oft wiederkehrt und mir persönlich nicht mehr genügte: es ist die Erfahrung, wonach das Unglück darin besteht, daß wir alles hinter uns haben. Ich bin der Meinung, daß sich das Unglück ebenso durch das rechtfertigen läßt, was vor uns liegt: durch offene Räume, durch offene Entscheidungen. So schrieb ich also, mit eingestandenem Wunsch nach Korrektur, meine Entgegnung und nannte sie „Der Anfang von etwas“. Es ist die Geschichte eines Wachmanns auf einem Feuerschiff, der im Schneetreiben sein Schiff versäumt. Dieser Harry Hoppe macht keinen Versuch, seinem Schiff nachzufahren, er zieht mit seinem Gepäck in eine Kellerkneipe, genehmigt sich dort einiges gegen das Schneetreiben und begegnet in der Kell-

nerin seiner Vergangenheit. Er wird gezwungen, seine Gegenwart mit der Vergangenheit zu vergleichen und erhält eine Möglichkeit, die Entwürfe von damals an den Resultaten von heute zu messen. In einem Augenblick der Unentschiedenheit erfährt er, daß das Feuerschiff, das er versäumt hat, von einem Tanker gerammt wurde, daß niemand von der Besatzung gerettet werden konnte und daß auch sein Name unter den Opfern ist. Harry Hoppe wittert eine zweite Chance, er geht mit seinem Gepäck an den Strom und wirft es zwischen die Eisschollen: der „Anfang von etwas" kann beginnen.

Ich wollte Hemingway antworten, daß nichts mit dem Ende aufhört, und daß andererseits jeder Anfang nicht makellos vorhanden ist, sondern seinerseits eine Vorgeschichte voraussetzt. Dabei kam es mir nicht darauf an, Hemingway zu widerlegen, sondern ihn zu korrigieren im Sinne meiner Erfahrungen. Ich legte keinen Wert darauf, ob irgendein Leser diesen Wunsch nach Korrektur, der in meiner Geschichte versteckt war, entdecken würde – es war für mich eine Angelegenheit, die allein meine Beziehungen zu Hemingway betraf. [...]

[v 1970]

FRIEDRICH DÜRRENMATT

Theaterprobleme

[...] Der Held eines Theaterstücks treibt nicht nur eine Handlung vorwärts oder erleidet ein bestimmtes Schicksal, sondern stellt auch eine Welt dar. Wir müssen uns daher die Frage stellen, wie unsere bedenkliche Welt dargestellt werden muß, mit welchen Helden, wie die Spiegel, diese Welt aufzufangen, beschaffen und wie sie geschliffen sein müssen.

Läßt sich die heutige Welt etwa, um konkret zu fragen, mit der Dramatik Schillers gestalten, wie einige Schriftsteller behaupten, da ja Schiller das Publikum immer noch packe? [...]

Schiller schrieb so, wie er schrieb, weil die Welt, in der er lebte, sich noch in der Welt, die er schrieb, die er sich als Historiker erschuf, spiegeln konnte. Gerade noch. War doch Napoleon vielleicht der letzte Held im alten Sinne. Die heutige Welt, wie sie uns erscheint, läßt sich dagegen schwerlich in der Form des geschichtlichen Dramas Schillers bewältigen, allein aus dem Grunde, weil wir keine tragischen Helden, sondern nur Tragödien vorfinden, die von Weltmetzgern inszeniert und von Hackmaschinen ausgeführt werden. Aus Hitler und Stalin lassen sich keine Wallensteine mehr machen. Ihre Macht ist so riesenhaft, daß sie selber nur noch zufällige, äußere Ausdrucksformen dieser Macht sind, beliebig zu ersetzen, und das Unglück, das man besonders mit dem ersten und ziemlich mit dem zweiten verbindet, ist zu weitverzweigt, zu verworren, zu grausam, zu mechanisch geworden und oft einfach auch allzu sinnlos. Die Macht Wallensteins ist eine noch sichtbare Macht, die heutige Macht ist nur zum kleinsten Teil sichtbar, wie bei einem Eisberg ist der größte Teil im Gesichtslosen, Abstrakten versunken. Das Drama Schillers setzt eine sichtbare Welt voraus, die echte Staatsaktion, wie ja auch die griechische Tragödie. Sichtbar in der Kunst ist das Überschaubare. Der heutige Staat ist jedoch unüberschaubar, anonym, bürokratisch geworden, und dies nicht etwa nur in Moskau oder Washington, sondern auch schon in Bern, und die heutigen Staatsaktionen sind nachträgliche Satyrspiele, die den im Verschwiegenen vollzogenen Tragödien folgen. Die echten Repräsentanten fehlen, und die tragischen Helden sind ohne Namen. Mit einem kleinen Schieber, mit einem Kanzlisten, mit einem Polizisten läßt sich die heutige Welt besser wiedergeben als mit einem Bundesrat, als mit einem Bundeskanzler. Die Kunst dringt nur noch bis zu den Opfern vor, dringt sie überhaupt zu Menschen, die Mächtigen erreicht sie nicht mehr. Kreons Sekretäre erledigen den Fall Antigone. Der Staat hat seine Gestalt verloren, und wie die Physik die Welt nur noch in mathematischen Formeln wiederzugeben vermag, so ist er nur noch statistisch darzustellen. Sichtbar, Gestalt wird die heutige Macht nur etwa da, wo sie explodiert, in der Atombombe, in diesem wundervollen Pilz, der da aufsteigt und sich ausbreitet, makellos wie die Sonne, bei dem Massenmord und Schönheit eins werden. Die Atombombe kann man nicht mehr darstellen, seit man sie herstellen kann. Vor ihr versagt jede Kunst als eine Schöpfung des Menschen, weil sie selbst eine Schöpfung des Menschen ist. Zwei Spiegel, die sich ineinander spiegeln, bleiben leer. [...] Die Tragödie setzt Schuld, Not, Maß, Übersicht, Verantwortung voraus. In der Wurstelei unseres Jahrhunderts, in diesem Kehraus der weißen Rasse, gibt es keine Schuldigen und auch keine Verantwortlichen mehr. Alle können nichts dafür und haben es nicht gewollt. Es geht wirklich ohne jeden. Alles wird mitgerissen und bleibt in irgendeinem Rechen hängen. Wir sind zu kollektiv schuldig, zu kollektiv gebettet in die Sünden unserer Väter und Vorväter. Wir sind nur noch Kindeskinder. Das ist unser Pech, nicht unsere Schuld [...]. [e 1954, v 1955]

Aufgaben zu dem Bild auf der Seite 393

① Man kann vermuten, daß dem Bild das Totentanz-Motiv zugrunde liegt, zugleich aber eine andere Aussage beabsichtigt ist. Beschreiben Sie das Bild, und tauschen Sie Beobachtungen und Vermutungen zu Details und zur Gesamtaussage aus.

② Im selben Jahr wie Hofers Bild entstand MARIE LUISE KASCHNITZ' (1901–1974) Gedichtzyklus über ihre Rückkehr nach Frankfurt. Dort heißt es:

Es wird uns nicht alles bereitet.
So ist's nicht, daß einer sagt:
Treten Sie bitte zur Seite,
In den Stadtwald vielleicht oder weiter,
Warten Sie, bis es tagt.
Und inzwischen kommen Giganten,
Stählern auf Raupe und Rad,
Und pressen aus Tuben und Kanten
Uns eine fertige Stadt,
Und führen uns an die Essen
Und kochen die Zukunft uns gar,
Und lassen uns alles vergessen
Was war. [e 1947]

Welche innere Einstellung spricht aus Kaschnitz' Versen, welche aus Hofers Bild?

Aufgaben zu den Texten auf den Seiten 398–402

HEINRICH BÖLL Bekenntnis zur Trümmerliteratur (S. 398 f.)

① Ergänzen Sie die Gestalten Bölls – den Bäcker, die Knopfstanzerin – durch entsprechende Porträts der beiden Alten in Borcherts Kurzgeschichte *Das Brot* (S. 408 f.).

SIEGFRIED LENZ Mein Vorbild Hemingway (S. 400 f.)

① Referieren Sie über Lenz' Kurzgeschichte *Der Anfang von etwas*, und tragen Sie zwei Kernstellen vor.

② „Er [Hemingway] hatte sich damit begnügt, dem notorischen Scheitern die Vision der Ausdauer entgegenzusetzen." Arbeiten Sie diesen Aspekt an Hemingways Erzählung *Der alte Mann und das Meer* heraus.

③ Formulieren Sie Lenz' „Korrektur" an Hemingway mit eigenen Worten.

FRIEDRICH DÜRRENMATT Theaterprobleme (S. 401 f.)

① Überprüfen Sie an einer antiken Tragödie (z. B. Sophokles' *König Ödipus* oder *Antigone*) und an einer Tragödie Schillers, ob darin die von Dürrenmatt genannten Merkmale der Tragödie nachzuweisen sind.

② Untersuchen Sie an einem Ihnen bekannten Stück Dürrenmatts, wie sich tragische und komische Elemente zu einer Groteske verbinden.

b) Nachkrieg

THOMAS MANN
Doktor Faustus

[Der Altphilologe Serenus Zeitblom lebt zurückgezogen in der bayerischen Provinz. Er arbeitet an einer Biographie über seinen verstorbenen Freund, den genialen Komponisten Adrian Leverkühn. Zeitblom berichtet aus seiner Sicht über das Ende des Hitler-Reiches und macht sich Gedanken über die Zukunft Deutschlands.]

[...] Beinahe vier Wochen lang habe ich an diesen Aufzeichnungen nicht fortgeschrieben, angehalten erstens durch eine gewisse seelische Erschöpfung nach dem vorstehend Erinnerten, zugleich aber durch die jetzt einander jagenden, nach ihrem logischen Ablauf vorausgesehenen, in gewisser Weise ersehnten und nun doch ein ungläubiges Grauen erregenden Tagesereignisse, die unser unseliges Volk, von Jammer und Schrecken ausgehöhlt, unfähig zu begreifen, in stumpfem Fatalismus über sich ergehen läßt, und denen auch mein von alter Trauer, altem Entsetzen müdes Gemüt hilflos ausgesetzt war.

Seit Ende März schon – wir schreiben den 25. April dieses Schicksalsjahres 1945 – ist im Westen des Landes unser Widerstand sichtlich in voller Auflösung begriffen. Die öffentlichen Blätter, schon halb entfesselt, registrieren die Wahrheit, das Gerücht, genährt von Radio-Meldungen des Feindes, von den Erzählungen Flüchtiger, kennt keine Zensur und trägt die Einzelfälle der sich rapide ausbreitenden Katastrophe in den noch nicht von ihr verschlungenen, noch nicht befreiten Gegenden des Reiches umher bis in meine Klause. Kein Halten mehr: alles gibt sich gefangen und läuft auseinander. Unsere zerschmetterten und zermürbten Städte fallen wie reife Pflaumen. Darmstadt, Würzburg, Frankfurt gingen dahin, Mannheim und Kassel, Münster gar, Leipzig bereits gehorchen den Fremden. Eines Tages standen die Engländer in Bremen, die Amerikaner im oberfränkischen Hof. Nürnberg ergab sich, die Stadt der unkluge Herzen hoch erhebenden Staatsfeste. Unter den Großen des Regimes, die sich in Macht, Reichtum und Unrecht gewälzt, wütet richtend der Selbstmord.

Russische Corps, durch die Einnahme von Königsberg und Wien zur Forcierung der Oder frei geworden, rückten, eine Millionen-Armee, gegen die in Schutt liegende, von allen Staatsämtern schon geräumte Reichshauptstadt, vollendeten mit ihrer schweren Artillerie das längst aus der Luft Vollstreckte und nähern sich gegenwärtig dem Stadtzentrum. Der grausige Mann, der voriges Jahr dem Anschlage verzweifelter, auf Rettung der letzten Substanz, der Zukunft bedachter Patrioten mit dem Leben, allerdings einem nur noch irre flackernden und flatternden, entrann, befahl seinen Soldaten, den Angriff auf Berlin in einem Meer von Blut zu ertränken und jeden Offizier zu erschießen, der von Übergabe spreche. Das ist vielfach befolgt worden. [...]

Unterdessen läßt ein transatlantischer General die Bevölkerung von Weimar vor den Krematorien des dortigen Konzentrationslagers vorbeidefilieren und erklärt sie – soll man sagen: mit Unrecht?–, erklärt diese Bürger, die in scheinbaren Ehren ihren Geschäften nachgingen und nichts zu wissen versuchten, obgleich der Wind ihnen den Stank verbrannten Menschenfleisches von dorther in die Nasen blies – erklärt sie für mitschuldig an den nun bloßgelegten Greueln, auf die er sie zwingt, die Augen zu richten. Mögen sie schauen – ich schaue mit ihnen, ich lasse mich schieben im Geiste von ihren stumpfen oder auch schaudernden Reihen. Der dickwandige Folterkeller, zu dem eine nichtswürdige, von Anbeginn dem Nichts verschworene Herrschaft Deutschland gemacht hatte, ist aufgebrochen, und offen liegt unsere Schmach vor den Augen der Welt, der fremden Kommissionen, denen diese unglaubwürdigen Bilder nun allerorts vorgeführt werden, und die zu Hause berichten: was sie gesehen, übertreffe an Scheußlichkeit alles, was menschliche Vorstellungskraft sich ausmalen könne. Ich sage: unsere Schmach. Denn ist es bloße Hypochondrie, sich zu sagen, daß alles Deutschtum, auch der deutsche Geist, der deutsche Gedanke, das deutsche Wort von dieser entehrenden Bloßstellung mitbetroffen und in tiefe Fragwürdigkeit gestürzt worden ist? Ist es krankhafte Zerknirschung, die Frage sich vorzulegen, wie überhaupt noch in Zukunft ‚Deutschland' in irgendeiner seiner Erscheinungen es sich soll herausnehmen dürfen, in menschlichen Angelegenheiten den Mund aufzutun?

Man nenne es finstere Möglichkeiten der Menschennatur überhaupt, die hier zutage kommen – deutsche Menschen, Zehntausende, Hunderttausende, sind es nun einmal, die verübt haben, wovor die Menschheit schaudert, und was nur immer auf deutsch gelebt hat, steht da als ein Abscheu und als Beispiel des Bösen. Wie wird es sein, einem Volke anzugehören, dessen Geschichte dies gräßliche Mißlingen in sich trug, einem an sich selber irre gewordenen, seelisch abgebrannten Volk, das eingestandenermaßen daran verzweifelt, sich selbst zu regieren, und es noch für das beste hält, zur Kolonie fremder Mächte zu werden; einem Volk, das mit sich selbst eingeschlossen wird leben müssen wie die Juden des Ghetto, weil ein ringsum furchtbar aufgelaufener Haß ihm nicht erlauben wird, aus seinen Grenzen hervorzukommen – ein Volk, das sich nicht sehen lassen kann?

Fluch, Fluch den Verderbern, die eine ursprünglich biedere, rechtlich gesinnte, nur allzu gelehrige, nur allzu gern aus der Theorie lebende Menschenart in die Schule des Bösen nahmen! Wie wohl tut die Verwünschung, wie wohl täte sie, wenn sie aus freiem unbedingtem Busen emporstiege! Eine Vaterlandsliebe aber, die kühnlich behaupten wollte, daß der Blutstaat, dessen schnaubende Agonie wir nun erleben; der unermeßliche Verbrechen, lutherisch zu reden, ‚auf seinen Hals nahm'; bei dessen brüllender Ausrufung, bei dessen das Menschenrecht durchstreichenden Verkündigungen ein Taumel von Überglück die Menge hinriß, und unter dessen grellen Bannern unsere Jugend mit blitzenden Augen, in hellem Stolz und im Glauben fest, marschierte – daß er etwas unserer Volksnatur durchaus Fremdes, Aufgezwungenes und in ihr Wurzelloses gewesen wäre – eine solche Vaterlandsliebe schiene mir hochherziger, als sie mich gewissenhaft dünkte. War diese Herrschaft nicht nach Worten und Taten nur die verzerrte, verpöbelte, verscheußlichte Wahrwerdung einer Gesinnung und Weltbeurteilung, der man charakterliche Echtheit zuerkennen muß, und die der christlich-humane Mensch nicht ohne Scheu in den Zügen unserer Großen, der an Figur gewaltigsten Verkörperungen des Deutschtums ausgeprägt findet? Ich frage – und frage ich zuviel? Ach, es ist wohl mehr als eine Frage, daß dieses geschlagene Volk jetzt eben darum irren Blicks vor dem Nichts steht, weil sein letzter und äußerster Versuch, die selbsteigene politische Form zu finden, in so gräßlichem Mißlingen untergeht. [...]

[e 1943–47, v 1947]

Alfred Andersch

Die Kirschen der Freiheit

Rechts zog sich ein Abhang in die Tiefe eines Tales, dessen Sohle man nicht einsehen konnte. Ich schritt ihn suchend ein Stück hinab, bis ich eine Capanna fand, die von der Straße aus nicht mehr gesehen werden konnte. Nachdem ich das Fahrrad in einem Kornfeld versteckt hatte, setzte ich mich vor den Eingang der Strohhütte. Es war nun fast ganz dunkel geworden. Ich aß Keks und Schokolade und trank Wasser aus der Feldflasche. Die Szenerie, in die ich blickte, war einsam und erhaben, mit dem riesigen dunklen Wolkenhimmel, der über dem wilden Bergland hing. Die Täler und Berge erstreckten sich meilenweit bis zum westlichen Horizont, in dem ein gelbes Glosen lange nicht sterben wollte. Es wetterleuchtete manchmal.

Die Capanna war nichts als ein unmittelbar auf die Erde gesetztes Strohdach. Nachher lag ich unter den schiefen Wänden wie in einem Zelt. Den Ausgang hatte ich mit einer Zeltbahn verhängt. Seltsamerweise schlief ich sogar ein paar Stunden. [...]

An jenem Morgen des 6. Juni 1944 zitterte die Atmosphäre in verhaltener Erregung. Hätte ich damals gewußt, was ich heute weiß, so wäre mir die Stille nicht so unerklärlich gewesen; ich hätte die Ursache des Zauberbanns erraten, der den Krieg zwischen dem Tyrrhenischen und dem Ligurischen Meer in seine Fänge schlug. An diesem Tage legte der italienische Krieg sein Ohr auf die Erde, um auf den normannischen Krieg zu horchen. Stummes Gehör, vernahm er das Rauschen von Schiffsbügen, die nächtliche Wasser durchpflügten, und den Herzschlag von dreihundertfünfzigtausend Männern, die an Land gingen, den Donner von fünfundzwanzigtausend Flügen zwischen einer Insel und einem Festland, und den schmetternden Tod von zehntausend Tonnen Explosivstoff, den die Fliegenden auf die Erde schleuderten. Auch der Herzschlag derer wurde gehört, die sich zur Flucht wandten, und der feine atlantische Nachtregen, durch den sie flüchteten. Da war kein Mond mehr, ihnen das Haar zu kämmen, nur Nacht und Nässe und die Blitze, in denen der Tod kam, und nicht einmal der Staubfahnentriumph blieb ihnen, sogar der mondbleich dahinwehende Staubfahnentriumph blieb der Westarmee, der geschlagenen, versagt.

Während ich in der Capanna schlief, hatte sich die Entscheidung des Krieges vollzogen. Das Schicksal der Massen vollendete sich, als ich mich von ihm für die Dauer eines Tages löste.

Aber es ist unmöglich, sich für länger als einen Tag aus dem Schicksal der Massen zu befreien. Ich greife meiner Erzählung einen Augenblick vor, indem ich berichte, wie ich ihnen ein paar Tage später wieder gehörte, als ich, Teil einer langen Reihe Gefangener, auf eines der Lastautos kletterte, die vor dem Lager auf uns warteten. Die Fahrer waren Neger. Sie ließen die hinteren Planken der Autos herunter und riefen „Come on“. Zwei Negerposten kletterten zu uns herauf, setzten sich auf die wieder geschlossenen Planken und legten die Karabiner vor sich auf die Knie. Dann fuhren die Trucks los.

Die Straßen, auf denen sie fuhren, waren holperig, und das Gelände war ganz verwüstet. Am Eingang des Friedhofs warteten viele Negersoldaten auf uns. Ein weißer Offizier überwachte die Ausgabe der Spaten, Schaufeln und Pickel. Wir wurden in Arbeitskommandos eingeteilt und verstreuten uns gruppenweise im Gelände. Über dem Friedhofeingang hing süßlicher Leichengeruch. Wir begannen, Gräber auszuheben. Die Kalkerde war trocken und hart. Sie rutschte in Schollen von den silbern glänzenden Spaten. In der schrecklichen Hitze wurden Wasserkanister herumgereicht, aber das Wasser schmeckte nach dem Chlor, mit dem es desinfiziert worden war, dem Chlor, mit dem man auch die Leichen bestreut hatte, und angewidert setzte man den Becher nach wenigen Schlucken ab. Wenn wir die Arbeit unterbrachen und aufblickten, sahen wir die hölzernen Kreuze rings um uns, in riesigen quadratischen Feldern. Als wir eine Reihe Gruben ausgehoben hatten, wurden wir zum Füllen der Säcke geführt.

Wir bekamen Gummihandschuhe und hohe Gummistiefel, damit wir uns nicht infizierten. Von einem Sackstapel nahmen wir lange weiße Leinensäcke und warfen sie uns über die Schultern. Die Leichen lagen in langen Reihen auf einer Fläche in der Mitte des Friedhofes. Von ferne waren es nur unförmige, klumpige, mit Chlor bestreute Massen. Auf diesem Friedhof sammelte man die Toten, die man auf dem Schlachtfeld von Nettuno fand. Viele von ihnen hatten schon wochenlang herumgelegen. Sie waren blauschwarz geworden und in den Zustand der Gärung übergegangen. Sie stanken entsetzlich. Einige, die noch nicht so lange tot waren, zeigten noch hellere Haut in den Gesichtern und unter den Fetzen ihrer Kleidung. Manchen fehlten die Arme oder die Beine oder auch die Köpfe, denn sie hatten im Feuer der Land- und Schiffsartillerie gelegen. Die Fliegen sammelten sich um sie in schwärzlichen Trauben. Die steigende Sonne löste die Leichenstarre immer mehr und machte die Körper weich und gallertartig. Wir stopften die schwammigen Massen in die Säcke. Dann trugen wir die Säcke auf Bahren zu den Gräbern und warfen sie in die Gruben. Sie schlugen klatschend unten auf.

So also sah das Schicksal aus, das der Krieg für die Massen bereithielt. [...]

Auch ich wäre auf jenem Friedhof bei Nettuno begraben worden, hätte ich an diesem Fluchtmorgen ein paar Meter näher an der Straße gestanden, auf der die Bombe einschlug. Doch bleibt dem Zufall nur ein geringer Spielraum; wohl kann er entscheiden, ob er den Menschen in die Gefangenschaft oder den Tod entsenden will – im Massen-Schicksal muß er ihn belassen. Auch kann er nichts daran ändern, daß der Mensch immer wieder versuchen wird, das Schicksal zu wenden, besonders wenn es ihm scheinbar keine andere Wahl läßt als die zwischen Tod und Gefangenschaft. Aber man ist nicht frei, während man gegen das Schicksal kämpft. Man ist überhaupt niemals frei außer in den Augenblicken, in denen man sich aus dem Schicksal herausfallen läßt. [...]

Aus dem Nu der Freiheit – ich wiederhole: niemals kann Freiheit in unserem Leben länger dauern als ein paar Atemzüge lang, aber für sie leben wir –, aus ihm allein gewinnen wir die Härte des Bewußtseins, die sich gegen das Schicksal wendet und neues Schicksal setzt. [...]

Am Spätnachmittag geriet ich an den Rand eines mächtigen Weizenfeldes, das sanft in ein Tal hinabfloß. Hinter den Bäumen am anderen Talrand konnte ich Häuser sehen, und ich vernahm das Geräusch rollender Panzer, ein helleres, gleichmäßigeres Geräusch, als ich es von den deutschen Panzern kannte. Ich hörte das klirrende Gejohl der Raupenketten. Die Töne klangen fern in der rötlichen Neigung des westlichen Lichtes. Darauf tat ich etwas kolossal Pathetisches – aber ich tat's –, indem ich meinen Karabiner nahm und unter die hohe Flut des Getreides warf. Ich löste die Patronentaschen und das Seitengewehr vom Koppel und ergriff den Stahlhelm und warf alles dem Karabiner nach. Dann ging ich durch das Feld weiter. Unten geriet ich noch einmal in die Macchia. Ich schlug mich durch, das dichte Dorngestrüpp zerkratzte mein Gesicht; es war ein schweres Stück Arbeit. Keuchend stieg ich nach oben.

In der Mulde des jenseitigen Talhangs fand ich einen wilden Kirschbaum, an dem die reifen Früchte glasig und hellrot hingen. Das Gras rings um den Baum war sanft und abendlich grün. Ich griff nach einem Zweig und begann von den Kirschen zu pflücken. Die Mulde war wie ein Zimmer; das Rollen der Panzer klang nur gedämpft herein. Sie sollen warten, dachte ich. Ich habe Zeit. Mir gehört die Zeit, solange ich diese Kirschen esse. Ich taufte meine Kirschen: ciliege diserte, die verlassenen Kirschen, die Deserteurs-Kirschen, die wilden Wüstenkirschen meiner Freiheit. Ich aß ein paar Hände voll. Sie schmeckten frisch und herb.

[e 1951/52, v 1952]

GÜNTER EICH

Inventur

Dies ist meine Mütze,
dies ist mein Mantel
hier mein Rasierzeug
im Beutel aus Leinen.

Konservenbüchse:
Mein Teller, mein Becher,
ich hab in das Weißblech
den Namen geritzt.

Geritzt hier mit diesem
kostbaren Nagel,
den vor begehrlichen
Augen ich berge.

Im Brotbeutel sind
ein Paar wollene Socken
und einiges, was ich
niemand verrate,

so dient er als Kissen
nachts meinem Kopf.
Die Pappe hier liegt
zwischen mir und der Erde.

Die Bleistiftmine
lieb ich am meisten:
Tags schreibt sie mir Verse,
die nachts ich erdacht.

Dies ist mein Notizbuch,
dies meine Zeltbahn,
dies ist mein Handtuch,
dies ist mein Zwirn.

[e 1945/46, v 1948]

Paul Celan
Todesfuge

Schwarze Milch der Frühe wir trinken sie abends
wir trinken sie mittags und morgens wir trinken sie nachts
wir trinken und trinken
wir schaufeln ein Grab in den Lüften da liegt man nicht eng
Ein Mann wohnt im Haus der spielt mit den Schlangen der schreibt
der schreibt wenn es dunkelt nach Deutschland dein goldenes Haar Margarete
er schreibt es und tritt vor das Haus und es blitzen die Sterne er pfeift seine Rüden herbei
er pfeift seine Juden hervor läßt schaufeln ein Grab in der Erde
er befiehlt uns spielt auf nun zum Tanz

Schwarze Milch der Frühe wir trinken dich nachts
wir trinken dich morgens und mittags wir trinken dich abends
wir trinken und trinken
Ein Mann wohnt im Haus der spielt mit den Schlangen der schreibt
der schreibt wenn es dunkelt nach Deutschland dein goldenes Haar Margarete
Dein aschenes Haar Sulamith wir schaufeln ein Grab in den Lüften da liegt man nicht eng

Er ruft stecht tiefer ins Erdreich ihr einen ihr anderen singet und spielt
er greift nach dem Eisen im Gurt er schwingts seine Augen sind blau
stecht tiefer die Spaten ihr einen ihr andern spielt weiter zum Tanz auf

Schwarze Milch der Frühe wir trinken dich nachts
wir trinken dich mittags und morgens wir trinken dich abends
wir trinken und trinken
ein Mann wohnt im Haus dein goldenes Haar Margarete
dein aschenes Haar Sulamith er spielt mit den Schlangen

Er ruft spielt süßer den Tod der Tod ist ein Meister aus Deutschland
er ruft streicht dunkler die Geigen dann steigt ihr als Rauch in die Luft
dann habt ihr ein Grab in den Wolken da liegt man nicht eng

Schwarze Milch der Frühe wir trinken dich nachts
wir trinken dich mittags der Tod ist ein Meister aus Deutschland
wir trinken dich abends und morgens wir trinken und trinken
der Tod ist ein Meister aus Deutschland sein Auge ist blau
er trifft dich mit bleierner Kugel er trifft dich genau
ein Mann wohnt im Haus dein goldenes Haar Margarete
er hetzt seine Rüden auf uns er schenkt uns ein Grab in der Luft
er spielt mit den Schlangen und träumet der Tod ist eine Meister aus Deutschland

dein goldenes Haar Margarete
dein aschenes Haar Sulamith [v 1948]

WOLFGANG BORCHERT
Das Brot

Plötzlich wachte sie auf. Es war halb drei. Sie überlegte, warum sie aufgewacht war. Ach so! In der Küche hatte jemand gegen einen Stuhl gestoßen. Sie horchte nach der Küche. Es war still. Es war zu still und als sie mit der Hand über das Bett neben sich fuhr, fand sie es leer. Das war es, was es so besonders still gemacht hatte: sein Atem fehlte. Sie stand auf und tappte durch die dunkle Wohnung zur Küche. In der Küche trafen sie sich. Die Uhr war halb drei. Sie sah etwas Weißes am Küchenschrank stehen. Sie machte Licht. Sie standen sich im Hemd gegenüber. Nachts. Um halb drei. In der Küche.

Auf dem Küchentisch stand der Brotteller. Sie sah, daß er sich Brot abgeschnitten hatte. Das Messer lag noch neben dem Teller. Und auf der Decke lagen Brotkrümel. Wenn sie abends zu Bett gingen, machte sie immer das Tischtuch sauber. Jeden Abend. Aber nun lagen Krümel auf dem Tuch. Und das Messer lag da. Sie fühlte, wie die Kälte der Fliesen langsam an ihr hochkroch. Und sie sah von dem Teller weg.

„Ich dachte, hier wär was", sagte er und sah in der Küche umher.

„Ich habe auch was gehört", antwortete sie und dabei fand sie, daß er nachts im Hemd doch schon recht alt aussah. So alt wie er war. Dreiundsechzig. Tagsüber sah er manchmal jünger aus. Sie sieht doch schon alt aus, dachte er, im Hemd sieht sie doch ziemlich alt aus. Aber das liegt vielleicht an den Haaren. Bei den Frauen liegt das nachts immer an den Haaren. Die machen dann auf einmal so alt.

„Du hättest Schuhe anziehen sollen. So barfuß auf den kalten Fliesen. Du erkältest dich noch."

Sie sah ihn nicht an, weil sie nicht ertragen konnte, daß er log. Daß er log, nachdem sie neununddreißig Jahre verheiratet waren.

„Ich dachte, hier wäre was", sagte er noch einmal und sah wieder so sinnlos von einer Ecke in die andere, „ich hörte hier was. Da dachte ich, hier wäre was."

„Ich habe auch was gehört. Aber es war wohl nichts." Sie stellte den Teller vom Tisch und schnippte die Krümel von der Decke.

„Nein, es war wohl nichts", echote er unsicher.

Sie kam ihm zu Hilfe: „Komm man. Das war wohl draußen. Komm man zu Bett. Du erkältest dich noch. Auf den kalten Fliesen."

Er sah zum Fenster hin. „Ja, das muß wohl draußen gewesen sein. Ich dachte, es wäre hier."

Sie hob die Hand zum Lichtschalter. Ich muß das Licht jetzt ausmachen, sonst muß ich nach dem Teller sehen, dachte sie. Ich darf doch nicht nach dem Teller sehen. „Komm man", sagte sie und machte das Licht aus, „das war wohl draußen. Die Dachrinne schlägt immer bei Wind gegen die Wand. Es war sicher die Dachrinne. Bei Wind klappert sie immer."

Sie tappten sich beide über den dunklen Korridor zum Schlafzimmer. Ihre nackten Füße platschten auf den Fußboden.

„Wind ist ja", meinte er. „Wind war schon die ganze Nacht." Als sie im Bett lagen, sagte sie: „Ja, Wind war schon die ganze Nacht. Es war wohl die Dachrinne."

„Ja, ich dachte, es wäre in der Küche. Es war wohl die Dachrinne." Er sagte das, als ob er schon halb im Schlaf wäre.

Aber sie merkte, wie unecht seine Stimme klang, wenn er log. „Es ist kalt", sagte sie und gähnte leise, „ich krieche unter die Decke. Gute Nacht."

„Nacht", antwortete er und noch: „ja, kalt ist es schon ganz schön."

Dann war es still. Nach vielen Minuten hörte sie, daß er leise und vorsichtig kaute. Sie atmete absichtlich tief und gleichmäßig, damit er nicht merken sollte, daß sie noch wach war. Aber sein Kauen war so regelmäßig, daß sie davon langsam einschlief.

Als er am nächsten Abend nach Hause kam, schob sie ihm vier Scheiben Brot hin. Sonst hatte er immer nur drei essen können.

„Du kannst ruhig vier essen", sagte sie und ging von der Lampe weg. „Ich kann dieses Brot nicht so recht vertragen. Iß du man eine mehr. Ich vertrag es nicht so gut."

Sie sah, wie er sich tief über den Teller beugte. Er sah nicht auf. In diesem Augenblick tat er ihr leid.

„Du kannst doch nicht nur zwei Scheiben essen", sagte er auf seinen Teller.

„Doch. Abends vertrag ich das Brot nicht gut. Iß man. Iß man."

Erst nach einer Weile setzte sie sich unter die Lampe an den Tisch. [e 1945/46, v 1949]

WILHELM LEHMANN

Das Wagnis

Die Buchenmast[1] wie Bärenmütze,
Längst abgebrauchte, windgeschwenkt,
Mein Fußtritt knickt das Eis der Pfütze,
Am Dorn klebt altes Laub gehenkt.

Die Toten schweigen in der Erde,
Geschwiegen habe ich wie sie.
Klingt Schellenbaum am Schlittenpferde?
Die erste Meisenmelodie.

Ein Duft steht auf wie von Zitrone,
Wo Moschus unter Schnee begann;
Durchs Totenreich glüht rote Krone[2],
Zeigt Haselweib dem Haselmann.

Und schreckt euch nicht, was hier geschehn?
Ich stolpre über Flakstandsrest.
Brüllt sein Geschütz und taubt mein Ohr?
Kohlweißling schläft im stummen Rohr,
So mag sein weißes Segel wehn!
Ihr wagt euch wieder, ihr vergeßt.

[v 1948]

WERNER BERGENGRUEN

Die heile Welt

Wisse, wenn in Schmerzensstunden
dir das Blut vom Herzen spritzt:
Niemand kann die Welt verwunden,
nur die Schale wird geritzt.

Tief im innersten der Ringe
ruht ihr Kern getrost und heil.
Und mit jedem Schöpfungsdinge
hast du immer an ihm teil.

Ewig eine strenge Güte
wirket unverbrüchlich fort.
Ewig wechselt Frucht und Blüte,
Vogelzug nach Süd und Nord.

Felsen wachsen, Ströme gleiten,
und der Tau fällt unverletzt.
Und dir ist von Ewigkeiten
Rast und Wanderbahn gesetzt.

Neue Wolken glühn im Fernen,
neue Gipfel stehn gehäuft,
Bis von nie erblickten Sternen
dir die süße Labung träuft.

[v 1950]

[1] Früchte der Buche [2] Färbung und Form des weiblichen Blütenstands

Heiner Müller
Der Lohndrücker

[Das Stück spielt 1948/49. In einem Werk soll ein defekter Ringofen, in dem in einem beschleunigten Verfahren Ziegel und Zement gebrannt werden können, so rasch wie möglich repariert werden, da sonst an anderen Stellen nicht weitergearbeitet werden kann. Schorn ist Parteisekretär, Balke ein für hervorragende Arbeitsleistung ausgezeichneter „Aktivist".]

Straße, Abend.

SCHORN. Wir haben zusammen in der Rüstung gearbeitet, Balke. Vierundvierzig haben sie mich eingesperrt: Sabotage. Dich haben sie nicht eingesperrt. Du warst der Denunziant.

BALKE. Was heißt da Denunziant. Ich war in der Prüfstation. Da hatten sie mich hingestellt, weil sie mich hereinlegen wollten, zwischen zwei Aufpasser. Bei den Handgranaten aus eurer Abteilung waren die Schlagstifte zu kurz. Ich ließ sie durchgehn oder legte sie zum Ausschuß, je nachdem, wo die Spitzel standen. Das riß aber nicht ab. Ich war auch dafür, daß man den Krieg abkürzt, aber mir hätten sie den Kopf abgekürzt, wenns ohne mich herauskam.

SCHORN *kalt.* Vielleicht. *Schweigen.* Was war da für ein Streit in der Kantine heute mittag?

BALKE. Das ging gegen mich. Lohndrücker, Arbeiterverräter und dergleichen. *Pause.*

SCHORN. Sag es mir, wenn sie dir Schwierigkeiten machen. *Pause.*

BALKE. Was gewesen ist, kannst du das begraben?

SCHORN. Nein. [...]

Stettiner und Brillenträger kommen vorbei.

STETTINER. Wenn einer den Einfall hat, genügend Steine in den Gaskanal zu schmeißen, seh ich schwarz für Balke und den Ofen.

Am Ofen. Balke, Schorn.

BALKE. Steine im Gaskanal. Das heißt: drei Tage Aufenthalt. Der Plan fällt ins Wasser. *Pause.* Ich frage mich, wie lange steht der Ofen noch. Ich höre auf, ehe sie ihn in die Luft jagen. Sie haben gelacht über den blöden Aktivisten. Steine haben sie mir nachgeschmissen. Sie haben mich zusammengeschlagen auf der Straße. Ich werd ihnen was scheißen.

SCHORN. Wem? *Schweigen.* Weißt du, wer die Steine in den Gaskanal geschmissen hat? *Schweigen.*

BALKE. Was passiert, wenn ich den Namen sage?

SCHORN. Du mußt wissen, was du willst, Balke.

BALKE. Ich bin kein Denunziant.

SCHORN. Du mußt wissen, was du willst. Uns gehören die Fabriken und die Macht im Staat. Wir verlieren sie, wenn wir sie nicht gebrauchen. *Schweigen.*

BALKE. Der Brillenträger wars.

Kantine. Arbeiter, die Verkäuferin.

ZEMKE. [...] Jetzt der Brillenträger. Das ist zuviel.

STETTINER. Das ist die Arbeitermacht. *Ab.*

GESCHKE: Ja, das lassen wir uns nicht gefallen.

EIN ANDERER. Was können wir machen?

EIN JUNGER ARBEITER: Wir streiken.

EIN ÄLTERER. Wir schneiden uns ins eigne Fleisch.

ZEMKE. Ich kenn einen, der im Ministerium sitzt. Unter Hitler war er so – *er zeigt ein Streichholz.* Jetzt hat er Übergröße und braucht jede Woche einen neuen Anzug. Das ist das Fleisch, in das wir schneiden. Wer arbeitet, ist ein Verräter.

Sirene. Der ältere Arbeiter ab.

EIN ALTER. Ich wette, der hetzt uns die Polizei auf den Hals.

Einige Arbeiter ab. [...]

ZEMKE. Wer arbeitet, ist ein Verräter. *Pause. Tritt an den HO-Stand:* Bier. *Die Verkäuferin kommt heraus und schließt den Stand ab.*

Was soll das heißen?

VERKÄUFERIN *trocken.* Streik. *Ab.*

EIN ARBEITER. Das geht zu weit.

Ein anderer steht auf und geht. Herein Balke.

ZEMKE. Da kommt der Denunziant.

BALKE zu *Bittner und Kolbe.* Wollt ihr nicht anfangen?

ZEMKE *pflanzt sich vor Balke auf:* Mit einem Denunzianten arbeiten wir nicht.

Bittner und Kolbe schweigen. Balke ab. Zemke spuckt aus. Pause.

EIN ARBEITER. Ich will meine ruhige Kugel schieben, das ist alles. Akkord ist Mord. [...]

DIREKTOR *zu Balke, Bittner und Kolbe:* Wie lange braucht ihr, bis der Schaden behoben ist?

BALKE. Drei Tage.

DIREKTOR. Und der Termin?

BALKE. Wir schaffens, wenn wir schnell arbeiten.

Bittner nickt.

KOLBE. Mit dem Saboteur will ich nichts zu tun haben, aber mit einem Denunzianten arbeite ich nicht. *Pause.*

BALKE. Dann dauert es fünf Tage, und wir können den Termin nicht einhalten.

KOLBE. Die Arbeit im Ofen 4 ist freiwillig. *Er bleibt an der Tür stehn.*

DIREKTOR. Karras, was ist mit dir? Du bist Ofenmaurer.

KARRAS *Balke ansehend, der sich wegwendet.* Balke hat die Suppe eingebrockt, soll er sie auslöffeln.

SCHORN. Balke ist nicht für sich selber in den Ofen gegangen.

Pause.

KARRAS. Wann soll ich anfangen?

Kolbe ab.

BALKE. Ihr habt euch das Maul zerrissen über den Lohndrücker, ihr wolltet nicht begreifen, worum es geht. Ihr habt mir Steine nachgeschmissen. Ich hab sie vermauert. Ihr habt mich zusammengeschlagen, du und Zemke, als ich aus dem Ofen kam. Und wenn ich mit den Zähnen mauern muß, mit dir nicht. *Schweigen.*

KARRAS. Vielleicht ist er doch für sich selber in den Ofen gegangen. *Ab.*

Schweigen.

SCHORN. Du wirst nicht mit den Zähnen mauern, Balke.

BALKE. Mit Karras kann ich nicht arbeiten.

SCHORN. Wer hat mich gefragt, ob ich mit dir arbeiten kann?

Fabriktor. Morgen. Karras kommt, hinter ihm Balke.

BALKE. Ich brauch dich, Karras. Ich frag dich nicht aus Freundschaft. Du mußt mir helfen.

KARRAS *bleibt stehn.* Ich dachte, du willst den Sozialismus allein machen. Wann fangen wir an?

BALKE. Am besten gleich. Wir haben nicht viel Zeit.

Sie gehn durch das Fabriktor. Nach ihnen kommt Kolbe. [e um 1950, v 1957]

ERWIN STRITTMATTER
Ole Bienkopp

[...] In der Gastwirtschaft Zur Krummen Kiefer sind zwei Stuben erleuchtet: die Gaststube und das Vereinszimmer. In der Gaststube sitzen die Altbauern [...].
Im Vereinszimmer sitzen die Genossen. Niemand hat Zutritt, ausgenommen der Gastwirt Gotthelf Mischer. Mischer kennt sowohl die Meinung der Kommunisten als auch die Meinung der Altbauern über bestimmte Dinge, insbesondere über den *Kolchos*[1] von Ole Bienkopp. Mischer könnte sich ein Bild machen, wenn er könnte. Sein Geschäft verträgt nicht alles. Deshalb gehört Mischer auch keiner Partei an. Er ist zahlendes Mitglied der *Bauernhilfe,* denn er betreibt an normalen Tagen eine Landwirtschaft, und er ist *Freund der Volkssolidarität*. Das genügt. [...]
Am Tisch sitzen: der Gast, Genosse Wunschgetreu, Frieda Simson, die Genossin Danke, Maurer Kelle, Emma Dürr, kurzum, dort sitzt die Gruppenleitung. Die anderen Genossen hocken verstreut auf den Wandbänken.
Jan Bullert eröffnet die Versammlung. Er begrüßt vor allem den Gast aus der Kreisstadt und bedankt sich für die Ehre. Frieda Simson hebt die Hand: „Zur Geschäftsordnung. Zuerst ein Lied, wie es Sitte und Mode ist!"
Sie singen schlecht, aber sie singen.
Wer Versammlungen einberuft, der soll reden. Jan Bullert ist kein Versammlungsredner. Er spricht nicht frei, natürlich und humorvoll wie sonst im Dorfe oder auf den Feldern. Seine Sprache ist auf Stelzen geschnallt. Bullert hat den Stil amtlicher Versammlungsredner übernommen. Alles muß seine Richtigkeit haben, und in der Kirche darf man nicht pfeifen.
„Genossinnen und Genossen, in Anbetracht der großen Aufgaben, die vor uns stehn, rüstet man sich in Berlin zur Parteikonferenz. Auch die Arbeit der Blumenauer Gruppe muß wesentlich verstärkt werden ... Kritik und Selbstkritik sind der Hebel des Gleichgewichts ..."
Jene Genossen, die früher der Kirche angehörten, kennen dieses Drumherum. Beim Gottesdienst nannte man es Liturgie. Sie ist Opium für das Volk. Alle warten darauf, was wirklich kommen soll und muß.
„Wie steht es mit der Frage der Parteidisziplin? Mit der Frage der Parteidisziplin steht es leider in der Blumenauer Gruppe etwas schief ..."
Die Mitglieder auf den Wandbänken rücken sich zurecht. Jetzt kommt's! Jan Bullert holt Atem, ein bißchen viel und lange Atem. „Nehmen wir zum Beispiel den Genossen Ole Hansen, genannt Bienkopp. Hat er nicht in der Vergangenheit hervorragende Verdienste geleistet? Niemand kann sagen, daß er nicht einen wesentlichen Anteil zur Unterstützung des verstorbenen Parteisekretärs Anton Dürr beitrug. Bienkopp war ein vorbildlicher Vorsitzender der *Bauernhilfe ...*"
Bienkopp ist's, als höre er die Rede zu seinem Begräbnis. Es hat in seinem rechten Gummistiefel ein Loch entdeckt und starrt dorthin.
„Bienkopp hat in seiner Funktion als Kreistagsabgeordneter Wesentliches geleistet! Er war hilfsbereit im Rahmen der bäuerlichen Möglichkeiten. Was aber jetzt, Genossen? Jetzt hat er diesen Rahmen überschritten. Ihr wißt, wovon ich spreche: Bienkopp hat sich hinter dem Rücken der Partei etwas ausgedacht, und wo soll das hinführen? ..." [...]

[1] Zusammenschluß einzelner Bauernhöfe zu einem Großbetrieb auf genossenschaftlicher Basis nach russischem Vorbild. Dies war in den Anfängen der DDR noch nicht vorgesehen, wurde aber später in Form der „Landwirtschaftlichen Produktionsgenossenschaften" verwirklicht

„Jeder weiß, daß der Genosse Bienkopp zu gegebener Zeit, ob aus Eifersucht oder nicht, einen Ziemerhieb der Reaktion auf sich nehmen mußte, und der war nicht von schlechten Eltern!" Leider hat Bienkopp dem Drängen der Genossen, den Schläger zur Rechenschaft zu ziehn, aus männlicher Eitelkeit nicht stattgegeben. Aber dieser Ziemerhieb hat beim Bienkopp etwas zurückgelassen. „Genosse Bienkopp ist krank. Er stürzt das Dorf mit einer verrückten Spielerei in Verwirrung. Alles aber nahm an jenem Winterabend mit einem Stockschlag seinen Ausgang. Nun rede, wem das Wort gegeben, vor allem Bienkopp, auf den es ankommt! Diskussion!"

Die übliche Pause. Niemand will zuerst sprechen. Adam Nietnagel fürchtet sich, ein gutes Wort für Ole einzulegen. Man wird ihm seinen alten Sozialdemokratismus vorhalten.

Frieda Simson sucht ehrgeizblaß nach einem der Situation gerechten Ausspruch der Klassiker. Außerdem hat der Genosse Wunschgetreu noch nicht gesprochen. Er sitzt da, hört zu und scheint überlegen zu lächeln. Die Situation ist unklar und heikel. Frieda balanciert gewissermaßen auf dem Hochseil.

Wilm Holten ist für Bienkopp und seinen Kolchos, aber er darf nicht, wie er will. Wenn man einem Mädchen die Ehre geraubt hat, ist man kein unbescholtener Mensch mehr. Frieda hat ein bißchen gedroht: „Halt den unausgegorenen Rand in der Bienkopp-Sache, sonst holt dich die Kontrollkommission!"

Die Genossin Danke ist neutral. Wie das Land auch bewirtschaftet wird: einzeln oder gemeinsam – die Bauern müssen im Konsum kaufen. Ihr Umsatzplan ist nicht gefährdet.

Emma Dürr wird rot wie ein Hennchen vor dem Eierlegen im Frühling. „Ole, du sollst verrückt sein, hast du das gehört?"

Jan Bullert: „Das hab ich nicht behauptet."

Alle schaun auf Bienkopp. Bienkopp ist blaß. Seine Wangenmuskeln mahlen. Er scheint seine Worte von einem Block herunterzubeißen und auszuspeien. „Ich bin nicht krank. Ich bin nicht verrückt.

Da ist ein guter Bauer. Er arbeitet und wirtschaftet wie ein Teufel. Er verläßt sich nicht auf den Zufall, nicht auf die Witterung. Er holt aus seinem Boden, was herauszuholen ist. Der Staat zahlt die Produkte gut. Der Bauer wird reich.

Da ist ein schlechter Bauer. Er wirtschaftet nicht fürsorglich, verläßt sich aufs Glück. Sein Boden bringt nur halbe Erträge. Er kann dem Staat wenig verkaufen, schädigt ihn unbewußt und bleibt arm! Die Menschen sind nicht gleichmäßig befähigt. Die ehemalige Bäuerin Anngret Bienkopp fährt am Sonntag in der Kutsche über Land. Die Bäuerin Sophie Bummel muß daheim hocken, weil sie kein Sonntagskleid hat, geschweige eine Kutsche. Altbauer Serno läßt auf seine Rechnung die Kirche anstreichen; Neubauer Bartasch ist nicht fauler als Serno, aber er kann sich keine Latten für einen Vorgartenzaun leisten. Ich habe fort und fort darüber nachgedacht, wie man die Unterschiede ausgleicht. Ich mache einen Versuch. Die Glucke brütet drei Wochen. Dann spürt das Tier, daß sich unter ihm etwas verändert. Etwas Neues ist unter seinem Bauchgefieder entstanden. Das sind die Küken. Ihr versteht: Sie wollen nicht still sitzen, wollen aus dem Nest in die Welt, miteinander scharren, picken, flattern und lustig sein. Die Glucke macht sich nichts vor. Sie bleibt nicht hocken und wartet ab, was wird. Sie folgt dem Neuen, das unter ihrem Gefieder hervorkriecht. Sie schützt und hütet es. Versucht ein Küken zu greifen, meine Lieben! Ich möcht's euch nicht raten. Die Hände werden euch bluten, und euer Lachen wird unter den Schnabelhieben der Gluckhenne zum Geschrei.

Wir sitzen, wie die Glucke im Nest, im warmen Heute. Die verbrauchte Luft in einer warmen Stube stinkt. Die Zukunft erscheint uns wie Zugluft. Solln wir dümmer sein als eine bescheidene Glucke? Solln eure Enkel auf ein Grab zeigen und sagen: Da liegt der Großvater? Oder sollen sie auf eine große Viehherde zeigen: Dort grast die Herde! Ihre Stammutter zog der Großvater auf. Seht den Park! Der Großvater und seine Genossen legten ihn an, und sie waren weder Gutsbesitzer noch Sklaven. Ihr habt's in der Hand, wie man von euch reden wird!

Der neue Weg führt durch Urwald. Was lauert auf dich im Dunkel? Was springt dir vom Baum herab in den Nacken? Und doch wird man fällen, lichten und blühende Wiesen anlegen. Die Tiere werden sich tummeln vom Morgen zum Abend. Die Menschenhand wird den Wildapfelbaum berühren. Die Grobfrüchte werden golden und groß sein!"

Die harte Emma wischt sich die Augen. An dieser Rede hätte Anton seine Freude gehabt. Auch dem Konsumfräulein, der Genossin Danke, ist in diesem Augenblick nicht mehr gleich, wie das Land bewirtschaftet wird.

Die Erde reist durch den Weltenraum. Bienkopp hat ein Stück Weltraum in die dumpfe Versammlung gerissen.

Der Kreissekretär ist beeindruckt. Etwas verflucht Wahres hinter diesen Bauernworten. Eigenwillige Ansichten. Wunschgetreu hat nichts dagegen, aber stiften sie nicht Verwirrung, wenn sie in die Welt posaunt werden? Der Kreissekretär ist unsicher. [...]

Bullert erteilt sich das Wort: Das Schlimmste, Bienkopp will, daß andere Genossen sich seiner Sekte anschließen. Das Land zusammen? Vogt und Inspektor wie beim Herrn Baron? Die Partei macht sich nicht lächerlich: Soll ein Mann wie Bullert seine Musterwirtschaft aufs Spiel setzen und verplempern? „Was wird diese Sekte auf den übernommenen Brachländern ernten? Der Bankrott zieht herauf. Bienkopp spielt mit dem Hunger."

Wunschgetreu lächelt. „Gestatte eine Frage, Genosse Bienkopp. Hätte die Partei nicht längst zum Sammeln geblasen, wenn sie das wollte, was du tust?"

Emma Dürr meldet sich. „Bienkopps Sorgen sind nicht vom Himmel gefallen. Er hat sie von Anton übernommen, das war mein Mann. Hat Bienkopp bisher Schaden gemacht?"

Jan Bullert: „Das dicke Ende ist hinten!"

Emma: „Ist die Partei ein Versicherungsunternehmen? Der Kommunismus ist das größte Experiment seit Adams Zeiten. Das ist von Anton."

Frieda Simson: „Du mit deinem Anton!"

Emma flink: „So einen such dir erst!"

Maurer Kelle, der Zweimetermann, haut auf den Tisch. „Neuer Kapitalismus darf nicht durch! Ich bin für Anton und Bienkopp!"

„Es lebe der Kolchos!" Das war Wilm Holten. Frieda Simson gelang's nicht, ihn niederzuhalten. „Es lebe Bienkopp!"

Bienkopp bleibt ruhig, obwohl ihn das große Zittern bis in die Stiefel hinein gepackt hat. „Ich habe alles überdacht. Mir deucht, ich such nach vorwärts, nicht nach rückwärts!"

Wunschgetreu: „Was vorwärts und was rückwärts ist, bestimmt, dächt ich, noch immer die Partei. Willst du sie belehren?"

Bienkopp zitternd: „Ich stell mir die Partei bescheidener vor, geneigter anzuhören, was man liebt und fürchtet. Ist die Partei ein selbstgefälliger Gott? Auch ich bin die Partei!"

Es zuckt in vielen Gesichtern; Köpfe werden eingezogen. Bienkopp bringt sich um!

Die Simson wird gelb und bissig. „Das geht zu weit!"

Wunschgetreu: „Das kann man klären. Schlimmer ist: Genosse Bienkopp hat dem Gegner Fraß gegeben. Der Feind hetzt. Er besudelt unseren Kreis im Rundfunk! Wie stehn wir beim Bezirk da?"

Bienkopp wühlt in seiner Rocktasche. Er legt sein Parteibuch mit zitternder Hand vor Wunschgetreu auf den Tisch. „Wenn du der Meinung bist, ich helf dem Gegner..."

Wunschgetreu springt auf und hält Bienkopp am Ärmel fest. Bienkopp reißt sich los. „Du hast mir nicht ein gutes Wort gesagt: Ist die Partei so?" Er geht zur Tür. [...] [v 1963]

Aufgaben zu den Texten auf den Seiten 403–414

THOMAS MANN Doktor Faustus (S. 403 f.)

① Fassen Sie zusammen, worum es in diesem Textausschnitt geht.
② Analysieren Sie die Struktur des Satzes Z. 58–64.
③ Wie beurteilen Sie aus Ihrer Sicht die Beschreibung der Deutschen?

ALFRED ANDERSCH Die Kirschen der Freiheit (S. 404 ff.)

① An welchen Stellen wird deutlich, daß Andersch das Geschehen existentialistisch deutet? Erläutern Sie diese existentialistische Auffassung.
② Der Autor weicht vom chronologischen Erzählverlauf ab und stellt zwei unterschiedlich gestaltete Kriegsszenen nebeneinander (Z. 12–24 und Z. 34–57). Interpretieren Sie vergleichend die beiden Szenen, und begründen Sie das erzählerische Verfahren.

GÜNTER EICH Inventur (S. 406)

① Sprechen Sie das Gedicht mehrmals. Ermitteln Sie den angemessenen Rhythmus.
② Interpretieren Sie, vom Titel ausgehend, das Gedicht.
③ Beurteilen Sie Form und Aussage.

PAUL CELAN Todesfuge (S. 407)

① Celan überträgt eine musikalische Kompositionsform auf die Sprache. In der Fuge wird in einem mehrstimmigen Satz das Thema von jeder Stimme aufgenommen, so daß sich im Wechsel von Wiederholung und Variation ein kunstvoll verflochtenes klangliches Neben- und Miteinander ergibt. Im Gedicht gibt der Titel das Thema an. Wie viele Stimmen werden gebraucht, wenn das Gedicht von mehreren Sprechern vorgetragen werden soll? Richten sie den Text für einen solchen Vortrag ein und begründen Sie Ihr Vorgehen.
② Von Z. 27 an scheint Celan das Variationsprinzip anders zu handhaben. Beschreiben Sie die Abwandlung und suchen Sie eine Erklärung.
③ Man hat das Gedicht von den Sprachfiguren und von Klang und Rhythmus her interpretiert. Erproben Sie ansatzweise beide Möglichkeiten.

WOLFGANG BORCHERT Das Brot (S. 408 f.)

① Wie verhalten sich äußere und innere Handlung zueinander?
② Als Qualitätsmerkmal einer Kurzgeschichte gilt, daß sie sprachlich intensiv gestaltet ist. Wie erzielt Borchert diese Intensität?
③ Vergleichen Sie mit Hilfe einer Anthologie diese Kurzgeschichte mit später entstandenen.

WILHELM LEHMANN Das Wagnis (S. 409)
WERNER BERGENGRUEN Die heile Welt (S. 409)

① Welches Bild vom Menschen zeichnet Bergengruen? Nehmen Sie dazu Stellung. Ziehen Sie für Ihre Überlegungen die Einleitung heran.
② Arbeiten Sie die Unterschiede zwischen den beiden Gedichten heraus.

HEINER MÜLLER Der Lohndrücker (S. 410 f.)
ERWIN STRITTMATTER Ole Bienkopp (S. 412 ff.)

① Wie stellt Müller den Aufbau des Sozialismus in der DDR dar, wie Strittmatter? Welche Probleme und Konflikte treten auf, wie werden sie überwunden?
② Welches Bild der Partei wird jeweils vermittelt?
③ Wie wirkt sich die Wahl der Gattung (Drama–Roman) auf die Darstellung aus?
④ Untersuchen Sie, inwieweit das Programm des „Bitterfelder Wegs" (s. S. 422) in Strittmatters Roman erkennbar ist.

XX. Gegenwart (1949–1990)

Klaus Vogelgesang, Lacht zuletzt, 1981

1. Grundzüge der Epoche

Nach dem Zusammenbruch des „realexistierenden" Sozialismus in Osteuropa und nach der deutschen Vereinigung erscheint es möglich und sogar plausibel, die **40 Jahre der deutschen Teilung** als eine Epoche zu betrachten. Sie begann mit der Gründung von zwei deutschen Staaten, die außer der Sprache ihrer Bewohner und deren Erinnerung an eine gemeinsame Vergangenheit wenig zu verbinden schien.
Die Trennung und Abschließung des eigenen Territoriums wurde von den Machthabern der DDR nach Niederwerfung des Arbeiteraufstands vom 17. Juni 1953 und durch die Errichtung der Berliner Mauer am 13. August 1961 weiter vorangetrieben.

In der Bundesrepublik stabilisierte sich die Demokratie unter der Regierung Adenauer, die marktwirtschaftliche Ordnung war durch eine soziale Komponente ergänzt worden. Das sogenannte „Wirtschaftswunder" führte zur Vollbeschäftigung, ermöglichte den meisten Bürgern einen höheren Lebensstandard und erleichterte die Integration ursprünglich oppositioneller Kräfte in die bestehende Ordnung. Im Grunde waren alle Regierungen und Regierungskoalitionen, wenn auch mit unterschiedlichen Schwerpunkten, darauf bedacht, für eine Entwicklung zu sorgen, die die Gewähr bot, daß die Bundesrepublik ein „Staat des Grundgesetzes" (Johannes Gross) blieb. Die Protestbewegung von 1968 und die Terroristen, die sich selbst zur „Roten Armee Fraktion" (RAF) ernannten, konnten das Staatswesen nicht nachhaltig erschüttern. Extreme Positionen, Programme und Aktionen wurden von der überwiegenden Mehrheit der Bevölkerung entschieden abgelehnt.
Auch die Krisen der 70er Jahre (Ölkrise, Verlust von Arbeitsplätzen nach Einführung neuer Technologien, Höhepunkt des RAF-Terrors) beschworen für Staat und Gesellschaft keine Existenzkrise herauf.
In den 80er Jahren vermieden die Verantwortlichen durch eine Sowohl-als-auch-Haltung Entscheidungen, die den gesellschaftlichen Grundkonsens gefährdet hätten. Im „Doppelbeschluß" wurde die Raketennachrüstung mit einer Fortsetzung der Abrüstungsgespräche gekoppelt, einem grundsätzlichen Ja zur Kernkraft folgte sogleich das Versprechen, andere Energiequellen zu erschließen und zu nutzen.
Das stets vorhandene Protestpotential organisierte sich in Bürgerinitiativen und fand schließlich in der Ökologie- und Friedensbewegung zusammen. Industrie und Regierung wurde vorgehalten, daß sie es sich mit der Kontrolle des technischen Fortschritts zu leicht gemacht hätten; auch fürchtete man, daß die fortgesetzte Aufrüstung zu einer Katastrophe apokalyptischen Ausmaßes führen könnte. Nicht zu übersehende Umweltschäden versetzten die Bundesbürger in Sorge und Angst und wurden zum politischen Dauerthema.

Trotz vertraglicher Regelungen mit der Bundesrepublik blieb die DDR ein zum Westen hin abgeschlossenes Land. Sichtbares Zeichen waren die praktisch undurchdringlichen Grenzbefestigungen. Viele Bewohner der DDR waren mit ihrem „sozialistischen" Staat, der ihnen die Reise- und Informationsfreiheit verweigerte, nicht zufrieden. Auch die mit der Zeit höheren Löhne und besseren Sozialleistungen nahmen ihnen nicht die Furcht vor dem aufgeblähten Apparat des „Staatssicherheitsdienstes", mit dessen Präsenz immer und überall zu rechnen war.
Es mußte dennoch überraschen, daß in den Tagen und Wochen, in denen das vierzigjährige Staatsjubiläum gefeiert wurde, so viele der stets gegängelten und überwachten DDR-Bürger ihr Geschick selbst in die Hand nahmen und dem Regime entweder durch Massenflucht oder – kurze Zeit später – durch hartnäckiges Demonstrieren und Protestieren seine Schwäche vor Augen führten. Mit der Parole „Wir sind das Volk" erkämpften sie im Herbst 1989 einen Sieg der Demokratie und machten den Weg für eine Wiedervereinigung frei.

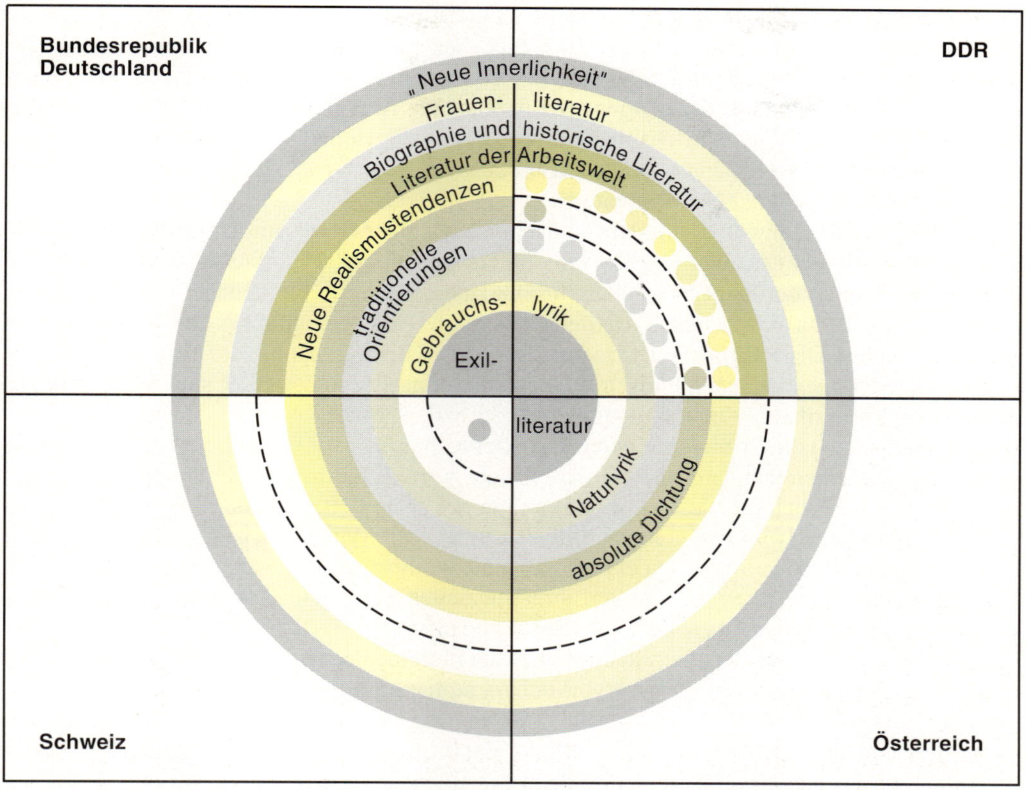

Schwerpunkte der literarischen Entwicklung seit 1945
(nach: dtv-Atlas zur deutschen Literatur von Horst Dieter Schlosser, Graphik: Uwe Goede. © München, Deutscher Taschenbuch Verlag 1983, S. 284)

Es gibt für die letzten 40 Jahre deutscher Literatur noch keine allgemein akzeptierte Periodisierung. Im folgenden wird eine Einteilung vorgenommen, die sich sowohl von auffälligen und wesentlich erscheinenden **Formen und Inhalten** der Gegenwartsliteratur leiten läßt als auch eine **zeitliche Reihenfolge** berücksichtigt.
Die Schriftsteller der zweiten Jahrhunderthälfte waren sich bewußt, daß sie vor neuen und schweren Aufgaben standen: Eine sich rasch verändernde und zunehmend komplexe Realität mußte von ihnen mit den Möglichkeiten der Literatur bewältigt werden.
In seinem Essay *Die Situation des Schriftstellers 1947* fordert Jean Paul Sartre eine „Literatur der Praxis". Viele deutsche Schriftsteller der 50er und frühen 60er Jahre folgten dieser Aufforderung nicht. Sie lernten die Klassiker der Moderne kennen, die ihnen im Dritten Reich vorenthalten worden waren, und waren fasziniert von Formexperimenten. **„Neue Gangarten der Sprache"** sollten auch in Deutschland entdeckt und erprobt werden; mit diesem Auftrag Ingeborg Bachmanns an sich selbst und ihre Schriftstellerkollegen läßt sich ein wesentlicher Vorgang der Literaturentwicklung kennzeichnen und ein erstes Kapitel der deutschen Gegenwartsliteratur benennen. Zwischen 1950 und etwa 1965 wird den deutschen Autoren auf neue Art bewußt, daß die Sprache, der Stoff, das Material, mit dem sie umgehen, für Experimente taugt und Entdeckungen verheißt. **Experimentieren** wird zur Metapher für bestimmte Phasen des dichterischen Schaffens oder für dieses Schaffen überhaupt.

In der zweiten Hälfte der 60er Jahre kündigte sich die politische Revolte von 1968 bereits an. Die Schriftsteller sahen sich veranlaßt, das Geschehen der zurückliegenden Jahre schärfer ins Visier zu nehmen. Beunruhigt durch das eigene Gewissen, aber auch gedrängt von einer ungeduldigen Jugend kamen aus dem Lager der Literatur nun **Einsprüche** gegen vieles, das bisher kaum aufgegriffen und angegriffen worden war: gegen die Herrschaftsroutine der Mächtigen, gegen egoistisches Wohlstands- und Konsumdenken, gegen träge Selbstzufriedenheit und gegen die Verdrängung der Nazi-Vergangenheit.
In der DDR waren „Tauwetterperioden" meist nur von kurzer Dauer, mit **Eingriffen** der Regierung war stets zu rechnen. Wer Kritik wagte, mußte sie auf vielfältige Weise verschlüsseln.
Ein zweites Kapitel der Gegenwartsliteratur läßt sich daher mit „Einsprüche, Eingriffe" überschreiben. Leicht zeitverschoben in den beiden deutschen Staaten umfaßt es einen Zeitraum von etwa zehn Jahren. Die **Politisierung** der westdeutschen Literatur war um die Mitte der 70er Jahre schon wieder beendet, exemplarisch für staatliche Eingriffe in der DDR sind zehn Jahre aus dem Leben des Lyrikers REINER KUNZE (geb. 1933; vgl. S. 446ff.).
Im Westen machten die Errungenschaften perfekter technischer Zivilisation und eine neuerliche Steigerung des Lebensstandards die Menschen nicht zufriedener mit den Zeitläufen und mit sich selbst. Davon legt auch die westdeutsche Literatur der späten 70er und der 80er Jahre Zeugnis ab. In der pluralistischen Leistungsgesellschaft zeigten sich Mangelerscheinungen. Das Individuum in seiner Besonderheit, seiner Einmaligkeit wollte beachtet sein. Viele suchten nach Lebenskonzepten, die ihrem Wesen und ihrer speziellen Lage gemäß waren, sie wollten ihre **Identität** finden. Hier sind besonders die Bestrebungen von Frauen zu nennen, die jenseits der überlieferten, immer wieder übertragenen und übernommenen Rolle für ihr Geschlecht eine Identität suchen, die sich von einer verwirklichten humanen Kultur her bestimmt.
Der literarische Blick wurde vom Gesellschaftlichen weg auf das Innere gerichtet, das dort Entdeckte gewann an Bedeutung. Der Titel **Blicke nach innen** kann die dritte Epoche der Nachkriegsliteratur bezeichnen. Bei der Erkundung des eigenen Ich half der Rückblick auf das bisherige Leben, der auch zum Schreibimpuls werden konnte. Eine Reihe von Schriftstellern entschlossen sich zum **autobiographischen Schreiben.** 1978 schrieb ein namhafter Kritiker über die autobiographische Erzählung *Der Atem* von THOMAS BERNHARD (1931–1989): „Bernhard hat die Autobiographie wieder zu einer vorab literarischen Gattung gemacht, hat im Verlauf der Rückerinnerung seinem Schreiben ein Neues abgerungen, hat dem Stillstand, den seine Kunstfiguren repräsentieren, Bewegung verliehen durch genaues, selektierendes Nachzeichnen des eigenen Weges [...]." (Jochen Hieber, in: Süddeutsche Zeitung, zit. nach: Thomas Bernhard Werkgeschichte. Hg. v. J. Dittmar. Frankfurt/M: Suhrkamp 1981, S. 202)
Anders motiviert waren ehemalige DDR-Autoren, wenn sie sich nach 1989 dem autobiographischen Schreiben zuwandten. Wende und Vereinigung hatten viele von ihnen verunsichert, sie wollten mit der Erforschung und Offenlegung der Wahrheit bei sich selbst beginnen. Autobiographien im herkömmlichen oder modern verdeckten Sinn sind GÜNTER DE BRUYNS (geb. 1926) *Zwischenbilanz* oder WOLFGANG HILBIGS (geb. 1941) *„Ich"*.
Als Identität zum Schlagwort und Identitätsstreben zur Mode wurde, wandten sich die ersten schon wieder ab. Wieviel wirklich Eigenes war im Inneren schon zu entdecken? In jedem Menschen verbindet sich ganz Verschiedenes, ständig kommt durch äußere Einflüsse Neues hinzu. Wenn aus einer vielfältigen Mischung von Eigenem und Fremdem, ganz Persönlichem und nur Zitiertem ein collageartiges Stück Literatur wird, so könnte es der sogenannten **Postmoderne** zugerechnet werden. Bereits beim Begriff der Moderne mußte auf das Nebeneinander von Strömungen und Stilen hingewiesen werden, deren Gemeinsames nur schwer zu bestimmen ist. Eine klare Grenzziehung zwischen Moderne und Postmoderne ist nicht möglich. Postmodernes ist international; als einige – sehr relative – Merkmale seien genannt: Die Literatur wird zu einem

„Babel der Zitate", sie ist kaum noch gattungsgebunden, an Beobachtung und Einfall orientiert, spielerisch. *Paare, Passanten* – dieser Buchtitel von BOTHO STRAUSS (geb. 1944) könnte ein postmodernes Schreibkonzept vermuten lassen (s. S. 460f.).

a) Neue Gangarten der Sprache

Was GOTTFRIED BENN (1886–1956) 1951 in Marburg über *Probleme der Lyrik* vortrug, wurde zum poetikähnlichen Programm, sein Schreibverfahren war für viele Jüngere beispielgebend und von langanhaltender Wirkung. Der Arzt Gottfried Benn sieht die Entstehung von Gedichten in Analogie zu einem naturwissenschaftlichen Experiment. Im poetischen Labor wird das aus „psychischer Materie und Sprache" geformte Kunstwerk hergestellt. Die betont rationale und technische Formulierung überrascht, zumal Benn anderswo bemerkt, das Gedicht werde in einer Art Schaffensrausch hervorgebracht. Jedenfalls sind für Benn **Formungsprozeß** und **Werk** Werte an sich; sie können in einer als sinnentleert erfahrenen Welt zur „ästhetischen Rechtfertigung des Lebens" (Nietzsche) werden.

In dem Gedicht *Wortaufschüttung* hat PAUL CELAN (1920–1970) seine Ansprüche an die Dichtung **Chiffre** werden lassen. Er schuf eine poetische Landschaft, deren Bildelemente nur aus einem Mit- und Gegeneinander zu erschließen sind; jedes Wort ist wichtig und muß noch andere Bezüge herstellen als in der Sprache des Alltags. Celan schrieb ein **hermetisches Gedicht.** (Der Begriff leitet sich her von der spätantiken Gottheit Hermes Trismegistos, einer Abwandlung des griechischen Gottes Hermes. Unter ihrem Schutz standen Magier und Alchemisten.)

INGEBORG BACHMANN (1926–1973), war schon Mitte der fünfziger Jahre eine anerkannte und geschätzte Lyrikerin. In dem Gedicht *Erklär mir, Liebe* knüpft sie an **naturmagische Gedichte** an. In Tierwelt und Natur drängen geheimnisvolle Triebkräfte Zusammengehöriges zur Vereinigung, wenn es an der Zeit ist. Der Mensch hat sich aus dieser Ordnung gelöst, leicht wird er nun uneins mit seinesgleichen und mit sich selbst.

Einer der führenden Vertreter und Theoretiker **sprachkritischer Literatur**, HELMUT HEISSEN-

Gottfried Benn (1886–1956)

Ingeborg Bachmann (1926–1973)

BÜTTEL (geb. 1921), legt sich in dem poetologischen Text *Einerseitsgedicht* Rechenschaft darüber ab, was Literatur leisten kann, was Sprache abverlangt wird und was ihr tatsächlich abzugewinnen ist. Fast scheinen die Defizite zu überwiegen, jedenfalls ist Skepsis angebracht: Vieles, was Leben ist, kann Sprache nicht erfassen. Das Unbewußte, ein wichtiger Teil dieses Lebens, artikuliert sich in Bildern, die nicht leicht in Sprache zu übersetzen sind.
Auch das Programm der **konkreten Poesie** verrät Sprachskepsis, sie lähmt allerdings nicht, sondern ermutigt zu einer Innovation besonderer Art. Sprache sollte nicht nur Kommunikationsmedium sein, sie soll in ihrem Eigenwert entdeckt werden. Man kann ihr in ihren einfachen Elementen wie zum ersten Mal begegnen. Aus einem Spiel mit diesen Elementen entstehen *Konstellationen* wie die EUGEN GOMRINGERS (geb. 1925).
Nicht nur in Gedichten, auch in Prosawerken finden sich „neue Gangarten der Sprache".
In dem Roman *Das Treibhaus* taucht WOLFGANG KOEPPEN (geb. 1906) in den Bewußtseinsstrom seines „schwierigen" Helden ein. Dieser, Politiker, ehemaliger Emigrant und zugleich hervorragender Literatur- und Kunstkenner, kommt mit den Widersprüchen in seinem Inneren nicht mehr zurecht. Im Rheinhotel Dreesen, wo 1938 Hitler mit dem englischen Premierminister Chamberlain Gespräche über das Schicksal der Tschechoslowakei geführt hat, läßt er den Erinnerungen und seiner Phantasie freien Lauf: Vergangenheit und Gegenwart, Wahrgenommenes und Vorgestelltes vermischen sich.

In der DDR sollte weiterhin sozialistische Literatur geschrieben werden, die diesen Namen verdiente. 1959 begab man sich auf den **„Bitterfelder Weg"**: Werktätige wurden aufgefordert, über ihr Leben und vor allem über ihre Erfahrungen am Arbeitsplatz zu schreiben, Schriftsteller wurden in die Betriebe und Genossenschaften geschickt. Das Programm des Bitterfelder Wegs sah eine inhaltliche Erneuerung der Literatur vor, blieb aber sprachlich meist konventionell. Seine Einflüsse finden sich in verschiedenen Gattungen, so im Drama z. B. bei Heiner Müller oder PETER HACKS (geb. 1928), im Roman z. B. bei Erwin Strittmatter (s. S. 412ff.) oder BRIGITTE REIMANN (1933–1973). Ein typisches Beispiel ist ERIK NEUTSCHS (geb. 1931) Reportage *Das Objekt der Bewährung*.
Literatur war von verschiedenen Instanzen überwacht, die Freiräume waren eng. Einige Schriftsteller machten sich Hoffnungen, als der Generalsekretär der Einheitspartei, Erich Honecker, im Dezember 1971 auf einem Plenum des Zentralkomitees verkündete: „Wenn man von der festen Position des Sozialismus ausgeht, kann es [...] auf dem Gebiet der Kunst und Literatur keine Tabus geben. Das betrifft sowohl die Fragen der inhaltlichen Gestaltung als auch des Stils." Durften nun „formalistische" Experimente gewagt, neue Gangarten der Sprache auch in der DDR ausprobiert werden?
ULRICH PLENZDORF (geb. 1934) unterlegte nicht nur einen in modern-schnoddrigem Jugendjargon geschriebenen Roman mit Textstellen aus Goethes *Die Leiden des jungen Werthers*, er machte durch geschickte Montage und Parallelisierung auch deutlich, daß das Aufbegehren eines jungen Menschen gegen ein nach Regeln und Erwartungen zu führendes Leben sowohl ein aktuelles wie überzeitliches Thema ist. Plenzdorfs *Die neuen Leiden des jungen W.* wurden in West- und Ostdeutschland zu einem der erfolgreichsten Bücher der Nachkriegsepoche. Auch in der Erzählung *kein runter kein fern* entfernte sich Plenzdorf weit von der Linie der offiziellen Literaturdoktrin. Sein Text wurde in der DDR nicht veröffentlicht.

b) Einsprüche, Eingriffe

Das Kapitel eröffnen zwei Texte von HANS MAGNUS ENZENSBERGER (geb. 1929); das **politische Gedicht** *konjunktur* und der Essay *Das Plebiszit der Verbraucher.* Im Essay nimmt sich Enzensberger ein Dokument vor – in der Sprache des Gedichts wäre es ein „Köder" –, das über die

Bedürfnisse und Wünsche der Kunden ebenso Aufschluß gibt wie über die Methoden der Verkäufer, und leitet daraus eine herbe **Kritik der Konsumgesellschaft** ab. Daß im Seelenhaushalt der Wohlstandsbürger so manches nicht stimmte, enthüllt auch die Zwiebelkeller-Episode aus GÜNTER GRASS' (geb. 1927) Roman *Die Blechtrommel*.
Mitte der 60er Jahre wurde die Gesellschaftskritik schärfer, die Feindbilder wurden deutlicher. ELISABETH PLESSEN (geb. 1944) koppelt in ihrem autobiographisch geprägten Roman *Mitteilung an den Adel* zwei Szenen, die die Entwicklung deutlich machen. Bei einer Demonstration in Paris hat die deutsche Studentin Augusta ein Initiationserlebnis. Sie bekennt sich zur linken Protestbewegung und läßt es auf einen Konflikt mit ihrem Vater ankommen. Die kritische Tochter hinterfragt dessen Verhalten und will so die fragwürdige Position der älteren Generation entlarven. Werte, zu denen man sich bisher unbedenklich bekannt hatte, gerieten ins Zwielicht; wurden sie nicht nur zur Tarnung von Interessen benutzt? – PETER HANDKE (geb. 1942) und ERICH FRIED (1921–1988) montieren satirische Texte aus sprachlichen Fertigteilen; Sprachexperiment und Gesellschaftskritik gehen eine brisante Verbindung ein.

Das Gedicht *Der Garten des Theophrast* spiegelt in metaphorischer Einkleidung einen folgenreichen **Eingriff** der Staatsmacht in das literarische Leben der DDR wider: 1962 wurde PETER HUCHEL (1903–1981) als Chefredakteur von *Sinn und Form* abgesetzt. Unter seiner Leitung galt die Zeitschrift als letztes freies Gesprächsforum. Unterschiedslos konnten Schriftsteller aus Ost- und West-Deutschland dort veröffentlichen, Auswahlkriterium war allein die literarische Qualität. Das Gedicht wurde im letzten Band unter seiner Herausgeberschaft abgedruckt.
In dem Gedicht *Der Hochwald erzieht seine Bäume* (1969) hat REINER KUNZE ein Stück DDR-Ideologie Metapher werden lassen. Die Aussage konnte – typisch für diese Literatur – als Einverständniserklärung gelesen werden, die Metapher tarnte aber auch Kritik. Kunze verscherzte sich das Wohlwollen der Partei und des Schriftstellerverbandes. Erst durch die Eröffnung seiner Stasi-Akte wurde in vollem Umfang enthüllt, wie er ein Jahrzehnt lang durch eine infam inszenierte Kampagne unter Druck gesetzt worden war.
Im Laufe der Jahre vertieften sich die Unterschiede der Lebensformen in der DDR und der Bundesrepublik und mit ihnen die innere Entfremdung. UWE JOHNSON (1934–1985), der 1959 aus der DDR nach Westberlin gezogen war, hat sich in den 70er Jahren in seinem Roman *Jahrestage* als Gedankenspiel ausgemalt, wie sich die Verhältnisse in einem DDR-Provinzstädtchen entwickelt hätten, „wenn Jerichow zum Westen gekommen wäre". Das Ungleichzeitige wird durch Montage gleichzeitig gemacht; die häufigen Irrealis-Formen betonen die Kluft zwischen Wunsch und Wirklichkeit.

c) Blicke nach innen

URSULA KRECHEL (geb. 1947) blickt zurück auf die Jahre der Studentenrevolte, in denen viele auf die Straße gegangen waren in der Gewißheit, daß eigentlich alles schon erkannt, durchschaut und auf den Begriff gebracht war. Die Euphorie hielt nicht an, die meisten wollten danach neu und anders anfangen, allein oder in einer „Zweierbeziehung".
Daß es ein Wagnis sein kann, sich zu seiner **Subjektivität** zu bekennen, deutet KARIN KIWUS' (geb. 1942) hintergründig-verschmitztes Gedicht *Gewisse Verbindung* an.
Identitätsfindung betrifft und fordert immer den einzelnen; das Klima in der Gesellschaft kann einen solchen Prozeß begünstigen, erschweren oder verhindern. Schwer hat es Karin, die Hauptfigur in VOLKER BRAUNS (geb. 1939) kritisch-reflektierender Erzählung *Unvollendete Geschichte*. Sie war in die DDR-Gesellschaft integriert und hat deren Wertsystem verinnerlicht. Ganz auf sich zurückgeworfen, muß sie eine frühe Lebenskrise aus eigener Kraft bestehen.
Die gleiche Bewährungsprobe in ganz anderen gesellschaftlichen Verhältnissen stellt sich einem

todkranken jungen Mann: Der Österreicher THOMAS BERNHARD berichtet über ihn – und über sich – in seiner **autobiographischen Erzählung** *Der Atem*. Der von den Ärzten schon aufgegebene Patient entdeckt seine Identität, während er ganz isoliert und sich selbst überlassen ist.
Für die Erzählweise von HERMANN LENZ (geb. 1913) ist der „nach außen gewendete innere Monolog", wie ihn ein Kritiker nannte, kennzeichnend. Gemeint ist ein Verfahren, das den Leser „Blicke nach innen" nachvollziehen läßt, z. B. in seinem Roman *Jung und Alt*.
In der DDR brachten die 70er Jahre den Schriftstellern nicht die erhoffte größere Freiheit. Volker Brauns *Unvollendete Geschichte* durfte nur einmal in einer Literaturzeitschrift gedruckt werden, die Veröffentlichung von Rezensionen wurde untersagt. Nach der Ausweisung des Lyrikers und Liedermachers WOLF BIERMANN (geb. 1936) im Jahr 1976, auf die einige prominente Schriftstellerkollegen mit einem Protestschreiben reagiert hatte, nahmen die Spannungen zu. Als 1979 ein Gesetz erlassen wurde, nach dem mit Strafe rechnen mußte, wer im Ausland veröffentlichte, was den Interessen der DDR schaden konnte, blieben zahlreiche Schriftsteller im Westen und setzten dort ihre Arbeit fort. Den meisten fiel es nicht leicht, sich den anderen Verhältnissen und Schreibbedingungen anzupassen. Andererseits wurden in den 80er Jahren Werke von DDR-Autoren mit mehr Interesse und Anteilnahme gelesen als in den vorausgehenden Jahrzehnten. Besonders geschätzt war CHRISTA WOLF (geb. 1929), die sich 1980 intensiv mit einer Gestalt der Antike: der trojanischen Königstochter, Priesterin und Unglücksprophetin Kassandra, beschäftigte. Der Blick in das Innere der Seherin fördert hier auch Gesellschaftlich-Politisches zutage. In der *3. Frankfurter Poetik-Vorlesung* stellte Christa Wolf selbst die Beziehung zwischen dem antiken Stoff und dem Zeitgeschehen her, das sie zutiefst beunruhigte:

Jetzt muß man nicht mehr ‚Kassandra' sein: die meisten beginnen zu spüren, was kommen wird [...]. Die Nachrichten beider Seiten bombardieren uns mit der Notwendigkeit von Kriegsvorbereitungen, die auf beiden Seiten Verteidigungsvorbereitungen heißen. Sich den wirklichen Zustand der Welt vor Augen zu halten, ist psychisch unerträglich [...]. Wem soll man sagen, daß es die moderne Industriegesellschaft, Götze und Fetisch aller Regierungen, in ihrer absurden Ausprägung selber ist, die sich gegen ihre Erbauer, Nutzer und Verteidiger richtet: Wer könnte das ändern. Der Wahnsinn geht mir an die Kehle. (aus: Voraussetzungen einer Erzählung: Kassandra. Frankfurter Poetik-Vorlesungen. Darmstadt/Neuwied: Luchterhand 1983, S. 84 u. 88)

Diese Sätze wurden in der DDR-Ausgabe der Vorlesung von der Zensur gestrichen.
Die Kassandra der Erzählung muß als Kriegsgefangene und Sklavin des griechischen Königs Agamemnon mit dem sicheren Tode rechnen. In einem großen Rückblickmonolog erinnert sie sich, wie es war im letzten Stadium vor dem langen, blutigen Krieg, in dem Troja unterging.
BOTHO STRAUSS betrachtet in *Paare, Passanten* seine Zeitgenossen; er hört sie reden, beobachtet, wie sie sich geben, wie sie gesehen werden wollen: fast alle folgen Trends und vorgegebenen Verhaltensmustern. In der letzten Betrachtung scheint es zunächst, als werde die Wunschvorstellung „Identität" als Illusion abgetan, dann hält Strauß plötzlich inne, besieht sich die Sache nochmals von einer anderen Seite. Die Frage nach der **Identität** des modernen Menschen bleibt offen.

Christa Wolf (1929)*

2. Texte

a) Neue Gangarten der Sprache

Gottfried Benn

Probleme der Lyrik

[…] Ich stelle mir also vor, Sie richteten jetzt an mich die Frage, was ist eigentlich ein modernes Gedicht, wie sieht es aus, und darauf antworten werde ich mit negativen Ausführungen, nämlich, wie sieht ein modernes Gedicht nicht aus.
Ich nenne Ihnen vier diagnostische Symptome, mit deren Hilfe Sie selber in Zukunft unterscheiden können, ob ein Gedicht von 1950 identisch mit der Zeit ist oder nicht. Meine Beispiele nehme ich aus bekannten Anthologien. Diese vier Symptome sind:
erstens das Andichten. Beispiel: Überschrift „Das Stoppelfeld". Erster Vers:

> „Ein kahles Feld vor meinem Fenster liegt jüngst haben sich dort
> schwere Weizenähren im Sommerwinde hin- und hergewiegt
> vom Ausfall heute sich die Spatzen nähren."

So geht es drei Strophen weiter, dann in der vierten und letzten kommt die Wendung zum Ich, sie beginnt:

> „Schwebt mir nicht hier mein eigenes Leben vor"

und so weiter.
Wir haben also zwei Objekte. Erstens die unbelebte Natur, die angedichtet wird, und am Schluß die Wendung zum Autor, der jetzt innerlich wird oder es zu werden glaubt. Also ein Gedicht mit Trennung und Gegenüberstellung von angedichtetem Gegenstand und dichtendem Ich, von äußerer Staffage und innerem Bezug. Das, sage ich, ist für heute eine primitive Art, seine lyrische Substanz zu dokumentieren. Selbst wenn sich der Autor dem von Marinetti geprägten Satz: détruire le Je dans la littérature (das Ich in der Literatur zerstören) nicht anschließen will, er wirkt mit dieser Methode heute veraltet. Ich will allerdings gleich hinzufügen, daß es herrliche deutsche Gedichte gibt, die nach diesem Modell gearbeitet sind, zum Beispiel Eichendorffs Mondnacht, aber das ist über hundert Jahre her.
Das *zweite Symptom* ist das WIE. Bitte beachten Sie, wie oft in einem Gedicht „wie" vorkommt. Wie, oder wie wenn, oder es ist, als ob, das sind Hilfskonstruktionen, meistens Leerlauf. Mein Lied rollt wie Sonnengold – Die Sonne liegt auf dem Kupferdach wie Bronzegeschmeid – Mein Lied zittert wie gebändigte Flut – Wie eine Blume in stiller Nacht – Bleich wie Seide – Die Liebe blüht wie eine Lilie –. Dies Wie ist immer ein Bruch in der Vision, es holt heran, es vergleicht, es ist keine primäre Setzung. Aber auch hier muß ich einfügen, es gibt großartige Gedichte mit WIE. Rilke war ein großer WIE-Dichter. In einem seiner schönsten Gedichte „Archaischer Torso Apollos" steht in vier Strophen dreimal WIE, und zwar sogar recht banale „Wies": wie ein Kandelaber, wie Raubtierfelle, wie ein Stern – und in seinem Gedicht „Blaue Hortensie" finden wir in vier Strophen viermal WIE: Darunter: wie in einer Kinderschürze – wie in alten blauen Briefpapieren – nun gut, Rilke konnte das, aber als Grundsatz können Sie sich daran halten, daß ein WIE immer ein Einbruch des Erzählerischen, Feuilletonistischen in die Lyrik ist, ein Nachlassen der sprachlichen Spannung, eine Schwäche der schöpferischen Transformation.
Das *dritte* ist harmloser. Beachten Sie, wie oft in den Versen Farben vorkommen. Rot, purpurn, opalen, silbern mit der Abwandlung silberlich, braun, grün, orangefarben, grau, golden – hiermit glaubt der Autor vermutlich besonders üppig und phantasievoll zu wirken, übersieht aber, daß

diese Farben ja reine Wortklischees sind, die besser beim Optiker und Augenarzt ihr Unterkommen finden. [...]

Das *vierte* ist der seraphische Ton. Wenn es gleich losgeht oder schnell anlangt bei Brunnenrauschen und Harfen und schöner Nacht und Stille und Ketten ohne Anbeginn, Kugelründung, Vollbringen, siegt sich zum Stern, Neugottesgründung und ähnlichen Allgefühlen, ist das meistens eine billige Spekulation auf die Sentimentalität und Weichlichkeit des Lesers. Dieser seraphische Ton ist keine Überwindung des Irdischen, sondern eine Flucht vor dem Irdischen. Der große Dichter aber ist ein großer Realist, sehr nahe allen Wirklichkeiten – er belädt sich mit Wirklichkeiten, er ist sehr irdisch, eine Zikade, nach der Sage aus der Erde geboren, das athenische Insekt. Er wird das Esoterische und Seraphische ungeheuer vorsichtig auf harte realistische Unterlagen verteilen. – Und dann achten Sie bitte auf das Wort: „steilen" – da will einer hoch und kommt nicht 'rauf.

Wenn Sie also in Zukunft auf ein Gedicht stoßen, nehmen Sie bitte einen Bleistift wie beim Kreuzworträtsel und beobachten Sie: Andichten, WIE, Farbenskala, seraphischer Ton, und Sie werden schnell zu einem eigenen Urteil gelangen.

Darf ich an diese Stelle die Bemerkung anknüpfen, daß in der Lyrik das Mittelmäßige schlechthin unerlaubt und unerträglich ist, ihr Feld ist schmal, ihre Mittel sehr subtil, ihre Substanz das Ens realissimum der Substanzen, demnach müssen auch die Maßstäbe extrem sein. Mittelmäßige Romane sind nicht so unerträglich, sie können unterhalten, belehren, spannend sein, aber Lyrik muß entweder exorbitant sein oder gar nicht. Das gehört zu ihrem Wesen. [...]

Irgend etwas in Ihnen schleudert ein paar Verse heraus oder tastet sich mit ein paar Versen hervor, irgend etwas anderes in Ihnen nimmt diese Verse sofort in die Hand, legt sie in eine Art Beobachtungsapparat, ein Mikroskop, prüft sie, färbt sie, sucht nach pathologischen Stellen. Ist das erste vielleicht naiv, ist das zweite ganz etwas anderes: raffiniert und skeptisch. Ist das erste vielleicht subjektiv, bringt das zweite die objektive Welt heran, es ist das formale, das geistige Prinzip. [...]

[e um 1950, v 1951]

GOTTFRIED BENN
Nur zwei Dinge

Durch soviel Formen geschritten,
durch Ich und Wir und Du,
doch alles blieb erlitten
durch die ewige Frage: wozu?

Das ist eine Kinderfrage.
Dir wurde erst spät bewußt,
es gibt nur eines: ertrage
– ob Sinn, ob Sucht, ob Sage –
dein fernbestimmtes: Du mußt.

Ob Rosen, ob Schnee, ob Meere,
was alles erblühte, verblich,
es gibt nur zwei Dinge: die Leere
und das gezeichnete Ich.

[v 1953]

PAUL CELAN
Wortaufschüttung*

Wortaufschüttung, vulkanisch,
meerüberrauscht.

Oben
der flutende Mob
der Gegengeschöpfe: er
flaggte – Abbild und Nachbild
kreuzen eitel zeithin.

Bis du den Wortmond hinausschleuderst, von dem her
das Wunder Ebbe geschieht
und der herzförmige Krater
nackt für die Anfänge zeugt,
die Königsgeburten.

[v 1967]

INGEBORG BACHMANN
Erklär mir, Liebe

Dein Hut lüftet sich leis, grüßt, schwebt im Wind,
dein unbedeckter Kopf hat's Wolken angetan,
dein Herz hat anderswo zu tun,
dein Mund verleibt sich neue Sprachen ein,
das Zittergras im Land nimmt überhand,
Sternblumen bläst der Sommer an und aus,
von Flocken blind erhebst du dein Gesicht,
du lachst und weinst und gehst an dir zugrund,
was soll dir noch geschehen –

Erklär mir, Liebe!

Der Pfau, in feierlichem Staunen, schlägt sein Rad,
die Taube stellt den Federkragen hoch,
vom Gurren überfüllt, dehnt sich die Luft,
der Entrich schreit, vom wilden Honig nimmt
das ganze Land, auch im gesetzten Park
hat jedes Beet ein goldner Staub umsäumt.

Der Fisch errötet, überholt den Schwarm
und stürzt durch Grotten ins Korallenbett.
Zur Silbersandmusik tanzt scheu der Skorpion.
Der Käfer riecht die Herrlichste von weit;
hätt ich nur seinen Sinn, ich fühlte auch,
daß Flügel unter ihrem Panzer schimmern,
und nähm den Weg zum fernen Erdbeerstrauch!

Erklär mir, Liebe!

Wasser weiß zu reden,
die Welle nimmt die Welle an der Hand,
im Weinberg schwillt die Traube, springt
und fällt.
So arglos tritt die Schnecke aus dem Haus!

Ein Stein weiß einen andern zu erweichen!

Erklär mir, Liebe, was ich nicht erklären kann:
sollt ich die kurze schauerliche Zeit
nur mit Gedanken Umgang haben und allein
nichts Liebes kennen und nichts Liebes tun?
Muß einer denken? Wird er nicht vermißt?

Du sagst: es zählt ein andrer Geist auf ihn ...
Erklär mir nichts. Ich seh den Salamander
durch jedes Feuer gehn.
Kein Schauer jagt ihn, und es schmerzt ihn
nichts.

[v 1956]

INGEBORG BACHMANN
Probleme zeitgenössischer Dichtung

[...] Es heißt immer, die Dinge lägen in der Luft. Ich glaube nicht, daß sie einfach in der Luft liegen, daß jeder sie greifen und in Besitz nehmen kann. Denn eine neue Erfahrung wird *gemacht* und nicht aus der Luft geholt. Aus der Luft oder bei den anderen holen sie sich nur diejenigen, die selber keine Erfahrung gemacht haben. Und ich glaube, daß, wo diese immer neuen, keinem erspart bleibenden Wozu- und Warumfragen und alle die Fragen, die sich daran schließen (und die Schuldfragen, wenn Sie wollen), nicht erhoben werden, daß, wo kein Verdacht und somit keine wirkliche Problematik in dem Produzierenden selbst und somit keine wirkliche Problematik vorliegt, keine neue Dichtung entsteht. Es mag paradox klingen, weil vorhin vom Verstummen und Schweigen die Rede war als Folge dieser Not des Schriftstellers mit sich und der Wirklichkeit – einer Not, die heute nur andere Formen angenommen hat. Religiöse und metaphysische Konflikte sind abgelöst worden durch soziale, mitmenschliche und politische. Und sie alle münden für

Jean Paul Riopelle, Begegnung, 1956

den Schriftsteller in den Konflikt mit der Sprache. Denn die wirklich großen Leistungen dieser letzten fünfzig Jahre, die eine neue Literatur sichtbar gemacht haben, sind nicht entstanden, weil Stile durchexperimentiert werden wollten, weil man sich bald so, bald so auszudrücken versucht, weil man modern sein wollte, sondern immer dort, wo vor jeder Erkenntnis ein neues Denken wie ein Sprengstoff den Anstoß gab – wo, vor jeder formulierbaren Moral, ein moralischer Trieb groß genug war, eine neue sittliche Möglichkeit zu begreifen und zu entwerfen. Insofern glaube ich auch nicht, daß wir heute die Probleme haben, die man uns aufschwätzen will, und wir sind leider alle nur zu sehr verführt, sie mitzuschwätzen. Ich glaube auch nicht, daß uns, nach so und so vielen formalen Entdeckungen und Abenteuern, die in diesem Jahrhundert gemacht worden sind (vor allem zu Anfang dieses Jahrhunderts), nichts mehr übrig bleibt, als Epigonenhaftes zu schreiben, wenn man nicht noch surrealistischer als surrealistisch und noch expressionistischer als expressionistisch schreibt, und daß einem nichts übrig bleibt, als die Entdeckungen von Joyce und Proust, von Kafka und Musil zu nutzen. Joyce und Proust und Kafka und Musil haben nämlich auch keine vorangegangene, vorgefundene Erfahrung benutzt, und was sie benutzt haben und was sich wohl feststellen läßt in Seminararbeiten und Dissertationen, das erscheint jedenfalls als das geringste an ihnen, ist äußerlich oder eingeschmolzen. Bei der blinden Übernahme dieser seinerzeitigen Wirklichkeitsbestimmungen, dieser gestern neu gewesenen Denkformen, kann es nur zu einem Abklatsch und einer schwächeren Wiederholung der großen Werke kommen. Wäre dies die einzige Möglichkeit: weiterzumachen, fortzuführen und ohne Erfahrung zu experimentieren, bis es sich zu lohnen scheint, dann dürften die Anklagen, die heute oft gegen die jüngeren Schriftsteller erhoben werden, zu recht bestehen. Aber es knistert wohl schon im Gebälk. Die Nacht kommt vor dem Tag, und der Brand wird in der Dämmerung gelegt.

Mit einer neuen Sprache wird der Wirklichkeit immer dort begegnet, wo ein moralischer, erkenntnishafter Ruck geschieht, und nicht, wo man versucht, die Sprache an sich neu zu machen, als könnte die Sprache selber die Erkenntnis eintreiben und die Erfahrung kundtun, die man nie gehabt hat. Wo nur mit ihr hantiert wird, damit sie sich neuartig anfühlt, rächt sie sich bald und entlarvt die Absicht. Eine neue Sprache muß eine neue Gangart haben, und diese Gangart hat sie nur, wenn ein neuer Geist sie bewohnt. Wir meinen, wir kennen sie doch alle, die Sprache, wir gehen doch mit ihr um; nur der Schriftsteller nicht, er kann nicht mit ihr umgehen. Sie erschreckt ihn, ist ihm nicht selbstverständlich, sie ist ja auch vor der Literatur da, bewegt und in einem Prozeß, zum Gebrauch bestimmt, von dem er keinen Gebrauch machen kann. Sie ist ja für ihn kein unerschöpflicher Materialvorrat, aus dem er sich nehmen kann, ist nicht das soziale Objekt, das ungeteilte Eigentum aller Menschen. Für das, was er will, mit der Sprache will, hat sie sich noch nicht bewährt; er muß im Rahmen der ihm gezogenen Grenzen ihre Zeichen fixieren und sie unter einem Ritual wieder lebendig machen, ihr eine Gangart geben, die sie nirgendwo sonst erhält außer im sprachlichen Kunstwerk. Da mag sie uns freilich erlauben, auf ihre Schönheit zu achten, Schönheit zu empfinden, aber sie gehorcht einer Veränderung, die weder zuerst noch zuletzt ästhetische Befriedigung will, sondern neue Fassungskraft.

Von einem notwendigen Antrieb, den ich vorläufig nicht anders als einen moralischen vor aller Moral zu identifizieren weiß, ist gesprochen worden, einer Stoßkraft für ein Denken, das zuerst noch nicht um Richtung besorgt ist, einem Denken, das Erkenntnis will und mit der Sprache und durch Sprache hindurch etwas erreichen will. Nennen wir es vorläufig: Realität.

Ist diese Richtung einmal eingeschlagen, und es handelt sich nicht um eine philosophische, um keine literarische Richtung, so wird sie immer eine andere sein. Sie führte Hofmannsthal woanders hin als George, sie war eine andere wieder für Rilke, eine andere für Kafka; Musil war einer ganz anderen bestimmt als Brecht. Dieses Richtungnehmen, dieses Geschleudertwerden in eine Bahn, in der gedeiht und verdirbt, in der von Worten und Dingen nichts Zufälliges mehr Zulaß hat [...]. Wo dies sich zuträgt, meine ich, haben wir mehr Gewähr für die Authentizität einer dichterischen

Erscheinung, als wenn wir ihre Werke absuchen nach glücklichen Merkmalen von Qualität. Die Qualität ist ja unterschiedlich, diskutierbar, auf Strecken sogar absprechbar. Qualität hat auch hin und wieder ein Gedicht von einem Mittelsmann, eine gute Erzählung, ein ansprechender, kluger Roman, das ist zu finden; es ist überhaupt kein Mangel an Könnern, auch heute nicht, und es gibt Zufallstreffer oder Sonderbares, Abwegiges am Rande, das uns persönlich lieb werden kann. Und doch ist nur Richtung, die durchgehende Manifestation einer Problemkonstante, eine unverwechselbare Wortwelt, Gestaltenwelt und Konfliktwelt imstande, uns zu veranlassen, einen Dichter als unausweichlich zu sehen. Weil er Richtung hat, weil er seine Bahn zieht wie den einzigen aller möglichen Wege, verzweifelt unter dem Zwang, die ganze Welt zu der seinen machen zu müssen, und schuldig in der Anmaßung, die Welt zu definieren, ist er wirklich da. Weil er von sich weiß, ich bin unausweichlich, und weil er nicht ausweichen kann selber, enthüllt sich ihm seine Aufgabe. [...]

[v 1964]

Eugen Gomringer

vom vers zur konstellation

[...] zweck der neuen dichtung ist, der dichtung wieder eine organische funktion in der gesellschaft zu geben und damit den platz des dichters zu seinem nutzen und zum nutzen der gesellschaft neu zu bestimmen. da dabei an die formale vereinfachung unserer sprachen und den zeichencharakter der schrift zu denken ist, kann von einer organischen funktion der dichtung nur dann gesprochen werden, wenn sie sich in diese sprachvorgänge einschaltet. das neue gedicht ist deshalb als ganzes und in den teilen einfach und überschaubar. es wird zum seh- und gebrauchsgegenstand: denkgegenstand – denkspiel. es beschäftigt durch seine kürze und knappheit. es ist memorierbar und als bild einprägsam. es dient dem heutigen menschen durch seinen objektiven spiel-charakter, und der dichter dient ihm durch seine besondere begabung zu dieser spieltätigkeit. er ist der kenner der spiel- und sprachregeln, der erfinder neuer formeln. durch die vorbildlichkeit seiner spielregeln kann das neue gedicht die alltagssprache beeinflussen.

der zweck der neuen dichtung ist viel direkter als der der individualistischen dichtung. der unterschied zwischen der sogenannten gebrauchsliteratur und der designierten dichtung fällt nicht mehr ins gewicht. zwischen beiden besteht nahe verwandtschaft, ja es ist nicht abwegig zu denken, daß der unterschied einmal verschwindet, daß es in zukunft überhaupt nur noch eine art wirklicher gebrauchsliteratur geben wird. der beitrag der dichtung wird sein die konzentration, die sparsamkeit und das schweigen: das schweigen zeichnet die neue dichtung gegenüber der individualistischen dichtung aus. dazu stützt sie sich auf das wort.

das wort: es ist eine größe. es ist – wo immer es fällt und geschrieben wird. es ist weder gut noch böse, weder wahr noch falsch. es besteht aus lauten, aus buchstaben, von denen einzelne einen individuellen, markanten ausdruck besitzen. es eignet dem wort die schönheit des materials und die abenteuerlichkeit des zeichens. es verliert in gewissen verbindungen mit anderen worten seinen absoluten charakter. das wollen wir in der dichtung vermeiden. wir wollen ihm aber auch nicht die pseudoselbständigkeit verleihen, die ihm die revolutionären stile gaben. wir wollen es keinem stil unterordnen, auch dem staccato-stil nicht. wir wollen es suchen, finden und hinnehmen. wir wollen ihm aber auch in der verbindung mit anderen worten seine individualität lassen und fügen es deshalb in der art der konstellation zu anderen worten.

die konstellation ist die einfachste gestaltungsmöglichkeit der auf dem wort beruhenden dichtung. sie umfaßt eine gruppe von worten – wie sie eine gruppe von sternen umfaßt und zum sternbild

wird. in ihr sind zwei, drei oder mehr, neben- oder untereinandergesetzten worten – es werden nicht zu viele sein – eine gedanklich-stoffliche beziehung gegeben. und das ist alles!
die konstellation ist eine ordnung und zugleich ein spielraum mit festen größen. sie erlaubt das spiel. sie erlaubt die reihenbildung der wortbegriffe a, b, c, und deren mögliche variationen. so wird auch beispielsweise die inversion erst in der konstellation zu einer bewegenden größe, zu einem problem. die konstellation läßt auch die elementare satzverbindung zu: also vor allem das kleine und große wort „und". auch es wird in der konstellation zu einer größe und steht statt der leere.
die konstellation wird vom dichter gesetzt. er bestimmt den spielraum, das kräftefeld und deutet seine möglichkeiten an. der leser, der neue leser, nimmt den spielsinn auf und mit sich: denn um die möglichkeiten des spieles zu wissen ist heute gleichbedeutend dem wissen um eine endgültige klassiker-satzung. [...] mit der konstellation wird etwas in die welt gesetzt. sie ist eine realität an sich und kein gedicht über ... [...]

[v 1954]

EUGEN GOMRINGER
beweglich

beweglich
weil weglos

weil weglos
leicht

leicht
weil machtlos

weil machtlos
gefährlich

gefährlich
weil beweglich

weil beweglich
weglos

weglos
weil leicht

weil leicht
machtlos

machtlos
weil gefährlich

weil gefährlich
beweglich

[v 1963]

HELMUT HEISSENBÜTTEL
Einerseitsgedicht

einerseits die Bildfluchten die dem Text weg laufen
aber auch die Fotos die zeigen was ich in Wörtern
nicht ausdrücken kann
einerseits die Überwältigung im Bildertunnel des Traums
aber auch unfähig zu sagen auf welche Weise die Baumstämme
im Winter halb weiß halb schwarz sind
einerseits die Zickzacksprünge des Artikulierbaren
aber auch die Unfähigkeit zu formulieren welcher Gefühlsstrom
mich durchschießt beim Anblick der schwarzen Katze
vor der Backsteinmauer
Grauskalen der Rede
an das Protokoll ich nehme nicht teil
es riecht nach Erbsensuppe
späte Sonne glüht Schneedächer aus
einerseits die am Gaumen der Apperzeption zahnlos
aufquellenden Assoziationen
aber auch die tief gestapelten Bedeutungskeller der Vokabeln
einerseits die Erfindung der Innerlichkeit
mithilfe von Schriftzeichen
aber auch der Geschmack der Sätze die ich erfunden habe
einerseits der Riß der Nacht der mich absaugt
aber auch das Dämmern des Halbschlafs das noch die längsten
Bilderserien des Unbewußten auffängt
mammonitisch
Schneelicht
Aberration
das Keuchen der Spätzeit

[v 1985]

WOLFGANG KOEPPEN
Das Treibhaus

[...] Er ging auf die Terrasse. Er setzte sich an den Rhein. Vier Kellner beobachteten ihn. Dunst. Gewitterdunst. Treibhausluft. Sonnenglast. Die Fenster des Treibhauses waren schlecht geputzt; die Lüftung funktionierte nicht. Er saß in einem Vakuum, dunstumgeben, himmelüberwölbt. Eine Unterdruckkammer für das Herz. Vier Kellner näherten sich leise; Todesboten, feierlich in Fräcken, eine erste Aufwartung, eine Offerte? „Einen Kognak, bitte." Ein Kognak regt an. „Einen Kognak Monnet!" Was treibt auf dem Rhein? Stahl, Kohle? Die Flaggen der Nationen über schwarzen Kähnen. Tief in den Strom gesargt, im Bett neuer Sagen schwimmend, sagenhafte Bilanzen, die Volksmärchen der Abschreibungen, die Substanz unangetastet, Umstellung eins zu eins, immer davongekommen, das Erz, die Kohle, von Hütte zu Hütte, vom Ruhrrevier nach Lothringen, von Lothringen zurück ins Revier, Ihr Europa, meine Herren *Besuchen Sie die Kunstschätze der Villa Hügel*, und die Hosen der Rheinschifferfrau, Hosen von Woolworth aus Rotterdam, Hosen von Woolworth aus Düsseldorf, Hosen von Woolworth aus Basel, Hosen von Woolworth aus Straßburg, die Hosen hängen an der Leine über dem Deck, baumeln im Westwind, die mächtigste Flagge der Erde, rosa rosenrot über den tückischen Kohlen. Ein kleiner Spitz, weiß und energisch, ein kleiner Spitz, sehr von sich eingenommen, wedelt deckauf und deckab.

Drüben am anderen Ufer gähnt die Siesta der pensionierten Rosendörfer. Er bestellte Salm, einen Salm aus dem Rhein, und gleich bereute er's, im Geiste sah er die Kellner springen, die feierlichen befrackten Empfangsherren des Todes, albern übereifrig wie tolpatschige Kinder, albern überwürdig wie tolpatschige Greise torkelten sie zum Ufer, stolperten über Stock und Stein der Flußlände, hielten Käscher in den Strom, deuteten zu Keetenheuve zur Terrasse hinauf, nickten ihm zu, wähnten sich seines Einverständnisses sicher, fingen den Fisch, reckten ihn hoch, den schönen, den goldschuppenen Salm in glänzender Rüstung, wie Gold und Silber schwuppte er ins Netz, von Lemuren aus seinem starken Element gerissen, aus seiner guten Welt des murmelnden, Geschichten erzählenden Wassers – o das Ertrinken in Licht und Luft, und wie hart blitzt in der Sonne das Messer! Keetenheuve wurde der Salm geopfert. *Keetenheuve Gott dem sanfte Fische geopfert werden.* Er hatte es wieder nicht gewollt. Versuchung! Versuchung! Was tat der Anachoret? Er mordete die Heuschrecken. Der Fisch war tot. Der Wein war mäßig. Exzellenz Keetenheuve aß sein Diplomatenmahl mit gemäßigtem Appetit.

Er führte diplomatische Gespräche. Wer waren seine Gäste? Herr Hitler, Führer, Herr Stendhal, Konsul. Wer servierte? Herr Chamberlain, Ehrenwert.

Hitler: Diese Luft ist eine milde; die Rheinlandschaft ist eine historische; diese Terrasse ist eine anregende. Schon vor neunzehn Jahren –

Stendhal: Meine Bewunderung und meine Verehrung! O jung zu sein, als Sie von dieser Terrasse nach Wiessee aufbrachen, um Ihre Freunde zu killen! Wie bewegt mich das Schicksal der Jünglinge. Wie erregen mich die Romane unter Ihrer Ägide. Als Intendanturrat wäre ich Ihrem Heerbann gefolgt. Ich hätte Mailand wiedergesehen, Warschau und die Beresina. Mit Mann und Roß und Wagen hat sie der Herr geschlagen. Sie zitierten das Gedicht nach Ihrem Sieg über Polen. Sie sprachen im Reichstag. Sie belehnten Ihre Heerführer mit Marschallstäben und mit Liegenschaften in Westpreußen. Ein paar ließen Sie hängen. Andere erschossen sich gehorsam. Einem schickten Sie Gift. Und all Ihre strahlenden Jünglinge, Ihre Helden der Luft, Ihre Helden der See, Ihre Helden im Panzer, und Ihre Knaben in Berlin, Herr Hitler! Was machen Ihre Literaten, Herr Keetenheuve? Sie übertragen Baudelaire. Wie schön, wie tapfer! Aber Narvik, die Cyrenaika, der Atlantik, die Wolga, alle Richtstätten, die Gefangenenlager im Kaukasus und die Gefangenenlager in Iowa. Wer schreibt das? Die Wahrheit interessiert, nichts als die Wahrheit –

Keetenheuve: Es gibt hier überhaupt keine Wahrheit. Nur Knäuel von Lügen.

Stendhal: Sie sind ein impotenter Gnostiker, Herr Abgeordneter.
Die Lügenknäuel formieren sich in der Luft über dem Rhein zu einem Ballett und zeigen schmutzige Reizwäsche.
Hitler: Jahre kämpfte ich in meinen Tischgesprächen für das Germanisch-Historische Institut der Vereinigten Illustrierten Zeitschriften für eine Säuberung der deutschen Kultur von erstens jüdischen, zweitens christlichen, drittens moralisch sentimentalischen und viertens kosmopolitisch international pazifistisch blutrünstigen Einflüssen, und ich kann Ihnen heute versichern, daß mein Sieg ein globaler ist.
Über den Rhein rollen sechs Erdkugeln. Sie sind bewimpelt und bewaffnet. Lautsprecher brüllen: Die Fahne hoch! Chamberlain zittern die Hände. Er schüttet die zerlassene Butter auf das Tischtuch und sagt: Peace in our time.
Aus dem Wasser hebt sich der Leichnam der Tschechoslowakei und stinkt. Die Vorsehung ist im Bauch des Leichnams gefangen und wandert ratlos auf und ab. Drei Lautsprecher kämpfen gegeneinander. Der eine schreit: Planmäßig! Der andere brüllt: Plansoll! Der dritte singt den Chor aus der Dreigroschenoper: Ja, mach nur einen Plan. Lautsprecher eins und Lautsprecher zwei fallen wütend über Lautsprecher drei her und verprügeln ihn. [...]

[v 1953]

Erik Neutsch

Das Objekt der Bewährung

Die nachfolgende Reportage entstand nach Berichten der Maurer und Zimmerer Reinhold Rassek, Fritz Kittlaus, Werner Kuhlo, Otto Schwerdt, Werner Baumgart, Willi Packieser, Wilhelm Lehmann und Karl Wollschläger, des Meisters Richard Brennecke, des Bauleiters Gerhard Hofmeister und seines Stellvertreters Werner Boßmann, des Arbeitsvorbereiters Paul Hohmann, des Oberbauleiters Herbert Voigt, des BGL-Vorsitzenden Paul Lukas und des Parteisekretärs Alfred Bierbaß und nach eigenen Erlebnissen.

So ein Gedanke ist zäh. Irgendwo und irgendwann einmal kommt er wie ein Vogel herangeflattert und läßt sich ein paar Atemzüge lang in das Gestrüpp der Überlegungen nieder, die man täglich hat. Dann scheucht er wieder auf und schwebt davon, weit weg, umkreist nur hin und wieder die Zweige und Äste unseres Denkens. Dann plötzlich fliegt er herbei, den ersten Strohhalm im Schnabel, und beginnt, sich in unserem Kopf einzunisten. Ein Gedanke ist zäh, weil er lange braucht, ehe er sich festsetzt, aber auch, weil er immer wiederkehrt, und wäre er hundertmal vertrieben.
Wer nicht alles hatte im Gipsschwefelsäurewerk Coswig diesen Gedanken schon einmal gedacht, diesen Gedanken, nun endlich statt nach der Art der Großväter, nämlich einen Stein – einen Kalk zu mauern, komplex und industriell zu bauen. Der Oberbauleiter hatte ihn gedacht, der Parteisekretär, mancher Ingenieur und mancher Zimmermann. Im Hochsommer vielleicht zum erstenmal, als die Prallhitze alle Glieder lähmte, jeder die Kühle der späten Abendstunden herbeisehnte und demzufolge der Hinweis einiger Parteifunktionäre, im Dreischichtensystem, also auch nachts, zu arbeiten, sehr einleuchtend erschien.
Aber, wie gesagt, der Gedanke brauchte lange, ehe er reifte. Eigentlich zu lange. Und warum?
Es wußte zunächst keiner, wie man die Schwierigkeiten überwinden sollte. Wollte man komplex und industriell bauen, mußten die Brigaden nach der Struktur des Objekts neu zusammengestellt werden. Benötigte man an einem Objekt in einer Schicht nur fünf Zimmerer, so konnte man doch nicht eine Brigade mit zehn Zimmerern geschlossen einsetzen. Aber viele Brigaden hatten schon jahrelang zusammen gearbeitet, sie sträubten sich dagegen, auseinandergerissen zu werden. Die neue Methode erforderte, auch nachts zu mauern, zu betonieren. Doch auch nachts, so erklärten

Bauingenieure und verwiesen auf ihre langjährige Erfahrung, habe noch nie die Sonne geleuchtet, und da das Gegenteil nicht zu erwarten sei, müsse man sich nachts auf der Baustelle unweigerlich die Knochen brechen.

Da plötzlich erschien das komplexe und industrielle Bauen nicht mehr nur als technische Angelegenheit. Ehe wir die Lampen auf der Baustelle anzünden, sagten die Mitglieder der Parteileitung, müssen wir erst einmal Licht in die Köpfe bringen.

Nun diskutierte man bereits auf der Chemiebaustelle über die komplexe und industrielle Bauweise, in den Parteigruppen, in den Brigaden. Die Parteileitung beauftragte die Genossen Herbert Voigt und Osmar Fritsche, den Oberbauleiter des Bau- und Montagekombinats Chemie und den Leiter der Bautechnischen Abteilung, eine sozialistische Arbeitsgemeinschaft zu bilden, um die neue Methode vorzubereiten.

Bauarbeiter waren in der Arbeitsgemeinschaft und Brigadiere, Meister und Ingenieure, manch einer von uraltem Bauadel, dessen Großväter und Urgroßväter wie er ein Leben lang nur gemauert und gezimmert hatten. Sie berieten sich mehrmals und ersannen in zwölf Wochen folgendes:

Mit der traditionellen Bauweise wird gebrochen. Ab sofort wird nur noch nach dem Vorbild eines stationären Industriebetriebes gearbeitet. Das heißt im Dreischichtensystem und unter höchster Auslastung der Technik.

Begonnen wird damit am Objekt Chemikalienstation, und zwar am 20. Januar 1960. Dieses Objekt ist für die Erprobung der neuen Methode gut geeignet, denn es werden an ihm alle Gewerke gebraucht, Maurer, Zimmerer, Eisenflechter, Maschinisten, Hilfsarbeiter.

Aus drei bisher eigenständigen Brigaden wird eine Komplexbrigade gebildet, die in drei Schichten arbeitet. Die Komplexbrigade setzt sich nach dem technologischen Bauablauf zusammen, jeder Schicht gehören an: fünf Zimmerer, zwei Maurer, ein Eisenbieger, ein Maschinist und drei Hilfsarbeiter. […]

Am Vorabend des 20. Januar war nicht klar, ob die Beleuchtung am Objekt Chemikalienstation während der Nachtschicht genügen würde. Wieder gab es Stimmen: Verschieben, um ein oder zwei Tage. Die paar Stunden machen es doch nicht. Nein, es wird begonnen. Die Elektriker sollen sofort die Lichtverhältnisse prüfen.

Dann aber, unmittelbar vor dem Termin, brach plötzlich der alte Streit mit dem Zunftgeist aus. Die Maurerbrigadiere wehrten sich dagegen, ihre Brigaden auf drei Schichten aufzustückeln. Manche erklärten klipp und klar: „Entweder wir bleiben zusammen, oder wir hauen ab … Laßt uns in Ruhe." Also doch nicht anfangen. Jupiterlampen kann man aufstecken. Objektlohnverträge kann man in einer Nacht zu Ende ausarbeiten. Auch den Schnee kann ein lauer Wind hinwegtauen. Aber wo soll man Maurer hernehmen, so schnell?

Reinhold Rassek stand auf, Maurerbrigadier. Sonst spricht er wenig, horcht nur immer und guckt. Auch jetzt spricht er nicht viel. Er sagt: „Meine Brigade macht's. Wir besetzen die Schichten. Tempoverlust können wir uns nicht erlauben. Unsere Chemiebauten müssen stehen, ehe der Adenauer seine Atomaufrüstung fertig hat."

Am Abend des 20. Januar konnte dem Genossen Bernard Koenen, dem 1. Sekretär der Bezirksleitung Halle der SED, in einem Telegramm mitgeteilt werden, daß am Objekt Chemikalienstation in Coswig mit dem komplexen und industriellen Bauen begonnen wurde. […]

Plötzlich stockte der Rhythmus. Die Temperatur fiel ab. Die Quecksilbersäule sank auf minus zwölf, auf minus fünfzehn Grad. Sie erreichte achtzehn Grad unter Null. Draußen am Objekt stand die Schicht Biehr und schalte. Den Zimmerleuten klebten die Nägel an den Händen fest. Die Kälte ätzte die Haut. Sie kroch durch die Wattejacken und biß in die Gelenke.

Die Männer gingen in die Baubude und drängten sich um den bullernden Ofen. Sie rieben ihre steifen Finger warm und spülten heißen Tee durch die Kehle. Viele dachten es, einer sagte es: „Macht, was ihr wollt, ich gehe nicht mehr 'raus."

Die Zimmerer der Brigade Biehr sahen sich an. Sie froren nicht weniger als die anderen. Aber sollten auch sie aufhören? Aufgeben das Ringen um das komplexe und industrielle Bauen? Kapitulieren ganz einfach vor der Kälte? Seit einigen Monaten nahmen sie geschlossen am Parteilehrjahr teil. Dort hatten sie verstehen gelernt, daß schließlich das letztlich Ausschlaggebende für den Sieg des Sozialismus die Steigerung der Arbeitsproduktivität ist. Deshalb hatten sie sofort ja gesagt, als sie gefragt worden waren, ob sie komplex und industriell bauen wollen. Statt in hundertfünfzig Tagen, wie ursprünglich geplant, in fünfzig Tagen die Chemikalienstation hochzuziehen. Mensch, da war doch was. Das bedeutete, die Arbeitsproduktivität zu steigern und damit mit seiner eigenen Hände Arbeit um den Sieg des Sozialismus zu kämpfen.

Nun aber verzweifelten einige aus den anderen Brigaden. Und insgeheim gaben sie ihnen recht. An der Bretterbude rüttelte der Eiswind. Die Nacht stand wie ein dunkler Eisberg vor dem Fenster.

„Dann gehen wir allein", sagten Karl Wollschläger und Wilhelm Lehmann, die beiden Genossen. Sie schlüpften durch die Tür ins Freie. Die Zimmerer der Brigade Biehr folgten ihnen. Und jetzt kamen auch die anderen hinterher. Keiner blieb zurück. […]

Das Objekt Chemikalienstation im Gipsschwefelsäurewerk Coswig ist somit zu einem Objekt der Bewährung in vielerlei Hinsicht geworden. An ihm zeigt es sich, daß diejenigen recht hatten, die die Nachtarbeit auf dem Bau für möglich hielten, und nicht die anderen. An ihm wurde erprobt, daß es trotz der schwierigen Bedingungen des Winters gelang, die Planerfüllung zu sichern, und nicht umgekehrt. An ihm erwies sich auch, daß die Parteimitglieder die parteilosen Arbeiter mitzureißen verstanden. […]

[v 1960]

Ulrich Plenzdorf
kein runter kein fern

sie sagn, daß es nicht stimmt, daß MICK kommt und die Schdons rocho aber ICH weiß, daß es stimmt rochorepocho ICH hab MICK geschriebn und er kommt rochorepochopipoar ICH könnte alln sagn, daß MICK kommt, weil ICH ihm geschriebn hab aber ICH machs nicht ICH sags keim ICH geh hin ICH kenn die stelle man kommt ganz dicht ran an die mauer und DRÜBEN ist das SPRINGERHAUS wenn man nah rangeht, springt es über die mauer SPRINGERHAUS RINGERHAUS FINGERHAUS SINGERHAUS MICK hat sich die stelle gut ausgesucht wenn er da aufm dach steht, kann ihn ganz berlin sehn und die andern Jonn und Bill und die und hörn mit ihre ANLAGE die wern sich ärgern aber es ist ihre schuld, wenn sie MICK nicht rüberlassn ICH hab ihm geschriebn aber sie habn ihn nicht rübergelassn aber MICK kommt trotzdem so nah ran wies geht auf MICK ist verlaß sie sagn, die DRÜBEN sind unser feind wer so singt, kann nicht unser feind sein wie Mick und Jonn und Bill und die aber MICK ist doch der stärkste EIKENNGETTNOSETTISFEKSCHIN! ICH geh hin dadarauf kann sich MICK verlassn ich geh hin Mfred muß inner kaserne bleibn und DER hat dienst ICH seh mir die parade an KEIN FERN und dann zapfenstreich KEIN RUNTER und dann das feuerwerk und dann MICK parade ist immer schau die ganzen panzer und das ICH seh mit die parade an KEIN FERN dann zapfenstreich KEIN RUNTER dann feuerwerk KEIN RUNTER dann MICK KEIN RUNTER arschkackpiss ICH fahr bis schlewskistraße vorne raus zapfenstreich stratzenweich samariter grün frankfurter rot strausberger grün schlewski grau vorne raus strapfenzeich stratzenweich mit klingendem spiel und festem tritt an der spitze der junge major mit seim stab der junge haupttambourmajor fritz scholz, der unter der haupttribüne den takt angegeben hat mit sein offnes symp warte mal symp gesicht und seim durchschnitt von einskommadrei einer der bestn er wird an leunas komputern und für den friedlichn sozialistischen deutschen staat arbeitn denn er hat ein festes

ziel vor den augn dann feurwerk dann MICK ICH weiß wo die stelle ist ubahn bis spittlmarkt ICH lauf bis alex dann linje a kloster grau märk mus weiß spittlmarkt vorne raus SPRINGER-HAUS MICK und Jonn und Bill und die aufm dach EIKENNGETTNOSETTISFEKSCHIN rochorepochopipoar!
Schweigen. Sonne. Rote Fahnen. Die Glockenschläge der neunten Stunde klingen über der breiten Straße auf. Und da beginnt mit hellem Marschrhythmus unter strahlend blauem Himmel der Marsch auf unserer Straße durch die zwanzig guten und kräftigen Jahre unserer Republik, unseres Arbeiter- und Bauernstaates, die großartige Gratulationscour unserer Hauptstadt zum zwanzigsten Geburtstag der DDR auf dem traditionellen Marx-Engels-Platz in Berlin. Auf der Ehrentribüne die, die uns diese Straße immer gut und klug vorangegangen sind, die Repräsentanten der Partei und Regierung unseres Staates, an ihrer Spitze Walter Ul jetz komm sie aber bloß fußtruppn panzer noch nicht *NVA mit ausgezeichneter Kampftechnik, die unsere gute Straße hart an der Grenze des imperialistischen Lagers sicher flankiert, bildet den Auftakt der Kampfdemonstration. Die Fußtruppen der Land- und Luftstreitkräfte sowie der Volksmarine, in je drei Marschblöcken, ausgerichtet wie straffe Perlenschnüre, paradieren mit hellem Marschtritt unter winkenden Blumengrüßen der Ehrengäste an der Haupttribüne vorbei* Mfred wird sich in arsch beißn, daß er da nicht bei ist er ist bloß BULLE BULLN marschiern nicht – Aber Junge, dein Bruder ist kein Bulle, er ist Polizist wie viele andere – MAMA – Wenn er nochmal Bulle zu seinem, dann weiß ich nicht was ich! Den Bullen kriegst du noch wieder! – Mfred der B B marschiern nicht B sperrn bloß ab B lösn auf B drängeln ab B sind B Mfred rocho ist rochorepocho B [...]
Hau ab hier, Kumpel! – wieso ICH – Hau ab, ist besser. Die lochn uns ein! – wieso MICK – MICK ist nicht, keiner da. – MICK kommt – Siehst dun? War alles Spinne. Die drübn habn uns beschissn! MICK kommt du spinnst der haut ab schön lange haare hat er bis auf die hüfte wenn wind ist, stehn sie ab da sind welche masse leute B auch B sperrn ab lösn auf drängeln ab Mfred was machn die mit den leutn was machn die leute Nosse Unterleutnant! der leutnant von leuten befahl sein leutn nicht eher zu MAMA die wolln uns nicht zu MICK – Die habn uns beschissn, Kleiner! MICK hat mir ich will zu – Wie alt bistn du? Hau ab hier! Das ist ernst! – was machn die B drängeln ab ICH WILL NICHT WOHIN SOLLN WIR – Spree oder was? Die machen ernst. Aufhörn! Power to the people. Ist doch Scheiße. Gehn Sie weit. Wohin denn? Laßt uns raus! I like MICK! Halt doch die Klap, Kump. Die haben was gegen uns. Ich auch gegn die. Ruhe. Fressen halten! Sie können uns hier nicht! Gehn Sie weit! Mir ist. Geh zu Mama, Bauch waschen. – die habn die habn ja knüppl die habn ja knüppl draußn was wolln die – Dreimal darfste raten! Die wolln uns! Ruhe bewahren! Nicht provozieren! Gehn Sie weiter! Wohin denn? Lassen Sie uns! Hat kein Zweck, die. Wir solln in die Ruine! Die wolln uns in die Ruine. Nicht in die Kirche schiebn lassen! Damit Sie uns! Aufhörn! Amen! Friede sei mit euch! – kirschners kleener karle konnte keene kirschen kaun MAMA die wolln uns und in die machn ernst die drängln uns in die kirche ICH kenn die die hat kein dach mehr die haun uns die haun uns in die Kirche die haun auf die köpfe aufhörn die dürfn nicht MAMAMICK – Hautse, hautse immer auf die Schnauze! Ruhe! Haltet die Fressen. Was haben wir denn? Nicht wehren! Säue! Genossen, wir! Halten Sie den Mund! – MAMA wir sind drin ICH war noch nie inner kirche darf keiner kein was tun wir sind heilich lieber gott die haun auch mädchen die haun alle die haun die dürfn doch nicht – Nicht wehren! Hinlegen! Legt euch hin! Hände übern Kopf! Wehren! Wehrt euch! Singen! Wacht auf verdammte dieser ... Deutschland Deutschland über ... Power to the people ... – die singn oh du lieber augustin alles ist MAMA DIE HAUN MICK – Wir müssen brülln! Alle brülln, dann hörn sie uns draußen. Brüllt! – arschkackpissrepochopipoaaaaar Mfred! das ist Mfred der B! er haut inner kirche darf keiner kein Mfred! manfred! MANFRED! HIER! ICH! ICH BIN HIER DEIN BRUDER! Nicht haun mehr ICH BIN HIER! MANFRED! HERKOMM! Hier nicht haun MAN du sau

[v 1978]

Aufgaben zu den Bildern auf den Seiten 417 und 428

KLAUS VOGELGESANG Lacht zuletzt

① Welche Beziehungen lassen sich zur Bewußtseins- und Stimmungslage um 1980 herstellen? Ziehen Sie dazu die Einführung heran.
② Das Bild kann wie eine Einstellung im Film beschrieben werden. Figuren und Szenerie erscheinen in bestimmten Bildgrößen. Welche Wirkungen gehen von der Art der Figurendarstellung aus? Wie wird das Kunstmittel der Bildgröße gehandhabt?
③ Was im Vordergrund zu sehen ist, scheint der Kopf einer sogenannten Meßpuppe zu sein, mit der bei Tests Unfälle simuliert werden. Welcher Problemkomplex wird damit ins Bild eingebracht?
④ *Lacht zuletzt* – ein rätselhafter Titel. Wie deuten Sie ihn?

JEAN PAUL RIOPELLE Begegnung

Der in Paris ansässige kanadische Maler Jean Paul Riopelle (geb. 1924) verschrieb sich dem sog. *Action Painting.* Form- und Farbsequenzen sollten dem inneren Rhythmus des Künstlers entsprechen und beim Betrachter ungewohnte Sehvorgänge auslösen, die der Vorstellung neue Wege weisen.
① Versuchen Sie das Bild in ein „Gebilde" aus Sprache zu übersetzen.
② Stellen Sie in einer essayartigen Studie eine Beziehung zu Helmut Heißenbüttels „Einerseitsgedicht" (S. 431) her.

Aufgaben zu den Texten auf den Seiten 425–436

GOTTFRIED BENN Probleme der Lyrik; Nur zwei Dinge (S. 425f.)

① Machen Sie sich mit Gottfried Benns Biographie vertraut.
② „Ist das erste vielleicht subjektiv, bringt das zweite die objektive Welt heran, es ist das formale, das geistige Prinzip." (Z. 63f.). Interpretieren Sie das Gedicht *Nur zwei Dinge* unter diesem Aspekt.

PAUL CELAN Wortaufschüttung (S. 426)

① Aus welchen Wirklichkeitsbereichen bezieht der Autor Bilder?
② Welche poetischen Landschaften entstehen im Text?
③ Welche Qualitätsurteile werden in bildhafter Sprache gefällt?
④ Setzen Sie die Chiffren (z. B. „Wortmond", „Königsgeburten") zur Zeitstruktur des Gedichts in Beziehung.

INGEBORG BACHMANN Erklär mir, Liebe (S. 427)

① An wen ist die Anrede gerichtet? Erwägen Sie verschiedene Möglichkeiten.
② Welche Einheiten des Gedichts stehen in engerem Zusammenhang? Welche stützen eine bestimmte Annahme über die Angeredete?
③ „Erklär mir nichts" steht in überraschendem Gegensatz zu den wiederholten Bitten um Erklärung. Untersuchen Sie den Satz im Kontext der beiden letzten Strophen.
④ Skizzieren Sie den Gang einer Interpretation.

INGEBORG BACHMANN Probleme zeitgenössischer Dichtung (S. 427 ff.)

① Kafka und Musil sind für Ingeborg Bachmann Garanten und Beispiele für dichterische Authentizität. Informieren Sie sich genauer über einen dieser Autoren, und referieren Sie über die „durchgehende Problemkonstante" in seinem Werk.
② Erklären Sie anhand ausgewählter Textstellen den für Bachmanns Poetik wichtigen Begriff der „Erfahrung".

EUGEN GOMRINGER vom vers zur konstellation; beweglich (S. 430 f.)

① Geben Sie in Anlehnung an die theoretischen Ausführungen eine Formbeschreibung der Konstellation *beweglich*.
② Das Neue Gedicht sei „denkgegenstand – denkspiel": Notieren Sie Assoziationen, die sich bei Ihnen zu einigen der Kausalfügungen von *beweglich* einstellen.
③ Das Gedicht könnte als Warnung, aber auch als Zuspruch oder Ermutigung aufgefaßt werden. Welche Sprechweise wäre der jeweiligen Interpretation angemessen?

HELMUT HEISSENBÜTTEL Einerseitsgedicht (S. 431)

① Klären Sie „Apperzeption", „Aberration".
② Beschreiben Sie die Grobstruktur des Gedichts.
③ Welche Bedeutung haben die Versblöcke mit der „einerseits – aber auch"-Struktur für die Gesamtaussage?
④ Bilden die anders gebauten Zeilen 11–14 eine thematische Einheit?
⑤ Versuchen Sie, die folgenden Metaphern aus ihrem Bildgehalt und aus dem Kontext zu deuten: „die tief gestapelten Bedeutungskeller der Vokabeln"; „Der Riß der Nacht der mich absaugt".
⑥ Ergibt sich aus den „Zickzacksprüngen des Artikulierbaren" (Z. 24–27) ein Zusammenhang?

WOLFGANG KOEPPEN Das Treibhaus (S. 432 f.)

① Informieren Sie sich über die politische Krise im September 1938.
② Der französische Romancier Stendhal (1783–1842) war ein glühender Bewunderer Napoleons. Welche Rolle spielt er in der Tagtraumszene?
③ Welcher Gesamteindruck entsteht beim Lesen der letzten vier Abschnitte?

ERIK NEUTSCH Das Objekt der Bewährung (S. 433 f.)

① Untersuchen Sie, wie Erik Neutsch den Auftrag des Bitterfelder Wegs erfüllt.
② Wie nutzt der professionelle Schriftsteller Neutsch sprachlich-stilistische Mittel zur Darstellung der Arbeitswelt?

ULRICH PLENZDORF kein runter kein fern (S. 435 f.)

① Listen Sie Belege auf für die Charakteristik der DDR in der offiziellen „Staatslob"-Sprache und in der Stammel- und Stummelsprache des Jungen. Erschließen Sie daraus die Intention des Autors.
② Mit welchen sprachlichen Mitteln wird der Monolog wiedergegeben?
③ Welches Persönlichkeitsbild läßt sich aus dem inneren Monolog erschließen?

b) Einsprüche, Eingriffe

HANS MAGNUS ENZENSBERGER
konjunktur

ihr glaubt zu essen
aber das ist kein fleisch
womit sie euch füttern
das ist köder, das schmeckt süß
(vielleicht vergessen die angler
die schnur, vielleicht
haben sie ein gelübde getan,
in zukunft zu fasten?)

der haken schmeckt nicht nach biscuit
er schmeckt nach blut
er reißt euch aus der lauen brühe:
wie kalt ist die luft an der beresina!
ihr werdet euch wälzen
auf einem fremden sand
einem fremden eis:
grönland, nevada, fest-
krallen sich eure glieder
im fell der nubischen wüste.

sorgt euch nicht! gutes gedächtnis
ziert die angler, alte erfahrung.
sie tragen zu euch die liebe
des metzgers zu seiner sau.

sie sitzen geduldig am rhein,
am potomac, an der beresina,
an den flüssen der welt.
sie weiden euch. sie warten.

ihr schlagt euch das gebiß in die hälse.
euch vor dem hunger fürchtend
kämpft ihr um den tödlichen köder.

[v 1957]

HANS MAGNUS ENZENSBERGER
Das Plebiszit der Verbraucher

[…] Der Katalog des Versandhauses N. in Frankfurt ist ein Bestseller ohne Autor. Er ist anonym nicht nur, weil er eine Gruppe unbekannter Werbetexter zu seinen Verfassern hat, sondern in einem weit radikaleren Sinn. Jene Werbetexter gehorchen den Anweisungen ihres Managements. Diese Anweisungen aber gehorchen ihrerseits der Verkaufsstatistik. Der Erfolg des Angebotes und damit des Kataloges hängt davon ab, daß es ihnen gelingt, den Zufall zu eliminieren. Daß ein Artikel „sich rentiert", qualifiziert ihn noch nicht zur Aufnahme in diese monströse Offerte. Er muß so beschaffen sein, daß sich eine Mehrheit auf ihn einigen kann. Der Katalog ist somit mehr als das Resultat einer normalen kaufmännischen Kalkulation: er ist das Resultat eines unsichtbaren Plebiszits. […]

„In diesen Tagen", so feierlich-verschwitzt beginnt der erste Satz des Buches, „da mein Katalog die Reise zu Millionen Kunden … antritt, ist mir" – sentimentales Tremolo – „ein wenig weh zumute, denn es heißt Abschied zu nehmen," – *zu* nehmen! – „Abschied von dem (alten) Versandgebäude". Später, wenn von den lieben Kleinen die Rede ist, wird über dem gerührten Zittern in der Stimme des Texters ein neckischer Oberton zu vernehmen sein: „Welches Kind möchte nicht mit den vielen Vögelchen um die Wette singen. Darum machen Sie Ihrer Kleinen die Freude und bestellen Sie dieses Modell … In naturgetreuer Schönheit heben sich … die kleinen Röschen … ab, die die kindliche Note unterstreichen … wenn das Sandmännchen kommt." Die kindliche Note klingt natürlich anders, je nachdem, ob sie von der Vegetation unterstrichen wird oder von einem „Raketentransporter Ia Ausführung in olivgrün, zehnfach bereift ... Rakete mit Schaumgummispitze, abschießbar. Soldat als Fahrer. Raketenbahn dreh- und schwenkbar. DM 8,90." Überschrift: „Das schönste Spielzeug für Ihr Kind". Von jeher war das Markige die Kehrseite der Sentimentalität, so auch, ganz offenbar, im Versandgeschäft. „Mancher Kampf mußte geführt, mancher Widerstand überwunden werden", schreibt sein Besitzer. Der Kunde, der seinen letzten, hinhaltenden Widerstand aufgegeben hat, darf hingegen mit erstklassiger Betreuung rechnen. „Das nächste N.-Paket ... bringt Ihnen ganz persönliche Grüße", verheißt ihm die Firma auf eben der Seite, auf der sie ihn davon unterrichtet, daß seine Bestellung automatisch erledigt wird – durch eine Großrechenanlage. Immer wieder wird ihm versichert, er werde „hell begeistert", „zusätzlich erfreut" sein. Die Ware wird „schnell alle Herzen erobern", „durch dankbare Tragfähigkeit erfreuen", „der Liebe aller Frauen sicher sein". Sie ist „mit Trageigenschaften ausgestattet", „mit Gütepaß" und „Hochveredelung" „ausgerüstet". Sie „verdient" „nicht nur" das Prädikat ‚Wertvoll'", sie „verdient das Prädikat ‚Wertvoll' mit Recht". Die Kleider heißen altdeutsch „Kunigunde" und „Gudula", folkloristisch „Grindelwald" und „Edelweiß", touristisch „Festival" und „Ibiza". „Fawsia" und „Soraya" sorgen für den Duft der großen Welt im Mief der Mittelmäßigkeit. Reich vertreten ist das pseudotechnische Rotwelsch, das in Madison Avenue erfunden worden ist. Der Kunde hat die Wahl zwischen IRISETTE und OPTILON, SUPPREMA und KINGFLASH, TUBOFLEX und DANUFLOR, MINICARE und ERBAPRACTIC, SKAI und LAVAFIX, NO IRON FINISH und NINO-IRIX-AUTOMAGIC. Dieses Gemauschel erobert alle Herzen im Nu. Zwar weiß niemand genau, was es bedeutet; doch gibt es Jedermann zu verstehen, daß er an den allerletzten sensationellen Fortschritten der Technologie teilhaben darf. Die Mehrheit, deren Wünsche und Vorstellungen der Katalog reflektiert, ist offensichtlich *für* den Fortschritt. Unter einer Bedingung: der historische Prozeß darf Fahrradklingeln und Hosenträger verändern, nicht jedoch das Bewußtsein. [...]

Das deutsche Proletariat und das deutsche Kleinbürgertum lebt heute, 1960, in einem Zustand, der der Idiotie näher ist denn je zuvor. Ist es Snobismus, diese bedrohliche Tatsache mit einem Schrei des Bedauerns festzuhalten? Es liegt uns ferne, Herrn N., den Veranstalter des Katalogs, den wir vor uns haben, zu verteidigen. Die Dienstbereitschaft seiner Firma ist von der Art, die zu allem bereit wäre, was verlangt wird. Aber niemand wird Herrn N. allein in die Schuhe schieben können, was er mit so großer Umsicht registriert und ausnutzt: ein gesellschaftliches Versagen, an dem wir alle schuld sind: unsere Regierung, der die Verblödung einer Mehrheit gelegen zu kommen scheint; unsere Industrie, die ihr blühende Geschäfte verdankt; unsere Gewerkschaften, die nichts gegen eine geistige Ausbeutung unternehmen, von der das materielle Elend der Vergangenheit nichts ahnen konnte; und unsere Intelligenz, welche die Opfer dieser Ausbeutung längst abgeschrieben hat.

[v 1960]

GÜNTER GRASS

Die Blechtrommel

[...] Sobald sich der Zwiebelkeller mit Gästen gefüllt hatte – halbvoll galt als gefüllt – legte sich Schmuh, der Wirt, den Shawl um. Der Shawl, kobaltblaue Seide, war bedruckt, besonders bedruckt, und wird erwähnt, weil das Shawlumlegen Bedeutung hatte. Goldgelbe Zwiebeln kann man das Druckmuster nennen. Erst wenn Schmuh sich mit diesem Shawl umgab, konnte man sagen, der Zwiebelkeller ist eröffnet.

Die Gäste: Geschäftsleute, Ärzte, Anwälte, Künstler, auch Bühnenkünstler, Journalisten, Leute vom Film, bekannte Sportler, auch höhere Beamte der Landesregierung und Stadtverwaltung, kurz, alle, die sich heutzutage Intellektuelle nennen, saßen mit Gattinnen, Freundinnen, Sekretärinnen, Kunstgewerblerinnen, auch mit männlichen Freundinnen auf rupfenbespannten Kissen und unterhielten sich, solange Schmuh noch nicht den Shawl mit den goldgelben Zwiebeln trug, gedämpft, eher mühsam, beinahe bedrückt. Man versuchte, ins Gespräch zu kommen, schaffte es aber nicht, redete, trotz bester Absicht, an den eigentlichen Problemen vorbei, hätte sich gerne einmal Luft gemacht, hatte vor, mal richtig auszupacken, wollte frisch von der Leber, wie einem ums Herz ist, aus voller Lunge, den Kopf aus dem Spiel lassen, die blutige Wahrheit, den nackten Menschen zeigen – konnte aber nicht. Hier und da deutet sich in Umrissen eine verpfuschte Karriere an, eine zerstörte Ehe. Der Herr dort mit dem klugen massigen Kopf und den weichen fast zierlichen Händen scheint Schwierigkeiten mit seinem Sohn zu haben, dem die Vergangenheit des Vaters nicht paßt. Die beiden, im Karbidlicht immer noch vorteilhaft wirkenden Damen im Nerz wollen den Glauben verloren haben; noch bleibt offen: den Glauben an was verloren. Noch wissen wir nichts von der Vergangenheit des Herrn mit dem massigen Kopf, auch welche Schwierigkeiten der Sohn dem Vater, der Vergangenheit wegen bereitet, kommt nicht zur Sprache; es ist [...] wie vor dem Eierlegen: man drückt und drückt ...

Man drückte im Zwiebelkeller solange erfolglos, bis der Wirt Schmuh mit dem besonderen Shawl kurz auftauchte, das allgemein freudige „Ah“ dankend entgegennahm, dann für wenige Minuten hinter einem Vorhang am Ende des Zwiebelkellers, wo die Toiletten und ein Lagerraum waren, verschwand und wieder zurückkam.

Warum aber begrüßt den Wirt ein noch freudigeres, halberlöstes „Ah“, wenn er sich wieder seinen Gästen stellt? Da verschwindet der Besitzer eines gutgehenden Nachtlokals hinter einem Vorhang, greift sich etwas aus dem Lagerraum, schimpft ein bißchen halblaut mit der Toilettenfrau, die dort sitzt und in einer Illustrierten liest, tritt wieder vor den Vorhang und wird wie der Heiland, wie der ganz große Wunderonkel begrüßt.

Schmuh trat mit einem Körbchen am Arm zwischen seine Gäste. Dieses Körbchen verdeckte ein blaugelb kariertes Tuch. Auf dem Tuch lagen Holzbrettchen, die die Profile von Schweinen und Fischen hatten. Diese fein säuberlich gescheuerten Brettchen verteilte der Wirt Schmuh unter seine Gäste. Verbeugungen gelangen ihm dabei, Komplimente, die verrieten, daß er seine Jugend in Budapest und Wien verbracht hatte; Schmuhs Lächeln glich dem Lächeln auf einer Kopie, die man nach der Kopie der vermutlich echten Mona Lisa gemalt hatte.

Die Gäste aber nahmen die Brettchen ernsthaft in Empfang. Manche tauschten sie um. Der eine liebte die Profilform des Schweines, der andere oder – wenn es sich um eine Dame handelte – die andere zog dem ordinären Hausschwein den geheimnisvolleren Fisch vor. Sie rochen an den Brettchen, schoben sie hin und her, und der Wirt Schmuh wartete, nachdem er auch die Gäste auf der Galerie bedient hatte, bis jedes Brettchen zur Ruhe gekommen war.

Dann – und alle Herzen warteten auf ihn – dann zog er, einem Zauberer nicht unähnlich, das Deckchen fort: ein zweites Deckchen deckte den Korb. Darauf aber lagen, mit dem ersten Blick nicht erkenntlich, die Küchenmesser.

Wie zuvor mit den Brettchen ging Schmuh nun mit den Messern reihum. Doch machte er seine Runde schneller, steigerte jene Spannung, die ihm erlaubte, die Preise zu erhöhen, machte keine Komplimente mehr, ließ es nicht zum Umtausch der Küchenmesser kommen, eine gewisse wohldosierte Hast fuhr in seine Bewegungen. „Fertig, Achtung, los!“ rief er, riß das Tuch vom Korb, griff hinein in den Korb, verteilte, teilte aus, streute unters Volk, war der milde Geber, versorgte seine Gäste, gab ihnen Zwiebeln, Zwiebeln, wie man sie goldgelb und leicht stilisiert auf seinem Shawl sah, Zwiebeln gewöhnlicher Art, Knollengewächse, keine Tulpenzwiebeln, Zwiebeln, wie sie die Hausfrau einkauft, wie sie die Gemüsefrau verkauft [...].

Und warum das? Weil der Keller so hieß und was Besonderes war, weil die Zwiebel, die geschnittene Zwiebel, wenn man genau hinschaut ... nein, Schmuhs Gäste sahen nichts mehr oder einige sahen nichts mehr, denen liefen die Augen über, nicht weil die Herzen so voll waren; denn es ist gar nicht gesagt, daß bei vollem Herzen sogleich auch das Auge überlaufen muß, manche schaffen das nie, besonders während der letzten oder verflossenen Jahrzehnte, deshalb wird unser Jahrhundert später einmal das tränenlose Jahrhundert genannt werden, obgleich soviel Leid allenthalben – und genau aus diesem tränenlosen Grunde gingen Leute, die es sich leisten konnten, in Schmuhs Zwiebelkeller, ließen sich vom Wirt ein Hackbrettchen – Schwein oder Fisch –, ein Küchenmesser für achtzig Pfennige und eine ordinäre Feld-Garten-Küchenzwiebel für zwölf Mark servieren, schnitten die klein und kleiner, bis der Saft es schaffte, was schaffte? Schaffte, was die Welt und das Leid dieser Welt nicht schafften: die runde menschliche Träne. Da wurde geweint. Da wurde endlich wieder einmal geweint. [...] [v 1959]

ELISABETH PLESSEN
Mitteilung an den Adel

[...] Aussteigen. (Du hast einen Kopf.) Du kannst aussteigen und einen ersten Schritt machen. (Du hast einen Kopf.)

Es kam nicht von allein und ging nicht von allein, aber eines Tages, während der beiden Semester in Paris, merkte Augusta, daß sie den ersten Schritt schon hinter sich gebracht hatte. Sie wußte nicht, wer das Stichwort gegeben hatte, als sie zu zehnt am Boulevard St. Michel gestanden und angesichts der Polizeisperre überlegt hatten, wie sie jetzt zur Sorbonne kommen sollten. Michel? Es konnte auch Henri Roche gewesen sein. Womöglich hatte sie es selber gesagt. Jedenfalls war *Omnibus* das Stichwort gewesen, denn die Polizei kontrollierte nur die Fußgänger und Personenwagen, während die Busse durch die Sperre brausten. Also verteilten sie sich, sprangen einzeln auf die fahrenden Busse auf, und so durchbrachen sie den Polizeikordon und erreichten den Versammlungsort, auf den sich die Marschgruppe geeinigt hatte. Andere Gruppen machten es ihnen nach.

Das zweite Stichwort war *Straße.* Sie setzten sich auf die Fahrbahn und blockierten den Verkehr innerhalb des Kordons. Die Autofahrer stoppten und lachten; sie waren auf seiten der Demonstranten, sie hupten und schrien die Parolen gegen den Erziehungsminister und die force de frappe[1], bis die Polizisten merkten, daß sie übertölpelt worden waren, und angriffen. In der rue Vavin begann es: Vorn gingen sie noch Arm in Arm, aber hinten fielen die ersten hin. Die Polizisten stürmten über die Liegenden hinweg. Augusta hatte beim Stürzen einen Schuh verloren. Sie sah ihn, wollte nach ihm greifen, als ein Polizistenstiefel auf ihre Umhängetasche trat, die sie idiotischerweise mitgenommen hatte. Sie bekam weder den Schuh noch die Tasche zu fassen, sie rappelte sich hoch und fing an zu rennen. Alles stiebte auseinander. Die Flics hatten ihre Pelerinen um die Holzknüppel gewickelt und schlugen auf alle ein, die sie schnappen konnten. Dann waren die Mannschaftswagen da. Die Türen gingen auf, und die Flics stießen die Studenten in die Wagen. Augusta hatte sich mit Michel, mit Henri Roche und ein paar anderen in einen Hausflur geflüchtet. Die Concierge verschloß die Tür, setzte sich draußen mit ihrem Stuhl vor den Eingang und rührte sich nicht von der Stelle, bis die Luft wieder rein war. Ein Mädchen aus dem Haus schenkte Augusta ein Paar Schuhe. Augusta sagte: Du brauchst sie mir nur zu leihen. Ach was, leihen, sagte das Mädchen. Sie wollte sie nicht wiederhaben. Henri Roche gab Augusta einen Franc für die Metro, für später, wenn es dunkel und ruhig geworden sei. Ein paar Tage danach mußte sie zum Polizeibüro kommen und die Tasche mit den Papieren holen, die gefunden worden war. Sie wurde nicht ausgewiesen wie andere ausländische Studenten.

Später, in Berlin, war *Omnibus* das falsche Stichwort gewesen. Augusta ging es wie anderen Stu-

[1] die mit Atomwaffen eigener Herstellung ausgerüsteten Einheiten der französischen Armee

denten: Die aufgebrachten Weiber und die Schaffner ließen sie nicht in den Bus; sie schrien *Mob, Pöbel, Ihr roten Horden.* Die Omnibusse hörten auf, Verkehrsmittel für alle zu sein.

Von sich aus fragte C. A.[2] nicht, wie es in Berlin gehe, wenn Augusta nach Hause kam, und er schwieg, wenn ein anderer danach fragte. Er wollte nicht wissen, was ein *teach* in ist, was ein *Vorlesungsstreik,* er wollte von Demonstrationen nichts wissen, denn er wußte ja alles aus der WELT, und wußte es dementsprechend. Berlin störte ihn, und er wollte nicht gestört sein. Er wollte auch nicht informiert werden, und wenn er informiert wurde, so war für ihn die Information keine Information, sondern ein Standpunkt. Das ersparte ihm alle Mühe, das Thema Berlin wurde zu einem Tabu. Er freute sich, daß Augusta ein paar Tage da war, aber mehr als Freude oder Vorfreude wollte er nicht erleben. Er guckte auf Augustas spitze Knie, die er kannte, auf die Lücken zwischen ihren krummen Fingern, also hatte sich nichts verändert. Die großen Augen waren da, die großen Ohren, der große Mund. Es genügte, wenn er darauf anspielte, daß er im Bilde war; eine kleine Stichelei, eine bissige Bemerkung genügten. Trat Augusta ins Zimmer, so unterbrach C. A. auch die politischen Gespräche der Gäste, sagte: Darüber reden wir nicht, stichelte: Unsere Tochter ist anderer Meinung. Spott und Angst gemischt ergeben Unterlegenheit.

C. A. wütete, als er in der Zeitung las, daß Augusta eine Resolution mitunterschrieben hatte, die sich gegen die Studentenhetze in den Blättern des Springer-Konzerns richtete. Als sie nach Hause kam, stand er in der Bibliothek, kehrte ihr den Rücken, hämmerte mit den Fäusten auf einen Lehnstuhl ein und schrie, sie habe den Namen der Familie entehrt: *Generationen – die Unterschrift – alter Name – mit den Füßen – Öffentlichkeit – Schimpf – Schmutz –*

Augusta schlitzte die Augen. Sie lehnte am Fensterrahmen. *Schmutz.* Wen meinst du damit, C. A.? Bin ich der Schmutz? Er fuhr herum, lief zur Tür und ging hinaus. Draußen fuhr er in seine zerschlissene Safarijacke, stülpte sich den steifen Filzhut auf, der einem Tropenhelm so ähnlich sah, verließ das Haus und blieb auf dem Vorplatz stehen, auf den sich ein Schafbock verirrt hatte. Er redete mit dem Bock. Seine Wut brach zusammen, während er dem Bock gut zuredete. C. A. verstand sich auf Monologe.

Er liebte Monologe, weil sie ihm die Zuhörer ersparten und deren Widerspruch. Er liebte sie, weil sie sich mit einfachen grammatikalischen Formen begnügten, Behauptungen und Reihen von Wörtern, bei denen es nur darauf ankam, daß sie aus vollem Herzen stammten. Monologe führten zur Selbstreinigung.

Ein Monolog handelte vom Tod. C. A. flüchtete sich in morose Gedanken, um sein Dasein *unter Beweis zu stellen,* wie er das nannte, und stellte seine morosen Gedanken unter Beweis, indem er erfrischt in sein Dasein zurückkehrte. Er überlegte nicht, daß er diejenigen, die zufällig einen dieser unendlichen, an den Tod gerichteten Monologe mitanhörten, damit unter Druck setzte. Er machte sie ängstlich, schuldbewußt, hilflos. Olympia[3] schlug in solchen Momenten die Augen nieder. Augusta ärgerte sich. Aber Ärger war keine Verteidigung.

Ein zweiter Monolog galt der Lebenserfahrung, der dritte dem Nashorn in Kenia, das er nicht getroffen hatte. (Er hatte gar nicht schießen wollen. Er hatte mit erhobenen Händen dagestanden.) C. A. wußte genau, was zu sagen war, ohne daß er den Anlaß seiner Rede noch einmal erwähnte (Augustas Unterschrift zum Beispiel), und er vergriff sich nie im Ton. *Er verlor sein Gesicht nicht.* (So hieß das.) Es widerfuhr ihm nicht. Lieber hätte er auf sein Gesicht verzichtet. *Das Gesicht. Mein Gesicht.* Hinzu kam, daß Augusta dasselbe Gesicht hatte, wie er, dieselben großen Augen, dieselben großen Ohren, denselben großen Mund. Es war vorgekommen, daß er von fremden Leuten, die Augusta kannten, auf der Straße auf sie angesprochen worden war, und umgekehrt: Augusta war auf ihn angesprochen worden. Also lieber kein Gesicht haben, als eines verlieren, das für zwei reichte. […] [v 1976]

---

[2] Augustas Vater [3] Augustas Mutter

Peter Handke

Die drei Lesungen des Gesetzes

1.

Jeder Staatsbürger hat das Recht –
Beifall
seine Persönlichkeit frei zu entfalten –
Beifall
insbesondere hat er das Recht auf:
Arbeit –
Beifall
Freizeit –
Beifall
Freizügigkeit –
Beifall
Bildung –
Beifall
Versammlung –
Beifall
sowie auf Unantastbarkeit der Person –
starker Beifall

2.

Jeder Staatsbürger hat das Recht –
Beifall
im Rahmen der Gesetze seine Persönlichkeit frei zu entfalten –
Rufe: Hört! Hört!
insbesondere hat er das Recht auf:
Arbeit entsprechend den gesellschaftlichen Erfordernissen –
Unruhe, Beifall
auf Freizeit nach Maßgabe seiner gesellschaftlich notwendigen Arbeitskraft –
Zischen, Beifall, amüsiertes Lachen, Unruhe
auf Freizügigkeit, ausgenommen die Fälle, in denen eine ausreichende Lebensgrundlage nicht vorhanden ist und der Allgemeinheit daraus besondere Lasten entstehen würden –
schwacher Beifall, höhnisches Lachen, Scharren, Unruhe
auf Bildung, soweit die ökonomischen Verhältnisse sie sowohl zulassen als auch nötig machen –
starke Unruhe, Murren, unverständliche Zwischenrufe, Türenschlagen, höhnischer Beifall
auf Versammlung nach Maßgabe der Unterstützung der Interessen der Mitglieder der Allgemeinheit –
Pultdeckelschlagen, Pfeifen, allgemeine Unruhe, Lärm, vereinzelte Bravorufe, Protestklatschen, Rufe wie: Endlich! oder: Das hat uns noch gefehlt!, Trampeln, Gebrüll, Platzen von Papiertüten
sowie auf Unantastbarkeit der Person –
Unruhe und höhnischer Beifall.

3.

Jeder Staatsbürger hat das Recht,
im Rahmen der Gesetze und der guten Sitten seine Persönlichkeit frei zu entfalten,
insbesondere hat er das Recht auf Arbeit entsprechend den wirtschaftlichen und sittlichen Grundsätzen der Allgemeinheit –
das Recht auf Freizeit nach Maßgabe der allgemeinen wirtschaftlichen Erfordernisse und den Möglichkeiten eines durchschnittlich leistungsfähigen Bürgers –
das Recht auf Freizügigkeit, ausgenommen die Fälle, in denen eine ausreichende Lebensgrundlage nicht vorhanden ist und der Allgemeinheit dadurch besondere Lasten entstehen würden oder aber zur Abwehr einer drohenden Gefahr für den Bestand der Allgemeinheit oder zum Schutz vor sittlicher und leistungsabträglicher Verwahrlosung oder zur Erhaltung eines geordneten Ehe-, Familien- und Gemeinschaftslebens –
das Recht auf Bildung, soweit sie für den wirtschaftlich-sittlichen Fortschritt der Allgemeinheit sowohl zuträglich als auch erforderlich ist und soweit sie nicht Gefahr läuft, den Bestand der Allgemeinheit in ihren Grundlagen und Zielsetzungen zu gefährden –
das Recht auf Versammlung nach Maßgabe sowohl der Festigung als auch des Nutzens der Allgemeinheit und unter Berücksichtigung von Seuchengefahr, Brandgefahr und drohenden Naturkatastrophen –
sowie das Recht auf Unantastbarkeit der Person:
Allgemeiner stürmischer, nichtendenwollender Beifall.

[e 1968, v 1969]

ERICH FRIED
Gründe

„Weil das alles nicht hilft
Sie tun ja doch was sie wollen

Weil ich mir nicht nochmals
die Finger verbrennen will

Weil man nur lachen wird:
Auf dich haben sie gewartet

Und warum immer ich?
Keiner wird es mir danken

Weil da niemand mehr durchsieht
sondern höchstens noch mehr kaputtgeht

Weil jedes Schlechte
vielleicht auch sein Gutes hat

Weil es Sache des Standpunktes ist
und überhaupt wem soll man glauben?

Weil auch bei den andern nur
mit Wasser gekocht wird

Weil ich das lieber
Berufeneren überlasse

Weil man nie weiß
wie einem das schaden kann

Weil sich die Mühe nicht lohnt
weil sie alle das gar nicht wert sind“

Das sind Todesursachen
zu schreiben auf unsere Gräber

die nicht mehr gegraben werden
wenn das die Ursachen sind

[v 1966]

Bertolt Brecht

Böser Morgen

Die Silberpappel, eine ortsbekannte Schönheit
Heute eine alte Vettel. Der See
Eine Lache Abwaschwasser, nicht rühren!
Die Fuchsien unter dem Löwenmaul billig und eitel.
Warum?
Heute nacht im Traum sah ich Finger, auf mich deutend
Wie auf einen Aussätzigen. Sie waren zerarbeitet und
Sie waren gebrochen.

Unwissende! schrie ich
Schuldbewußt. [e 1953, v 1954]

Peter Huchel

Der Garten des Theophrast[1]

Wenn mittags das weiße Feuer
Der Verse über den Urnen tanzt,
Gedenke, mein Sohn. Gedenke derer,
Die einst Gespräche wie Bäume gepflanzt.
Tot ist der Garten, mein Atem wird schwerer,
Bewahre die Stunde, hier ging Theophrast,
Mit Eichenlohe zu düngen den Boden,
Die wunde Rinde zu binden mit Bast.
Ein Ölbaum spaltet das mürbe Gemäuer
Und ist noch Stimme im heißen Staub.
Sie gaben Befehl, die Wurzel zu roden.
Es sinkt dein Licht, schutzloses Laub.

[v, e 1962]

Reiner Kunze

Der Hochwald erzieht seine Bäume

Der hochwald erzieht seine bäume

Sie des lichtes entwöhnend, zwingt er sie,
all ihr grün in die kronen zu schicken
Die fähigkeit,
mit allen zweigen zu atmen,
das talent,
äste zu haben nur so aus freude,
verkümmern

Den regen siebt er, vorbeugend
der leidenschaft des durstes

Er läßt die bäume größer werden
wipfel an wipfel:
Keiner sieht mehr als der andere,
dem wind sagen alle das gleiche

[v 1976]

[1] griechischer Philosoph und Naturforscher (371–287 v. Chr.), von dem Schriften über Botanik überliefert sind

REINER KUNZE
Deckname „Lyrik“

Ministerium für Staatssicherheit
Bezirksverwaltung Gera
06. 09. 1968
Eröffnungsbericht …

Kunze wurde [1964] im Rahmen der analytischen Arbeit unter Künstlern im Bezirk … überprüft. Die Überprüfung der Person erfolgte mit dem Ziel, seine Verbindungen zu Schriftstellern sowie die nach Westdeutschland und Westberlin operativ zu nutzen. Im Ergebnis wurde festgestellt, daß über *Kunze* operatives Material in der Bezirksverwaltung Leipzig vorlag [1958 und 1960]. Eine Aussprache mit ihm ergab, daß er für die inoffizielle Arbeit nicht geeignet ist. […]

Berlin, den 07. 06. 1968
… *Kunze* fiel 1962 erstmalig im Zusammenhang mit dem Schriftsteller *Hermlin*, Stephan, operativ an … Seit den Ereignissen in der ČSSR im September/November 1967 wird ersichtlich, daß sich *Kunze* auf die feindlichen Kräfte in der ČSSR stützt und er besonders befürwortenden Anteil an der feindlichen Entwicklung nimmt. Aus diesem Grund erklärte er sich auch bereit, im Mai 1968 im Haus der Tschechoslowakischen Kultur in Berlin … Gedichte zu lesen. Nach der Veranstaltung wurde er mit anderen negativen und feindlichen Personen durch die Leitung des Kulturhauses zu einem Glas Wein eingeladen. In diesem Kreis wurden die Ziele der feindlichen Kräfte in der ČSSR diskutiert und von *Kunze* und den anderen Anwesenden akzeptiert. […]

Berlin, 22. 12. 1976
Am 22. 12. 1976 wurde eine Absprache … über strafrechtlich zu beachtende Faktoren bei der Festlegung von Maßnahmen zur Unterbindung der … Aktivitäten des … Lyrikers Reiner *Kunze* durchgeführt … Die Klärung nachstehender Sachverhalte soll … dazu beitragen festzustellen, inwieweit *Kunze* im Besitz von Beweis- oder Argumentationsmaterial wie Briefen, Festlegungen und Begründungen ist, die er bei der Einleitung staatlicher Maßnahmen gegen ihn für sich und gegen die DDR ausnutzen könnte … Im Ministerium für Kultur – Hauptabteilung Verlage – ist zu prüfen, ob *Kunze* im Besitz von Schriftstücken und Briefen ist, die ihm die Genehmigung zur Veröffentlichung seines Buches „Die wunderbaren Jahre“ im S. Fischer Verlag / BRD gestatten (was hat *Kunze* darüber in der Hand, und was liegt beim Ministerium für Kultur darüber vor) … Durch die Hauptabteilung IX … wird im laufenden Ermittlungsverfahren gegen Jürgen *Fuchs* geprüft, welchen Charakter seine Verbindung zu *Kunze* trägt, und welche gesellschaftsschädigenden Auswirkungen sich daraus ergeben. (Daraus können weitere Maßnahmen gegen *Kunze* abgeleitet werden wie z. B. Begründung zur Beauflagung durch den Staatsanwalt u. a.) … Durch die Bezirksverwaltung Gera ist zu gewährleisten, daß bei künftigen Lesungen positive Personen dem *Kunze* auf seine negativen und feindlichen Äußerungen gegen die DDR [hin] widersprechen, sich dagegen verwahren und nach Festlegung des geeigneten Zeitpunktes bei der Volkspolizei offiziell Anzeige erstatten. Die Reaktionen des *Kunze* sind in solchen Fällen zu dokumentieren.

Gera, den 22. 12. 1976
Auftragsgemäß vereinbarte ich mit Frau Dr. Elisabeth *Kunze* telefonisch einen Termin … mit Legende … Ich möchte … zum Ausdruck bringen, daß sich sowohl Reiner als auch Elisabeth *Kunze* fast am Ende ihrer physischen Kräfte befinden … Ich glaube nicht, daß die physische und psychische Zerrüttung, die mir am 20. 12. bei *Kunze* deutlich geworden ist, mit der Maßnahme des Schriftstellerverbandes im Zusammenhang steht, *Kunze* auszuschließen. Nach meiner Einschät-

zung [ist] ... diese psychische Zerrüttung mehr auf eine Zermürbung im Bereich der Ungewißheit [zurückzuführen]. Während ich vor Monaten noch daran glaubte, daß Reiner *Kunze* eine Ausbürgerung oder Übersiedlung in die BRD als die ... unliebsamste Maßnahme gegen sich betrachtete, gewann ich am 20. 12. 76 endgültig den Eindruck, daß sich Reiner *Kunze* geistig bereits damit abgefunden hat ... Ich glaube nicht, daß Reiner *Kunze* diese Spannung der Ungewißheit noch sehr lange aushalten wird („B.") [...]

Operativplan (Gera, den 07. 01. 1977)
[...] Aus dem Bestand der IM[1] ... sind absolut zuverlässige und geeignete IM auszuwählen, die offiziell Briefe an die Vorgangsperson mit differenziertem Inhalt und zu unterschiedlichen Zeiten versenden. Dies ist so durchzuführen, daß bei den real existierenden Personen keine Organisationsform zu spüren ist. Dazu sind ... erforderlich:
Lehrer – Direktor einer POS/EOS [Polytechnische / Erweiterte Oberschule] – aus dem Fach Deutsch, Geschichte oder Literatur,
Arzt mit kulturell-künstlerischen Ambitionen,
Literatur- und Kunstwissenschaftler,
Student(in) der Friedrich-Schiller-Universität Jena.
Bei allen Kandidaten muß eine direkte bzw. indirekte Beziehung zur Gegenwartsliteratur und zu den Ereignissen um *Kunze* und *Biermann* vorhanden sein bzw. geschaffen werden können. Der Versand der Briefe muß so sein, daß durch Unterschiede ... in Niveau, Zeit, Abständen und Inhalt keine gezielte Aktion sichtbar wird ... Bei der Abfassung der Briefe ist von der Kenntnis über Abschnitte des Buches und der ... Interviews im BRD-Funk-und-Fernsehen auszugehen.
Lehrer: – zu Angriffen des K. gegen die Volksbildung der DDR ... Arzt: – K. soll an das humanistische Anliegen seiner Frau erinnert und [ermahnt] werden, nicht auch sie noch als Ärztin mit seinem feindlichen Ansinnen [zu] konfrontieren ... Literatur- und Kunstwissenschaftler: – den Nachweis erbringen, daß *Kunzes* Prosa schlechte Prosa ist und nur dem Zweck der Agitation und der politisch-ideologischen Diversion des Gegners dient, – daß *Kunze* kein Künstler und Schriftsteller mehr ist, sondern ein gekauftes Subjekt des Klassengegners; [...]

[v 1990]

[1] inoffizieller Mitarbeiter des Staatssicherheitsdienstes

Uwe Johnson
Jahrestage

[...] Wenn Jerichow zum Westen gekommen wäre:
Die Stadtstraße wäre ein Kanal zu ebener Erde, asphaltiert, eingefaßt von Kristallglas und Chrom. Auch in den ärmsten Häusern wären die Kreuzstöcke ausgebrochen, ersetzt durch Schaufenster oder durch doppelglasig versiegelte Apparate, zweiseitig schwenkbar. Zwei Fahrschulen, ein Reisebüro, eine Filiale der Dresdner Bank. Elektrische Rasenmäher, Haushaltsgerät aus Plastik, Taschenradios, Fernseher. Methfessel jun. hätte den Verkaufsraum der Fleischerei voll verkachelt. In der Einfahrt der Sportwagen des Gesellen, mit Überrollbügel.
Zwar, bei Wollenberg könnte man immer noch Dochte und Zylinder für Petroleumlampen kaufen, Zentrifugenfilter, Kutschpeitschen, Achsenfett und jene Kette, auf die die Kuh tritt, so daß sie nicht davonlaufen kann, wenn die Bauern im Gran-Turismo-Wagen zum Melken angefahren kommen.
Und beim Kauf würde gehandelt, das wäre geblieben.

Jerichow würde zum Zonengrenzbezirk Lübeck gehören. Abgeordnete im Kieler Landtag. Schimpfen auf Kiel. Der überlebende Adel kandidiert für die C.D.U.

Zu den „guten Familien" neu gerechnet: Garagenbesitzer, Getränkelieferanten, Bundeswehroffiziere, Kreisbauräte. [...] Urlaub in Dänemark, Fernsehen aus Hamburg, Unterhaltungsmusik und Funkbilder aus Niedersachsen, Funkhaus Hannover. Die Offiziere des Bundesgrenzschutzes würden im Lübecker Hof verkehren (er hieße Lübecker Hof), Mannschaftsdienstgrade im Krug von Wulff. [...]

Jerichow hätte fünf Ansichtenkarten anzubieten statt früher zwei. Zusätzlich: Den rotziegeligen Anbau des Rathauses (hamburger Stil). Den Neubau des „Schwanennestes" (ehemals Försterkrug). Das Mahnmal der „deutschen Teilung" (oder für die Kriegsgefangenen) auf dem Bahnhofsvorplatz.

Eine kleine Stadt in Schleswig-Holstein. Vielleicht würden die Höfe inzwischen nach Tonnen gerechnet, nach halben Hektar. Von Jerichow über Rande nach Travemünde ginge eine Küstenstraße mit Platz für drei Autos nebeneinander. [...]

Wiederum wäre Jerichow der Kreisstadt unterlegen. Die Straße nach Gneez wäre fünfmal täglich mit Omnibussen befahren, zur höheren Ehre des Unternehmergeschlechtes Swenson. Im Kopf stünde nicht: Jerichow, sondern: Gneez – Rande (über Jerichow). Gneez zöge an und nähme weg: Hausfrauen, Arbeiter, Beamte, Kinogänger, Schüler. In Gneez wären nicht nur die Filme so frisch wie in Ratzeburg oder Lübeck. In Gneez böte die Volkshochschule Fremdsprachen, Lichtbildervorträge, Vorlesungen aus Romanen. In Jerichow herrschte Mißstimmung über den Neubau des gneezer Finanzamtes. Jerichows bestbekannte Attraktionen: ein ältliches Schwimmlehrbad der Luftwaffe und ein etwas näherer Verlauf der Grenze.

Rande wäre gewachsen, und Jerichow hätte wenig abbekommen. Das Strandgebiet von Rande wäre auf einen Kilometer Tiefe bebaut mit Wochenendhäusern, Stockwerkeigentum, Villen. Kurkonzert im Pavillon vor dem Hotel Erbgroßherzog. Das hieße womöglich Baltic. Sogar in Rande gäbe es Waren und Unterhaltungen, die in Jerichow fehlen. Rande hätte ein Kurmittelhaus, ein temperiertes Meerwasser-Schwimmbad, ein moderneres Kino als das im jerichower Schützenhof, und viele Geschäfte wären auch im Winter geöffnet. [...]

In der Nähe von Rande wäre ein Radarhorchplatz eingerichtet, auf der Steilküste nicht weit von der Grenze, durch Knicks vor Einsicht geschützt. (Die Bundesrepublik, noch heute nicht souverän, durfte die Anlage 1960 als militärischer Partner von den Briten übernehmen.) [...]

Die Fremde, die in der Apotheke nach der chemischen Reinigung fragt, würde nicht nur an das Haus „gegenüber der Shell-Tankstelle" verwiesen; sie bekäme auch gleich ein mündliches Gutachten über Dauer und Güte der Behandlung. Das wäre geblieben.

Beratung in rechtlichen Fragen: Dr. Werner Jansen. Immobilien: N. Krijgerstam in Firma R. Papenbrock. Taxis, Omnibusse: Heinz Swenson. Auskünfte über Flurnamen und Ortsgeschichte: O. Stoffregen. Die wären, vielleicht, geblieben.

Freunde in Wismar müßten über 65 sein, um Leute in Jerichow zu besuchen. In Bad Kleinen umsteigen in den Interzonenzug nach Hamburg über Schönberg und Lübeck. Wären einander recht fremd geworden.

Wenn Jerichow zum Westen gekommen wäre. [...]

[v 1972]

Aufgaben zu den Texten auf den Seiten 439–449

HANS MAGNUS ENZENSBERGER konjunktur (S. 439)

① Welche Assoziationen sollen die historisch-geographischen Anspielungen auslösen?
② Im Gedicht dominiert im Gegensatz zum Essay die Metapher. Welche Folgen für die Behandlung des Themas ergeben sich daraus?

HANS MAGNUS ENZENSBERGER Das Plebiszit der Verbraucher (S. 439f.)

① Wie trägt Enzensberger Polemik vor? Untersuchen Sie Methoden und Mittel.

GÜNTER GRASS Die Blechtrommel (S. 440ff.)

① Was erfährt der Leser über die psychische Verfassung des Publikums?
② Weisen Sie nach, daß die Satire über eine witzige Verulkung der Wohlstandsgesellschaft hinausweist.

ELISABETH PLESSEN Mitteilung an den Adel (S. 442f.)

① Warum sind die kursiv gedruckten Wörter besonders kenntlich gemacht?
② Die Tochter zeichnet ein differenziertes Bild ihres Vaters. Auf welche Grundhaltung läßt sich dessen Verhalten in verschiedenen Situationen zurückführen?

PETER HANDKE Die drei Lesungen des Gesetzes (S. 444f.)

① Beschreiben Sie den Text zunächst als ein Experiment mit Sprache.
② Warum haben viele Leser *Die drei Lesungen des Gesetzes* sogleich als Satire aufgefaßt? Wogegen wäre die Satire gerichtet?

ERICH FRIED Gründe (S. 445)

① Gruppieren Sie die Gründe unter geeignete Überschriften.
② In welche Richtung zielt die Pointe am Schluß?

BERTOLT BRECHT Böser Morgen (S. 446)

① Brecht schrieb das Gedicht nach der blutigen Niederschlagung des Aufstands vom 17. Juni 1953. Er spricht darin ein Dilemma an, das ihm immer wieder zu schaffen machte. Zwei Verse aus dem *Lob der Dialektik* können für die Erschließung hilfreich sein: „[...] An wem liegt es, wenn die Unterdrückung bleibt? An uns.
An wem liegt es, wenn sie zerbrochen wird? Ebenfalls an uns."
Suchen Sie einen Bezug zu *Böser Morgen,* und versuchen Sie eine Interpretation.

PETER HUCHEL Der Garten des Theophrast (S. 446)

① Interpretieren Sie das Gedicht als allegorisch-verschlüsselten Nachruf (vgl. S. 423).
② Vergleichen Sie die Bewertung der DDR in den Gedichten Huchels und Kunzes (S. 446) sowie in den Texten von H. Müller, Strittmatter und Neutsch (S. 410f., 412ff., 433ff.). Welche Gründe für die Bewertungen sind erkennbar?

REINER KUNZE Der Hochwald erzieht seine Bäume (S. 446)

① Inwiefern kann man hier von einer „offenen Waldmetapher" sprechen?
② Vergleichen Sie Art und Funktion der Naturmetaphern in den Gedichten Brechts, Huchels und Kunzes.

REINER KUNZE Deckname Lyrik (S. 447 f.)

① Kunze wurde vom Staatssicherheitsdienst zunehmend unter Druck gesetzt. Bezeichnen Sie knapp die angewandten Mittel und skizzieren Sie die Grade der „Folter".
② Stellen Sie aus dem Stasi-Vokabular eine mit Erläuterungen versehene kleine Liste zusammen, die das Typische deutlich machen soll.

UWE JOHNSON Jahrestage (S. 448 f.)

① Beschreiben Sie Johnsons Darstellungsverfahren.
② Handelt es sich um eine Satire? Begründen Sie Ihr Urteil.

Übergreifende Fragestellung

In diesem Kapitel finden Sie mehrere Satiren. Informieren Sie sich über den Begriff der Satire, und stellen Sie fest, in welchen literarischen Epochen (oder Kurzperioden) vermehrt Satiren auftreten. Suchen Sie Gründe dafür.

c) Blicke nach innen

URSULA KRECHEL
Jetzt ist es nicht mehr so

Jetzt ist es nicht mehr so
daß wir müde, mit Blasen an den Füßen
verdreckt und naß vom Wasserstrahl
nach Hause kommen, essen, trinken
und wieder weg ins Kino.

Jetzt ist es nicht mehr so
daß wir denken, wenigstens
die Straße gehört uns.
Und die Zukunft natürlich
jetzt oder später, aber bald.

Jetzt ist es nicht mehr so
daß wir am Schnitt der Haare
am Lachen die Genossen erkennen
uns auf die Schulter klopfen, öffentlich
wir könnten uns verändert haben.

Jetzt ist es nicht mehr so
daß da, wo zwei oder drei versammelt sind
in meinem Namen, ich mitten unter ihnen bin
belehre, stärke, unterstütze
ganz ohne Fragen.

Jetzt ist es nicht mehr so
daß wir mit Köpfen durch die Wände gehen
aufrecht, Antworten wissen, eh uns jemand fragt
Spuren hinterlassen, Erinnerungsbänder
wie Schnecken auf dem trockenen Sand.

Jetzt ist es nicht mehr so
daß wir jedem Arbeiter
der aus der U-Bahn steigt mit Mütze
gleich sagen können, was ihm fehlt
und unserem Hausbesitzer auch.

Jetzt haben wir plötzlich Zeit
zu langen Diskussionen in den Betten.
Verschwitzt, aber kalt bis in die Zehen
sehen wir zum ersten Mal das Weiße
in unseren Augen und erschrecken.

[v 1977]

Karin Kiwus

Gewisse Verbindung

Nachts
muß wohl
im Traum gewesen sein
hat ununterbrochen
das Telefon geklingelt
ruhig
gleichmäßig
wie Atemzüge
von einem abwartend
lebensbedeutenden Körper

Morgens
diese Art
Anrufungszeichen
fast schon vermißt
rübergelaufen
zur Telefonzelle neben der Zeitungsbude
die eigene Nummer gewählt und den Hörer
ins Buch zwischen die Krüger-Seiten gesteckt

Zuhaus
lange
auf den wieder leise
surrenden Apparat gestarrt
abgehoben
und sofort deutlich die Straßenecke
am anderen Ende der Leitung vor Augen
ein Diesel der bremst ein jaulender
Schäferhund auf dem Zebrastreifen
Bierfahrer die klirrende Kisten verladen
ein Pulk Schüler in Richtung Bushaltestelle
zwei Alte auf der Bank hinter den Büschen grölen
und trommeln gegen die Papierkörbe rechts und links

Nach einer Weile
wird drüben
die Tür aufgemacht
jemand raschelt den Hörer hervor
und brüllt aufgeregt hallo rein
hallo ist denn da wer
möglich ist alles
gebe ich zu
aber er fängt jetzt erst richtig an
was soll denn der Quatsch was
bilden Sie sich überhaupt ein
ach
sage ich nur
gar nicht mal ungeduldig
halten Sie sich da
raus [v 1979]

Volker Braun
Unvollendete Geschichte

[...] Sie setzte sich gegen die Kündigung nicht zur Wehr. Die einzigen, mit denen sie hätte sprechen können, waren ihre Genossen in der Redaktion. F. hatte sich nicht gemeldet. Sie wagte sich nicht schon wieder hin. Sie hatte ja begriffen, daß es eine „geheime Sache" war. Es wäre ein peinlicher Starrsinn gewesen, auf seinem kleinen eigenen Recht zu bestehn. So weit war die Geschichte noch nicht. Man mußte seine Kraft aufwenden, den Beschluß widerstandslos zu schlucken. Karin beunruhigte nur die Resignation, die sie befiel, weil sie in ihrer eigensten Sache nicht gefragt worden war. Sie spürte eine ungewohnte, exotische Versuchung – sich vom gesellschaftlichen Leben abzukehren, ihre Ideale zu vergessen, ihre Aufgaben wegzuwerfen. Und in die bekannte Gleichgültigkeit zu fallen, die politische Abstinenz, die sie sonst verachtet hatte. Würde ihr das vielleicht helfen? Ein Urlaub von der Welt. Wie eine Schlaftherapie, ein Schlaf des Bewußtseins. Sie wußte nicht, was mit ihr werden sollte. Sie war von dem vielen Überlegen so erschöpft und getroffen, sie wollte nichts mehr wissen, nichts mehr verstehn. Sie kam sich vor wie verletzt, wie verrenkt an allen Gliedern. Sie konnte nicht mehr auf der Straße gehn, ohne sich unsicher und ungelenk zu fühlen, als würde sie vor den Augen der Leute balancieren auf einem vorgeschriebenen Strich. Sie trat immer *daneben*.
Sie wollte nur Ruhe haben. Am besten war es, wenn sie abwesend lag, aus dem Radio „Auf den Flügeln bunter Noten"/STIMME DER DDR: „Hei, ich fang' den Sommer", etwas das abwegig war, daß sie nicht zurückfand.

ZUR BEWÄHRUNG in die Produktion. Aber was für ein Denken, dem das als Strafe gilt?

„Wem nützt das, was du sagst!"

Die Blumen blühen in den Gärten. Die Bäume rauschen. Die Vögel lärmen in den Wiesen. Das gab es alles noch. Das Gras, von Käfern durchwandert. Im Gras im Dickicht liegen mit ausgebreiteten Beinen, die warme Sonne auf das Geschlecht scheinen lassen. Die Felder riechen (die transitive und intransitive Bedeutung des Verbs nicht mehr unterscheiden: die Tätigkeit, zu existieren). Auf das Kind warten, das einzige bemerkenswerte Ereignis des Jahrhunderts.

Sie wußte, was das für Gedanken waren. Es war ein Selbstmord, nicht des Körpers sondern des Denkens. Es war leicht, sie brauchte nur die Freunde nicht mehr sehn, die Genossen. Sich um das POLITISCHE LEBEN bringen. Sich dieses LEBEN NEHMEN.

Sie blätterte in der Bibel der Frau. Sie stellte die Sätze unwillkürlich auf den Kopf. Es muß ja vorwärtsgehn; doch wohl dem Menschen, durch welchen es vorwärtsgeht! Ev. Matth. 18,7.

Die Frau[1] buk abends für sie Pfannkuchen, weil Karin die selbstgemachten gerne aß. Die waren locker und duftend und noch warm im Mund.
Vielleicht war das kein Fall, der in ein bestimmtes Kapitel der Geschichtsbücher gehörte, sondern sie erlebte nur zwingender, als Schock, was jedem Aufwachsenden geschieht, wenn er seine hochdampfenden Vorstellungen von der neuen Gesellschaft zu Wasser werden sieht. Wenn er sich endlich in die Möglichkeiten zwängt. Denn die Gesellschaft ist für ihn ja nicht *neu*, und anders als die glücklichen ALTEN GENOSSEN sieht er die Umbrüche und Durchbrüche nicht mehr in dem ungeheuren Kontrast zur finsteren Vergangenheit.

Ohne unter den Leuten zu sein, zu reden, zu arbeiten, war das Leben tödlich leer. Die Freude, die sie früher empfunden hatte, ohne nach dem Grund zu fragen, die unbestimmte Vergnügtheit, die

[1] Die Mutter ihres Freundes Frank, der einen Selbstmordversuch unternommen hat

Leidenschaft für etwas wurde unfaßbar. Alles brach ab, wie ein Sinfoniekonzert bei Stromausfall. (Was ihr blieb waren Vergleiche – die alle hinkten: ihr Leben ein UNGLÜCKLICHER Ausdruck, ein SCHIEFES BILD.)

(Klammert euch an den Zaunpfahl, Rezensenten!)
Aber während all dem wurde ihr bewußt, mit einem langsamen, unaushaltbaren Schmerz, als würden ihre innersten Adern brennen, wie empfindungslos sie bisher gedacht und gehandelt hatte. Sie wagte nicht zurückzudenken, und doch stand ihr das Zimmer vor Augen, in dem er vor ihr lag auf den Knien, und sie war hinausgegangen! Der Schweiß trat ihr auf die Stirn. Sie spürte auch mit Erstaunen, daß sie jetzt erst Frank zu lieben begann, so, daß sie darüber sich selbst vergessen konnte. Und sich doch deutlicher empfand dabei, als würde sie ihrer selbst sicher. Jetzt löste sich eine dicke Schicht von ihren Armen, ihrer Brust. Sie hatte keine Angst mehr. [...]

Karin versuchte, Arbeit zu finden. Sie erwartete ein Kind, sie mußte es ernähren. Sie fuhr durch die Stadt, die dröhnte von Industrie, eine kräftige, bewegte, verrußte Landschaft. Das Fluten der Leute beim Schichtwechsel hatte sie immer angezogen, vor die Werktore, und das Gewalttätige, Monotone, Fatalistische dieses Sogs hatte sie abgestoßen (oder sie spürte nur spontan das Saugen und Ausstoßen der riesigen Menschenpumpen, mit einem unsicheren Lustgefühl). Jetzt war ihr jede Tätigkeit recht, sie ging irgendwo hinein, in alle möglichen Öffnungen der Betriebe und Geschäfte. Sie wollte nur ARBEIT haben. Arbeit war das halbe Leben. So wie wir heute arbeiten und so weiter. Arbeite mit, plane mit und was weiß ich. Ihr wurde überall sofort zugesagt. Aber sowie sie erzählte, daß sie im vierten Monat sei, besann man sich, die Sache wär zu schwer, das können Sie nicht, oder nicht mehr lange. In einem Fleischerladen Verkäuferin. Sie war immer gleich ehrlich, sie sagte: sie müsse bei der Zeitung weg, sie müsse irgendetwas tun! Die Verkaufsstellenleiterin meinte dann: Nuja, mir haben zwar Bedarf, aber an kräftigen Personen. Im vierten Monat, da könn Sie keine Kisten schleppen! So ging es ihr jedes Mal. Sie brachte es nicht fertig, ihre Umstände zu verschweigen. Es war wie eine Sucht, sie berauschte sich an dieser Aufrichtigkeit, der schonungslosen Wahrheit. In einer Kinderkrippe wurde ihr sofort unterstellt, sie wolle nur wegen dem Krippenplatz die Stelle. Sie ging zum Rat der Stadt. Ein Genosse hörte sie an. Er erkundigte sich bei der Redaktion. Er sagte: „So gehts nicht. Sie können nicht wochenlang nach Arbeit suchen. Ich helfe Ihnen, ich werde Sie irgendwo UNTERBRINGEN."

Sie fuhren wieder zum Krankenhaus; die Frau mit dem Motorrad voraus, um noch etwas zu erledigen. Karin stieg eine Station zu früh aus der Bahn, sie war zerstreut und müde. Sie ließ sich Zeit, sie wollte nirgends hin. Nicht einmal die Natur war vorhanden. Die Sonne brannte: sie wußte nur, daß sie schwitzte. Da sie nichts Bestimmtes denken wollte, floß ihr alles wirr durch den Kopf; die Gedanken schmerzhafte langsame Würmer im Gehirn, wenn sie einen zerriß, krochen die Teile weiter. Es war gräßlich.
Vor dem Hauptgebäude sah sie jemand stehn, ein wenig schräg, der blickte her. Er hatte einen gelben Pullover an und eine helle Hose. Sie dachte: das könnte Frank sein, und unterdrückte sofort diesen lächerlichen Gedanken. Sie kam immer näher, und dann war er es tatsächlich. Er stand angezogen neben dem Tor und lächelte glücklich. Sie ging auf ihn zu und fragte: „Wo kommen denn die Sachen her?" – „Die hat meine Mutter gebracht, sie wollte dich überraschen."
Sie blickte um sich und konnte die Frau nicht sehn. Sie wollte Frank an sich drücken, aber er taumelte, er war noch schwach. Sie hatte Angst, daß er gleich umfällt. Sie mußte ihn halten. Sie standen umschlungen auf der Straße. Die Leute, die vorüberkamen, blieben stehn. Die Frau verharrte erregt hinter dem Tor. Die Beiden hielten sich bleich aneinander fest. Sie starrten sich an. Man führte sie auf den Fußweg, die Frau trat dazu. Sie ließen sich nicht los.

Hier begannen, während die eine nicht zuende war, andere Geschichten. [e 1974, v 1975/77]

CHRISTA WOLF
Kassandra

[...] Ich muß mich scharf erinnern: Sprach in Troia irgendein Mensch von Krieg? Nein. Er wäre bestraft worden. In aller Unschuld und besten Gewissens bereiteten wir ihn vor. Sein erstes Zeichen: Wir richteten uns nach dem Feind. Wozu brauchten wir den? [...]

Paris sei nicht mit diesem Schiff gekommen, hieß es am Morgen, als Information für die Angehörigen des Königshauses. Da man ihm in Sparta die Rückgabe der Königsschwester wiederum verweigert habe, sei er gezwungen gewesen, seine Drohung wahrzumachen. Er habe, kurz gesagt, die Gattin des Menelaos entführt. Die Frau des Königs von Sparta. Die schönste Frau Griechenlands: Helena. Mit ihr sei er auf Umwegen unterwegs nach Troia.

Helena. Der Name traf uns wie ein Stoß. Die schöne Helena. Darunter tat es der kleine Bruder nicht. Man hätte es wissen können. Man hatte es gewußt. Ich war Zeugin, wie im Hin und Her zwischen dem Palast und den Tempelpriestern, in Tag- und Nachtsitzungen des Rats eine Nachricht hergestellt wurde, hart, gehämmert, glatt wie eine Lanze: Paris der Troerheld habe auf Geheiß unsrer lieben Göttin Aphrodite Helena, die schönste Frau Griechenlands, den großmäuligen Griechen entführt und so die Demütigung gelöscht, die unserm mächtigen König Priamos einst durch den Raub seiner Schwester angetan worden war.

Jubelnd lief das Volk durch die Straßen. Ich sah eine Nachricht zur Wahrheit werden. Und Priamos hatte einen neuen Titel: „Unser mächtiger König". [...]

Wie lange hab ich an die alten Zeiten nicht gedacht. Es stimmt: Der nahe Tod mobilisiert nochmal das ganze Leben: Zehn Jahre Krieg. Sie waren lang genug, die Frage, wie der Krieg entstand, vollkommen zu vergessen. Mitten im Krieg denkt man nur, wie er enden wird. Und schiebt das Leben auf. Wenn viele das tun, entsteht in uns der leere Raum, in den der Krieg hineinströmt. Daß auch ich mich anfangs dem Gefühl überließ, jetzt lebte ich nur vorläufig; die wahre Wirklichkeit stünde mir noch bevor; daß ich das Leben vorbeigehn ließ: Das tut mir mehr als alles andre leid. [...]

Der abwesende Paris wurde in Gesängen gefeiert. Die Angst lag in mir auf der Lauer. Nicht nur in mir. Ungebeten deutete ich dem König einen Traum, den er bei der Tafel erzählt hatte: Zwei Drachen, die miteinander kämpften; der eine trug einen goldgehämmerten Brustpanzer, der andre führte eine scharf geschliffene Lanze. Der eine also unverletzlich und unbewaffnet, der andre bewaffnet und haßerfüllt, jedoch verletzlich. Sie kämpften ewig.

Du liegst, sagte ich dem Vater, mit dir selbst im Widerstreit. Hältst dich selbst in Schach. Lähmst dich.

Wovon redest du, Priesterin, erwiderte Priamos förmlich. Längst hat mir Panthoos[1] den Traum gedeutet: Der goldgepanzerte Drache bin natürlich ich, der König. Bewaffnen muß ich mich, um meinen tückischen und schwerbewaffneten Feind zu überwältigen. Den Waffenschmieden hab ich schon befohlen, ihre Produktion zu steigern.

Panthoos! rief ich im Tempel. Und? sagte der. Es sind doch alles Bestien, Kassandra. Halb Bestien, halb Kinder. Sie werden ihren Begierden folgen, auch ohne uns. Muß man sich denen in den Weg stelln? Daß sie uns niedertrampeln? Nein. Ich habe mich entschieden.

Entschieden hast du dich, die Bestie in dir selbst zu füttern, sie in dir aufzustacheln. Sein grausam maskenhaftes Lächeln. Aber was wußte ich von diesem Mann.

Wann Krieg beginnt, das kann man wissen, aber wann beginnt der Vorkrieg. Falls es da Regeln gäbe, müßte man sie weitersagen. In Ton, in Stein eingraben, überliefern. Was stünde da. Da stünde, unter andern Sätzen: Laßt euch nicht von den Eignen täuschen.

Paris, als er nach Monaten doch noch kam, merkwürdigerweise auf einem ägyptischen Schiff,

[1] Oberpriester

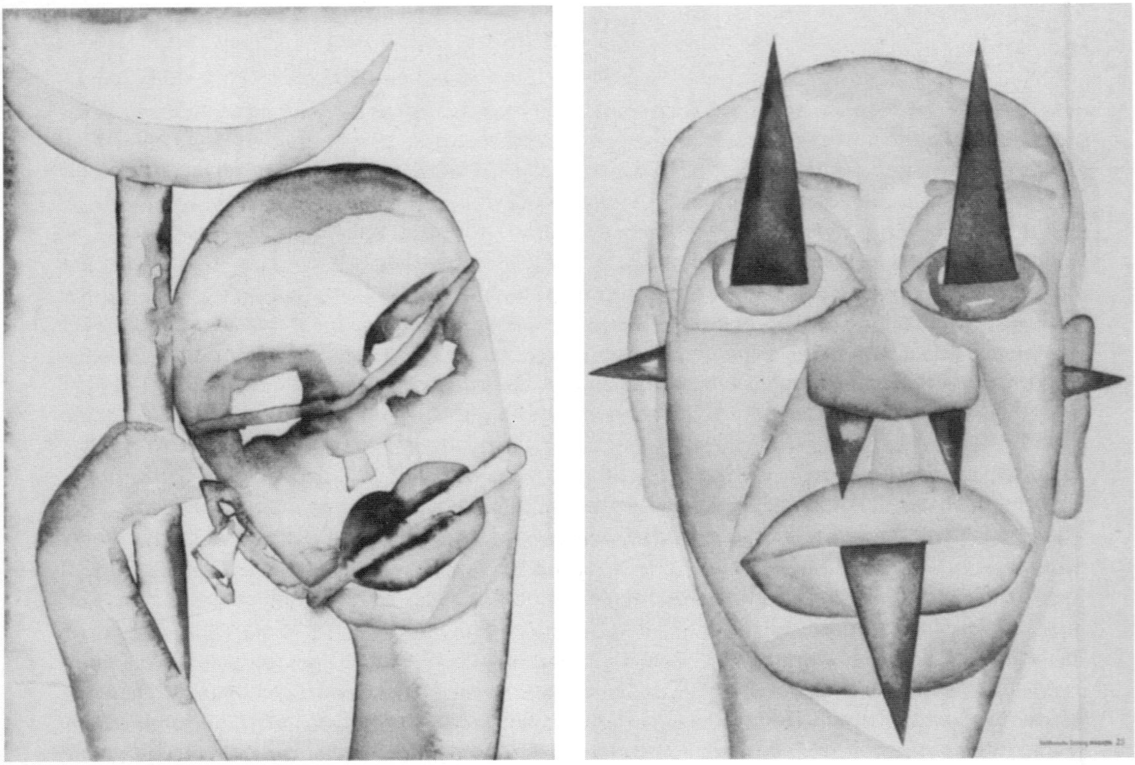

Francesco Clemente, aus: Reise ins Herz (Zyklus), 1991

brachte eine tief verschleierte Person von Bord. Das Volk, wie nun üblich hinter einer Sicherheitskette von Eumelos-Leuten zurückgedrängt, verstummte atemlos. In jedem einzelnen erschien das Bild der schönsten Frau, so strahlend, daß sie ihn, wenn er sie sehen könnte, blenden würde. Schüchtern, dann begeistert kamen Sprechchöre auf: He-le-na. He-le-na. Helena zeigte sich nicht. Sie kam auch nicht zur Festtafel. Sie war von der langen Seereise erschöpft. Paris, ein anderer, überbrachte vom König von Ägypten raffinierte Gastgeschenke, erzählte Wunderdinge. Er redete und redete, ausschweifend, arabesk, mit Schlenkern, die er wohl für witzig hielt. Er hatte viele Lacher, er war ein Mann geworden. Ich mußte ihn immer ansehn. Seine Augen kriegt ich nicht zu fassen. Woher kam der schiefe Zug in sein schönes Gesicht, welche Schärfe hatte seine einst weichen Züge geätzt.

Von den Straßen her drang ein Ton in den Palast, den wir vorher nie gehört hatten, vergleichbar dem bedrohlichen Summen eines Bienenstocks, dessen Volk sich zum Abflug sammelt. Die Vorstellung, im Palast ihres Königs weile die schöne Helena, verdrehte den Leuten die Köpfe. Ich verweigerte mich in dieser Nacht dem Panthoos. Wütend wollte er mich gewaltsam nehmen. Ich rief nach Parthena der Amme, die gar nicht in der Nähe war. Panthoos ging, verzerrten Gesichts stieß er wüste Beschimpfungen aus. Das rohe Fleisch unter der Maske. Die Trauer, die mich manchmal schwarz aus der Sonne heraus überfiel, suchte ich mir zu verbergen.

Jede Faser in mir verschloß sich der Einsicht, daß keine schöne Helena in Troia war. Als die anderen Palastbewohner zu erkennen gaben, daß sie begriffen hatten. Als ich die liebliche schönhalsige Oinone schon zum zweitenmal im Morgengrauen vor des Paris Türe traf. Als der Legendenschwarm um die unsichtbare schöne Frau des Paris verlegen in sich zusammenfiel. Als alle die Blicke senkten, wenn ich, nur ich noch, immer wieder wie unter Zwang Helenas Namen nannte, mich sogar erbot, die immer noch Ermüdete zu pflegen, und zurückgewiesen wurde – selbst da wollt ich das Undenkbare noch nicht denken. [...]

Ich griff nach jedem Strohhalm, und wer wollte eine Abordnung des Menelaos, die in starken Worten ihre Königin zurückverlangte, einen Strohhalm nennen. Daß sie sie wiederhaben wollten, bewies mir, daß sie hier sein mußte. Mein Gefühl ließ keinen Zweifel: Helena sollte nach Sparta zurück. Doch war mir klar: Der König mußte diese Forderung ablehnen. Mit ganzem Herzen wollt ich mich an seine Seite, an die Seite Troias stellen. Auf den Tod konnt ich nicht einsehn, warum im Rat noch eine ganze Nacht gestritten wurde. Paris, grünbleich, verkündete wie ein Verlierer: Nein. Wir liefern sie nicht aus. – Mann, Paris! rief ich. Freu dich doch! Sein Blick, endlich sein Blick, gestand mir, wie er litt. Dieser Blick gab mir den Bruder zurück.

Wir haben ja dann alle den Anlaß für den Krieg vergessen. Nach der Krise im dritten Jahr hörten auch die Kriegsleute auf, den Anblick der schönen Helena zu fordern. Mehr Ausdauer, als ein Mensch aufbringen kann, hätte es gebraucht, immer weiter einen Namen im Munde zu führen, der immer mehr nach Asche schmeckte, nach Brand und Verwesung. Sie ließen von Helena ab und wehrten sich ihrer Haut. Um aber dem Krieg zujubeln zu können, hatten sie diesen Namen gebraucht. Er erhob sie über sich hinaus. Beachtet, sagte Anchises uns, des Aineias Vater, der gerne lehrte und uns, als das Ende des Krieges abzusehn war, zwang, über seinen Beginn nachzudenken, beachtet, daß sie eine Frau genommen haben. Ruhm und Reichtum hätte auch ein Mannsbild hergegeben. Aber Schönheit? Ein Volk, das um die Schönheit kämpft! – Paris selbst war, widerwillig, schien es, auf den Marktplatz gekommen und hatte den Namen der schönen Helena dem Volke hingeworfen. Die Leute merkten nicht, daß er nicht bei der Sache war. Ich merkte es. Warum sprichst du so kalt von deiner warmen Frau? hab ich ihn gefragt. Meine warme Frau? war seine höhnische Antwort. Komm zu dir, Schwester. Mensch: Es gibt sie nicht.

Da riß es mir die Arme hoch, noch eh ich wußte: Ja, ich glaubte ihm. Seit langem war mir so zumute, angstverzehrt. Ein Anfall, dachte ich noch nüchtern, hörte aber diese Stimme schon, wehe wehe wehe. Ich weiß nicht: Schrie ich's laut, hab ich es nur geflüstert: Wir sind verloren. Weh, wir sind verloren. [...]

[e 1980–82, v 1983]

THOMAS BERNHARD
Der Atem

[...] Der Tagesablauf im Sterbezimmer, von meinem Eckbettplatz aus betrachtet, war vorgeschrieben folgender: gegen halb vier Uhr früh war, noch von der Nachtschwester, das Licht aufgedreht worden. Jedem einzelnen Patienten, ob er bei Bewußtsein war oder nicht, wurde daraufhin von der Nachtschwester aus einem mit Dutzenden von Fieberthermometern angefüllten Einsiedeglas ein solches Fieberthermometer zugesteckt. Nach dem Einsammeln der Fieberthermometer hatte die Nachtschwester Dienstschluß, und die Tagschwestern kamen mit Waschschüsseln und Handtüchern herein. Der Reihe nach wurden die Patienten gewaschen, nur ein oder zwei hatten aufstehen und zum Waschbecken gehen und sich selbst waschen können. Wegen der großen Jännerkälte war das einzige Fenster im Sterbezimmer die ganze Nacht und dann bis in den späten Vormittag nicht und erst knapp vor der Visite aufgemacht worden, und so war der Sauerstoff schon in der Nacht längst verbraucht und die Luft stinkend und schwer. Das Fenster war mit

dickem Dunst beschlagen, und der Geruch von den vielen Körpern und von den Mauern und den Medikamenten machte in der Frühe das Ein- und Ausatmen zur Qual. Jeder Patient hatte seinen eigenen Geruch, und alle zusammen entwickelten einen solchen aus Schweiß- und Medikamentendunst zusammengesetzten, zu Husten- und Erstickungsanfällen reizenden. So war, wenn die Tagschwestern auftauchten, das Sterbezimmer auf einmal eine einzige abstoßende Gestank- und Jammerstätte, in welcher die während der Nacht zugedeckten und niedergehaltenen Leiden plötzlich wieder in ihrer ganzen erschreckenden und bösartigen Häßlichkeit und Rücksichtslosigkeit aufgedeckt und ans Licht gebracht waren. Allein diese Tatsache hätte genügt, um schon in aller Frühe wieder in tiefste Verzweiflung zu stürzen. Aber ich hatte mir vorgenommen, alles in diesem Sterbezimmer, also auch alles mir noch Bevorstehende, auszuhalten, um aus diesem Sterbezimmer wieder herauszukommen, und so hatte ich mit der Zeit einen mich ganz einfach von einem bestimmten Zeitpunkt an nicht mehr schädigenden, sondern belehrenden Mechanismus der Wahrnehmung in dem Sterbezimmer entwickelt. Ich durfte mich von den Objekten meiner Betrachtungen und Beobachtungen nicht mehr verletzen lassen. Ich mußte in meinen Betrachtungen und Beobachtungen davon ausgehen, daß auch das Fürchterlichste und das Entsetzlichste und das Abstoßendste und das Häßlichste das Selbstverständliche ist, wodurch ich überhaupt diesen Zustand hatte ertragen können. Daß, was ich hier zu sehen bekommen hatte, nichts anderes als ein vollkommen natürlicher Ablauf als Zustand war. Diese Ereignisse und Geschehnisse, rücksichtslos und erbarmungslos wie keine andern in meinem bisherigen Leben, waren auch, wie alles andere, die logische Konsequenz der von dem menschlichen Geist allerdings immer fahrlässig und gemein und heuchlerisch abgedrängten und schließlich vollkommen *ver*drängten Natur gewesen. Ich durfte hier, in diesem Sterbezimmer, nicht verzweifeln, ich mußte ganz einfach die hier wie möglicherweise an keinem anderen Ort ganz brutal offengelegte Natur auf mich wirken lassen.
[…]
Aber ich hatte den Tiefstpunkt schon überwunden, ich war schon wieder aus dem Badezimmer heraußen, ich hatte die Letzte Ölung hinter mir, es war schon wieder alles auf der Seite des Optimismus. Ich war schon wieder auf dem Beobachterposten. Ich hatte schon wieder meine Pläne im Kopf. Ich dachte schon wieder an die Musik. Ich hörte schon wieder Musik in meinem Eckbett, Mozart, Schubert, ich hatte schon wieder die Fähigkeit, aus mir heraus die Musik zu hören, ganze Sätze. Ich konnte die in meinem Eckbett aus mir heraus gehörte Musik zu einem, wenn nicht zu *dem* wichtigsten Mittel meines Heilungsprozesses machen. Beinahe war schon alles in mir abgestorben gewesen, jetzt hatte ich das Glück zu beobachten, daß es nicht tot, sondern wieder entwicklungsfähig war. Ich hatte mich nur darauf besinnen müssen, alles schon beinahe Abgestorbene wieder in Gang zu setzen. So, auf der Tatsache, daß ich aus mir heraus wieder meine Lebensmöglichkeiten hatte entwickeln können, Musik zu hören, Gedichte rekapitulieren, Großvatersätze interpretieren konnte, war es mir möglich gewesen, das Sterbezimmer selbst und die Vorgänge im Sterbezimmer unverletzt zu betrachten und zu beobachten. Auch hatte in mir schon wieder *der kritische Verstand* zu arbeiten angefangen, das Gleichgewicht der Zusammenhänge, die mir verlorengegangen waren, wieder herzustellen. […]
Nachdem ich in den ersten Tagen sozusagen künstlich ernährt worden war wie die meisten anderen und, so die Ärztesprache, an eine Traubenzuckerinfusion angehängt gewesen war, konnte mir jetzt schon das Normalfrühstück aus Kaffee und Semmeln eingegeben und eingeflößt werden. Alle Patienten waren ausnahmslos an Infusionen angehängt, und da aus der Entfernung die Schläuche wie Schnüre ausschauten, hatte ich immer den Eindruck, die in ihren Betten liegenden Patienten seien an Schnüren hängende, in diesen Betten liegengelassene Marionetten, die zum Großteil überhaupt nicht mehr, und wenn, dann nur noch selten, bewegt wurden. Aber diese Schläuche, die mir immer wie Marionettenschnüre vorgekommen sind, waren für die an diesen Schnüren und also Schläuchen Hängenden meistens nurmehr noch die einzige Lebensverbindung. Wenn einer käme

und die Schnüre und also Schläuche abschnitte, hatte ich sehr oft gedacht, wären die daran Hängenden im Augenblick tot. Das Ganze hatte viel mehr, als ich mir zuzugeben gewillt gewesen war, mit dem Theater zu tun und war auch Theater, wenn auch ein schreckliches und erbärmliches. Ein Marionettentheater, das, einerseits nach einem genau ausgeklügelten System, andererseits immer wieder auch vollkommen, wie mir vorgekommen war, willkürlich von den Ärzten und Schwestern bewegt worden ist. Der Vorhang in diesem Theater, in diesem Marionettentheater auf der anderen Seite des Mönchsberges, ist allerdings immer offen gewesen. Die ich im Sterbezimmer auf diesem Marionettentheater zu sehen bekommen hatte, waren allerdings alte, zum Großteil uralte, längst aus der Mode gekommene, wertlose, ja unverschämt vollkommen abgenützte Marionetten, an welchen hier im Sterbezimmer nurmehr noch widerwillig gezogen worden ist und die nach kurzer Zeit auf den Mist geworfen und verscharrt oder verbrannt worden sind. Ganz natürlich hatte ich hier den Eindruck von Marionetten haben müssen, nicht von Menschen, und gedacht, daß alle Menschen eines Tages zu Marionetten werden müssen und auf den Mist geworfen und eingescharrt oder verbrannt werden, ihre Existenz mag davor wo und wann und wie lang auch immer auf diesem Marionettentheater, das die Welt ist, verlaufen sein. Mit Menschen hatten diese an ihren Schläuchen wie an Schnüren hängenden Figuren nichts mehr zu tun. Da lagen sie, ob sie nun in ihren Rollen einmal gut oder schlecht geführt worden waren, wertlos, nicht einmal mehr als Requisiten verwendbar. Zwischen Frühstück und Visite hatte ich meistens ungestört Zeit für meine Beobachtungen. [...]

[v 1978]

Hermann Lenz
Jung und Alt

[Lore ist eine Lehrerin in mittleren Jahren. Sie ist geschieden und hat einen unehelichen Sohn Uli, der ihr immer wieder Sorgen macht. Mit ihrem wesentlich jüngeren Freund Paul ist sie auf dem Weg zu der Stadt, in der Uli als Diskjockey Geld verdient.]

[...] Sie mußte sich überwinden, aufzustehen, weil's ihr vor Sigmaringen graute, wo sie ihrem Sohn begegnen sollte. Sie überlegte, was sie zu ihm sagen wollte, wenn sie ihn wiedersah, doch fiel ihr nur die Frage „Geht's dir gut?" ein. Geld hatte er noch nie von ihr verlangt (du hast ihm manchmal was gegeben), wahrscheinlich, weil er dachte, er könne dadurch nur abhängig von ihr werden. Typisch stolzer Jüngling ... Und sie erinnerte sich ihres Mannes, der das Gegenteil von ihrem Sohn darstellte, sozusagen. Aber du hast ja deinen Uli nicht von deinem Mann, der unbeherrscht war. Immer mußte er den größten Wagen fahren, während dein Sohn ... Und sie stellte sich Uli vor, wie er in der engen Küche, eine Hand auf den Tisch gestützt, unbewegten Gesichts zu ihr gesagt hatte: „Es geht nicht an, daß ich von dir lebe." Immer gab er sich beherrscht, ja streng gegen sich selber und sagte einmal nebenbei: „Ich verdiene das Leben nicht. Weil ich nicht damit zurechtkomme. Du kannst etwas damit anfangen, aber schwer fällt es dir trotzdem." Und er hatte einen Augenblick lang sein gescheites, weggleitendes Lächeln, diesen Anflug, der schnell verschwand. – „Lernen, und immer nur ein und dasselbe machen, das mag ich nicht. Immer nur an einem Platz sitzen: Das ist eine ungewaschene Sache. Da muß doch mal ein Blitz durchzucken. Ich bewundere euch alle, weil ihr immer nur auf einem Flecken sitzen bleibt. Allerdings fährt mir dann auch der Abscheu durch den Kopf. Und durch die Sinne ... Weißt du, es ist einfach da, und ich will nicht nachgeben. Aber dann wird's übermächtig und stößt mich hinein. Sonderbar ist's schon, weil ich doch kein haltloser Typ bin. Ich stehe oft neben mir selber und schaue mir zu. Da oben", er tippte sich an die Stirn, „ist's meistens kühl. Und wenn sie's jetzt immer mit Heroin haben: Ich werde nicht süchtig. Probiert habe ich den Stoff natürlich längst."

Paul sagte: „Also denkst du wieder mal an deinen Sohn. Den kannst du nicht aufhalten. Der kommt auch noch zu Heroin, glaub's mir." Und Lore nickte, winkte, im Auto sitzend, mit der Hand und deutete nach vorne, wo die Straße am Horizont flüssig zu werden schien und schillerte. Daß der Boden sich auflöste, war vielleicht charakteristisch. Und überreden, überzeugen, eine Barriere errichten wollen gegen Übermächtiges: Eigentlich hoffnungslos. Seltsam erschien ihr nur, daß ihr Sohn so beherrscht wirkte, als habe er sich in der Hand. – „Der nimmt alles mit. Ich meine: daß er nichts ausläßt, was sich heutzutage einschleicht. Dem kannst du doch über sich selbst nichts Neues sagen. Nur reagieren, wenn etwas eingetroffen ist, das kannst du."
Sie schaute vor sich hin, während der Wagen fuhr, und dachte, Paul wisse wie ein alter Mann Bescheid. [...]

[v 1989]

BOTHO STRAUSS
Paare, Passanten

[...] Ich werde noch lange hören: die Schreie der Frau, die sich am Vormittag aus dem obersten Stockwerk eines Apartmenthotels herunterstürzen wollte. Es zog zunächst ein dumpfes, beständiges Rufen herüber, das sich im dichten Straßenlärm nur langsam durchsetzte. Das Hotel grenzte unmittelbar an das Haus, in dem ich mich aufhielt, so daß ich die Sprungbereite selbst nicht beobachten konnte, wohl aber den Kreis der Erwartung, der sich gegenüber ihrem einsamen Standpunkt bald bildete. Das Gebäude mißt bis an sein Dach vielleicht fünfzehn, höchstens zwanzig Meter, und es erscheint fraglich, ob ein Sprung in solch geringe Tiefe unbedingt tödlich oder vielmehr nur mit gräßlichen Verletzungen enden müßte. Ihre Rufe nahmen an Lautstärke zu, nun schrie sie sehr hoch, klagend und doch beinahe auch jubilierend: „Hilfe! ... Hilfe!" Eine Königin der höchsten Not, versammelte sie nach und nach zu ihren Füßen ein kleines Volk, die Untertanen ihrer Leidensherrschaft. Überall an den vielen Fenstern des Bürohauses, das dem Hotel schräg entgegen lag, drängelten sich die vom Arbeitsplatz aufgesprungenen Angestellten und rollten die Augen in die Höhe. Doch nicht lange hielt die zaudernde Regentin auf dem Fenstersims ihr Volk in Atem, da erschienen auch schon Polizei und Feuerwehr. Beim Herannahen der Sirenen – und dies Wort schwankte hier noch einmal zwischen seiner alten Bedeutung, dem Gesang der Verführung aus der Tiefe, und seiner jetzigen, dem Alarm der Lebensrettung, hin und her – schrie die Frau immer heftiger, immer klagender: „Hilfe ... Hilfe" und „So hört mir doch zu!" Aber sie hatte gar nichts weiter zu sagen als lediglich noch einmal: Hilfe, Hilfe. Die Feuerwehrleute entrollten ein Sprungtuch und hielten es zu sechst ausgespannt unter das Fenster. Doch hatten sie kaum einmal richtig in die Höhe geblickt, sie betrachteten vielmehr die nach oben gaffenden Gesichter der Menge und freuten sich über jeden Blick, der nebenbei ihren gekonnten Griffen und ihren stark hingestemmten Figuren galt. Sie taten ihre Pflicht und sahen in die Runde. Sie wußten ja, die würde doch nicht kommen. Nachdem sie ein nur flüchtiges, aber doch wohl erfahrenes Auge auf Haltung, Stand, Gebärde der Kandidatin geworfen hatten, wußten diese Männer offenbar, daß hier der Fall nicht sein würde. Und richtig, wenig später wurde sie, eine übrigens junge Frau mit grellblonden Fransen auf der Stirn, von der Polizei begleitet und auf einer Bahre festgeschnallt, aus dem Hotel getragen und in einen Krankenwagen geschoben. Gerettet.
Am Abend sah man sie wieder. In der Regionalschau des Fernsehens werden uns diesmal Menschen vorgestellt, die einen Selbstmordversuch soeben überlebt haben. Wir wohnen dem Erwachen von Schlafmittelvergifteten bei und erleben jene Sekunde mit, in der sie zu neuem Dasein ihre Augen ins Fernsehen hinein aufschlagen.
Der Eindruck, den man von den Geretteten gewinnt, ist allgemein ein enttäuschender. Für ihre Lage vor dem großen Übertritt finden sie nachträglich keine oder nur die flausten Worte. Merk-

würdig auch, wie wenig zweifelnd sie ihre Umgebung aufnehmen: daß sie im Klinikbett sich wiederfinden und nicht im Totenreich, scheint ihnen auf Anhieb schon bewußt zu sein. Einige gehen als erstes zum Waschbecken und putzen sich die Zähne. Die junge Frau, die sich aus dem Hotelfenster stürzen wollte, sagt jetzt dem Fernsehteam: „Peter is sowat von eifersüchtig. Ick wußte ja nich mehr, wo ick mir befinde. Ick hatte ja keene Wahl." Die Sache einmal so zum Ausdruck gebracht, und der Schrei der Hochgestellten vom Vormittag, ihr Wille, den einzig letzten, den ranghöchsten Akt menschlichen Handelns auszuführen, erscheint mit eins getilgt durch menschlich allzu verständliche, also nichtssagende Motive. Und doch: das wirkliche Elend besteht darin, daß sich das wirkliche Elend nicht Luft machen kann. Es erniedrigt das Bewußtsein, es sprengt nicht. Das große Leiden haust in den tausend nichtssagenden Leidern. Solange sie plappert und nicht fällt, wird sie dies Doppelspiel treiben mit Peter und dem Tod ... […]

Wittgenstein (Philosophische Betrachtungen): „Die Kinder lernen in der Schule wohl 2 x 2 = 4, aber nicht 2 = 2."

Im konkreten Leben muß man indessen die sogenannte Identitätsfrage eher als das ansehen, was man in den Naturwissenschaften und in der Logik ein ‚gelöstes Problem' nennt. Die Identität, nach der man *sucht*, existiert nicht. Abgesehen von einigen äußeren, behördlichen Erkennungsmerkmalen gibt es nichts, was für die Existenz eines zusammengefaßten Einzelnen spräche. Nicht einmal der Körper ist monolog und mit sich selber eins. Sowenig wie die Meinung ist der Schritt der Füße unabänderlich derselbe; er ist ein Ausdrucksmittel, sehr variabel; und noch der Blutkreislauf stellt sich dar, wechselt Geste und Stil in dem Maße, wie er auf Lebensgewohnheit, Begegnungen und Leistungen reagiert. Unter dem Gesichtspunkt einer schrankenlosen Psychosomatik erzählt jedes Organ heute dies und morgen das. Dieses Ich, beraubt jeder transzendentalen ‚Fremd'-Bestimmung, existiert heute nur noch als ein offenes Abgeteiltes im Strom unzähliger Ordnungen, Funktionen, Erkenntnisse, Reflexe und Einflüsse, existiert auf soviel verschiedenen Ebenen der wissenschaftlichen und theoretischen Benennungen, in sovielen in sich plausiblen ‚Diskursen', daß daneben jede Logik und Psycho-Logik des einen und Einzelnen absurd erscheint. Das totale Diesseits enthüllt uns sein pluralistisches Chaos. Es ist die Fülle nicht zusammenpassender, ausschnitthafter Bewegungen, die Fülle mikroskopischer Details aus ganz verschiedenen Wahrnehmungsmustern, in der wir eben noch das Reale vermuten können. Unter solchen Bedingungen nach dem Selbst zu fragen, endet bei dem Schema des Wahnsinnigen, der sich von ‚fremden Wesen' bevölkert und aufgelöst fühlt.

Angesichts dieses Dilemmas ist es gut zu wissen: es gibt dieses 2 = 2, es läßt sich denken, es ist ausdrückbar. Doch du bist es nicht, du bist nicht identisch. Du bist freilich auch mehr als bloß ein Ensemble von Gesetzen und Strukturen. Im Rücken abgeschlossen, bist du nach vorn ein open end-Geschöpf. Daher ist es ebenso nützlich, von Kind auf schon die Bedeutung der Addition ohne Summe oder der Unsumme zu erlernen.

Gewiß, man wünscht jedem der unzähligen verzweifelten Identitätssucher, die darum ringen, zu sich selbst zu kommen, man wünscht ihnen, sie mögen sich endlich einbilden, sie gefunden zu haben, ihre ‚Identität', sei es in einer Gemeinschaft, in der Arbeit, im Politischen oder in sonst irgendeinem Abenteuer ihrer Existenz. Hierbei handelt es sich ja offenkundig um eine abgesunkene Glaubensfrage, so wie man früher um ‚seinen Gott' rang. Trotzdem schmerzt jedesmal, wenn man die inbrünstige Phrase von der Identität hört, der Anklang an Gott bzw. der Mißklang der Selbstvergottung, die das kleine, das freie und armselige Subjekt sich herausnimmt. […]

[v 1981]

Aufgaben zu den Bildern auf der Seite 456

① F. Clemente erklärt in einem Interview die beiden Bilder so: „Aus dem Mann strahlt eine innere Sonne, eine geradezu stechende, blendende Sonne. Seine Wahrnehmung richtet sich nach außen. Die Frau, im Zeichen des Mondes, sieht die Welt in einem anderen Licht. Ihre Wahrnehmung richtet sich nach innen." Können Sie dieser Sicht von Mann und Frau zustimmen?
② In welchen Texten des Kapitels „Blicke nach innen" finden sich Parallelen zur Auffassung Clementes, wo ergeben sich Unterschiede?

Aufgaben zu den Texten auf den Seiten 451–461

URSULA KRECHEL Jetzt ist es nicht mehr so (S. 451)

① Welches Bild wird von der Protestbewegung der „Achtundsechziger" gezeichnet?

KARIN KIWUS Gewisse Verbindung (S. 452)

① Interpretieren Sie das Gedicht unter dem Aspekt „Neue Subjektivität".

VOLKER BRAUN Unvollendete Geschichte (S.453f.)

① Die Bibelstelle, auf die Z. 29f. anspielt, lautet: „Wehe der Welt, daß in ihr die Lüge herrscht und die Macht des großen Täuschers, der ihr vorspiegelt, groß sei, wer stark ist. Die Menschheit muß zwar an der Lüge zu Fall kommen und an der Machtgier, aber wehe dem Menschen, der ihr Werkzeug wird." Erklären Sie die Abwandlung, die V. Braun vorgenommen hat.
② Welche Haltung können junge Menschen einnehmen, die Karins Erfahrung in Z. 33–38 machen? Gehen Sie von Ihrer eigenen Situation aus.

CHRISTA WOLF Kassandra (S. 455ff.)

① Informieren Sie sich über den Trojanischen Krieg.
② Wie wird am antiken Stoff das Typische einer Vorkriegssituation dargestellt?

THOMAS BERNHARD Der Atem (S. 457ff.)

① Untersuchen Sie in der vorliegenden Textstelle das Verhältnis von beschreibender, gedanklich-begrifflicher und metaphorischer Sprache.
② *Der Atem* ist der Titel des Buches, dem die Textstelle entnommen ist. Finden Sie einen anderen Titel, der diese Stelle genauer kennzeichnet.

HERMANN LENZ Jung und Alt (S. 459f.)

① Erläutern Sie am Text den Begriff „nach außen gewendeter innerer Monolog".

BOTHO STRAUSS Paare, Passanten (S. 460f.)

① Wie deutet Strauß das dargestellte Geschehen durch stilistische Signale (Z. 1–44)?
② Formulieren Sie das Thema, das Strauß in den Z. 45–76 regelrecht erörtert, und notieren Sie den Gedankengang in einer Gliederungsskizze.

Autoren- und Quellenverzeichnis

Das nachfolgende Verzeichnis führt die Fundstellen der Primärtexte auf. Die Seitenangaben direkt hinter den Autorennamen beziehen sich auf Textpassagen, die sich mit dem jeweiligen Autor befassen. Sekundärtexte wurden in dieses Verzeichnis nicht aufgenommen, sie sind direkt hinter den Texten vollständig bibliographisch nachgewiesen.

Abraham a Sancta Clara (d.i. Johann Ulrich Megerle, * 1644 Kreenheinstetten/Hegau, † 1709 Wien), S. 50 – *Judas der Ertz-Schelm,* S. 56; aus: Judas der Ertz-Schelm. Salzburg 1689, S. 371

Andersch, Alfred (* 1914 München, † 1980 Berzona/Schweiz), S. 395 – *Die Kirschen der Freiheit*, S. 404 ff.; aus: Die Kirschen der Freiheit, Zürich: Diogenes 1971, S. 119, 122 ff., 129 f.

Archipoeta (12. Jh.), S. 24 – *Das Trinklied*, S. 26: aus: Lieder. Übersetzt von K. Langosch, 1973

v. Arnim, Achim (* 1781 Berlin, † 1831 Wiepersdorf in der Mark), S. 198 f., 201 und **Brentano, Clemens** – *Des Knaben Wunderhorn*, S. 214; aus: Des Knaben Wunderhorn. Ausgewählt von Friedrich Ranke. Frankfurt/M.: Insel 1923, S. 25

Bachmann, Ingeborg (* 1926 Klagenfurt/Österreich, † 1973 Rom), S. 396, 421 – *Erklär mir, Liebe*, S. 427; aus: Gedichte, Erzählungen, Hörspiele, Essays. München: Reinhard Piper 1964, S. 48 f.; *Probleme zeitgenössischer Dichtung*, S. 427 ff.; aus: Frankfurter Vorlesungen. Probleme zeitgenössischer Dichtung. München: Piper 1989; zit. nach: Ars poetica. Hg. v. B. Allemann. Darmstadt: Wiss. Buchges. 1966, S. 436 ff.

Bahr, Hermann (* 1863 Linz/Österreich, † 1934 München), S. 294 – *Die Überwindung des Naturalismus*, S. 297; aus: Die Wiener Moderne. Hg. von Gotthart Wunberg. Stuttgart: Reclam 1992, S. 199–204

Baumann, Hans (* 1914, † 1988), S. 376 – *Ausfahrt*, S. 379; aus: Geschichte der deutschen Literatur, Bd. 3. Hg. von Ehrhard Bahr. Tübingen: Francke 1988, S. 378

Benn, Gottfried (* 1886 Mansfeld/Westpriegnitz, † 1956 Berlin), S. 321, 343, 396, 421 – *Nachtcafé*, S. 336; aus: Sämtliche Werke, Stuttgarter Ausgabe. In Verb. mit Ilse Benn hg. v. Gerhard Schuster. Band I. Gedichte 1, S. 19. Stuttgart: Klett-Cotta, 1986; *Nur zwei Dinge*, S. 426; aus Sämtliche Werke. Stuttgarter Ausgabe. a.a.O. Bd. I, S. 320; *Probleme der Lyrik*, S. 425 f.; aus: Gesammelte Werke in vier Bänden, hg. von Dieter Wellershoff. Band 1: Essays, Reden, Vorträge. Stuttgart: Klett-Cotta 1994, S. 502 ff.

Bergengruen, Werner (* 1892 Riga, † 1964 Baden-Baden), S. 395 f. – *Die heile Welt*, S. 409; aus: Die heile Welt. München: Nymphenburger Verlagshandlung 1950, S. 101

Bernhard, Thomas (* 1931 Heerlen/Holland, † 1989 Gmunden/Österreich), S. 420, 424 – *Der Atem*, S. 457 ff.; aus: Der Atem. Eine Entscheidung. Salzburg, Wien: Residenz Verlag, S. 35 ff.

Bidermann, Jacob (* 1578 Ehingen/Donau, † 1639 Rom), S. 51 – *Cenodoxus*, S. 61; aus: Deutsche Dichtung des Barock. Hg. v. Karl Pörnbacher. München: Carl Hanser 1979, S. 466 ff.

Böhme, Herbert (* 1907 Frankfurt/Oder, † 1971 Locham b. München), S. 376 – *Der Führer*, S. 380; aus: Auswahl deutscher Gedichte. Hg. von Theodor Echtermeyer. Berlin: Buchhandlung des Waisenhauses 1938, S. 727

Böll, Heinrich (* 1917 Köln, † 1985 Bornheim b. Bonn), S. 394 – *Bekenntnis zur Trümmerliteratur*, S. 398 f.; aus: Erzählungen, Hörspiele, Aufsätze. Köln, Berlin: Kiepenheuer & Witsch 1961, S. 339–343

Bölsche, Wilhelm (* 1861 Köln, † 1939 Oberschreiberhan), S. 280 – *Die naturwissenschaftlichen Grundlagen der Poesie*, S. 281 f.; aus: Deutsche Literatur in Entwicklungsreihen. Naturalismus. Hg. von Walther Linden. Leipzig: Reclam 1936, S. 60 f.

Börne, Ludwig (* 1786 Frankfurt/Main, † 1837 Paris), S. 227 – *Briefe aus Paris*, S. 229; aus: Ein Brief aus Paris. Das Junge Deutschland. Texte und Dokumente. Hg. von Jost Hermand. Stuttgart: Reclam 1966, S. 257 f.

Borchert, Wolfgang (* 1921 Hamburg, † 1947 Basel/Schweiz), S. 394, 396 – *Das Brot*, S. 408 f.; aus: Das Gesamtwerk. Reinbek b. Hamburg: Rowohlt 1991, S. 304 ff.

Braun, Volker (* 1939 Dresden), S. 423 – *Unvollendete Geschichte*, S. 453 f.; aus: Unvollendete Geschichte. Frankfurt/M.: Suhrkamp 1982, S. 91 ff.

Brecht, Bertolt (* 1898 Augsburg, † 1956 Ost-Berlin), S. 343 f., 347, 372, 376, 378, 398 – *Böser Morgen*, S. 446; aus: Ges. Werke, Bd. 10, Gedichte 3, S. 1010, werkausgabe edition suhrkamp. Frankfurt/M.: Suhrkamp 1967; *Mann ist Mann*, S. 347; aus: Ges. Werke, Bd. 1, Stücke 1, S. 336, a.a.O.: *Die Nachtlager*, S. 369; aus: Ges. Werke, Bd. 8, Gedichte 1, S. 373, a.a.O.: *Schlechte Zeit für Lyrik*, S. 390; aus: Ges. Werke, Bd. 9, Gedichte 2, S. 743, a.a.O.: *Schweyk im Zweiten Weltkrieg*, S. 381; aus: Ges. Werke, Bd. 5, Stücke 5, S. 1975 f., a.a.O.

Brentano, Clemens (* 1778 Ehrenbreitstein, † 1842 Aschaffenburg), S. 198 ff., 207 – *Abendständchen*, S. 213; aus: Werke, Bd. 1, Hg. von Wolfgang Frühwald, Bernhard Gajek und Friedhelm Kemp. München: Hanser [2]1978, S. 144 f.

Brockes, Barthold Hinrich (* 1680 Hamburg, † 1747 Hamburg), S. 67 – *Das Blümlein Vergißmeinnicht*, S. 126; *Kirschblüte bei der Nacht*, S. 74; aus: Deutsche

Dichtung im 18. Jahrhundert. Hg. von Adalbert Elschenbroich. München: Carl Hanser 1960
Büchner, Georg (* 1813 Goddelau bei Darmstadt, † 1837 Zürich), S. 227 – *Woyzeck*, S. 241; aus: Werke und Briefe. Münchner Ausgabe. Hg. von Karl Pörnbacher u. a. München: Hanser 1988, S. 252
Büchner, Georg und **Weidig, Friedrich Ludwig** (* 1791 Oberkleen/Wetzlar, † 1837 Darmstadt), S. 227 – *Der Hessische Landbote*, S. 240 f.; aus: Werke und Briefe, a.a.O., S. 75 ff.
Bürger, Gottfried August (* 1747 Molmerswende/ Harz, † 1794 Göttingen), S. 97 – *Der Bauer. An seinen Durchlauchtigen Tyrannen*, S. 100; aus: Bürgers Gedichte. Karlsruhe: Christian Gottlieb Schmieder 1799
Carossa, Hans (* 1878 Bad Tölz, † 1956 Rittsteig/ Passau), S. 376 – *Ungleiche Welten*, S. 382 f.; aus: Ungleiche Welten. Wiesbaden: Insel 1951, S. 124 f.
Celan, Paul (d. i. Paul Anczel, * 1920 Czernowitz/ Bukowina, † 1970 Paris), S. 395 f., 421 – *Todesfuge*, S. 407; aus: Mohn und Gedächtnis. Stuttgart: Deutsche Verlagsanstalt 1952; zit. nach: Ges. Werke, Frankfurt/M.: Suhrkamp 1975, Bd. 1, S. 39 ff.; *Wortaufschüttung**, S. 426; aus: Ges. Werke, Bd. 2, S. 29, a.a.O.
Claudius, Matthias (* 1740 Reinfeld/Holstein, † 1815 Hamburg), S. 97 – *Der Mensch*, S. 99; *Schreiben eines parforce-gejagten Hirschen*, S. 99; aus: Werke. Stuttgart: Cotta 1954, S. 304, 185
Conrad, Michael Georg (* 1846 Gnodstadt in Franken, † 1927 München), S. 281 – *Vorrede zu „Die Gesellschaft"*, S. 282; aus: Albert Soergel, Dichtung und Dichter der Zeit. Leipzig: Voigtländer 1921, S. 33
Czepko, Daniel von (* 1605 Koischwitz/Liegnitz, † 1660 Wohlau/Schlesien), S. 51 – *Das Leben ein Schauspiel*, S. 60 f.; aus: Deutsche Dichtung des Barock. Hg. von Karl Pörnbacher. München: Carl Hanser 1979, S. 188
Dauthendey, Max (* 1867 Würzburg, † 1918 Malang/ Java), S. 294 – *Regenduft*, S. 299; aus: Gesammelte Werke, Bd. 4. München: Langen-Müller 1925, S. 54
Döblin, Alfred (* 1878 Stettin, † 1957 Emmendingen b. Freiburg), S. 343, 372, 396 – *Berlin Alexanderplatz*, S. 358 f.; aus: Berlin Alexanderplatz. Die Geschichte vom Franz Biberkopf. Olten: Walter Verlag 1961; dtv 195, S. 385 ff.
Droste-Hülshoff, Annette von (* 1797 Hülshoff bei Münster, † 1848 Meersburg), S. 245 – *Am letzten Tage des Jahres*, S. 253; aus: Sämtliche Werke, Bd. 1. Hg. von G. Weydt und W. Woesler. München: Winkler [3]1989, S. 712 f.
Dürrenmatt, Friedrich (* 1921 Konolfingen/Schweiz, † 1990 Neuchâtel/Schweiz), S. 394 – *Theaterprobleme*, S. 401 f; aus: Theater. Essays und Reden. Zürich: Diogenes 1980, S. 33 f.
Edschmid, Kasimir (d. i. Eduard Schmidt; * 1890 Darmstadt, † 1966 Vulpera/Schweiz), S. 321 – *Expressionismus in der Dichtung*, S. 322; in: Die neue Rundschau 29 (1914), Bd. 1, Märzheft, S. 359–374
Eich, Günter (* 1907 Lebus/Oder, † 1972 Salzburg/ Österreich), S. 394, 396 – *Inventur*, S. 406; aus: Gesammelte Werke, Bd. 1, Die Gedichte, S. 35. Hg. von H. Ohde. Frankfurt/M.: Suhrkamp 1973
Eichendorff, Joseph von (* 1788 Schloß Lubowitz, † 1857 Neisse), S. 198 f. – *Aus dem Leben eines Taugenichts*, S. 203 f.; *Lockung*, S. 220; *Sehnsucht*, S. 206; *Wünschelrute*, S. 213; aus: Werke, Bd. 2. München: Winkler 1970, S. 565; Bd. 1, S. 118 f., 66, 132
Einstein, Carl (* 1885 Neuwied, † 1949 Pau/Frankreich), S. 320 f. – *Bebuquin*, S. 328 f.; aus: Werke, Bd. 1. Hg. von Rolf-Peter Baacke. Berlin: Verlag Fannei & Walz 1980, S. 109 f.
Enzensberger, Hans Magnus (* 1929 Kaufbeuren), S. 396, 422 f. – *konjunktur*, S. 439; aus: verteidigung der wölfe. Frankfurt/M.: Suhrkamp 1957, S. 86 f.; *Das Plebiszit der Verbraucher*, S. 439 f.; aus: Einzelheiten. Bd. 1: Bewußtseins-Industrie. Frankfurt/M.: Suhrkamp 1969, S. 167 ff.; *Der Skandal*, S. 207; aus: Brentano, Clemens. Gedichte. Ein Brief. Frankfurt/Hamburg: Fischer Taschenbuch 1958, S. 195 ff.
Fallersleben, August Heinrich Hoffmann von (* 1798 Fallersleben b. Braunschweig, † 1874 Schloß Corvey an der Weser), S. 226 – *Lied der Deutschen*, S. 228; aus: Der deutsche Vormärz. Texte und Dokumente. Hg. von Jost Hermand. Stuttgart: Reclam 1967
Feuerbach, Ludwig (* 1804 Landshut, † 1872 Rechenberg bei Nürnberg), S. 226 – *Vorlesungen über das Wesen der Religion*, S. 237 f.; aus: Der deutsche Vormärz. Hg. von Jost Hermand. Stuttgart: Reclam 1967, S. 170 f.
Feuchtwanger, Lion (* 1884 München, † 1958 Los Angeles), S. 343, 345, 398 – *Erfolg*, S. 351 ff.; aus: Gesammelte Werke, Bd. 2, S. 521 ff. Frankfurt/M.: Fischer Taschenbuch Verlag 1975
Fleißer, Marieluise (* 1901 Ingolstadt, † 1974 Ingolstadt), S. 343 f. – *Pioniere in Ingolstadt*, S. 349 f., aus: Gesammelte Werke, Bd. 1: Dramen, S. 193 ff. Frankfurt/M.: Suhrkamp [2]1989
Flemming, Paul (* 1609 Hartenstein, † 1640 Hamburg), S. 50 f. – *Grabschrift*, S. 60; *Wie er wolle geküsset sein*, S. 52; aus: Deutsche Dichtung des Barock. Hg. v. K. Pörnbacher. München: Hanser 1979, S. 71, 56 f.
Fontane, Theodor (* 1819 Neuruppin, † 1898 Berlin), S. 258 ff. – *Jenny Treibel*, S. 275 ff.; aus: Romane. München: Winkler 1974, S. 246 ff.; *Unsere lyrische und epische Poesie seit 1848*, S. 262; aus: Theorie des bürgerlichen Realismus. Hg. von G. Plumpe. Stuttgart: Reclam 1985, S. 140 ff.
Fried, Erich (* 1921 Wien, † 1988 Baden-Baden), S. 423 – *Gründe*, S. 445; aus: 100 Gedichte ohne Vaterland. Berlin: Wagenbach 1987, S. 31
Gellert, Christian Fürchtegott (* 1715 Hainichen/ Sachsen, † 1769 Leipzig), S. 67 – *Der Tanzbär*, S. 75;

aus: Fabeln. Hg. von Therese Poser. Stuttgart: Reclam 1980, S. 23 f.

George, Stefan (* 1868 Büdesheim b. Bingen/Rhein, † 1933 Locarno/Schweiz), S. 279, 295 – *Einleitungen und Merksprüche der Blätter für die Kunst*, S. 302; aus: Einleitungen und Merksprüche der Blätter für die Kunst. Stuttgart: Klett-Cotta 1964, S. 7, 10 f.; *Es lacht in dem steigenden jahr dir*, S. 303; aus: Sämtliche Werke in 18 Bänden. Hg. von der Stefan-George-Stiftung, Stuttgart. Band 4: Das Jahr der Seele. Bearbeitet von Georg Landmann. a.a.O. 1982, S. 89; *Vogelschau*, S. 303; aus: Sämtliche Werke in 18 Bänden, hg. von der Stefan-George-Stiftung, Stuttgart. Band 2: Hymnen. Pilgerfahrten. Algabal. Bearbeitet von Ute Oelmann. a.a.O. 1987, S. 85

Goethe, Johann Wolfgang von (* 1749 Frankfurt am Main, † 1832 Weimar), S. 104 ff., 144 ff., 200, 243, 258, 296, 345 – *Aus einem Brief an Gräfin Auguste zu Stolberg*, S. 151; aus: Werke. Weimarer Ausgabe (photomech. Nachdruck der Ausgabe Weimar 1891) München: dtv 1987, Bd. 4, S. 99; *Faust I*, S. 171 f.; aus: Werke. Hamburger Ausgabe. Hg. von Erich Trunz. München: Beck [12]1981 (= HA), Bd. 3, S. 16 ff.; *Ganymed*, S. 126; aus: HA, Bd. 1; *Gespräche mit Eckermann*, S. 155, 179 f.; aus: Goethes Gespräche mit Eckermann. Hg. von Franz Deibel. Frankfurt a. M.: Insel 1949, S. 429, 186 f.; *Ein Gleiches*, S. 151; aus: HA, Bd. 1, S. 142; *Glückliches Ereignis*, S. 154 f.; aus: HA, Bd. 10, S. 540 f.; *Goethes Abschiedsbrief*, S. 123; *Goethes Antwort*, S. 125; *Goethe an Charlotte Kestner*, S. 123; *Goethe an das Ehepaar Kestner*, S. 123 f.; aus: Goethes Briefe. Hg. von Karl Robert Mandelkow. Hamburg: Christian Wegner 1962, Bd. 1; *Goethe über Charlotte und Christian Kestner*, S. 122; aus: HA, Bd. 9; *Das Göttliche*, S. 168; *Grenzen der Menschheit*, S. 167; aus: HA, Bd. 1, S. 146, 147; *Iphigenie auf Tauris*, S. 168 ff.; aus: HA, Bd. 5, S. 57 ff.; *Italienische Reise*, S. 159; aus: HA, Bd. 11; S. 40, 93, 395; *Kestner an Goethe*, S. 124; aus: Briefe an Goethe. Hg. von Karl Robert Mandelkow. Hamburg: Christian Wegner 1965, Bd. 1; *Die Leiden des jungen Werthers*, S. 117 ff.; aus: HA, Bd. 6; *Maifest*, S. 115; *Die Metamorphose der Pflanzen*, S. 152 ff.; *Natur und Kunst*, S. 160; *Prometheus*, S. 130; *Römische Elegien*, S. 161; *Seefahrt*, S. 151; *Vor Gericht*, S. 131; *Warum gabst du uns die tiefen Blicke*, S. 152; aus: HA, Bd. 1; *Wilhelm Meisters Lehrjahre*, S. 181 f.; aus: HA, Bd. 7, S. 289 ff.; *Willkommen und Abschied* (erste und spätere Fassung), S. 114; aus: HA, Bd. 1, S. 28 ff.; *Zum Shakespeares-Tag*, S. 110 f.; aus: HA, Bd. 12, S. 476 ff.

Goethe, Johann Wolfgang von und **Schiller, Friedrich** – *Xenien*, S. 155 f.; aus: HA, Bd. 1, S. 208 ff.

Goll, Yvan (d. i. Isaac Lang, * 1891 Saint-Dié, † 1950 Paris), S. 318 – *Die Pyramide*, S. 324; aus: Expressionismus. Lyrik. Hg. von Martin Reso u. a. Berlin u. Weimar: Aufbau Verlag 1969, S. 519

Gomringer, Eugen (* 1925 Cachuela Esperanza/Bolivien), S. 422 – *beweglich*, S. 431; aus: konstellationen. ideogramme. stundenbuch. Stuttgart: Reclam 1977, S. 38; *vom vers zur konstellation*, S. 430 f.; aus: manifeste und darstellungen der konkreten poesie 1954–1966. St. Gallen: edition galerie press 1969; zit. nach: zur sache der konkreten poesie. St. Gallen: erker verlag 1988, S. 10 f.

Gottsched, Johann Christoph (* 1700 Juditten bei Königsberg, † 1766 Leipzig), S. 65, 67 f. – *Versuch einer Critischen Dichtkunst vor die Deutschen*, S. 71 ff.; aus: Versuch einer Critischen Dichtkunst vor die Deutschen. Darmstadt: Wissenschaftliche Buchgesellschaft [5]1962 (photomech. Nachdruck der 4. Auflage, Leipzig 1751)

Graf, Oskar Maria (* 1894 Berg/Starnberg, † 1967 New York), S. 378 – *Ein Protest*, S. 387 f.; veröffentlicht in: „Arbeiter-Zeitung“ (Wien), 12. 5. 1933, nachgedruckt in zahlreichen Zeitungen des Auslands, deutsch und in Übersetzungen; zit. nach: O. M. Graf in seinen Briefen. Hg. von Gerhard Bauer und Helmut F. Pfanner. München: Süddeutscher Verlag 1984, S. 67 f.

Grass, Günter (* 1927 Danzig), S. 396, 423 – *Die Blechtrommel*, S. 440 ff.; aus: Die Blechtrommel. Darmstadt u. Neuwied: Luchterhand Verlag; SL 147, S. 433 ff.

Greiffenberg, Catharina Regina von (* 1633 Schloß Seyssenegg b. Amstetten/Niederösterr., † 1694 Nürnberg), S. 51 – *Christlicher Vorhabens-Zweck*, S. 62; aus: Bayerische Bibliothek: Die Literatur des Barock. Hg. v. Hans Pörnbacher. München: Süddeutscher Verlag 1986, S. 762

Grillparzer, Franz (* 1791 Wien, † 1872 Wien), S. 244 f. – *Epigramme*, S. 249; *Der Halbmond glänzet am Himmel*, S. 250; *Ein Bruderzwist in Hamburg*, S. 254 ff.; aus: Sämtliche Werke, ausgewählte Briefe, Gespräche, Berichte, Bd. 1. Hg. von Peter Frank und Karl Pörnbacher. München: Hanser 1961 ff., S. 428, 500, 182 f.; Bd. 2, S. 393 ff.; 447 f.

Grimm, Jacob (* 1785 Hanau, † 1863 Berlin) und **Grimm, Wilhelm** (* 1786 Hanau, † 1859 Berlin), S. 198, 201 – *Die Sterntaler*, S. 214; aus: Kinder- und Hausmärchen der Brüder Grimm. München: Winkler [3]1956; *Deutsches Wörterbuch*, S. 213; aus: Deutsches Wörterbuch von Jacob und Wilhelm Grimm, Bd. 26 = Bd. 12, Abt. 2. Bearb. von Rudolf Meiszner. München: dtv 1984 (photomech. Nachdruck d. Ausgabe 1951)

Grimmelshausen, Hans Jacob Christoffel von (* 1621 Gelnhausen, † 1646 Renchen), S. 50 – *Simplicissimus Teutsch*, S. 57 f.; aus: Simplicissimus Teutsch. Hg. v. J. H. Scholte. Tübingen: Niemeyer [3]1954, S. 462 f.

Gryphius, Andreas (* 1616 Glogau/Schlesien, † 1674 Glogau), S. 50 f. – *Ebenbild unseres Lebens*, S. 59; *Tränen des Vaterlandes, anno 1636*, S. 54 f.; aus: Deutsche Dichtung des Barock. Hg. v. Karl Pörnbacher. München: Carl Hanser 1979, S. 111 f.

Hätzerlin, Clara (*um 1430, † nach 1476 Augsburg) – *Aus dem Liederbuch*, S. 30; aus: Gedichtbuch. Hg. v. Karl Pörnbacher. Berlin: Cornelsen 1987, S. 13

Hahn-Hahn, Ida Gräfin (* 1805 Tressow, † 1880 Mainz), S. 226 – *Gräfin Faustine*, S. 236 f.; aus: Frauenemanzipation im deutschen Vormärz. Hg. von Renate Möhrmann. Stuttgart: Reclam 1978, S. 104 ff.

Handke, Peter (* 1942 Griffen/Kärnten), S. 423 – *Die drei Lesungen des Gesetzes*, S. 444 f.; aus: Prosa, Gedichte, Theaterstücke, Hörspiele, Aufsätze. Frankfurt/M.: Suhrkamp 1969, S. 124 ff.

Hartmann von Aue (*um 1165 Schwaben, †um 1215 Schwaben), S. 25 – *Der arme Heinrich; Iwein*, S. 35; aus: Hartmann von Aue. Hg. von Fedor Bech, 2. Theil. Leipzig: Brockhaus 1891, S. 291; 3. Theil. 1902, S. 4 f.

Hasenclever, Walter (* 1890 Aachen, † 1940 Lager „Les Milles"/Frankreich), S. 319, 378 – *Der Sohn*, S. 326 f.; aus: Sämtl. Werke. Bd. II. 1, S. 233 ff. Mainz: Hase & Koehler 1992. © Edith Hasenclever, Cagnes-sur-Mer/Frankreich

Hauptmann, Gerhart (* 1862 Ober-Salzbrunn, † 1946 Agnetendorf), S. 281, 296, 397 – *Die Weber*, S. 289 f.; aus: Das dramatische Werk. Frankfurt/M.: Propyläen 1974, Bd. I., S. 468, 500

Haushofer, Albrecht (* 1903 München, † 1945 Berlin), S. 376 f. – *Schuld*, S. 385; aus: Moabiter Sonette. Berlin: Blanvalet 1946, S. 48

Hebbel, Friedrich (* 1813 Wesselburen, † 1863 Wien), S. 259, 261, 375 – *Das Komma im Frack*, S. 265 f.; aus: Werke, Bd. 3. Hg. von G. Fricke, W. Keller, K. Pörnbacher. München: Hanser 1963, S. 684 ff.

Heine, Heinrich (* 1797 Düsseldorf, † 1856 Paris), S. 64, 144, 200, 225 ff., 372 – *Die romantische Schule*, S. 232; aus: Sämtliche Schriften. Bd. 3. Hg. von Karl Pörnbacher. München: Hanser ²1978, S. 393, 398 f.; *Nun ist es Zeit*, S. 231; *Philister im Sonntagsröcklein*, S. 231; *Die schlesischen Weber*, S. 239; *Schnabelewopski*, S. 233 ff.; *Sie saßen und tranken am Teetisch*, S. 233; aus: Sämtliche Schriften. Bd. 4. Hg. von Klaus Briegleb. München: Hanser 1971, S. 455; Bd. 1, S. 95, 130, 256, 528 ff.

Heinrich von Morungen (*um 1150 Burg Morungen, † 1222 Leipzig), S. 24 – *Owê*, S. 27 f.; aus: Heinrich von Morungen. Hg. von Carl von Kraus. München: Carl Hanser 1950, S. 18

Heißenbüttel, Helmut (* 1921 Rüstringen b. Wilhelmshaven), S. 421 f. – *Einerseitsgedicht*, S. 431; aus: Textbuch 8, 1981–1985. Stuttgart: Klett-Cotta 1985, S. 42

Helwig, Johann (* 1609 Nürnberg, † 1674 Regensburg), S. 50 – *Eine Sanduhr*, S. 55; aus: Deutsche Dichtung des Barock. Hg. v. Karl Pörnbacher. München: Carl Hanser 1979, S. 95

Herder, Johann Gottfried (* 1744 Mohrungen/Ostpreußen, † 1803 Weimar), S. 103 f., 145, 148, 198 – *Briefe zur Beförderung der Humanität*, S. 165; aus: Die deutsche Literatur in Text und Darstellung, Bd. 7. Hg. von Otto F. Best und Hans Jürgen Schütte. Stuttgart: Reclam 1974, S. 55 f.; *Shakespeare*, S. 109; *Volkslied*, S. 113; aus: Sturm und Drang. Dichtungen und theoretische Texte, Bd. 1. Hg. v. Heinz Nicolai. München: Winkler 1971

Herwegh, Georg (* 1817 Stuttgart, † 1875 Baden-Baden), S. 226 – *Die neue Literatur*, S. 230 f.; aus: Der deutsche Vormärz. Hg. von Jost Hermand. Stuttgart: Reclam 1967, S. 6 ff.

Hesse, Hermann (* 1877 Calw/Baden-Württemberg, † 1962 Montagnola/Schweiz), S. 296, 345 – *Der Steppenwolf*, S. 354 ff.; aus: Gesammelte Werke, Bd. 7, S. 366 ff. Frankfurt/M.: Suhrkamp 1970

Heym, Georg (* 1887 Hirschberg/Schlesien, † 1912 Berlin), S. 318 f., 321 – *Der Krieg*, S. 331 f.; *Die Menschen stehen vorwärts in den Straßen ...*, S. 335; aus: Dichtungen und Schriften. Gesamtausgabe. Hg. von Karl Ludwig Schneider. Hamburg und München: Heinrich Ellermann 1964, Bd. 1, S. 346, 440

Heyse, Paul (* 1830 Berlin, † 1914 München), S. 261, 279 – *Novellentheorie*, S. 268; aus: Novellentheorie. Hg. von Karl Pörnbacher. Stuttgart: Reclam 1981, S. 77 ff.

Hofmann von Hofmannswaldau, Christina (* 1617 Breslau, † 1697 Breslau), S. 50 – *Vergänglichkeit der Schönheit*, S. 56; aus: Deutsche Dichtung des Barock. Hg. v. K. Pörnbacher. München: Hanser 1979, S. 257 f.

Hofmannsthal, Hugo von (* 1874 Wien, † 1929 Rodaun b. Wien), S. 295 f. – *Die Beiden*, S. 310; aus: Ges. Werke. Hg. von Bernd Schoeller. Frankfurt/M.: S. Fischer 1985. Gedichte, Dramen I, S. 27; *Ein Brief*, S. 303 f.; aus: Gesammelte Werke. Erzählungen, Erfundene Gespräche, a.a.O., S. 461 ff.; *Der Tor und der Tod*, S. 309 f.; aus: Ges. Werke, a.a.O., Gedichte. Dramen I, S. 288 ff.

Hölderlin, Friedrich (* 1770 Lauffen am Neckar, † 1843 Tübingen), S. 144, 189 – *Abendphantasie*, S. 190; *An die Parzen*, S. 191; *Hälfte des Lebens*, S. 190; aus: Sämtliche Werke, Bd. 1. Hg. von Friedrich Beißner. Stuttgart: Kohlhammer 1961, S. 298, 247; Bd. 2, S. 121

Hölty, Ludwig Christoph Heinrich (* 1748 Mariensee bei Hannover, † 1776 Hannover), S. 97 – *Die Mainacht*, S. 101; aus: Gedichte von Ludwig Christoph Heinrich Hölty, besorgt durch seine Freunde Friedrich Leopold Grafen zu Stolberg und Johann Heinrich Voß. Karlsruhe: Christian Gottlieb Schmieder 1805

Holz, Arno (* 1863 Rastenburg, † 1929 Berlin), S. 280 f. – *Die Kunst. Ihr Wesen und ihre Gesetze*, S. 283 f.; aus: Naturalismus. Hg. von Walter Schmähling. Stuttgart: Reclam 1980, S. 95 ff., 115; *Phantasus*, S. 287; aus: Phantasus. Stuttgart: Reclam 1968, S. 21; *Revolution der Lyrik*, S. 284 f.; aus: Theorie des Naturalismus. Hg. von Theo Meyer. Stuttgart: Reclam 1977, S. 123 f.

Holz, Arno und **Schlaf, Johannes** (* 1862 Querfurt, † 1941 Querfurt), S. 280 – *Papa Hamlet*, S. 288 f.; aus: Deutsche Literatur in Entwicklungsreihen. Naturalismus. Hg. von Walther Linden. Leipzig: Reclam 1936, S. 127 ff.
Huber, Kurt (* 1892 Chur/Schweiz, † 1943 München), S. 378 – *Schlußrede vor dem Volksgerichtshof*, S. 386 f.; aus: Bayerische Bibliothek, Bd. 5: Die Literatur im 20. Jh. Hg. von Karl Pörnbacher, S. 854–856; diese Fassung wurde dem Hg. von Klara Huber zur Verfügung gestellt
Huchel, Peter (* 1903 Berlin, † 1981 Staufen/Breisgau), S. 423 – *Der Garten des Theophrast*, S. 446; aus: Gesammelte Werke. Hg. von Axel Viewegg, Bd. I. Frankfurt/M.: Suhrkamp 1984, S. 155
Huelsenbeck, Richard (* 1892 Frankenau/Hessen, † 1974 Minusio/Tessin), S. 319 f., 346 f. – *Der Idiot*, S. 328; aus: Cabaret Voltaire. Hg. von Hugo Ball. Zürich 1916, S. 18
Jean Paul (d. i. Jean Paul Friedrich Richter, * 1763 Wunsiedel, † 1825 Bayreuth), S. 144, 189 – *Rede des toten Christus vom Weltgebäude herab*, S. 191 ff.; aus: Werke, Bd. 2. Hg. von Gustav Lohmann. München: Hanser 1959
Johannes von Tepl (* um 1350, † 1414 Prag), S. 44 – *Der ackermann*, S. 45 f.; aus: Der ackermann. Hg. v. Willy Krogmann. Wiesbaden: F. A. Brockhaus 1954, S. 102 f., 138
Johnson, Uwe (* 1934 Cammin/Pommern, † 1984 Sheerness-on-Sea/England), S. 396, 423 – *Jahrestage*, S. 448 f.; aus: Jahrestage. Aus dem Leben der Gesine Cresspahl. Frankfurt/M.: Suhrkamp 1973, S. 1240 ff.
Jünger, Ernst (* 1895 Heidelberg), S. 346, 396 – *Feuer und Blut*, S. 364 f.; aus: Sämtliche Werke, Tagebücher I., Der Erste Weltkrieg. Stuttgart: Klett 1978, S. 502 f.
Kästner, Erich (* 1899 Dresden, † 1974 München), S. 344, 398 – *Fabian*, S. 356; aus: Fabian. Zürich: Atrium 1985, S. 26 f.; *Sachliche Romanze*, S. 351; aus: Lärm im Spiegel. Zürich: Atrium Verlag 1985, S. 111
Kafka, Franz (* 1883 Prag, † 1924 Kierling b. Wien), S. 294, 319, 321, 345, 372 – *Brief an den Vater*, S. 325 f.; aus: Gesammelte Werke. Hg. v. Max Brod. Hochzeitsvorbereitungen auf dem Lande und andere Prosa aus dem Nachlaß, S. 143 f.; Frankfurt/M.: S. Fischer 1967; *Ein Besuch im Bergwerk*, S. 329 f.; aus: Ges. Werke, a.a.O. Erzählungen, S. 125 ff.; *Der Prozeß*, S. 356 f.; aus: Gesammelte Werke, a.a.O. Der Prozeß, S. 7 f.
Kaiser, Georg (* 1878 Magdeburg, † 1945 Ascona/Schweiz), S. 322 – *Die Bürger von Calais*, S. 338 f.; aus: Werke in sechs Bänden. Hg. von Walther Huder. Bd. 1, S. 562 f. Berlin: Propyläen 1970
Kant, Immanuel (* 1724 Königsberg, † 1804 Königsberg), S. 64, 66, 104, 144, 146 f., 148, 185 – *Beantwortung der Frage: Was ist Aufklärung?*, S. 70 f.; aus: Die deutsche Literatur. Texte und Zeugnisse. 18. Jahrhundert. Hg. von Walther Killy. München: C. H. Beck 1983; *Von den Triebfedern der reinen praktischen Vernunft*, S. 166; aus: Kritik der praktischen Vernunft. In: Werke in sechs Bänden, Bd. 4. Hg. von Wilhelm Weischedel. Darmstadt: Wissenschaftliche Buchgesellschaft 1975, S. 191 ff.
Keller, Gottfried (* 1819 Zürich, † 1890 Zürich), S. 260 – *Der grüne Heinrich*, S. 263 ff.; aus: Sämtliche Werke, Bd. I. Hg. von Cl. Heselhaus. München: Hanser 1957, S. 922 ff.; *Die mißbrauchten Liebesbriefe*, S. 262 f.; aus: Die mißbrauchten Liebesbriefe. Hg. von Karl Pörnbacher. Stuttgart: Reclam 1986, S. 13 f.; *Romeo und Julia auf dem Dorfe*, S. 271 ff.; aus: Sämtliche Werke, Bd. 2. Hg. von C. Heselhaus. München: Hanser 1957, S. 124 ff.
Keun, Irmgard (* 1910 Berlin, † 1982 Köln), S. 345 – *Das kunstseidene Mädchen*, S. 359; aus: Das kunstseidene Mädchen. Düsseldorf: Claassen 1979, S. 29 f.
Kiwus, Karin (* 1945 Berlin), S. 423 – *Gewisse Verbindung*, S. 452; aus: Angenommen später. Frankfurt/M.: Suhrkamp 1979, S. 84 f.
Kleist, Heinrich von (* 1777 Frankfurt/Oder, † 1811 bei Potsdam), S. 144, 189, 201 – *Brief an Wilhelmine von Zenge*, S. 195; *Das Käthchen von Heilbronn*, S. 220 ff.; *Katechismus der Deutschen*, S. 193 f.; *Franzosen-Billigkeit*, S. 194; *Über das Marionettentheater*, S. 222 ff.; aus: Sämtliche Werke und Briefe. Hg. von Helmut Sembdner. München: Hanser ^{2}1961; Bd. I, S. 504 ff.; Bd. 2, S. 632 ff., 351 ff.; 262; 338 ff.
Klopstock, Friedrich Gottlieb (* 1724 Quedlinburg, † 1803 Hamburg), S. 96 f., 104 – *Das Rosenband*, S. 98; *Dem Unendlichen*, S. 98; aus: Ausgewählte Werke. Hg. von Karl August Schleiden. München: Carl Hanser 1962, S. 74 f.; 100 f.
Koeppen, Wolfgang (* 1906 Greifswald/Pommern), S. 422 – *Das Treibhaus*, S. 432 f.; aus: Das Treibhaus. Frankfurt/M.: Suhrkamp 1972, S. 92 ff.
Kraus, Karl (* 1874 Jicín/Ostböhmen, † 1936 Wien), S. 296, 346 – *Aphorismen*, S. 314; aus: Schriften. 12 Bde., Bd. 8: Aphorismen. Sprüche und Widersprüche. Pro domo et mundi. Nachts. Hg. von Christian Wagenknecht. Frankfurt/M.: Suhrkamp Verlag 1986; zit. nach: Beim Wort genommen. München: Kösel, S. 86, 118, 155, 158 f.; *Die demolierte Literatur*, S. 298; aus: Die Wiener Moderne. Hg. von Gotthart Wunberg. Stuttgart: Philipp Reclam 1992, S. 648 f.
Krechel, Ursula (* 1947 Trier), S. 423 – *Jetzt ist es nicht mehr so*, S. 451; aus: Nach Mainz! Neuwied/Darmstadt: Luchterhand 1977, S. 26
Kühn, Dieter (* 1935 Köln), *Der Parzival des Wolfram von Eschenbach*, S. 36 ff.; aus: Der Parzival des Wolfram von Eschenbach. Frankfurt: Insel 1992, S. 507, 538 ff., 760
Kunze, Reiner (* 1933 Oelsnitz), S. 420, 423 – *Deckname „Lyrik“*, S. 447 f.; aus: Deckname „Lyrik“. Frankfurt/M.: Fischer Taschenbuch 1990, S. 13, 15, 85 ff.;

Der Hochwald erzieht seine Bäume, S. 446; aus: Sensible Wege. Reinbek b. Hamburg: Rowohlt 1969, S. 9

Kürenberg, Der von (12. Jh.), S. 24 – *Das Falkenlied**, S. 27; aus: Gedichtbuch. Hg. v. Karl Pörnbacher. Berlin: Cornelsen 1987, S. 6

Lasker-Schüler, Else (* 1869 Wuppertal, † 1949 Jerusalem), S. 321 – *Ein Lied der Liebe*, S. 336; aus: Sämtliche Gedichte. Hg. von Friedhelm Kemp. München: Kösel 1966, S. 112

Laurentius von Schnüffis (d. i. Johann Martin, * 1633 Schniffis/Vorarlberg, † 1702 Konstanz), S. 50 – *Glückselig wär ich ja*, S. 53; aus: Deutsche Dichtung des Barock. Hg. v. Karl Pörnbacher. München: Carl Hanser 1979, S. 236

Lavater, Johann Caspar (* 1741 Zürich, † 1801 Zürich), S. 63 – *Physiognomische Fragmente*, S. 108 f.; aus: Sturm und Drang. Dichtungen und theoretische Texte, Bd. 1. Hg. von Heinz Nicolai. München: Winkler 1971, S. 343–346

Lehmann, Wilhelm (* 1882 Puerto Cabelo/Venezuela, † 1968 Eckernförde), S. 395 f. – *Das Wagnis*, S. 409; aus: Gesammelte Werke in acht Bänden. Hg. von Agathe Weigel-Lehmann, Hans D. Schäfer und Bernhard Zeller. Bd. 1 Sämtliche Gedichte. Stuttgart: Klett-Cotta 1982, S. 181

Leisewitz, Johann Anton (* 1752 Hannover, † 1806 Braunschweig) – *Die Pfandung*, S. 123; aus: Sturm und Drang. Dichtungen und theoretische Texte. Bd. 2. Hg. von Heinz Nicolai. München: Winkler 1971, S. 1591 f.

Lenz, Hermann (* 1913 Stuttgart), S. 424 – *Jung und Alt*, S. 459 f.; aus: Jung und Alt. Frankfurt/M.: Insel 1989, S. 65 f.

Lenz, Jakob Michael Reinhold (* 1751 Seßwegen/Livland, † 1792 Moskau), S. 104 ff. – *Anmerkungen übers Theater*, S. 111 f.; *Der Hofmeister*, S. 131 ff.; aus: Sturm und Drang. Dichtungen und theoretische Texte, Bd. 1. Hg. von Heinz Nicolai. München: Winkler 1971, S. 846 f.; 645–650

Lenz, Siegfried (* 1926 Lyck/Ostpreußen), S. 394 – *Mein Vorbild Hemingway*, S. 400 f.; aus: Ansichten und Bekenntnisse zur Literatur. Hamburg: Hoffmann & Campe 1970, S. 55, 57, 59 ff., 63

Lessing, Gotthold Ephraim (* 1729 Kamenz/Lausitz, † 1781 Braunschweig), S. 63, 68 f., 96, 104 – *Brief an Friedrich Nicolai*, S. 79; aus: Werke. Hg. von Herbert G. Göpfert. München: Carl Hanser 1973, Bd. 4, S. 160 ff.; *Briefe an Joachim Eschenburg*, S. 87 f.; aus: Lessings Briefe. In Auswahl hg. v. Julius Petersen. Leipzig: Insel 1911, S. 1147 ff.; *Fabeln und Fabeltheorie*, S. 76 f.; aus: Werke, a.a.O., Bd. 1, S. 236 ff., 247 f.; Bd. 5, S. 385 f.; *Minna von Barnhelm*, S. 80 f.; aus: Werke, a.a.O., Bd. 1; *Nathan der Weise*, S. 81 ff.; aus: Werke, a.a.O., Bd. 2, S. 272 ff.; *Der siebzehnte Literaturbrief*, S. 78; aus: Werke; a.a.O., Bd. 5, S. 527 ff.

Lewald, Fanny (* 1822 Königsberg, † 1889 Dresden), S. 226 – *Meine Lebensgeschichte*, S. 226; aus: Frauenemanzipation im deutschen Vormärz. Hg. von Renate Möhrmann. Stuttgart: Reclam 1978, S. 13 f.

Lichtenberg, Georg Christoph (* 1742 Ober-Ramstadt bei Darmstadt, † 1799 Göttingen), S. 68, 70 – *Aphorismen*, S. 91; aus: Schriften und Briefe, Bd. 1. Hg. von Wolfgang Promies. München: Carl Hanser 1968, S. 248, 259; *Brief an Georg Heinrich Hollenberg*, S. 92; aus: Schriften und Briefe. Bd. 9, a.a.O., S. 745 ff.

Liliencron, Detlev von (* 1844 Kiel, † 1909 Alt-Rahlstedt/Hamburg), S. 294 – *Viererzug*, S. 299; aus: Gedichtbuch. Hg. v. K. Pörnbacher. Berlin: Cornelsen 1987, S. 209

Luther, Martin (* 1483 Eisleben/Thüringen, † 1546 Eisleben), S. 44 – *Eyn Sendbrieff von Dolmetschen*, S. 46; aus: Deutsche Literaturdenkmäler des 16. Jahrhunderts. Hg. v. Georg Berlit. Berlin (u. a.): Walter de Gruyter ²1919, S. 20 ff.

Mann, Heinrich (* 1871 Lübeck, † 1950 Santa Monica/Kalifornien), S. 319, 343, 345, 372 – *Der Untertan*, S. 353; aus: Der Untertan. Berlin/Weimar: Aufbau Verlag o. J., S. 5 f.

Mann, Thomas (* 1875 Lübeck, † 1955 Kilchberg b. Zürich/Schweiz), S. 293, 296, 345, 372, 378, 395, 398 – *Briefwechsel mit Bonn*, S. 392 f.; aus: Ges. Werke. Bd. 4: Reden und Aufsätze, S. 785 ff., Frankfurt/M.: S. Fischer 1974; *Doktor Faustus*, S. 403 f.; aus: Doktor Faustus. Das Leben des deutschen Tonsetzers Adrian Leverkühn, erzählt von seinem Freund. Frankfurt/M.: S. Fischer 1960, S. 636 ff.; *Tonio Kröger*, S. 304 f.; aus: Sämtliche Erzählungen. Frankfurt/M.: S. Fischer 1963, S. 212 ff.

Marx, Karl (* 1818 Trier, † 1883 London), S. 226 und **Engels, Friedrich** (* 1820 Barmen, † 1895 London), S. 226 – *Manifest der Kommunistischen Partei*, S. 241 f.; aus: 19. Jahrhundert. Texte und Zeugnisse. Hg. von Benno von Wiese. München: Beck 1965, S. 1054 f.

Meyer, Conrad Ferdinand (* 1825 Zürich, † 1898 Kilchberg bei Zürich), S. 259 – *Rom: Springquell; Der Brunnen; Der römische Brunnen*, S. 270; *Zwei Segel*, S. 271; aus: Sämtliche Werke, Bd. 2. München: Winkler 1978

Morgenstern, Christian (* 1871 München, † 1914 Meran), S. 296 – *Die unmögliche Tatsache; Palmström*, S. 313; aus: Gesammelte Werke in einem Band. Hg. von M. Morgenstern. München: Piper 1965, S. 241, 262 f.

Mörike, Eduard (* 1804 Ludwigsburg, † 1875 Stuttgart), S. 245 – *Auf eine Lampe*, S. 247; *Gebet*, S. 252; *Mozart auf der Reise nach Prag*, S. 245 f.; aus: Sämtliche Werke. Hg. von H. G. Göpfert. München: C. Hanser ³1964, Bd. 1, S. 85, 127, 1080 ff.

Mozart, Wolfgang Amadeus (* 1756 Salzburg, † 1791 Wien), S. 65, 67, 345 – *Brief an seinen Vater in Salz-*

burg, S. 76; aus: Briefe, ausgewählt und hg. von Stefan Kunze. Stuttgart: Philipp Reclam jun. 1987, S. 243

Müller, Heiner (* 1929 Eppendorf/Sachsen), S. 398, 422 – *Der Lohndrücker*, S. 410 f.; aus: Der Lohndrücker. Philoktet. Die Schlacht. Stuttgart: Klett 1990; zit. nach: Geschichten aus der Produktion 1, S. 15 ff. Berlin: Rotbuch 1974

Musil, Robert (* 1880 Klagenfurt, † 1942 Genf), S. 345 – *Der Mann ohne Eigenschaften*, S. 357 f; aus: Der Mann ohne Eigenschaften. Reinbek b. Hamburg: Rowohlt, S. 9

Muschg, Adolf (* 1934 Zürich/Schweiz), *Der rote Ritter*, S. 38 f.; aus: Der rote Ritter. Frankfurt: Suhrkamp 1993, S. 373 ff.

Neidhart [von Reuental] (* um 1180, † um 1240), S. 25 – *Fröut iuch*, S. 31; aus: Das Buch der Gedichte. Deutsche Lyrik von den Anfängen bis zur Gegenwart. Hg. von Karl Otto Conrady. Frankfurt am Main: Cornelsen-Hirschgraben 1987, S. 54

Nestroy, Johann (* 1801 Wien, † 1862 Graz), S. 65, 245 – *Der Talisman*, S. 250 f.; aus: Der Talisman. Stuttgart: Reclam 1976, S. 48 ff.

Neutsch, Erik (* 1931 Schönebeck/Elbe), S. 422 – *Das Objekt der Bewährung*, S. 433 ff.; aus: Freiheit. Halle 3. 3. 1960

Nietzsche, Friedrich (* 1844 Röcken/Lützen, † 1900 Weimar), S. 296, 321, 346 – *Vereinsamt*, S. 304; aus: Das Buch der Gedichte. Hg. v. K. O. Conrady. Frankfurt/M.: Cornelsen Verlag Hirschgraben 1987, S. 313

Novalis (d. i. Friedrich von Hardenberg, * 1772 Wiederstedt, † 1801 Weißenfels), S. 198, 200 f. – *Fragmente*, S. 209 f.; *Heinrich von Ofterdingen*, S. 271 f.; aus: Werke, Tagebücher. Bd. 2. Hg. von Hans Joachim Mähl u. Richard Samuel. München: Hanser 1978, S. 263 ff., 334, 255 f.; Bd. I, S. 240 ff.

Opitz, Martin (* 1597 Bunzlau/Schlesien, † 1639 Danzig), S. 50 – *Ach Liebste, laß uns eilen*, S. 52; aus: Deutsche Dichtung des Barock. Hg. v. Karl Pörnbacher. München: Carl Hanser 1979, S. 17 f.

Pinthus, Kurt (* 1886 Erfurt, † 1975 Marbach), S. 318 – *Die Überfülle des Erlebens*, S. 323; aus: Facsimile-Querschnitt durch die Berliner Illustrirte. Hg. v. Friedrich Luft. München: Scherz 1965, S. 130 f.

Plenzdorf, Ulrich (* 1934 Berlin), S. 422 – *kein runter kein fern*, S. 435 f.; aus: Klagenfurter Texte zum Ingeborg-Bachmann-Preis 1978. München: List 1978, S. 15 ff.

Plessen, Elisabeth (* 1944 Neustadt/Holstein), S. 423 – *Mitteilungen an den Adel*, S. 442 f.; aus: Mitteilungen an den Adel. Zürich/Köln: Benziger [2]1970, S. 99 ff.

Raabe, Wilhelm (* 1831 Eschershausen, † 1910 Braunschweig) – *Der Hungerpastor*, S. 277 f.; aus: Romane und Erzählungen, Bd. 2. Hg. von K. Hoppe. Freiburg: Klemm 1954, S. 7 ff.

Reck-Malleczewen, Friedrich Percyval (* 1884 Gut Malleczewen/Ostpreußen, † 1945 KZ Dachau), S. 376 – *Tagebuchnotizen*, S. 384; aus: Tagebuch eines Verzweifelten. Lorch: Bürger-Verlag 1947, S. 134 f., 183 f.

Remarque, Erich Maria (d. i. Erich Paul Remark, * 1898 Osnabrück, † 1970 Locarno/Schweiz), S. 344, 346, 372 – *Im Westen nichts Neues*, S. 365; aus: Im Westen nichts Neues. Mit Materialien und einem Nachwort versehen von Tilmann Westphalen. Köln: Kiepenheuer & Witsch 1987, S. 103 f.

Riehl, Wilhelm Heinrich (* 1823 Biebrich, † 1897 München), S. 259 – *Die bürgerliche Gesellschaft*, S. 275; aus: Bürgerlicher Realismus. Hg. von Andreas Huyssen. Stuttgart: Reclam 1980, S. 28 f.

Rilke, Rainer Maria (* 1875 Prag, † 1926 Val-Mont b. Montreux), S. 279, 296 – *Die Aufzeichnungen des Malte Laurids Brigge*, S. 306 f.; *Das Karussell*, S. 306; aus: Sämtliche Werke. Hg. von Rilke-Archiv und Ruth Sieber-Rilke, besorgt durch E. Zinn. Wiesbaden: Insel 1955. Bd. 6, S. 20 ff.; Bd. 1, S. 530

Ringelnatz, Joachim (* 1883 Wurzen, † 1934 Berlin), S. 296, 344 – *Im Park*, S. 313; aus: Das Gesamtwerk. Hg. von W. Pape. Berlin: Henssel 1984, Bd. 1, S. 198

Roth, Joseph (* 1894 Brody/Ostgalizien, † 1939 Paris), S. 344, 346, 378 – *Schluß mit der „Neuen Sachlichkeit"*, S. 362 ff.; in: Manifeste und Dokumente zur deutschen Literatur 1918–1933. Hg. von Anton Kaes. Stuttgart: Metzler 1983, S. 653 f.

Sachs, Hans (* 1494 Nürnberg, † 1576 Nürnberg), S. 44 – *Der edelfalk*, S. 47; aus: Gedichte und Interpretationen, Bd. 1: Renaissance und Barock. Hg. v. Volker Meid. Stuttgart: Reclam 1982, S. 68 ff.

Schikaneder, Emanuel (* 1751 Straubing, † 1812 Wien), S. 65 – *Arie, Nr. 15*, S. 65; aus: Die Zauberflöte. Leipzig: Reclam 1942, S. 56

Schiller, Friedrich (* 1759 Marbach, † 1805 Weimar), S. 107, 144 ff., 258, 296, 375 – *Ankündigung der Horen*, S. 180; *Ankündigung der Rheinischen Thalia*, S. 140 f.; aus: Werke. Hg. von Gerhard Fricke, Herbert G. Göpfert u. Herbert Stubenrauch. München: Carl Hanser 1958; Bd. 5, S. 870 f., 855 f.; *Berichte zur Uraufführung der „Räuber"*, S. 138; aus: Die Räuber. Erläuterungen und Dokumente. Hg. von Christian Grawe. Stuttgart: Reclam 1976; *Brief an Dalberg*, S. 135 f.; *Brief an Herzog Karl Eugen*, S. 139 f.; aus: Briefe des jungen Schiller. Hg. von Karl Pörnbacher. München: Kösel 1969, S. 35 ff.; *Brief an Goethe*, S. 156 f.; aus: Briefe. Hg. von Gerhard Fricke. München: Carl Hanser 1955, S. 301; *Maria Stuart*, S. 173 ff.; aus: Werke, a.a.O., Bd. 2, S. 622 ff.; *Nänie*, S. 163; aus: Werke; a.a.O., Bd. 1, S. 242; *Die Räuber*, S. 139; aus: Werke, a.a.O., Bd. 1, S. 591 f.; *Selbstbesprechung im „Wirtembergischen Repertorium"**, S. 136 ff.; aus: Werke, a.a.O., Bd. 1; *Über Anmut und Würde*, S. 166 f.; *Über Bürgers Gedichte*, S. 161; aus: Werke, a.a.O., Bd. 5, S. 464 ff., 970 f.; *Die Verschwörung des Fiesco zu Genua*,

S. 141 f.; aus: Werke, a.a.O., Bd. 1; *Was kann eine gute stehende Schaubühne eigentlich wirken?*, S. 162 f.; aus: Werke, a.a.O., Bd. 5, S. 819 ff.; *Wilhelm Tell*, S. 183 ff.; aus: Werke, a.a.O., Bd. 2, S. 979 ff.

Schlegel, Friedrich (* 1772 Hannover, † 1829 Dresden), S. 198 ff. – *116. Athenäum-Fragment*, S. 205; aus: Werke in zwei Bänden. Berlin und Weimar: Aufbau Verlag 1988, S. 204 f.

Schneider; Reinhold (* 1903 Baden-Baden, † 1958 Freiburg/Breisgau), S. 376 – *Allein den Betern kann es noch gelingen**, S. 383; aus: Gesammelte Werke, hg. von E. M. Landau, Bd. 5: Lyrik. Hg. von C. Perels. Frankfurt/M.: Insel 1981, S. 54

Schnitzler, Arthur (* 1862 Wien, † 1931 Wien), S. 293 ff. – *Leutnant Gustl*, S. 299 ff.; aus: Die Erzählenden Schriften, Bd. 1. Frankfurt/M.: S. Fischer 1961, S. 337–339

Schröder, Rudolf Alexander (* 1878 Bremen, † 1962 Bad Wiessee/Tegernsee), S. 376, 395 f. – *Deutscher Schwur*, S. 379; aus: Gesammelte Werke, Bd. 1: Die Gedichte. Frankfurt/M.: Suhrkamp 1952, S. 489

Schwarz, Sibylla (* 1621 Greifswald, † 1638 Greifswald), S. 50 – *Ist Lieb ein Feur*, S. 53; aus: Gedichte des Barock. Hg. v. Ulrich Maché und Volker Meid. Stuttgart: Reclam 1980, S. 181

Schwitters, Kurt (* 1887 Hannover, † 1948 Ambleside/Westmoreland), S. 347 – *An Anna Blume*, S. 367; aus: Kurt Schwitters Almanach. Hg. v. M. Erlhoff. Hannover: Postskriptum 1982, S. 83

Seghers, Anna (d. i. Netty Radványi, * 1900 Mainz, † 1983 Ost-Berlin), S. 344, 378, 397 – *Transit*, S. 388 f.; aus: Werke in 10 Bänden, Bd. 4, S. 5 ff. Darmstadt/Neuwied: Luchterhand

Stadler, Ernst (* 1883 Colmar, † 1914 Ypern/Belgien), S. 319 – *Fahrt über die Kölner Rheinbrücke bei Nacht*, S. 331; aus: Dichtungen, Schriften, Briefe. Kritische Ausgabe. Hg. von Klaus Hurlebusch und Karl Ludwig Schneider. München: C. H. Beck 1983, S. 160

Stifter, Adalbert (* 1805 Oberplan, † 1868 Linz), S. 244 f. – *Bunte Steine*, S. 247 f.; aus: Bunte Steine und Erzählungen. Mit Anm. u. Zeittafel von K. Pörnbacher. München: Winkler [8]1990, S. 7 ff.

Stolberg, Friedrich Leopold Graf zu (* 1750 Schloß Bramstedt/Holstein, † 1819 Schloß Sondermühlen bei Osnabrück), S. 96 – *Über die Fülle des Herzens**, S. 100; aus: Der Göttinger Hain. Hg. von Alfred Kelletat. Stuttgart: Philipp Reclam jun. 1967, S. 231

Storm, Theodor (* 1817 Husum, † 1888 Hademarschen), S. 259 – *Abseits*, S. 270; aus: Sämtliche Werke, mit Anm. von Karl Pörnbacher, Bd. 2. München: Winkler [7]1982, S. 944 f.; *Verteidigung der Novelle*, S. 267; aus: Theorie des bürgerlichen Realismus. Hg. von G. Plumpe. Stuttgart: Reclam 1985, S. 268 f.; *Die Stadt*, S. 269; aus: Sämtliche Werke, a.a.O., S. 944 f.

Stramm, August (* 1874 Münster, † 1915 Horodec/Galizien), S. 318 f. – *Patrouille*, S. 324; aus: Menschheitsdämmerung. Hg. v. K. Pinthus. Reinbek b. Hamburg: Rowohlt 1959, S. 87

Strauß, Botho (* 1944 Naumburg/Saale), S. 421, 424 – *Paare, Passanten*, S. 460 f.; aus: Paare, Passanten. München: Hanser 1981, S. 11 ff., 175 ff.

Strauß, David Friedrich (* 1808 Ludwigsburg, † 1874 Ludwigsburg), S. 226 – *Das Leben Jesu*, S. 238; aus: 19. Jahrhundert. Texte und Zeugnisse. Hg. von Benno von Wiese. München: C. H. Beck 1965, S. 262 ff.

Strittmatter, Erwin (* 1912 Spremberg/Niederlausitz, † 1994 Dollgow), S. 398, 422 – *Ole Bienkopp*, S. 412 ff.; aus: Ole Bienkopp. Berlin und Weimar: Aufbau [2]1969, S. 188 ff.

Thoma, Ludwig (* 1867 Oberammergau, † 1921 Rottach-Egern), S. 293, 297 – *Die Reden Kaiser Wilhelms II.*, S. 314 f.; aus: Gesammelte Werke. München: Langen-Müller 1925, S. 554–574

Tieck, Ludwig (* 1773 Berlin, † 1853 Berlin), S. 198 ff. – *Der gestiefelte Kater*, S. 210 ff.; *Der Runenberg*, S. 218 f.; aus: Werke in vier Bänden, Bd. 2. Hg. von Marianne Thalmann. München: Winkler [2]1985, S. 261 ff.; S. 66 ff.

Trakl, Georg (* 1887 Salzburg/Österreich, † 1914 Krakau/Polen), S. 319, 321 – *An die Verstummten*, S. 335; *Menschheit*, S. 340; *Grodek*, S. 333; aus: Die Dichtungen. Hg. v. K. Horcoitz. Zürich: Die Arche 1946, S. 127, 66, 194

Tucholsky, Kurt (* 1890 Berlin, † 1935 Hindås/Schweden), S. 343 f., 372, 378 – *An das Publikum*, S. 369; aus: Gesammelte Werke, Bd. 9, S. 237. Hg. von Mary Gerold-Tucholsky und Fritz Raddatz. Reinbek b. Hamburg: Rowohlt Taschenbuch Verlag 1975

Varnhagen, Rahel (* 1771 Berlin, † 1833 Berlin), S. 200 – *Brief vom 22. 1. 1819*, S. 206; aus: Arendt, Hannah. Rahel Varnhagen. München: Piper 1959, S. 252 f.

Vischer, Friedrich Theodor (* 1807 Ludwigsburg, † 1887 Gmunden) – *Über die Novelle*, S. 267: aus: Theorie des bürgerlichen Realismus. Hg. von G. Plumpe. Stuttgart: Reclam 1985, S. 258 f.

Wackenroder, Wilhelm (* 1773 Berlin, † 1798 Berlin), S. 198, und **Tieck, Ludwig** – *Das merkwürdige musikalische Leben des Tonkünstlers Joseph Berglinger*, S. 202 f.; aus: Herzensergießungen eines kunstliebenden Klosterbruders. Stuttgart: Reclam 1991, S. 103 ff.

Walther von der Vogelweide (* 1170 Niederösterreich, † 1230 Würzburg), S. 24 f. – *Ich saz ûf eime steine*, S. 28; *Saget mir ieman*, S. 30; *Under der linden*, S. 29; aus: Gedichte, übersetzt von Peter Wapnewski. Frankfurt am Main: Fischer Bücherei 1970, S. 124 f., 46 f., 80 f.

Wedekind, Frank (* 1864 Hannover, † 1918 München), S. 296 – *Frühlings Erwachen*. Eine Kindertragödie, S. 311 f.; aus: Frühlings Erwachen. Stuttgart:

Reclam 1971, S. 57 ff.; *Ilse*, S. 312; aus: Werke, Bd. 1. München: Winkler 1990, S. 26

Weerth, Georg (* 1822 Detmold, † 1856 Havanna), S. 226 – *Das Hungerlied*, S. 239; aus: Der deutsche Vormärz. Texte und Dokumente. Hg. von Jost Hermand. Stuttgart: Reclam 1967

Weiß, Ernst (* 1882 Brünn, † 1940 Paris), S. 344 – *Georg Letham*, S. 348 f.; aus: Gesammelte Werke, Bd. 10, S. 338 ff. Hg. von Peter Engel und Volker Michels. Frankfurt/M.: Suhrkamp Verlag, 1982; © Paul Zsolnay Verlag, Wien 1931

Werfel, Franz (* 1890 Prag, † 1945 Beverly Hills/Kalifornien), S. 319, 321 – *Die Versuchung*, S. 339 f.; aus: Gesammelte Werke. Dramen Bd. 1, S. 25 ff. Hg. von Adolf Klarmann. Frankfurt/M.: S. Fischer 1959

Werner der Gartenaere (13. Jh.), S. 25 – *Meier Helmbrecht*, S. 40 f.; aus: Deutsche Literatur des Mittelalters. Hg. v. Rüdiger Brandt. Stuttgart: Reclam 1982, S. 138 ff.

Wieland, Christoph Martin (* 1733 Oberholzheim bei Biberach, † 1813 Weimar), S. 66 ff., 145 – *Der Prozeß um des Esels Schatten*, S. 88 ff.; aus: Werke, Bd. 2. Hg. von Fritz Martini und Hans Werner Seiffert. München: Carl Hanser 1966, S. 450 ff.

Wolf, Christa (* 1929 Landsberg), S. 424 – *Kassandra*, S. 455 ff.; aus: Kassandra. Darmstadt und Neuwied: Luchterhand 1986, S. 74 ff.; *Über Karoline von Günderode*, S. 204 f.; aus: Karoline von Günderode. Der Schatten eines Traumes. Gedichte, Prosa, Briefe. Zeugnisse von Zeitgenossen. Hg. von Christa Wolf. Hamburg/ Zürich: Luchterhand 1981

Wolfenstein, Alfred (* 1888 Halle/Saale, † 1945 Paris), S. 321, 378 – *Städter*, S. 335; aus: Menschheitsdämmerung. Hg. von K. Pinthus. Reinbek b. Hamburg: Rowohlt 1959, S. 45

Wolfram von Eschenbach (* um 1170, † um 1220), S. 25 – *Parzival*, S. 36 ff.; aus: Parzival. Hg. von Karl Bortsch. Erster Theil. Leipzig: Brockhaus 1875, S. 137 f., 181 – 184; Zweiter Theil 1876, S. 182

Zweig, Stefan (* 1881 Wien, † 1942 Petrópolis/Rio de Janeiro), S. 372, 376, 378 – *Declaracão*, S. 391 f.; aus: Michael Winkler, Deutsche Literatur im Exil 1933 bis 1945. Texte und Dokumente. Stuttgart: Philipp Reclam 1982, S. 418

Unbekannte Verfasser:

Aus der Tegernseer Briefsammlung, S. 26; aus: Gedichtbuch. Hg. von Karl Pörnbacher. Berlin: Cornelsen 1987, S. 5

Carmina Burana, S. 26; aus: Carmina Burana. Zürich und München: Artemis 1974, S. 526 ff.; 568 f.

Das Hildebrandslied, S. 19; aus: Bayerische Bibliothek. Bd. 1: Mittelalter und Humanismus. Hg. von Hans Pörnbacher. München: Süddeutscher Verlag 1978, S. 38 ff.

Das „jüngere Hildebrandslied“, S. 45; aus: Ludwig Uhland, Alte hoch- und niederdeutsche Volkslieder, 1844

Lorscher Bienensegen, S. 21; aus: Gedichtbuch. Hg. v. Karl Pörnbacher. Berlin: Cornelsen 1987, S. 5

Das Nibelungenlied, S. 33 f.; aus: Das Nibelungenlied. Hg. und übersetzt von Helmut Brackert. Frankfurt am Main: Fischer Bücherei 1970, Bd. 1, S. 6 ff.; Bd. 2, S. 262 ff.

Wessobrunner Hymnus und Gebet, S. 20 ff.; aus: Gedichtbuch. Hg. v. Karl Pörnbacher. Berlin: Cornelsen 1987, S. 4

Kleines Lexikon wichtiger Begriffe

Einige zentrale Begriffe des Literaturunterrichts in der Oberstufe werden im folgenden Lexikon erklärt. Begriffe, die bereits in den Kapiteln ausführlich erläutert sind, werden hier meist nicht wiederholt. Sie sollten daher stets das Sachregister heranziehen, wenn Sie eine Begriffserklärung suchen.

Absurdes Theater Etwa um 1950 entstandene Form des modernen Theaters, welche auf die gewohnten Schemata des Wirklichkeitsverständnisses verzichtet. Es gibt keine nachvollziehbare Logik der Handlung, keinen identifizierbaren Schauplatz, keine zeitliche Einordnungsmöglichkeit. Die Figuren werden in einer sinnentleerten Welt dargestellt, wo sie sich selbst und anderen fremd geworden sind. Darin wird eine Grunderfahrung der modernen Menschen zum Ausdruck gebracht, dem die Ordnung der Welt und der Sinn seiner Existenz unsicher geworden sind. – Hauptvertreter des a. T. mit großer Wirkung auf die dt. Literatur waren Beckett (*Warten auf Godot, Endspiel*) und Ionesco (*Die Stühle*).

Anapäst Dreiteiliger Versfuß mit zwei unbetonten und einer betonten Silbe: x x x́ (z. B. „Wie mein Glück, ist mein Liéd.").

Antithese Konfrontation einer Aussage mit ihrem Gegenteil. Oft als rhetorisches Stilmittel eingesetzt, aber auch Ausdruck einer grundlegenden Denkfigur, die z. B. die Literatur des Barock bestimmt (z. B. „Der schnelle Tag ist hin / die Nacht schwingt ihre Fahn").

Aphorismus (griech.: aphorizein = abgrenzen) Knappe Darstellung (meist in einem Satz) eines Gedankenzusammenhangs in Prosa. Im Gegensatz zur Volksweisheit des Sprichworts, das eine allgemeine Erfahrung ausdrückt, ist der Aphorismus, „das Sprichwort der Gebildeten", die subjektive und oft einseitig übertriebene Erkenntnis eines „Selbstdenkers", die zum Weiterdenken auffordert (s. S. 91, 314).

Aristotelisches Theater Klassische Form des Theaters, in welcher die Dramen nach der Forderung des griech. Philosophen Aristoteles (384–322 v.Chr.) eine *Einheit der Handlung* (keine Nebenhandlungen), des *Ortes* (kein Wechsel des Schauplatzes) und der *Zeit* (Dauer der Handlung nicht länger als ein Tag) aufweisen müssen. Jeder Handlungsteil soll mit dem vorhergehenden und dem nachfolgenden in einer erkennbaren Beziehung stehen, so daß eine *geschlossene Form* entsteht. (Im Gegensatz dazu sind in Dramen mit *offener Form* die Szenen oft unverbunden, es gibt eine Vielzahl von Handlungen, Schauplätzen und Figuren.) Der Zuschauer soll durch den dramatischen Konflikt Furcht und Mitleid verspüren und schließlich eine Reinigung (griech.: *Katharsis*) von diesen Affekten erleben. (s. Tragödie, Episches Theater)

Ästhetizismus Geisteshaltung, die im Erleben und Genießen der Schönheit den höchsten Wert sieht, unabhängig von moralischen, religiösen oder politischen Fragen. Dementsprechend wird die Kunst als autonom angesehen (l'art pour l'art), der Künstler als die höchste, allem entrückte Form des Menschen.

Ballade Erzählgedicht mit lyrischen (liedhaft, Reim), dramatischen (Konfliktsituation mit Steigerung, Höhepunkt, Katastrophe) und epischen (Erzählerkommentar) Elementen (z. B. Goethe, *Der Zauberlehrling;* Schiller, *Die Bürgschaft*).

Bewußtseinsstrom (Lehnübersetzung von engl. „stream of consciousness") Mittel des modernen Erzählens, um das Innere einer Figur darzustellen. Alle Gedanken(-fetzen), Gefühle, Sinneseindrücke, und zwar bewußte *und* unterbewußte, werden so genau wie möglich festgehalten, ohne daß ein Erzähler sie ordnet oder in eine grammatisch korrekte Form bringt. (Im Gegensatz dazu werden im *inneren Monolog* nur die bewußten Gedanken und Assoziationsketten dargestellt.) Der B. wurde zuerst von Joyce in *Ulysses* (1922) verwendet, in der dt. Literatur z. B. von Döblin in *Berlin Alexanderplatz* (1929; s. S. 358f.).

Briefroman Roman, in dem anstelle eines Erzählers eine oder mehrere Personen ihre Gedanken und die Schilderung von Ereignissen in Briefen darstellen. Diese werden oft durch kurze Zwischentexte eines fingierten Herausgebers verbunden. Seine Blütezeit erreicht der B. im 18. Jahrhundert (z. B. Goethe, *Die Leiden des jungen Werthers,* vgl. S. 117ff.).

Bürgerliches Trauerspiel Das b. T. der Aufklärung und des Sturm und Drang (z. B. Lessing, *Emilia Galotti* und Schiller, *Kabale und Liebe*) hatte vor allem den Konflikt zwischen einer korrupten Welt des *Adels* und einer an strengen Wertmaßstäben orientierten des *Bürgertums* zum Gegenstand. Es wendete sich damit gegen die Vorstellung der franz. Klassik, daß nur Konflikte von Adeligen tragisch sein könnten (*Ständeklausel*). Im b. T. des 19. Jahrhunderts (Hebbel, *Maria Magdalena*) entsteht die Tragik durch sittliche Konflikte zwischen den Normen, die sich das Bürgertum selbst gegeben hat. Das b. T. ist in Prosa geschrieben.

Chiffre Die C. (von arab. cifr = Null) ist eine der Metapher verwandte Stilfigur der modernen Lyrik: bildhafter Ausdruck, dessen Bedeutung nicht isoliert, sondern nur aus dem Motivzusammenhang erschlossen werden kann (z. B. der „Wortmond" in Celans *Wortaufschüttung*, S. 426).

Collage (franz. = Kleben) Aus der bildenden Kunst übernommene experimentelle Technik, die vorfabriziertes Text- und Bildmaterial (oft dokumentarischen Charakters) zerschneidet und neu zusammenfügt (s. S. 341).

Daktylus Ein dreiteiliger Versfuß; auf eine betonte Silbe folgen zwei unbetonte Silben: x́ x x (z. B. „Mórgenrot").

Dokumentarisches Theater Form des modernen Dramas, in Deutschland besonders in den 60er Jahren dieses Jh.s bevorzugt. Das d. T. verwendet Dokumente, also authentisches Material, und sucht damit größtmögliche historische Wahrheit zu erreichen. Es befaßt sich vorwiegend kritisch mit politischen Ereignissen der Gegenwart und der jüngsten Vergangenheit (z. B. Kipphardt, *In der Sache J. Robert Oppenheimer*).

Dramatik Eine der drei Hauptgattungen der Literatur. Im Gegensatz zur *Lyrik* (wo ein Ich seine Befindlichkeit äußert) und zur *Epik* (wo ein Erzähler die oft sehr vielfältigen Geschehnisse vermittelt) wird in der D. das Geschehen durch handelnde Personen direkt dargestellt. Grundform der D. ist daher der *Dialog,* in dem sich der dramatische *Konflikt* meist zielgerichtet und ohne Nebenhandlung entwickelt. (s. Aristotelisches, episches Theater; Tragödie, Komödie)

Elegie Das Wort wird als Gattungsbegriff schon in der Antike in zwei Bedeutungen verwendet: Es bezeichnet rein *formal* ein in Distichen (im Wechsel von Hexa-meter und Pentameter), also im sogenannten elegischen Versmaß abgefaßtes Gedicht, oder es meint den *Inhalt* eines Gedichts, die „elegische", wehmütige oder sehnsuchtsvolle Stimmung. Die Elegie kann Klagegedicht sein, in dem sich die Trauer um Vergangenes, um unwiederbringlich Verlorenes ausdrückt oder um die Unvereinbarkeit von Wunsch und Wirklichkeit, Ideal und Leben (z. B. Rilke, *Duineser Elegien*). Zu ihren wichtigsten Motiven gehört das Erlebnis der Liebe und der Sehnsucht nach der Geliebten.

Ellipse Auslassung eines oder mehrerer Wörter in einem Satz, die aus dem Sinnzusammenhang leicht zu ergänzen sind. Oft als rhetorisch-stilistisches Mittel zur Intensivierung eingesetzt (z.B. „Was tun?").

Enjambement Zeilensprung, d. h. der Satz- und Sinnzusammenhang im Gedicht reichen über das Versende hinaus in den nächsten Vers.

Entwicklungsroman Roman, der den inneren und äußeren Werdegang eines Menschen, die Entfaltung seiner Persönlichkeit unter dem Einfluß der äußeren Umstände zeigt (z. B. Goethe, *Wilhelm Meister*).

Epik Eine der drei Hauptgattungen der Literatur. Im Gegensatz zur *Lyrik* (wo ein Ich seine Befindlichkeit äußert) und zur *Dramatik* (wo die Handlung durch die agierenden Personen direkt dargestellt wird) vermittelt in der E. ein *Erzähler* die Geschehnisse. Da vom Standpunkt des Erzählers das Berichtete bereits vergangen ist, ist das *Präteritum* die natürliche Zeitform der E. Ein weiteres Kennzeichen der E. ist die Ausführlichkeit der Darstellung, die oft zahlreiche Figuren, Schauplätze und Handlungsstränge umfaßt.

Episches Theater In dem von Bertolt Brecht entwikkelten Gegenentwurf zum klassischen Theater tritt ein *erzählerisches Element* zwischen Publikum und Bühne, um (wie in der Epik) die Handlung zu vermitteln. Dadurch wird ein Wesensmerkmal des Dramas, das Geschehen durch handelnde Personen direkt darzustellen, eingeschränkt. Bei dem erzählerischen Element kann es sich um eine Erzählfigur (eine Person) oder aber um erzählerische Mittel, z. B. Vorwegnahme bzw. Kommentierung des Inhalts durch Spruchbänder, Lautsprecheransagen, Songs, handeln. So wird die Spannung verringert und Distanz zum dargestellten Geschehen geschaffen, weil die unmittelbare Illusion durchbrochen ist (*Verfremdung*). Der Zuschauer soll sich nicht *identifizieren,* sondern *reflektieren.* (s. Aristotel. Theater)

Epoche (griech. epocha = Haltepunkt) Ursprünglich der Zeitpunkt eines einschneidenden Ereignisses, heute die Bezeichnung für einen Zeitraum, der durch grundlegende Gemeinsamkeiten (z. B. Welt- und Menschenbild, Denkmuster, Themen) geprägt wird. Durch die wachsende Vielfalt der Strömungen in der Moderne werden Epochenbezeichnungen zunehmend problematisch.

Erlebte Rede Erzählerisches Mittel, um die Gedanken einer Figur darzustellen. Anders als der *innere Monolog* (der sich der 1. Person und des Präsens bedient) verwendet die e. R. die 3. Person im Präteritum und ist deshalb grammatisch nicht vom Erzählerbericht zu unterscheiden. Die e. R. gibt aber Gedanken ganz aus der Perspektive einer Figur, nicht aus der eines Erzählers wieder (z. B. S. 453, Z. 1–18).

Erzähler Vom Autor erfundene Figur, die das epische Geschehen dem Leser vermittelt. Drei *Erzählsituationen* lassen sich unterscheiden: Der *Ich-E.* ist am erzählten Geschehen selbst unmittelbar beteiligt und kann authentisch darüber berichten. Der zeitliche und räumliche Bereich, den der Ich-Erzähler überblicken kann, ist durch seine Teilnahme am Geschehen allerdings begrenzt (z. B. Weiß, *Georg Letham,* S. 348 f.). Der *auktoriale E.* steht außerhalb des Geschehens, kennt die gesamte Handlung und greift kommentierend in das Erzählte ein (z. B. Feuchtwanger, *Erfolg,* S. 351 ff.). Der *personale E.* tritt als Figur nicht in Erscheinung, so daß für den Leser der Eindruck entsteht, er betrachte das dargestellte Geschehen unmittelbar aus der Sicht der handelnden Personen, z. B. Kafka, *Der Prozeß*, S. 356 f.).

Erzählhaltung Allgemein die Einstellung des Erzählers zum Erzählten. Sie bestimmt, wie der Leser das Erzählte aufnehmen soll. Sie ist Ausdruck der Absicht, die der Erzähler mit seinem Stoff (und seinem Leser) hat. Die E. kann distanziert, dem Leser direkt zugewandt, ironisch, kommentierend, ohne Anteilnahme beobachtend oder parteiisch sein, passiv oder aktiv ins Geschehen eingreifend. Sie kann sich innerhalb eines Textes ändern.

Erzählzeit Die reale Zeit, die der Leser zur Lektür braucht im Gegensatz zur *erzählten* Zeit als der Zeit, über die sich das fiktive Erzählgeschehen erstreckt. Das *Verhältnis von Erzählzeit und erzählter Zeit* bestimmt die Struktur epischer Texte, besonders deutlich in der Großform des Romans. Moderne Erzähltechniken (z. B. der Bewußtseinsstrom) erweitern die Gestaltungsmöglichkeiten in diesem Bereich.

Essay (wörtlich „Versuch") Im Gegensatz zur Erörterung oder einer wissenschaftlichen Abhandlung handelt es sich beim E. bei ähnlichen Thematiken um eine freiere Form. Ein Sachverhalt oder eine Persönlichkeit wird subjektiv dargestelt. Dabei geht es dem Autor um Originalität, um eine Darstellung ohne Anspruch auf Vollständigkeit oder Ausgewogenheit. Die Originalität spiegelt sich im sprachlichen Bereich, in dem pointierte Aussagen, Paradoxa, ironische Wendungen und Wortwitz zur Geltung kommen (z. B. Enzensberger, *Das Plebiszit der Verbraucher*, S. 439 f.).

Euphemismus Beschönigende, verhüllende Umschreibung eines unangenehmen oder anstößigen Sachverhalts (z. B. „entschlafen" für „sterben").

Existentialismus Philosophisch-literarische Bewegung, die von Frankreich ausgehend die dt. Nachkriegsliteratur beeinflußte. Nach den Ideen besonders J. P. Sartres ist der Mensch „zur Freiheit verurteilt", d. h. in keiner Weise festgelegt durch Natur, Gesellschaft oder Religion, so daß er den Sinn seiner Existenz ständig selbst neu setzen muß.

Fabel (lat. fabula = Erzählung) a) Inhalt einer Dichtung, Handlungsgerippe; nach der *Poetik* des Aristoteles ist die Fabel die „Verknüpfung der Begebenheiten". b) Kurze Erzählung in Vers oder Prosa, die überwiegend in der Tierwelt spielt und eine Lehre enthält, die sich entweder aus der Darstellung ergibt oder im Anschluß an die Erzählung angefügt wird. Die ältesten Fabeln werden dem griech. Sklaven Äsop (um 500 v. Chr.) zugeschrieben. Sie dienten späteren Dichtern als Vorbild. In der Epoche der Aufklärung, die den lehrhaften, um Besserung bemühten Charakter der F. besonders schätzte, erlebte sie eine neue Blüte (bes. durch Lessing, s. S. 76 f.).

Fiktion Das nur der Vorstellung Entsprungene im Gegensatz zur wahrnehmbaren Welt. Dichterische Texte beruhen im Gegensatz zu Sachtexten auf F., d. h. sie erschaffen durch Sprache eine eigenständige Welt (und zeigen so die wahrnehmbare Welt in einem neuen Licht).

Gattung Grundform der Dichtung. In den Gattungen werden Texte zusammengefaßt, die in wesentlichen, gleichbleibenden Strukturmerkmalen übereinstimmen und grundsätzliche poetische Einstellungen zur Wirklichkeit darstellen. Die drei literarischen Hauptgattungen Lyrik, Epik, Dramatik lassen sich zusätzlich in einzelne (Sub-)gattungen wie Ode, Novelle oder Hörspiel unterteilen.

Gedicht Allgemein für *metrisch* oder rhythmisch gebundene Dichtung (z. B. auch „Dramatisches Gedicht"), insbesondere aber für *lyrische* Texte.

Gesellschaftsroman Bietet weniger ein ereignisreiches Geschehen dar als vielmehr eine breite Zustandsschilderung des gesellschaftlichen Lebens einer Zeit. Er zeigt die verschiedenen gesellschaftlichen Schichten ohne soziale Anklage, doch gibt es fließende Übergänge zum *Zeitroman* (z. B. Fontane, *Effi Briest*).

Glosse Während der *Kommentar* in Presse und Rundfunk eine bestimmte Meinung zu politischen, kulturellen oder wirtschaftlichen Ereignissen und Problemen wiedergibt, hat die G. auch Unterhaltungscharakter. Ihre Kritik ist nicht derb, sondern originell und von eher gemäßigter Schärfe, die auch mit Wortspielen und Vergleichen bewirkt wird.

Handlung Gesamtheit der Geschehnisse in der epischen und dramatischen Dichtung. Zu unterscheiden ist die *äußere* H. (Ablauf der sichtbaren Ereignisse) von der *inneren* H. (seelisch-geistige Vorgänge in den Figuren).

Hörspiel Durch Erfindung des Rundfunks ermöglichte dramatische Gattung. Da dem H. nur akustische Mittel zur Verfügung stehen, erlangt das gesprochene Wort besondere Bedeutung. Das H. nutzt wie der Film die technischen Möglichkeiten der Ein- und Überblendung, der Montage und des Schnitts (z. B. Eich, *Träume*).

Hymne (griech. hymnos = Lobgesang) Ursprünglich ein kultischer Gesang zum Preis der Götter; in der dt. Literatur (bes. Empfindsamkeit, Sturm und Drang, Romantik, Expressionismus) feierliche Lobgedichte an Natur und Menschheit (z. B. Novalis, *Hymnen an die Nacht*).

Hyperbel Übertreibung zum Zweck rhetorischer Intensivierung (z. B. „Ich habe es hundertmal versucht.")

Hypotaxe Satzgefüge mit Haupt- und Gliedsätzen. Letztere zeigen an, in welchem logischen Verhältnis die Sätze zueinander stehen.

Innerer Monolog Mittel des modernen Erzählens, um den Gedankenverlauf einer Figur darzustellen. Ohne daß ein Erzähler ordnend eingreift, werden Gedanken (-bruchstücke) festgehalten, oft durch Assoziationen lose verkettet (z. B. S. 435, Z. 1–26). Der i. M. steht in der 1. Person Präsens, die *erlebte Rede* dagegen in der 3. Person Präteritum. (s. Bewußtseinsstrom)

Ironie Das griech. Wort bedeutet zunächst „Verstellung". Eine ironische Redewendung meint etwas anderes, als sie auszudrücken scheint (z. B. „Das ist ja eine schöne Bescherung"). Als *rhetorischer Begriff* meint die I. die Verwendung des gegenteiligen Ausdrucks. Der Redner übernimmt dabei oft Wertungen und Ausdrücke des Gegners mit dem Ziel, diesen zu verspotten oder lächerlich zu machen. Die I. wird verstanden, wenn der Zuhörer das notwenige Wissen mitbringt, um die Situa-tion im Sinne des Redners zu begreifen. Die Wirkung der I. beruht auf dem situativen, nicht dem inhaltlichen Einverständnis zwischen Redner und Publikum. Als *poetischer Grundbegriff* bezeichnet die epische I. die bewußte Distanz des Erzählers zu dem, was er erzählt. Sie ist Teil der Erzählhaltung. Durch die I. kann der Erzähler deutlich auf den fiktiven Charakter des Erzählten hinweisen, ein unterhaltsames oder verwirrendes Spiel mit dem Leser treiben oder von seinen Figuren z. B. aus moralischen Gründen Abstand nehmen.

Jambus zweiteiliger Versfuß aus einer unbetonten und einer betonten Silbe: xx́ (z. B.: „heraús" oder „Es schlúg / mein Hérz ...).

Kalendergeschichte Eine volkstümliche, unterhaltsame Erzählung, die in didaktischer und moralisierender Absicht in Kalendern abgedruckt wurde (z. B. in J. P. Hebels *Rheinländischem Hausfreund*).

Katachrese Vermischung von Metaphern aus verschiedenen Bereichen. Oft als unschöner Stilbruch empfunden; eröffnet aber auch neue Ausdrucksmöglichkeiten und Wahrnehmungsweisen (z. B. „Der Zahn der Zeit hat schon über vieles Gras wachsen lassen".).

Klimax Rhetorisch-stilistische Figur, die durch eine (meist drei-)stufig steigernde Reihung von Wörtern oder Sätzen die Aussage intensiviert (z. B. „Ich kam, sah, siegte.").

Komödie Dramatische Gestaltung eines Geschehens, in dem Personen durch menschliche Schwächen in einen Konflikt geraten, der aber glücklich gelöst werden kann. Haupttypen sind die *Charakterkomödie,* wo eine Figur im Mittelpunkt steht (z. B. Molière, *Der eingebildete Kranke*) und die *Intrigenkomödie,* in der die Handlung Vorrang hat (z. B. Shakespeare, *Der Kaufmann von Venedig*).

Kritik Als K. kann jede wertende Äußerung verstanden werden. Als *Textsorte* erfaßt sie oft Bücher, Filme, Platten, Bilder, Theateraufführungen, Fernsehsendungen und Konzerte. Die Literaturkritik versteht sich als Mittler zwischen Autor und Leser. Sie versucht, die Eigenart eines Werkes, dessen Wirkung und Qualität aufzuzeigen. In der historischen Entwicklung wird die Literaturkritik erst im Zeitalter der *Aufklärung* von allgemeiner Bedeutung. Vorher wandte die K. lediglich die in den Regelpoetiken aufgeführten Grundsätze auf literarische Werke an. Die moderne Kunst- oder Literaturkritik kann auf keine verbindliche Auffassung von der Kunst oder Literatur zurückgreifen und muß deswegen in der K. erst die Kriterien entwickeln, nach denen sie Werke beurteilt. Da der Verkaufserfolg wesentlich von der K. abhängen kann, beeinflußt der Kritiker über den Büchermarkt das *literarische Leben* und die literarische Entwicklung.

Kurzgeschichte (Lehnübersetzung von amerik. „short story") Wurde in der dt. Literatur nach dem 2. Weltkrieg unter dem Einfluß amerik. Vorbilder (s. S. 400 f.) zu einer strenger definierten Gattung entwickelt als im Amerikanischen. Die K. hebt einen entscheidenden Moment im Leben eines Menschen heraus, der sein bisheriges Dasein grundlegend verändern kann. Oft stehen soziale Außenseiter im Mittelpunkt. Die Handlung setzt unmittelbar ein und steuert zielstrebig auf einen meist unerwarteten, offenen Schluß zu. Die Sprache ist schlicht und knapp (z. B. Borchert, *Das Brot*, S. 408 f.).

Lehrdichtung Dichtung zum Zweck der Wissensvermittlung. Seit der Antike in vielen Gattungen ausgeprägt (z. B. Fabel, Parabel, Aphorismus), erlebte die L. in der *Aufklärung* eine Blütezeit und kehrte im 20. Jh. in den *Lehrstücken* des epischen Theaters wieder.

Leitmotiv Mit dem der Musik entlehnten Begriff bezeichnet man in der Literatur formelhaft wiederkehrende Wortfolgen, die Personen, Gegenstände, Situationen oder ähnliches besonders hervorheben oder charakterisieren.

Lied einfach gebautes, singbares Gedicht, gereimt und strophisch gegliedert (z. B. Goethe, *Heidenröslein*).

Lyrik Eine der drei Hauptgattungen der Literatur. Grundzug der L. ist die subjektive Erlebnisäußerung des *lyrischen Ichs,* das nicht mit dem Autor gleichgesetzt werden kann, sondern ein fiktives Ich ist. Im Gegensatz zu *Epik* und *Dramatik* stellt die L. keine äußeren Geschehnisse oder handelnde Personen dar. Durch die Unmittelbarkeit des subjektiven Empfindens drückt sich die L. oft in Bildern (bis hin zu Chiffren) aus. Wesentliches Merkmal der L. ist die *gebundene,* d. h. durch rhythmische Betonung oder lautlichen Gleichklang zusammengehaltene Sprache, die feste Formen (z. B. in Versmaßen, Strophen) annehmen kann.

Metapher (griech. = Übertragung) Ein Wort oder eine Wortgruppe wird aus dem ursprünglichen Sinnzusammenhang herausgenommen und als Bild in einen anderen Zusammenhang übertragen. „Kopf" bezeichnet z. B. einen Körperteil, wird aber auch im übertragenen Sinne, bildhaft verwendet: „Er ist der Kopf des ganzen Unternehmens."

Metonymie (griech. metonymia = Namensvertauschung) Uneigentlicher Ausdruck; im Gegensatz zur Metapher wird der eigentliche Ausdruck aber durch einen solchen ersetzt, der mit ihm in einer realen Beziehung steht; z. B.: „im Goethe lesen" statt „in Goethes Werken", „Eisen" statt „Dolch".

Metrum Festes Versmaß, d. h. Betonungsschema für jeden Vers eines Gedichts. Der *Rhythmus*, d. h. die natürliche Betonung beim Sprechen eines Gedichts, kann das M. manchmal überspielen.

Montage Als Stilbegriff nennt die M. die Art und Weise, wie einzelne Elemente zusammengefügt sind. Der Begriff entstammt zunächst dem Bereich Film und meint die Möglichkeit, das zusammenhängende Filmband zu zerschneiden und die Einzelteile in einer anderen Ordnung neu zusammenzusetzen. Diese künstliche Ordnung zeigt Merkmale des Unverbundenen, Sprunghaften, Assoziativen oder Widersprüchlichen. Die M. findet sich als Strukturprinzip auch in der Literatur der Moderne. Die literarische M. ist gekennzeichnet durch das unverbundene Nebeneinander verschiedener Sprachschichten oder Sprechweisen. Dadurch verweist die M. auf die Mehrschichtigkeit, aber auch die Widersprüchlichkeit der Wirklichkeit und auf den Verlust einer einheitlich geformten Sprache. Die M. ist so Merkmal und Ausdruck moderner Welterfahrung (s. S. 358 f.).

Motiv Der Begriff hat einerseits *„inhaltliche“* Bedeutung: Das M. verweist auf menschliche Grundsituationen und benennt so den Beweggrund für Personen, sich in bestimmter Weise zu verhalten. In einem literarischen Text hat der Begriff zusätzlich *„strukturelle“* Bedeutung: Als kleinster inhaltlicher Baustein bestimmt das M. das Gefüge. Das M. ist (im Gegensatz zum literarischen „Stoff“) nicht an feste Namen oder Ereignisse gebunden, es kann deshalb je nach Gattung, Epoche und Aussageabsicht des Autors verschieden aufgefaßt und gestaltet werden. Die Untersuchung motivgleicher Texte klärt die für Gattung, Epoche und Autor kennzeichnenden Unterschiede. Ein vielfach verwendetes M. ist z. B. der Vater-Sohn-Konflikt.

Novelle (von lat. nova = neu) Gattungsbegriff seit Giovanni Boccaccios *Dekameron* (1348–53), dessen einhundert Erzählungen zum Vorbild für die europäische N. wurden. Um 1800 begann in der dt. Literatur die Auseinandersetzung mit Begriff und Inhalt der N. Goethe bezeichnet sie als „eine sich ereignete unerhörte Begebenheit“, während Tieck insbesondere das Auftreten eines überraschenden „Wendepunkts“ betont. Storm nannte die N. als „strengste Form der Prosadichtung“ die „Schwester des Dramas“ (s. S. 267 f.). Romantik und Realismus entwickelten sie durch Vertiefung des seelischen Konflikts und virtuose Beherrschung der Form zu höchster Vollendung (z. B. Storm, *Der Schimmelreiter*).

Ode Im Gegensatz zum *Lied* ist für die O. eine gewisse Distanz vom Erlebnisbericht ebenso bezeichnend wie Feierlichkeit und Ergriffenheit. Zur äußeren Form gehören der strophische Aufbau (strenger als bei der *Hymne* mit ihren freien Rhythmen) und die Reimlosigkeit (z. B. Hölderlin, *An die Parzen*).

Parabel (von griech. parabole = Nebeneinandergeworfenes) Gehört wie das *Gleichnis* zur lehrhaften Dichtung. Bei beiden ist für das Verständnis die Übertragung von dem dargestellten, konkreten Ereignis auf eine „höhere“ gemeinte Erkenntnis wesentlich. Doch während im Gleichnis das Gesagte mit dem Gemeinten (eine allgemeine Wahrheit, eine höhere Einsicht) erzählerisch verknüpft ist, legt die P. keine bestimmte Interpretation ausdrücklich nahe. Der Leser ist aufgefordert, verschiedene Auslegungen zu erwägen (z. B. die Ringparabel in Lessings *Nathan der Weise*, S. 82 ff.).

Parataxe Reihung von Hauptsätzen.

Parodie Übertreibende, komische Nachahmung eines literarischen Werks, einer Gattung oder des Stils eines Autors. Die P. behält die äußere Form bei und verändert den Inhalt (z. B. Brecht, *Schweyk im Zweiten Weltkrieg*, S. 381). Die *Travestie* verfährt umgekehrt.

Prosa Nicht durch Verse, Reime oder Rhythmus gebundene Sprache, die aber in der Literatur durch Wortwahl, Satzbau und Einsatz stilistischer Figuren kunstvoll gestaltet ist.

Reportage Berichterstattung für Zeitung, Rundfunk oder Fernsehen. Als literarische Form zur Erweckung eines authentischen, objektiven, dokumentarischen Eindrucks gebraucht.

Roman Epische Großform in Prosa. Der R. entwickelte sich erst im 17. Jh. und ist seit dem 19. Jh. die verbreitetste literarische Gattung, in der sich auch am deutlichsten die moderne Denk- und Lebensweise spiegelt. Ausgehend von individuellen Charakteren, beschreibt der R. mit einer Fülle von Zeitebenen, Schauplätzen und Handlungssträngen eine immer detailreicher werdende Wirklichkeit. Die formalen (z. B. Brief-R.) oder inhaltlichen (z. B. Abenteuer-, Entwicklungs-, Zeit-R.) Einteilungen des R. lassen sich dementsprechend nicht ohne Überschneidungen treffen.

Satire Die S. ist eine Spottdichtung. Sie will Mißstände, Unsitten, aber auch bestimmte Personen oder Ereignisse anprangern. Dies kann in fast allen literarischen Gattungen geschehen (z. B. Thoma, *Die Reden Kaiser Wilhelms II.*, S. 314 f.).

Schlüsselroman Roman, in dem wirkliche Ereignisse und Personen mehr oder minder verhüllt dargestellt sind mit dem Ziel, daß der Leser den Wirklichkeitsbezug entschlüsselt (z. B. Feuchtwanger, *Erfolg*, S. 351 ff.).

Sonett Ein S. besteht aus 14 Zeilen: zwei vierzeilige Strophen (= zwei Quartette) und zwei dreizeilige Strophen (= zwei Terzette). Die Quartette folgen dem Reimschema abba abba, die Terzette dem Schema cde ded (mit Variationsmöglichkeiten wie cdc cdc oder cdd cdd). Der strengen äußeren Form entspricht auch eine genaue inhaltliche Gliederung. Die beiden Quartette enthalten die Darstellung eines allgemeinen Zustands, vielfach in antithetischer Gegenüberstellung. Die Terzette bringen die Anwendung auf einen konkreten Fall, fassen die Gegensätzlichkeit der Quartette in der Synthese zusammen und münden häufig in einer Pointe (z. B. Gryphius, *Tränen des Vaterlandes*, S. 54 f.).

Soziales Drama Das soziale Drama (z. B. Gerhart Hauptmann, *Die Weber*, S. 289 f.) spiegelt Stationen der gesellschaftlichen Entwicklung im 19. und 20. Jahrhundert wider. Durch die zu Beginn des 19. Jahrhunderts einsetzende Industrialisierung und die Flucht von Kleinbauern, Knechten, Mägden und Handwerkern in die Städte entstand ein Proletariat, das die Privilegien vor allem des Besitzbürgertums für die Ursache seines Elend hielt und dagegen rebellierte. Das soziale Drama macht das Leben dieser Bevölkerungsgruppen zum Gegenstand der Handlung.

Symbol Etwas Anschauliches, Bildhaftes, das für etwas anderes steht, das sich nur schwer oder gar nicht darstellen läßt (z. B. „Rose“ für „Liebe“). Die *Erscheinung* eines konkreten Dings soll eine allgemeine *Idee* ausdrükken, indem sie in ein sprachliches *Bild* gebracht wird.

Tragödie Drama mit tragischem Konflikt; d. h. der Held ist unausweichlich dem Untergang geweiht, aufgrund eines übermächtigen Schicksals oder einer persönlichen, gleichwohl unvermeidlichen Verfehlung. Die T. ist streng zielgerichtet: Im Moment, da der Held auf der Höhe seines Glücks zu stehen scheint, folgt die *Peripetie* (unerwartete Wendung), die schließlich zur *Katastrophe* führt. Klassisches Beispiel ist Sophokles' *König Ödipus.* (s. Aristotel. Theater)

Trochäus Zweiteiliger Versfuß aus einer betonten und einer unbetonten Silbe: x́x (z. B. „Kláge“).

Utopie Der Begriff geht zurück auf das im 17. Jahrhundert geprägte Kunstwort „utopia“ = „Nicht-Ort“, „Nirgendland“ (aus griech. ou = nicht und topos = ort). Es bezeichnet die Darstellung eines erdachten idealen Staatswesens oder Gesellschaftssystems nach dem Vorbild von Thomas Morus *De insula utopia* (1516). Eine Anti-U. ist z. B. Orwells *1984.*

Vergleich Rhetorische Figur, die eine Beziehung zwischen zwei Bereichen herstellt, welche eine Gemeinsamkeit (tertium comparationis) haben; diese wird häufig durch die Form „so – wie“ aufgezeigt. Der V. dient dem tieferen Verständnis und der Anschaulichkeit des Verglichenen.

Volksstück Drama mit schlichten Charakteren und klischeehaftem Konflikt, der sich auf einfache Weise löst. Die Sprache des V. ist alltäglich und oft dialektartig. Seit den 20er Jahren dieses Jh.s nutzt das „kritische V.“ die einfachen Grundmuster, um negative soziale und politische Verhältnisse aufzuzeigen (z. B. Fleißer, *Pioniere in Ingolstadt*, S. 349 f.).

Zeitroman Erweiterte Form des *Gesellschaftsromans*, die in sozialkritischer Absicht ein kulturelles und politisches Panorama ihrer Zeit zeichnet (z. B. Grass, *Die Blechtrommel*, S. 440 ff.).

Abbildungsnachweis

S. 17: Bayerische Staatsbibliothek, München; S. 23: Archiv für Kunst und Geschichte, Berlin; S. 39: Bayerische Staatsbibliothek, München; S. 43: Musée National de Louvre, Paris; S. 44: Interfoto-Pressebild-Agentur, München; S. 49: Foto: Stefan Trux, Heimatmuseum Rosenheim; S. 51 links: Bildarchiv Preußischer Kulturbesitz, Berlin; rechts: Niedersächsische Landesbibliothek, Hannover; S. 57: Wolf-Christian von der Mülbe, Dachau; S. 63: Bildarchiv Preußischer Kulturbesitz, Berlin; S. 65: aus: G. v. Wilpert, Deutsche Literatur in Bildern, Alfred Kröner Verlag, Stuttgart 1965, S. 190; S. 68 links: Ullstein Bilderdienst Berlin, rechts: Schiller-Nationalmuseum, Dt. Literaturarchiv, Marbach; S. 95, 97: Bildarchiv Preußischer Kulturbesitz, Berlin; S. 103: Schiller-Nationalmuseum, Dt. Literaturarchiv, Marbach; S. 106 links: Bildarchiv der Österreichischen Nationalbibliothek, rechts: Kurpfälzisches Museum der Stadt Heidelberg; S. 107: Schiller-Nationalmuseum, Dt. Literaturarchiv, Marbach; S. 119: Goethe-Nationalmuseum, Düsseldorf; S. 138: Schiller-Nationalmuseum, Marbach am Neckar; S. 145: Städelsches Kunstinstitut, Frankfurt a. M.; S. 148 links: Bildarchiv Preußischer Kulturbesitz, Berlin, rechts: Schiller-Nationalmuseum, Dt. Literaturinstitut Marbach; S. 156: Ullstein Bilderdienst, Berlin; S. 160: Friedrich Belzner, Olching; S. 181: Goethe-Museum, Düsseldorf; S. 183: Musée National du Louvre, Paris, Photographie Giraudon, Vanves; S. 197, 205, 207: Bildarchiv Preußischer Kulturbesitz, Berlin; S. 214: aus: Literarische Kultur und gesellschaftliches Leben in Deutschland 1789–1806, hg. v. Helmut Richter. Berlin: Rütten & Loening 1988, S. 362; S. 225: aus: Gabriele Seitz, Die Brüder Grimm, Leben-Werk, Zeit, © Artemis Verlag, 1984; S. 227, S. 229: Bildarchiv Preußischer Kulturbesitz, Berlin; S. 243: Adalbert-Stifter-Gesellschaft, Wien; S. 244: Bildarchiv Preußischer Kulturbesitz, Berlin; S. 257: Artothek, Peissenberg; S. 260: Bildarchiv Preußischer Kulturbesitz, Berlin; S. 279: Artothek, Peissenberg; S. 280: Bildarchiv Preußischer Kulturbesitz, Berlin; S. 286: Sammlung Georg Schäfer, Schweinfurt; S. 291: Musée d'Orsay, Paris; S. 295 links: Müller-Hilsdorf, München/Bildarchiv Preußischer Kulturbesitz, Berlin; rechts: S. Fischer Verlag, Frankfurt a. M., Löwy, Wien; S. 317: Sammlung Max Fischer, Stuttgart, © Dr. Wolfgang & Ingeborg Henze-Ketterer, Wichtrach/Bern; S. 320: Privatsammlung, Roethel/Benjamin, Werksverzeichnis, 1982, Nr. 400, © VG Bild-Kunst, Bonn 1994; S. 333: Städtische Galerie im Lenbachhaus, München, © VG Bild-Kunst, Bonn 1994; S. 341: Tate Gallery, London © VG-Bild-Kunst, Bonn 1994; S. 342: Museum Folkwang, Essen, © VG-Bild-Kunst, Bonn 1994; S. 347: Theatermuseum des Instituts für Theater-, Film- und Fernsehwissenschaft der Universität Köln; S. 354: Artothek, Peissenberg; S. 363: Sächsische Landesbibliothek, Abt. Deutsche Fotothek, Dresden; S. 368: Foto: Berlinische Galerie, Berlin; S. 371: The Museum of Modern Art, New York. Mrs. Sam A. Lewisohn Bequest (by exchange) and Mrs. Marya Bernhard Fund in memory of her husband Dr. Bernhard and anonymus funds, © VG Bild-Kunst 1994; S. 377: © Fritz Arnold, München; S. 380: © Dagny Björnsson-Gulbranson; S. 393: © Karl-Hofer-Archiv/ AKG, Berlin, Nachlaß Karl Hofer; S. 395: Bildarchiv Preußischer Kulturbesitz, Berlin; S. 417: Kunstmuseum Düsseldorf im Ehrenhof, Düsseldorf; S. 421: Bildarchiv Preußischer Kulturbesitz, Berlin; S. 424: Isolde Ohlbaum, München; S. 428: Rheinisches Bildarchiv, Köln; S. 456: aus: Süddeutsche Zeitung, Magazin v. 15.11.91, © Francesco Clemente

Sachregister